Gloger

Scrum für die neue Ära – eine agile Evolution

Boris Gloger

Scrum für die neue Ära – eine agile Evolution

6., vollständig überarbeitete Auflage

HANSER

Der Autor:
Boris Gloger, Moosbrunn

Print-ISBN: 978-3-446-48518-1
E-Book-ISBN: 978-3-446-48520-4
E-Pub-ISBN: 978-3-446-48800-7

Die allgemein verwendeten Personenbezeichnungen gelten gleichermaßen für alle Geschlechter.

Bibliografische Information der Deutschen Nationalbibliothek:
Die Deutsche Nationalbibliothek verzeichnet diese Publikation in der Deutschen Nationalbibliografie; detaillierte bibliografische Daten sind im Internet unter http://dnb.d-nb.de abrufbar.

Vilshofener Straße 10 | 81679 München | info@hanser.de
www.hanser-fachbuch.de
Lektorat: Brigitte Bauer-Schiewek, Kristin Rothe
Herstellung: Grazyna Lada
Coverkonzept: Marc Müller-Bremer, www.rebranding.de, München
Covergestaltung: Thomas West
Titelmotiv: © Joachim Legat, Wien
Bilder erstellt vom Autor mit Google Gemini Nano Banana
Satz: le-tex publishing services GmbH, Leipzig
Druck: Elanders Waiblingen GmbH, Waiblingen
Printed in Germany

Inhalt

Vorwort

„Es gibt kein Recht auf Gehorsam."[1] Als Hannah Arendt diesen Satz sagte, meinte sie damit nicht Anarchie. Sie meinte Verantwortung. Wer gehorcht, gibt Verantwortung ab. Wer Verantwortung abgibt, hört auf zu denken. Und wer aufhört zu denken, schadet – nicht nur sich selbst, sondern auch dem System, dem er dient.

Dieses Buch handelt davon, den Gehorsam in unseren Unternehmen aufzugeben. Nicht gegen die Unternehmen. Sondern für sie.

Ich schreibe das, weil ich fünfundzwanzig Jahre lang beobachtet habe, wie Menschen in Organisationen gehorchen. Wie sie Prozesse befolgen, die keinen Sinn ergeben. Wie sie in Meetings sitzen, die niemand braucht. Wie sie Pläne erstellen, an die niemand glaubt. Wie sie aufhören, Fragen zu stellen – weil Fragen unbequem sind. Weil Gehorsam einfacher ist. Weil das System es so will.

Das System frisst seine Kinder. Aber das muss nicht so sein.

Dieses Buch ist kein Scrum-Guide. Es ist ein Leadership-Buch für das 21. Jahrhundert, das Scrum als Vehikel nutzt. Wenn du eine Anleitung suchst, wie man eine Retrospektive durchführt – lege dieses Buch weg. Oder frag eine KI. Die kann das mittlerweile besser erklären als ich.

Was du hier findest, ist etwas anderes: Fünfundzwanzig Jahre Erfahrung. Hunderte von Organisationen. Tausende von Menschen. Und die Frage, die mich seit Jahren umtreibt: Warum scheitern so viele Scrum-Einführungen – obwohl das Framework funktioniert?

Die Antwort: nicht, weil die Teams nicht wissen, wie Scrum geht. Sondern weil die Organisationen um sie herum dysfunktional sind. Multitasking. Frontloading. User-

[1] „Kein Mensch hat bei Kant das Recht zu gehorchen." Hannah Arendt im Gespräch mit Joachim C. Fest, NDR-Hörfunk, 9.11.1964.

Ferne. Meetings. Fehlerkultur. Silos. Das sind die echten Probleme. Und genau darum geht es in diesem Buch.

20 Jahre nachdem ich mein erstes Buch geschrieben habe, sitze ich wieder in meiner Küche, dieses Mal in Moosbrunn bei Wien. 2005 saß ich zum ersten Mal in einer Küche am Esstisch und schrieb. Damals hatte ich noch nie ein Buch geschrieben. Ich kannte keine Verlage, wusste nicht, wie man mit Lektoren arbeitet. Ich hatte einen Auftrag – der Hanser Verlag bat mich, ein Buch zu schreiben. Ein Buch über diese neue Methode: Scrum. Über ein Framework, das kaum jemand kannte. Ich musste nicht nur erklären, wie es funktioniert. Ich musste beweisen, dass es überhaupt funktioniert. Ich war unsicher, ob irgendjemand dieses Buch lesen würde.

2025 ist alles anders. Ich habe die Erfahrung. Die Routinen. Die Kontakte. Vor allem aber habe ich fünfundzwanzig Jahre gesehen, wo Scrum funktioniert und wo es scheitert. Jahre, in denen ich eine Organisation mit mehr als hundert Menschen aufgebaut habe. Genau das macht es schwieriger. Ich kann nicht mehr so tun, als wäre alles einfach.

Du hältst die sechste Auflage in den Händen – die zweite Version davon, denn die erste ging verloren. Was war passiert? Ende September 2025. Die Cassini-Übernahme war durch. Ich hatte nicht aufgepasst, als es hieß, wir sollten die alten Laufwerke löschen. 180 Seiten Manuskript – futsch. Ich starrte auf einen leeren Bildschirm. Und ich war erschöpft.

Zwanzig Jahre Scrum-Trainings. Hunderte von Organisationen. Tausende von Menschen. Was hatte es gebracht? Die meisten Organisationen waren immer noch dysfunktional. Die meisten Teams litten immer noch. Scrum hatte sich zu einem Commodity-Produkt gewandelt. Manager glaubten, agil zu arbeiten, während ihre Mitarbeiter an Multitasking und Stress zugrunde gingen.

Ich musste raus.

Meine Frau und ich wollten unseren Hochzeitstag wandernd verbringen. Der Wallfahrtsweg nach Mariazell. Ich packte meinen Rucksack – viel zu schwer, obwohl ich es hätte besser wissen müssen. 28 Kilometer nach Bad Vöslau. Die erste Blase nach zehn Kilometern. Am Abend kam ich völlig fertig im Hotel an.

Am zweiten Tag war ich Ballast los. Die fünf Kilo weniger machten sich sofort bemerkbar. Es wurde klarer – draußen und in meinem Kopf. Die Sonne kam raus. Ich stand auf einem Kamm, vor mir die Berge, hinter mir das Tal. Plötzlich dachte ich: Was, wenn das ganze Buch anders aussieht? Was, wenn ich nicht noch einmal erkläre, wie ein Sprint Planning funktioniert? Was, wenn ich konsequent ein Buch für 2025 schreibe?

Am dritten Tag, beim Frühstück in einer kleinen Pension, schrieb ich auf eine Serviette: „Dysfunktionalitäten." Darunter: „Multitasking. Frontloading. User-Ferne. Meetings. Fehlerkultur. Silos."

Das waren die echten Probleme. Nicht dass Teams nicht wussten, wie Scrum funktioniert. Sondern dass die Organisationen um sie herum nicht funktionierten.

Am vierten Tag fuhren wir zurück. Das Wetter war zu schlecht geworden. Aber ich war leichter als ich gekommen war. Nicht weil der Rucksack leichter war. Sondern weil ich wusste, was ich schreiben würde.

Gehen, essen, schlafen, wiederholen. Das war Scrum. Nicht die Meetings. Nicht die Artefakte. Sondern der Rhythmus. Die Iteration. Das Fokussieren auf das, was heute wichtig ist.

Ich setzte mich wieder in meine Küche. Und ich begann – so wie 2005.

Das Buch, das du jetzt in den Händen hältst, beschäftigt sich mit moderner Führung. Wie führe ich ein Team? Wie führe ich ein Unternehmen? Wie gehe ich mit den Dysfunktionalitäten um, die jede Organisation hat? Nach zwanzig Jahren und dem Aufbau einer eigenen Organisation kann ich aus Erfahrung erzählen – nicht nur theoretisch, sondern aus der harten Praxis.

Ich habe dieses Buch als Essay aufgebaut. Es gibt Überschriften und einen roten Faden. Aber es ist kein Handbuch. Keine Anleitung. Kein Rezept. Es ist der Versuch, dich auf eine Gedankenreise mitzunehmen. Ähnlich wie in einem Roman, in dem nicht jedes Kapitel vorneweg erklärt, worum es geht.

Am Ende wirst du verstehen, warum ich mit Hannah Arendt begonnen habe. Warum Gehorsam das Problem ist – und warum die Lösung nicht von oben kommt, sondern von uns. Von den Menschen in den Organisationen, die verstanden haben, wie es besser geht. Die aufhören zu gehorchen und anfangen zu gestalten.

Nicht gegen die Unternehmen. Sondern für sie.

Ich danke meinem Verlagsteam um Brigitte Bauer-Schiewek, die keine Sekunde zögerte, als ich sagte: „Das wird ein völlig anderes Buch." Ich danke den Menschen, die bei borisgloger consulting gearbeitet haben – ohne sie wären all diese Erfahrungen nie möglich gewesen. Ich danke unseren Kunden, die sich hier möglicherweise wiederfinden. Ich hoffe, ich habe genug anonymisiert. Jedes Beispiel ist wohlwollend gemeint. Es geht nie darum, jemanden anzuklagen.

Ich danke meiner Familie, die es erträgt, dass ich mit meinem Kopf in den Seiten eines Buches verschwunden bin – und in diesen Stunden völlig abgetaucht bin.

Scrum ist mehr als ein Framework. Es ist eine Art zu denken, zu führen, zu arbeiten. Lass mich dir auf den nächsten Seiten zeigen, wie das geht – und warum es sich lohnt.

Legen wir los.

Boris Gloger, Moosbrunn bei Wien, im Dezember 2025

Wenn du wissen willst, wie Scrum grundsätzlich funktioniert, ohne den Scrum Guide lesen zu müssen – frag eine KI. Der folgende Prompt funktioniert:

„Schreibe mir einen Prompt, damit ich dich fragen kann, wie Scrum wirklich funktioniert und ich den Scrum Guide nicht lesen muss."

Das Ergebnis dann wieder ins Chatfenster eingeben. Fertig.

---

1 Teil I – GRUNDLAGEN

Zwanzig Jahre lang habe ich erklärt, wie Scrum funktioniert. Ich habe über Sprints gesprochen, über Backlogs, über Daily Scrums und Retrospektiven. Ich habe Tausende von Menschen trainiert. Hunderte von Teams begleitet. Geschrieben, geschrieben und geschrieben.

Dann brauchte es ein einziges Gespräch, damit mir klar wurde, worum es die ganze Zeit wirklich ging. Es ging nie um Scrum. Es ging um Führung.

In diesem ersten Teil lege ich die Grundlagen für alles, was folgt. Nicht indem ich erkläre, wie ein Sprint Planning abläuft – das kann heute jede KI besser als ich. Sondern indem ich zeige, was Führung im 21. Jahrhundert bedeutet. Was es heißt, Teams zu führen, ohne sie zu führen. Kommunikation zu gestalten, statt Menschen zu managen. Räume zu schaffen, in denen Wissen entsteht – jenes Tacit Knowledge, das Nonaka und Takeuchi vor fast vierzig Jahren entdeckt haben und das noch immer der Schlüssel zu allem ist.

Wir werden sehen, was Scrum ausmacht. Es ist mehr als eine Sammlung von Meetings und Artefakten, es ist das Führungswerkzeug des 21. Jahrhunderts. Wir werden drei Wege kennenlernen, wie man mit Scrum beginnt. Vom brasilianischen Softwareteam in Maringá bis zum improvisierten Jazz erfahrener Scrum Master. Wir werden verstehen, warum Fokus mathematisch beweisbar mehr Output erzeugt. Und wir werden eine vierte Perspektive entwickeln – Scrum 3.0 –, die alles auf den Kopf stellt, was wir über Product Owner und Backlogs zu wissen glaubten – und die wir dann ganz am Ende zu Scrum 4.0 machen.

Fangen wir an.

1.1 Führung – Was ich 20 Jahre lang gemacht habe, ohne es zu wissen

Es ist schon komisch. Da bringt man 20 Jahre seines Lebens damit zu, Menschen zu erklären, was Scrum ist. Man schreibt sogar Bücher über jeden Aspekt, der Scrum erst erfolgreich machte – zum Beispiel, dass Selbstorganisation Führung braucht. Oder wie man agile Organisationen aufbaut und gestaltet. Und dann braucht es nur ein einziges Gespräch, damit einem klar wird, worum es die ganze Zeit wirklich ging.

In diesem Fall war es Oliver van Laak, der CEO von Cassini Consulting. Im Zuge unseres Mergers machte er mich darauf aufmerksam, dass ich mich in Wirklichkeit die letzten 20 Jahre mit moderner Führung auseinandergesetzt habe. Ob ich mich nicht auf das Thema Leadership spezialisieren wolle im Kontext unserer Zusammenarbeit. Und in diesem Moment machte es Klick.

Ich hatte das zwar gemacht. Ich hatte herausgefunden, wie man mit Scrum-Teams tatsächlich effektiv zum Erfolg führt. Ich hatte eine Organisation aufgebaut mit zwischenzeitlich mehr als 100 Mitarbeiter:innen, die selbstorganisiert in unseren Projekten arbeiteten. Ich hatte dafür gesorgt, dass andere Menschen in Organisationen besser führen konnten. Ja, ich hatte sogar immer gesagt: Der Scrum Master ist eine Führungskraft. Und doch bin ich erst über diese eine Bemerkung darauf gekommen, dass ich mich tatsächlich 25 Jahre lang mit dem Thema Führung beschäftigt habe.

Vielleicht ist mir dieser eigene blinde Bewusstseinsfleck über das eigentliche Wesen, was ich da mache, deswegen passiert, weil wir uns in der agilen Welt ein Stück weit gegen das klassische Dogma von Command and Control gestellt haben. Wir waren der Meinung, dass wir Menschen nicht managen wollen – nicht im Sinne dessen, was ein Manager macht, der den Leuten erklärt, was sie zu tun haben. *Sondern wir wollten Systeme schaffen, in denen Menschen sich selbst führen.* Gleichzeitig wissend, dass wir diesen Rahmen erst einmal schaffen müssen. Insofern kann man die agilen Management Frameworks insgesamt als den Versuch verstehen, *Führung völlig anders zu denken.* Deshalb bin ich Oliver sehr dankbar, dass er sehr deutlich gemacht hat, dass es genau darum – um Führung – ging.

Wie in der Einleitung angekündigt, möchte ich dieses Buch aus der Sicht der Führung schreiben. Ich werde zunächst nicht nur definieren, was Führung ist, sondern auch, wie ich Führung verstehe.

Wenn man Führung im modernen Kontext tatsächlich verstehen will, dann muss man sich zunächst klar machen, *was man führt.* Das klassische Bild von Führung besagt, dass wir den Einzelnen führen. Wir sagen der einzelnen Person, was wir von ihr erwarten. Dieses Bild der klassischen Führung führt immer wieder dazu, dass wir glauben, Führung würde mithilfe von Werkzeugen wie ein Hebel etwas in Bewegung bringen. Als könnten wir Menschen in die Richtung schieben, die wir gerne hätten.

Ich möchte dieses Bild einmal komplett konterkarieren. So wie ich es in meinem, gemeinsam mit Dieter Rösner geschriebenen Buch *Selbstorganisation braucht Führung*[1)] schon einmal beschrieben habe, möchte ich deutlich machen: *Wir führen in erster Linie keine Menschen. Wir führen die Kommunikation in Organisationen.* Denn was macht das Menschsein aus? Was macht uns als soziale Wesen effektiver als alle anderen Säugetiere? Es ist unsere Fähigkeit, mithilfe von Kommunikation Sinn herzustellen – und Menschen innerhalb dieses erzeugten Sinnraums dazu zu bewegen, sich selbst in diese Richtung zu bewegen. Das klingt zwar jetzt sehr kompliziert, aber im Endeffekt bedeutet das nichts anderes als: **Wir als Führungskräfte erzeugen die Kommunikationsstrukturen, damit Menschen freiwillig mitmachen wollen.**

Simon Sinek hat uns in seinem wunderbaren Buch *Start with Why* gezeigt, wie wichtig es ist, dass Menschen den Sinn in unserer Arbeit erkennen. Dass dieser Sinn viel damit zu tun hat, für sich selbst zu erkennen, warum wir morgens aufstehen.[2)] Daher ist es ein wesentlicher Aspekt von Führung, den Sinn zu erzeugen und ihn immer, bei

[1] Zitate und Buchhinweise habe ich in diesem Buch, anders als in meinen vorherigen, immer ans Ende des Kapitels gestellt. Es sollen Hinweise darauf sein, wo etwas zu finden ist. Doch dieses Buch hebt keinen Anspruch auf wissenschaftliches korrektes Zitieren.

[2] Sinek meint in seinem ersten Buch: Start With Why tatsächlich das deutsche Warum, also den Sinn. Das wird in vielen seiner Interviews deutlich. Dieses ist individuell und kann als Sinn/Purpose eine Marke definieren. In seinem späteren Buch: The Infinite Game, führt der den „Just Cause" ein. Der Just Cause ist das Wozu – für eine gerechte Sache. Das Why wird durch dieses Wozu in den Nutzen transformiert und kann so wirksam werden.

jeder Handlung einfließen zu lassen. Warum ist das für Führung wichtig? Die Antwort ist sehr einfach: *Führung hat den Zweck, Zusammenarbeit von Menschen zu bewirken.* Eine Gruppe von Menschen, aufgestellt als Team, ist in der Regel effektiver als ein einzelner Mensch. Viele Dinge, die die Menschheit geschaffen hat, sind nur deswegen möglich, weil wir als Gemeinschaft Dinge gemeinsam bauen können. Ob das Häuser, Brücken, Straßen oder ganze Kathedralen sind – das funktioniert nur, weil Menschen zusammenarbeiten.

Kurz können wir hier festhalten: **Die Aufgabe von Führung ist, Menschen dazu zu bringen, zusammenzuarbeiten.** Wissend, dass wir – und das ist der moderne Ansatz – den Einzelnen nicht zwingen können mitzumachen. Sondern dass wir einen Weg finden müssen, dass der Einzelne *freiwillig* mitmacht. Dazu ist die erste Voraussetzung, dass wir Sinn stiften, sodass sich der Einzelne dann selbst führen kann.

Ein grundlegender Aspekt für das Verständnis von Führung besteht darin, sich bewusst zu machen, wie eine Organisation im Kern definiert und strukturiert ist. Hier gibt es unzählige Definitionen. Ich selbst bin nach wie vor davon überzeugt, dass uns Niklas Luhmann mit seiner Theorie der sozialen Systeme sehr deutlich gemacht hat: *Eine Organisation besteht aus ihren Kommunikationen.* Gleichzeitig ist die Organisation immer *mehr* als die Summe ihrer Teile. Diese Kommunikationen entstehen emergent, und die Organisation selbst ist gewissermaßen die Reaktion des Systems auf seine Umweltverhältnisse.

Unsere Ausgangslage ist also: **Wir führen Kommunikation**. Wir führen Menschen dabei indirekt mit – denn diese sind, auch wenn im Luhmannschen Sinne nicht Teil der Organisation, dennoch die Input-Geber für die Organisation. Sie, die Menschen, erzeugen die stattfindenden Kommunikationen. Die Kommunikation erzeugt sich noch nicht selbst. Unsere Aufgabe ist es daher, Kommunikation zu strukturieren – und so den Teams dabei zu helfen, effektiver zu kommunizieren.

Ich weiß, das klingt auf den ersten Blick etwas kompliziert. Deswegen kann man es in Wirklichkeit sehr vereinfachen: Alles, was man im Thema Führung tun muss, ist zu verstehen: Wir führen nicht den Einzelnen, sondern immer eine Gruppe von Menschen, denen wir ein Ziel geben. Aus dieser Gruppe von Menschen, die ein gemeinsames Ziel verfolgen – ich habe es oben Sinn genannt –, wird ein Team.

Wir führen also immer ein Team. Der Job (to be done)[3] *von Führung ist, ein Team zum Erfolg zu führen.*

Was macht jetzt den entscheidenden Unterschied beim agilen Führen mit dem Management Framework Scrum? Denn, dass sie Menschen erfolgreich führen können, behaupten auch alle anderen Führungswerkzeuge. Sie alle erklären uns, dass sie Teams zum

3 Ich hoffe, diese leichte Anspielung auf Job-To-Be-Done von Clayton Christensen ist an dieser Stelle verständlich.

Erfolg führen könnten. Ob sie das nun „High-Performance Teams" oder „Hyper-Productive Teams" nennen.

Der Unterschied zu Scrum ist: *Der Fokus bleibt immer auf dem Team, denn Scrum ist ein Management-Framework, das Kommunikation strukturiert.* Wir wissen, dass wir innerhalb dieser Grundidee – dass die Führungskraft immer ein Team führt und damit die Organisation und die Kommunikation dieses Teams führt – nicht den Einzelnen führen – ein Umstand, den viele anderen Methoden zwar behaupten, aber konsequent ignorieren.

Die vielleicht prägendste Situation, in der man das wunderbar nachvollziehen kann, ist ein Meeting. Ein Meeting, das mithilfe eines modernen Führungswerkzeugs geführt wird: dem Circle Way.

Circle Way (auch „The Circle Way" oder „PeerSpirit Circle Process") ist eine Methode der gleichberechtigten Gesprächsführung, die von Christina Baldwin und Ann Linnea entwickelt wurde. Die Methode basiert auf der jahrtausendealten Tradition des Council – des Ratssitzens im Kreis. Im Circle Way sitzen alle Teilnehmenden gleichberechtigt im Kreis. Es gibt klare Strukturen: ein Check-in (jede Person wird gehört), ein gemeinsames Zentrum (ein symbolischer Mittelpunkt, der das gemeinsame Ziel repräsentiert), Rederecht durch einen Gegenstand (wer spricht, hält einen „Talking Piece"), drei Rollen rotieren (Guardian hütet die Zeit, Host lädt ein, Scribe dokumentiert), Check-out (Reflexion am Ende). Die Kraft liegt darin: Es gibt keine hierarchische Führung im klassischen Sinne. *Die Führung liegt in der Struktur der Kommunikation.* Jede Stimme hat den gleichen Wert und das Team führt sich durch den Prozess selbst – angeleitet durch die Form des Kreises.

Wir waren bei borisgloger consulting als Management-Team – aus heutiger Sicht – ziemlich gescheitert. Wir hörten uns nicht gegenseitig zu. Wir wussten zwar alle voneinander, dass wir gemeinsam zusammenarbeiten wollten. Und doch gab es Misstrauen, Missverständnisse und ein ziemliches Defizit bei der Zusammenarbeit. Ich befragte dann eine befreundete Organisation, die Kommunikationslotsen, geleitet von Holger Scholz, ob sie uns unterstützen könnten. Ich wollte, dass eines unserer Management-Meetings – wir hatten uns einen ganzen Tag dafür Zeit genommen – erfolgreich werden sollte.

Holger Scholz schickte uns seine Kollegin Marion. Marion führte bei uns den **Circle Way** ein. Sie stellte eine Klangschale in die Mitte eines Raumes, legte Notizbücher dazu, und wir sollten uns alle im Kreis herumsetzen. Ähnlich wie man das aus einem Kindergarten kennt, wenn die Kinder im Morgenkreis sitzen. Marion erklärte uns, wie der Circle Way ablaufen würde: Sie würde eine Frage stellen, und wir würden dann reihum auf diese Frage antworten. Jeder dürfe so lange sprechen, wie er möchte. Wenn er fertig sei, gehe es einfach weiter. Wenn wir nichts sagen wollten, wäre es völlig in Ordnung, einfach weiterzugeben.

Als sie dann auch noch sagte: „Wir gehen im Lauf der Sonne weiter“, stand einer unserer Kollegen abrupt auf. Sein Stuhl scharrte laut über den Boden. „Da mache ich nicht mit“, sagte er. Seine Stimme war fest, seine Körperhaltung angespannt. „Das ist mir zu esoterisch.“

Die Stimmung im Raum kippte. Einige schauten zu Boden. Andere zu Marion. Wieder andere zum Kollegen. Es war ein Moment der Spannung, der Unsicherheit. Was würde jetzt passieren? Würde das Meeting scheitern, bevor es überhaupt begonnen hatte?

Marion blieb ruhig. Sie nickte. „Ich verstehe“, sagte sie. Dann richtete sie sich an uns alle: „Der Circle Way hat manchmal einen Vibe, der nicht jedem liegt. Für manche fühlt es sich zu schamanisch an. Zu spirituell. Das ist in Ordnung.“

Wir redeten miteinander. Ich bat den Kollegen: „Komm doch bitte zurück. Finde mal wieder deinen Platz. Hör mal zu.“ Er zögerte. Setzte sich dann doch wieder hin. Verschränkte die Arme. Aber er blieb.

Marion passte an. Sie nahm die Klangschale aus der Mitte. „Wir können auch ohne das arbeiten“, sagte sie. „Das Entscheidende ist nicht die Klangschale. Nicht der Spruch 'im Lauf der Sonne'. Das Entscheidende ist: Wir sitzen im Kreis. Jeder wird gehört. Niemand wird unterbrochen. Und wir antworten ko-kreativ aufeinander.“

Und so begannen wir. Ohne Klangschale. Ohne spirituelle Worte. Einfach nur: im Kreis sitzen. *Zuhören.* Sprechen.

Was dann passierte, hatte ich nicht erwartet. Nach der ersten Runde – vielleicht 45 Minuten später – sagte der Kollege etwas. Nicht viel. Aber er sagte etwas. Und dann, in der zweiten Runde, sagte er mehr. Und am Ende des Meetings – zweieinhalb Stunden später – sagte er: „Das war anders als ich dachte. Das hat funktioniert."

Aber zu verstehen, was der Circle Way wirklich bedeutet, dauerte bei uns ungefähr ein Jahr. Seit diesem ersten Meeting arbeiteten wir immer mit dem Circle Way.

Ich erinnere mich an mehrere Coaching-Sessions mit Marion, in denen sie mir beibrachte, wie ich als Führungskraft in einem Circle sitzen muss. Ich dachte, ich hätte es verstanden. Ich saß im Kreis. Ich hörte zu. Aber Marion beobachtete mich genau. Nach einem Meeting nahm sie mich zur Seite. „Boris", sagte sie, „du wippst auf deinem Stuhl." Ich war verwirrt. „Und?" „Wenn du wippst, wenn du dich nach vorne lehnst, wenn du nickst oder den Kopf schüttelst – dann greifst du nonverbal in die Diskussion ein. Die Leute sehen das. Sie reagieren darauf. Sie orientieren sich an dir. Im Circle Way bist du kein Moderator, der lenkt. Du bist ein Teilnehmer, der zuhört. Also hör auf damit."

Das war eine harte Lektion. Ich musste lernen: still sein. Wirklich still sein. Nicht nur mit meinen Worten. Sondern auch mit meinem Körper. Keine Zustimmung zeigen. Keine Ablehnung zeigen. Einfach nur: da sein. Zuhören. Aufnehmen. Das war schwieriger, als ich dachte. Denn als Führungskraft hatte ich gelernt, durch meine Körperhaltung zu führen. Nicken, wenn ich zustimmte. Stirnrunzeln, wenn ich skeptisch war. Mich nach vorne lehnen, wenn ich interessiert war. All das sind Signale. Aber im Circle Way sind sie kontraproduktiv. Sie verhindern, dass die Menschen frei sprechen. Sie verhindern, dass das Wissen des Teams zum Vorschein kommt.

Es gibt eine Geschichte von Nelson Mandela, die mir später half zu verstehen, warum das so wichtig ist. Nelson Mandela wurde einmal gefragt, wie er gelernt hatte, eine so gute Führungskraft zu sein. Seine Antwort war frappierend: Er hatte seinem Vater zugehört – oder genauer gesagt, dem Stammeshäuptling Jongintaba, der ihn aufgezogen hatte (Stengel 2008). Als Junge begleitete Mandela seinen Adoptivvater zu den Versammlungen des Stammesrats. Dort beobachtete er zwei Dinge: Erstens, sie saßen immer im Kreis. Nicht an einem rechteckigen Tisch, wo einer am Kopfende sitzt. Nicht hierarchisch. Sondern im Kreis – wo jeder den gleichen Status hat, wo jeder jeden sehen kann. Zweitens, der Häuptling sprach immer als Letzter. Erst hörte er allen zu. Allen Ältesten. Allen Meinungen. Allen Perspektiven. Und erst dann, ganz am Ende, nachdem alle gesprochen hatten, äußerte er seine eigene Meinung.

Mandela lernte daraus eine fundamentale Lektion: Die Aufgabe einer Führungskraft ist nicht, den Menschen zu sagen, was sie tun sollen. *Die Aufgabe einer Führungskraft ist, einen Konsens zu formen.* Und um einen Konsens zu formen, muss man erst verstehen, was die Menschen denken. Man muss zuhören. Wirklich zuhören. Richard Stengel, der Journalist, der mit Mandela an seiner Autobiographie Long Walk to Freedom arbeitete, beschrieb, wie Mandela diese Praxis später als Führungskraft umsetzte:

> *„Mandela würde in Meetings alle Meinungen hören und am Ende zusammenfassen, was jeder gesagt hatte. Dann würde er seine eigene Meinung äußern – aber auf eine Weise, die subtil die Entscheidung in die Richtung lenkte, die er wollte, ohne sie aufzuzwingen" (vgl. Stengel 2008).*

Das ist echte Führung. Nicht durch Macht. Nicht durch Autorität. Sondern durch Zuhören. Durch das Schaffen von Räumen, in denen Menschen sprechen können. Durch das Zusammenfassen und Synthetisieren. Durch das sanfte Lenken – nicht durch das harte Befehlen.

Diese Praxis bei uns einzuführen, hat schon etwas gedauert. Es war nicht nur ich, der lernen musste, still zu sein. Es war das ganze Team. *Wir mussten lernen, einander wirklich zuzuhören.* Nicht zu unterbrechen. Nicht schon die Antwort zu formulieren, während der andere noch spricht. Sondern: Aufnehmen. Nachdenken. Ko-kreativ antworten auf das, was gesagt wurde. Im Laufe der Jahre haben wir den Circle Way für uns angepasst. Wir haben die schamanischen Elemente weitgehend weggelassen. Keine Klangschalen mehr. Keine spirituellen Formulierungen. Manchmal stellen wir einen Blumenstrauß in die Mitte. Manchmal gar nichts. Aber das Grundprinzip – im Kreis sitzen, einander zuhören, ko-kreativ antworten, als Führungskraft zuletzt sprechen – das haben wir behalten. Denn das funktioniert.

Wir haben Circles mit bis zu 75 Personen durchgeführt. Und es hat funktioniert. Wie das aussah? Bei borisgloger consulting hatten wir eine Tradition: Alle drei Monate trafen wir uns zu einem sogenannten Company Day – einem Retreat, das zwei, manchmal drei Tage dauerte. Die gesamte Company kam zusammen, um miteinander über die Firma, ihre Probleme, ihre Themen, ihre Strukturen zu sprechen. Das war keine Kleinigkeit. Das war eine teure Aktion. Alle Consultants aus allen Ecken Europas – manchmal sogar der Welt – in ein Hotel zu fliegen. Für zwei bis drei Tage. Am Ende bestand es aus Party und Inhaltlichem. Und ich muss heute zugeben: Das Inhaltliche rückte oft in den Hintergrund. Aber die Party – das Zusammensein, das gemeinsame Essen, das Trinken, das Lachen – das war vielleicht das Wichtigste.

Warum war das so wichtig? Weil wir als Consultants durch die Welt flogen. Wir waren bei Kunden in München, Wien, Zürich, Berlin, Hamburg. Wir sahen uns nicht. Wir telefonierten. Wir mailten. Aber wir fühlten uns nicht mehr. Der Zusammenhalt zerbricht, wenn man sich nicht sieht. Man wird zu Namen in einer E-Mail. Zu Stimmen im Telefon.[4] Man verliert das Gefühl für den anderen. Ich hatte dieses Prinzip von Ikujiro Nonaka abgeschaut. Ich war bei einem Vortrag in Wien, bei dem Nonaka über sein Konzept des ba sprach – ein japanisches Wort, das „Ort" oder „Raum" bedeutet. Nonaka erklärte, dass Wissen nicht vom Kontext getrennt werden kann. Wissen ist eingebettet in einen Raum – einen physischen, virtuellen oder mentalen Raum, in dem Menschen sich begegnen, Beziehungen entstehen, Wissen geteilt wird (Nonaka & Konno 1998). Nonaka sagte in dem Vortrag ungefähr, ich erinnere mich an seine Worte nicht mehr genau: „Um einen solchen Raum zu kreieren, braucht man in der Regel drei Tage." Nicht einen Tag. Nicht ein paar Stunden. Drei Tage. Weil es Zeit braucht, bis

[4] Diese Erfahrung lässt mich im Beratungskontext immer sagen: „Lasst uns in den Firmen remote – aus dem Homeoffice – arbeiten, denn das erhöht die Produktivität, doch lasst uns die Menschen dann regelmäßig und systematisch zusammenbringen, um mit ihnen nur an der Beziehung zu arbeiten." Consulting Companies machen das schon immer. Lernen wir doch von ihnen.

Menschen sich öffnen. Bis die Masken fallen. Bis das implizite Wissen, das in uns steckt, zum Vorschein kommt. Das hatte mich tief beeindruckt. Und so führte ich bei borisgloger consulting diese Company Days ein. Alle drei Monate. Drei Tage. Ein *ba* für unsere Organisation.

Ich erinnere mich an einen bestimmten Company Day im Schindlerhof, einem für seine Teammotivation berühmten Hotel in der Nähe von Nürnberg. Ein wunderschöner Ort. Ruhig. Abgeschieden. Perfekt für solche Retreats.

Der große Saal im Schindlerhof war mit einem riesigen Stuhlkreis ausgestattet. Nicht 10 Stühle. Nicht 20 Stühle. 65 Stühle. Für 65 Menschen. Für unsere gesamte Company. Ich stand am Rand des Raumes und schaute auf diesen Kreis. 65 Stühle. Im Kreis. Und ich dachte: „Wie soll das gehen? Wie soll ein Circle mit 65 Menschen funktionieren?"

Aber wir versuchten es. Wir setzten uns. Alle 65. Im Kreis. Wir hatten ein Mikrofon und Lautsprecher in der Mitte aufgestellt, damit man sich hören konnte. Denn in einem Kreis dieser Größe kann man nicht einfach über den Kreis hinweg rufen. Dann begannen wir den Check-in. Jede Person sagte, wie es ihr geht. Was sie beschäftigte. Was sie bewegte. Nicht lang. Nicht ausschweifend. Aber ehrlich. Authentisch. Jede Stimme wurde gehört. Bei 65 Personen dauerte das 45 bis 50 Minuten. Stell dir das vor: 50 Minuten. Nur Check-in. Nur zuhören. Nur da sein.

Am Anfang war ich nervös. Würde das funktionieren? Würden die Leute unruhig werden? Würden sie abschalten? Würden sie auf ihre Handys schauen? Aber das Gegenteil passierte. Die erste Person sprach. Dann die zweite. Dann die dritte. Nach der zehnten Person war ich immer noch angespannt. Nach der zwanzigsten Person begann ich zu spüren: Es passiert etwas. Nach der dreißigsten Person war es deutlich: Die Menschen hörten einander zu. Wirklich zu. Niemand schaute auf sein Handy. Niemand flüsterte. Niemand war abgelenkt. Alle waren da. Präsent. Im Raum. Nach der vierzigsten Person begann ich zu fühlen: Diese Menschen sind nicht mehr nur Kollegen. Sie sind eine Gemeinschaft. Sie sind verbunden. Und nach der 65. Person – nach 50 Minuten – war es überwältigend. Es war ein Gefühl, das ich nur schwer beschreiben kann. Ein Gefühl der tiefen Verbundenheit. Ein Gefühl, dass wir alle zusammengehörten. Dass wir nicht nur eine Firma sind. Sondern mehr – eine Gang, eine Crew, ein Team.

Das ist *ba*. Das ist der Raum, von dem Nonaka gesprochen hatte. *Der Raum, in dem Wissen entsteht*. Der Raum, in dem Menschen sich öffnen. Der Raum, in dem das Wissen fließt. Wir arbeiteten dann an diesem Tag inhaltlich. Wir diskutierten Strategien. Wir trafen Entscheidungen. Alle wichtigen Entscheidungen der Firma wurden in solchen Stuhlkreisen getroffen. Nicht in Boardrooms. Nicht in Videokonferenzen. Sondern im Circle. Mit allen. Gemeinsam. Und am Ende des Tages machten wir wieder einen Check-out. Wieder 50 Minuten. Wieder hörten wir einander zu. Was hat jeder mitgenommen? Was hat sich verändert? Was war wichtig? Auch das war überwältigend. Manche weinten. Manche lachten. Manche sagten nur wenige Worte. Aber alle waren präsent. Alle waren da.

Später, als wir aufstanden und der Circle sich auflöste, sprach mich einer unserer frisch eingestellten Consultants an. Er hatte am Anfang des Tages skeptisch ausgesehen. Verschränkte Arme. Kritischer Blick. Jetzt lächelte er. „Das war das Beste, was wir je gemacht haben“, sagte er. „Ich habe heute mehr über meine Kollegen gelernt als über meine Kollegen in anderen Firmen in den letzten drei Jahren.“ Ein anderer Consultant sagte: „Ich fühlte mich nicht mehr allein. Ich dachte, ich bin der Einzige, der mit diesem Problem kämpft. Aber jetzt weiß ich: Wir sind alle in diesem Boot. Zusammen.“ Das ist die Kraft des Circle Way. Das ist die Kraft von *ba*. Das ist die Kraft von Führung durch Kommunikation. Heute ist der Circle Way unsere Standardmethode für fast alle Besprechungen bei borisgloger consulting. Nicht nur für kleine Meetings. Auch für große Company Days. Für Entscheidungen. Für Reflexionen. Für das Schaffen von Verbundenheit. Was war passiert? Wir hatten aufgehört, den Einzelnen zu führen. Wir hatten begonnen, die Kommunikation zu führen – durch die Struktur des Kreises. Und plötzlich führte sich das Team selbst. Das ist Leadership Design in Aktion.

Und dann kam Covid. Plötzlich konnten wir uns nicht mehr physisch treffen. Keine Company Days mehr. Keine Retreats. Keine Circles im Schindlerhof. Alles musste online passieren. Wir fragten uns, würde der Circle Way auch per Bildschirm funktionieren? Kann man die gleiche Verbundenheit über einen kleinen Laptop-Bildschirm erzeugen? Wir probierten es aus. Wir machten anfangs Zoom Calls, später MS Teams Calls, mit mehr als 60 Menschen. Alle schalteten ihre Kameras ein. Alle waren präsent. Wir hatten eine PowerPoint vorbereitet, auf der alle Namen als kleine Kärtchen dargestellt waren. Die Kärtchen waren so angeordnet, als würden wir nebeneinander sitzen – im Kreis. Dann gingen wir reihum. Bildlich gesprochen. Von Kärtchen zu Kärtchen. Jede Person sprach. Die Kamera ging auf die Person, die gerade sprach. Alle anderen hörten zu. Niemand unterbrach. Niemand schaltete sein Mikrofon ein, außer die Person, die an der Reihe war.

Funktionierte es? Ja. Es funktionierte. Nicht ganz so intensiv wie im physischen Raum. Die Energie ist anders, wenn man sich über Bildschirme sieht. Man spürt die Menschen nicht auf die gleiche Weise. Aber das Grundprinzip – im Kreis sitzen, einander zuhören, reihum sprechen – das funktionierte auch online.

Und das zeigte mir etwas Fundamentales: Der Circle Way ist nicht an einen physischen Raum gebunden. *Er ist an ein Prinzip gebunden. An eine Haltung. An eine Art der Kommunikation.* Und diese Haltung kann man überall praktizieren. In einem Saal. In einem Hotelzimmer. In einem Zoom Call. Es funktioniert in jeder Situation.

Wie wir am Beispiel des Circle Way sehen, gibt es also faszinierende Methoden, wie man diesen Gedanken – wir führen ein Team durch Kommunikation – tatsächlich strukturiert. Als ich in St. Gallen war, um dort meinen EMBA zu machen, erklärte uns ein Professor, dass man diese Idee des Führens von Kommunikationen als Leadership Design bezeichnen kann. Und dass man Leadership Design auf zwei verschiedenen Ebenen betrachten muss: die **Makro-Ebene** und die **Mikro-Ebene**.

Die **Mikro-Ebene** sind die Events oder Meetings. Das ist der Moment, wo Menschen aktiv zusammenarbeiten. Und es gibt noch:

Die **Makro-Ebene**. Das ist die Struktur: Über *welche Dinge* sprechen wir mit *wem*, in *welcher Häufigkeit*, mit *welcher Intensität*? Je seltener man zusammenkommt, desto intensiver – beziehungsweise länger – muss dann dieses Zusammentreffen sein, damit man wieder gemeinsam in die richtige Richtung läuft.

Das jährliche Familientreffen an Weihnachten zeigt: Läuft es schief, leidet das Miteinander lange. Daher wird viel Wert auf ein gelungenes Fest gelegt – alle sollen sich verstehen. Genau dieses Prinzip spiegelt sich im Leadership Design wider.

Zusammengefasst: Auf der einen Seite die Makro-Ebene: Wer spricht mit wem über was, wie oft und in welcher Intensität? Und die Mikro-Ebene: Wie führt man die einzelnen Events durch, die im Makro-Design definiert worden sind?

Wir saßen in St. Gallen, im Hörsaal und warteten darauf, dass der Professor uns das Thema für die Klausur gab. Das Thema war – wie konnte es anders sein: Wir sollten erklären, wie sich das Leadership Design in die Praxis umsetzen lässt. Der agile Coach in mir wurde sofort durch das Thema reflexive Prozesse getriggert. Wir hatten nämlich in der Vorbereitung auf die Klausur das St. Galler Management Modell 4.0 lesen müssen, und in diesem Buch steht sehr deutlich drin: *Management ist nichts anderes als das Einführen und Implementieren von reflexiven Prozessen.*

Die Aufgabe war also: Erzeuge ein Leadership Design, mit dem wir reflexive Prozesse implementieren. Das heißt: Es gibt immer einen Start und ein Ende des Prozesses. Danach gibt es irgendeine Form von Retrospektive, in der das Team reflexiv darüber nachdenkt, was gerade passiert ist. Mir war in diesem Moment sofort klar: *Scrum mit seinen Meetings erzeugt genau dieses Makro-Design.* Denn Scrum definiert tatsächlich: wer mit wem spricht, zu welchem Zeitpunkt, über was, in welcher Intensität. Jeder Sprint ist ein reflexiver Prozess: Er hat einen klaren Start (Sprint Planning), eine Arbeitsphase (der Sprint selbst), ein Ende (Review) und eine Retrospektive, die reflexiv darüber nachdenkt, was passiert ist. Die Durchführung der Scrum-Events, das ist dann wieder das Mikro-Design.

Gleichzeitig muss ich hier noch einschieben, für das Verständnis: Wir wissen ja jetzt, dass wir Kommunikationen führen. Dass wir die Entscheidungen darüber, wie gearbeitet wird und was wir genau tun wollen, den einzelnen Mitgliedern – also den Menschen im Team – überlassen. Denn dafür haben wir das Team. Damit wird aus dem Management dieses Prozesses ein Führungswerkzeug, das eine entscheidende Charakteristik hat: *Wir führen durch reflexive Prozesse.*

Wir führen also durch reflexive Prozesse, und Scrum ist eine Variante der agilen Management-Frameworks, die *alle* dieses Kriterium erfüllen.

Da das ein Buch über Scrum ist und nicht über die anderen Methoden, werde ich natürlich Scrum ausführlich erklären. Wir sollten uns aber auch hier an dieser Stelle klar machen: Die agile Community hat wesentlich mehr reflexive Management-Frameworks entwickelt – oder vielleicht auch einfach nur gesammelt.

Die aus meiner Sicht wichtigsten sind: Objectives and Key Results (OKRs), Lean Startup, Design Thinking, Scrum, Kanban (für die IT entwickelt), Flight Levels (die skalierte Kanban-Variante). Ich bringe genau diese sechs Management-Frameworks, weil sie aus meiner Sicht alle notwendigen Aspekte für das Managen von Organisationen und das Entwickeln von Produkten durch Teams abdecken.

Jedes dieser Frameworks wurde für genau eine Problemstellung entwickelt. Sie lassen sich daher einordnen:

X-Achse: Team↔ Organisation, Y-Achse: Bekanntes Umfeld ↔ Unbekanntes Umfeld.

Organisation + Bekanntes Umfeld: **Objectives and Key Results.** Das ist das Management-Framework, um in einem bekannten Umfeld den Wandel zu erzeugen – auf der organisationalen Ebene. Das Management möchte die Organisation mithilfe von OKRs durch den Wandel, also eine signifikante Veränderung bringen. OKRs wurden ursprünglich von Andy Grove bei Intel entwickelt und später von John Doerr popularisiert, der sie zu Google brachte. Die Idee ist einfach: Man definiert Objectives (qualitative Ziele, die inspirieren) und Key Results (messbare Ergebnisse, die zeigen, ob man das Ziel erreicht hat). OKRs schaffen Fokus und Alignment in der gesamten Organisation, weil jeder weiß, wohin die Reise geht – und jeder sehen kann, wie sein Beitrag zur Gesamtstrategie passt.

Organisation + Unbekanntes Umfeld: **Lean Startup**. Wer eine Organisation entwickeln möchte, aber noch nicht weiß, was diese Organisation tatsächlich für ein Geschäftsmodell hat – kurz wer eine Firma gründen will, für den ist dieses Framework das richtige. Eric Ries entwickelte Lean Startup aus der Frustration heraus, dass viele Startups scheitern, weil sie Produkte bauen, die niemand braucht. Die Kernidee: Build-Measure-Learn. Man baut ein **Minimum Viable Product** (MVP), misst, wie echte Kunden darauf reagieren, und lernt daraus. Statt Jahre in ein perfektes Produkt zu investieren, testet man Hypothesen schnell und billig. Funktioniert die Hypothese? Weiter. Funktioniert sie nicht? Pivot – also Richtungswechsel. *Lean Startup ist radikal kundenzentriert und evidenzbasiert.*[5)]

Team + Bekanntes Umfeld: **Scrum**. Man benutzt Scrum, wenn man weiß, welches Produkt oder welchen Service man grundsätzlich entwickeln möchte, und ein Team managen und erfolgreich machen will. Scrum, wie wir bereits gesehen haben, ist ein reflexiver Prozess in festen Zeitboxen (Sprints). Das Team weiß, was es bauen soll – vielleicht

[5] Viele Gründer:innen übersehen diesen Aspekt. Sie sind bereits zu ihrem Gründungszeitpunkt in ihre Produktidee so verliebt, dass sie erst das Produkt entwickeln und dann versuchen ein:e Kund:in zu finden. Gilt aber vor allem für große Organisationen, die neue Business Opportunities ausprobieren wollen. Hier wird geplant und Business Case gerechnet, bis das berühmte Window of Opportuniy sich wieder geschlossen hat.

nicht bis ins letzte Detail, aber die Produktvision ist klar. Die Herausforderung ist nicht „Was bauen wir?“, sondern „Wie bauen wir es am besten?“ Scrum schafft den Rahmen, in dem ein Team iterativ liefert, lernt und sich verbessert. Der Product Owner priorisiert, das Team liefert, und der Scrum Master sorgt dafür, dass der Prozess funktioniert.

Team + Unbekanntes Umfeld: **Design Thinking**. Wer ein neues Produkt entwickeln will, der fährt am besten mit diesem Framework. Es ist nahezu genial, wird aber leider viel zu oft falsch eingesetzt. Design Thinking wurde von David Kelley und seiner Firma IDEO sowie der Stanford d.school populär gemacht. Es ist ein *menschenzentrierter* Innovationsprozess: Verstehe den User (Empathize), definiere das Problem (Define), entwickle Lösungsideen (Ideate), baue Prototypen (Prototype) und teste sie (Test). Design Thinking beginnt nicht mit einer Lösung, sondern mit einem Problem – oder genauer: mit dem Versuch, das Problem überhaupt erst richtig zu verstehen. Es ist explorativ, kreativ und iterativ. Man arbeitet mit Prototypen, die bewusst unfertig sind, um schnell Feedback zu bekommen.

Erweitere ich das oben erzeugte Bild mit den beiden Achsen, und füge noch eine dritte Ebene hinzu: Prozesse oder Wertströme, dann beginnt man oft – und zu Recht – mit diesen beiden Frameworks: Kanban und Flight Levels.

Team + Existierende Prozesse: **Kanban**. Hat man existierende Prozesse, die sich nicht großartig verändern können, kann man die Lean-Management-Varianten benutzen. Man nutzt Kanban, um ein Team zu steuern. Kanban kommt ursprünglich aus dem Toyota Production System und wurde von David J. Anderson für Wissensarbeit von Software-Entwicklern adaptiert. Die Grundidee: Mache Arbeit sichtbar (visualisiere den Workflow), begrenze die Arbeit im System (Work in Progress Limits) und manage den Fluss. Kanban ist evolutionär – es verlangt keine radikale Umstellung, sondern beginnt dort, wo das Team steht. Man optimiert kontinuierlich, indem man Engpässe identifiziert und beseitigt. Kanban ist besonders gut geeignet für Teams, die mit einem kontinuierlichen Strom von Aufgaben arbeiten (z. B. Support, Wartung, Operations) – und kann natürlich auch bei allen anderen Formen von Arbeit eingesetzt werden.

Organisation + Existierende Prozesse: Flight Levels. Klaus Leopold hat dieses Framework entwickelt. Seine Ausgangsfrage: „Wie skaliert man Kanban?" Die Antwort: Man macht die Arbeit auf jeder Ebene der Organisation sichtbar – von den Teams bis zur Gesamtsteuerung. Flight Level 1 ist die operative Ebene (Koordination innerhalb eines Teams), Flight Level 2 die taktische Ebene (Koordination zwischen Teams), Flight Level 3 die strategische Ebene (Portfolio- und Organisationssteuerung). Auf jeder Ebene gibt es ein Kanban-Board, das den Wertstrom visualisiert. Die Kunst liegt darin, die drei Ebenen miteinander zu verbinden: Strategische Entscheidungen müssen auf Teamebene ankommen – und operative Realitäten müssen in die Strategie einfließen.

Allen diesen sechs Frameworks ist gemeinsam, dass sie zulassen, dass sich Menschen innerhalb der Rahmenbedingungen – die eine gegebene Organisation, ein gegebener Markt oder ein gegebenes Produkt vorgeben – auf das Ziel hin *selbst organisieren.*

Wir hatten oben schon gesagt: Der Zweck von Leadership ist, dafür zu sorgen, dass Menschen zusammenarbeiten können. Wir hatten auch schon gesagt: Es gibt einen Sinn und damit ein Ziel. Ein Team geht auf dieses Ziel zu, und das ergibt für die Menschen in diesem System – oder besser gesagt, im Luhmannschen Sinne für diejenigen, die an diesem System beteiligt sind – die Orientierung. Die Ziele unterstützen die Ausrichtung und durch die gegebenen Rahmenbedingungen sind nur gewisse Dinge möglich, die trotz Selbstorganisation passieren können.

Wir werden später sehen, dass *Rahmenbedingungen* zum Beispiel Budget, Zeitvorgaben, aber auch Ressourcen und Material beinhalten können.

Ein aus meiner Sicht extrem wichtiger Aspekt, der bei dem Thema Rahmenbedingung gerne übersehen wird, ist jedoch: *Menschen können nur, was sie können.*

Mit „können" meine ich jetzt klassisch Fähigkeiten – also: Was ist für einen Menschen möglich? Das ist eingeschränkt durch das System, in dem er arbeitet. Grundsätzlich haben Menschen Fähigkeiten. Wir werden später im Change-Management sehen, dass Menschen sich deswegen oft nicht bewegen – im Sinne von sich verändern – und die Veränderungen in Organisationen nicht mittragen können, weil sie die Fähigkeit dazu nicht haben. Also: *Ein System ist immer dadurch eingeschränkt, welche Fähigkeiten die Mitglieder dieses Systems haben.* Oder besser gesagt: durch die Fähigkeiten der Menschen, die dieses System konstituieren.

Hier ist es also deutlich zu sehen, dass Führung auch bedeuten muss, zu berücksichtigen, welche Fähigkeiten das System – durch den Wissens-/Fähigkeits-Input der am System beteiligten Menschen – hat.

Das ist die entscheidende neue Note, die ich deutlich herausstellen möchte. *Als Führungskräfte müssen wir dafür sorgen, dass sich unsere Mitarbeiter:innen weiterentwickeln können.* Wir müssen ihnen die Möglichkeit geben, dass sie selbst neue Fähigkeiten erwerben können und wollen. Denn wir bewegen uns in Umfeldern, die sich ständig verändern. Für ständig sich verändernde Umfelder brauchen unsere Organisationen *ständig neue* Skills.

Wer andere fördern will, muss ihnen fachlich voraus sein, oder? Hier entsteht eine Art von Paradoxie. Führungskräfte sollten wissen, dass ihre Mitarbeiterinnen noch nicht all das können, was gebraucht wird. Noch wichtiger – *Führungskräfte sollten sich darüber klar sein, dass sie selbst gar nicht wissen können, was gerade gebraucht wird.* Das beste Beispiel dafür ist die gerade stattfindende technologische Revolution, eingeleitet durch Generative KI. Es sollte ihnen klar sein, dass die meisten Mitarbeiter:innen noch gar nicht wissen können, wie man mit Gen AI arbeitet. Das ist kein banales Know-how-Defizit, sondern ihre Mitarbeiter:innen können prinzipiell darüber nichts wissen, da Generative KI ja gerade erst als Technologie entwickelt wird.

Also: Wir wissen bereits als Führungskräfte, dass wir es mit Mitarbeiter:innen zu tun haben, die gar nicht wissen können, was gerade möglich ist. Gleichzeitig haben wir Führungskräfte möglicherweise das Problem, dass wir selbst noch nicht genau wissen, was die neuen Technologien können. Also: Auch wir Führungskräfte sind nicht in der Lage, unsere Mitarbeiter:innen anzuleiten.

Die gute Nachricht. *Diese Paradoxie lässt sich durch den Modus der Selbstorganisation aufbrechen.*

Dazu nimmt man die Haltung der „Agile Journey" ein oder macht sich das Mantra „Fail Fast"[6)] zu eigen. Also: Zu wissen, dass wir alle noch nicht genau wissen, wie es geht, bedeutet, dass wir uns gemeinsam auf den Weg machen müssen. Wir müssen gemeinsam *herausfinden, gemeinsam auf Erkundung gehen, um im Prozess selbst zu erfahren, was wir erfahren können.*

Das ist der einzige Ansatz, der Ansatz der Forscher, damit umzugehen, dass man sich in einem Umfeld bewegt, in dem man noch nicht genau wissen kann, wie das Umfeld genau ist.

Das ist der Paradigmenwechsel innerhalb der modernen Führung. Denn klassische Führung ging ja immer davon aus, dass es einen Meister und einen Gesellen gibt – und der Meister genau weiß, wie es geht.[7)]

Gleichzeitig ist es paradox: *Die Führungskraft muss ein Stück weit mehr wissen als das Teammitglied.* Denn der Respekt für die Führungskraft in der wissensbasierten Organisation kommt daher, dass man etwas von dieser Führungskraft lernen kann. Wir sehen also, dass moderne Führung sich immer paradox verhält: Sie schafft Rahmenbedingungen, in denen Lernen möglich ist, wissend, dass nicht alle Mitarbeiter:innen alles wissen können – und gleichzeitig muss die Führungskraft, die selbst nicht mehr alles weiß, doch anleitend arbeiten.

Insofern verhält sich eine moderne Führungskraft wie ein:e forschende:r Professor:in[8)], der bzw. die, während er bzw. sie gerade forscht, mit den Studenten das neue Feld gerade erst entdeckt. Dabei deswegen glänzt, weil er/sie doch noch ein wenig mehr Erfahrung und Kontextwissen hat und Zusammenhänge sieht, die möglicherweise seine/ihre Studierenden noch nicht sehen können. All das erklärt, wieso die agilen Management-Frameworks in der Lage waren, seit den 1990er-Jahren eine paradoxe Situation glänzend zu meistern.

---

[6] Zu „Fail fast", hier sind die Arbeiten von Amy Edmondson bahnbrechend und notwendig zum besseren Verständnis. Dazu aber weiter unten noch ausführlichere Gedanken.

[7] Einige Organisationen ersetzen den Meister durch Richtlinien, wodurch die Struktur im Unternehmen starrer wird. Diese mangelnde Flexibilität kann sich in einem sich verändernden Umfeld als selbst geschaffene Falle erweisen.

[8] Und wer jetzt sagt – wie kann er nur eine gutaussehende Frau in dem Bild darstellen? Ich war als 12-jähriger, natürlich in meine Mathe- und Physiklehrerin verliebt, Tatsache. Die sah umwerfend gut aus – und auch meine erste Philosophieprofessorin war so unglaublich schön, dass ich jedes Mal weiche Knie bekam, als ich sie sah. Beide Frauen haben mein Leben sehr stark beeinflusst – vielleicht sogar geprägt.

Denn die Aufgabenstellung war in den 1990er-Jahren – als das Internet Fahrt aufnahm – auf den ersten Blick unüberwindbar: Es gab neue Technologien, diese neuen Technologien waren noch nicht bekannt, Menschen, die Produkte erstellen sollten, kannten diese neuen Technologien noch nicht, es gab auch niemanden, den man hätte fragen können, wie man das genau macht, selbst die Geschäftsmodelle, die man mit diesen neuen Technologien entwickeln konnte, gab es noch nicht. In diesem Umfeld war die Aufgabenstellung dennoch: funktionierende Geschäftsmodelle mit funktionierenden Produkten zu entwickeln – und die Menschen gleichzeitig auszubilden.

Es zeigt sich, dass moderne Führungskräfte vor grundlegenden Herausforderungen stehen. Sie sind gefordert, mit Teams in dynamischen und teilweise unbekannten Umgebungen zusammenzuarbeiten und gemeinsam Lösungswege zu entwickeln, deren Ausgestaltung im Vorfeld oft unklar ist. Zudem besteht oftmals Unsicherheit hinsichtlich der Tragfähigkeit neuer Geschäftsmodelle. Agile Management-Frameworks wurden entwickelt, um diesen spezifischen Anforderungen wirksam zu begegnen.

Nach meiner Auffassung stehen wir jetzt, 25 Jahre lang im 21. Jahrhundert seiend, genau vor dieser Problematik: Die Klimakatastrophe zwingt uns, Lösungen zu finden, die es noch nie gab. Wir müssen Technologien entwickeln, Verhaltensweisen ändern und Wirtschaftssysteme transformieren – und das alles in einem Tempo, das die Menschheit so noch nie gesehen hat. Komplexe politische Probleme konfrontieren uns mit Situationen, in denen die alten Lösungen nicht mehr funktionieren. Die Globalisierung, Migration, digitale Transformation, geopolitische Spannungen – all das sind Herausforderungen, für die wir noch keine bewährten Antworten haben. Neue Technologien verändern fundamental, wie wir arbeiten und leben. Und hier gibt es eine besonders prominente neue Technologie, die uns gerade beschäftigt: generative KI.

Von generativer KI – ChatGPT, Claude, Midjourney und all den anderen Tools, die seit Ende 2022 unsere Welt verändern – wissen wir noch nicht genau, wie sie uns dabei unterstützen kann, all diese Probleme zu lösen. Wird sie uns helfen, die Klimakrise zu bewältigen? Wird sie neue Formen der politischen Zusammenarbeit ermöglichen? Wird sie Produktentwicklung beschleunigen oder grundlegend verändern? Wir wissen es nicht. Aber wir wissen, dass wir es herausfinden müssen – und zwar schnell.

Genau jetzt, an dieser Stelle, sitze ich – ein Stück weit auch der Grund – nach 25 Jahren wieder an meinem Küchentisch und schreibe ein Buch darüber, wie Scrum funktioniert. *Weil wir jetzt ein Führungswerkzeug brauchen, mit dem wir genau diese Probleme angehen können.* Wissend, dass wir diesmal weniger Zeit haben als in den vergangenen Jahrzehnten. Wissend auch, wie in den letzten 25 Jahren die klassischen Führungswerkzeuge und die klassische Bürokratie immer wieder in den Organisationen entstehen – sich also quasi immer wieder gegen das agile Lernen stellen. Wir wissen, dass sich diese existierenden Systeme dagegen wehren werden, ihre Dysfunktionalitäten aufzubrechen.

Warum ist das so? Warum kehren Organisationen immer wieder zu alten Mustern zurück? Weil es auf den ersten Blick immer einfacher scheint, das Bekannte zu managen, als sich experimentell auf das Unbekannte vorzubereiten. Das Bekannte fühlt sich sicher an. Wir kennen die Prozesse, die Strukturen, die Rollen. Wir wissen scheinbar, wie man Projekte plant, wie man Budgets verwaltet, wie man Reports schreibt.

Das Unbekannte hingegen macht Angst. Es verlangt von uns, Kontrolle aufzugeben. Es verlangt von uns, zu experimentieren, zu scheitern, neu zu beginnen. Es verlangt von uns, Menschen zu vertrauen und Prozesse zu gestalten, die mit Unsicherheit umgehen können.

Und doch – wir sollten endlich akzeptieren: **Das Unbekannte lässt sich nicht durch Bekanntes bewältigen.**

Die Probleme, vor denen wir heute stehen – Klimawandel, KI-Revolution, geopolitische Umbrüche – sie lassen sich nicht mit den Werkzeugen der Vergangenheit lösen. Wir brauchen neue Ansätze. Wir brauchen Führung, die mit Komplexität und Unsicherheit umgehen kann. Wir brauchen agile Management-Frameworks.

Was sich in den letzten 25 Jahren verändert hat, ist nicht nur die Art der Probleme. Es ist auch die Geschwindigkeit, mit der wir Lösungen finden müssen. In den 1990er-Jahren, als Scrum entstand, hatten wir noch Zeit zu experimentieren. Wir konnten lernen, scheitern, neu anfangen. Die Softwareindustrie war jung, der Markt verzeihend, die Kunden waren geduldig. Heute haben wir diese Zeit nicht mehr. Die Klimakrise wartet nicht. Die KI-Revolution wartet nicht. Die Märkte warten nicht. Wir müssen schneller lernen, schneller liefern, schneller besser werden. Genau dafür sind agile Management-Frameworks da.

In den nächsten Kapiteln werde ich den reflexiven Managementprozess Scrum in drei Perspektiven plus einer vorstellen, um zu zeigen, wie dieses Denken sich praktisch auswirken kann. Wir werden verstehen, wie ein Leadership Design grundsätzlich funktioniert und wie wir als Führungskraft uns dieses Tools bemächtigen können. Damit – und das ist ja der Scope dieses Buches – Teams befähigt werden, erfolgreich Produkte zu entwickeln.

Produkte, die die Probleme unserer Zeit lösen.

Produkte, die mit Unsicherheit umgehen können.

Produkte, die in einer Welt funktionieren, die sich schneller verändert als je zuvor.

1.2 Wie Scrum wirklich funktioniert – und wie man beginnt

2025, agiles Arbeiten hat sich durchgesetzt, wenn auch in vielen Organisationen verkehrt umgesetzt. Ja, es ist sogar schon so weit, dass viele Organisationen sagen: „Dieser agile Hype muss vorbei sein, und es hätte nie funktioniert." Und das ist – muss man 2025 konstatieren – in vielen Organisationen auch der Fall! Denn es ist leider nicht gelungen, meine Vision umzusetzen, die ich vor 20 Jahren im ersten Vorwort dieses Buches formuliert hatte: *dafür zu sorgen, dass Menschen mit Spaß zur Arbeit gehen und Lust auf ihren Job haben.*

In den meisten Organisationen hat sich in den letzten 20 Jahren gar nicht so viel verändert. Noch immer herrscht Bürokratie, noch immer wird in vielen Projekten der Wandel verhindert, indem man sagt: „Man muss sich an Regularien halten." In den meisten Organisationen wird noch immer viel zu viel gleichzeitig gemacht. **Multitasking hat nicht abgenommen, Fokus existiert nicht**. Noch immer sitzen Menschen nicht nur in einem Projekt, sondern sie sollen in zwei bis fünf Projekten mitwirken, während sie in der Linie ihren Job machen sollen – und natürlich müssen sie eine Auslastung von mehr als 100 Prozent auf die Uhr schreiben.

Auch hat sich meine Idee nicht umgesetzt, dass Teamleiter und/oder Projektleiter Scrum Master werden. In vielen Organisationen gibt es nach wie vor Teamleiter, Projekte und Projektmanager. Zusätzlich werden zwar Scrum Master und Product Owner eingeführt, doch das Management erlaubt den Product Ownern nach wie vor nicht, Entscheidungen zu treffen. Development Teams sind nach wie vor nicht auf ein Projekt oder Produkt fokussiert, sondern werden zusammengewürfelt, arbeiten nebeneinander her und sollen dann Dailys machen, die unproduktiv sind, weil die Menschen gar nichts miteinander zu tun haben.

Dennoch hat sich in den letzten 20 Jahren viel verändert. Wir haben die Möglichkeit, Video-Calls überall auf der Welt und mit sehr geringen Kosten durchzuführen. Teams können remote arbeiten, die Globalisierung hat sich durchgesetzt. Große Organisationen nutzen heute Software-Entwicklungsmannschaften im Nearshore- oder Offshore-Bereich genau so, als würden sie im anderen Gebäude nebenan sitzen.

Die Agile Community hat in den letzten 20 Jahren, vor allem in der Softwareentwicklung, viele neue Tools entwickelt. Wir sprechen heute nicht mehr von Software-Development, sondern von **Software-Delivery**. Die ersten Ansätze, die ich damals entwickelt hatte, um Software-Developer dazu zu bringen, direkt auch den Maintenance-Teil zu übernehmen, heißen heute DevOps. Entwicklungsteams arbeiten heute mit „fully automated deployments". Dennoch wird dieses Wissen in den meisten großen Organisationen in Deutschland und Österreich nicht genutzt. Denn noch immer gibt es Testmannschaften, Qualitätssicherungs- und Betriebsmannschaften. Selbst in kleineren Organisationen und ihren kleinen Software-Entwicklungsteams fehlt das Wissen darüber, wie man mit diesen Tools effektiv arbeitet.

Hatte ich 2005 mehr oder weniger halluziniert, als ich sagte, diese Form des Arbeitens funktioniert auch für die Hardware-Entwicklung, hat sich das mittlerweile verändert. Heute kann man agiles Arbeiten genauso in der Hardware-Entwicklung durchführen wie im Service-Bereich, in Schulen als Unterrichtsmethode, im Veranstaltungsmanagement oder um NGOs dabei zu helfen, ihren administrativen Aufwand zu reduzieren. Scrum ist als universelle Managementmethode angekommen.

Das Versprechen, das uns Ken Schwaber und Jeff Sutherland vor mehr als 30 Jahren gegeben hatten – dass Agile und insbesondere Scrum im Grunde ein *Management-Framework* ist –, hat sich erfüllt.

Und doch – in vielen Organisationen hat sich die Idee noch immer nicht durchgesetzt. Noch immer verweigern viele Führungskräfte die Erkenntnis, dass Scrum genauso wie Design Thinking, Objectives and Key Results, Lean Startup, ja selbst Kanban und die skalierte Variante Flight Levels in Wirklichkeit Führungswerkzeuge sind, die sie effektiver machen würden – würden sie sich darauf einlassen.

Das ist nicht nur schade für die betroffenen Teams, sondern – und ich muss es so radikal sagen – eine Katastrophe für unsere Organisationen. Es wäre so leicht. Produktivitätsfortschritt könnte einkehren und die Innovationskraft, die wir alle haben, könnte endlich wirken. Wir könnten in Europa wettbewerbsfähig bleiben.[9]

Ich werde Scrum in diesem Buch als konkretes Führungswerkzeug zeigen und ich werde dir zeigen, dass wir Scrum heute anders denken müssen, um die 2001 im Agilen Manifesto verbrieften Ideen umzusetzen. Sie sind noch gültig, die Prinzipien des Agilen Manifestos. Viele Anwendungsformate, die mal in Scrum steckten und die unter Rahmenbedingungen der 2000er-Jahre entstanden sind, passen nicht mehr. Wir müssen Flow-Working oder Mob-Programming berücksichtigen, mittlerweile kennen wir Design Thinking – und da funktionieren, wenn man sich das alles genau anschaut, einige der Grundideen, die sich Ken Schwaber und Jeff Sutherland damals für Scrum überlegt haben, nicht mehr –, sondern wir müssen zurück zum Ausgangstext von Nonaka und Takeuchi.

---

9 Nein, ihr lest hier keine neutrale Beschreibung. Ich schreibe einen einen emotionalen Essay. So wie es damals auch die erste Auflage war.

Denn schauen wir uns die Geschichte von Scrum noch einmal an: *Es war ja eine Bewegung gegen den damaligen Regulierungswahn*, der sich mit dem Capability Maturity Model Integrated CMMi, eingestellt hatte. Scrum war, wie XP und Chrystal, ein Modell, in dem man systematisch und sehr erfolgreich darauf vertraute, dass sich die Mitarbeiter in den Projekten selbst das neue working-model aufbauen, das Know-how für ihre Produktentwicklung haben und dass all die Arbeit vom Entwicklungsteam geleistet wird.

Frontloading – meint, dass man sich zum Beispiel in Form einer Liste Arbeit vornimmt, das kann ein Backlog sein, eine User Story Map, eine simple Taskliste. Man plant, Arbeit zu tun, statt sie zu machen.

Es war das berühmte Backlog entstanden, um wegzukommen von der Idee, ein Lastenheft schreiben zu müssen. Ken Schwaber hatte zwar immer wieder erwähnt, dass man ein Scrum-Projekt dann anfängt, wenn genug Arbeit vorhanden ist, um den ersten Sprint zu starten – er war sich also schon darüber im Klaren, dass Frontloading eine schlechte Idee ist. Und doch hat sich bis heute nicht durchgesetzt: Teams loslaufen zu lassen, bevor man sich bereits darüber Gedanken gemacht hat, wie das Produkt genau aussieht, sondern man baut noch immer seitenlang Backlogeinträge.

Frontloading ist nach wie vor ein gigantisches Problem. Viele der Tools, die sich die Agile Community, die vielen Scrum Master, die vielen agilen Coaches haben einfallen lassen, sind nur deswegen entstanden, weil es nicht gelungen ist, konsequent den Führungskräften in den Unternehmen zu erklären, dass man einfach mal nach bestem Wissen und Gewissen anfängt. Dass aber „einfach mal anfangen" nicht bedeutet, sinnlos oder drauflos zu coden, sondern dass da gut ausgebildete Menschen sinnvoll Produkte für die Fachabteilungen schreiben sollen. Genau diesen Gedankengang werden wir in diesem Buch miteinander beleuchten, und wir werden dabei alle Stationen und alle wichtigen Erkenntnisse aus den letzten 25 Jahren Agilität anschauen.

Wer mit Scrum anfangen will, der liest in den Büchern, im Scrum Guide: Man brauche eine Projektvision oder vielmehr eine Produktvision. Man brauche ein Backlog, man brauche Sprints, man brauche Meetings, man brauche Daily Scrums und ..., um Scrum erfolgreich durchzuführen. Consultants erklären die Bedeutung des Task Board, was ein Product Increment ist, und all diese Dinge. Es wird auch gerne lange und breit über Werte gesprochen und Coaching-Techniken und ... – es ist eben eine Industrie geworden.

Wer Scrum in seiner Gesamtheit richtig verstehen möchte, und wenn man wissen will, warum es Fokus, Mut, Offenheit, Commitment und Respekt in den Teams braucht, sollte das alles zu gegebener Zeit wissen.

Doch wer erfolgreich ein Scrum-Projekt anfangen möchte – oder besser: *ein Team dazu bringen möchte, produktiver zu werden* – und das mit einem agilen Ansatz machen möchte, der fängt besser so an, wie ich es in den folgenden Geschichten beschreibe.

1.2.1 Maringá

Ich war auf einer Software-Quality-Konferenz in Recife, einer der schönsten Städte im Nordosten Brasiliens. Dort lernte ich eine brasilianische Consulting-Kollegin kennen. Sie arbeitete für ein lokales Beratungsunternehmen und hatte einen interessanten Auftrag: Sie sollte einem ihrer Kunden bei der Einführung von CMMI – dem Capability Maturity Model Integration – helfen. Aber sie wollte das nicht mit klassischen, schwerfälligen Prozessen machen. Sie wollte agile Methoden einsetzen, um CMMI Level 2 zu erreichen.

Sie fragte mich, ob ich ihr dabei helfen könnte. Ob ich mit ihr zu ihrem Kunden fahren würde. Ich sagte zu. Ein paar Tage später fuhren wir gemeinsam nach Maringá.

Angekommen in Maringá, erlebte ich eine der vielleicht schönsten Städte Brasiliens. Wunderschöne Baumalleen zieren die Stadt – was ihr auch den Namen „Cidade Verde" eingebracht hat. Wir fahren zu einer kleinen Fabrikhalle am Rande eines Vororts. Das unscheinbare Gebäude steht in einer einsamen Straße. Hier, so erfahre ich später, wird Software für den Lebensmitteleinzelhandel gebaut – mehr oder weniger ein ERP-System für Supermärkte.

Das Team aus neun Personen sitzt in einem unscheinbaren Büro von circa 20 Quadratmetern. An den Wänden sind die Schreibtische keine echten Schreibtische, sondern eher Konsolen. Denn es ist günstig in diesem Teil des Landes, die Schreibtische aus Granit zu machen und diese Granitkonsolen quasi in die Mauer zu integrieren. Das heißt: Acht Developer sitzen aufgereiht von links nach rechts im Halbkreis und haben vor sich einen kleinen Bildschirm (breiter als hoch) und auf der linken Seite einen Tower neben sich stehen, dann ihre Tastatur und ein bisschen Platz für einen Zettel und die Maus. Ich bin geschockt! Ein solcher Arbeitsplatz wäre in Deutschland oder Österreich unmöglich gewesen.

Aber wir gehen rein. Die Leute sind alle sehr freundlich. In dem Raum gibt es noch einen Schreibtisch, und auf diesem Schreibtisch findet sich ein Stapel Papier. Das Team ist hoch erfreut, dass ich vorbeikommen kann, und ich soll ihnen ein bisschen darüber erzählen, wie agiles Arbeiten funktioniert. Denn das Problem dieses Teams ist: Sie bekommen einen Auftrag – wir würden dazu Ticket sagen – nach dem anderen und sollen die abarbeiten. Aber der Chef ist unzufrieden mit seinem Software-Entwicklungsteam, die Qualität passt nicht.

Ich beginne nicht, indem ich erkläre, was ein Scrum Master, ein Product Owner oder sonst noch etwas ist, sondern *ich höre mir an, was das Problem ist.* Es zeigt sich, dass dieses Team offensichtlich permanent Defects produziert. Das kündigt sich dadurch an, dass der Chef der Firma jeden Tag zwei- bis dreimal in den Raum hineinläuft, mit einem Zettel in der Hand, auf dem die Beschwerde eines Kunden kurz beschrieben ist. Er nimmt scheinbar einen großen Stempel und stempelt auf die einzelnen Zettel manchmal zwei bis drei Mal „URGENT URGENT URGENT" drauf. Ganz so wie man sich das manchmal in einem Comicfilm ansieht. Das Team, ganz brav wie es ist, bekommt dann sofort von seinem Teamleiter diesen Zettel und sie sollen daran arbeiten. Die Situation wird aber nicht besser. Über die Zeit werden es mehr und mehr Zettel, obwohl so viel Druck auf dem Team lastet und sie wirklich sehr viel arbeiten, sogar Überstunden machen. Also, irgendwas scheint an diesem System nicht zu funktionieren.

Ich schaue mich um und entdecke unter den Konsolen – das waren ja keine Schreibtische – eine kleine Schublade. Jeder dieser Entwickler hat unter seiner Konsole diese kleine Schublade, und auf dem Tisch, manchmal oben auf dem Desktop – weil sie sehr wenig Platz haben –, liegt ein Zettel. Meine Vermutung ist, dass das das jeweilige Ticket ist, an dem die Developer aktuell arbeiten. Meine zweite Vermutung ist, wenn der Chef mit dem neuen Ticket reinkommt und da „urgent urgent urgent" draufsteht, dann lässt der Developer, der ja keinen Platz auf seinem Tisch hat, das Ticket, das er gerade bearbeitet, in der Schublade unter dem Tisch verschwinden, um dann an dem neuen Ticket zu arbeiten.

Ich bitte also die Developer, in diese Schublade zu greifen und alle Tickets aus dieser Schublade herauszuholen. Sie schauen mich alle ganz verwundert an, weil – wie konnte ich wissen, dass in dieser Schublade diese Tickets sind? Aber meine Vermutung ist korrekt: Jeder der Developer greift in die Schublade und holt dort – ungelogen – einen Stapel Papier heraus, der mindestens zwei bis fünf Zentimeter dick ist. Also richtig viele Tickets, die offensichtlich gar nicht bearbeitet worden sind.

Wir legen all diese Tickets auf den Tisch des Teamleiters. Der Stapel ist groß, und auf all diesen Tickets steht „URGENT URGENT URGENT“. Dem Chef, der das sieht, fällt sprichwörtlich alles aus dem Gesicht. Der ist so wütend, man sieht es ihm an, dass ich ihn rausschicke: „Können Sie uns bitte für einen Moment allein lassen?“

Dann erkläre ich den Entwicklern noch einmal kurz, wie Scrum gedacht war. Dass man sich von einem Stapel – ich brauche den Entwicklern nicht zu erklären, dass das ein Backlog ist, aber es gibt ja diesen Papierstapel, also ein sichtbares Backlog – systematisch Aufgaben nimmt und diese abarbeitet. Ich bitte den Teamleiter, dieses riesige Backlog, dass wir jetzt haben, mal kurz zu sortieren. Es gibt unter all diesen „Urgents“ wichtigere „Urgents“. Er sortiert sie in die richtige Reihenfolge.

Dann führe ich einen einfachen Prozess ein. Ich bitte sie, ab sofort, für eine Woche: Die Entwickler sollen sich jeder eines dieser Tickets nehmen, und wann immer sie mit einem Ticket fertig sind, sollen sie das fertige Ticket auf den Stapel „Fertig“ legen und einen Strich an ein Whiteboard, das in der Ecke hängt, machen. Also diese Striche, die man macht, wenn man etwas abzählt. Den Teamleiter bitte ich, dafür zu sorgen, dass jedes neue Ticket auf dem Stapel landet, den wir gerade erzeugt haben, und er soll das neue Ticket entsprechend in den Stapel einsortieren. Alle sollen die Regel beherzigen: Ein Entwickler nimmt sich erst dann, wenn er etwas fertig hat, ein neues Ticket. Ganz systematisch.

Alle stimmen dem ungewöhnlichen Plan zu und wollen ihn eine Woche lang testen.

Ich verlasse mit meiner brasilianischen Consulting-Kollegin Maringá. Wir fahren zu anderen Orten in Brasilien, um dort ähnliche Probleme zu lösen, und kommen eine Woche später zurück.

Was mich erwartet, hatte ich vorausgesehen. Sie haben weniger Tickets geliefert, als sie geglaubt hatten. Also statt der geschätzten 20 Tickets – sie waren ja zu acht und hatten fünf Tage Zeit – stellte sich heraus: Sie hatten nur sieben (7) Tickets gelöst. Auf den ersten Blick klingt das sehr wenig. Doch de facto beginnt sich das Erscheinen des Chefs in dem Raum zu reduzieren. Denn diese sieben Tickets waren ja vom Teamleiter priorisiert worden und deswegen waren es die wichtigsten sieben Defects, die diese Applikation hatte. Die waren plötzlich behoben – und zwar wirklich behoben, nicht nur halbherzig.

Dadurch, dass sich dieses Team auch auf diese Art synchronisieren konnte, wurde der Code, den sie schrieben, wieder qualitativ besser. Insgesamt verbesserte sich in dieser einen Woche bereits ihre Codebasis, auf der sie in Zukunft weiterentwickeln konnten.

Als der Chef nach dieser Woche merkte, dass die Tickets tatsächlich abgearbeitet worden waren – und die Anrufe im Call Center geringer wurden, wurde auch er ruhiger. Die Entwickler wurden weniger oft gestört und waren in der Lage, die Dinge tatsächlich fertig zu machen. Das wirkte sich sehr schnell auf die Performance des Teams aus, wie mir meine brasilianische Kollegin später erzählte. Der Chef verstand langsam, dass sein ständiges Reinplatzen mit neuen „URGENT“-Zetteln das Problem verschlimmerte, statt es zu lösen.

Ein paar Tage später fuhren wir wieder zu einer anderen Firma. Diese entwickelte ERP Software für Schlachthäuser. Auch hier zeigte sich das gleiche Bild: Entwickler, die auf engem Raum saßen. Vor lauter Veränderungen, die sie machen mussten – weil sie ihre eigenen Defects permanent wieder bearbeiten mussten –, kamen sie nicht dazu, neue Features einzuführen. Es war ein Teufelskreis.

Auch hier ging ich ähnlich vor. Wir erzeugten erst eine Art Backlog mit den offenen Aufgaben, die zu tun waren. Wir ließen das priorisieren. Wir ließen es abarbeiten. Fokus. Eines nach dem anderen. Fertig machen, bevor man das nächste anfängt.

Die Mitarbeiterin der Consulting-Firma steigerte die Produktivität des Teams gezielt durch Dailys und Retrospektiven. Sie führte Scrum ein – nicht als starres Framework, sondern als Haltung: Fokussiere dich. Mach Dinge fertig. Reflektiere. Lerne. Verbessere dich.

20 Jahre später

Ich habe leider nie wieder von diesen Teams gehört. Also, jetzt, fast zwei Dekaden später, weiß ich nicht, was daraus geworden ist. Vielleicht haben sie weitergemacht. Vielleicht haben sie aufgehört. Vielleicht gibt es diese Firmen nicht mehr. Ich weiß es nicht.

Was aber entstanden ist durch meine Arbeit in Brasilien, ist eine zündende Flamme. Viele der Leute, die ich damals besucht habe, haben sich für Agilität begeistert. Nein, ich bin nicht allein dafür verantwortlich, dass es in Brasilien agiles Arbeiten gibt. Aber einige der ersten Gehversuche wurden mit mir gemacht. Und für einige Menschen hat sich dadurch ihre Karriere dramatisch nach vorne entwickelt.

Ich denke manchmal an diese beiden Teams in Maringá und in der Firma für Schlachthof-Software. Sie haben weitergelernt. Sie haben verstanden: Es geht nicht darum, alle Meetings und Artefakte von Scrum perfekt zu implementieren. Es geht darum, die Grundprinzipien zu leben: Fokus. Transparenz. Liefern. Lernen. Verbessern.

War das jetzt Scrum in voller Blüte? Na, selbstverständlich nicht. Hat es diese Teams dazu gebracht, fokussierter und effektiver miteinander zusammenzuarbeiten und wieder mehr Spaß an ihrem Job zu haben? Auf jeden Fall!

Was hatte ich getan? Ich identifizierte zuerst: Was wird geliefert? In Maringá und bei der Schlachthof-Software waren das Tickets – ja, Defects. Es wurde kein neues Produktteilchen gebaut. Doch für den Anfang ist das egal. Solange etwas geliefert wird – und zwar schneller als vorher. Die meisten Teams sind bereits mit irgendetwas zugange. Dort wird bereits an etwas gearbeitet. Was nicht stattfindet – fertig werden.

Genau das hatte ich erreicht, indem ich die Teammitglieder gebeten hatte, an einer Sache zu arbeiten – an einem Ticket – so lange, bis sie es abgeschlossen haben. Erst dann das nächste beginnen. Ich hatte ihnen nebenbei eine Iterationslänge gegeben. Wir nennen das in Scrum den Sprint, und ich habe nur gesagt: „Nehmt euch eine Woche Zeit." Ich war zufällig an einem Freitag in diesem Team angelangt, und deswegen war die Iterationslänge bis zum nächsten Freitag – also von Freitag auf Freitag. Jeden Freitag konnten wir dann zählen, wie viel fertig ist. Im obigen Beispiel waren das die sieben Tickets.

Als ich eine Woche später zurückkam, habe ich mit den Kolleginnen und Kollegen dort vor Ort eine Art Retrospektive durchgeführt, weil ich sie gefragt habe, was ihnen an diesem Prozess gefallen hatte und was sie davon übernehmen möchten, und wo sie noch Verbesserungspotenzial sehen würden.

Ohne dass ich über die Rollen von Scrum auch nur ein einziges Wort verloren hatte, hatte ich sie eingeführt. Ich hatte das Development Team kreiert, eine der wichtigen Rollen in Scrum. Ich hatte ihnen einen Scrum Master gegeben – das war ihr Teamleiter, der dafür sorgen sollte, dass sie in dieser Art und Weise konzentriert und fokussiert zusammenarbeiten können. Und der dafür sorgen sollte, dass der Chef den Zettel auf dieses Backlog legt, also auf den Stapel. Es gab den Product Owner, der in diesem Fall der Chef selbst gewesen ist. Der reinstürmte und sagte: „Ich brauche das als Nächstes." Dass der Teamleiter das dann ein bisschen sortiert und ein bisschen abpuffert und „als Nächstes" nicht sofort bedeutet: Er rennt zum Teammitglied und lässt es abarbeiten. Das ist genau die Funktion, die wir bei einem Scrum Master sehen wollen.

Alle Elemente hatte ich diesen Teams mit wenigen Worten und innerhalb von 90 Minuten erklärt. Ich hatte das große Glück, dass sie es gemacht haben, ganz ohne Widerstand. Ich weiß heute, das ging nur deswegen, weil sie verzweifelt waren, weil sie keine Lust hatten, von ihrem Chef ständig genervt zu werden, und weil für diese Teams etwas Besonderes passiert war. Da kam jemand aus Deutschland, der sich die Mühe machte, mit ihnen zu arbeiten. Und da bemüht man sich und probiert es aus – und war damit erfolgreich.

1.3 Drei Wege anzufangen

Wir werden weiter unten noch andere Methoden sehen, wie man mit Scrum tatsächlich in einer Organisation anfängt. Aber die meisten werden ja nicht von außen gerufen und sollen dann ein *Pilotprojekt* beginnen und bekommen drei bis vier Wochen Zeit, mit ihren Teams Scrum systematisch einzuführen. Ihnen wird ein Product Owner gestellt. Dann setzt man ein Team zusammen. Redet ewig lang über Teamschnitte und baut dann dort genau für ein Projekt eine Pilotprojekt-Software. Wie man so einen Change anspricht und anstößt, schauen wir uns dann in einem der nächsten Kapitel an.

Nein, die meisten wollen mit den Teams anfangen, die sie haben. Die Geschichte aus Maringá zeigt uns ja, wie man tatsächlich anfängt. Man sammelt erst einmal die existierenden Arbeiten, die wirklich da sind, macht sie sichtbar.

Make Work Visible – mache Arbeit sichtbar – ist mehr als nur ein netter Spruch. Es ist ein fundamentales Prinzip aus dem Toyota Production System, das David J. Anderson für Wissensarbeit adaptiert hat (Anderson 2010). Dominica DeGrandis hat in ihrem

Buch Making Work Visible gezeigt, wie unsichtbare Arbeit Teams überlastet, wie sie zu Kontextwechseln, Blockaden und Stress führt (DeGrandis 2017). Wenn Arbeit unsichtbar ist – in Köpfen, in E-Mails, in Schubladen –, kann man sie nicht managen. Man kann nicht priorisieren. Man kann nicht sehen, wo Engpässe sind. Man kann nicht erkennen, was fertig ist und was nicht.

In Maringá haben wir genau das gemacht: die Arbeit aus den Schubladen geholt. Auf einen Stapel gelegt. Sichtbar gemacht. Plötzlich konnte das Team sehen: Das ist die Arbeit. Das muss getan werden. Und plötzlich konnte der Teamleiter priorisieren. Und plötzlich konnte jeder Entwickler fokussiert arbeiten – an einem Ticket, bis es fertig ist.

Dann schaut man, dass man das Team dazu bringt, fokussiert an diesen Dingen systematisch und ungestört zu arbeiten. Das steckt eigentlich dahinter. Das ist der Weg, der funktioniert immer.

Damit haben wir dann schon zwei Methoden, wie mit Scrum anzufangen ist:

Die **Maringá-Methode**: existierende Arbeit sichtbar machen, priorisieren, fokussiert abarbeiten. Das funktioniert mit jedem Team und jeder Arbeitsform, sofort, ohne große Vorbereitung.

Das **Pilotprojekt**: von außen kommend, ein Team wird zusammengestellt, ein Product Owner wird bestimmt, man redet über Teamschnitte, man plant ein Projekt von Anfang an mit Scrum. Das ist der klassische „Big Bang"-Ansatz, der oft in Organisationen gewählt wird, die Scrum zum ersten Mal einführen wollen.

Dann gibt es noch die dritte Variante: **die Improvisationsmethode**. Für erfahrene Scrum Master, die wissen, wie Scrum funktioniert. Man improvisiert mit den agilen Tools und Methoden, so ähnlich wie eine Jazz-Combo. Oder, weil wir gerade in Brasilien sind, eine Samba-Combo. Dort wird aufeinander aufbauend miteinander spielend das gemacht, was als Nächstes notwendig ist.

Diese dritte, spielerische improvisierende Methode empfehle ich nicht für Leute, die gerade damit anfangen, agiles Arbeiten zu erlernen. Wer mit Scrum wirklich Erfahrung hat, der weiß, worauf es ankommt. Der kann auf der Scrum-Klaviatur alle Akkorde spielen. Fühlt den Rhythmus – der weiß, was als Nächstes passieren wird. Man fängt vielleicht mit einer Retrospektive an und findet auf diese Art heraus, was in diesem Team das nächste Wertvollste wäre, was diesem Team hilft.

Hier kann man auch die Verfahren des Improvisationstheaters (Ja – und) nutzen, indem man einfach immer wieder sagt: „Ah, wenn das der Fall ist, dann machen wir das Nächste und probieren etwas aus." Wenn die Retrospektive zum Beispiel herausarbeitet, dass sich die Teammitglieder gerade nicht wirklich verstehen, nicht genau wissen, wo sie stehen, dann führt man möglicherweise als Nächstes ein Daily ein, indem man einfach zu seinem Team kommt: „Leute, lasst uns doch morgen mal zusammensetzen, ich organisiere Frühstück, und während des Frühstücks reden wir mal darüber, wer jetzt gerade an was arbeitet." Über die Zeit entsteht aus dieser Zusammenkunft ein Daily.

Die Prinzipien des Improvisationstheaters:

„Ja, und …": Du nimmst das Angebot der anderen an und baust darauf auf – statt zu blocken.

Zuhören ist wichtiger als sprechen: Du reagierst auf das, was tatsächlich passiert, nicht auf deinen Plan.

Angebote machen: Jede Zeile, Geste oder Handlung liefert Material, das die Szene voranbringt.

Scheitern ist erlaubt (und nützlich): Fehler werden zu Wendepunkten; Mut schlägt Perfektion.

Status & Beziehung spielen: Szenen leben von Dynamik – wer führt, wer folgt, wie kippt das?

Im Moment bleiben: Präsenz vor Pointe; die Komik entsteht aus der Situation, nicht aus Witzen.

„Make your partner look good": Du unterstützt die anderen, damit das Ganze gewinnt.

Einfachheit zuerst: Klarheit in Ort, Beziehung, Bedürfnis – Komplexität wächst später organisch.

Gemeinsame Verantwortung: Niemand „rettet" allein; die Gruppe trägt Rhythmus, Energie und Richtung.

Im Improvisationstheater entsteht eine Szene, weil Menschen Angebote annehmen („Ja, und …"), aufmerksam zuhören und gemeinsam weiterschreiben – genau dieses Prinzip nutzt Scrum, wenn Teams iterativ Wert liefern sollen. Statt auf einen perfekten Plan zu setzen, handeln beide Disziplinen mit Unsicherheit: kleine Schritte, schnelles Feedback, Kurskorrektur. Wie im Impro lebt Scrum von klaren Rollen und einfachen Regeln, die Freiheit im Handeln ermöglichen, ohne Chaos zu erzeugen. Entscheidend ist die Haltung, den Mitspielenden gut aussehen zu lassen: In Scrum heißt das, Abhängigkeiten sichtbar zu machen, Wissen zu teilen und gemeinsam Verantwortung zu tragen. So wird aus „Theater" bzw. „Prozess" eine lebendige Praxis, in der Lernen wichtiger ist als Rechthaben und das Ergebnis aus dem Zusammenspiel entsteht.

Vielleicht kann man das auch gleich als Stand-up aufsetzen, und der geübte Scrum Master mag dann gleich ein Task Board aufstellen, um genau da weiterzumachen, wo wir in Maringá gestartet sind. Wer dann die nächste Retrospektive wieder mit dem Team durchführt und das einfach systematisch alle zwei Wochen macht, kann so systematisch das Team unterstützen, agile Tools einzuführen.

Ja, das ist wahrscheinlich eher „Doing Scrum" statt „Being Agile". Aber das ist für den ersten Moment ja auch vollkommen egal.

Being Agile vs. Doing Agile. Die Unterscheidung zwischen „Doing Agile" und „Being Agile" stammt aus der agilen Community und wurde besonders durch Dave Thomas – einen der Autoren des ursprünglichen Agilen Manifests – popularisiert. In seinem provokanten Essay Agile is Dead (Long Live Agility) von 2014 kritisierte Thomas, dass viele Organisationen „Agile“ als eine Sammlung von Praktiken missverstanden hatten (Thomas 2014). Sie führten Sprints ein, hielten Dailys ab, schrieben User Stories – aber sie waren nicht agil. Sie taten Scrum, ohne agil zu sein.

Doing Agile bedeutet: Man befolgt die Praktiken. Man hat Sprints. Man hat Daily Stand-ups. Man hat Retrospektiven. Man hat ein Backlog. Man macht Planning Poker. Man schreibt User Stories. Man hält sich an den Scrum Guide. Das ist „Doing Agile“.

Being Agile bedeutet: Man lebt die Werte und Prinzipien. Man reagiert auf Veränderungen. Man liefert kontinuierlich Wert. Man arbeitet kollaborativ. Man lernt ständig. Man verbessert sich kontinuierlich. Man ist flexibel. Man ist anpassungsfähig. Das ist „Being Agile“.

Die Kritik, die Dave Thomas und viele andere äußerten, war: Viele Organisationen hatten Scrum eingeführt – aber sie waren nicht agiler geworden. Sie hatten neue Meetings und neue Rollen, aber die gleichen Probleme. Sie machten „Cargo Cult Agile“ – sie kopierten die Praktiken, ohne den Geist zu verstehen (Shore 2008).

Der Begriff **„Cargo Cult“** stammt aus der Anthropologie und beschreibt ein Phänomen in der Südsee nach dem Zweiten Weltkrieg. Die Inselbewohner hatten gesehen, wie die Alliierten Flugplätze bauten – und kurz darauf landeten Flugzeuge mit Fracht. Also bauten sie nach dem Krieg selbst Flugplätze aus Holz und Stroh. Sie bauten Flugzeuge aus Holz. Sie imitierten die Bewegungen der Fluglotsen. Aber es kamen keine Flugzeuge. Sie hatten die Form kopiert, aber nicht verstanden, wie es funktioniert (Feynman 1974).

Genau das passiert in vielen Organisationen mit Scrum. Man kopiert die Form – Sprints, Dailys, Retrospektiven –, aber man versteht nicht den Sinn dahinter. Man macht Scrum, aber man wird nicht agil. Doch man muss irgendwo anfangen. Man kann nicht gleich „Being Agile“ sein, ohne erst einmal „Doing Agile“ zu praktizieren.

Man lernt die Praktiken. Man übt sie. Man macht Fehler. Man verbessert sich. Und über die Zeit – vielleicht nach Monaten, vielleicht nach Jahren – beginnt man zu verstehen, worum es wirklich geht.

Man beginnt, agil zu werden.

Wie Mike Cohn es ausdrückte:

> *„You can't be agile without doing agile things.“ (Cohn 2010)*

Man kann nicht agil sein, ohne agile Dinge zu tun. Man fängt mit den Praktiken an. Man lernt die Tools. Und über die Zeit entwickelt man das Mindset.

Das ist der Weg, den wir in diesem Buch beschreiben. Wir beginnen mit den Praktiken. Wir zeigen, wie man Scrum macht. Und über die Zeit werden wir sehen, was es wirklich bedeutet, agil zu sein.

Am Ende des Tages sind unsere Methoden hier Führungswerkzeuge, um *dem Scrum Master dabei zu helfen, Teams erfolgreicher zu machen.*

Das ist der Gradmesser der Effektivität für den Scrum Master, wie wir immer wieder sehen werden: Wird das Team produktiver? Liefert das Team schneller? Hat das Team mehr Spaß an der Arbeit? Wenn ja, dann funktioniert es. Wenn nein, dann müssen wir etwas ändern.

In den nächsten Kapiteln werden wir tiefer einsteigen. Wir werden verstehen, wie Scrum wirklich funktioniert – auf drei verschiedenen Ebenen. Wir werden sehen, warum Fokus so wichtig ist. Wir werden verstehen, wie man Scrum in komplexen Organisationen einführt.

Aber die Grundlage haben wir jetzt gelegt:

Man fängt an. Man macht Arbeit sichtbar. Man arbeitet fokussiert. Man liefert. Man reflektiert. Man verbessert sich.

Das ist der Kern von Scrum. Der Rest besteht aus Details.

1.4 Drei Perspektiven auf Scrum

Im letzten Kapitel haben wir gesehen, wie man Scrum einführt. Man definiert eine Iterationslänge – ob das drei Stunden, eine Woche, zwei Wochen, ja vielleicht sogar sechs Wochen sind, ist dabei egal. Man macht die Arbeit sichtbar und beginnt mit der Arbeit, die schon gemacht werden soll. Das führt uns dazu, erst noch einmal zu verstehen, wie Scrum als Prozess funktioniert und was dahintersteckt. Im Folgenden werde ich drei Perspektiven auf Scrum erklären. Diese Sichtweisen zeigen im Grunde immer das Gleiche, allerdings auf unterschiedlichen logischen Ebenen.

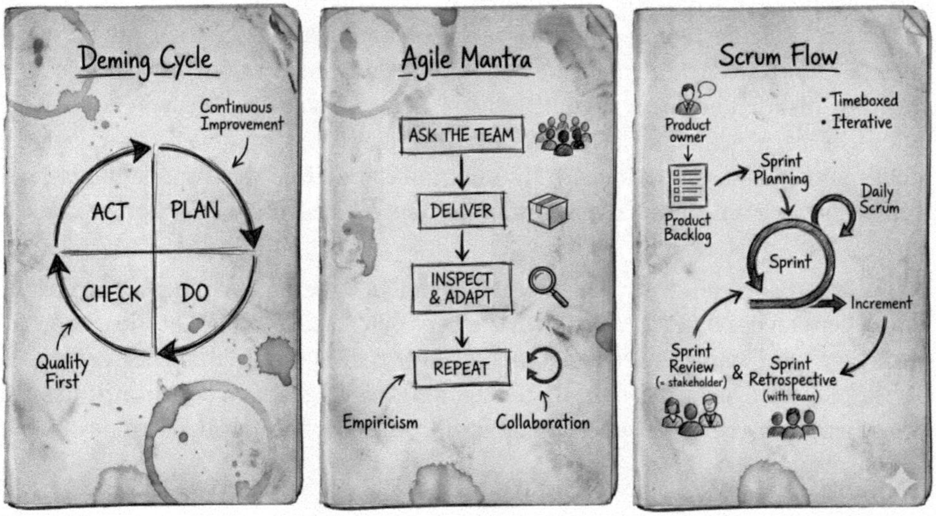

Beginnen wir mit der **ersten Perspektive**, dem **Agile Mantra**. Ein anderes Wort für diese Perspektive ist die Formulierung, die **Alistair Cockburn** dafür gewählt und damit erfunden hatte. Ich will mich hier nicht mit fremden Federn schmücken – er nannte das „The Agile Heart". Das Agile Mantra in meiner Variante lautet:

Ask the Team (Collaborate), Deliver, Retrospect, Repeat.

Dieses Mantra sagt für den, der sich mit agilem Denken auskennt, schon alles. Diejenigen, die die Arbeit machen, denen vertrauen wir – also dem Team. Deswegen müssen wir das Team auch fragen: Wie viel Arbeit ist zu tun? Wer soll die Arbeit genau machen? Was alles muss getan werden, damit das Team erfolgreich sein kann? Und so weiter. Der zweite Begriff, Deliver, macht deutlich, was dieses Team zu tun hat. Es hat zu liefern. Am Ende der Iteration muss ein Stück des Produkts, des Services, des Buches, was auch immer dieses Team gerade zu bearbeiten hat, fertig und nutzbar sein. Wir werden später noch sehen, Scrum nennt das Product Increment.

Am Ende, nach der Lieferung, soll das Team reviewen und retrospektieren, also zurückschauen. Hier soll das Team miteinander darüber nachdenken, ob das Produkt nun in dem Zustand ist, in dem es zu sein hat, ob es schon auslieferbar ist, aber auch, ob die Erwartungen des Kunden erfüllt worden sind. Dann darüber reden, in welcher Art und Weise wir dieses Produkt besser erzeugen können. Also: Wie können wir unseren Prozess ein wenig anpassen, gerade so viel, dass wir auch im nächsten Moment noch Arbeit liefern können, aber auf jeden Fall effektiver und effizienter werden? Und dann repeat – von neuem, der ganze Prozess von vorne.

Mir gefällt dieses Mantra sehr gut. Ich weiß noch, wie Ken Schwaber und Alistair Cockburn 2007 auf dem Scrum Gathering in Stockholm mithilfe dieses Mantras auf der Bühne einen Sketch gespielt haben. Ken Schwaber fragte Alistair Cockburn immer solche Dinge wie: „Wie viel können wir da liefern?" Die Antwort von Alistair Cockburn: „Ask the Team!" Ken Schwaber: „Ja, aber was machen wir mit all diesen Defects?" Alistair Cockburn: „Ask the Team!" „Und was machen wir denn jetzt im Sprint?" Alistair Cockburn sagte: „Deliver!" Ken Schwaber: „Und wie können wir uns verbessern?" Alistair Cockburn: „Ask the Team!" Und so ging das – ich weiß es nicht mehr genau, aber circa 15 Minuten auf der Bühne – ich spüre heute noch, wenn ich mich an diese Szene erinnere, meinen Muskelkater im Bauch vom Lachen.

Dieses Mantra kennen wir auch aus verschiedenen anderen Bereichen. Ich selbst bin ein großer Fan des Bikepackings, und da gibt es den Spruch: „Bike, Eat, Sleep, Repeat." Auch hier wird immer wieder deutlich gemacht, dass es ein ähnlicher Prozess ist. Dieses Mantra drückt die tiefe Überzeugung hinter agilem Arbeiten aus: dass die Menschen, die Arbeit machen, auch fähig sind, diese Arbeit zu tun – und dass wir ihnen vertrauen.

An dieser Stelle ist vielleicht der geeignete Zeitpunkt, um die Historie von Scrum kurz zu erwähnen. Ja, Scrum wurde von Jeff Sutherland, Ken Schwaber und Mike Beedle (der leider schon verstorben ist) in ein Buch gegossen: Agile Software Development with Scrum (2001). Kurz nachdem sie auf dem berühmten Meeting der ersten Agile Evangelisten im Snowbird in der Nähe von Salt Lake City miteinander das sogenannte Agile Manifesto geschrieben hatten.

Aber die Geschichte Scrums fängt nicht mit diesem Buch an. Es fängt auch nicht mit der ersten Präsentation von Scrum bei der Konferenz OOPSLA'95 (Object-Oriented Programming, Systems, Languages & Applications) in Austin, Texas an. Sie beginnt auch nicht mit der ersten Erwähnung dieser Idee für Software Development in dem Buch Wicked Problems, Righteous Solutions (1990) von Peter DeGrace und Leslie Hulet Stahl.

Sondern die Idee von agilem Denken fängt aus meiner Sicht mit einer Entdeckung von Ikujiro Nonaka und Hirotaka Takeuchi an. Das waren zwei berühmte Professoren, die sich in den 1980er-Jahren mit dem Thema Business Management auseinandergesetzt haben und die unter anderem den Artikel geschrieben haben: **The New Product Development Game** (1986). Dieser Artikel ist bahnbrechend. Denn er zeigt, dass Firmen in besonderen Situationen, in denen sie ihre Produkte schnell entwickeln wollten, immer auf sogenannte Taskforces gesetzt hatten. Diese Taskforces bestanden aus den Menschen in der Organisation, denen man zugetraut hat, das Produkt, das Problem schnellstmöglich zu liefern bzw. zu lösen. Man gab diesen Taskforces Handlungsvollmacht. Steckte sie quasi bildlich gesprochen in ein Labor oder eine Halle und überließ diesen Menschen dann die Lösung und unterstützte sie, wann immer sie etwas brauchten.

Nonaka und Takeuchi sind deswegen hier zu erwähnen – nicht, weil sie diesen Prozess wiederentdeckt haben. Denn dieser Prozess, von dem ich gerade gesprochen habe, dass man Menschen in einen Raum steckt, zusammenarbeiten lässt und alles Mögliche neu definiert, der ist bereits seit den 1940er-Jahren bekannt. Er nannte sich **Skunk Works**. Kelly Johnson, der legendäre Ingenieur bei Lockheed, entdeckte und beschloss, die Menschen zusammenarbeiten zu lassen und dabei möglichst die Bürokratie wegzudenken. Nein! Nonaka und Takeuchi entdeckten etwas anderes!

Ihre bahnbrechende Entdeckung war, dass es ein sogenanntes **Tacit Knowledge** gibt – implizites oder stillschweigendes Wissen. Der Begriff wurde ursprünglich vom ungarisch-britischen Philosophen Michael Polanyi geprägt, der 1966 in seinem Werk The Tacit Dimension die berühmte Formulierung prägte: „We can know more than we can tell" – wir wissen mehr, als wir in Worte fassen können. Polanyi unterschied zwischen zwei Arten von Wissen: Explizites Wissen ist Wissen, das sich in Worten, Zahlen, Formeln ausdrücken und dokumentieren lässt. Tacit Knowledge ist Wissen, das in Erfahrungen, Intuition, Körpergedächtnis steckt und sich nur schwer oder gar nicht vollständig verbalisieren lässt.

Nonaka und Takeuchi griffen dieses Konzept auf und machten es zum Kern ihrer Theorie der Wissensschaffung in Organisationen.

Sie erkannten, dass erfolgreiche Produktentwicklung nicht primär durch das Niederschreiben von Spezifikationen und Prozessen funktioniert, sondern durch den Austausch von implizitem Wissen in eng zusammenarbeitenden Teams.

Tacit Knowledge ist die Grundüberlegung oder die Grundüberzeugung – und hier kommt wieder meine philosophische Ader zum Ausdruck – auch Ludwig Wittgenstein hatte bereits in seinen Schriften gezeigt: Es ist unmöglich, Wissen komplett aufzuschreiben. Wittgenstein zeigte in seinen Philosophischen Untersuchungen, dass *Bedeutung nicht einfach in Definitionen steckt, sondern in der gemeinsamen Praxis, im Gebrauch der Sprache entsteht.*

Anders gesagt: Das Know-how einer Gruppe drückt sich dadurch aus, dass man zusammenarbeitet und dieses Zusammenarbeiten selbst bringt dann das Wissen über den Gegenstand der Zusammenarbeit hervor. Das Wissen ist da, es existiert in diesem Raum. Das Wissen steckt in dieser Gruppe und drückt sich aus. In der Gestalttheorie manifestiert sich das durch das miteinander Kreieren. Heute nennen agile Coaches und Facilitators das gerne Co-Creation: ko-kreative Prozesse. Das heißt, Nonaka und Takeuchi hatten damals bereits entdeckt, dass das Wissen *in* den Menschen steckt. Damit wird eine tief verwurzelte und wissenschaftliche Grundüberzeugung mithilfe von agilem Arbeiten, das sich dann auch später im Agilen Manifesto zeigt, wieder hervorgeholt: dass man den Menschen nicht nur vertraut, dass sie die Arbeit machen können, sondern vielmehr, dass *erst diese Zusammenarbeit es überhaupt ermöglicht, dass das Wissen zum Vorschein kommt und entsteht – und sich quasi in dem Prozess des Arbeitens erst manifestiert.*

Das heißt, ja, es gibt einen Prozess. Ja, wir werden später sehen, dass es auch Möglichkeiten geben muss, um das ein oder andere zu notieren – Stichwort User Stories. Aber dass die intellektuelle Leistung nur durch das Team (ask the team) zum Vorschein kommt, das wusste auch der Erfinder von Skunk Works bereits und setzte darauf. *Das* wurde wiederentdeckt von Nonaka und Takeuchi.

Hier liegt aus meiner tiefen Überzeugung der Grund, warum agiles Arbeiten eben nicht – obwohl es sich ähnlicher Elemente bedient – vergleichbar ist mit den klassischen Ideen aus dem sogenannten *Lean Management*, so wie es viele andere agile Coaches immer wieder versuchen zu erklären, und auf die Konzepte von *Theory of Constraints* setzen, beziehungsweise die Grundlagen aus **Kanban**. Lean Management stammt ursprünglich aus dem *Toyota Production System* und wurde von **Taiichi Ohno** entwickelt. Der Fokus liegt auf der Eliminierung von Verschwendung (Muda) in allen Prozessen und der kontinuierlichen Verbesserung (Kaizen). Lean *optimiert Prozesse* durch Standardisierung, Flussoptimierung und die Reduktion von allem, was keinen Wert für den Kunden schafft.

Theory of Constraints (TOC) wurde **von Eliyahu M. Goldratt** entwickelt und basiert auf der Idee, dass in jedem System ein Engpass (Constraint) existiert, der den Durchsatz limitiert. Die Methode konzentriert sich darauf, diesen Engpass zu identifizieren, zu optimieren und systematisch zu beseitigen, um den Gesamtdurchsatz des Systems zu erhöhen. TOC arbeitet mit klar definierten Optimierungsschritten und Messgrößen.

In diesen Methoden wird eben nicht primär darauf gesetzt, die Kreativität und die Intelligenz der Gruppe aktiv zu managen und zum Vorschein zu bringen. Lean Management optimiert Prozesse und eliminiert Verschwendung. Theory of Constraints identifiziert und beseitigt Engpässe.

Agiles Arbeiten hingegen schafft Räume, in denen Tacit Knowledge zwischen Menschen fließen kann und in denen durch Zusammenarbeit ***neues*** *Wissen entsteht.*

Wir sehen also: Im Mantra, das wir Alistair Cockburn verdanken, steckt kondensiert bereits das Wissen einer 60-jährigen Produktentwicklungsgeschichte. Die Leistung von Ken Schwaber und Jeff Sutherland ist es nun aus meiner Sicht gewesen, dieses Wissen zunächst für die Softwareentwicklung nutzbar zu machen, indem sie konsequent ein Management Framework entwickelt haben, das Teams dabei unterstützt, ihre Erfahrungen, ihr Wissen, ihr Tacit Knowledge co-kreativ zum Einsatz zu bringen. Sie wussten implizit, dass wir – anders als es Kelly Johnson beziehungsweise Nonaka und Takeuchi gesehen hatten – diesen Prozess takten können. Wir können also nicht die Iterationslängen frei definieren und hoffen, dass etwas dabei herauskommt, sondern *wir müssen Iterationslängen konstant halten.* Uns einmal entscheiden, ob wir zwei, drei oder vier Wochen arbeiten wollen, damit wir später so etwas wie einen Durchfluss messen können, der in Scrum später Velocity genannt worden ist.

Die zweite Perspektive: Wem diese Erklärung des Agilen Mantras zu kurz gegriffen scheint und wer es gerne noch einmal aus einer ingenieurwissenschaftlichen Sicht heraus betrachten möchte, der schaut sich am besten den zweiten Erklärungsversuch an – also die zweite Perspektive, und das ist der sogenannte **Deming Cycle**. Der Deming Cycle wurde von **W. Edwards Deming** in Anlehnung an **Walter Shewhart** entwickelt und ist – hier kommt der kleine Physiker in mir zum Einsatz – eine Weiterentwicklung oder eine ingenieurwissenschaftliche Weiterentwicklung der Methode, nach der Experimentalphysiker arbeiten.

Experimentalphysiker haben, um es vereinfacht zu sagen, den Auftrag, existierende Theorien zu überprüfen. Ein berühmtes Beispiel: Peter Higgs postulierte 1964 theoretisch die Existenz eines Teilchens, das anderen Teilchen ihre Masse verleiht – das Higgs-Boson. Fast 50 Jahre später, 2012, gelang am CERN mit dem Large Hadron Collider der experimentelle Nachweis dieses Teilchens. Die Experimentalphysiker hatten eine Hypothese (das Higgs-Boson existiert), planten ein gigantisches Experiment (den LHC), führten es durch, sammelten Daten und bestätigten schließlich die Theorie. Higgs und Englert erhielten dafür 2013 den Nobelpreis. Es gibt eine Hypothese, und der Experimentalphysiker überprüft das. Man könnte auch sagen: Plan – das muss getestet werden. Dann überlegt man, wie man das macht: Plan. Dann baut man seine Versuchsapparatur auf und führt das Experiment durch: Do. Man findet heraus, ob die Hypothese stimmt: Check. Je nach Ergebnis wird die Versuchsapparatur vielleicht noch mal verändert oder die Hypothese überarbeitet: Act.

Das Schöne am Deming Cycle ist, dass er sehr konsequent aufzeigt, dass es ein sich wiederholender Prozess ist. Die einzelnen Schritte werden sehr deutlich benannt. Wir planen etwas, wir planen also genau das, was wir tun wollen. Was in dem kleinen Wörtchen **Plan** nicht drinsteckt, ist, dass man auf der einen Seite wissen muss, *was* wir bearbeiten wollen und *wie* wir es bearbeiten wollen. Was wir bearbeiten wollen, ist die *Hypothese*. Wie wir dann diese Hypothese überprüfen wollen, das ist unser Ansatz des *Versuchsaufbaus*. Dann müssen wir den Versuch durchführen und dazu unseren Versuchsaufbau aufsetzen. Dieser Versuchsaufbau mag ein bisschen länger dauern, und wir müssen uns untereinander im Team absprechen, wer was macht. Wir sind also in der Phase **Do**. Wir werden später noch sehen, wie diese Phase Do von Jeff und Ken verbessert worden ist. Dann müssen wir den Versuch durchführen. Wir bekommen ein Ergebnis, das wir uns anschauen. Ob es unsere Hypothese bestätigt. Oder vielleicht sogar falsifiziert hat. Oder ob wir bemerken, dass unser Versuchsaufbau noch nicht perfekt ist. Wir sind in **Check**. Dann können wir im **Act** darüber nachdenken, wie wir diesen Versuchsaufbau verbessern, um die Hypothese vielleicht doch noch zu verifizieren oder zu falsifizieren. Basierend auf den Erkenntnissen passen wir entweder unsere Hypothese an oder verbessern den Versuchsaufbau für die nächste Iteration.

Ich habe bewusst dieses Beispiel aus der Physik oben angeführt, um einmal zu zeigen, dass es hier um einen veritablen, validierten wissenschaftlichen Prozess geht, der keinen Zweifel daran hegt, dass er funktioniert.

Damit will ich – anders als in der ersten Perspektive, wo es um das Mantra geht – klarstellen, dass es im Gegensatz zu „Ask the Team“ in diesem Fall darum geht zu zeigen: Dieser **Prozess**, Dinge zu erkunden, umzusetzen und voranzukommen, ist bereits etabliert. Das ist die Art und Weise, wie man in einem unbekannten Umfeld, also in *jedem* Projektumfeld, vorankommt. An dem Prozessmodell, an der Idee, wie man zu Ergebnissen kommt, lässt sich nicht rütteln. Das ist wissenschaftlich abgesichert.

Ich glaube, es fällt auch leicht, basierend auf unserem Beispiel, dieses Vorgehen auf die Hardware-, Software-, aber auch die Entwicklung von Service-Dienstleistungen zu übertragen. Denn die Hypothese – das könnte unsere Überprüfung sein, ob eine Technologie in unserem Produktumfeld überhaupt funktioniert. Es könnte aber noch kleiner geschnitten auch einfach nur die nächste Funktionalität sein, von der wir glauben, dass wir sie bauen sollten, und wissen möchten, ob sie dem User gefällt. Das wäre dann die User Story. Dass wir dann dieses Stückchen Funktionalität mithilfe unseres Teams entwickeln, das Testen, herausfinden, ob es geht, und dann noch einmal überprüfen müssen, ob unser User das versteht und benutzen mag – ist dann auch klar. Dass wir dann noch einmal darüber nachdenken können, ob unser Team besser arbeiten kann, ist der nächste entscheidende Schritt.

Hier nur ein kurzer Hinweis: Dieses Übertragen auf die Produktentwicklung im Sinne von „Ich weiß bereits, welches Produkt ich entwickeln möchte“ lässt sich auch anwenden, um überhaupt herauszufinden, welche Art von Produkt ein Problem, das ich erst identifizieren muss, lösen könnte. Dies wurde Mitte der 1990er-Jahre von David Kelley an der Design School in Stanford entwickelt und nennt sich **Design Thinking.** Im Kapitel über Design Thinking werde ich ausführlich darauf eingehen, wie man diesen Prozess nutzt.

Alle Elemente, die wir in diesem Buch finden, werden sich wiederfinden: Vertrauen in ein multidisziplinäres Team, das das Problem herausfindet und sich dann Gedanken darüber macht, wie man dieses Problem lösen könnte, um schließlich zu checken, ob es den angenommenen Nutzen für den User haben wird.

Wir sehen also, dass das Anwenden dieses Prozessmodells universell ist. In allen agilen Management Frameworks, die ich Dir in diesem Buch zur Verfügung stelle, sehen wir, dass es sich immer wiederholt.

1.5 Die dritte Perspektive | Der Scrum Flow – die praktische Umsetzung

Und das führt uns zur dritten Perspektive auf Scrum, den **Scrum Flow**. Bevor wir alle anderen agilen Management Frameworks besprechen und verstehen, brauchen wir ein einfaches schlichtes Basisvorgehen. Wir haben das agile Mantra und den Deming Cycle, aber wie sieht es konkret für ein Entwicklungsteam aus?

Ein wichtiger Disclaimer: Scrum 2.0

Bevor ich mit der Erläuterung des Scrum Flow beginne, muss ich einen Disclaimer vorausschicken. Ich erkläre hier den Scrum-Prozess in der Variante basierend auf dem Deming Cycle, so wie es mir selber 2005 klar wurde und wie alle Ideen von Ken Schwaber und Jeff Sutherland begonnen hatten. Also mit der Grundüberzeugung: Wir wissen, welche Features wir liefern sollen, und jetzt müssen wir dafür sorgen, dass ein Team das liefern kann. Ich nenne diese Variante von Scrum – mit den Ergänzungen, die durch die Agile Community, u. a. **Mike Cohn** und all die vielen agilen Coaches, mich eingeschlossen, entstanden sind – Scrum 2.0.

Auf den nächsten Seiten beschreibe ich das Vorgehensmodell mit all den Ideen, die es handhabbar gemacht haben. Ich werde später erklären, wie Scrum 2025 funktioniert – ich nenne es Scrum 3.0. Aber bevor wir dorthin kommen, müssen wir uns die grundsätzliche Idee von Scrum und den Scrum Flow noch einmal vergegenwärtigen.

Die drei Rollen in Scrum

Ein Entwicklungsteam steht in diesem Buch synonym für ein Scrum-Team. Ein Entwicklungsteam ist die Einheit, die Produktfeatures, das Produkt, die Service-Dienstleistung liefern soll. Das Scrum-Team besteht aus den drei Rollen, die wir aus dem Scrum Guide kennen:

Der **Scrum Master** ist die Führungskraft des Teams. Er schützt das Team vor Ablenkungen und Störungen von außen und sorgt dafür, dass das Team effektiv und produktiv arbeiten kann. Seine Hauptaufgabe ist es, sein Team zu führen. Er räumt die Hindernisse für das Teams aus dem Weg.

Der **Product Owner** ist dafür zuständig, die Produktvision zu verfolgen und mit dem Team zu kommunizieren. Er kümmert sich um die Constraints, priorisiert das Backlog und kann einschätzen, was den größten Wert für die User und die Organisation haben wird.

Das **Development Team** ist die Rolle im Team, die professionell und selbstorganisiert das Produkt liefert. Es besitzt alle notwendigen Skills, um das Product Increment zu erstellen.

Ich erwähne es an dieser Stelle schon mal: Wenn wir uns später noch mal die Rollen anschauen, werden wir sehen, dass dieses Scrum-Team nicht frei im Raum existiert. Dieses Scrum-Team befindet sich in der Regel innerhalb einer Organisation. Es arbeitet für einen Auftraggeber – ich nenne das den **Kunden**. Es ist eingebettet in eine Organisation, die entsteht und gestaltet wird von **Managern**. Es entwickelt Service-Dienstleistungen oder Produktfeatures so, dass ein **User** dieses Produkt gerne, einfach und möglichst intuitiv nutzen kann. Ich definiere also in meinem Scrum-Prozess nicht nur diese drei Rollen, sondern auch das Umfeld dieser drei Rollen, um besser zu verstehen, wie der Scrum-Prozess funktioniert.

Die taktische Ebene: Meetings und Events

Würde man sehr eng am Deming Cycle bleiben und schauen, wo sich das in dem Scrum Flow wiederfindet, dann könnte man nur die taktische Ebene von Scrum beschreiben. Die taktische Ebene besteht bei Teams daraus, dass sie sich zusammensetzen und miteinander arbeiten. Wenn Menschen in wissensbasierten Unternehmen miteinander arbeiten, setzen sie sich in der Regel zu Meetings zusammen. Deswegen nannte Scrum ganz am Anfang die Momente, in denen sich das Entwicklungsteam zusammensetzt, um darüber zu sprechen, was sie jetzt gerade tun werden: Meetings. Das hat den agilen Evangelisten im Laufe der letzten fünf bis 15 Jahre dann nicht mehr so gut gefallen, und so wurde im Scrum Guide aus Meetings irgendwann Ceremonies, die dann wieder zu Events wurden. Der Leser merkt an der Art und Weise, wie ich das hier formuliere, was ich davon halte. Aber der Vollständigkeit halber muss das an dieser Stelle erwähnt werden.

Sprint Planning 1 & 2: Was und Wie

Wir brauchen also auf der taktischen Ebene zunächst einmal eine Entsprechung des Deming Cycle. Dafür entwickelten Ken Schwaber und Jeff Sutherland zusammen die Idee eines Planungsmeetings und nannten das **Sprint Planning 1**. Ein vollständiger Cycle wurde Sprint genannt. Später nannte die Agile Community das dann die Iteration. Ein vollständiger Cycle ist der Sprint, und er beginnt mit einem Planungsmeeting, dem Sprint Planning 1, in dem darüber gesprochen wird, was zu tun ist, und entschieden wird, wie viel davon getan werden kann. Nur um es deutlich an dieser Stelle zu sagen: Dort wird ganz genau miteinander erklärt, *was wir liefern sollen* – bis auf die letzte Nachkommastelle, wenn es so sein muss. Dann wird entschieden, was man davon glaubt, liefern zu können.

Kurz darauf gibt es ein zweites Sprint Planning Meeting, das **Sprint Planning 2**, in dem – basierend auf diesen Überlegungen, was und wie viel innerhalb unseres Sprints zu liefern sein soll – entschieden wird, *wie* man dann *innerhalb der Rahmenbedingungen*, die gerade im Sprint Planning 1 definiert worden sind, das liefern möchte. Das ist das sogenannte Wie. Es gibt also zwei Meetings, die beide Planning heißen: Sprint Planning 1 ist das Was und Wieviel – welche Features wollen wir liefern und wie viel davon schaffen wir? Sprint Planning 2 ist das Wie – wie genau setzen wir diese Features technisch um?

Warum Sprint Planning 1 & 2 getrennt bleiben sollten

Mir ist völlig bewusst, dass der Scrum Guide von Ken Schwaber und Jeff Sutherland die Trennung von Sprint Planning 1 und Sprint Planning 2 aufgehoben hat. Es ist völlig in Ordnung, wenn Teams der Meinung sind, dass es sinnvoller ist, diese beiden Meetings zusammenzuführen. Ich persönlich habe in meinen Scrum-Implementierungen die Erfahrung gemacht, dass das ein klassischer Breaking Point in der Arbeit mit Scrum-Teams ist. Warum? Weil durch das gemeinsame Durchführen von Sprint Planning 1 und Sprint Planning 2 nicht mehr klar wird, *dass das Team tatsächlich innerhalb der Rahmenbedingungen eines Sprints die Lösung für das finden muss, was sie im Sprint Planning 1 committed haben.* Das mag für viele ein technisches Detail sein. In meiner Erfahrung war diese Trennung immer essenziell und hat meine Scrum-Teams erfolgreich gemacht.

Die Sprint-Planning-1-&-2-Geschichte. Ich erlebe in Scrum-Trainings immer wieder den gleichen Widerstand, wenn ich diese beiden Meetings trenne: „Ja, aber bei uns im Team verfolgen wir den Scrum Guide, und da steht nichts davon, dass man Sprint Planning 1 und Sprint Planning 2 getrennt macht."

Dann sage ich immer: „Ich bin da wahrscheinlich ein Ewig-Gestriger. Aber in meiner Erfahrung ist genau das Sprint Planning 1 das entscheidende Problem. Denn noch immer sind Entwicklungsteams nicht in der Lage, vernünftig zu arbeiten, weil sie sich nicht die Mühe machen, konkret und genau zu erfahren, was sie eigentlich entwickeln sollten."

Mein Mantra: „Es darf keine Frage offen bleiben" – wird häufig einfach übersehen oder nicht befolgt.

In den Trainings, in denen wir dann sehr intensiv über das Sprint Planning 1 sprechen und ich genau erkläre, wie man es durchführt, passiert etwas Faszinierendes. Auch die Consultants, die für borisgloger consulting gearbeitet haben und die das dann in ihren Teams umgesetzt haben – die es gar nicht besser wussten, weil sie das von mir so gelernt haben – berichten immer das Gleiche: *Die Teams haben ihr erstes Aha-Erlebnis darüber, dass man im Sprint Planning 1 tatsächlich die Anforderungsanalyse macht.*

Nicht oberflächlich. Nicht halbherzig. Sondern wirklich.

Das zweite Aha-Erlebnis kommt, wenn sie verstehen, dass man dort tatsächlich schon die ersten Test Cases aufschreibt. Nicht irgendwann später. Nicht „wenn wir dann entwickeln". Sondern jetzt. Im Planning. Gemeinsam mit dem Product Owner. Denn wenn ich weiß, wie ich es testen werde, weiß ich auch, was ich bauen muss.

Das dritte Aha-Erlebnis ist immer, wenn ich die Validierung von der Verifikation trenne.

Lass mich das kurz erklären: **Verifikation** bedeutet: Haben wir das Produkt richtig gebaut? Entspricht der Code den Spezifikationen? Funktionieren die Features, wie sie funktionieren sollen? Das ist die technische Korrektheit. Das prüfen wir intern, im Team, durch Tests.

Validierung hingegen bedeutet: Haben wir das richtige Produkt gebaut? Löst das Feature das Problem des Users? Ist es das, was der User tatsächlich braucht? Das prüfen wir nicht durch Tests. Das prüfen wir, indem wir es dem User zeigen und ihn damit arbeiten lassen.

Barry Boehm hat es bereits 1984 mit einem einfachen Satz zusammengefasst:

> *„Verification: Are we building the product right? Validation: Are we building the right product?"*

Verifikation ist eine Ingenieursaufgabe. Validierung ist eine Nutzerzentrierung. Beides ist notwendig. Aber sie sind fundamental verschieden.

Im Sprint Planning 1 klären wir beides: Wie testen wir es technisch (Verifikation)? Und wie validieren wir es mit dem User (Validierung)? Wenn das klar ist, kann das Team ins Sprint Planning 2 gehen – und wir wissen, was zu tun ist.

Und dann kommt noch das vierte Element: Wenn ihr eine Skizze habt – einen Wireframe, ein Mock-up, ein Bild davon, wie das Feature aussehen soll – dann fügt sie hinzu. Plötzlich entsteht ein vollständiges Bild, was tatsächlich im Sprint Planning 1 stattfindet. Und das führt jedes Mal dazu, dass die Teams anfangen, erfolgreicher zu liefern.

Ich kann an dieser Stelle sagen: Ich habe mir das alles zwar ausgedacht, wie es besser funktioniert. Aber das sind alles Lernschritte, die ich gemacht habe, weil bei mir die Sprint Planning 1 Sessions am Anfang überhaupt nicht funktionierten.

Ich erinnere mich genau an den Moment, der alles veränderte. Ich war bei einem Kunden. Wir hatten gerade ein Sprint Planning 1 abgeschlossen. Ich dachte, es lief gut. Die User Stories waren diskutiert. Die Story Points waren geschätzt. Alles schien klar.

Dann kam einer der Entwickler zu mir. Er schaute mich an und sagte: „Boris, ich kann mich nicht committen, wenn ich nicht genau weiß, was von mir erwartet wird."

Ich, in meiner Überheblichkeit, habe das erst abgetan. Ich sagte: „Ja, dann musst du halt warten. Die Frage wird schon während des Sprints geklärt werden."

Ich fuhr nach Hause. Und während ich fuhr, nagte etwas an mir. Ich spürte: Meine Antwort war nicht korrekt gewesen. Ich hatte den Entwickler abgespeist. Ich hatte ihm nicht geholfen. Ich hatte das Problem auf „später" verschoben.

Und dann dachte ich: Wie würde ich es denn anders machen, wenn ich jetzt Business Analyst wäre?

Zum Glück war ich Business Analyst gewesen – Ende der 1990er-Jahre bei Electronic Data Systems. Und ich wusste, was man tatsächlich aufschreiben muss, damit Entwicklungsmannschaften erfolgreich liefern können. Ich wusste, wie man Anforderungen klärt. Wie man Test Cases schreibt. Wie man sicherstellt, dass keine Frage offen bleibt.

Also begann ich genau das in meine Sprint Planning 1 Sessions einzubauen. Nicht nur: „Was soll das Feature können?" Sondern: „Wie testen wir es? Wie validieren wir es? Welche Fragen sind noch offen?" Und dann: diese Fragen sofort klären. Im Planning. Mit dem Product Owner. Mit dem Team. Gemeinsam.

Das hat alles verändert. Die Teams konnten sich committen – weil sie wussten, was zu tun war. Die Sprints liefen besser – weil es weniger Missverständnisse gab. Die Reviews wurden erfolgreicher – weil das Richtige gebaut wurde.

Die Macht des Rahmens: Sprint Planning 2

Im Sprint Planning 2 wird besprochen, wie wird das Produkt entwickelt. Hier liegt die Schwierigkeit darin, dass die Teams sich an das halten müssen, was der Fall ist. Das bedeutet: Sie haben nur eine begrenzte Zeit und sie haben nur begrenzte Ressourcen. Innerhalb dieser begrenzten Zeit und begrenzten Ressourcen müssen sie mit dem, was sie zur Verfügung haben, das fertige Produkt liefern.

Ich persönlich bin immer noch davon überzeugt, dass die beste Metapher oder das beste Beispiel für diese Situation der Moment ist, der in einem berühmten Film über die Apollo-13-Mission gezeigt wird: Der Chefingenieur der NASA geht zu seiner Bodenengineeringmannschaft, wirft ihnen einen Sack mit Material in den Raum und sagt: „Das ist das, was dort oben zur Verfügung steht. Ihr müsst einen Weg finden, wie das Kohlendioxid wieder aus der Luft hinauskommt. Wenn euch das nicht gelingt, werden die drei Astronauten im Apollo 13 auf dem Rückflug sterben."

Die Situation war zeitkritisch: Ed Smylie und sein Team von über 60 NASA-Ingenieuren hatten etwa zwei Tage Zeit, um mit den Materialien an Bord – einem Socken, einer Plastiktüte, Karton, Klebeband und Schläuchen – einen Adapter zu bauen, der die quadratischen Filter des Kommandomoduls in die runden Öffnungen des Mondlandemoduls passen würde. Die CO2-Werte stiegen gefährlich an, und ohne Lösung hätten die Astronauten eine Kohlendioxidvergiftung erlitten. Das Team schaffte es. Sie entwickelten die Lösung, kommunizierten sie den Astronauten, die das Gerät – später „Mailbox" genannt – zusammenbauten, und die CO2-Werte fielen sofort in den sicheren Bereich.

Wir erinnern uns an Nonaka: Er war davon überzeugt, dass das Team kreativ selbst die Lösung unter Zeitdruck finden würde. Genau das zeigt diese Apollo-13-Metapher. Es ist nicht so, dass sich dort Leute hinsetzen und gesagt bekommen, was sie zu tun haben.

Es gab keine Anforderungen in dem Sinne, wie genau dieser Adapter gebaut zu sein hat, sondern das Problem wurde dem Team hingeworfen und sie bekamen eine kurze Zeit, um es zu lösen.

Das ist ein kreativer Prozess, und darin liegt die Kraft in der Ko-Kreation der Kolleginnen und Kollegen. Genau das soll im Sprint Planning 2 erzeugt werden. Wir kennen die Sprint-Länge, wir kennen unsere Ressourcen und sind nun in der Lage – weil wir ja die Spezialisten sind –, gemeinsam eine Lösung für das Problem, also das Liefern der Features, zu entwickeln.

Daily Scrum: Synchronisation statt Status-Report

In jeder Challenge, in jeder Herausforderung, wenn Teams gemeinsam etwas entwickeln, ist es notwendig, dass sich die Teammitglieder synchronisieren können. Absprechen, den Standort festlegen, herausfinden, ob der Kollege das schon geliefert hat, was man für das eigene Vorankommen braucht, oder andere Dinge miteinander klären, Wissen verbreiten. Hier zeigt sich eine der mächtigsten Erfindungen von Scrum: das sogenannte Daily Scrum.

Jeder hat schon Projekt-Status-Meetings erlebt und Abgleich von Excel-Listen. Aber das ist kein Daily Scrum. Ein Daily Scrum ist die Idee gewesen, dass Menschen zusammenkommen und sich miteinander synchronisieren. Ich benutze den Begriff synchronisieren absichtlich an dieser Stelle: miteinander darüber zu reden, wo sie stehen, was es noch braucht, damit sie innerhalb der vorhandenen Zeit zum Ergebnis kommen.

Das sind keine Status-Meetings, sondern das sind Momente, in denen das Team sich darüber austauscht, wie weit sie in Bezug auf ihr Ziel bereits stehen. Für das Entwicklungsteam muss dieses Meeting gut moderiert werden, damit man das effektiv halten kann. Das ist die Aufgabe eines Facilitators, und das ist der Job unseres Scrum Masters in diesem Meeting.

Die Kunst der agilen Coaches war nicht das Meeting selbst, sondern die Tatsache, dass es den guten agilen Coaches und Teamleitern gelungen ist, dieses Meeting effektiv durchzuführen. Es begann mit der harten Regel von Jeff und Ken, dass dieses Meeting nicht länger als 15 Minuten dauern darf.

Ich wurde zu einem Coaching gerufen bei einem Kunden. Sie wollten mir zeigen, wie gut sie Scrum machten. „Schauen Sie sich unser Daily Scrum an," sagten sie stolz.

Ich betrat den Raum. Und was ich sah, war das schlimmste Daily Scrum, das ich je erlebt habe.

Stell dir vor: Du hast einen Raum, in dem zwei Schreibtische stehen. Hinter diesen Schreibtischen sitzen der Scrum Master und der Product Owner – jeder an seinem eigenen Tisch. Und sie haben ihre Füße auf den Tischen. Wie in einem schlechten Film.

Das Team steht in einer Reihe vor diesen beiden Tischen. Aufgereiht. Wie Soldaten beim Appell. Oder wie Gefangene im Gefängnishof.

Dann beginnt das „Daily Scrum". Der Scrum Master und der Product Owner lassen sich erzählen – in der klassischen Manier, wie man das ursprünglich mal im Scrum-Kontext gesagt hatte:

I. Was habe ich getan?

II. Womit habe ich ein Problem?

III. Was will ich morgen machen?

Einer nach dem anderen. Abgespult. Mechanisch.

Die Leute, die dort standen, taten mir wahnsinnig leid. Sie hatten ihre Köpfe gesenkt. Sie schauten auf den Boden. Sie hatten keine Lust auf dieses Meeting. Man spürte die Beklommenheit im Raum. Die Angst. Die Resignation. Es sah aus wie eine Szene in einem dieser amerikanischen Knastfilme, wo die Gefangenen zum Rapport antreten müssen.

Ich konnte es nicht mehr ertragen. Das Meeting endete. Ich ging direkt zum Scrum Master. Und ich habe ihn zusammengefaltet. Wirklich. Ich sagte: „Das Meeting wird ab sofort abgebrochen. Das macht ihr so nie wieder!“

Vielleicht war mein Ton zu hart. Aber ich hatte diese emotionale Beklommenheit gespürt. Diese Demütigung. Diese totale Fehlinterpretation dessen, was ein Daily Scrum sein sollte. Daily Scrums werden so nicht durchgeführt. Es ist kein Status-Report vor Vorgesetzten.

Es ist ein gemeinsames miteinander Arbeiten.

Eine Synchronisation unter Gleichgestellten.

Die verrückteste Geschichte zu Daily Scrums habe ich aber von einem anderen Kunden.

Sie wollten mir zeigen, dass sie das Daily Scrum „so toll“ machen. Die Scrum Masterin ging mit mir vor die Tür. Sie sagte: „Warten Sie hier kurz. Das Team bereitet sich vor.“

Ich war verwirrt. Vorbereiten? Worauf?

Dann öffnete sie die Tür wieder. Wir gingen rein. Das Team stand im Kreis. Das Task Board war sichtbar. Alles sah gut aus. Das Daily begann. Jeder sprach. Alles lief geordnet ab. Professionell. Strukturiert.

Nach dem Daily nahm ich die Scrum Masterin zur Seite. Ich sagte: „Warum musstest du mit mir rausgehen? Warum musste sich das Team vorbereiten?“

Sie lächelte. „Wir machen das immer so“, sagte sie. „Bevor das Daily Scrum beginnt, sprechen wir kurz durch, was jeder sagen wird. Wer was braucht. Was wichtig ist. Und dann machen wir das Daily.“

Ich schaute sie an. „Aber verstehst du, was du gerade gesagt hast?“ fragte ich.

Sie verstand nicht.

„Was ihr da gerade vor dem Daily gemacht habt – das war ein gutes Daily Scrum!“ sagte ich. „Das, was ihr dann im offiziellen Daily gemacht habt, war ein Status-Meeting. Ein Theater für mich.“

Ihr Gesicht wurde blass. Sie begriff es. Sie hatten das Daily Scrum zum Ritual gemacht. Zu einer Pflichtübung. Zu etwas, das man „abhakt“. Aber die echte Arbeit – die echte Synchronisation –, die hatten sie vorher gemacht. Ohne es zu merken.

Ein gutes Daily Scrum ist eine hochdiffizile Angelegenheit. Es kann schon fatal sein, wenn man ein Task Board einfach an die falsche Stelle im Raum legt.

Ganz häufig ist das zum Beispiel in irgendwelchen Fluren. Und da laufen während des Dailys ununterbrochen Leute durch diese Gruppe durch, weil da kein Platz ist. Menschen müssen durchlaufen. Und das stört alle. Das Team kann sich nicht konzentrieren. Die Synchronisation wird unmöglich.

An dieser Stelle sei meiner Verwunderung Ausdruck gegeben: Ich verstehe nicht, warum Scrum Master das zulassen. Man sieht doch, dass es nicht funktioniert. Da muss man sich doch überlegen, wie man es anders macht. Das ist zumindest mein Anspruch.

Ein Daily Scrum ist kein Status-Report. Es ist keine Pflichtübung. Es ist kein Appell. Es ist ein Moment, in dem das Team sich synchronisiert. In dem sie einander helfen. In dem sie Hindernisse identifizieren. In dem sie gemeinsam entscheiden, wie sie als Team zum Ziel kommen.

Wenn das Daily Scrum nicht so ist – wenn Menschen ihre Köpfe senken, wenn sie Angst haben, wenn sie sich vorbereiten müssen, wenn Menschen durchlaufen, wenn es mechanisch abgespult wird – dann ist es kein Daily Scrum. Dann ist es ein Problem, das gelöst werden muss.

Sprint Review: Validation durch den User

Wenn ein Team so voranschreitet und sich jeden Tag zu seinem Daily Scrum trifft und dabei jeweils die Probleme identifiziert, diese Probleme dann aus dem Weg räumt, damit das Team möglichst schnell das Ziel erreichen kann, dann wird es einen Moment geben, an dem das Team sagt: „Wir haben es geschafft!" Dieser Moment ist das Review. Im Review kommt das Team wieder zu einem Meeting zusammen und zeigt sich jetzt aber nicht gegenseitig das Product Increment, die Funktionalität, das Stück Service, sondern es zeigt dem User – also demjenigen, für den dieses Produkt ist –, was geschaffen und kreiert worden ist, um herauszufinden, ob der User das benutzen kann.

Stell dir das vor: Wir sind die Astronauten oben in der Raumkapsel der Apollo 13 und wir bauen nach, was uns die Ingenieure erzählt haben, und stellen fest: Es funktioniert! Das heißt, wir haben das Produkt ausprobiert. Genau das ist ein Review. Die Idee, dass der User zum Review kommt und hier das Product Increment des Teams nicht testet, sondern nutzt – und das Team auf diese Art und Weise validieren kann, ob die gefundene Lösung den Bedürfnissen unseres Users entspricht.

Es ist wichtig, an dieser Stelle zu betonen, *wie wichtig der User in diesen Meetings ist.* Zahllosen Scrum-Implementierungen gelingt das heute noch immer nicht. Selbst nach 20 Jahren Agilität ist es dem Management oft nicht beizubringen, wie wichtig es wäre, den User dabei zu haben. Ja, es ist zum Teil sogar den Entwicklungsteams heutzutage nicht zu vermitteln, wie wichtig das wäre, mit dem echten User zu sprechen. Mir ist das nach 20 Jahren Agilität einfach nicht mehr klar, warum das so ist. Ich könnte mich darüber aufregen, aber ein Review ohne Beteiligung des echten Users macht keinen Sinn.

Dass wir Workarounds erzeugen können, dass wir uns den User vorstellen können, dass, wenn wir den User nicht bekommen, wir mit einem anderen Entwicklungsteam oder mit Partnern arbeiten und dass die uns den User simulieren – all das ist möglich als Workaround. Aber ich betone an dieser Stelle noch einmal:

Wer Scrum in seiner Einfachheit nutzen möchte, muss so schnell wie möglich ein echtes Product Increment liefern und es dem User zeigen.

An dieser Stelle einfach die Metapher mit der Apollo 13 im Kopf behalten: Da geht es darum, etwas zu liefern, das funktioniert.

Dabei kann ich gut verstehen – dass am Anfang nicht klar ist, dass man den User dabeihaben muss. Denn das war ja in den ersten acht oder neun Jahren, in denen ich Scrum gemacht habe, auch bei mir das Problem. Ich hatte es gar nicht verstanden. Ich habe das erst begriffen, als wir uns mit Design Thinking auseinandergesetzt hatten und ich es in den ersten Implementierungen ausprobiert hatte – zum Beispiel im Projekt mit der Bank, wo wir in drei Tagen die Beratungs-App gebaut haben. Da wurde mir klar: Wir brauchen wirklich einen User. Erst als ich es selbst verstanden hatte, wie wichtig das ist, bin ich auch dem nachgegangen und habe dafür gesorgt, dass es passiert.

Doch machen wir uns klar, in klassischen Organisationen ist es einfach nicht gängig, dass man wirklich das, was gebaut wurde, sofort und immer dem End-User zeigt.

Doch wer mit Scrum arbeiten will, der muss verstehen – **der End-User muss ins Review**.

Ich bin nach 20 Jahren Agilität ein Stück weit am Ende mit meinem Latein – denn die vielen Ausreden machen einfach keinen Sinn. Es ist so offensichtlich, dass es gemacht werden muss. Und doch, die Organisationen tun es einfach nicht. Die Scrum Master geben immer viel zu früh auf und führen es nicht ein, weil „es ja nicht ginge“.

Meine Erfahrung ist aber: Sobald ich es wirklich will, finde ich auch irgendeinen Weg, es dem User zu zeigen.

Ken Schwaber hat etwas Ähnliches vor 25 Jahren in einem Training mal gesagt. Ein Review kann auch sein, dass ich mit meinem Laptop zum Fachbereich gehe – also zu dem Menschen, der es ausprobieren soll oder später nutzen soll – und ich zeig's ihm einfach mal. Man darf auch zunächst Versuche starten, um überhaupt an die echten User meiner Applikation heranzukommen.

Aber die meisten Teams tun das nicht. Sie zeigen dem Product Owner. Sie zeigen den Stakeholdern. Sie zeigen dem Management. Aber dem User? Dem Menschen, der es tatsächlich nutzen wird? Dem zeigen sie es nicht.

Und dann wundern sie sich, warum das Feature nicht genutzt wird. Warum die User sich beschweren. Warum das Produkt am Markt vorbei entwickelt wurde.

Das Review ohne User ist kein Review. Es ist eine Präsentation. Es ist ein Show-and-Tell für Manager. Aber es ist kein echtes Feedback. Es ist keine echte Validierung. Es ist Theater.

Und nach 20 Jahren Agilität – nach Tausenden von Trainings, Hunderten von Coachings, unzähligen Gesprächen mit Teams – verstehe ich immer noch nicht, warum das so schwer ist. Warum Teams nicht einfach sagen: „Wir brauchen einen User im Review. Lasst uns einen finden.“ Es ist, als hätten sie Angst. Angst vor echtem Feedback. Angst davor, dass der User sagt: „Das ist nicht, was ich brauche.“

Aber genau das ist der Punkt. Genau das wollen wir doch wissen. Lieber nach zwei Wochen herausfinden, dass wir in die falsche Richtung gelaufen sind, als nach sechs Monaten.

Product Increment: Was ist wirklich „fertig"?

Das Product Increment ist das Stück Produkt, das am Ende eines Sprints fertig ist und Wert liefert. Es ist ein nutzbares Stück des Produkts, das den Anforderungen der *Definition of Done* DoD entspricht und den aktuellen Level of Done erreicht hat. Die Definition of Done beinhaltet alle Arbeiten, die getan werden müssen, damit ein Product Increment nicht mehr weiter bearbeitet werden muss. Typischerweise zählen dazu: Dokumentation geschrieben, Tests durchgeführt und bestanden, Code kommentiert, bei Hardwareprodukten: Feinarbeiten abgeschlossen. Die DoD ist eine Checkliste: Wenn alles abgehakt ist, ist das Feature „done".

Der *Level of Done* definiert den Auslieferungsgrad. Er beschreibt, wie nah das Product Increment an der tatsächlichen Produktivnutzung ist. Das Team arbeitet sich über die Sprints hinweg von niedrigeren zu höheren Levels of Done vor, bis das Produkt auslieferbar ist.

Wenn wir geliefert haben, können wir den User dabei beobachten, wie er das Produkt benutzt, und sofort erkennen: wo unser Produkt noch Schwächen hat, wo wir neue Features entwickeln könnten, wo wir neue Ideen bekommen, was wir noch liefern können, wo noch nicht alles so rund läuft, wie wir uns das vorgestellt haben – obwohl es korrekt und funktional ist, also nicht buggy. Wir können diese Ideen dann wieder zurück ins Team spiegeln, vielleicht indem wir es zuerst in ein Product Backlog hineinschreiben – also eine Liste der Funktionalitäten, die wir liefern wollen.

Retrospektive: Gemeinsam besser werden

Wenn das geschafft ist, dann setzt sich das Team – das Entwicklungsteam, also Scrum Master, Product Owner und die Entwickler – noch einmal zusammen. Wir besprechen, wie man den Prozess oder das Produkt verbessern könnte. Also: Was könnten wir tun, um das Produkt noch effektiver, noch effizienter, noch schneller, noch user-freundlicher zu liefern? Da gibt es unzählige Möglichkeiten, woran es hängen kann, was unsere Produktqualität und unsere Lieferfähigkeit verbessern könnte. Das kann so was Banales sein wie: Wir brauchen besseren Kaffee, wir brauchen mehr Licht im Zimmer, wir müssen bessere Rechner benutzen, wir brauchen anderes Material. Das kann aber auch sein, dass wir Konflikte im Team bearbeiten müssen – und vieles mehr.

Dieser so erweiterte Deming Cycle mithilfe von Meetings nennt sich Scrum Flow, doch er ist noch nicht vollständig. All das, was ich gerade erklärt habe, vom Sprint Planning Meeting 1 bis zur Retrospektive, beschreibt in Wirklichkeit nur die Arbeiten, die das Entwicklungsteam gemeinsam mit dem Product Owner im Sprint selbst durchführt.

Die strategische Ebene: Vision, Backlog, Constraints

Was wir auch noch brauchen, ist eine klare Vorstellung davon, was wir liefern sollen – und das ist die sogenannte *Produktvision*. Diese entsteht in der sogenannten strategischen Ebene des Scrum Flows. Die strategische Ebene des Scrum Flows habe ich mir einfallen lassen, weil es ein Bild in die Zukunft ist. Wir überlegen: Wo wollen wir denn genau hin? Das ist der Job von Strategie. Deswegen unterscheide ich immer die taktische von der strategischen Ebene. Die taktische habe ich oben bereits erklärt und erwähnt – das ist der Sprint. Die strategische Ebene ist zum einen die Vorarbeit beziehungsweise die kontinuierliche Weiterentwicklung dieses Bildes in die Zukunft. Dazu gehört dann auch noch der Release-Plan beziehungsweise die Schätzungen, die wir durchführen müssen, damit wir wissen, ob etwas groß oder klein genug ist für einen Sprint.

Produktvision: Das Bild, das uns antreibt

Die strategische Ebene beginnt schon vor dem Projekt. Doch der klassische Scrum Flow sagt über die Zeit vor der Product Vision nichts. Es muss einen Zeitpunkt geben, an dem das Projekt, das Produkt, der Service initiiert wird. Irgendjemand in einer Organisation, das ist in der Regel der Auftraggeber, sagt: „Ich brauche ein neues Produkt. Einen neuen Service.“ Dann wird ein Projektteam zusammengestellt. Wie das genau funktioniert, darüber schweigt das agile Framework. Das macht auch jede Organisation ein wenig anders. Unser Modell, dieses agile Modell, beginnt mit dem Moment, wo wir ein Projektteam haben, und diesem Projektteam müssen wir ein klares Bild davon geben, was zu liefern ist.

Bevor es dieses klare Bild gibt, gibt es meistens eine Produkt- oder eine Service-Idee. Das heißt, der Auftraggeber braucht irgendetwas, hat ein Bedürfnis, möchte ein Problem lösen. Ich nenne das immer die *Produktidee.* Die Produktidee ist in der Regel verschwommen, darunter kann man sich wenig vorstellen. Ein wunderschönes Beispiel ist, wenn man zu Hause im Familienkreis vielleicht um den Küchentisch herum sitzt und darüber nachdenkt: „Wir sollten in den Urlaub fahren!“

Die Produktidee ist: Wir fahren in den Urlaub! Vielleicht ist auch schon klar, wann man in den Urlaub fahren möchte. Es könnten zum Beispiel die Sommerferien sein. Es ist auch – basierend auf dem Haushaltsplan, im Jahresbudget – klar, wie viel das kosten darf. Damit sind schon drei wesentliche Aspekte unseres Produkts definiert: Zeit (Sommerferien), Kosten (Budget), Team (wer betroffen ist). Beim Urlaub ist es relativ einfach. Da wissen wir, wer das „Lieferungsteam“ ist. Wir holen uns noch Dienstleister wie den Piloten oder die Servicekraft im Hotel, die das dann alles ermöglichen, indem wir es bezahlen.

Jetzt ist klar, wer das Entwicklungsteam (Airline, Bahn, Hotel, Familie, Hundepension ...) ist. Gut, alles definiert. Was uns fehlt, ist ein klares Bild, was aus unserer Produktidee „Wir fahren in den Urlaub!“ ein konkretes Produkt macht: Welche Art von Urlaub ist denn das jetzt? Das kann zuerst zwischen den Auftraggebern zu Konflikten führen, aber an irgendeiner Stelle muss jemand klarstellen: „Das ist es, was wir implementieren. Das ist das, was wir durchführen werden.“ Diese Rolle, die das in einem Scrum-Prozess macht, nennt sich der Product Owner. Er oder sie machen aus der Produktidee ein ganz konkretes Produktbild.

Also in unserem Fall: „Wir fahren in den Urlaub!" – das ist das, was wir vorhaben. Aber: Wir fahren nach Schottland. Wir gehen dort zusammen mit der Familie wandern und wir machen Sternwanderungen, weil wir die Rucksäcke nicht schleppen wollen. Wir kennen jetzt unsere Produktvision. Das ist bei Produkten genauso möglich wie in meinem Familien-Beispiel: Ein elektrisches Auto, das es so am Markt noch nicht gibt, eine Kamera mit völlig neuen Features, ein Fahrrad mit innovativer Technologie, eine neuartige Funktionalität in unserem ERP-System, ein neues Buch, das wir schreiben wollen.

Mir kommt es an dieser Stelle nicht darauf an klarzustellen, was das Produkt genau ist. Hier geht es darum, dass deutlich wird: Die Product Vision muss für alle ein klares Bild haben. Die Produktvision ist immer ein klares und deutliches Bild davon, was zu liefern ist – ein Bild, das alle Teammitglieder versteht und das den Auftraggeber überzeugt. Ein Bild, bei dem jeder weiß: Genau das bauen wir.

Die Agile Community hat unzählige Varianten entwickelt, wie man Produktvisionen für Teams so aufbereitet, dass sie klar und verständlich werden. Hier kann man zum Beispiel bei Roman Pichler und seinen Büchern über Produktmanagement im Scrum-Umfeld fündig werden. Roman Pichler entwickelte 2011 das Product Vision Board, eines der bekanntesten Templates für Produktvisionen. Es besteht aus fünf Elementen: Vision (der ultimative Zweck), Target Group (wer sind die User und Kunden), Needs (welches Problem lösen wir), Product (was sind die Standout-Features), Business Goals (welche Ziele soll das Produkt für das Unternehmen erreichen). Eine gute Vision sollte nach Pichler sein: inspirierend, geteilt, ethisch, prägnant, ambitioniert und beständig.

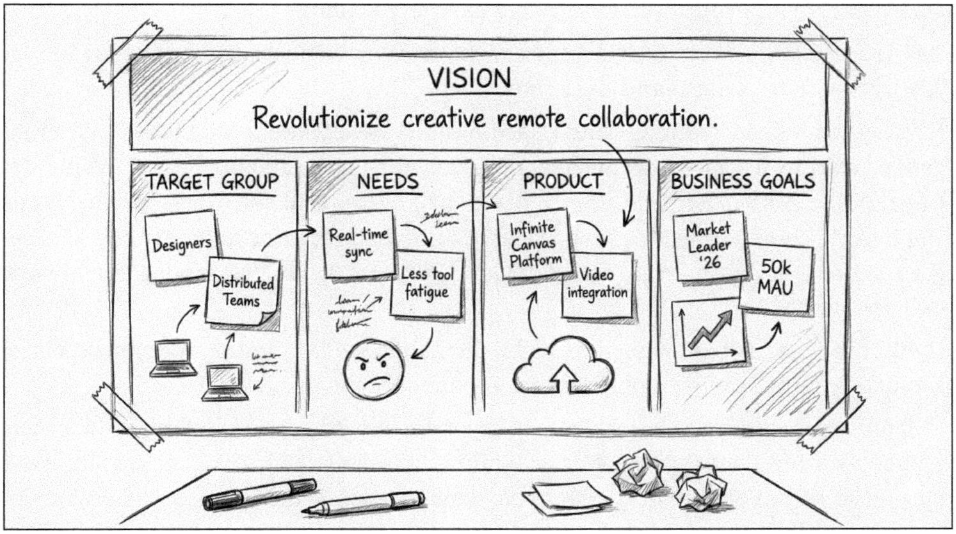

Oder – und das ist das Verfahren, das ich heutzutage nutze – man beschreibt das Problem, das man lösen möchte. Also zum Beispiel: Ich fahre in den Urlaub, oder ich möchte eine neue Gesetzesinitiative. Mithilfe von Claude oder ChatGPT iteriere ich um diese Produktvision herum und nutze die Kreativität der Maschine. So entwickle ich die Produktvision innerhalb von wenigen Minuten. In Trainings nutze ich dieses Vorgehen. Wir beginnen mit dem, was mir ein:e Trainingsteilnehmer:in sagt. Wir starten zum Beispiel mit dem, was er oder sie gerade im Projekt macht. In der Regel haben wir nach ungefähr drei Minuten eine Version unseres Produkts, die allen in der Trainingsgruppe so gut gefällt, dass es sich lohnt zu entwickeln (dazu mehr im letzten Kapitel).

Aus meiner Sicht muss die Product Vision *bildhaft* sein. Das ist das erste und wichtigste Kriterium. Wir müssen uns ja vorstellen können, was wir dort entwickeln. Das kann man dann mithilfe von Midjourney oder auch von Gemini wunderbar mit wenigen Sätzen und einem Prompt in Szene setzen. Wichtig bleibt – ob mit den Tools von Roman oder mithilfe von AI entwickelt: Diese Produktvision sollte klar und verständlich, kurz und prägnant sein – also kein ewig langer Satz, sondern ein gut lesbarer Satz – und sie muss *emotional attraktiv* sein.

Um das zu illustrieren, benutze ich im Training immer das Beispiel der Produktvision aus Mozarts **Zauberflöte**. Da singt Tamino die berühmte Arie „Dies Bildnis ist bezaubernd schön“, als er das Bildnis von Pamina sieht. Die bildhafte Darstellung dieser Frau, in die er sich verliebt, ist die emotionale Attraktivität – bildhaft ist es auch. Es bringt ihn dazu, durch alle Widrigkeiten hindurch zu dieser Frau zu eilen, durch den Zauberwald, und er schafft es, allen Herausforderungen entgegenzugehen, um sie zu finden. Das ist der Inbegriff einer Vision: Ich will da unbedingt hin!

Das Traurige an Produktvisionen – sie existieren nicht

Das Traurigste an Produktvisionen ist nicht, dass sie schlecht geschrieben sind. Das Traurigste ist, dass die Teams gar keine haben.

Ich frage immer in Trainings und Coachings die Development-Mitglieder: „Wisst ihr genau, warum ihr morgens aufsteht? Warum ihr dieses Produkt baut? Wofür das Ganze?“ Die Antworten sind immer die gleichen. Leere Blicke. Unsicherheit. Dann: „Ja, es gibt ja einen Projektauftrag.“ Oder: „Wir haben mal eine halbe Stunde darüber gesprochen, was wir machen sollen.“ Oder: „Der Product Owner hat das irgendwann mal erwähnt.“

Die Konsequenz ist: Sie wissen es nicht. Sie haben keine Ahnung, warum sie dieses Produkt bauen. Sie wissen nur, dass sie es bauen sollen.

Stell dir vor, du bist ein Entwickler. Du sitzt vor deinem Rechner. Du schreibst Code. Acht Stunden am Tag. Fünf Tage die Woche. Wofür? Du weißt es nicht. Es gibt User Stories. Es gibt Tasks. Es gibt ein Backlog. Aber es gibt kein Warum. Keinen Sinn. Keine Vision.

Wie motiviert bist du? Wie engagiert? Wie innovativ kannst du sein, wenn du nicht verstehst, warum das, was du baust, wichtig ist?

Das Schreiben von Produktvisionen ist nicht kompliziert – wie oben beschrieben. Man kann heute ChatGPT bitten, einem dabei zu helfen. Man kann mit dem Team brainstormen. Man kann Roman Pichlers Product Vision Board nutzen. Man kann ein Canvas ausfüllen. Es gibt hundert Wege, eine gute Vision zu entwickeln.

Und trotzdem wird es nicht gemacht. Trotz des phänomenal guten Buches „Start with Why“ von Simon Sinek, in dem er zeigt, wie wichtig es ist, mit dem „Warum“ zu beginnen – trotz all dem wird dieser Schritt in der Entwicklung eines Produkts immer noch unterschätzt.

Warum? Weil es sich anfühlt wie „Nice to have“. Weil es Zeit kostet. Weil Manager denken: „Wir wissen doch, was wir bauen wollen. Lasst uns einfach anfangen.“ Weil Product Owner überfordert sind. Weil Teams denken: „Das ist nicht unser Job.“

Aber die Konsequenz ist verheerend. *Teams ohne Vision sind Schiffe ohne Kompass.* Sie rudern. Sie bewegen sich. Aber sie wissen nicht, wohin. Und am Ende stellen sie fest: Wir sind am falschen Ort angekommen. Ich habe Teams erlebt, die monatelang entwickelt haben – ohne zu wissen, warum. Sie haben Features gebaut, die niemand wollte. Sie haben Probleme gelöst, die niemand hatte. Sie haben Code geschrieben, der nie genutzt wurde. Nicht weil sie schlecht waren. Sondern weil niemand ihnen gesagt hatte: Das ist der Grund, warum wir das Produkt bauen. Hier, das ist das Problem, das wir lösen. Das ist die Welt, die wir schaffen wollen.

Eine gute Vision ist kein Marketing-Slogan. Es ist kein Bullet-Point in einer PowerPoint. Es ist ein Bild. Ein Bild, das jeder im Team sehen kann. Ein Bild, das inspiriert. Ein Bild, das Entscheidungen leitet.

Mozarts Tamino singt in der Zauberflöte: „Dies Bildnis ist bezaubernd schön.“ Er sieht das Bild von Pamina – und er weiß sofort: Das ist, wohin ich will. Das ist, wofür ich kämpfe. Das ist eine Vision.

Das brauchen Teams auch. Ein Bild, das sie sehen können. Ein Bild, das sie anzieht. Ein Bild, das sie morgens aufstehen lässt und denken: „Ja. Dafür lohnt es sich."

Ohne das? Ohne das Motiv ist alles nur Beschäftigung. Tasks. Backlog Items. Meetings. Aber kein Sinn. Keine Bedeutung. Keine Motivation.

Wenn du ein Product Owner bist – oder ein Scrum Master, der mit seinem Product Owner arbeitet –, dann tu mir einen Gefallen: Schreibt eine Vision. Heute. Jetzt. Setzt euch eine Stunde zusammen. Nutzt ChatGPT, wenn ihr nicht wisst, wie. Nutzt das Product Vision Board von Roman Pichler. Aber schreibt etwas auf. Etwas, das das Team sehen kann. Etwas, das inspiriert.

Und dann – und das ist fast noch wichtiger – teilt es mit dem Team. Nicht in einem Meeting, wo es in Slide 37 versteckt ist. Sondern wirklich. Hängt es an die Wand. Sprecht darüber. Fragt das Team: „Versteht ihr, warum wir das haben wollen? Inspiriert euch das? Wollt ihr das auch?"

Wenn die Antwort „Ja" ist – dann habt ihr eine Vision.

Wenn die Antwort „Nein" ist – dann überarbeitet sie. Gemeinsam mit dem Team. So lange, bis sie funktioniert.

Das ist keine verschwendete Zeit. Das ist die wichtigste Zeit, die ihr investieren könnt. Denn ohne Vision? Ohne Vision ist alles andere nur Lärm.

Rahmenbedingungen: Was bestimmt unser Produkt wirklich?

Nachdem wir jetzt die Produktvision haben, stellt sich die entscheidende Frage: Was definiert das Design und das Aussehen unseres Produkts mehr? Die Produktvision – also in unserem Fall vielleicht: Wir brauchen eine Rakete, oder wir wollen ein Auto bauen? Oder die Rahmenbedingungen, die gegeben sind? Folgende Überlegung dazu:

Welches Auto entsteht 1907, wenn ich ein Auto für die Massen produzieren möchte?

Welches Auto entsteht in den 1930er-Jahren, wenn ich ein Auto für die Massen produzieren möchte?

Welches Auto entsteht in den 1960er-Jahren in Deutschland, wenn ich ein Auto für die Massen produzieren möchte?

Die Antwort ist für die meisten, mit denen ich diese Frage stelle, offensichtlich: 1907 – Ford Model T. 1930 der VW Käfer. In den 1960er und 1970er-Jahren in Deutschland war es der Golf. Was bestimmte das Design unseres Autos für die Massen?

Achtung – die Produktvision ist immer die gleiche gewesen: Wir wollen das Auto für die Massen bauen. Das heißt, es muss auch erschwinglich sein.

Es können nur die veränderten Rahmenbedingungen sein – und das bedeutet: *Die Rahmenbedingungen sind wichtiger als die Produktvision.* Die Rahmenbedingungen bestimmen am Ende des Tages, was wir bauen und wie wir es können.

Rahmenbedingungen können alles Mögliche sein, was unser Produktbild, also unsere Produktvision, einrahmt: Zeit (die verfügbare Zeit für unser gesamtes Produkt), Geld (wie viel Kapital ich für ein bestimmtes Produkt habe), Material (was kommt heraus, wenn ich mein Haus mit Holz bauen will, oder wenn ich es in Stahl und Beton bauen möchte), Regularien (Gesetze, Standards, Compliance-Anforderungen), Skills des Teams (ein Team kann nur bauen, was es bauen kann). An dieser Stelle ist es wichtig, sich klarzumachen: Wir brauchen die Kenntnis der Rahmenbedingungen, wir müssen sie finden.

Einige Rahmenbedingungen sind offensichtlich, wie Zeit und Budget. Doch andere Rahmenbedingungen findet man nur durch Stakeholder-Interviews heraus. Zu den Stakeholdern gehört auch das eigene Entwicklungsteam. Man fragt die Teammitglieder: Welche Technologie müssen wir verwenden? Kennt ihr Legal Requirements? Gibt es technologische Constraints? Welche Skills-Probleme müssen wir berücksichtigen? Andere Aspekte findet man nur dadurch heraus, dass man zu den Fachabteilungen geht – Marketing, Sales, Qualitätssicherung – und nach deren Bedürfnissen für unser Produkt fragt. Eine typische Rahmenbedingung sind Qualitätssicherungsstandards, die von QS-Abteilungen vorgegeben wurden und eingehalten werden müssen. Das ist eine Menge Arbeit, die ein Product Owner hat – und sie darf nicht unterschätzt werden.

Wenn ich mit Teams spreche, sind die Rahmenbedingungen häufig das, was am wenigsten klar ist. Alle glauben, sie wissen, in welchem Umfeld sie sich bewegen können. Doch am Ende zeigt sich, dass genau dieses Umfeld nicht eindeutig definiert oder durchdrungen ist. Der Product Owner hat den Job, mit den Stakeholdern zu sprechen – das heißt, mit den Menschen, die von unserem Produkt betroffen sind oder die einen Stake in unserem Produkt haben. Das sind in großen Organisationen alle möglichen Abteilungen, die von uns etwas erwarten, damit wir eines ihrer Bedürfnisse befriedigen können. Der Product Owner sollte nicht nur einmal, sondern regelmäßig während der Laufzeit unseres Projekts diese Bedürfnisse, Rahmenbedingungen und Constraints abfragen und schauen, ob sie noch immer gültig sind. Ich empfehle, einmal im Monat die Constraints, also die Rahmenbedingungen, zu erfragen und zu schauen, ob sie noch immer gültig sind.

Rahmenbedingungen übersehen – das Desaster, das vermeidbar gewesen wäre

Rahmenbedingungen sind immer das Problem. Immer.

Das vielleicht spektakulärste Beispiel dafür ist der Berliner Flughafen BER. Die Eröffnung war ursprünglich für 2011 geplant. Sie wurde verschoben. Und verschoben. Und verschoben. Erst 2020 – neun Jahre später – öffnete der Flughafen endlich seine Türen.

Was war passiert? Es gab viele Gründe. Aber einer der Hauptgründe war: Das Brandschutzsystem funktionierte nicht. 55 000 Rauchmelder. 750 Kilometer Kabel. Alles musste neu geplant, neu verkabelt, neu getestet werden. Die Rauchmelder waren nicht miteinander vernetzt. Die Entrauchungsanlage funktionierte nicht wie vorgesehen. Die Fluchtwege entsprachen nicht den aktuellen Vorschriften.

Das Problem war nicht, dass niemand von Brandschutzvorschriften wusste. Das Problem war: Die Vorschriften hatten sich während der Bauzeit geändert. Und niemand hatte das konsequent überprüft. Niemand hatte die Rahmenbedingungen systematisch getrackt. Die Planer gingen von Vorschriften aus, die galten, als das Projekt begann – nicht von denen, die galten, als gebaut wurde.

Das Ergebnis: ein finanzielles Desaster. Die Kosten explodierten von ursprünglich 2 Milliarden Euro auf über 7 Milliarden Euro. Neun Jahre Verzögerung. Ein nationales Peinlichkeitsprojekt.

Aber es ist nicht nur der Berliner Flughafen. Das gleiche Problem sehe ich in fast jedem Projekt, in fast jedem Coaching, das ich mache. Entwicklungsteams kommen erst im Nachhinein darauf, dass sie Dinge hätten berücksichtigen müssen, die ihnen vorher niemand gesagt hatte.

In einem meiner Projekte bei einer Versicherung entwickelte ein Team über sechs Monate hinweg eine neue Beratungsapplikation. Sechs Monate. Mehrere Sprints. Alles lief gut. Die Reviews waren erfolgreich. Das Feature war technisch einwandfrei. Dann, kurz vor dem Go-Live, kam jemand aus der Rechtsabteilung.

„Das können wir so nicht ausrollen“, sagte er. „Das verstößt gegen die neue Konzernrichtlinie.“

Das Team war fassungslos. „Welche Richtlinie? Wovon redest du?“

Es stellte sich heraus: Während das Team entwickelt hatte, war eine neue Richtlinie in Kraft getreten. Niemand hatte das Team informiert. Niemand hatte geprüft, ob die neue Richtlinie Auswirkungen auf das Projekt hatte. Das Ergebnis: drei Monate zusätzliche Arbeit. Features mussten umgebaut werden. Die Architektur musste angepasst werden. Das Go-Live wurde verschoben.

Das war vermeidbar gewesen. Vollkommen vermeidbar. Wenn jemand – der Product Owner, ein Compliance-Beauftragter, irgendjemand – die Rahmenbedingungen systematisch überprüft hätte.

In fast jedem Projekt, in fast jedem Coaching, in fast jedem Training, in dem ich das Thema Rahmenbedingungen anspreche, bestätigt man mir: „Ja, das ist uns auch passiert.“ Oder: „Ja, wir haben uns diese Mühe tatsächlich nicht gemacht.“

Ich kann es hier nur fett unterstreichen: **unbedingt die Rahmenbedingungen immer wieder überprüfen!**

Nicht einmal am Anfang. Nicht „wenn wir daran denken“. Sondern regelmäßig. Systematisch. Mindestens einmal pro Monat sollte der Product Owner – oder jemand, der diese Verantwortung übernimmt – durch alle bekannten Rahmenbedingungen gehen und prüfen:

Haben sich gesetzliche Vorschriften geändert? Gibt es neue Compliance-Anforderungen? Haben sich technologische Standards verändert? Gibt es neue Sicherheitsrichtlinien? Hat sich das Budget verändert? Hat sich der Zeitplan verändert?

Das klingt nach viel Arbeit. Aber es ist nichts im Vergleich zu den Kosten, wenn man es nicht tut. Der Berliner Flughafen ist der Beweis. Mein Versicherungsprojekt ist der Beweis. Und wahrscheinlich kannst du, wenn du dieses Buch liest, an mindestens ein Projekt denken, in dem genau das passiert ist.

Rahmenbedingungen sind wie die Luft, die wir atmen. Wir denken nicht darüber nach – bis sie plötzlich fehlt. Dann ist es zu spät.

Key-Features und Product Backlog

Auf der strategischen Ebene, wenn man die Produktvision und die Rahmenbedingungen hat, ist immer auch klar: *Was ist das wichtigste Feature oder die wichtigste Eigenschaft unseres Produkts beziehungsweise unserer Dienstleistung*? Denn das ist im Grunde der Grund, warum wir dieses Produkt bauen.

Wer auf den Mond will und eine Rakete entwickelt, der wird sagen: „Ja, die wichtigste Eigenschaft ist, damit auf den Mond zu kommen und die Menschen in diesem Raumschiff am Leben zu erhalten." Das sind die beiden Key-Funktionalitäten. Wenn diese nicht erfüllt sind, brauchen wir nicht loszufliegen.

Jetzt wird jeder kommen und sagen: „Ja, es gibt noch zig andere Funktionalitäten, die notwendig sind, wie zum Beispiel mit der Bodenstation in Kontakt zu bleiben." Das ist alles korrekt.

Aber es gibt Funktionalitäten, die machen unser Produkt überhaupt erst aus. Das gilt für ein Auto, ein Fahrrad, eine Kaffeemaschine, ein Röntgengerät, ein MRT – egal. Wir wissen immer: Was ist die Basis oder die fundamentale Eigenschaft oder Funktionalität unseres Produkts? Und die ist bereits bekannt zu Anfang unseres Produkts oder unseres Vorhabens.

Es gibt darüber hinaus aber noch viele andere Produkteigenschaften, Produktfeatures, Funktionalitäten, die wir finden können. In der Regel macht es Sinn, sich mit seinem Entwicklungsteam, also den Developern, zusammenzusetzen und mit ihnen gemeinsam diese Funktionalitäten herauszufinden.

An dieser Stelle noch einmal kurz erwähnt: Es wäre sinnvoll, sich nur so viele neue Funktionalitäten auszudenken, wie man im ersten Sprint bauen kann, weil es gar keinen Sinn macht, mehr zu entwickeln und mehr zu überlegen – das führt wieder zu einem großen Backlog und auch zu einem Frontloading, das ich vermeiden wollte. Diese Liste der Funktionalitäten – das ist das **Product Backlog**.

Diese Liste der Funktionalitäten hat eine Gewichtung oder auch eine Reihenfolge. Diese hängt davon ab, dass wir möglichst das zuerst entwickeln sollten, was am meisten Wert für die Organisation oder für das Team hat. Bei der Priorisierung gibt es verschiedene Ansätze: Am häufigsten orientiert man sich am Wert für den User – was bringt dem User den größten Nutzen? Daneben spielen auch Risiko und Unsicherheit eine Rolle – oft macht es Sinn, das Riskanteste zuerst zu bauen, um früh zu lernen. Schließlich müssen technische Abhängigkeiten berücksichtigt werden – manche Features setzen andere voraus. Die Kunst besteht darin, diese drei Faktoren auszubalancieren. Jemand muss klar kommunizieren, welche Funktionalitäten zuerst entwickelt werden sollen und welche später entwickelt werden sollen. Das ist die Aufgabe des Product Owners. Wir sollten schauen – ich wiederhole das hier gerne –, dass wir möglichst wenig Funktionalitäten am Start haben, also zu Beginn, damit wir nicht zu viel Arbeit aufwenden und den ersten Sprint starten können.

Backlog Refinement: Klein genug für einen Sprint?

Hat man dieses erste Backlog jetzt formuliert, gibt es noch einen weiteren Arbeitsschritt zu tun. Das Development Team und der Product Owner sollten wissen, ob die Funktionalität, die der Product Owner für einen Sprint auswählt, klein genug definiert ist, damit es in *einem* Sprint baubar ist. Wie bei unserer berühmten Rakete: Es ist absurd, einem Team zu sagen: „Baut uns sofort die gesamte Rakete im ersten Sprint." Das macht keinen Sinn. Oder daran zu denken: „Schreibt uns ein gesamtes Buch innerhalb von einer Stunde." Das geht so nicht. Weil das nicht geht, müssen wir die Funktionalitäten, also die Schritte dessen, was wir liefern wollen, kleiner bekommen. Dafür macht man ein weiteres Meeting, das sogenannte Backlog Refinement Meeting.

Das Backlog Refinement ist dafür die Lösung: ein *kurzes* Meeting, in dem man gemeinsam mit den Entwicklungsmannschaften nur bespricht, ob die Funktionalitäten klein genug sind, um im nächsten Sprint begonnen zu werden. Sind sie das nicht, müssen sie in diesem Meeting aufgebrochen werden in kleinere Funktionalitäten, die dann entwickelbar sind.

Der häufigste Fehler im Backlog Refinement: Hier diskutiert die Entwicklungsmannschaft mit dem Product Owner oft schon darüber, wie genau etwas umgesetzt wird und wie detailliert die User Stories sein müssen. Es wird bereits über klare Requirements gesprochen. Die Arbeit, die später im Sprint Planning 1 stattfinden soll, wird schon im Backlog Refinement gemacht – und das ist unproduktiv. Warum? Nicht nur, weil der Product Owner bis zum Sprint Planning 1 noch entscheiden könnte, dass er das gar nicht machen möchte. Sondern auch, weil dann doch wieder nicht alle entscheidenden Rollen im Raum sind, um diese Arbeit leisten zu können. Das Meeting, um das zu tun, gibt es ja bereits – das nennt sich Sprint Planning 1.

Release-Plan: Wann können wir liefern?

Jetzt haben wir alles zusammen: Wir haben den Workflow von der Produktidee über die Produktvision mithilfe der Constraints entwickelt, wir haben ein Backlog erarbeitet aus der Liste der Funktionalitäten und können mithilfe eines Backlog Refinements nun erste Schätzungen vornehmen, ob etwas klein genug ist für den nächsten Sprint.

Beginnt man erst mit einem Scrum-Projekt, haben wir keine weiteren Daten. Wir wissen nicht, wie viel ein Team abarbeiten kann. Also ist es hiermit erst mal getan. Ein Projekt kann in diesem Moment auch noch keinen Release-Plan erstellen. Das ändert sich nach dem ersten, zweiten und dritten Sprint rapide. Denn dann haben wir ein erstes Indiz für die Menge des *Durchflusses* erzeugt, wir wissen, wie viel ein Team momentan liefern kann. Wir wissen, was es geliefert hat, und können basierend auf dieser Idee – wie viel es momentan in Story Points liefern kann und die Länge unseres Backlogs – extrapolieren, wann wir welche Funktionalität liefern könnten, basierend auf ihrer Priorität und ihrer Größe. Dann kann ein Release-Plan entstehen.

Der Release-Plan selbst ist im Grunde nichts weiter als die Extrapolation aus bereits gefundenen Daten und der Weiterführung dieses Projekts.

Detaillierter und genauer geht es nicht.

Zusammenfassung: Die dritte Perspektive

Damit haben wir die dritte Perspektive auf Scrum erarbeitet. Wir kennen jetzt die Rollen in Scrum: Scrum Master, Product Owner, Development Team. Die Meetings in Scrum: Sprint Planning 1 & 2, Daily Scrum, Review, Retrospektive, Backlog Refinement. Die Artefakte: Produktvision, Liste der Constraints, Product Backlog, Features (oft als User Stories beschrieben), Product Increment als Ergebnis, Release-Plan.

Das führt uns zur **vierten Perspektive**: wie heute, 2025, Scrum implementiert werden muss. Was eine Kombination aus Scrum und Design Thinking, Mob Programming und der Überlegung ist, die wir erst dann verstehen, wenn wir **Little's Law** und die **Warteschlangentheorie** verstanden haben.

Deshalb hier mein Cliffhanger: Ich werde die vierte Perspektive auf Scrum, also Scrum 3.0, erst in Kapitel 5 erklären. Wir brauchen jetzt erst in Kapitel 4 die Klarheit, was Design Thinking tatsächlich ist, und ein gemeinsames Verständnis über die Grundlagen des Lean Managements.

Erst dann kann ich euch die vierte Perspektive vorstellen. Erst dann können wir die einzig sinnvolle Art, Scrum zu praktizieren, verstehen.

1.6 Fokus und Exploration – Warum weniger tatsächlich mehr ist

Dieses Kapitel kann man mit zwei Worten beschreiben: **Fokus** und **Exploration**.

Fokus ist nicht nur ein Scrum-Wert – er ist in Wirklichkeit das, was heute Scrum-Teams, Entwicklungsteams und selbst ganze Organisationen erfolgreich macht. Egal, welches Management-Framework wir oben gesehen haben: Im Kern sagen sie alle das Gleiche. *Fokussiere dich auf eine Sache, um dann sogar mehr im gleichen Zeitabschnitt zu erreichen.*

Das alte Sprichwort „Weniger ist mehr" stimmt tatsächlich – wenn wir bereit sind zu verstehen, dass weniger pro Zeiteinheit auf die gesamte Zeit gesehen mehr Output liefert. Um das mir nicht nur einfach als bloße Behauptung abnehmen zu müssen, werden wir uns in diesem Kapitel mit zwei grundsätzlichen Gesetzmäßigkeiten beschäftigen:

Little's Law und eine vereinfachte Variante der Queuing Theory, der **Warteschlangentheorie**. Diese beiden werden uns zeigen, warum es so wichtig ist, ein möglichst kurzes Product Backlog zu haben und fokussiert zu arbeiten.

Die Krankheit der meisten Unternehmen ist, dass viel zu viele Dinge gleichzeitig bewältigt werden sollen. Ich bezeichne das heutzutage als *das* klassische Führungsversagen. Denn der Job von Führungskräften ist ja, Zusammenarbeit herzustellen und Menschen Orientierung zu geben. Wenn man seinem Team aber gleichzeitig viele Aufgaben gibt – die möglicherweise noch nicht einmal zusammenhängen – und sie auch noch mit Daily Work zuschüttet, mit strategischen Initiativen und dem Entwickeln von neuen Produkten, dann wissen die Menschen in diesem Team nicht mehr, was jetzt tatsächlich wichtig ist. Der Fokus geht komplett verloren.

Dann kann auch kein **Flow** entstehen, wie uns **Mihály Csíkszentmihályi** ja immer wieder erklärt hat: dass Menschen dann in den Flow kommen, wenn sie konzentriert und fokussiert an einer Sache arbeiten können – und das im Rahmen ihrer Möglichkeiten. Führungskräfte, die das zulassen – wahrscheinlich aus schlichter Bequemlichkeit, weil sie sich nicht die Mühe machen wollen, Teams auszurichten und zu entscheiden, was wir nicht tun wollen –, sind das eigentliche Problem. Als Führungskräfte müssen wir das konsequent vermeiden.

Ich werde es hier mit Little's Law versuchen zu erklären, warum das sinnvoll ist. Aber am Ende des Tages liegt die Lösung darin, dass Führungskräfte lernen müssen, ihre Teams zu schützen und dafür zu sorgen, dass sie konzentriert und fokussiert arbeiten können.

Faszinierenderweise wissen wir das in der agilen Welt seit den Anfängen. Seit Jeff Sutherland und Ken Schwaber mit Scrum begonnen hatten zu sagen: Wir versuchen, ein Team mithilfe des Sprints, der Timebox, gewissermaßen unter eine Vakuumglocke zu stellen, damit dieses eine Team konzentriert und fokussiert an dieser einen Sache arbeiten kann.

Ich erinnere mich an mein erstes Scrum Master Training im Jahr 2003 in Edinburgh. Ken Schwaber erklärte uns, dass die meisten Teams deswegen ineffektiv sind, weil sie eben nicht konzentriert und fokussiert an ihrer Sache arbeiten können, sondern sich ständig gestört fühlen. Der Job des Scrum Masters sollte es also sein, die Teams von diesen Störungen zu befreien. Ken zeigte dazu ein Bild auf seiner PowerPoint-Slide: eine Taucherglocke. Er wollte uns damit klar machen: Wir müssen dringend dafür sorgen – als Scrum Master –, dass die Teams konzentriert und fokussiert arbeiten können. Diese Grundidee war also schon immer da.

Mittlerweile beweist die Wissenschaft, was Ken Schwaber intuitiv wusste. Die Evidenz ist überwältigend. Ich habe zur Beweisführung drei Studien herausgesucht, die zeigen: *Multitasking vernichtet Produktivität.* Eine umfassende Studie der Stanford University über ein Jahrzehnt zeigte, dass Menschen, die häufig viele Medien gleichzeitig nutzen, signifikant schlechter bei einfachen Gedächtnisaufgaben abschneiden. In etwa der Hälfte der Studien zeigten Heavy Media Multitasker deutlich schlechtere Leistungen bei Arbeitsgedächtnis- und Aufmerksamkeitsaufgaben. Und es gab keine einzige veröffentlichte Studie, die eine positive Beziehung zwischen Multitasking und Gedächtnisleistung zeigte.

Eine Forschungsarbeit der National Institutes of Health dokumentierte, dass Menschen fast immer länger brauchen, um eine Aufgabe zu erledigen, und dabei mehr Fehler machen, wenn sie zwischen Aufgaben wechseln. Diese Task Switch Costs – die Verringerung der Leistungsgenauigkeit oder Geschwindigkeit durch das Wechseln zwischen Aufgaben – sind typischerweise unvermeidbar. Eine Daily-Diary-Studie mit 33 Berufstätigen in der Lebensmittelindustrie zeigte: An Tagen, an denen die Arbeitszeit stark über viele Aufgaben fragmentiert war, erlebten die Menschen weniger Flow und ihre Arbeitsleistung war deutlich niedriger. Multitasking verhindert Flow – jenen Zustand, in dem Menschen Höchstleistungen erbringen.

Es gilt: **Man sollte eine Sache nach der anderen machen.**

Später haben wir verstanden, dass es für all das das sogenannte Little's Law gibt. Little's Law ist eine der elegantesten und gleichzeitig mächtigsten Erkenntnisse, die uns die Mathematik geschenkt hat. Und das Schöne daran: Man braucht keine Differentialgleichungen, um es zu verstehen.

Stell dir vor, du stehst in einem Supermarkt an der Kasse. Vor dir stehen fünf Leute, und die Kassiererin schafft es, pro Minute eine Person abzukassieren. Frage: Wie lange wirst du warten müssen, bis du dran bist? Die Antwort ist offensichtlich: fünf Minuten. Genau das ist Little's Law. Es sagt: Lead Time = Work in Progress / Throughput. Oder in Worten: Lead Time (Durchlaufzeit) ist, wie lange es dauert, bis eine Aufgabe fertig ist. Work in Progress (WIP) ist, wie viele Aufgaben gerade in Arbeit sind. Throughput (Durchsatz) ist, wie viele Aufgaben pro Zeiteinheit fertig werden.

In unserem Supermarkt-Beispiel: WIP = 5 Personen (stehen vor dir), Throughput = 1 Person pro Minute, Lead Time = 5 Minuten. Nehmen wir an, ein Entwicklungsteam hat 20 User Stories in Arbeit. Das Team schafft es, zwei User Stories pro Woche fertigzustellen. Wie lange dauert es, bis eine User Story vom Start bis zur Fertigstellung kommt? Lead Time = 20 / 2 = 10 Wochen. Zehn Wochen! Das ist zweieinhalb Monate, bis eine User Story fertig ist – obwohl das Team jede Woche zwei Stories abschließt.

Jetzt stellen wir uns vor, das Team reduziert sein gesamte Backlog auf vier User Stories. Es schafft weiterhin zwei Stories pro Woche: Lead Time = 4 / 2 = 2 Wochen. Plötzlich ist jede Story in zwei Wochen fertig, statt in zehn Wochen. Gleicher Throughput. Fünfmal schneller. Das ist nicht Magie. Das ist Mathematik. Und genau deswegen ist es so wichtig: ein kurzes Product Backlog zu haben und grundsätzlich WIP-Limits einzuführen, im Sprint fokussiert an wenigen Dingen zu arbeiten, Multitasking zu vermeiden. Little's Law zeigt uns: weniger gleichzeitig = schneller fertig. Das ist die mathematische Wahrheit hinter dem Scrum-Wert „Fokus". Und ja – es ist sinnvoll, das gesamte Backlog kurz, also mit wenigen Backlog Items, zu halten.

Geh morgen ins Office. Schau auf euer Backlog. Zähl die User Stories, die gerade „in Progress" sind. Mehr als drei? Dann stoppe sofort die Arbeit daran, neue Stories aufzunehmen – oder im Sprint neue Stories aus dem Sprint Backlog zu beginnen. Arbeitet nur noch an dem, was schon angefangen ist. Bringt es zu Ende. Erst dann – und wirklich erst dann – nehmt ihr die Arbeit an der nächsten Story auf. Beobachtet, was passiert.

Little's Law ist so frappierend. Und es gibt ein wunderbares Spiel, mit dem man innerhalb von wenigen Minuten jedem Teammitglied zeigen kann, wie wichtig es ist, das Backlog zu reduzieren: das Coin Game (manchmal auch Penny Game genannt). Man braucht: 20 Münzen, 4–6 Personen, die sich in einer Reihe an einen Tisch setzen, pro Arbeitsstation eine Stoppuhr, und in Trainings spielen wir es so, dass eine Consultant die jeweilige Arbeitsstation misst. Jede Person repräsentiert eine Station in einem Produktionsprozess: Analyst, Designer, Developer, Tester, Deployment. Die letzte Person ist der Kunde. Die Aufgabe: Jede Person muss die Münzen umdrehen (das ist die „Arbeit") und dann an die nächste Person weitergeben.

In Runde 1 werden alle 20 Münzen als ein Batch weitergegeben. Die erste Person dreht alle 20 Münzen um, stapelt sie und gibt den gesamten Stapel an Person 2 weiter. Person 2 macht das Gleiche. Und so weiter. Gemessen wird: Wann kommt die erste Münze beim Kunden an? Und wie lange hat jede einzelne Arbeitsstation gebraucht. Wann sind alle 20 Münzen fertig? In Runde 2 werden die Münzen in Batches von 5 weitergegeben. Person 1 dreht 5 Münzen um und gibt sie weiter. Während Person 2 diese 5 bearbeitet, kann Person 1 schon die nächsten 5 umdrehen. Wieder wird gemessen: Erste Münze? Alle fertig? In Runde 3 wird immer nur eine Münze weitergegeben. Person 1 dreht eine Münze um, gibt sie weiter, dreht die nächste um. Die Münzen fließen durch das System.

Was passiert? In Runde 1 dauert es vielleicht 60 Sekunden, bis die erste Münze beim Kunden ankommt. Alle 20 Münzen sind nach 80 Sekunden fertig. In Runde 3 kommt die erste Münze nach vielleicht 15 Sekunden beim Kunden an. Alle 20 Münzen sind nach 40 Sekunden fertig. Halb so lange. Bei der gleichen Arbeit. Nur durch kleinere

Batches. Das ist Little's Law in Aktion. Das ist der Beweis, den man anfassen kann. Man sieht auch, dass die Arbeitsstationen selbst sich nicht signifikant verbessern.

2018 arbeitete ich mit einem Entwicklungsteam bei einer großen deutschen Versicherung. Acht Entwickler, ein Product Owner, ein Scrum Master. Zwei-Wochen-Sprints. Sie fühlten sich gut. Sie hatten ihre Scrum Ceremonies, ein Backlog, führten die Refinements durch, doch es wurde zum Ende des Sprints nicht viel fertig. Die Dailys waren offenbar so langweilig, dass Entwickler fernblieben, und der Burn-Down-Chart ließ keinerlei Sicht über den Fortschritt des Teams im Sprint zu. Das Problem: Sie hatten in jedem Sprint neun bis zwölf User Stories „in Progress". Manche seit Wochen – denn, die seien einfach zu groß. Der Scrum Master war verzweifelt. „Wir kommen einfach nicht durch." Im Sprint Review: zwei Stories fertig. Von neun.

Ich zeigte ihnen das Coin Game. Spielten es durch. Alle verstanden es. „Ja, klar, macht Sinn." Dann die Frage: „Wie viele Stories habt ihr gerade in Progress?" Schweigen. „Neun." „Okay. Ab morgen: WIP-Limit 3. Maximal drei Stories gleichzeitig in Progress. Wer fertig ist mit seiner Story, nimmt die nächste vom Backlog. Nicht vorher." Widerstand. „Das geht nicht. Wir haben Abhängigkeiten. Wir warten auf andere Teams. Während wir warten, müssen wir doch was anderes liefern. Wir—" Ich war beinhart – und natürlich dachten alle, ich hätte sie nicht alle, würde ihre Probleme nicht verstehen. „Probiert es eine Woche." Eine Woche später: fünf Stories fertig. Von drei in Progress. Nach drei Wochen: sieben Stories fertig pro Sprint. WIP konstant bei drei. Das Team war effektiver geworden. Nicht weil sie härter arbeiteten. Sondern weil sie fokussierter arbeiteten. In diesem Team war zu Anfang noch nicht an Mob-Programming zu denken. Das hätte sie komplett gegen mich aufgebracht.

Es gibt also Hoffnung. Wenn wir mit unseren Kunden bei ihren konkreten Projekten – auf welcher Ebene auch immer – arbeiten können, dann gelingt es, den Fokus zu entwickeln. Als Scrum Master ist es uns dann möglich, nicht über Priorisierungen zu faseln und damit im abstrakten Problem zu bleiben, sondern *durch einfache Fragen ins Konkrete zu kommen.* Dann bewegen sich plötzlich Teams und die Arbeitsweisen ändern sich. Die Dysfunktionalität wird nicht durch Vernunft, gar Einsicht aufgelöst, sondern nur durch konkretes Umsetzen. Oft reicht nicht einmal das Taskboard, ob es elektronisch als Tool auf unserem Rechner vorliegt oder wir es uns an die Wand getackert haben.

Nein – es benötigt Führung. Die Führung des Scrum Masters in diesem Moment, das Team zum Fokussieren zu bewegen.

Meine Erfahrung ist immer wieder: Wenn wir dieses Spiel gespielt haben, sind alle Menschen, die es gespielt haben, verwirrt. Sie sind verwirrt, weil sie gerade körperlich erfahren haben, dass Little's Law tatsächlich funktioniert. Sie haben es mit ihren eigenen Händen gemacht. Sie haben gesehen, wie die Münzen schneller fließen.

Trotzdem können sie das nicht in den Arbeitskontext übersetzen. Offensichtlich ist der konkrete Arbeitsalltag, die erlebte Realität, so anders, dass selbst Little's Law so kontraintuitiv erscheint, dass selbst diese Erkenntnis nicht zu Verhaltensänderungen führt. Nicht zum Auflehnen gegen „zu viel zu tun".

Spielt das Coin Game in eurer nächsten Retrospektive. Dauert 15 Minuten. Dann stellt die Frage: „Wie viele Stories haben wir gerade in Progress?" Schreibt die Zahl an die Wand. Dann fragt: „Wie viele sollten es sein?" Und einigt euch auf ein WIP-Limit. Ein WIP-Limit von 3 ist ein guter Start, wenn man gar keine Daten hat. Bei großen Teams vielleicht 5. Macht es eine Woche lang. Nur eine Woche. Und schaut, was passiert. Doch Vorsicht – das sind nur erste Anfangsrichtwerte. Ihr müsst messen! Findet heraus, wie viele Stories ihr wirklich sinnvoll bearbeiten könnt.

Vielleicht liegt das daran, wie es schon Sokrates im Menon gezeigt hat: dass Erkenntnis zu zwei Dingen führen kann. Im platonischen Dialog Menon stellt Sokrates eine fundamentale Frage: Wie können wir nach Erkenntnis suchen, wenn wir nicht wissen, wonach wir suchen? Und wenn wir sie finden, wie erkennen wir, dass wir sie gefunden haben? Sokrates zeigt dann an einem ungebildeten Sklaven-Jungen, dass Erkenntnis bereits in uns angelegt ist – wir müssen sie nur „erinnern". Der Junge löst ein komplexes geometrisches Problem, ohne es je gelernt zu haben. Die Erkenntnis war schon da. Aber: Menon selbst ist von dieser Erkenntnis so überwältigt, dass er in eine Art Lähmung verfällt. Er versteht intellektuell, aber kann nicht handeln. Die Konsequenz ist zu groß. Genau das passiert beim Coin Game.

Erkenntnis kann zu echter Verhaltensänderung führen. Was ich auch emotional verstanden habe – was für mich bedeutet, dass die Realität ganz anders ist –, das verändert mich. Ich erinnere mich an ein philosophisches Seminar, in dem wir über die Philosophie von Peter Singer gesprochen haben. Eine unserer Kommilitoninnen kam zu der Erkenntnis, dass auch Kühe offensichtlich ein Bewusstsein haben. Sie war von diesem Moment an nicht mehr in der Lage zu sagen: „Ich töte ein Tier, um es zu essen." Weil sie damit dieser Erkenntnis widersprochen hätte – dass sie ein bewusstes Wesen nicht töten möchte. Die Erkenntnis hatte sie fundamental verändert. Sie wurde Veganerin.

Doch die meisten Menschen gehen nach einem solchen Erkenntnisschock in die Verneinung. Sie erkennen es zwar. Sie verstehen es auch, ganz praktisch gezeigt wie beim Coin Game. Aber die Erkenntnis auszuleben, damit etwas zu machen, würde so viel Veränderung bedeuten. Es würde bedeuten: ab jetzt systematisch anders zu arbeiten, „Nein" zu sagen zu vielen Projekten gleichzeitig, bewusst in den Widerstand gegen Dysfunktionalitäten zu gehen, mit dem Management zu kämpfen. Und das ist zu viel. Also sagt man: „Ja, das ist eine interessante Erkenntnis. Und das mag auch in diesem Spiel so sein. Und das mag auch in Büchern so stehen. Aber das reale Leben – das ist ja dann doch wieder anders."

Ich bin, trotz dieser Verweigerung, ein unverbesserlicher Optimist. Deswegen zeige ich euch in diesem Buch Little's Law und die Queuing Theory. Weil ich glaube: Wenn ihr es anwendet, habt ihr einen höheren Output. Vielleicht sogar schneller. Das Paradoxon ist: Wenn ich eine lange Liste von Dingen habe, die ich abarbeiten muss, und ich quasi ignoriere, was der untere Teil dieser Liste beinhaltet – mich überhaupt nicht darum kümmere, sondern erst dann anfange, mich um diesen Teil zu kümmern, wenn ich den oberen Teil bereits abgearbeitet habe – dass ich dennoch alles, also die gesamte Liste, schneller abarbeiten kann. Das ist in Wirklichkeit das Wunder. Oder die Quadratur des Kreises. Ein Stück weit paradox. Um das noch besser zu erklären, müssen wir uns die Queuing Theory – die Warteschlangentheorie – anschauen.

Die **Warteschlangentheorie** sagt etwas sehr Einfaches und gleichzeitig sehr Erschreckendes: Mit steigender Auslastung eines Systems wächst die Höhe der Warteschlange exponentiell. Stell dir eine Notaufnahme in einem Krankenhaus vor. Es gibt einen Arzt, der Patienten behandelt. Im Durchschnitt dauert die Behandlung eines Patienten 30 Minuten. Bei 50 % Auslastung kommt pro Stunde im Durchschnitt 1 Patient. Der Arzt arbeitet also 30 Minuten und hat 30 Minuten Pause. Wenn ein Patient kommt, wird er sofort behandelt. Die durchschnittliche Wartezeit? Null.

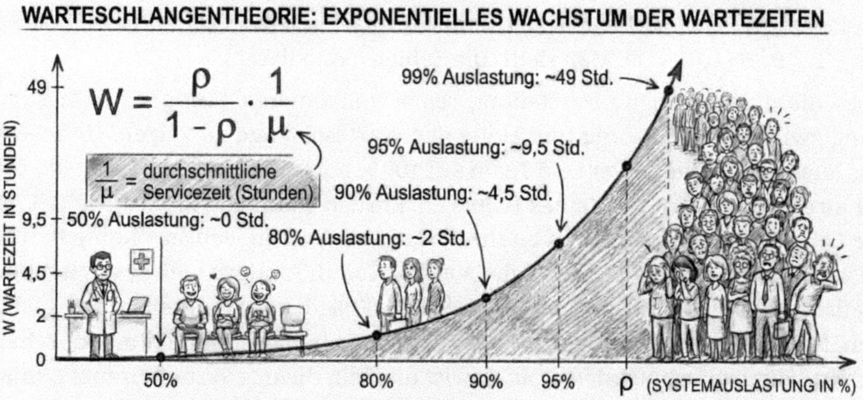

WARTESCHLANGENTHEORIE: EXPONENTIELLES WACHSTUM DER WARTEZEITEN
Mit steigender Auslastung eines Systems wächst die Höhe der Warteschlange exponentiell. Beispiel: Notaufnahme.

Bei 80 % Auslastung kommen pro Stunde im Durchschnitt 1,6 Patienten. Der Arzt arbeitet 48 Minuten pro Stunde und hat 12 Minuten Slack. Patienten müssen manchmal warten, aber nicht lange. Die durchschnittliche Wartezeit? Etwa 2 Stunden. Bei 90 % Auslastung kommen pro Stunde im Durchschnitt 1,8 Patienten. Der Arzt arbeitet 54 Minuten pro Stunde und hat 6 Minuten Slack. Die Wartezeiten explodieren. Die durchschnittliche Wartezeit? Etwa 4,5 Stunden. Bei 95 % Auslastung kommen pro Stunde im Durchschnitt 1,9 Patienten. Der Arzt arbeitet 57 Minuten pro Stunde und hat 3 Minuten Slack. Die durchschnittliche Wartezeit? Etwa 9,5 Stunden. Bei 99 % Auslastung kommen pro Stunde im Durchschnitt 1,98 Patienten. Der Arzt arbeitet fast die gesamte Stunde. Die durchschnittliche Wartezeit? Etwa 49 Stunden – mehr als zwei Tage.

Das ist keine Übertreibung. Das ist Mathematik. Je näher wir an 100 % Auslastung kommen, desto länger werden die Wartezeiten. Nicht linear, sondern exponentiell. Bei 100 % Auslastung geht die Wartezeit gegen Unendlich. Das System kollabiert. Jetzt kommt der wichtige Teil für uns als Führungskräfte: *Die Warteschlangentheorie zeigt, dass bei etwa*

80 % Auslastung die durchschnittliche Anzahl der Elemente in der Warteschlange bei etwa 3 liegt. Das bedeutet: 3 Items im Backlog = etwa 80 % Auslastung, 5 Items im Backlog = etwa 90 % Auslastung, 10 Items im Backlog = etwa 95 % Auslastung, 20 Items im Backlog = System am Rande des Kollapses. Wenn dein Team also ein Backlog von 20 User Stories hat, arbeitet es nicht effizienter. Es steht kurz vor dem Stillstand.

Ich muss an dieser Stelle ehrlich sein: Das, was ich hier zeige, ist eine vereinfachte Darstellung der Warteschlangentheorie. Die echte Formel – man kann sie auf Wikipedia unter „Queuing Theory" oder „M/M/1 queue" nachschlagen – ist wesentlich komplexer. Sie berücksichtigt Varianz, Ankunftsraten, Servicezeiten und vieles mehr. Die mathematische Formel für die durchschnittliche Anzahl der Elemente in einem System (L) lautet: $L = \rho / (1 - \rho)$, wobei ρ (Rho) die Auslastung ist. Wenn man das ausrechnet: Bei 50 % Auslastung: L = 0,5 / 0,5 = 1, bei 80 % Auslastung: L = 0,8 / 0,2 = 4, bei 90 % Auslastung: L = 0,9 / 0,1 = 9, bei 95 % Auslastung: L = 0,95 / 0,05 = 19, bei 99 % Auslastung: L = 0,99 / 0,01 = 99. Man sieht: Die Zahlen explodieren.

Aber diese vereinfachte Darstellung reicht vollkommen aus, um den Zusammenhang zwischen Auslastung und Höhe der Warteschlange zu zeigen. Und sie reicht aus, um zu verstehen: Wer sein Team auf 100 % auslasten will, bekommt 0 % Output. Schau dir die Auslastung deines Teams an. Ehrlich. Läuft das Team auf 100 %? Sitzen die Leute jeden Tag 8 Stunden an ihren Aufgaben? Keine Pausen? Keine Luft? Dann hast du ein Problem. Nicht, weil die Leute faul sind. Sondern weil das System mathematisch kollabiert. Gib deinem Team Slack. 20 % der Zeit sollte frei sein. Für: Lernen, Nachdenken, Refactoring, Gespräche im Team oder einfach mal durchatmen. Das ist keine verschwendete Zeit. Das ist die Zeit, die das System braucht, um nicht zu kollabieren.

Die vorangegangenen Abschnitte haben uns also gezeigt, warum Fokus zu mehr Output führt. Ich betone hier noch einmal das Wort **Fokus**, um in meiner Variation von Scrum – die wir gleich im nächsten Kapitel besprechen werden – deutlich zu machen: Es geht mir nicht darum, Backlogs zu priorisieren. Das ist für viele möglicherweise ein Schock. Es ist auch eine Provokation. Denn fast alle reden immer davon, dass man ja das Product Backlog priorisieren muss. Hier entsteht ein scheinbares Paradoxon: Einerseits sage ich: „Wir müssen das Product Backlog nicht priorisieren." Denn wenn wir fokussiert arbeiten und Little's Law anwenden, liefern wir schneller – und damit am Ende doch alles. Andererseits muss ich anfangen. Ich muss eine erste User Story wählen. Einen ersten Sprint planen. Ist das nicht auch Priorisierung?

Die Auflösung liegt darin, was ich priorisiere – oder besser: wie viel. Ich priorisiere nicht ein großes, elaboriertes Backlog mit 50 User Stories, von denen ich die wichtigsten 20 heraussuche und gewichte. Stattdessen frage ich: Was ist das Allerwichtigste? Die eine Sache, mit der wir anfangen müssen? Ich hatte an anderer Stelle schon gesagt: Es geht darum, dass wir nur so viel Arbeit ins Backlog geben, damit wir überhaupt starten können. Wir beginnen unser Scrum-Projekt dann, wenn wir genug Arbeit für einen Sprint haben – nicht mehr. Das bedeutet: Wir vermeiden Front Loading von Anfang an. Wir wollen nicht dazu kommen, dass wir ein großes Backlog haben, das wochenlang ausgearbeitet und gewichtet wurde.

Hier zeigt sich, woher Scrum ursprünglich mal kam: Dass man ein Backlog überhaupt priorisieren musste. Ursprünglich waren Backlogs ja nichts anderes als die Überschriften aus den Pflichtenheften der Auftraggeber. Hunderte von Anforderungen. Alle „urgent". Alle „wichtig". Die ganzen Arbeiten, die in Scrum 2.0 drinstecken – wie wir sie gesehen haben –, führen ja dazu, dass wir uns darüber Gedanken machen müssen, wie wir das abgearbeitet bekommen: Backlog Refinement, Story Points, Velocity, Priorisierung nach Business Value. Aber was, wenn wir auf der grünen Wiese anfangen?

Fängt man systematisch korrekt an – so wie auf der grünen Wiese –, will man das Front Loading von Anfang an vermeiden. Man fängt dann mit dem Wichtigsten zuerst an – und nur damit. Man ist systematisch fokussiert.

Das ist keine Priorisierung eines Backlogs. Das ist die Beantwortung der Frage: Womit müssen wir unbedingt anfangen? Die Antwort kann nicht nur sein: der offensichtliche Wert für das Business. Vielmehr kann diese Frage unterschiedlich beantwortet werden: Vielleicht wollen wir wissen, ob das Dev-Team ausreichendes Know-how hat, um die Aufgaben zu lösen. Es kann sein, ob die technologische Idee, unsere Architektur, unsere Werkzeuge, die wir einsetzen, das Problem lösen kann, oder ob unser Geschäftsmodell trägt.

Fokus war also immer das eigentliche Thema. Aber wie zeigt der Product Owner – oder wie findet er heraus – was nun das Wichtigste ist? Angenommen, er weiß nicht genau, was Sache ist. Denn: Wir kennen das Problem ja noch gar nicht, wir kennen die Technologie noch gar nicht, möglicherweise kennen wir auch noch das Geschäftsmodell nicht. Also braucht es eine Methode, die den Product Owner nicht im Regen stehen lässt. Im Sinne von: Der Product Owner weiß es – oder er weiß es eben nicht.

Hier kommt eine Methode zum Einsatz, die genau dafür entwickelt wurde: **Design Thinking**. Es beantwortet drei zentrale Fragen: Was ist das echte Problem? Für wen lösen wir es? Wie finden wir heraus, ob unsere Lösung funktioniert?

David Kelley von der d.school in Stanford entwickelte die Ideen, die ich hier jetzt darstelle, bereits in den mittleren 90er-Jahren. Steelcase arbeitete damit. Apple. Einige Filme wurden damit entwickelt. Die d.school hat dann auch einen Spin-Off gegründet, der heißt IDEO – die Firma, die aus dieser d.school entstanden ist. Ich war in Stanford und ich habe mir die d.school angeschaut. Es sieht dort anders aus, als man sich eine Universität vorstellt. Der Raum, in dem das alles stattfindet, ist vergleichbar mit einer Werkstatt. Da gibt es Zeichenmaterial, da gibt es Sägen, Stifte, Kleber, Papier, Karton und alles andere, was man benutzen kann, um Prototypen zu bauen und sich etwas auszudenken. Man merkt sofort: Da wird ein kreativer Raum erzeugt, in dem Menschen systematisch arbeiten. (Die Skizze, die ich gemacht habe, ist ein künstlerisches fiktives Bild dazu.)

Ich möchte euch die Idee dahinter an einem Beispiel verdeutlichen, das mir immer wieder einfällt. Ich war mit 18 Jahren in der Pantomimen-AG meiner Schule, der Elly-

Heuss-Schule in Wiesbaden. Wir waren eine der wenigen Schulen, die Pantomime machten, und wir waren im Wiesbadener Staatstheater zur Aufführung bei den Schultheater-Tagen eingeladen. Ich war nicht in einem Haushalt groß geworden, in dem man Holzböden hatte. Holzböden waren für mich etwas sehr Wertvolles. Als ich dann den Bühnentechniker fragte, wie ich denn diese Wand befestigen soll, die wir brauchten, um dahinter unseren Fahrstuhl zu simulieren – das ist eine Pantomimentechnik –, sagte der zu mir: „Nimm den Nagel und schlag das da einfach ein." Ich bin komplett aus den Wolken gefallen. Man kann doch nicht in einen Holzboden einen Nagel hineinschlagen! Er sagte zu mir: „Doch, doch. Das ist ein Arbeitsboden."

Genau das macht einen Design-Thinking-Raum aus: Das ist eine Werkstatt, die benutzt wird. Die Wände sind dazu da, bekritzelt zu werden. Der Boden ist dazu da, Nägel reinzuschlagen. Hier geht es darum, auszuprobieren. In dieses Umfeld steckt man nun ein multidisziplinäres Team, um Probleme zu lösen, von denen wir noch nicht einmal wissen, ob wir das Problem richtig verstanden haben. Der Design-Thinking-Prozess beginnt da, wo Henry Ford eigentlich aufgehört hat.

Es gibt diesen berühmten Spruch, der Henry Ford zugeschrieben wird: „Wenn ich meine Kunden gefragt hätte, was sie gerne hätten, hätten sie schnellere Pferde haben wollen." Ob Henry Ford dieses Zitat tatsächlich so gesagt hat, ist historisch umstritten. Es gibt keine direkte Quelle dafür. Aber das Zitat ist so prägnant und verbreitet, dass es den Kern des Problems perfekt beschreibt – unabhängig davon, ob Ford es wirklich sagte oder nicht. Dieser Spruch sagt eigentlich alles: Wir dürfen nicht einfach den Kunden fragen, was er haben möchte. Wir nennen den Kunden in unserem Fall ja den User – wir dürfen den User nicht fragen, was er haben möchte. Denn es kommt immer das Gleiche heraus: Der User wird uns immer sagen: das Gleiche, was er schon hat, nur ein bisschen besser.

Das ist die Erfahrung, die ich schon bei Electronic Data Systems als Business Analyst gemacht habe. Immer, wenn ich die Fachbereiche gefragt hatte: „Wie soll es denn sein, was braucht ihr denn genau?" – kam eigentlich immer das Gleiche. Große Augen. Große Fragezeichen. Dann die Antwort: „Ja, wäre ganz toll." Wenn ich dann eine Idee hatte und fragte: „Machen wir diese Variante oder diese Variante?" – kam immer heraus: „Ja, wir hätten gerne beides." Es zeigt sich also: Der Ansatz in der klassischen Entwicklung von Produkten – dass wir erst eine Analyse machen – läuft *immer* ins Leere.[10]

Nonaka und Takeuchi hatten uns das ja in The New New Product Development Game bereits gezeigt: dass ein Team sich selbst auf den Weg macht. Genau das wird in Design Thinking professionalisiert.

Design Thinking ist wieder eine Implementierung des Deming Cycles – oder des agilen Mantras: Ask the Team, Deliver, Retrospect, Repeat. Es beginnt alles mit der grundsätzlichen Produktidee – oder besser: einer Ahnung. Man weiß zwar, dass man ein Problem hat, kann es aber noch nicht genau benennen.

Es gibt unzählige Beispiele dafür, wo Design Thinking erfolgreich eingesetzt worden ist. Vielleicht eines der berühmtesten ist, wie Doug Dietz von GE Healthcare mithilfe von Design Thinking das MRT so umgebaut hat, dass Kinder darin keine Angst mehr haben. Die Lösung war – aus der Sicht von jetzt, wo wir wissen, was die Lösung ist – relativ simpel. Aber was war das Thema?

Phase 1 ist erst mal herauszufinden, was das eigentliche Problem für unsere Kinder ist. Diese Phase nennt sich *Empathize* – Einfühlung. Hier wird darüber nachgedacht, indem man die Kinder beobachtet und die Menschen, die in diesem Moment mit den Kindern arbeiten: im Krankenhaus die Ärzte, die Pflegerinnen, die medizinisch-technischen Assistentinnen, die das MRT bedienen. Man beobachtet, wie sich die Kinder momentan verhalten. Man fragt diese Menschen so gut es geht aus, um herauszufinden, was passiert. Vielleicht beobachtet man auch selbst durch den Screen, während Kinder mit ihrer Familie dieses MRT durchführen.

Man stellt dann fest: Die Kinder haben Angst vor dieser Röhre. Vor dem Krach. Vor der Dunkelheit. In dieser Röhre und in so einer Situation ist es sehr schwierig für ein Kind, die Luft anzuhalten und ruhig und still sitzen zu bleiben, damit das MRT eine vernünftige Aufnahme machen kann. Wir stellen fest: Die Kinder haben Angst, es ist ungemütlich in diesem MRT, die Kinder können nicht stillhalten. Wir können uns, glaube ich, bei dieser Geschichte sehr gut in dieses Kind hineinversetzen. Ein Kind, das vielleicht drei oder vier Jahre alt ist. Eine Lösung, ein Kind ruhig zu stellen, ist es zu sedieren – was man aber nicht wirklich machen möchte.

[10] Mir ist klar, dass jetzt sofort Widerstand entsteht. Nein – natürlich könnt ihr Menschen diese Dinge fragen. Doch aus meiner Sicht ist der Ansatz falsch. Deshalb diese Formulierung.

Design Thinking zeigt hier bereits, dass wir das Kind natürlich nicht fragen: „Wie hättest du gerne, dass das MRT ist?" Also unseren User. Sondern dass wir erst mal einfach nur herausfinden: Wie geht es unserem User in dieser Situation tatsächlich?

Nachdem wir herausgefunden haben, was das tatsächliche Problem ist, und uns in dieses Kind hineinversetzen können, beginnt das Design-Thinking-Team – das meistens aus unterschiedlichen Spezialist:innen besteht, also ein multidisziplinäres, cross-funktionales Team darstellt – darüber nachzudenken, wie man dieses Problem konkret definieren kann.

In der *Define*-Phase geht es darum, aus den Beobachtungen und der Empathie eine klare Problemstellung zu formulieren. Nicht: „Kinder haben Angst im MRT." Das ist zu allgemein. Sondern präziser: „Wie können wir für Kinder zwischen 3 und 7 Jahren die MRT-Untersuchung so gestalten, dass sie ohne Sedierung ruhig liegen bleiben können?" Die Define-Phase übersetzt das diffuse Gefühl „Da ist ein Problem" in eine konkrete, lösbare Fragestellung. Sie schafft Fokus für das Team.

Jetzt gehen wir in die nächste Phase: *Ideate*. Wie könnte man dieses Problem lösen? Hier ist tatsächlich der Ansatz eines Designers: *Das Team designt eine Lösung*. Basierend auf: dem Wissen der Teammitglieder, ihrem technologischen Verständnis, den Möglichkeiten, die sie haben – in diesem Fall bei unserem Beispiel des MRT: was man mit so einem MRT alles machen kann. Es entstehen verschiedenste Ideen und Möglichkeiten, was man hier als Lösung für das Problem erzeugen könnte. Das kann auf unterschiedliche Weise geschehen: Brainstorming-Verfahren, Brainwriting, ganz einfach: darüber nachdenken, durch den Wald laufen, Ideen sammeln. Heute kann man das auch mit KI unterstützen. Da wir nicht ganz genau wissen, welche unserer Ideen tatsächlich funktioniert, müssen wir ausprobieren.

Das Kind können wir auch hier nicht wieder fragen. Man kann nicht hingehen und sagen: „Du, was hältst du davon, wenn wir simulieren, du wärst in einer Weltraumkapsel? Oder in einem Boot und könntest dir von unten die Fische anschauen?" Was soll ein dreijähriges Kind darauf antworten? Das geht nicht. Folglich müssen wir das Kind – unseren User – in die Situation bringen.

Es ist teuer, ein MRT gleich komplett umzubauen und diese Lösungen am echten Gerät zu erzeugen. Aber wir können einen *Prototyp* bauen. Wir können ein Modell entwickeln. Vielleicht aus Sperrholz, schön angemalt. Den Krach und das Wackeln des MRT kann man simulieren. Statt eines eingebauten Fernsehers, der später eingebaut werden soll, kann man erst mal nur mit einem Bild arbeiten. Man will herausfinden: Wie finden die Kinder das? Dann nimmt man Kinder mit und lässt sie in diesem Prototyp spielen. Man beobachtet, was sie davon halten. Man kann sie dann fragen: „Würdest du mal kurz die Luft anhalten?" Dann wackelt man ein bisschen, macht Krach über ein Tonband – und findet auf diese Weise heraus, ob der Prototyp tatsächlich funktioniert.

Ob es tatsächlich funktioniert, erfahren wir in der Phase: Test (oder *Evaluate*). Hier beobachten wir die Kinder. Wir entdecken für uns, ob dieser Ansatz Früchte trägt und unsere Hypothese stimmt. Die Hypothese war: Wir bauen ein Weltraumabenteuer oder eine Unterwasserlandschaft. Wir lassen die Kinder glauben, sie seien unter Wasser oder im Weltraum. Wir spielen mit ihnen dieses Abenteuer.

Ob das für die Kinder funktioniert? Wie man aus der berühmten Case Study entnehmen kann: Es funktionierte tatsächlich. Und war erfolgreich. Doug Dietz und sein Team bei GE Healthcare entwickelten mehrere Themen-MRTs: das Piratenschiff-Abenteuer, das Dschungel-Camp, das Weltraum-Abenteuer. Die Ergebnisse waren beeindruckend: Die Sedierungsrate sank von etwa 80 % auf unter 10 %, Kinder baten ihre Eltern, wiederkommen zu dürfen, die Patientenzufriedenheit stieg dramatisch.

Ich habe diese berühmte Geschichte aus der Literatur gewählt, weil sie so gut dokumentiert ist und man sie in den entsprechenden Quellen nachlesen kann. Ich kann aus den Prozessen, die wir selbst in unserem Unternehmen beobachtet haben, bestätigen, wie gut dieser Ansatz funktioniert. Andere Beispiele für diesen Prozess: Auf einer Konferenz erzählte uns eine Dame vom Hessischen Rundfunk, dass man auf diese Art und Weise den agilen Portfolio-Prozess mit einem Design-Thinking-Team entwickelt hat. Wir selbst haben Design-Sprints durchgeführt, um bei Kunden sehr schnell mit ausgewählten Teams zu innovativen Lösungen zu kommen.

Das Faszinierende an Design Thinking, wir erleben hier etwas, das für unsere Scrum-Teams und unsere Arbeit entscheidend ist: Mithilfe eines Prozessmodells löst ein Team erfolgreich eine Fragestellung, die noch gar nicht bekannt war – und das mit vollkommen neuen, innovativen Methoden. Das kann heute sogar noch beschleunigt werden, indem wir Generative AI fragen und auf diese Art und Weise Input, Know-how und Wissen in ein Team hineinbringen, das das Team möglicherweise noch gar nicht hat.

Wir sehen also: Design Thinking ist nicht nur eine innovative Methode, um Produkte zu entwickeln. Sie ist vor allem eine Methode, um ein Team zu fokussieren. Denn alle Elemente, die wir aus Scrum kennen, werden hier wieder erfolgreich eingesetzt: Sinn – wir erkennen, warum wir das machen. Iterativ und inkrementell – wir arbeiten in Zyklen. Tacit Knowledge – wir haben das Wissen des gesamten Teams angezapft, ohne von außen hineinzufunken und dem Team zu sagen, wie oder was es zu entwickeln hat.

Design Thinking stellt den klassischen Entwicklungsprozess auf den Kopf: Statt einer Requirements-Analyse haben wir die Phase Empathize durchgeführt – um tatsächlich zu verstehen, was das Problem ist. Statt Requirements aufzunehmen, haben wir mit innovativen Ideen selbst zu Ergebnissen gefunden. Offensichtlich sagt nicht jemand von außen dem Team, was es zu entwickeln hat. Sondern das Team selbst findet heraus, was zu entwickeln ist – basierend auf echten Bedürfnissen unserer User (User Needs).

Das führt uns zu einer fundamentalen Erkenntnis: Nicht wie in Scrum 1.0 und Scrum 2.0 – wo der Product Owner das Product Backlog produziert, indem er alle Features zusammensammelt und die Fachabteilungen fragt, was denn zu entwickeln ist, *sondern das Development Team findet die Funktionalitäten selbstständig heraus.*

Diese beiden Elemente zusammen – Design Thinking, wo das Team eigenständig den User Need herausarbeitet, und Fokus, das Product Backlog möglichst kurzhalten – führen uns zu der Erkenntnis:

Das Bild von Scrum, das wir Ken Schwaber verdanken – links das große Product Backlog, dann iteriert das Team, am Ende fällt ein Product Increment heraus – muss vollkommen neu gezeichnet werden.

Wie dieses neue Bild aussieht, erfährst du im nächsten Kapitel.

1.7 Die vierte Perspektive auf Scrum | Scrum 3.0

Das vielleicht faszinierendste Problem an Scrum war, dass die ursprüngliche Lösung, effektiver zu werden, indem Ken und Jeff den Product Owner zum *Single Wringable Neck* gemacht hatten, also zu der Person, die man zur Verantwortung ziehen kann, zunächst funktionierte. Er sollte alle Antworten liefern.

Der Begriff stammt von Ken Schwaber selbst. Er wollte damit ausdrücken: Es gibt eine Person, die für das Produkt verantwortlich ist. Die man – bildlich gesprochen – „am Kragen packen" kann, wenn etwas schiefgeht. Diese Person ist der Product Owner. Die Idee dahinter war gut gemeint: Klarheit in der Verantwortung. Keine Komitee-Entscheidungen mehr. Keine verwässerten Anforderungen.

Diese Idee führt heute noch in vielen Teams zu dem Problem, dass die Softwareentwickler – oder auch Hardwareentwickler – erwarten, dass der Product Owner alles definiert. Jede Frage soll er beantworten können. Vergleicht man das mit dem, was wir über Design Thinking gelernt haben, passt das nicht mehr zusammen. Design Thinking setzt das gesamte Team in die Verpflichtung, sich konstruktiv mit der Problemstellung auseinanderzusetzen. *Das Team entwickelt selbst Lösungen.*

Gerade das, was Scrum erreichen wollte – nämlich, dass die Entwicklungsteams nicht mehr als Code Monkeys genutzt werden oder als reine Ab-arbeiter von User Stories –, stellte sich später in der tatsächlichen Welt gerade durch die Einführung des Product Owners als kaum erreichbar heraus. Warum? Die Softwareentwickler konnten sich zurücklehnen: „Der Product Owner muss alles erklären." Dieser wurde dadurch vollkommen überlastet.

Ich fragte mich, warum sollte dieses Modell weiterhin so durchgeführt werden? Das war im Grunde nichts anderes gewesen, als wieder eine Art Wasserfall zu implementieren: Jemand schreibt vorher die Pflichten auf, also die Requirements. Das Team implementiert sie dann nur.

Das passte für mich nicht zusammen. Dieser Widerspruch musste aus meiner Sicht aufgeklärt werden. Aus zwei Gründen: Wir mussten die Arbeitsbelastung des Product Owners herunterfahren. Er war überfordert – er konnte nicht alle Ideen haben, die das Team dann umsetzen konnte – und dem Team dann auch noch genau erklären, wie jede einzelne Funktionalität auszusehen hatte. Gleichzeitig wurde er zu einer Art Bottleneck –

was er nicht vorbereitet hatte, wurde nicht entwickelt. Folglich begann er, oder sie, das Team auszubremsen.

Die Lösung war, sich des Design-Thinking-Ansatzes zu bedienen. Ich forderte ein, dass die User Stories – also die Einträge im Backlog, die ja in der Regel als User Stories geschrieben werden – vom Development Team selbst kommen. Das Backlog wird also vom Team gefüllt. Ähnlich wie bei Design Thinking hat das Entwicklungsteam ein Interesse daran, das Problem der User zu lösen. Es findet heraus, wie Applikationen gestaltet sein müssen. Es kann sich selbst Funktionalitäten überlegen. Also entwickelt es selbst die User Stories.

StudiVZ

Das erste Mal konnte ich das 2009 beobachten, als wir bei StudiVZ in Berlin waren.

Ich erinnere mich noch genau. Es war 2009. StudiVZ war damals das soziale Netzwerk in Deutschland. Studenten und Schüler nutzten die Plattform. Facebook war noch klein, LinkedIn noch unbedeutend. StudiVZ war der Platzhirsch. Doch technisch geriet das Unternehmen in Schwierigkeiten.

Das Problem: Die 60-köpfige Entwicklungsmannschaft lieferte zu wenig. Es gab, glaube ich, sechs Product Ownerinnen (tatsächlich alles Frauen). Die hatten sich viele Funktionalitäten, die umgesetzt werden sollten, überlegt. Aber die Entwicklungsmannschaften versanken in zuvor geschriebenem schlechtem Code – Technical Debt. Es gab ständig Defects zu fixen. Die Systeme waren instabil. Die Code-Basis war ein Alptraum. Es gab einfach keine Möglichkeit mehr, neue Funktionalitäten zu entwickeln, denn jede neue Zeile Code drohte, das ohnehin wackelige Konstrukt zum Einsturz zu bringen.

Wir kamen rein. Ich und mein Team. Die Aufgabe: Scrum einführen. Die Teams produktiv machen. Die Geschäftsleitung war skeptisch, aber verzweifelt genug, es zu versuchen.

Sprint 1 war, wie bei jeder Scrum-Implementierung, chaotisch. Die Teams wussten nicht genau, was sie tun sollten. Die Sprint Plannings dauerten ewig. Die Dailys waren ineffektiv – Status-Reports statt Synchronisation. Das Review war dennoch erfolgreich: Alle User Stories waren fertig.

Sprint 2 wurde auf den ersten Blick schlechter. Wir verbesserten die Sprint Plannings. Die Requirements wurden besser aufgenommen. Wir schrieben Test-Cases bereits im Planning – doch wir versprachen weniger, als im letzten Sprint zu liefern. Wir veränderten ein wenig die Team-Zusammenstellung – machten sie cross-funktionaler. Die Teams konnten im Sprint Planning 2 bessere Implementierungsideen entwickeln. Die Dailys wurden fokussierter. Am Ende des Sprints war das Review ein Erfolg: Alle Stories fertig. Doch die Geschäftsleitung entspannte sich nicht, ihr war zu wenig geliefert, das Commitment nicht hoch genug. Ich verlangte wie versprochen einen ungestörten dritten Sprint.

Dann kam Sprint 3.

Im Sprint Planning passierte etwas, das ich nicht erwartet hatte. Die Entwickler committeten dreimal so viele User Stories wie im ersten Sprint. Die Product Ownerin wurde blass. „Das könnt ihr nicht schaffen," sagte sie. „Das ist unrealistisch." Die Geschäftsleitung – sie saßen wieder im Raum, sie wollten sehen, ob wir liefern – wurden nervös. Einer von ihnen lehnte sich zu mir rüber: „Wieso denn das jetzt? Wie soll das denn jetzt gehen? Wie stellen Sie sich das vor?“

Ich hatte mit der Geschäftsleitung eine klare Vereinbarung getroffen: Sie mischen sich nicht in die Entscheidungen der Teams ein. Mindestens für die ersten drei Sprints. Das war Teil unseres Beratungsmandats. Ich sah ihnen in die Augen. „Lassen Sie sie machen“, sagte ich. „Vertrauen Sie dem Team.“ Sie nickten. Widerwillig. Aber sie nickten.

Die zwei Wochen des Sprints waren angespannt. Ich spürte die Nervosität. Die Geschäftsleitung fragte mich mehrmals: „Glauben Sie wirklich, sie schaffen das?“ Ich antwortete jedes Mal: „Ich weiß es nicht. Aber ich vertraue dem Team.“

Dann kam das Review.

Der Raum war voll. Die sechs Product Ownerinnen. Die Geschäftsleitung. Stakeholder. Alle wollten sehen, ob das Team liefern würde. Das Team präsentierte. Story für Story. Jede einzelne Story war fertig. Jede. Keine Ausnahme. Keine Ausrede. Fertig, getestet, deployed.

Die Stimmung im Raum kippte. Von Skepsis zu Erstaunen. Von Erstaunen zu Begeisterung. Die Geschäftsleitung lehnte sich zurück, lächelte. Die Product Ownerinnen klatschten. Das Team – ich sah es in ihren Gesichtern – war stolz. Unglaublich stolz.

Nach dem Review, in der Retrospektive, fragte ich das Team: „Was ist passiert? Was hat sich verändert? Warum konntet ihr plötzlich dreimal so viel liefern?“

Es war still. Dann sprach einer der Entwickler. „Viele von den User Stories,“ sagte er, „die wir in diesem Sprint gebaut haben, die kamen von uns. Von den Developern. Nicht von den Product Ownerinnen.“

Ich verstand nicht sofort. „Wie meinst du das?“

Eine Product Ownerin meldete sich zu Wort. „Über die letzten zwei Sprints“, sagte sie, „haben wir angefangen, den Developern zuzuhören. Sie haben Ideen eingebracht. Funktionalitäten vorgeschlagen. Und wir haben gemerkt: Die Ideen waren gut. Sehr gut. Besser, als wir sie allein hätten haben können.“

Ein anderer Entwickler nickte. „Wir haben gespürt: Unsere Ideen werden gehört. Sie werden ernst genommen. Wir bauen nicht nur, was uns gesagt wird. Wir bauen, was wir für richtig halten. Das hat alles verändert.“

In diesem Moment verstand ich, was passiert war. Die Product Ownerinnen hatten Vertrauen gewonnen. Sie hatten aufgehört, das Team als Code-Monkeys zu sehen. Sie hatten angefangen, das Team als Partner zu sehen. Und das Team hatte reagiert. Nicht nur mit höherer Produktivität. Sondern mit Motivation. Mit Ownership. Mit Stolz.

Das war der Moment, in dem ich erkannte: Scrum funktioniert nicht, weil der Product Owner alles spezifiziert. Scrum funktioniert, wenn das Team selbst mitdenkt, mitgestaltet, mitentwickelt. Wenn das Team nicht nur ausführt, sondern kreiert.

Das war 2009. Seitdem habe ich diese Erkenntnis in jedes Team getragen, mit dem ich gearbeitet habe. Und jedes Mal, wenn Teams anfangen, selbst User Stories zu schreiben, selbst Ideen einzubringen, selbst das Produkt mitzugestalten – dann steigt die

Produktivität. Nicht ein bisschen. Sondern dramatisch. Weil Menschen nicht nur arbeiten wollen. Sie wollen beitragen. Sie wollen gesehen werden. Sie wollen zählen.

Das ist Scrum 3.0. Nicht der Product Owner als Single Wringable Neck. Sondern das Team als kollektive Intelligenz. Der Product Owner als Sensemaker, als Entscheider, als Nein-Sager – aber nicht als alleiniger Ideengeber. Das Team liefert die Ideen. Der Product Owner entscheidet, was davon umgesetzt wird. Gemeinsam bauen sie das Produkt.

Die Bank-Prototyp-Geschichte

Einige Jahre später bekam ich einen Auftrag von einer Bank. Sie wollten sehen, ob man mit agilen Verfahren tatsächlich sehr schnell – zumindest einen Prototypen – für eine Beratungs-App bauen kann. Ich fragte nach dem Budget. 50 000 Euro, sagten sie. Das klang gut. Bis ich erfuhr: Ich musste mir dieses Budget mit einer anderen Beratungsfirma teilen, die sich darauf spezialisiert hatte, Mock-Prototypen zu entwickeln.

25 000 Euro für meinen Teil. Das war nicht viel. Aber es war eine Herausforderung, die ich annehmen wollte.

Ich stellte ein Team zusammen: sechs Personen. Entwickler, eine UX-Designerin, ein Product Owner. Ich sagte ihnen: „Schaut, ich habe 25 000 Euro. Ihr könnt alles von diesem Geld haben. Aber wir müssen dreimal drei Tage zusammenarbeiten. Und hier ist der Haken: Wir bekommen das Geld für die zweiten drei Tage und die dritten drei Tage nur, wenn wir nach den ersten drei Tagen zeigen können, dass wir tatsächlich ein Stück fertige Applikation gebaut haben. Funktionierende Software. Keine Slides. Keine Mockups. Echte Software."

Das Team sah mich an. Drei Tage? Das war sehr kurz. Das waren die Zeiten, in denen wir mit Extreme Sprints experimentierten – radikale, fokussierte Bursts von Arbeit. Ich wusste nicht, ob es funktionieren würde. Aber ich wollte es versuchen.

Tag 1: Dienstag, 9 Uhr morgens

Wir begannen mit einem Sprint Planning. Normalerweise hätte ich gesagt: Bei drei Tagen Sprint sollte das Planning kurz sein, vielleicht 30 Minuten. Aber wir mussten vieles erst vom Kunden erarbeiten. Wir wussten noch nicht genau, was die App können sollte. Also dauerte das Planning zwei Stunden. Viel zu lange für einen Drei-Tage-Sprint. Aber es war der erste Tag. Wir brauchten Klarheit.

Unsere UX-Designerin hatte sich vorbereitet. Sie hatte Mystery Shopping betrieben – war in eine Bank gegangen, hatte sich beraten lassen. Sie erzählte uns von diesem Erlebnis: Wie kompliziert der Beratungsprozess war. Wie viele Formulare. Wie wenig Übersicht. Sie hatte eine zündende Idee, wie die App aus UX-Perspektive aussehen sollte. Im Sprint Planning 2 zeigte sie uns bereits erste Designideen. Wir hatten ein bisschen gecheatet, würde man heute sagen. Sie hatte mehr Zeit investiert als eigentlich vorgesehen. Aber das war unsere Verantwortung. Mehr als 25 000 Euro würden wir sowieso nicht bekommen.

Wir begannen zu arbeiten. Das Allererste, was ich überlegte: Wir brauchen ein Task Board. Wir arbeiteten damals immer mit einem Task Board. Aber bei dreimal drei

Tagen konnte man nicht sagen: „Wir machen ein Daily Scrum alle 24 Stunden.“ Das wäre absurd. Also sagte ich: „Lasst uns alle 90 Minuten ein Daily Scrum machen.“

Das Team sollte Tasks schreiben. Diese Tasks auf das Board heften. Dann alle 90 Minuten zusammenkommen, synchronisieren, Tasks verschieben.

Nach dem ersten Tag stellte sich heraus: Das funktionierte nicht.

Es dauerte zu lange, die Tasks zu schreiben. Sie zu verschieben. Sich Gedanken darüber zu machen, ob ein Task „To Do“, „In Progress“ oder „Done“ war. Das Board wurde zum Overhead. Es machte keinen Sinn.

Gleichzeitig beobachtete ich etwas anderes: Die Entwickler saßen alle in einem Raum, an einem großen Konferenztisch. Jeder an seinem Laptop. Und trotzdem – nach circa 90 Minuten – implementierten sie Dinge, die nicht zusammenpassten. Entwickler A baute etwas, das Entwickler B brauchte – aber es funktionierte dann doch nicht, weil A nicht genau wusste, was B erwartete. Entwickler C wartete auf etwas von Entwickler D, aber D wusste das nicht.

Wir waren physisch zusammen, aber trotzdem nicht synchronisiert.

Tag 2: Mittwoch

Ich kam auf eine Idee. Was, wenn wir nicht über Tasks auf einem Board reden? Sondern über echte Arbeit? Über Code?

Ich bat die Entwickler, sich gegenseitig zu zeigen, wo sie gerade waren. Nicht auf einem Task Board. Sondern am Rechner.

Wir hatten fünf Entwickler. Entwickler 1 zeigte an seinem Rechner, was er gerade getan hatte. Alle anderen standen drum herum. Er klickte durch den Code. Zeigte, was funktionierte. Was noch nicht funktionierte. Was er als Nächstes machen wollte.

Dann gingen wir zu Entwickler 2. Alle versammelten sich um seinen Rechner. Er zeigte, was er gebaut hatte. Die anderen stellten Fragen. Gaben Feedback. Sagten: „Ah, ich brauche genau das von dir – kannst du das Interface so bauen?“

Und so gingen wir das durch. Entwickler 3. Entwickler 4. Entwickler 5. Einmal durch das ganze Team.

Das erste Mal dauerte es vielleicht 20 Minuten. Beim zweiten Mal: 10 Minuten. Beim dritten Mal: 5 Minuten.

Und plötzlich waren wir wahnsinnig schnell.

Wir diskutierten nicht mehr über Taskzettelchen. Wir diskutierten über real implementierte Arbeit. Über funktionierenden Code. Über echte Probleme und echte Lösungen.

Die Synchronisation passierte nicht mehr auf einem abstrakten Board. Sie passierte im Code. Am Rechner. In Echtzeit.

Ich hatte das Daily Scrum durch eine ständige Demonstration ersetzt. „Show me what you built.“ Alle 90 Minuten. Fünf Minuten. Durch das ganze Team.

Das Team war plötzlich nicht mehr nur physisch zusammen. Sie waren kognitiv zusammen. Sie wussten, was die anderen machten. Sie bauten aufeinander auf. Sie halfen sich gegenseitig. Der Code wurde kohärenter. Die Architektur besser. Die Integration einfacher.

Tag 3: Donnerstag

Am Ende des dritten Tages hatten wir eine funktionierende App. Keine Slides. Keine Mockups. Eine echte, funktionierende Beratungs-App für Tablets. Der Kunde konnte sie anfassen. Durchklicken. Ausprobieren.

Die Bank war begeistert. „Wie habt ihr das in drei Tagen geschafft?“ fragten sie.

Ich zeigte ihnen unser Vorgehen. Alle 90 Minuten: Show me what you built. Das Team synchronisiert sich nicht über ein Board, sondern über echte Arbeit. Über Code. Über Demonstrationen am Rechner.

Das war 2012 oder 2013. Jahre bevor Woody Zuill Mob Programming erfand. Aber es war genau das gleiche Prinzip: kontinuierliche Synchronisation. Gemeinsames Arbeiten. Zeigen statt Erzählen.

Heute ist das noch einfacher geworden. Dank MS Teams, Zoom, und Code-Sharing-Tools wie VS Code Live Share kann man sich auch remote zeigen, was man gerade gebaut hat. Screen Sharing. Live Coding. Pair Programming über Kontinente hinweg. Die Technologie hat das, was wir damals in einem Raum gemacht haben, skalierbar gemacht.

Aber das Prinzip bleibt das Gleiche: Diskutiere nicht über Tasks. Diskutiere über echte Arbeit. Zeige, was du gebaut hast. Alle 90 Minuten. Alle 60 Minuten. Alle 30 Minuten. Je öfter, desto besser. Das ist kontinuierliche Integration – nicht nur im technischen Sinne (Code mergen), sondern im kognitiven Sinne (Wissen mergen, Verständnis mergen, Tacit Knowledge aktivieren).

Das ist Scrum 3.0. Nicht nur: Das Team schreibt gemeinsam User Stories. Sondern: Das Team arbeitet gemeinsam.

In Echtzeit. Synchronisiert. Fokussiert.

1.7.1 Scrum 3.0 und das radikale Vertrauen in Teams

Wir müssen noch einen weiteren fundamentalen Aspekt bei Scrum 3.0 einarbeiten – einen Aspekt, der Scrum 3.0 von Scrum 1.0 und Scrum 2.0 radikal unterscheidet: **das konsequente Vertrauen in das Team.**

Nicht nur rhetorisches Vertrauen. Nicht nur „wir vertrauen euch, aber zeigt uns erst mal euer Backlog“. Sondern echtes, bedingungsloses Vertrauen.

Scrum 3.0 ist kompatibel mit der Microservice-Architektur – und das ist kein Zufall. Ich habe das das allererste Mal wirklich verstanden, als ich mit dem Team von IntelliJ in München zusammensaß.

Ich hatten ein Gerücht gehört, dass sie keine Product Owner hätten. Ich wollte wissen, wie IntelliJ es schafft, dass die Teams synchronisiert zusammenarbeiten. Auch die

Produkte von IntelliJ konnten ja nicht nur von jeweils einem Team entwickelt worden sein. Ich war neugierig. Wie machten sie das?

Die Antwort war frappierend: *Diese Teams arbeiten „nicht" zusammen.*

Die Teams entwickeln, *jedes für sich*. Es gibt Schnittstellen, die systematisch erweitert werden, wenn neue Komponenten oder Services besser zusammenarbeiten müssen. Diese Schnittstellen müssen immer wieder perfektioniert werden. Aber – und das ist der entscheidende Punkt – die Teams entwickeln ausschließlich das, was sie glauben, was Sinn macht, und entwickeln es dann, weil sie es wollen.

Ich war erst geschockt. Das konnte doch nicht funktionieren! Also fragte ich nach: „Ja, aber was ist denn, wenn ein Team etwas von einem anderen Team an Zuarbeit braucht? Wer entscheidet denn, ob das Team B, das die Zuarbeit vom Team A braucht, dass das eine Team die Zuarbeit vom anderen Team macht, damit das erste Team tatsächlich bekommt, was es braucht?"

Die Antwort war noch überraschender: „Nein! Das Team, das die Zuarbeit braucht, kann nicht darüber bestimmen, ob es diese Zuarbeit bekommt."

Manchmal, wenn das Team, das gefragt worden ist, der Meinung ist, dass es Sinn macht, dann machen sie das. Aber meistens machen sie das nicht. Und wenn Team A etwas von Team B braucht und Team B es nicht baut, dann muss sich Team A das, was sie brauchen, selbst entwickeln.

Ich saß da und versuchte zu verstehen, was ich gerade gehört hatte. Ich hatte bis zu dem damaligen Zeitpunkt die Idee der Microservices noch gar nicht richtig verstanden. Ich hatte zwar davon gehört. Ich wusste, dass Amazon das wohl schon früh gemacht hatte.

Im Mai 1998 hatte ein Team von Amazon-Ingenieuren ein bahnbrechendes Dokument verfasst – das Distributed Computing Manifesto. Dieses Dokument blieb lange Zeit unveröffentlicht, bis Werner Vogels, Amazons Chief Technology Officer, es im November 2022 erstmals öffentlich machte.

Die Ingenieure erkannten damals ein kritisches Problem: Amazons damalige monolithische Architektur (das sogenannte „Obidos"-System) konnte nicht skalieren. Sie formulierten es deutlich: Die bestehende Verarbeitung musste radikal überarbeitet werden, um das Zehnfache des damaligen Bestellvolumens bewältigen zu können.

Die Lösung, die sie vorschlugen, war revolutionär – eine Service-orientierte Architektur, bei der verschiedene Geschäftsfunktionen als voneinander unabhängige, über definierte Schnittstellen kommunizierende Services organisiert werden würden. Dies war die Geburtsstunde dessen, was wir heute Microservices nennen.

Die Umsetzung dieser Vision war erfolgreich. Jede Funktionalität auf amazon.com wurde von eigenständigen Mini-Services bereitgestellt, die über klar definierte Schnittstellen miteinander interagierten. Als Werner Vogels 2006 in einem Interview darüber sprach, beschrieb er beeindruckende Zahlen: Wenn man die Amazon.com-Gateway-Seite aufrief, riefen die Anwendungen bereits mehr als 100 Services auf, um Daten zu sammeln und die Seite zusammenzustellen.

Im Laufe der Zeit wuchs dieses Ökosystem weiter. Die Architektur entwickelte sich sukzessive in Hunderte von Services. Heute, Jahrzehnte später, besteht die Amazon-Homepage aus mehreren hundert – teilweise sogar Tausenden – solcher Microservices.

Ich hatte also schon grundsätzlich begriffen, wie das funktioniert. Aber ich hatte es in der Konsequenz noch nicht wirklich verstanden. Das ging mir erst durch dieses Gespräch auf. Sie sagten: „Nein, nein, nein, wir sind wirklich autark und wir sind nur lose gekoppelt über diese Interfaces. Wir können auch tatsächlich entscheiden, ob wir das jetzt bauen oder nicht."

Da begriff ich erst, was Microservices wirklich sind: tatsächliche Autarkie.

Zugrunde liegt: Die Aufgabe eines alten Glaubenssatzes aus der Softwareentwicklung, dass man Software möglichst nur einmal schreibt, um Effizienzgewinne zu haben.

Die Konsequenz: Softwaresysteme sind dann skalierbar, wenn sie durch Redundanzen und Fail-safe-Mechanismen robust gemacht werden – nicht durch vollständiges Durchdesignen.

Die Erkenntnis in Recife: Skalierung über Architektur, nicht Prozesse

Später erinnerte ich mich an einen Vortrag von Jan Bosch in Recife auf einer Software-Quality-Konferenz. Das war 2009. Vielleicht war es auch 2008.

Jan Bosch ist Professor für Software Engineering an der Chalmers University of Technology und der Eindhoven University of Technology. Er war VP Engineering Process bei Intuit und Head of Laboratory bei Nokia Research Center (Bosch 2014). Er hat jahrzehntelange Erfahrung mit Softwarearchitekturen in großen Organisationen.

Auf dieser Qualitätskonferenz erklärte uns Jan Bosch, dass man Skalierung nur über die Architektur hinbekommt. Dass alle Ideen und Versuche, es über Prozesse zu lösen, zu gigantischen Aufwänden führen.

Und genau das hatte ich ja erlebt in meinen großen Projekten. Als wir mit 180 Entwicklern Massen-Sprint-Plannings entwickelt hatten. Ich hatte den Begriff „Massen-Sprint-Planning" dafür erfunden, während das später in SAFe zu den sogenannten „Big Room Plannings" wurde.

Die 180-Entwickler-Story: Vom Chaos zur Zuversicht

Tim Hagemann, damals Consulting Lead bei CGI, fragte mich bei einem seiner Projekte, ob ich ihm dabei helfen könnte, so ein Massen-Sprint-Planning, wie er es ausprobiert hätte, zum Laufen zu bringen.

Ich dachte: Wie? Massen-Sprint-Planning?

Ja, er hatte da diese Idee von – **Bas Voode**, dem Miterfinder von LeSS. Alle in einem Raum. Seine 180 Entwickler sollten da jetzt zusammen, alle vier Wochen einmal, zusammensitzen und gemeinsam definieren, was in diesem Sprint zu liefern war.

Ich hatte Tim Hagemann schon kennengelernt bei einem Projekt, bei dem wir damals für Siemens Mobile große Projekte umgesetzt hatten und die ersten Scrum-Implementierungen durchgeführt hatten. Er war ein starker Verfechter der agilen Arbeitsmethoden. Aber es gab Probleme mit seinem Team und diesem großen Sprint-Planning.

In einem Ballroom. Im Tanzsaal eines großen Hotels.

Ich schaute mir das an. Und ich war fasziniert. 180 Leute in einem Ballsaal versuchten gemeinsam herauszufinden, was sie in diesem Sprint bauen sollten.

Und ehrlich gesagt: Es funktionierte überhaupt nicht. Es war reines Chaos!

Alle sprachen durcheinander. Keiner wusste genau, was zu tun ist. Die Product Owner wussten nicht, was zu tun ist. Und die Entwickler wussten eigentlich gar nicht, was von ihnen erwartet wurde.

Die Lautstärke im Raum war unerträglich. Überall kleine Grüppchen, die diskutierten. Product Owner, die von allen Seiten belagert wurden. Teams, die nicht wussten, welche User Stories sie nehmen sollten. Abhängigkeiten, die niemand im Blick hatte. Das pure Chaos.

Also ging ich zu Tim und sagte: „Tim, das können wir das nächste Mal gerne noch einmal anders probieren. Ich überlege mal was."

Das Erste, was ich gemacht habe: Ich habe erst mal den Teams vor dem Meeting erklärt, wie ein Sprint-Planning vernünftig durchgeführt wird. Das brauche ich an dieser Stelle nicht noch einmal zu erwähnen – das habe ich ja oben unter Scrum 2.0 schon erklärt. Aber die Teams mussten verstehen: Wie macht man ein Sprint-Planning richtig? Im Kleinen. Mit einem Team.

Das Massen-Sprint-Planning: 18 Teams, ein PULL-Prinzip.

Und für das Massen-Sprint-Planning – so wie ich es genannt hatte – hatte ich mir dann überlegt, dass wir die Entwicklungsteams an diese runden Ballsaal-Tische setzen. Jedes Team bekommt ein Flipchart. Wir stecken die Product Owner in die Mitte des Raums an einen Tisch. Und die zu entwickelnden User Stories hängen wir an eine große Wand.

Da wir acht Stunden Zeit hatten für dieses Meeting – der Sprint sollte ja vier Wochen dauern – war auch Sprint-Planning 1 und Sprint-Planning 2 auf den ganzen Tag verteilt. 4 Stunden Planning 1. 4 Stunden Planning 2.

Ich hatte Tim und den Chief Product Owner gebeten, noch einmal genau zu erklären, worum es in diesem Sprint ging. Dann hängten wir die User Stories an die Wand. Priorisiert. Von oben nach unten. Die wichtigsten oben. Die weniger wichtigen unten.

Und es galt das PULL-Prinzip. Das heißt: Jedes Team darf sich die Stories holen, die es gerne bearbeiten möchte. Und ein Stück weit hatten die Teams natürlich eine Idee davon, was ihnen liegen würde. Aber sie mussten an diese Wand gehen und mussten sich die User Stories der Reihe nach, also dem Ranking nach, holen.

Die Vorschrift war: Sie durften erst dann eine User Story ziehen, wenn die User Story über ihnen bereits gezogen war.

Damit wollte ich erreichen, dass nicht die Teams sich irgendwelche User Stories nehmen – die ihnen gerade gefallen, die technisch spannend sind –, sondern dass sie streng nach der Reihenfolge vorgehen. Nach der Priorität.

Und so sind 18 Teams nach vorne gegangen, haben sich die User Stories geschnappt, die sie abarbeiten wollten, sind zu ihrem Tisch zurückgegangen und haben sie besprochen.

Das ging nicht, ohne zu wissen, was diese User Story beinhaltet. Die Lösung: Wenn der Product Owner – ich sage jetzt mal, der für die blauen User Stories zuständig war – gebraucht wurde, dann ist ein Vertreter des Teams zu dem Tisch der Product Owner gegangen und hat sich den Product Owner der blauen User Stories geholt. Der ist dann mitgekommen zum Team-Tisch. Und sie haben die Story besprochen.

Die Teams fingen also an zu arbeiten. Und plötzlich fiel mir auf: Ich musste ja irgendwie den Überblick schaffen. Welches Team arbeitet an welcher User Story? Kommen die voran? Oder haben sie vielleicht schon Probleme?

Und da griff ich auf den alten Kunstgriff zurück, dass man ja Dailys macht, um herauszufinden, wie der Fortschritt der Teams ist. Und das habe ich einfach übernommen. Ich sagte: „Ok, Leute, nach jeder Stunde kommt ihr jetzt zu mir hier nach vorne.“ Und zwar die Scrum Master – die hatte ich natürlich mir rausgehoben. Die Scrum Master sollten nach vorne kommen und uns ganz kurz erzählen: an welcher User Story sie gerade arbeiten – also mit dem Product Owner zusammen.

Ob sie bei dieser Besprechung mit dem Product Owner schon eine Idee dafür haben, ob es möglicherweise eine Abhängigkeit zu einem anderen Team gibt. Und wenn das so war, dann sollten sie einen Zettel schreiben: diese User Story. Und diese Aufgabe, die sie für das andere Team hatten. Die sollten sie mitbringen. Dann gibt das Team A, wenn es eine Aufgabe für Team B hat, diese Aufgabe dem Team B. Und so wusste nun das Team B: Sie müssen sich darum kümmern, für das Team A etwas zu liefern. Was aber noch nicht hieß, dass wir wussten, ob das auch geht. Sondern erst mal war es nur die Information: vom Team A an Team B. Und von Team D an Team A. Dass sie während des Sprint Plannings 1 – in dem ja das Commitment erzeugt wird – besprechen sollten, dass sie aufpassen müssen: Sie müssen für ein anderes Team auch noch etwas liefern. Und so machten wir das bis um circa 12:30 Uhr.

Dann holte ich wieder die Scrum Master zusammen und sagte: „Ok, wie viele User Stories habt ihr jetzt besprochen? Und könnt ihr euch committen auf diese User Stories?" Das erzeugte ein Pre-Commitment. Ein Vor-Commitment. Denn wir wussten ja noch nicht, ob die Abhängigkeiten tatsächlich gelöst werden würden. Wir hatten nur die Information weitergegeben.

Genau dafür war Sprint Planning 2 ja immer zuständig. Mittagspause. Dann sind wir ins Sprint Planning 2 übergegangen.

Jetzt ist das Faszinierende passiert: Da jetzt die einzelnen Teams wussten, was sie von den anderen Teams brauchten – und Team B ja dann wusste, es muss etwas liefern – konnten die Teams sich jetzt am Nachmittag inhaltlich synchronisieren. Wer was wie wem zuliefert. Ob sie es bekommen würden. Sie konnten ihre Schnittstellen definieren. Ihre Lieferung miteinander aushandeln.

Und so war es dann möglich – wir führten auch dort immer diese Mikro-Dailys jede Stunde weiter durch – so wurde es deutlich und immer deutlicher, dass die User Stories untereinander, miteinander abgearbeitet werden konnten. Gegen 17 Uhr am Ende des Tages gab es dann ein echtes Commitment für den gesamten „Sprint"-Backlog.

Wie war die Atmosphäre im Raum? Wenn 180 Menschen miteinander arbeiten, dann ist es einfach nicht leise. Die Lautstärke war enorm. Aber – und das war der entscheidende Unterschied zu dem chaotischen ersten Versuch – es war nicht die Lautstärke der Verwirrung. Es war die Lautstärke konzentrierter Arbeit. Hektische Betriebsamkeit. Leute, die wussten, was zu tun war, und es taten. Die angespannte, frustrierte Atmosphäre, die ich am Anfang erlebt hatte, war verschwunden. Stattdessen: Zuversicht. Fokus. Energie.

Wir hatten es geschafft, ein großes Team aufzustellen. Ein Team of Teams – aus 18 Teams, die verstanden hatten, dass sie miteinander arbeiten können. Dass sie wissen, was zu tun ist. Dass sie wissen, wen sie fragen müssen. Dass sie wissen, wer auf sie angewiesen ist.

Gleichzeitig hatte ich nicht nur im Management jetzt die Zuversicht erhöht, dass wir alles kriegen würden. Sondern die Atmosphäre im Raum war eine ganz andere als in dem Sprint Planning davor. Jetzt hatten plötzlich die Entwickler die Zuversicht und die Klarheit bekommen, dass sie miteinander arbeiten können. Dass sie wissen, was zu tun ist. Dass sie wissen, wen sie fragen müssen. Dass sie wissen, wer auf sie angewiesen ist. Es war gelungen, die Zuversicht der Entwickler und die Motivation der Entwicklungsteams zu synchronisieren und abzustimmen.

Vier Wochen später kam das Review. Tim war begeistert – und ehrlich gesagt, ich auch ein wenig überrascht. Die Teams lieferten tatsächlich alle User Stories, die sie committed hatten. Alle. Ohne Ausnahme. Das war das i-Tüpfelchen auf dem i in diesem Projekt. Der Beweis, dass es funktionierte. Dass 180 Entwickler gemeinsam planen und gemeinsam liefern können – wenn man ihnen die richtigen Strukturen gibt.

War es perfekt? Nein. War es immer noch komplex? Ja. Aber es funktionierte. Die Teams konnten planen. Sie konnten committen. Sie konnten loslegen. Sie konnten liefern.

Später fand ich dann Möglichkeiten, dieses Massen-Sprint-Planning auf verschiedene Räume aufzuteilen. In weiteren Implementierungen der gleichen Idee war es dann möglich, die Teams nicht unbedingt alle in einen einzigen Raum zu stecken. Das machte die Lautstärke handhabbarer. Aber das Prinzip blieb das Gleiche: PULL-Prinzip, stündliche Synchronisation, Pre-Commitment, Nachmittag für die Abhängigkeiten. Das funktionierte auch verteilt auf mehrere Räume.

Um das klar zu sagen: Ich habe die Massen-Sprint-Plannings nicht erfunden. Ich habe sie basierend auf einer Idee von Bas Vodde, Dank Tim Hagemans, ausprobiert. Bas hatte das für Nokia Siemens Networks erprobt. Er führte 2005 mit Craig Larman die ersten Scrum-Piloten bei Nokia Siemens Networks ein. 2007 gingen sie organization-wide mit circa 500 Leuten in zwei R&D-Sites (Larman & Vodde 2008, 2010). Das war der Anfang von LeSS (Large-Scale Scrum).

Bas beschrieb diese Big Room Plannings, wie man sie heute nennt, auf Konferenzen um 2007/2008 – noch bevor LeSS offiziell dokumentiert war. Ich hatte davon gehört und versuchte, es handhabbar zu machen: dass man mit 180 Entwicklern in einem großen Raum sitzt und sich gegenseitig abspricht.

Wir hatten das Problem, dass wir ein gemeinsames Backlog hatten. Wir mussten uns synchronisieren. Wer macht was? Wer braucht wen? Welche Abhängigkeiten gibt es? Das war ein gigantischer Aufwand. Meetings über Meetings. Koordination über Koordination.

Die Skalierungsframeworks – und warum sie das Problem nicht lösen

Und all diese Mühe, die vielen Abstimmungen, die chaotischen Sessions, all das ist nicht mehr notwendig, laut Jan Bosch, wenn man entkoppelte Systeme baut. Systeme, die aus **Microservices** bestehen – wobei er das damals noch gar nicht Microservices nannte. Systeme, in denen es überhaupt gar keine Abhängigkeiten gibt. Wo die Entwicklungsteams nicht miteinander sprechen müssen, weil sie ja jeder für sich vor sich her entwickeln können.

Damit ist eigentlich die Grundidee aller Skalierungsframeworks komplett zusammengefallen.

Spätestens an dieser Stelle wird deutlich, warum die Skalierungsframeworks – so gut gemeint sie auch sind – das eigentliche Problem nicht lösen. Sie alle gehen von einem falschen Bild aus: dass es ein zentrales Backlog gibt, das die Entwickler abarbeiten.

Es gibt mehrere bekannte Skalierungsframeworks:

SAFe (Scaled Agile Framework), entwickelt von Dean Leffingwell, ist das mit Abstand am weitesten verbreitete Framework. Laut einer Umfrage von 2021 nutzen 37 % der Agile-Praktiker SAFe. Es ist umfassend, präskriptiv, organisiert Teams in sogenannte „Agile Release Trains“ (ARTs) und versucht, die gesamte Organisation zu erfassen. SAFe integriert Prinzipien aus Lean, Agile und DevOps. Es ist komplex – mit vielen Rollen, Events und Artefakten (Leffingwell 2007; Scaled Agile Inc. 2023).

Scrum@Scale, entwickelt von Jeff Sutherland, dem Co-Creator von Scrum, basiert auf dem Konzept „Scrum of Scrums“ (SoS). Es kann bis zu „Scrum of Scrum of Scrums“ (SoSoS) skaliert werden. An der Spitze stehen das Executive Action Team (EAT) und das Executive MetaScrum Team (EMS), die strategische Ausrichtung und Impediments auf höchster Ebene lösen. Scrum@Scale ist flexibler als SAFe, aber dennoch hierarchisch strukturiert (Sutherland 2014).

Nexus, entwickelt von Ken Schwaber (dem anderen Co-Creator von Scrum) und Scrum.org, wurde 2015 veröffentlicht. Es ist sehr leichtgewichtig und für drei bis neun Teams konzipiert. Nexus fügt ein „Nexus Integration Team“ hinzu, das aus Vertretern der einzelnen Teams besteht und die Integration koordiniert. Nexus basiert vollständig auf Scrum und fügt nur minimale zusätzliche Rollen und Events hinzu (Schwaber 2015).

LeSS (Large-Scale Scrum), entwickelt von Craig Larman und Bas Vodde, ist der minimalistischste Ansatz. LeSS hat keine zusätzlichen Rollen oder Events – es skaliert einfach Scrum. Ein Product Owner für alle Teams. Ein gemeinsames Product Backlog. Der Fokus liegt auf „Descaling“ statt „Scaling“ – also darauf, die Organisation zu vereinfachen, statt neue Komplexität hinzuzufügen (Larman & Vodde 2008, 2010).

Doch all diese Frameworks – so unterschiedlich sie auch sind – teilen eine gemeinsame Grundannahme: Es gibt ein zentrales Product Backlog. Jemand (der Product Owner, das Product Management, das Executive MetaScrum Team) priorisiert dieses Backlog. Und die Teams arbeiten es ab.

Genau hier liegt das Problem. Denn damit bleiben die Teams in der Rolle der Abarbeiter. Sie sind nicht wirklich selbstorganisiert. Sie sind nicht autonom. Sie entwickeln nicht das, was sie für richtig halten. Sie entwickeln, was ihnen vorgegeben wird.

Und noch schlimmer: Sie müssen sich koordinieren. Ständig. In Big Room Plannings. In Scrum of Scrums. In ARTs. Der Koordinationsaufwand wächst exponentiell mit der Anzahl der Teams. Das hatte Jan Bosch bereits gesagt: Koordination durch Meetings ist Größenordnungen weniger effizient als Koordination durch architektonische Schnittstellen (Bosch 2017).

Scrum 3.0: Zurück zu „The New New Product Development Game"

Scrum 3.0 macht das nur noch mal deutlich, indem es sagt: Wenn das so ist, dann ist die kleinste Entwicklungseinheit eben ein Scrum-Team, das entwickelt, was zu entwickeln ist, basierend auf den Ideen von einem Product Owner, der den Wert bestimmt.

Scrum 3.0 fängt dort wieder an, wo „The New New Product Development Game" eigentlich begonnen hatte (Nonaka & Takeuchi 1986). Es gibt schon eine Aufgabe. Es gibt schon einen Grund dafür, dass der Product Owner existiert – nämlich zu entscheiden, ob eine Funktionalität wertvoll ist oder nicht. Aber die eigentlichen Funktionalitäten, die eigentliche Arbeit, das, was entwickelt werden muss – das entwickeln die Teams eigenständig. Die Entwickler schreiben die User Stories selbst. Mit dem User. Mit dem Product Owner. Aber nicht als Empfänger von Anforderungen. Sondern als Co-Creators des Produkts.

Das ist die eigentliche Revolution von Scrum 3.0. Nicht mehr Planung und Priorisierung von oben nach unten. *Sondern Emergenz von unten nach oben.* Das Team entscheidet, was es bauen kann. Der Product Owner entscheidet, ob es wertvoll ist. Der User validiert, ob es funktioniert. Das ist der Kreislauf.

Die Skalierungsframeworks versuchen, Koordination durch Struktur zu erzeugen. **Scrum 3.0 erzeugt Koordination durch Architektur.** Durch Microservices. Durch klare Schnittstellen. Durch autonome Teams, die ihre eigenen Services entwickeln und verantworten.

Das ist hochkompatibel mit der Idee des Open-Source-Ansatzes. In Open-Source-Projekten schreiben Entwickler Softwarekomponenten für bereits entwickelte Produkte. Sie checken sie einfach ein. Dann werden sie dem Code hinzugefügt, wenn die Community – oder die Maintainer – entscheiden, dass die Applikation so entwickelt werden kann (Raymond 1999).

Dieser Gedanke existiert weder in Scrum 1.0 noch in Scrum 2.0. Und das ist die eigentliche Lehre, die wir aus den bisherigen Stories ziehen können.

Dann müssen wir nur noch definieren, was ein Product Owner tatsächlich tut. Weil der Product Owner offensichtlich User Stories nicht mehr priorisiert – das entscheiden ja die Teams. Also wozu brauchen wir einen Product Owner?

Die Antwort ist nicht trivial. Ich hatte es oben schon gesagt: *Wir brauchen den Product Owner deswegen, weil ein System seinen Sinn aus der* ***höheren*** *Instanz bekommt.* Und diese höhere Instanz verkörpert der Product Owner (Luhmann 1984). Haben wir zu viele Backlog Items? Ja, auch dann darf der Product Owner das priorisieren, vielleicht auch gemeinsam mit den Teams. Aber es gibt einen Aspekt, den ich an anderer Stelle im Buch schon mal kurz erwähnt hatte: Wir haben Rahmenbedingungen in Projekten. Und es muss mindestens eine Person geben – ich definiere die für den Product Owner – der diese Rahmenbedingungen checkt. Der sagt: „Das sind die Constraints um unser Projekt herum." Und diese Person braucht es auch in Scrum 3.0. Eine Person, die Zeit und Budget im Blick hat.

Eine Person die, gerne auch mit dem Team, den Markt erkundet. Marktanalysen ist zu viel gesagt, aber ein Gespür für das entwickeln, was der Markt tatsächlich braucht. Eine Person, die das Produkt nicht fertig definiert, aber – so wie bei Skunk Works der Ingenieur Kelly Johnson, der ja auch nicht jeden Motor, jede Windschutzscheibe, jeden Aspekt seiner Kampfflugzeuge definiert hat – aber sehr deutlich gemacht hat, wo er hin will (Rich & Janos 1994).

Diesen Drive, dieses „Wo will ich hin mit dem Produkt?", den brauche ich auch, wenn ich sehr autonom das Produkt weiterentwickeln will. Das ist die neue Rolle des Product Owners in Scrum 3.0: Nicht mehr der Auftragsverteiler. Sondern der Sinn-Geber. Der Visionär. Der Constraint-Manager. Der Markt-Erkunder.

IntelliJ zeigt, dass es funktioniert. Open Source zeigt, dass es funktioniert. Die besten Software-Produkte der Welt – von Linux über Kubernetes bis hin zu React – entstehen genauso: Entwickler entwickeln, was sie für richtig halten. Die Community entscheidet, was aufgenommen wird. Das Produkt entsteht emergent.

Das ist Scrum 3.0. Nicht ein Framework für Koordination.

Scrum 3.0 ist ein Framework für Autonomie.

Literatur

Anderson, D.J. (2010). Kanban: Successful Evolutionary Change for Your Technology Business. Sequim: Blue Hole Press.

Baldwin, Christina & Linnea, Ann: The Circle Way: A Leader in Every Chair. Berrett-Koehler Publishers, 2010.

Boehm, B. (1984). „Verifying and Validating Software Requirements and Design Specifications". IEEE Software, 1(1), 75–88.

Bosch, J. (2000). Design and Use of Software Architectures: Adopting and Evolving a Product-Line Approach. Pearson Education (Addison-Wesley & ACM Press). ISBN: 978-0201674941. Standardwerk zur Software-Architektur und Skalierbarkeit

Bosch, J. (2014). Speed, Data, and Ecosystems: Excelling in a Software-Driven World. CRC Press. ISBN: 978–1439852330. Aktuelle Perspektive auf Software-Entwicklung und Architektur-Skalierung

Bosch, J. (2017). On the Role of Software Architecture. URL: *https://janbosch.com/blog/index.php/2017/04/09/on-the-role-of-software-architecture/* abgerufen am 26.02.2026. Diskussionsserie zur Rolle von Architektur in modernen Organisationen

Bosch, J. & Bosch-Sijtsema, P. (2010). From integration to composition: On the impact of software product lines, global development and ecosystems. Journal of Systems and Software, Vol. 83, No. 1, pp. 67–76. DOI: 10.1016/j.jss.2009.06.051. Forschung zu Skalierung durch Architektur vs. Prozesse

Cohn, M. (2010). Succeeding with Agile: Software Development Using Scrum. Boston: Addison-Wesley.

DeGrace, P. & Stahl, L.H. (1990). Wicked Problems, Righteous Solutions. Yourdon Press.

DeGrandis, D. (2017). Making Work Visible: Exposing Time Theft to Optimize Work & Flow. Portland: IT Revolution Press.

Deming, W.E. (1986). Out of the Crisis. Cambridge: MIT Press.

Deroy, Xavier: Niklas Luhmann and organizations as social systems. In: Routledge Handbook of Organizational Change, 2019.

Dietz, D. (2012). „Transforming Healthcare for Children and Their Families". TEDxSanJoseCA.

Digital.ai (2021). 15th State of Agile Report. Bestätigt: 37 % der Agile-Praktiker nutzen SAFe.

Digital.ai (2022). 16th State of Agile Report. Zeigt SAFe-Wachstum auf 53 % unter Agile-Praktikern.

Erlang, A.K. (1909). „The Theory of Probabilities and Telephone Conversations". Nyt Tidsskrift for Matematik, 20(B), 33 – 39.

Feynman, R.P. (1974). „Cargo Cult Science". Commencement Address, California Institute of Technology. Später veröffentlicht in: Feynman, R.P. (1985). Surely You're Joking, Mr. Feynman!. New York: W.W. Norton, S. 338 – 346.

Gloger, Boris; Rösner, Dieter (2014): Selbstorganisation braucht Führung. Die einfachen Geheimnisse agilen Managements. München: Carl Hanser Verlag.

Goldratt, E.M. (1984). The Goal: A Process of Ongoing Improvement. Great Barrington: North River Press.

Grove, Andy & Doerr, John: Measure What Matters: OKRs. Portfolio, 2018.

Higgs, P.W. (1964). „Broken Symmetries and the Masses of Gauge Bosons". Physical Review Letters, 13(16), S. 508 – 509.

IEEE (1990). IEEE Standard Glossary of Software Engineering Terminology. IEEE Std 610.12–1990.

Kelley, T. (2001). The Art of Innovation: Lessons in Creativity from IDEO, America's Leading Design Firm. New York: Currency/Doubleday.

Kelley, T. & Kelley, D. (2013). Creative Confidence: Unleashing the Creative Potential Within Us All. New York: Crown Business.

Kendall, D.G. (1953). „Stochastic Processes Occurring in the Theory of Queues and their Analysis by the Method of the Imbedded Markov Chain". The Annals of Mathematical Statistics, 24(3), 338 – 354.

Koch, I., Poljac, E., Müller, H. & Kiesel, A. (2018). „Cognitive Structure, Flexibility, and Plasticity in Human Multitasking". Frontiers in Psychology, 9, 1 – 14.

Kranz, G. (2000). Failure Is Not an Option: Mission Control From Mercury to Apollo 13 and Beyond. New York: Simon & Schuster.

Larman, C. & Vodde, B. (2008). Scaling Lean & Agile Development: Thinking and Organizational Tools for Large-Scale Scrum. Addison-Wesley Professional. ISBN: 978-0321480965. Erstes LeSS-Buch mit Nokia Siemens Networks Erfahrungen. Beschreibung der Big Room Planning Methode.

Larman, C. & Vodde, B. (2010). Practices for Scaling Lean & Agile Development: Large, Multisite, and Offshore Product Development with Large-Scale Scrum. Addison-Wesley Professional. ISBN: 978-0321636409 Zweites LeSS-Buch, vertieft Big Room Planning und Multi-Site Koordination.

Larman, C. & Vodde, B. (2016). Large-Scale Scrum: More with LeSS. Addison-Wesley Signature Series. ISBN: 978-0321985712. Drittes LeSS-Buch mit aktualisierter Framework-Definition.

Leffingwell, D. (2007). Scaling Software Agility: Best Practices for Large Enterprises. Addison-Wesley Professional. ISBN: 978-0321458193.

Leffingwell, D. (2010). Agile Software Requirements: Lean Requirements Practices for Teams, Programs, and the Enterprise. Addison-Wesley Professional. ISBN: 978-0321635846.

Leopold, Klaus: Kanban Flight Levels. 2nd ed., LEANability, 2021.

LeSS.works. Case Study: Nokia Networks – Comparing Two LeSS Huge Adoptions. URL: *https://less.works/case-studies/nokia-networks-comparing-two-less-huge*, abgerufen am 26.02.2026.

Lockheed Martin. Kelly's 14 Rules and Practices. URL: *https://www.lockheedmartin.com/content/dam/lockheed-martin/aero/photo/skunkworks/kellys-14-rules.pdf*. Originalregeln von Kelly Johnson für Skunk Works. Prinzipien: kleine Teams, Autonomie, gegenseitiges Vertrauen, abgerufen am 26.02.2026

Lovell, J. & Kluger, J. (1994). Lost Moon: The Perilous Voyage of Apollo 13. Boston: Houghton Mifflin.

Luhmann, N. (1984). Soziale Systeme: Grundriß einer allgemeinen Theorie. Suhrkamp Verlag. ISBN: 978–3518282663. Fundamentales Werk zu Systemtheorie und sozialen Systemen. Konzepte: „Sinn" als Ordnungsform, System-Umwelt-Differenzierung. Relevant für: Verständnis von selbstreferentiellen Systemen in Organisationen

Martin, R. (2009). The Design of Business: Why Design Thinking is the Next Competitive Advantage. Boston: Harvard Business Press.

McKinsey & Company: The new rules of leadership for the 21st century, McKinsey Insights, 2024.

Nonaka, I. & Takeuchi, H. (1986). „The New Product Development Game". Harvard Business Review, January-February 1986, S. 137–146.

Nonaka, I. & Takeuchi, H. (1995). The Knowledge-Creating Company: How Japanese Companies Create the Dynamics of Innovation. New York: Oxford University Press.

Nonaka, Ikujiro & Konno, Noboru (1998): The Concept of „Ba": Building a Foundation for Knowledge Creation. In: California Management Review, Vol. 40, No. 3, pp. 40–54.

Ohno, T. (1988). Toyota Production System: Beyond Large-Scale Production. Portland: Productivity Press.

Pichler, R. (2010). Agile Product Management with Scrum: Creating Products that Customers Love. Boston: Addison-Wesley.

Pichler, R. (2016). Strategize: Product Strategy and Product Roadmap Practices for the Digital Age. Pichler Consulting.

Platon. Menon. (~385 v. Chr.) Deutsche Ausgabe: Platon (2014). Menon. Übersetzt von Friedrich Schleiermacher. Hamburg: Felix Meiner Verlag.

Polanyi, M. (1966). The Tacit Dimension. Chicago: University of Chicago Press.

Raymond, E.S. (1999). The Cathedral and the Bazaar: Musings on Linux and Open Source by an Accidental Revolutionary. O'Reilly Media. ISBN: 978-0596001087.Sammelwerk über Open-Source-Entwicklungsmodelle. Erklärt dezentrale, gemeinschaftliche Entwicklung vs. zentral gesteuerte Projekte

Reinertsen, D.G. (2009). The Principles of Product Development Flow: Second Generation Lean Product Development. Redondo Beach: Celeritas Publishing.

Rich, B.R. & Janos, L. (1994). Skunk Works: A Personal Memoir of My Years at Lockheed. Little, Brown and Company. ISBN: 978-0316743303. Autobiografie von Ben Rich über Kelly Johnsons Skunk Works, beschreibt Prinzipien autonomer, selbstorganisierter Teams

Ries, Eric: The Lean Startup: How Today's Entrepreneurs Use Continuous Innovation to Create Radically Successful Businesses. Crown Business, 2011.

Rubinstein, J.S., Meyer, D.E. & Evans, J.E. (2001). „Executive Control of Cognitive Processes in Task Switching". Journal of Experimental Psychology: Human Perception and Performance, 27(4), 763–797.

Scaled Agile Inc. (2023). Scaled Agile Framework (SAFe) 6.0. URL: *https://scaledagileframework.com*, abgerufen am 26.02.2026

Schwaber, K. (2015, aktualisiert 2018). The Nexus Guide. Scrum.org. URL: *https://www.scrum.org/resources/nexus-guide* Framework für 3–9 Teams. Integration koordiniert durch „Nexus Integration Team". Minimalistischer Ansatz basierend auf reinem Scrum. Abgerufen am 26.02.2026.

Schwaber, K., Sutherland, J. & Beedle, M. (2001). Agile Software Development with Scrum. Upper Saddle River: Prentice Hall.

Schwaber, K. & Sutherland, J. (1995). „SCRUM Development Process". Präsentiert bei OOPSLA '95, Austin, Texas. Später publiziert in: Sutherland, J., Casanave, C., Miller, J., Patel, D., & Hollowell, G. (Hrsg.) (1997). Business Object Design and Implementation: OOPSLA '95 Workshop Proceedings. London: Springer.

Senge, P. (1990). The Fifth Discipline: The Art and Practice of the Learning Organization. New York: Doubleday.

Shewhart, W.A. (1939). Statistical Method from the Viewpoint of Quality Control. Washington: Graduate School of the Department of Agriculture.

Shore, J. (2008): Cargo Cult Agile. Blogbeitrag, 2008. Online: *https://www.jamesshore.com/v2/blog/2008/cargo-cult-agile* Abgerufen am 05.03.2026.

Sinek, Simon (2009): Start with Why. How Great Leaders Inspire Everyone to Take Action. New York: Portfolio / Penguin.

Stengel, Richard (2008): Mandelas Weg. Die Weisheit eines Lebens. München: Wilhelm Goldmann Verlag.

Sutherland, J. (2014 ff.). The Scrum@Scale Guide. Scrum Inc. URL: *https://www.scrumatscale.com/scrum-at-scale-guide-online/* Basiert auf „Scrum of Scrums" (SoS) Konzept. Kann zu „Scrum of Scrum of Scrums"

(SoSoS) skaliert werden. Executive Action Team (EAT) und Executive MetaScrum Team (EMS) an der Spitze. Abgerufen am 26.02.2026.

Sutherland, J. & Schwaber, K. (1995). Object-Oriented Programming, Systems, Languages and Applications (OOPSLA) 1995 Präsentation. Austin, Texas.

Takeuchi, H. & Nonaka, I. (1986). The New New Product Development Game. Harvard Business Review, Vol. 64, No. 1, Januar–Februar 1986. URL: *https://hbr.org/1986/01/the-new-new-product-development-game*, abgerufen am 26.02.2026

Thomas, D. (2014). „Agile is Dead (Long Live Agility)". PragDave Blog, Dezember 2014. Verfügbar unter: *https://pragdave.me/blog/2014/03/04/time-to-kill-agile.html*

Uncapher, M.R. & Wagner, A.D. (2018). „Minds and brains of media multitaskers: Current findings and future directions". Proceedings of the National Academy of Sciences, 115(40), 9889–9896.

Vlaskovits, P. (2011). „Henry Ford, Innovation, and That 'Faster Horse' Quote". Harvard Business Review Blog, August 29, 2011.

Vogels, W. (2022). The Distributed Computing Manifesto. All Things Distributed Blog, 15. November 2022. URL: *https://www.allthingsdistributed.com/2022/11/amazon-1998-distributed-computing-manifesto.html* Veröffentlichung des ursprünglichen Manifesto von 1998 (24. Mai 1998, revidiert 10. Juli 1998) Amazon Engineering Team (1998). Distributed Computing Manifesto. Internes Amazon-Dokument, Mai 1998. Abgerufen am 26.02.2026

Wittgenstein, L. (1953). Philosophische Untersuchungen / Philosophical Investigations. Oxford: Blackwell.

Womack, J.P. & Jones, D.T. (1996). Lean Thinking: Banish Waste and Create Wealth in Your Corporation. New York: Simon & Schuster.

2 Teil II – DIE ROLLEN

Wir alle wissen es, Scrum definiert drei Rollen: den Scrum Master, den Product Owner und das Development Team.[1] Diese drei Verantwortlichkeiten verkörpern gemeinsam das Scrum-Team. Wir haben gesehen, dass ich der Meinung bin, dass wir drei weitere Rollen im Umfeld definieren müssen – den Manager, den Kunden und den User.

Das steht alles da. Schwarz auf Weiß. In zahllosen Büchern, Frameworks und Zertifizierungskursen.

Und doch scheitern die meisten Organisationen daran, diesen Rollen Leben einzuhauchen. Product Owner verkümmern zu schlechten Business Analysten und aus Scrum Master werden Wannabe-Coaches – und Teams: shuffeln Stories, statt zu liefern.

Dieses Kapitel gibt dir *meine* Antwort darauf: Was macht einen Product Owner wirklich aus? Was einen Scrum Master? Was das Development-Team? Nicht als Rollenbeschreibung auf dem Papier, sondern als gelebte Existenzform in einer Organisation.

Die Antwort liegt nicht in fehlenden Prozessbeschreibungen oder unklaren Definitionen. Sie liegt tiefer – in der Spannung zwischen dem, was diese Rollen sein sollten, und dem, was Organisationen aus ihnen machen. In den Dysfunktionalitäten, die entstehen, wenn alte Machtstrukturen auf neue Arbeitsformen treffen. In der Frage, was es wirklich bräuchte, damit Menschen in diesen Rollen nicht nur funktionieren, sondern *wirken* können.

Dieses Kapitel ist ein philosophischer, ein pragmatischer Blick auf das, was unter der Oberfläche liegt. Auf die eigentliche Funktion dieser Rollen. Auf das, was sie ermöglichen sollen – und auf das, was sie daran hindert. Auf die Architektur der Verantwortung und die Realität der Ohnmacht.

---

[1] Ich hoffe, ich trete niemandem zu Nahe, wenn ich des Leseflusses wegen auf den Rollenbezeichnungen in der männlichen Form bleibe. Jedes Mal Product Owner:in zu schreiben spare ich mir. Ich kann an dieser Stelle nur sagen, dass das jeweils eine Rollenbezeichnung in einem Modell ist. Die Menschen sind selbstverständlich divers und das versuche ich durch Bilder und Geschichten auch deutlich herauszustellen.

Denn am Ende ist Scrum keine Frage von Rollen und Regeln.

Es ist eine Frage von Haltung und Mut.

Die Frage ist: Haben wir den Mut, diese Rollen wirklich zu leben – oder begnügen wir uns mit dem Theater ihrer Simulation?

2.1 Die Rolle: Product Owner

2009 – Ich sitze in einem Besprechungsraum bei einem großen deutschen Unternehmen. Wir diskutieren ihren neuen Webshop, die Außendarstellung, die User Experience. Wie macht man so etwas richtig? Die Antwort liegt auf der Hand, eigentlich ist sie so offensichtlich, dass sie niemand ausspricht: Man schaut sich an, wie Amazon es macht. User-zentriert, automatisiert, die Prozesse flüssig, der Kaufvorgang so einfach, dass man fast vergisst, dass man gerade Geld ausgibt. Das ist das Ideal, das alle im Kopf haben, auch wenn sie es nicht laut sagen.

Ich stelle eine naive Frage. Eine von diesen Fragen, die man eigentlich nicht stellen sollte, weil die Antwort zu unangenehm ist. „Haben Sie denn hier im Haus das Know-how, um einen Webshop zu bauen, der so funktioniert wie Amazon? Verstehen Sie alle Prozesse, die dahinterstehen? Die Produktlogik, die User Journeys, die technische Architektur?“ Es ist eine Fangfrage, natürlich. Die Manager wissen das. Sie schauen mich an, ein bisschen verlegen, ein bisschen defensiv. „Nein“, sagt einer schließlich. „Natürlich nicht.“ Das war zu erwarten. Ich nicke, als hätte ich genau diese Antwort erwartet, und dann sage ich etwas, das die Atmosphäre im Raum komplett verändert: „Dann lassen Sie uns doch einfach den Product Owner von Amazon einkaufen. Sie haben als Konzern doch genug Ressourcen. Wir engagieren einen Headhunter, finden heraus, wer bei Amazon für die Produktentwicklung des Webshops zuständig ist, und kaufen uns diese Person einfach ein.“

Die Stille, die folgt, ist fast physisch spürbar. Die Manager:innen starren mich an, als wäre ich vollkommen verrückt geworden. Als hätte ich vorgeschlagen, den Mond zu kaufen oder die Schwerkraft abzuschaffen. Entgeistert ist das Wort, das am besten beschreibt, was ich in ihren Gesichtern sehe. Einer lacht nervös, ein anderer schüttelt den Kopf, als müsse er überprüfen, ob er richtig gehört hat. Die Idee erscheint ihnen absurd, geradezu größenwahnsinnig. Dabei war meine Idee nicht aus der Luft gegriffen. Ich hatte mir das nicht ausgedacht, um zu provozieren. Ich meinte es ernst. Denn was ich damit auf den Punkt bringen wollte, ist etwas, das in vielen Organisationen fundamental missverstanden wird: Ein Product Owner ist nicht das, wofür ihn die meisten halten.

Ein Product Owner ist ein Produktentwickler. Nicht ein besserer Business Analyst, der zwischen Fachbereichen hin und her läuft und herausfindet, was diese jeweils brauchen. Nicht jemand, der Anforderungen einsammelt und aufschreibt. Nicht jemand, der einfach nur nachbaut, was es eh schon gibt. *Ein Product Owner ist jemand, der et-*

was Neues in die Welt bringen soll. Jemand, der sich überlegen können muss, was dieses Neue wirklich ist. Jemand, der eine Vision hat und die Fähigkeit, diese Vision in Realität zu verwandeln. Das ist die eigentliche Krux bei der Problematik des Product Owners, die viele übersehen: Er muss innovieren, nicht kopieren. Er muss führen, nicht folgen. Er muss das Produkt im Kopf haben, *bevor es existiert.*

Wenn ich an einen echten Product Owner denke, denke ich an jemanden wie Clarence „Kelly" Johnson. Und seine Geschichte beginnt an einem Ort, an dem niemand die Zukunft der Luftfahrt vermutet hätte.

2.1.1 Der Handschlag, der alles veränderte

Es riecht nach Plastik und Kerosin. August 1943, Burbank, Kalifornien: In einer provisorischen Halle, die aussieht wie eine Garage für gescheiterte Träume, steht ein Mann vor einem improvisierten Whiteboard und zerschlägt gerade 50 Jahre Ingenieurswissenschaft. Clarence „Kelly" Johnson ist 33 Jahre alt, trägt einen durchgeschwitzten Kittel und hat ein Problem von der Größe des Zweiten Weltkriegs: Die amerikanische Army Air Forces wollen ein strahlgetriebenes Jagdflugzeug, basierend auf einem britischen de-Havilland-Goblin-Triebwerk. In sechs Monaten.

Johnson tut etwas, das seine Vorgesetzten für selbstmörderisch halten: Er sagt ja. Ohne schriftlichen Vertrag, ohne offizielle Genehmigung, ohne genehmigtes Budget. Nur mit einem Handschlag gegenüber Brigadier General Franklin O. Carroll und dem Versprechen, das Unmögliche möglich zu machen. Seine einzige Bedingung: vollständige Autonomie. „Wenn ihr wollt, dass wir Wunder vollbringen", sagt Johnson dem General,

„dann haltet euch aus unserer Arbeit heraus. Keine Berichte, keine Meetings, keine Einmischung."

Das ist der Moment, in dem ein echter Product Owner geboren wird. Johnson versammelt 27 handverlesene Ingenieure und 105 erfahrene Mechaniker in der provisorischen Halle neben der Hauptproduktion – der penetrante Gestank kommt von einer nahegelegenen Plastikfabrik, weshalb die Truppe sich nach dem populären Comic „Li'l Abner" selbstironisch „Skunk Works" nennt. 132 Menschen. Ein Stinktierzirkus. Der Name bleibt. Die Ironie auch. Ben Rich, der später Johnsons Nachfolger wird, erinnert sich: „Kelly schuf eine Atmosphäre, in der brillante Leute brillante Dinge tun konnten, ohne von Bürokratie erdrückt zu werden."

Johnson hatte keine Ahnung von Projektmanagement im modernen Sinne. Er hatte keine Gantt-Charts, keine Stakeholder-Analysen, keine Risk-Assessments. Was er hatte, war etwas viel Mächtigeres: Er wusste, wo er hinwollte. *Er kannte die technologischen Möglichkeiten.* Er verstand, *was der User* – in diesem Fall die Kampfpiloten – *wirklich brauchte.* Er hatte eine *Vision.* Und er hatte den *Mut,* diese *Vision gegen alle Konventionen durchzusetzen.*

Die Anatomie echter Product Ownership

In dieser stinkenden Halle geschieht etwas, das die meisten heutigen Product Owner nicht verstehen: Johnson beginnt nicht mit technischen Spezifikationen oder Feature-Listen. *Er beginnt mit radikaler Empathie.* Stundenlange Gespräche mit Kampfpiloten. Er sitzt in Cockpits, beobachtet Landeanflüge, versteht die Todesangst vor deutschen Me-262-Jets. „Was brauchst du wirklich, um zu überleben?", fragt er. Nicht: „Was für ein Flugzeug können wir bauen?" Tony LeVier, Lockheeds Cheftestpilot, wird später sagen: „Kelly hörte nicht nur zu – er fühlte mit uns."

Das ist der erste fundamentale Unterschied zwischen einem echten Product Owner und einem Business Analyst. Der Business Analyst fragt: „Was sind deine Anforderungen?" Der Product Owner fragt: „Was ist dein Problem?" Der Business Analyst sammelt Feature-Wünsche. Der Product Owner versteht *Bedürfnisse.*

Der Unterschied scheint subtil, ist aber absolut entscheidend. Denn aus Anforderungen entstehen Lösungen, die das Problem adressieren, das der Kunde artikuliert hat. **Aus echtem Verstehen entstehen Lösungen, die das Problem lösen, das der Kunde eigentlich hat.**

Johnson definiert das Problem radikal neu. Während die Konkurrenz fragt „Wie bauen wir einen besseren Propellermotor?", fragt Johnson: „Wie überleben unsere Piloten gegen Düsenjäger?" Der Unterschied zwischen inkrementeller Verbesserung und disruptiver Innovation liegt oft in dieser einen Frage. Es ist der Unterschied zwischen „Wie machen wir unser Pferd schneller?" und „Wie bewegen wir Menschen schneller fort?" Die erste Frage führt zu besseren Pferden. Die zweite zum Automobil.

In endlosen Brainstorming-Sessions werfen Johnson und sein Team alle Konventionen über Bord. Propellerantrieb? Geschichte. Bewährte Metalllegierungen? Zu schwer. Etablierte Aerodynamik-Regeln? Überholt. „Wir dachten an alles, außer an das, was unmöglich sein sollte“, erinnert sich Ingenieur Art Viereck. Und hier liegt der zweite fundamentale Unterschied: Ein Business Analyst arbeitet innerhalb der Constraints, die ihm gegeben werden. *Ein echter Product Owner hinterfragt diese Constraints.* Er fragt nicht „Was können wir mit den gegebenen Mitteln machen?“, sondern „Was müssen wir machen, und welche Mittel brauchen wir dafür?“

Statt Jahre mit Berechnungen zu verbringen, baut Johnson drei verschiedene Flugzeugmodelle parallel. Metallrumpf, Holzkonstruktion, Mischbauweise – was nicht funktioniert, wird binnen Tagen verworfen. „Scheitern war nicht das Problem“, sagt Rich später, „nicht aus dem Scheitern zu lernen, war das Problem.“ Die Prototypen werden nicht in Windkanälen getestet, sondern von echten Piloten geflogen. Feedback kommt nicht aus Berichten, sondern aus direkten Gesprächen. *Änderungen werden noch am selben Tag umgesetzt.* „Das Flugzeug musste funktionieren, nicht die Theorie“, so Johnson.

Was Johnson 1943 macht, ohne es so zu nennen, ist Design Thinking. Empathie, Problemdefinition, Ideation, Prototyping, Testing – der komplette Zyklus, 50 Jahre bevor Tim Brown von IDEO diesen Begriff prägt. Johnson ist nicht nur Product Owner im Scrum-Sinne. Er ist der Archetyp dessen, was ich heute Scrum 3.0 nenne: *die Verschmelzung von klassischem Scrum mit Design Thinking zu einer kohärenten Produktentwicklungsphilosophie.*

Die Macht kollektiver Intelligenz

Aber Johnson entdeckt noch etwas, das heute unter dem sperrigen Begriff „Mob Programming“ firmiert, aber in Wahrheit viel fundamentaler ist: die Macht kollektiver Intelligenz. Bei Skunk Works arbeiten nie Ingenieure isoliert an ihren Zeichentischen. Stattdessen versammeln sich *spontan Gruppen um konkrete Probleme (und formen so Ad-hoc-Teams).* Ein typischer Tag: Aerodynamiker Willis Hawkins skizziert ein Tragflächendesign auf eine Werkbank, Metallurge Hall Hibbard fügt seine Bedenken über Materialermüdung hinzu, Testpilot Milo Burcham erklärt die praktischen Anforderungen beim Landeanflug, Mechaniker Joe Singleton zeigt, wie sich das überhaupt montieren lässt. Fünf Köpfe, ein Problem, keine Hierarchie.

„Kelly schuf einen Ort, wo Ego keinen Platz hatte, aber Ideen jede Chance bekamen“, erinnert sich Ben Rich. Bei Skunk Works gibt es keine Code-Reviews, keine Freigabeprozesse, keine Komitees. Es gibt kontinuierliche, echte Zusammenarbeit. Das Ergebnis: Sechs Monate statt der üblichen fünf Jahre Entwicklungszeit, ein revolutionäres Flugzeug und null schwere Konstruktionsfehler.

Hier liegt der dritte fundamentale Unterschied zwischen einem Business Analyst und einem echten Product Owner: Der Business Analyst koordiniert Arbeit. *Der Product Ow-*

ner orchestriert kollektive Intelligenz. Der Business Analyst verteilt Tasks an Spezialisten. Der Product Owner schafft einen Raum, in dem unterschiedliche Expertisen kollidieren und daraus etwas Neues entsteht, das größer ist als die Summe seiner Teile. Johnson versteht intuitiv, was Ikujiro Nonaka Jahrzehnte später als „Ba" beschreiben wird – den geteilten Raum für Wissensschöpfung.

Die 14 Gebote der Product Ownership

Was Johnson intuitiv praktiziert, schreibt er später in 14 Regeln auf – ein Manifest, das bis heute als Bibel für Innovation gilt. Diese Regeln sind nicht nur Managementprinzipien. Sie sind die DNA echter Product Ownership. Regel 1: **„Der Projektmanager muss vollständige Kontrolle über das Projekt haben."** Heute würden wir sagen: Der Product Owner ist der unumstrittene CEO seines Produkts. Aber – und das ist entscheidend – er führt durch Vision und Vertrauen, nicht durch Mikromanagement. Er führt, indem er den Rahmen schafft, in dem andere brillant sein können.

Regel 2: **„Die Anzahl der Leute mit Kontrolle muss strikt begrenzt sein."** Johnson versteht: Zu viele Köche verderben nicht nur den Brei – sie vergiften die Innovationskultur. Ein Product Owner kann nicht führen, wenn zehn Stakeholder gleichzeitig an seinem Steuer drehen.

Regel 5: **„Die Anzahl der Beteiligten muss auf ein Minimum reduziert werden."** Johnson versteht intuitiv, was Soziologen später als „Ringelmann-Effekt" beschreiben: je größer die Gruppe, desto geringer die individuelle Leistung. Nicht die absolute Größe entscheidet, sondern die Qualität der Zusammenarbeit und die Abwesenheit von Bürokratie.

Aber die radikalste Regel bleibt ungeschrieben: **Vertraue dem Team vollständig oder lass es sein.** Johnson gibt seinen Leuten eine Autonomie, die selbst heutige „agile" Konzerne für riskant halten würden. „Ich stellte die besten Leute ein und ließ sie dann arbeiten", fasst Johnson seine Philosophie zusammen. Das ist es, was einen echten Product Owner auszeichnet: Er vertraut seinem Team nicht, weil er muss. Er vertraut, weil er weiß, dass ohne Vertrauen keine echte Innovation möglich ist.

Die Blackbird-Lektion

1964, mehr als zwei Jahrzehnte nach dem ersten Skunk-Works-Projekt, steht Johnson vor seinem Meisterwerk: der SR-71 Blackbird. Ein Flugzeug, das dreimal so schnell fliegt wie der Schall, höher steigt als die meisten Raketen und dabei aussieht, als käme es aus dem Jahr 2050. Entwicklungszeit: *vier* Jahre. Team: 50 Kerningenieure. Budget: 1,2 Milliarden Dollar – weniger als heute ein einziger Airbus A380 kostet. Die Blackbird fliegt 32 Jahre lang unverändert und wird nie – nie! – abgeschossen. Über 4000 Raketen werden auf sie abgefeuert, keine trifft. Ihre Geschwindigkeit und Höhe machen sie faktisch unverwundbar.

„Wir bauten nicht nur schnellere Flugzeuge", reflektiert Ben Rich später, „wir dachten Geschwindigkeit völlig neu." Die Blackbird fliegt so schnell, dass ihre Haut während des Flugs durch Reibungshitze um mehrere Zentimeter wächst. Das Kerosin wird als Kühlmittel verwendet (diese Idee nutzt Andy Weir in seinem Roman The Project Hail Marry, um das Raumschiff zu kühlen). Der Rumpf ist so konstruiert, dass er am Boden undicht ist und erst in der Luft durch thermische Ausdehnung abdichtet. Das ist keine inkrementelle Verbesserung. Das ist ein Quantensprung.

Johnson erkennt früh: Innovation ist nicht inkrementell. Sie ist nicht linear. Sie ist ein Quantensprung – oder sie ist bedeutungslos.

Das ist die vierte fundamentale Lektion für Product Owner: Echte Product Ownership bedeutet nicht, das Bestehende zehn Prozent besser zu machen. Es bedeutet, die Spielregeln zu ändern. Es bedeutet, *Probleme so fundamental neu zu denken, dass die Lösungen wie Magie aussehen.*

2.1.2 Von Rugby zu Scrum 3.0

1986, mehr als vier Jahrzehnte nach Johnsons erstem Skunk-Works-Projekt, veröffentlichen zwei japanische Managementforscher einen Artikel, der die Geschäftswelt revolutionieren wird. Ikujiro Nonaka und Hirotaka Takeuchi analysieren im Harvard Business Review unter dem Titel „The New New Product Development Game“ erfolgreiche Innovationsprojekte und entdecken ein Muster, das verblüffend an Johnsons Skunk Works erinnert: Die erfolgreichsten Produkte entstehen nicht durch traditionelles „Relay Race“-Management – wo jede Abteilung nacheinander ihren Part abarbeitet wie Staffelläufer –, sondern durch einen „Rugby-Approach“: ein cross-funktionales Team, das gemeinsam, chaotisch und hochdynamisch auf das Ziel zuläuft.

„Was wir in den erfolgreichsten japanischen Unternehmen beobachteten", erklärt Nonaka später, „war eine Art organisierte Anarchie. Chaos, das zu Ordnung führt – genau wie bei einem Rugby-Team, das scheinbar chaotisch, aber hochkoordiniert auf das Tor zuläuft." Ohne voneinander zu wissen, entdecken der amerikanische Flugzeugingenieur und die japanischen Managementforscher die gleichen fundamentalen Prinzipien erfolgreicher Innovation: kleine, autonome Teams mit unterschiedlichen Expertisen, enge physische Nähe, kontinuierliches Experimentieren, schnelle Iterationen.

Jeff Sutherland liest diesen Artikel 1993 und hat seinen Eureka-Moment: „Das ist es! Das ist die Antwort auf das Software-Problem." Er übernimmt den Rugby-Begriff „Scrum" und macht daraus die heute weltweit verbreitete agile Management-Methode. Aber Scrum, wie Sutherland es konzipiert, hat einen blinden Fleck: Es fokussiert zu sehr auf Entwicklungsgeschwindigkeit und zu wenig auf das Verstehen der eigentlichen Probleme. Die Rolle des Product Owners in klassischem Scrum ist zu oft die eines Anforderungsverwalters, nicht eines Produktvisionärs wie Kelly Johnson.

Meine Antwort darauf ist Scrum 3.0 – eine bewusste Fusion aus Nonakas Rugby-Approach und Design Thinking, die zurückführt zu Johnsons ursprünglichen Prinzipien. In Scrum 3.0 entscheidet nicht mehr der Product Owner allein über Prioritäten. Stattdessen gestaltet das gesamte Team gemeinsam mit echten Kunden das Produkt. Statt Aufgaben abzuarbeiten, zeigt jeder im Daily Stand-up seine Lernfortschritte direkt am Produkt. Radikale Transparenz, geteilte Verantwortung, kontinuierlicher Kundenkontakt. Kelly Johnson hätte Scrum 3.0 sofort verstanden. Er praktizierte bereits 1943, was wir heute mühsam zurückerobern müssen: das Vertrauen in menschliche Kreativität statt in Prozesse.

Die Verwirrung der Rollen

Aber hier wird es kompliziert. Denn in den meisten Organisationen herrscht fundamentale Verwirrung darüber, was ein Product Owner eigentlich ist. Ich sitze in Workshops und erlebe es immer wieder: Manager verwechseln Product Owner mit Projektmanager. Teams verwechseln Product Owner mit Product Manager. Alle verwechseln alle Rollen miteinander, und am Ende weiß niemand mehr, wer eigentlich wofür verantwortlich ist. Diese Verwirrung ist nicht zufällig. Sie ist das Symptom einer tieferen organisatorischen Dysfunktionalität.

Der **Projektmanager** fokussiert auf Termin-, Budget- und Ressourcensteuerung. Er misst Erfolg an Planerfüllung. Seine Welt ist die des Gantt-Charts, des Stage-Gate-Prozesses, des klassischen PMO. Er fragt: „Sind wir im Plan? Im Budget? Im Scope?" Seine Autorität ist formalisiert, hierarchisch legitimiert. Er arbeitet in einer kurz- bis mittelfristigen Zeitperspektive und sein primäres Ziel ist Projekterfolg nach den Kriterien Zeit, Kosten, Qualität. Der Projektmanager ist ein Prozessmanager. Er steuert Umsetzung.

Der **Product Manager** hingegen denkt strategisch. Er verantwortet die Produktstrategie, die Marktpositionierung, den Business Case. Er misst Erfolg an Profitabilität und Wachstum. Seine Welt ist die der Roadmaps, der Marktanalysen, der strategischen Entscheidungen über Produktportfolios. Er fragt: „Welches Produkt müssen wir für welchen Markt entwickeln? Wie positionieren wir uns gegen die Konkurrenz?" Seine Autorität ist strategisch orientiert, meist über die Linienhierarchie abgesichert. Er arbeitet in einer mittel- bis langfristigen Zeitperspektive und deckt den gesamten Produktlebenszyklus ab. Der Product Manager ist ein Stratege. Er definiert das Warum und das Was.

Der **Product Owner** ist keines von beidem. Er ist ein Hybrid, eine neue Spezies in der Organisationslandschaft, die sich nicht in klassische Kategorien pressen lässt. *Der Product Owner fokussiert auf Wertmaximierung durch kontinuierliche Priorisierung und direkte Zusammenarbeit mit dem Entwicklungsteam.* Er misst Erfolg an Kundennutzen und Feedback. Seine Welt ist die des Backlogs, des Sprints, der User Story. Er fragt: „Was bauen wir als Nächstes, um maximalen Wert zu schaffen? Was braucht der Kunde wirklich?" Seine Autorität ist dezentral, funktional statt formal. Sie beruht auf Vertrauen, Transparenz und der Unterstützung durch Management und Stakeholder – nicht auf Hierarchie. Er arbeitet iterativ und laufend, in kurzen Zyklen, und ist verantwortlich für die operative Umsetzung der Produktvision. Der Product Owner ist ein vertikaler Integrator zwischen Vision und Umsetzung. Er übersetzt Strategie in Realität.

In klassisch-hierarchischen Organisationen ist diese Rolle besonders problematisch. Denn dort gelten Führungsverantwortung und Entscheidungsgewalt als disziplinär gebunden. Der Product Owner hingegen besitzt kein Weisungsrecht. *Er hat ein Mandat zur Priorisierung und zur Verantwortung für den Produktwert – aber keine formale Macht.* Er entscheidet, was entwickelt wird, nicht wie. Seine Autorität ist funktional, nicht formal. Ohne explizites Mandat oder wenn die Organisation an traditionellen Machtlogiken festhält, gerät die Rolle in ein Spannungsfeld: Der Product Owner soll entscheiden, darf aber faktisch nicht. In der Praxis führt das häufig dazu, dass Product Owner nur dann wirksam werden, wenn sie entweder selbst Führungskräfte sind oder durch klare Governance-Strukturen abgesichert werden, die agiles Arbeiten tatsächlich ermöglichen.

Kelly Johnson hatte dieses Problem nicht. Er hatte vollständige Autonomie, abgesichert durch seine Vorgesetzten. Aber Kelly Johnson war auch nicht nur Product Owner. Er war gleichzeitig Product Manager, Projektmanager, technischer Lead und mehr. Er verkörperte in einer Person, was heute in modernen Organisationen in drei, vier, fünf Rollen zerfällt. Das ist das eigentliche Problem: Wir versuchen, die Genialität eines Kelly Johnson in organisatorische Silos zu pressen, die dieser Genialität diametral entgegenstehen.

Die moderne Fragmentierung – oder: Wie man Innovation systematisch verhindert

In modernen Produktorganisationen – besonders in Tech-Unternehmen, SaaS-Anbietern, Scale-ups – ist die klassische Product-Manager-Rolle, die ursprünglich Marktanalyse, Strategie, Entwicklung, Kommunikation und Lifecycle-Management vereinte, zunehmend in drei spezialisierte Verantwortungsbereiche zerfallen: Product Researcher für Discovery, Product Owner für Delivery, Product Marketing Manager für Adoption.

Diese Aufspaltung folgt einer scheinbar eleganten Logik: Verstehen, Bauen, Verkaufen. Drei Phasen, drei Rollen, klare Verantwortlichkeiten.

Das Problem ist: Diese Aufspaltung ist genau das, was Scrum und die gesamte agile Welt fundamental ablehnen. Sie ist ein Rückfall in das „Relay Race"-Denken, das Nonaka und Takeuchi 1986 als gescheitert beschrieben haben. Sie ist das Gegenteil von dem, was Kelly Johnson praktizierte. Sie ist organisierte Fragmentierung statt organisierter Anarchie.

Denn natürlich müssen die Aktivitäten Discovery, Delivery und Adoption durchgeführt werden. Aber – und das ist der entscheidende Punkt – sie müssen integriert durchgeführt werden. Nicht nacheinander. Nicht in verschiedenen Abteilungen. Nicht von verschiedenen Menschen mit verschiedenen Verantwortlichkeiten und verschiedenen Zielen. Sondern parallel, iterativ, von demselben Team, im selben Raum, zur selben Zeit. Das ist die Essenz dessen, was Nonaka und Takeuchi als Rugby-Approach beschrieben haben. Das ist die Essenz dessen, was Johnson bei Skunk Works praktizierte. Das ist die Essenz von Scrum 3.0.

Kelly Johnson hat nicht Discovery gemacht, dann Delivery, dann Adoption. Er hat mit Piloten gesprochen (Discovery), während seine Ingenieure bauten (Delivery), während er gleichzeitig mit den Army Air Forces über die Anforderungen verhandelte (Adoption). Alles gleichzeitig. Alles integriert. Keine Übergaben. Keine Schnittstellen. Keine Phasen. Ein kontinuierlicher, fluider Prozess, in dem Lernen und Bauen und Verkaufen nicht unterscheidbar sind.

Die moderne Praxis in vielen Organisationen ist das exakte Gegenteil. Ich erlebe es immer wieder: Product Researcher in einer Abteilung führen Nutzerinterviews durch und schreiben schöne Reports. Diese Reports wandern zu Product Ownern in einer anderen Abteilung, die daraus Backlogs machen. Diese Backlogs werden von Teams umgesetzt. Die Ergebnisse wandern dann zu Product Marketing Managern in einer dritten Abteilung, die daraus Kampagnen machen. Drei Abteilungen. Drei Organisationseinheiten. Manchmal sogar drei verschiedene Consulting-Unternehmen, die zusammenarbeiten sollen.

Das Resultat? Chaos. Missverständnisse. Zeitverzögerungen. Features, die niemand braucht. Marketing, das nicht zum Produkt passt. Produkte, die nicht zu den Kundenbedürfnissen passen. Und überall Meetings, endlose Meetings, in denen man versucht, die Schnittstellen zu managen, die man selbst geschaffen hat. Das ist gängige Praxis. Und es führt genau zu den Problemen, die wir mit agilen Arbeitsweisen lösen wollen.

Die Ironie ist bitter: Organisationen führen agile Methoden ein, um schneller und kundenzentrierter zu werden. Aber sie fragmentieren gleichzeitig die Produktentwicklung in spezialisierte Rollen und Abteilungen, die genau diese Geschwindigkeit und Kundennähe systematisch verhindern. Sie nennen es „moderne Produktorganisation". In Wahrheit ist es Taylor'sches Fließband-Denken im agilen Gewand.

Der Product Owner als Unternehmer

Der Product Owner in Scrum – und noch mehr in Scrum 3.0 – ist keine dieser fragmentierten Rollen. Er ist nicht „der Delivery-Typ" zwischen dem „Discovery-Typ" und dem „Adoption-Typ". Der Product Owner ist der Unternehmer im Unternehmen. Er vereint alle drei Aktivitäten in sich. Er macht Discovery, indem er kontinuierlich mit Kunden spricht, deren Probleme versteht, Hypothesen entwickelt. Er macht Delivery, indem er mit dem Team das Produkt baut, Prioritäten setzt, Entscheidungen trifft. Er macht Adoption, indem er den Markt antizipiert, mit Marketing zusammenarbeitet, den Go-to-Market mitdenkt.

Das bedeutet nicht, dass er alles alleine macht. Natürlich arbeitet er mit anderen zusammen. Natürlich braucht er Input von Experten. Natürlich gibt es in großen Organisationen Menschen, die sich auf bestimmte Aspekte spezialisieren. Aber die Verantwortung, die Entscheidung, die Integration – die liegt beim Product Owner. Er ist der vertikale Integrator. Er ist derjenige, der die verschiedenen Aktivitäten nicht nacheinander abarbeitet, sondern gleichzeitig orchestriert.

Kelly Johnson war Product Owner in diesem Sinne. Er sprach mit den Piloten, verstand ihre Probleme (Discovery). Er entwickelte mit seinen Ingenieuren die Lösung (Delivery). Er verkaufte sie den Army Air Forces und dachte über den Einsatz nach (Adoption). Eine Person. Ein integrierter Prozess. Keine Übergaben. Das ist echte Product Ownership.

Natürlich arbeitet ein moderner Product Owner mit einem Product Manager zusammen, der vielleicht strategischer denkt, einen längeren Zeithorizont hat, die gesamte Produktfamilie im Blick hat. Der Product Manager mag tiefere Marktanalysen machen, Wettbewerber studieren, Business Cases rechnen. Aber der Product Owner ist nicht dessen operativer Ausführungsgehilfe. Er ist nicht derjenige, der einfach nur umsetzt, was der Product Manager strategisch entschieden hat. Er ist der kreative Entwickler, der den Markt selbst antizipiert, der mit dem Product Manager auf Augenhöhe zusammenarbeitet, der sagt: „Die Strategie ist gut, aber ich sehe am Kunden, dass wir das anders machen müssen."

Das funktioniert nur, wenn der Product Owner wirklich Unternehmer ist. Wenn er Verantwortung übernimmt. Wenn er Risiken eingeht. Wenn er entscheidet. Wenn er nicht fragt: „Darf ich das?", sondern es macht und dann verantwortet. Das ist es, was Johnson auszeichnete. Er fragte nicht um Erlaubnis für jeden Schritt. Er hatte einen Handschlag, eine Vision und vollständige Autonomie. Alles andere regelte er selbst.

Die Frage der hybriden Formen

Nun gibt es Situationen – ich gebe das zu –, in denen eine gewisse Spezialisierung sinnvoll sein kann. Wenn man eine Boeing baut oder ein neues Medikament entwickelt, mit regulatorischen Anforderungen, die ganze Bibliotheken füllen, mit Entwicklungszeiten von zehn Jahren und Budgets in Milliardenhöhe, dann mag es Gründe geben, warum nicht eine Person alles in sich vereinen kann. Dann mag es einen separaten Regulatory Affairs Manager geben, einen Market Access Manager, einen klinischen Entwicklungsleiter. Die Komplexität erzwingt eine gewisse Arbeitsteilung.

Aber selbst dann – und das ist der entscheidende Punkt – müssen diese Menschen eng zusammenarbeiten. Im selben Raum. Im selben Team. Mit täglichem Austausch. Nicht in Silos, nicht über Schnittstellen, nicht über Meetings. Und selbst dann braucht es jemanden, der die Integration macht. Jemanden, der das Gesamtbild hat. Jemanden, der nicht nur seinen Teilbereich verantwortet, sondern das Produkt als Ganzes. Und dieser jemand ist der Product Owner – oder wie auch immer man ihn nennen mag.

Die Frage, ob hybride Formen funktionieren – klassische Organisation hier, agile Teams dort –, beantworte ich meistens mit einem klaren Nein. Hybride Formen sind fast immer Übergangszustände oder Ausreden. Organisationen, die hybrid arbeiten, sind Organisationen, die sich nicht entscheiden können oder wollen. Die die Vorteile agiler Arbeitsweisen haben wollen, aber die Nachteile – den Kontrollverlust, die Unsicherheit, die Dezentralisierung – nicht tragen wollen. Das funktioniert nicht. Entweder man ist agil, oder man ist es nicht. *Entweder man gibt dem Product Owner echte Macht, oder man gibt sie ihm nicht.* Alles dazwischen ist *organisatorischer Selbstbetrug.*

Der Product Owner passt nicht in die klassische Organisation. Das ist kein Bug, das ist ein Feature. Die Rolle ist quer zur klassischen Hierarchie. Sie durchbricht Silos. Sie ignoriert Abteilungsgrenzen. Sie stellt Kundenbedürfnisse über interne Politik. Das macht sie so wertvoll – und so schwierig zu implementieren. Eine Organisation, die wirklich mit Product Ownern arbeiten will, muss sich selbst ändern. Sie kann nicht einfach eine neue Rolle einführen und ansonsten alles beim Alten lassen. Das ist, als würde man einen Formel-1-Motor in einen Traktor einbauen und sich wundern, warum es nicht schneller geht.

Die Integration als Kernprinzip

Was Scrum, Design Thinking und Scrum 3.0 verbindet, ist das Prinzip der Integration. Discovery, Delivery und Adoption sind keine Phasen, keine Abteilungen, keine unterschiedlichen Rollen. Sie sind Aktivitäten, die parallel, iterativ, kontinuierlich stattfinden. Das Team macht Discovery im Sprint, indem es mit Nutzern spricht. Es macht Delivery im Sprint, indem es baut. Es macht Adoption im Sprint, indem es deployed und Feedback sammelt. Alles gleichzeitig. Alles integriert. Jeden Sprint. Immer wieder.

Der Product Owner orchestriert diese Integration. Er sorgt dafür, dass Discovery-Erkenntnisse sofort in die Entwicklung einfließen. Er sorgt dafür, dass Delivery-Ergebnisse sofort zu den Nutzern kommen. Er sorgt dafür, dass Adoption-Learnings sofort die nächste Discovery beeinflussen. Er ist der Dirigent eines Orchesters, in dem alle Instrumente gleichzeitig spielen, nicht nacheinander.

Kelly Johnson hatte keine Meetings, in denen die Discovery-Abteilung ihre Erkenntnisse an die Delivery-Abteilung übergab. Er hatte eine Halle, in der Piloten mit Ingenieuren mit Mechanikern mit Testpiloten sprachen. Gleichzeitig. Kontinuierlich. Ohne Schnittstellen. Das ist das Ideal. Das ist das Ziel. Alles andere ist Kompromiss.

In meinen Beratungsprojekten sehe ich immer wieder, wie Organisationen diese Integration verhindern. Nicht absichtlich. Nicht böswillig. Sondern weil sie in alten Denkmustern gefangen sind. Weil sie glauben, dass Spezialisierung effizienter ist. Weil sie glauben, dass man Discovery von Delivery trennen muss, weil das ja „unterschiedliche Skills" sind. Weil sie glauben, dass man nicht ständig umpriorisieren kann, weil das ja „ineffizient" wäre. All diese Glaubenssätze sind falsch. Sie stammen aus einer Welt, in der man physische Produkte am Fließband fertigte. Sie passen nicht in eine Welt, in der man Hardware, Software digital entwickelt, und damit die Produkte in iterativen Zyklen entwickelt.

Die Herausforderung für moderne Organisationen ist nicht, bessere Discovery-Prozesse zu entwickeln oder bessere Delivery-Methoden oder bessere Adoption-Strategien. Die Herausforderung ist, diese drei Aktivitäten so zu integrieren, dass sie nicht mehr unterscheidbar sind. Dass das Team nicht mehr sagt: „Jetzt machen wir Discovery" oder „Jetzt machen wir Delivery". Sondern dass es einfach arbeitet. Lernt. Baut. Deployed. Lernt. Im Rhythmus. Kontinuierlich. Wie atmen.

Und in der Mitte dieses Teams sitzt der Product Owner. Nicht als Projektmanager, der Aufgaben verteilt. Nicht als Anforderungsmanager, der Backlogs pflegt. Sondern als Unternehmer, der ein Produkt in die Welt bringen will und dafür alles tut, was nötig ist. *Der keine Schnittstellen akzeptiert, weil Schnittstellen Zeit kosten und Zeit ist das, was zwischen einer guten Idee und einer veralteten Idee liegt.* Der keine Silos akzeptiert, weil Silos bedeuten, dass Menschen nicht miteinander reden, und Menschen, die nicht miteinander reden, bauen keine großartigen Produkte. Der keine Übergaben akzeptiert, weil Übergaben bedeuten, dass Wissen verloren geht, und Wissen ist das einzige, was zwischen Innovation und Imitation liegt.

Kelly Johnson hatte keine Übergaben. Er hatte eine Halle. Und in dieser Halle wurde die Zukunft erfunden. Nicht in drei Phasen. Nicht in drei Abteilungen. Nicht in drei Rollen. Sondern integriert, chaotisch, brillant. Das ist es, was ein Product Owner sein sollte. Alles andere ist Kompromiss. Und Kompromisse bauen keine SR-71 Blackbirds.

Der Product Owner in Scrum 3.0: Der Architekt der Constraints

Es gibt mittlerweile kritische Stimmen in der agilen Community, die eine provokante Frage stellen: Braucht man den Product Owner überhaupt noch? Die Teams entwickeln doch sowieso selbst die Features. Sie bauen selbst. Sie präsentieren selbst. Sie priorisieren selbst. Sie ordnen ein. Wozu also noch diese eine Person, die zwischen Team und Stakeholdern steht?

Diese Kritik ist nicht unberechtigt – zumindest dann nicht, wenn der Product Owner tatsächlich nur ein Stenograph ist, ein Diplomat, ein Ausführungsgehilfe. Wenn seine Hauptaufgabe darin besteht, von Stakeholder zu Stakeholder zu laufen, Anforderungen aufzuschreiben und diese dann dem Team zu präsentieren. Wenn er selbst nichts entscheiden darf, keine echte Verantwortung trägt, keine Vision hat. Dann, ja dann, ist die Rolle tatsächlich überflüssig. Dann kann man sie ebenso gut abschaffen und das Team direkt mit den Stakeholdern sprechen lassen.

Im klassischen Scrum wurde der Product Owner immer als derjenige gesehen, der die Vision für das Produkt hat, der das Backlog priorisiert und den Return on Investment und damit den Wert des Produkts steigert. So weit die Theorie. In der Praxis wurde aber häufig missverstanden, dass der Product Owner direkt mit den Usern arbeitet, um alle Features selbst aufzubereiten. Marty Cagan, einer der einflussreichsten Vordenker im Product Management, hatte in seinen frühen Arbeiten noch die Vorstellung, dass der Product Owner – ausgestattet mit zwei, drei Business Analysten – alles vorbereitet, bevor es zum Team kommt. Das Bild war: Der Product Owner macht Discovery, definiert alle Requirements, schreibt alle User Stories, und das Team setzt dann um.

Aber auch Cagan ist, wie ich selbst schon sehr früh, zu der Überzeugung gekommen, dass der Product Owner all diese Aufgaben gar nicht übernehmen sollte. Nicht, weil er zu faul wäre oder nicht gut genug. Sondern weil es schlicht nicht funktioniert. Ein Product Owner, der für jedes Team einzeln alle Stories zusammensetzt, ist hoffnungslos überlastet – besonders wenn er, wie in meiner Scrum 3.0-Variante oder in Frameworks wie LeSS, mit mehreren Teams gleichzeitig arbeitet. Er wird zum Flaschenhals. Zum Bottleneck. Zum Hindernis statt zum Enabler.

Der Product Owner in Scrum 3.0 macht etwas fundamental anderes. Er ist genau das, was Kelly Johnson war: Auf der einen Seite jemand, der technologisch versteht, der architektonisch denkt, der den Markt versteht. Jemand, der mit Stakeholdern – den Piloten, den Generälen, den Ingenieuren – gesprochen hat und deren Bedürfnisse kennt. Aber seine Hauptaufgabe ist nicht, Features zu definieren. *Seine Hauptaufgabe ist, Constraints zu erarbeiten.*

2.1.3 Die vergessene Wahrheit: Produkte sind Constraints

Ein Produkt definiert sich viel mehr darüber, was es nicht ist, als darüber, was es ist. Ein Produkt definiert sich über seine Constraints – die Umweltbedingungen, die Kontextfaktoren, die Grenzen, innerhalb derer es existiert – viel mehr als über seine Features.

Nehmen wir die Swatch-Uhr. Jeder kennt sie. Bunte Plastikuhren, die in den 1980er-Jahren die Schweizer Uhrenindustrie retteten. Aber was machte die Swatch zur Swatch? Nicht die Features. Nicht die Tatsache, dass sie die Zeit anzeigte oder wasserdicht war. Das konnten andere Uhren auch. Was die Swatch definierte, waren ihre Constraints: Sie wurde mit einem Target-Cost-Ansatz entwickelt. Die Idee war, man nimmt Materialien, die günstig sind. Das Paradigma der Schweizer Uhrenindustrie, dass eine Uhr ein Luxusgegenstand sein sollte – mit möglichst vielen Diamanten, Gold und Silber –, wurde über Bord geworfen. Stattdessen sollte die Swatch ein Modeaccessoire sein, das man permanent mit der Kleidung wechseln kann. Dadurch mussten sie günstig werden. Aber trotzdem sollten sie Schweizer Qualitätsstandards haben.

Das sind Constraints. Und diese Constraints – nicht die Features – definierten, was die Swatch wurde. Sie erzwangen bestimmte Designentscheidungen. Sie machten bestimmte Features unmöglich und andere notwendig. Sie waren der Rahmen, innerhalb dessen Innovation stattfand. Ohne diese Constraints hätte man einfach eine weitere Armbanduhr gebaut. Mit diesen Constraints baute man eine Revolution.

Oder nehmen wir Kelly Johnson und die P-80 Shooting Star. Was definierte dieses Flugzeug? Nicht die Tatsache, dass es fliegen konnte. Sondern die Constraints. Sechs Monate Entwicklungszeit. Ein britisches Triebwerk, das man nicht verändern durfte. Die Anforderung, schneller zu sein als deutsche Düsenjäger. Die Notwendigkeit, in großen Stückzahlen produzierbar zu sein. Diese Constraints – nicht eine Liste von Features – waren es, die Johnson und seinem Team sagten, was sie bauen konnten und was nicht. Sie waren der Raum, innerhalb dessen die Ingenieure kreativ werden mussten.

Der Product Owner als Constraint-Architekt

Der Product Owner in Scrum 3.0 ist derjenige, der diese Constraints erarbeitet. Er spricht mit dem Markt, mit den Stakeholdern, mit den Nutzern. Er versteht die technologischen Möglichkeiten und Grenzen. Er kennt die Business-Realitäten – Budget, Zeit, Wettbewerb. Und aus all dem destilliert er die Constraints, innerhalb derer das Produkt entwickelt werden muss. Er sagt nicht: „Baut Feature X, Y und Z." Er sagt: „Wir müssen ein Produkt bauen, das diese Constraints erfüllt. Wie wir das machen, das erarbeiten wir gemeinsam."

Das ist ein fundamentaler Unterschied. Im klassischen Scrum definiert der Product Owner Features. Im Scrum 3.0 definiert er Constraints. Im klassischen Scrum schreibt er User Stories. Im Scrum 3.0 definiert er den Möglichkeitsraum. Im klassischen Scrum sagt er: „Wir brauchen einen Button, der das macht." Im Scrum 3.0 sagt er: „Wir müssen unter zwei Sekunden Ladezeit bleiben, wir haben ein Budget von X, und der Nutzer muss die Aufgabe mit maximal drei Klicks erledigen können. Was bauen wir?"

Die Features – die konkreten Lösungen – kommen dann aus der Zusammenarbeit des gesamten Teams mit den echten Nutzern. Die Developer beobachten die User. Sie führen Interviews. Sie machen Prototypen. Sie testen. Genauso, wie es Design Thinking vorsieht. Der Product Owner gibt ihnen nicht vor, was sie bauen sollen. Er gibt ihnen den Rahmen vor, innerhalb dessen sie bauen müssen. Und dieser Rahmen – diese Constraints – sind oft viel mächtiger, viel hilfreicher, viel inspirierender als eine Liste von Features.

Kelly Johnson sagte seinen Ingenieuren nicht: „Baut einen Flügel mit dieser exakten Form und diese Triebwerksmontage und dieses Cockpit-Layout." Er sagte: „Wir haben sechs Monate. Wir müssen schneller sein als eine Me 262. Wir haben dieses Triebwerk. Wir brauchen etwas, das ein durchschnittlicher Pilot unter Stress fliegen kann. Jetzt zeigt mir, wie ihr das macht." Die Constraints waren klar. Die Lösungen entstanden im Team.

Warum Constraints mächtiger sind als Features

Constraints sind mächtiger als Features aus einem einfachen Grund: Sie erzwingen Kreativität. Wenn man einem Team eine Liste von Features gibt, baut es genau diese Features. Nicht mehr, nicht weniger. *Wenn man einem Team Constraints gibt, muss es kreativ werden.* Es muss nachdenken. Es muss experimentieren. Es muss Lösungen finden, die die Constraints erfüllen – und dabei oft auf Ideen kommen, die niemand vorher hatte.

Die Swatch-Ingenieure hätten niemals die revolutionäre Plastik-Uhr entwickelt, wenn ihnen jemand gesagt hätte: „Baut eine Uhr mit diesen Features." Sie entwickelten sie, weil ihnen jemand sagte: „Die Uhr muss unter 50 Franken kosten, sie muss Schweizer Qualität haben, sie muss cool aussehen, und sie muss so billig sein, dass Leute mehrere kaufen." Diese Constraints zwangen sie, völlig neu zu denken. Sie zwangen sie, Materialien zu verwenden, die noch nie in Uhren verwendet wurden. Sie zwangen sie, Produktionsprozesse zu erfinden, die es noch nicht gab. Die Constraints waren die Quelle der Innovation, nicht die Hinderung.

Der Product Owner, der Constraints definiert statt Features, gibt seinem Team diese Kraft. Er sagt nicht: „Ich habe die Lösung, baut sie."

Er sagt: „Ich kenne das Problem und die Rahmenbedingungen. Lasst uns gemeinsam die beste Lösung finden." Das ist der Unterschied zwischen Mikromanagement und Führung. Das ist der Unterschied zwischen einem Stenographen und einem Unternehmer.

Die praktische Umsetzung

In der Praxis sieht das so aus: Der Product Owner arbeitet eng mit Stakeholdern zusammen, um die Business-Constraints zu verstehen – Budget, Timeline, strategische Ziele. Er arbeitet mit Nutzern zusammen, um User-Constraints zu verstehen – was muss das Produkt können, was darf es auf keinen Fall tun, welche Probleme müssen gelöst werden. Er arbeitet mit dem Team zusammen, um technische Constraints zu verstehen – was ist technologisch möglich, was ist zu riskant, was ist wartbar.

Aus all dem formuliert er dann Constraints, die klar und präzise sind, aber Raum für Kreativität lassen. „Wir müssen auf mobilen Geräten funktionieren." „Wir dürfen nicht mehr als drei Sekunden brauchen, um ein Ergebnis anzuzeigen." „Wir müssen DSGVO-konform sein." „Wir müssen mit dem bestehenden Backend integrierbar sein." „Wir haben vier Sprints Zeit." „Der Nutzer muss die Hauptaufgabe ohne Training erledigen können."

Das Team nimmt diese Constraints und entwickelt daraus Lösungen.

Es macht Discovery – spricht mit Nutzern, beobachtet, experimentiert.

Es macht Delivery – baut Prototypen, testet, iteriert.

Es macht Adoption – deployed, sammelt Feedback, lernt.

Alles innerhalb der Constraints, die der Product Owner definiert hat. Der Product Owner prüft kontinuierlich, ob die Lösungen die Constraints erfüllen. Er adjustiert Constraints, wenn er lernt, dass sie zu eng oder zu weit waren. Aber er schreibt keine User Stories. Er definiert keine Features. Das macht das Team.

In Scrum 3.0 arbeitet der Product Owner oft mit mehreren Teams gleichzeitig – ähnlich wie in LeSS. Er kann nicht für jedes Team einzeln die Stories zusammensetzen. Das wäre unmöglich. Stattdessen arbeitet er mit allen Teams an den übergreifenden Constraints. Die Teams koordinieren sich dann selbst, wie sie innerhalb dieser Constraints ihre Arbeit aufteilen und synchronisieren. Der Product Owner ist nicht der Flaschenhals, durch den jede Entscheidung fließen muss. *Er ist der Architekt des Möglichkeitsraums, innerhalb dessen die Teams autonom agieren.*

Der fundamentale Shift

Dieser Shift – von Features zu Constraints – ist einer der fundamentalsten Unterschiede zwischen klassischem Scrum und Scrum 3.0. Er verändert alles. Er verändert, wie man über die Rolle des Product Owners denkt. Er verändert, wie man Backlogs erstellt – oder ob man überhaupt noch traditionelle Backlogs braucht. Er verändert, wie man mit Teams arbeitet. Er verändert, wie man Innovation ermöglicht.

Kelly Johnson war ein Constraint-Architekt, auch wenn er diesen Begriff nie benutzt hätte. Er definierte nicht, wie das Flugzeug aussehen sollte. Er definierte, was es können musste und unter welchen Bedingungen es entwickelt werden musste. Seine Ingenieure machten den Rest. Und sie bauten die besten Flugzeuge ihrer Zeit.

Der Product Owner in Scrum 3.0 ist kein Anforderungsmanager. Er ist kein Stenograph. Er ist kein Diplomat zwischen Fachbereichen. Er ist der Architekt der Constraints – der Rahmenbedingungen, innerhalb derer echte Innovation stattfinden kann. Er ist der Unternehmer, der versteht, dass man nicht alles kontrollieren kann und auch nicht sollte. Dass man aber sehr wohl den Raum kontrollieren kann, innerhalb dessen Kreativität gedeiht. Dass Freiheit ohne Grenzen Chaos ist, aber Grenzen ohne Freiheit Gefängnis sind. Und dass die Kunst darin besteht, die richtigen Grenzen zu setzen – nicht zu eng, nicht zu weit, gerade richtig –, damit die Menschen, mit denen man arbeitet, ihr Bestes geben können.

Das ist es, was Kelly Johnson tat. Das ist es, was der Product Owner in Scrum 3.0 tut. Und das ist es, was ihn von einem klassischen Product Owner unterscheidet. Nicht die Titel. Nicht die Zeremonien. Nicht das Framework. Sondern das fundamentale Verständnis davon, was seine Aufgabe wirklich ist: **nicht Features zu definieren, sondern den Raum zu schaffen, in dem die besten Features entstehen können.**

Der Teufelskreis: Wenn falsche Product Ownership Dysfunktionalitäten verstärkt

Die Rolle des Product Owners ist auch deswegen so schwierig im Unternehmen, weil sie nicht sinnvoll ausgeübt werden kann, wenn man die fundamentalen Dysfunktionalitäten von Organisationen nicht systematisch in den Griff bekommt. Es ist ein Teufelskreis: Dysfunktionale Organisationen verhindern echte Product Ownership. Und falsche Product Ownership verstärkt die Dysfunktionalitäten. Man kann das eine nicht ohne das andere lösen. Der Product Owner und die Organisation müssen sich gemeinsam transformieren, oder gar nicht.

Nehmen wir die erste Dysfunktionalität: **Multitasking**. Teams, die an verschiedenen Produkten gleichzeitig arbeiten müssen. Die heute an Projekt A arbeiten, morgen an Projekt B, übermorgen wieder an Projekt A – aber nur halbtags, weil nachmittags noch Projekt C wartet. Jeder, der jemals versucht hat, in so einer Umgebung zu arbeiten, weiß: Das funktioniert nicht. Context Switching kostet Zeit. Konzentration wird unmöglich. Qualität leidet. Geschwindigkeit auch.

Aber was bedeutet das für den Product Owner? Er hat kein dediziertes Team. Er hat Menschen, die ihm „zugeordnet“ sind, aber die gleichzeitig drei anderen Product Ownern „zugeordnet“ sind. Er kann keine kontinuierliche Zusammenarbeit aufbauen. Er kann keine echte Verantwortung übernehmen für ein Produkt, weil er nicht weiß, ob sein Team morgen überhaupt noch an seinem Produkt arbeitet. Er wird vom Product Owner zum Bittsteller. „Könntet ihr vielleicht nächste Woche mal zwei Tage an meinem Feature arbeiten?“ Das ist keine Product Ownership. Das ist organisatorische Ohnmacht.

In der Anfangsphase agiler Implementierungen helfen wir uns manchmal mit einem Workaround: Wir sagen, der Product Owner ist in Wahrheit ein „Team Owner“. Er strukturiert nur noch die Arbeit dieses einen Teams, egal an wie vielen Produkten es arbeitet. Das ist pragmatisch. Das ist manchmal notwendig, um überhaupt anfangen zu können. Aber es ist nicht gut. Denn ohne dedizierte Teams gibt es keine dedizierten Product Owner. Und ohne dedizierte Product Owner gibt es keine echte Verantwortung für Produkte.

Kelly Johnson hätte nicht die P-80 Shooting Star in sechs Monaten gebaut, wenn seine 132 Menschen gleichzeitig noch an drei anderen Flugzeugen hätten arbeiten müssen. Skunk Works funktionierte, weil alle – alle! – sich auf ein Ziel konzentrierten. Volle Konzentration, volle Verantwortung, volle Geschwindigkeit. Das ist das Gegenteil von Multitasking. Und das ist die Voraussetzung für echte Product Ownership.

Eine Organisation, die will, dass Product Owner wie Unternehmer arbeiten, muss aufhören, ihre Teams zu fragmentieren. Sie muss dedizierte Teams schaffen, die an einem Produkt arbeiten. Sie muss den Mut haben zu sagen: „Dieses Team arbeitet nur noch an Produkt X. Punkt.“ Solange sie das nicht tut, kann sie von Product Ownern nicht erwarten, dass sie wie Unternehmer denken. Denn kein Unternehmer würde akzeptieren, dass seine Mannschaft nur halbtags für ihn arbeitet.

Die zweite Dysfunktionalität ist vielleicht die verheerendste für Product Owner: **User-Ferne**. Organisationen, die ihre Product Owner nicht zu den echten Nutzern lassen. Die zwischen Product Owner und User eine ganze Hierarchie von Vermittlern aufbauen: Fachbereiche, die angeblich wissen, was die User wollen. Business Analysten, die mit den Fachbereichen sprechen. Requirements Engineers, die die Anforderungen formalisieren. Und ganz am Ende, weit entfernt vom echten User, sitzt der Product Owner und bekommt gefilterte, interpretierte, politisch eingefärbte „Anforderungen“ präsentiert.

Ich habe es in diesem Kapitel schon mehrfach angesprochen, aber es ist so zentral, dass ich es wiederholen muss: Ein Product Owner, den man nicht auf die User loslässt, ist kein Product Owner. Er ist ein Stenograph. Er schreibt auf, was die Fachabteilung haben will – nicht, was der User braucht. Und die Fachabteilung will meist das, was ihre internen Prozesse einfacher macht, nicht das, was das Problem des Users löst. *Der Product Owner wird zum Gefangenen interner Politik statt zum Anwalt des Users.*

Kelly Johnson sprach direkt mit den Piloten. Nicht mit Generälen, die glaubten zu wissen, was Piloten brauchen. Nicht mit Strategieabteilungen, die Marktanalysen gemacht hatten. Mit den Piloten selbst. Er saß in Cockpits. Er flog mit. Er verstand ihre Probleme nicht durch Berichte, sondern durch Beobachtung und Empathie. Das machte ihn zum großartigen Product Owner. Er hatte keine User-Ferne. Er hatte User-Nähe. Radikale User-Nähe.

Eine Organisation, die echte Product Ownership will, muss ihre Product Owner zu den Usern bringen. Nicht einmal im Quartal zu einem abgesegneten User-Test. Sondern kontinuierlich. Wöchentlich. Täglich, wenn möglich. Der Product Owner muss User beobachten dürfen. Mit ihnen sprechen dürfen. In ihrem Kontext sein dürfen. Ohne Genehmigung. Ohne Freigabeprozess. Ohne dass die Fachabteilung dabei sein und „ihre User schützen" muss. Das ist radikal. Das ist unbequem. Aber es ist notwendig. Denn ein Product Owner ohne User-Kontakt ist wie ein Pilot ohne Flugzeug. Technisch eine Berufsbezeichnung. Praktisch bedeutungslos.

Die dritte Dysfunktionalität verstärkt sich durch falsche Product Ownership besonders: **Silos**. Organisationen, die in Abteilungen denken statt in Wertströmen. IT hier, Marketing dort, Vertrieb da drüben. Jeder in seinem Silo, mit seinen eigenen Zielen, seinen eigenen Prozessen, seinen eigenen Budgets. Und der Product Owner? Gefangen zwischen allen. Er braucht etwas von der IT – aber die IT hat andere Prioritäten. Er braucht Marketing-Support – aber Marketing hat sein eigenes Budget und seine eigene Planung. Er will mit dem Vertrieb sprechen – aber Vertrieb „gibt keine Kundenkontakte raus".

Ein Product Owner, der Silos nicht durchbrechen kann, wird zum Bittsteller. Er „koordiniert" – ein schönes Wort für „bettelt um Ressourcen". Er macht Stakeholder-Management – ein schönes Wort für „versucht verzweifelt, alle glücklich zu machen, obwohl ihre Interessen widersprechen". Er schreibt Tickets für die IT, Requests für Marketing, Anfragen für den Vertrieb. Und wartet. Und wartet. Und wartet. Das ist keine Product Ownership. Das ist organisatorische Impotenz.

Kelly Johnson hatte keine Silos. Er hatte eine Halle. In dieser Halle waren alle, die er brauchte: Ingenieure, Mechaniker, Testpiloten, Materialexperten. Alle an einem Ort. Alle mit dem gleichen Ziel. Keine Abteilungsgrenzen. Keine Budgetverhandlungen zwischen Silos. Keine „Schnittstellen", die gemanagt werden mussten. Skunk Works war ein Anti-Silo. Ein Ort, an dem cross-funktionale Zusammenarbeit nicht die Ausnahme war, sondern die Norm.

Eine Organisation, die echte Product Ownership will, muss ihre Silos aufbrechen. Nicht mit Matrizen und dotted lines und „cross-funktionalen Projekten“. Sondern radikal. Indem sie Teams schafft, die alles haben, was sie brauchen. Entwickler, UX-Designer, Data Analysts, Marketing-Experten – alle im selben Team. Alle mit der gleichen Verantwortung: das Produkt erfolgreich zu machen. Der Product Owner führt dann nicht mehr durch Koordination zwischen Silos. Er führt durch Vision innerhalb eines integrierten Teams. Das ist ein fundamentaler Unterschied.

Die vierte Dysfunktionalität zeigt sich besonders in den agilen Events selbst: **Meetings**. Oder genauer: dysfunktionale Meetings. Sprint Planning, in dem der Product Owner eine Stunde lang User Stories vorliest, die er alleine vorbereitet hat. Sprint Review, in dem das Team präsentiert und der Product Owner übersetzt, was die Stakeholder gesagt haben. Refinement, in dem der Product Owner erklärt, was die Fachabteilung will, und das Team schätzt, wie lange es dauert.

Das ist nicht, wofür diese Meetings gedacht sind. Sprint Planning sollte kein Ort sein, an dem der Product Owner Ideen von Fachbereichen in Teams „hineinkippt“. Es sollte ein Ort sein, an dem der Product Owner sagt: „Das möchte ich erreichen. Wie gelingt uns das gemeinsam?“ Ein Unterschied von einem Wort – aber er macht alles aus. „Das möchte ich erreichen“ versus „Das wollen die Stakeholder“. Das erste ist Ownership. Das zweite ist Vermittlung.

In funktionalen Meetings ist der Product Owner kein Präsentator. Er ist ein Facilitator, ein Sparringspartner, ein Mitdenker. Das Team und der Product Owner entwickeln gemeinsam die Lösung. Der Product Owner bringt die Constraints, das Team bringt die Kreativität. Der Product Owner sagt nicht „Baut Feature X“, er sagt „Wir müssen Problem Y lösen, unter den Bedingungen Z – was sind eure Ideen?“ Das ist kollaborativ. Das ist kreativ. Das ist Product Ownership.

Aber das funktioniert nur, wenn die Menschen in der Organisation anders mit Meetings umgehen. Wenn sie aufhören zu denken, dass das Sprint Planning ein Ort ist, an dem der Product Owner „Arbeit zuteilt“. Wenn die Teammitglieder verstehen, dass das Sprint Planning ein Ort ist, an dem Lösungen gemeinsam entstehen. Wenn Stakeholder nicht mehr erwarten, dass der Product Owner „ihre Anforderungen durchsetzt“, sondern akzeptieren, dass der Product Owner gemeinsam mit dem Team die beste Lösung für sie findet – die manchmal anders aussieht als das, was die Stakeholder ursprünglich wollten.

Das Muster ist klar: Falsche Product Ownership verstärkt die organisatorischen Dysfunktionalitäten. Und die organisatorischen Dysfunktionalitäten verhindern echte Product Ownership. Es ist ein Teufelskreis. Ein Product Owner, der nur Stenograph ist, bekämpft keine Silos – im Gegenteil, er verfestigt sie, indem er zwischen ihnen vermittelt, statt sie zu durchbrechen. Ein Product Owner ohne User-Kontakt kann keine echten Probleme lösen – er baut, was intern gewünscht wird, nicht was extern gebraucht wird. Ein Product Owner mit fragmentierten Teams kann keine Verantwortung übernehmen – er managt Abhängigkeiten statt Produkte.

Deshalb sage ich immer: Man kann die Rolle des Product Owners nicht isoliert einführen. Man kann nicht sagen „Ab morgen haben wir Product Owner“ und ansonsten alles beim Alten lassen. *Die Rolle ist nicht kompatibel mit dysfunktionalen Organisationen.* Sie funktioniert nur, wenn man gleichzeitig die Dysfunktionalitäten bekämpft. Dedizierte Teams statt Multitasking. Direkter User-Kontakt statt User-Ferne. Integrierte Teams statt Silos. Kollaborative Meetings statt Präsentationen. Das ist nicht optional. Das ist essenziell.

Kelly Johnson konnte nur deshalb brillant sein, weil die Organisation um ihn herum brillant war. Skunk Works war frei von den Dysfunktionalitäten, die normale Organisationen lähmen. Keine fragmentierten Teams. Direkter Kontakt zu den „Usern“ (Piloten). Keine Silos. Effiziente Kommunikation statt endloser Meetings. Johnson schuf diese Bedingungen bewusst – und seine Vorgesetzten ließen ihn. Das war das Geheimnis.

Moderne Organisationen müssen dasselbe tun. Sie müssen verstehen: Der Product Owner ist nicht eine Rolle, die man einführt. Er ist der sichtbare Teil einer tiefgreifenden organisatorischen Transformation. Eine Transformation, die Multitasking durch Fokus ersetzt. Die User-Ferne durch User-Nähe ersetzt. Die Silos durch Integration ersetzt. Die dysfunktionale Meetings durch echte Kollaboration ersetzt. Die Fehlerkultur, die Schuld sucht, durch eine Kultur ersetzt, die aus Fehlern lernt. Die Frontloading, das versucht, alles vorab zu planen, durch iteratives Lernen ersetzt.

Der Product Owner ist nicht die Lösung für dysfunktionale Organisationen. Er ist der Katalysator für ihre Transformation. Aber nur, wenn man ihn lässt. Nur, wenn man versteht, dass seine Rolle nicht in eine dysfunktionale Organisation passt – und dass man deshalb die Organisation ändern muss, nicht die Rolle verwässern. Das ist die Wahl: Entweder man transformiert die Organisation, damit echte Product Owner arbeiten können. Oder man nennt Business Analysten „Product Owner“ und wundert sich, warum sich nichts ändert.

Kelly Johnson hätte in einer dysfunktionalen Organisation nicht überlebt. Seine Genialität hätte nicht gereicht. Er brauchte die Skunk Works – einen Ort, an dem die normalen Dysfunktionalitäten nicht existierten. Moderne Product Owner brauchen dasselbe. Sie brauchen Organisationen, die bereit sind, sich zu ändern. Die bereit sind, Schmerz zu ertragen. Die bereit sind, Kontrolle aufzugeben. Die bereit sind zu akzeptieren, dass echter Wandel bedeutet, dass vieles, was vorher normal war, aufhören muss zu existieren.

Das ist unbequem. Das ist riskant. Aber es ist der einzige Weg. Denn die Alternative – Product Owner in dysfunktionalen Organisationen – ist keine Alternative. Es ist eine Illusion. Eine teure, frustrierende, sinnlose Illusion. Und es ist Zeit, dass wir aufhören, uns dieser Illusion hinzugeben.

Zurück im Besprechungsraum

Ich sitze immer noch in diesem Besprechungsraum in München. Die Manager haben sich von ihrem Schock erholt. Einer sagt schließlich: „Aber selbst dann, wenn wir den Amazon Product Owner einkaufen könnten – würde das funktionieren? Würde er hier nicht an unseren Strukturen scheitern?“ Es ist eine gute Frage. Eigentlich die beste Frage des ganzen Meetings. Denn sie offenbart das eigentliche Problem: Es geht nicht darum, die richtigen Leute einzustellen. Es geht darum, die richtigen Bedingungen zu schaffen, unter denen diese Leute brillant sein können.

Kelly Johnson konnte nur deshalb sein, was er war, weil seine Vorgesetzten ihm vollständige Autonomie gaben. Weil sie ihn vor der Bürokratie schützten. Weil sie ihm vertrauten, auch wenn sie nicht verstanden, was er tat. Die meisten Organisationen wollen Kelly Johnsons einstellen, aber sie wollen ihnen keine Skunk Works geben. Sie wollen Innovation, aber auch Kontrolle. Sie wollen Disruption, aber auch Vorhersagbarkeit. Sie wollen Product Owner, die Produkte entwickeln wie Amazon, aber sie geben ihnen Strukturen, in denen sie bestenfalls Anforderungen verwalten können.

„Das Problem“, sage ich zu den Managern, „ist nicht, dass Sie keinen guten Product Owner haben. Das Problem ist, dass Sie keinen *echten* Product Owner haben wollen. Was Sie wollen, ist ein besserer Business Analyst. Jemand, der zwischen Ihren Fachbereichen vermittelt und deren Wünsche aufschreibt. Aber das ist kein Product Owner. Das ist ein Anforderungsmanager.“ Die Stille, die folgt, ist eine andere als die zuvor. Keine entgeisterte Stille mehr. Eine nachdenkliche. Einer nickt langsam. Ein anderer macht sich Notizen. Ein dritter schaut aus dem Fenster, als würde er zum ersten Mal etwas sehen, das schon immer da war.

In den meisten Organisationen, in denen ich arbeite, sehe ich keine Kelly Johnsons. Ich sehe Menschen, die mit dem Titel „Product Owner“ versehen werden, aber deren Aufgabe es ist, zwischen Stakeholdern zu vermitteln. Die von Fachbereich zu Fachbereich laufen und fragen: „Was braucht ihr denn?“ Die dann versuchen, all diese Anforderungen zusammenzuführen und in ein Backlog zu schreiben. Das ist keine Produktentwicklung. Das ist Anforderungsmanagement. So entstehen keine großartigen Produkte. So entstehen Kompromisse, zusammengeschusterte Lösungen, die niemanden wirklich begeistern. So entsteht kein Amazon-Webshop. So entsteht keine SR-71 Blackbird.

Was einen echten Product Owner ausmacht

Ein echter Product Owner ist jemand, der das Produkt im Kopf hat, bevor es existiert. Jemand, der die technische Tiefe besitzt, um zu verstehen, was möglich ist, und die Kundennähe, um zu verstehen, was nötig ist. Jemand, der nicht fragt „Was wollen die Fachbereiche?“, sondern der sagt: „Das ist es, was wir bauen werden, weil es das Richtige ist.“ Ein Product Owner ist jemand, der führt durch Vision, nicht durch Vermittlung. Jemand, der Probleme neu definiert, statt Anforderungen einzusammeln. Jemand, der kollektive Intelligenz orchestriert, statt Arbeit zu koordinieren. Jemand, der Quantensprünge wagt, statt inkrementelle Verbesserungen zu verwalten.

Das bedeutet nicht, dass ein Product Owner nicht zuhören muss. Im Gegenteil. Kelly Johnson verbrachte Stunden damit, Piloten zuzuhören. Aber er hörte nicht zu, um deren Anforderungen aufzuschreiben. Er hörte zu, um deren Probleme zu verstehen. Das ist ein fundamentaler Unterschied. Anforderungen sind Lösungsvorschläge, die der Kunde artikuliert. Probleme sind Bedürfnisse, die der Kunde hat. Ein Business Analyst sammelt Anforderungen. Ein Product Owner versteht Probleme und entwickelt Lösungen, die der Kunde oft gar nicht artikulieren konnte, weil er nicht wusste, dass sie möglich sind.

Das bedeutet auch, dass ein Product Owner technologisches Verständnis braucht. Tiefes Verständnis. Kelly Johnson war nicht nur ein Manager, der Ingenieure koordinierte. Er war selbst ein brillanter Ingenieur. Er konnte die Luft sehen, wie sein Chef Hall Hibbard einmal sagte. Er konnte abschätzen, was möglich war und was nicht, ohne monatelange Berechnungen. Diese technologische Tiefe ist nicht optional für einen Product Owner. Sie ist essenziell. Denn ohne sie kann man nicht die richtigen Fragen stellen. Ohne sie kann man nicht die Constraints hinterfragen. Ohne sie bleibt man gefangen in dem, was andere für möglich halten.

Das bedeutet schließlich, dass ein Product Owner Autonomie braucht. Echte Autonomie. Johnson hatte einen Handschlag und das Versprechen, dass man sich aus seiner Arbeit heraushält. Moderne Product Owner haben Stakeholder-Meetings, Steering Committees und Gremien, die mitentscheiden wollen. Das funktioniert nicht. Der Product Owner verkörpert einen kulturellen Wandel: weg von hierarchischer Steuerung hin zu evidenzbasiertem Entscheiden im Team. Er ist weniger ein „Manager" als ein Sinnübersetzer zwischen Markt, Management und Entwicklung. Seine Wirksamkeit hängt unmittelbar von der Organisationsreife ab – dort, wo noch in Projekten gedacht wird, bleibt der Product Owner eine Störgröße im System, statt der Motor der Wertschöpfung zu sein.

Entweder man vertraut dem Product Owner vollständig, oder man hat keinen Product Owner, sondern einen Projektkoordinator. Es gibt keinen Mittelweg. Entweder man gibt dem Product Owner eine Skunk Works, oder man lässt es sein. Der Product Owner ist nicht einfach eine neue Rolle. *Er steht für eine neue Form von Autorität – die des Wissens, nicht der Position.*

Die unbequeme Wahrheit

Die Frage, die ich in diesem Besprechungsraum stellte – „Kaufen wir doch einfach den Product Owner von Amazon" – war also nicht so absurd, wie sie klang. Sie war ein Versuch, deutlich zu machen, was eigentlich fehlt. Es fehlt nicht an Entwicklern. Es fehlt nicht an Ressourcen. Was fehlt, ist jemand, der weiß, wohin die Reise gehen soll. Jemand, der das Produkt im Kopf hat, bevor es existiert. Jemand, der die technische Tiefe besitzt, um zu verstehen, was möglich ist, und die Kundennähe, um zu verstehen, was nötig ist.

Aber die noch tiefere Wahrheit ist: Selbst dann, wenn man diesen Menschen finden würde, würde er in den meisten Organisationen scheitern. Nicht weil er nicht gut genug wäre. Sondern weil die Organisation ihn nicht lassen würde, das zu sein, was er sein muss. Kelly Johnson konnte nur deshalb sechs Monate brauchen statt fünf Jahre, weil man ihm vollständige Autonomie gab. Weil man ihn vor der Bürokratie schützte. Weil man ihm vertraute.

Die meisten Organisationen sind nicht bereit für echte Product Owner. Sie sind bereit für bessere Business Analysten. Sie sind bereit für Leute, die Anforderungen effizienter einsammeln und hübscher aufschreiben. Aber sie sind nicht bereit für Leute, die die Fachbereiche ignorieren und stattdessen mit Kunden sprechen. Sie sind nicht bereit für Leute, die sagen: „Eure Anforderungen sind irrelevant, weil ihr das falsche Problem lösen wollt.“ Sie sind nicht bereit für Leute, die Autonomie fordern und Vertrauen erwarten.

Das ist die unbequeme Wahrheit über Product Ownership: Die meisten Organisationen wollen keine echten Product Owner. Sie wollen den Titel, aber nicht die Substanz. Sie wollen die Innovation, aber nicht die Anarchie. Sie wollen die Blackbird, aber nicht die Skunk Works. Sie wollen Kelly Johnson, aber nur wenn er sich an ihre Prozesse hält.

Wie man Product Owner entwickelt – oder: Die Kunst der Transformation

Die Theorie ist das eine. Die Praxis ist etwas ganz anderes. Ich kann einem Raum voller Manager erzählen, dass der Product Owner ein Unternehmer sein soll, ein Kelly Johnson, ein Constraint-Architekt. Ich kann ihnen erklären, dass die Rolle quer zur klassischen Organisation steht und dass echte Product Owner Vision, technologisches Verständnis und Autonomie brauchen. Sie werden nicken. Sie werden zustimmen. Und dann werden sie in ihre Organisationen zurückgehen und weitermachen wie bisher.

Denn die eigentliche Frage ist nicht: Was ist ein Product Owner? Die eigentliche Frage ist: *Wie wird man einer?* Wie transformiert man einen Business Analyst, der sein ganzes Berufsleben damit verbracht hat, Anforderungen aufzuschreiben und zwischen Fachbereichen zu vermitteln, in einen Unternehmer, der Produkte entwickelt? Wie entwickelt man jemanden, der gewohnt ist zu fragen „Was wollen die Stakeholder?“ in jemanden, der sagt „Das bauen wir, weil es richtig ist“? Das ist keine Frage von Titeln oder Organigrammen. Das ist eine Frage von Mindset, Fähigkeiten und organisatorischer Unterstützung.

Natürlich brauchen Product Owner ein Scrum-Training. Das liegt auf der Hand. Sie müssen verstehen, wie das Framework funktioniert, was ihre Rolle darin ist, wie Sprint Planning, Review und Retrospective ablaufen, wie man mit einem Team zusammenarbeitet. All das ist Grundlage. Ohne dieses Verständnis können sie die Rolle nicht ausfüllen. Aber – und das ist das entscheidende Aber – dieses Training allein reicht nicht. Es reicht nicht annähernd.

Ein zweitägiges Scrum-Training kann einem Menschen beibringen, was ein Product Owner tun soll. Es kann ihm nicht beibringen, wie man einer wird. Es kann Theorie vermitteln, aber keine Transformation bewirken. Ich habe es zu oft erlebt: Menschen gehen aus einem Scrum Training, haben ein Zertifikat in der Hand, verstehen die Mechanik des Frameworks – und scheitern trotzdem. Nicht weil sie dumm wären oder nicht motiviert. Sondern weil niemand ihnen gezeigt hat, wie man aus einem Business Analysten einen Product Owner macht. Weil niemand ihnen geholfen hat, ihre alten Denkmuster abzulegen und neue aufzubauen.

Der erste Schritt in der Entwicklung echter Product Owner ist, sie aus der **Business-Analyst-Denke herauszubekommen.** Das klingt einfach. Es ist alles andere als das.

Denn diese Denke sitzt tief. Sie ist über Jahre, manchmal Jahrzehnte, in Organisationen konditioniert worden. „Deine Aufgabe ist es, herauszufinden, was die Fachbereiche wollen." „Schreib die Anforderungen auf." „Sei neutral, sei diplomatisch, sei der Vermittler." Das sind die Botschaften, die Business Analysten ihr ganzes Berufsleben lang gehört haben. Und jetzt sollen sie plötzlich etwas anderes tun? Das geht nicht von heute auf morgen.

Ich arbeite deshalb in meinen Trainings mit einer neuen Form von Business-Analyst-Workshops. Aber es sind keine klassischen BA-Workshops, in denen wir über Requirements-Engineering-Techniken sprechen oder über die besten Tools für Anforderungsmanagement. Stattdessen arbeiten wir systematisch daran, dass die Teilnehmer verstehen: Ihre Aufgabe ist nicht, Anforderungen zu sammeln. Ihre Aufgabe ist, Bedürfnisse zu verstehen. Das ist ein fundamentaler Unterschied.

Wir nehmen echte Beispiele aus ihrem Arbeitsalltag. Ich lasse sie erzählen: „Was hat dir der Fachbereich letzte Woche als Anforderung gegeben?" Und dann arbeiten wir daran, hinter diese Anforderung zu schauen. Warum will der Fachbereich das? Was ist das eigentliche Problem? Was ist das Bedürfnis dahinter? Oft – erschreckend oft – stellt sich heraus, dass die artikulierte Anforderung gar nicht das eigentliche Problem löst. Dass sie eine Symptombekämpfung ist, keine Ursachenbehandlung. Dass der Fachbereich selbst nicht wirklich weiß, was er braucht, sondern nur eine Idee hat, die ihm gerade eingefallen ist.

Der angehende Product Owner lernt in diesen Workshops, kritisch zu hinterfragen. Nicht arrogant, nicht besserwisserisch, sondern aus echtem Interesse. „Warum brauchen Sie das?" „Was wollen Sie damit erreichen?" „Was passiert, wenn wir das nicht bauen?" „Gibt es vielleicht einen anderen Weg, Ihr Problem zu lösen?" Diese Fragen sind unangenehm. Sie durchbrechen die gewohnte Dynamik. Aber sie sind essenziell. Denn erst wenn man das Bedürfnis versteht, kann man eine gute Lösung entwickeln. Und erst wenn man aufhört, einfach nur aufzuschreiben, was andere sagen, wird man zum Product Owner.

Der zweite Schritt ist, mit den angehenden Product Ownern systematisch daran zu arbeiten, ob sie überhaupt verstanden haben, was eine **Vision** ist. Viele können den Begriff definieren. „Eine Vision ist ein Bild von der Zukunft, das wir erreichen wollen." Ja, schön. Aber können sie eine Vision formulieren? Können sie erklären, wohin die Reise gehen soll, ohne in Features abzugleiten? Können sie andere für diese Vision begeistern?

Ich lasse sie in Workshops ihre Produktvision formulieren. Zunächst ohne jegliche Vorgaben. „Beschreib mir, was du mit deinem Produkt erreichen willst." Was dann meist kommt, ist eine Liste von Features. „Wir wollen einen Button, der X macht, und eine Funktion, die Y kann, und eine Integration mit Z." Das ist keine Vision. Das ist ein Waschzettel. Ich sage ihnen das. Nicht hart, aber klar. Und dann arbeiten wir daran, tiefer zu gehen. „Vergiss die Features. Erzähl mir: Welches Problem löst du? Für wen? Warum ist das wichtig? Was ändert sich in der Welt, wenn dein Produkt existiert?"

Es dauert. Manchmal Stunden. Manchmal Tage. Aber irgendwann kommt der Moment, in dem sie es verstehen. Der Moment, in dem sie nicht mehr über Buttons und Funktionen sprechen, sondern über Menschen und Probleme und Veränderung. Der Moment, in dem ihre Augen leuchten, weil sie plötzlich sehen, wofür sie eigentlich arbeiten. Das ist der Moment, in dem aus einem Business Analysten ein Product Owner wird. Nicht vollständig, noch nicht. Aber der Samen ist gelegt.

Der dritte Schritt – und einer der wichtigsten – ist, dass sie verstehen, was **Constraints** sind und wie man mit ihnen arbeitet. Ich habe es bereits beschrieben: Produkte definieren sich über ihre Constraints, nicht über ihre Features. Aber das zu verstehen ist das eine. Es anzuwenden ist etwas anderes. Deshalb arbeite ich in Trainings mit konkreten Übungen.

Ich gebe ihnen ein Produkt – oft ein fiktives, manchmal ein echtes aus ihrer Organisation – und ich gebe ihnen Constraints. „Du hast drei Monate Zeit." „Du hast ein Budget von 100 000 Euro." „Das Produkt muss auf einem Smartphone mit einer Hand bedienbar sein." „Es muss für Menschen funktionieren, die keine technische Expertise haben." „Es muss DSGVO-konform sein." Und dann sage ich: „Jetzt entwickelt ein Produkt innerhalb dieser Constraints."

Was dann passiert, ist faszinierend. Zunächst sind sie überfordert. Sie wollen Features definieren, aber ich lasse sie nicht. „Nein, sag mir nicht, was ihr baut. Sag mir erst, welche Constraints noch wichtig sind. Was habt ihr vergessen? Was muss das Produkt können, um erfolgreich zu sein?" Sie beginnen zu diskutieren. Zu hinterfragen. Zu priorisieren. „Ist DSGVO wichtiger als Geschwindigkeit?" „Ist mobile First wichtiger als Features?" „Was opfern wir, wenn wir nur drei Monate haben?"

Und plötzlich – oft ohne es zu merken – denken sie wie Product Owner. *Sie denken nicht mehr in Features, sondern in Möglichkeitsräumen.* Sie fragen nicht mehr „Was sollen wir bauen?", sondern „Innerhalb welcher Grenzen müssen wir bauen, und was ist dann möglich?" Das ist ein fundamentaler Shift. Und er passiert nicht durch Theorie. Er passiert durch Praxis, durch Übung, durch das Spiel mit Constraints.

Der vierte Schritt ist oft der härteste: **Ich arbeite mit ihnen daran, ob sie die Domäne ihres Produkts wirklich verstehen.** Und mit „verstehen" meine ich nicht oberflächliches Wissen. Ich mein tiefes, technisches, fast intimes Verständnis. Kelly Johnson verstand Aerodynamik. Er verstand Materialwissenschaft. Er verstand Triebwerke. Er war nicht nur Manager. Er war Ingenieur. Und das machte ihn zu dem großartigen Product Owner, der er war.

Moderne Product Owner müssen nicht zwingend coden können – auch wenn es hilft. Aber sie müssen ihre Domäne verstehen. Wenn sie ein Finanzprodukt entwickeln, müssen sie Finanzprozesse verstehen. Wenn sie eine E-Commerce-Plattform bauen, müssen sie verstehen, wie Online-Handel funktioniert. Wenn sie ein medizinisches Gerät entwickeln, müssen sie medizinische Grundlagen kennen. Ohne dieses Verständnis können sie nicht die richtigen Fragen stellen. Ohne dieses Verständnis können sie nicht Constraints identifizieren. Ohne dieses Verständnis können sie nicht entscheiden, was wichtig ist und was nicht.

Ich fordere angehende Product Owner deshalb heraus: „Erkläre mir deine Domäne. Nicht mit Buzzwords, nicht mit Marketing-Sprache. Erkläre mir, wie es funktioniert.“ Wenn sie das nicht können, schicke ich sie zurück zu den Büchern, zu den Experten, zu den Nutzern. „Lern es. Du kannst kein Product Owner sein, wenn du nicht verstehst, wovon du sprichst.“ Das klingt hart. Es ist hart. Aber es ist notwendig. Ein Product Owner ohne Domänenverständnis ist wie ein Architekt ohne Verständnis für Statik. Technisch vielleicht möglich. In der Praxis – gefährlich.

All das – die Workshops, die Visionsarbeit, die Constraint-Übungen, das Domänenverständnis – ist nur die eine Seite der Medaille. Die andere Seite ist organisatorisch. Denn selbst der beste Product Owner scheitert in einer Organisation, die ihn nicht lässt. Und deshalb ist die Rolle des Scrum Masters so entscheidend in diesem Transformationsprozess.

Während ich mit dem angehenden Product Owner an seinem Mindset und seinen Fähigkeiten arbeite, *arbeitet der Scrum Master an der Organisation.* Er verfestigt die Rolle systematisch. Er erklärt Stakeholdern, was ein Product Owner tut und was nicht. Er bricht Silos auf, ein Silo nach dem anderen. Er schafft Raum, in dem der Product Owner arbeiten kann. Er schützt ihn vor denen, die ihn zurück in die Business-Analyst-Rolle drängen wollen. Er ist der Bodyguard, der Enabler, der organisatorische Architekt.

Das geht nur Hand in Hand. Product Owner und Scrum Master sind keine getrennten Rollen. *Sie sind zwei Seiten derselben Transformation.* Der Product Owner verändert das Produkt. Der Scrum Master verändert die Organisation, damit der Product Owner das Produkt verändern kann. Ohne den einen scheitert der andere. Ich habe es zu oft gesehen: Brillante Product Owner, die in dysfunktionalen Organisationen zerrieben wurden, weil niemand sie schützte. Und großartige Scrum Master, die Strukturen aufbrachen, aber keine guten Product Owner hatten, die diese neue Freiheit nutzen konnten.

Hilfreich – eigentlich essenziell – ist es deshalb, im **Transformationsteam** zu arbeiten. Nicht nur Product Owner und Scrum Master, sondern auch Management, Stakeholder, manchmal auch externe Berater. Alle gemeinsam mit einem Ziel: die Organisation so zu verändern, dass echte Product Ownership möglich wird. Das Transformationsteam definiert gemeinsam, was Product Ownership in dieser spezifischen Organisation bedeutet. Es identifiziert Hindernisse und räumt sie aus dem Weg. Es feiert Erfolge und lernt aus Misserfolgen.

In einem meiner Projekte bei einem großen deutschen Automobilzulieferer haben wir genau das gemacht. Wir hatten fünf angehende Product Owner, drei Scrum Master und ein Transformationsteam aus zwölf Personen. Sechs Monate lang. Jeden Monat ein zweitägiger Workshop. Dazwischen individuelle Coachings. Die Product Owner arbeiteten an ihren Produkten, mit echten Teams, an echten Problemen. Die Scrum Master arbeiteten an der Organisation, brachen eine Wand nach der anderen ein. Das Transformationsteam koordinierte, unterstützte, entschied.

Es war chaotisch. Es war anstrengend. Es gab Rückschläge. Aber nach sechs Monaten hatten wir fünf Product Owner, die wirklich Product Owner waren. Nicht perfekt – niemand ist perfekt. Aber sie hatten eine Vision. Sie verstanden Constraints. Sie dachten nicht mehr in Features, sondern in Möglichkeitsräumen. Sie arbeiteten mit ihren Teams auf Augenhöhe, nicht als Befehlsgeber. Und die Organisation – zumindest in ihrem Bereich – hatte sich verändert. Silos waren durchlässiger geworden. Stakeholder hatten gelernt, anders zu arbeiten. Es war ein Anfang. Ein guter Anfang.

Die Wahrheit ist: Man kann Product Owner nicht in einem zweitägigen Training entwickeln. Man kann es auch nicht in einem Buch nachlesen und dann umsetzen. Product Owner zu werden ist ein Prozess. Ein langer, manchmal schmerzhafter, aber lohnender Prozess. Es erfordert lernen, verlernen, neu lernen. Es erfordert Mut, Fehler zu machen. Es erfordert eine Organisation, die bereit ist, diese Fehler zuzulassen.

Und es erfordert Geduld. Ich sage den Organisationen, mit denen ich arbeite, immer: „Rechnet mit einem Jahr. Mindestens. Bis jemand, der als Business Analyst angefangen hat, ein echter Product Owner ist." Manche halten das für übertrieben. Aber es ist realistisch. Denn es geht nicht nur um neue Skills. Es geht um ein neues Mindset. Es geht um eine neue Identität. Man hört auf, der zu sein, der man war, und wird jemand Neues. Das passiert nicht über Nacht.

Kelly Johnson wurde nicht über Nacht zu Kelly Johnson. Er lernte. Er experimentierte. Er scheiterte. Er lernte aus seinen Fehlern. Jahrzehnte lang. Bis er der wurde, der die Blackbird bauen konnte. Wir können von modernen Product Ownern nicht erwarten, dass sie vom ersten Tag an brillant sind. Aber wir können ihnen die Werkzeuge geben, mit denen sie lernen können. Wir können ihnen die Umgebung geben, in der sie wachsen können. Wir können ihnen die Zeit geben, die sie brauchen.

Und wenn wir das tun – wenn wir wirklich in die Entwicklung von Product Ownern investieren, nicht nur mit Lippenbekenntnissen, sondern mit Zeit, Ressourcen und organisatorischer Unterstützung –, dann bekommen wir Product Owner, die Produkte entwickeln, nicht Anforderungen verwalten. Die wie Kelly Johnson denken, auch wenn sie nicht Kelly Johnson sind. Die den Mut haben, zu sagen: „Das bauen wir, weil es richtig ist", auch wenn alle Stakeholder etwas anderes wollen. Die ihre Teams inspirieren, statt sie zu managen. Die Produkte schaffen, die Menschen lieben, nicht Produkte, die Checklisten erfüllen.

Das ist der Weg. Und es ist ein langer Weg. Aber er lohnt sich. Jedes Mal.

Der Weg nach vorne

Was also tun? Die Antwort ist radikal einfach und radikal schwierig zugleich: Entweder man schafft die Bedingungen, unter denen echte Product Owner gedeihen können – vollständige Autonomie, Schutz vor Bürokratie, bedingungsloses Vertrauen – oder man hört auf, von Product Ownern zu sprechen und nennt die Rolle beim richtigen Namen: Requirements Manager, Stakeholder Coordinator, Backlog Administrator. Beides ist legitim. Aber man sollte nicht das eine nennen und das andere meinen.

Kelly Johnson hatte 132 Menschen in einer stinkenden Halle. Sechs Monate Zeit. Einen Handschlag. Das war alles. Aber es war genug, um die Zukunft zu erfinden. Die Frage ist:

Wer hat heute den Mut für sechs Monate kontrollierte Anarchie? Wer ist bereit, einem Product Owner zu sagen: „Das ist dein Produkt. Du entscheidest. Wir vertrauen dir. Und wir halten uns raus"? Wer ist bereit, Skunk Works zu schaffen statt Innovation Labs, die nur so heißen, aber eigentlich Konferenzräume mit Legosteinen sind?

Die Antwort auf diese Fragen entscheidet, wer die nächsten Blackbirds baut – und wer dabei zusieht, wie andere die Zukunft erfinden. Sie entscheidet, wer echte Product Owner hat – und wer sich mit Business Analysten zufrieden gibt, die einen fancy Titel tragen. Sie entscheidet, ob die Rolle des Product Owners eine Revolution ist oder nur eine Umbenennung.

In jenem Besprechungsraum in München haben die Manager letztlich nicht zugestimmt, den Amazon Product Owner zu kaufen. Natürlich nicht. Aber die Idee hatte einen Samen gepflanzt. Sie hatten verstanden, dass sie ein fundamentales Problem haben. Nicht ein technisches Problem. Nicht ein Ressourcenproblem. Ein Verständnisproblem. Sie hatten verstanden, dass sie nicht wussten, was ein Product Owner wirklich ist. Und manchmal ist das Verstehen des Problems bereits der halbe Weg zur Lösung. Zumindest wenn man Kelly Johnson glauben will. Und ich glaube ihm. Immer.

2.2 Die multifunktionale Führungskraft Scrum Master

2035. In einer weit entfernten Galaxis. Die agilen Ideen haben sich durchgesetzt. Scrum Master:innen sitzen in den Meetings und notieren die Wünsche der Teams, verschieben ihnen die Tasks, kochen ihnen Kaffee und halten ihnen die Türen auf, bitten sie zu Retrospektiven und am Abend massieren sie ihnen die Füße.

2025. Eine Scrum Masterin sitzt im Daily, notiert die Tasks für das Team und spielt Stenographin – es gibt eine Aufgabe, die bereits seit 13 Tagen nicht fertig ist und das gesamte Team blockiert. Sie sagt nichts, das Team zuckt mit den Schultern und jemand anderes beginnt damit zu sagen, was er ebenfalls nicht fertig hat. Der Sprint soll übermorgen enden.

Ich kann nicht mehr an mich halten und rufe dazwischen: „Moment – tut mir leid, dass ich euch unterbrechen muss, wollte ich nicht – aber, mal im Ernst, was machen wir jetzt mit diesem Task? Ihr habt gerade herausgefunden, ihr könnt nicht weiterentwickeln, bis diese Aufgabe fertig ist?“ Frage ich konsterniert und völlig perplex. Ich erspare dir das anschließende Gerede, die Aufzählung der Gründe, warum man daran jetzt nicht gemeinsam arbeiten könnte. Ich bleibe dickköpfig, ich will, dass das Team jetzt eine Lösung findet, wer sich darum kümmert. Es gelingt. Sie entscheiden, wie sie weiter vorgehen wollen. Am nächsten Morgen berichten sie, dass die Aufgabe fertig ist und sie jetzt weiterarbeiten können.

Wenn ich nicht eingegriffen hätte – die Scrum Masterin hätte nichts bewirkt. Sie stellte nicht die richtigen Fragen, kümmerte sich nicht, ja sie hatte nicht einmal ein schlechtes Gewissen. Sie könne nichts machen, wenn das Team nicht auf sie hört, meinte sie später.

Leider ist diese Geschichte kein Einzelfall. Meine Kolleg:innen gehen zu Kunden und berichten, dass ihre Teammitglieder nicht zum Daily erscheinen, weil sie in drei Dailys gleichzeitig sind, sie berichten, dass die Teams trotz Coaching nicht liefern oder dass Manager:innen nicht zulassen, dass Product Owner:innen ihre Jobs korrekt machen.

Scrum Mastership ist zu einer Farce verkommen. Niemand will mehr Scrum Master:in sein – es sieht für viele aus, als wäre diese Rolle der Weg in die Sackgasse, wenn schon, dann will man mindestens Agile Coach sein. Und sie sehen ihren Wert nicht, denn es gibt ja neben ihnen noch Teamleiter:innen, die sowieso ständig reinreden. Wenn wir das nicht aufhalten, dann haben wir wirklich 2035 völlig verblödete Scrum Master:innen, die ihren Zweck darin sehen, noch ein Schleifchen um sinnlose Zeremonien zu binden, die zulassen, dass man nichts ändern kann, weil es in den Unternehmen halt ist, wie es ist.

Dabei war alles ganz anders gemeint.

2003. Ich flog zur ersten Agile Development Conference nach Salt Lake City. Die Konferenz war von Alistair Cockburn und Jim Highsmith initiiert worden – die erste große Veranstaltung der jungen agilen Bewegung, zwei Jahre nach dem Manifesto (Highsmith 2023). Ich wollte Ken Schwaber kennenlernen, hatte sein Buch gelesen, war von Scrum begeistert. Er sollte dort ein vierstündiges Tutorial geben. Wir strömten in den Meetingraum, etwa 120 Menschen, und hörten ihm zu. Ken Schwaber erzählte uns damals in dem Tutorial die Geschichte, wie er verstanden hatte, warum es wichtig ist, die Softwareentwicklungsindustrie zu verändern. Seine Tochter war aus der Uni gekommen, hatte ein Praktikum in der Softwareentwicklung gemacht, und er hatte gehofft, sie würde dort landen. Sie sagte zu ihm: „Papa, in der Industrie will ich nicht arbeiten. Das sind alles Lügner."

Das hatte ihn getroffen. Er hatte erkannt, dass in den meisten Softwareentwicklungsprojekten gelogen und betrogen wird. Entwickler:innen sagen, sie könnten etwas liefern, und liefern nicht. Projektmanager:innen versprechen das Blaue vom Himmel, sprengen Budgets, und am Ende wird doch nicht geliefert. Dieses Problem gab es 2003, dieses Problem gab es schon vorher. Das Capability Maturity Model wurde nicht erfunden, weil Softwareprojekte so gut funktionierten – sondern weil sie ständig scheiterten. Bereits 1987 begann das Software Engineering Institute der Carnegie Mellon University im Auftrag des US-Verteidigungsministeriums, Reifegradmodelle für die Softwareentwicklung zu entwickeln, weil die Qualität und Vorhersagbarkeit von Softwareprojekten so mangelhaft war (SEI 1991). Und der Chaos Report der Standish Group dokumentiert seit 1994 Jahr für Jahr das Ausmaß des Desasters: In der ersten Studie waren nur 16,2 Prozent aller Softwareprojekte erfolgreich – pünktlich, im Budget, mit allen spezifizierten Features. 31,1 Prozent wurden komplett abgebrochen, bevor sie jemals fertig wurden. Die restlichen 52,7 Prozent überschritten ihre Budgets im Durchschnitt um 189 Prozent (Standish Group 1995). Auch die aktuellen Zahlen sind ernüchternd: Der Chaos

Report 2020 zeigt, dass nur 31 Prozent der IT-Projekte als erfolgreich gelten, während 19 Prozent scheitern und 50 Prozent mit erheblichen Einschränkungen abgeschlossen werden (Standish Group 2020).

Das wollte Ken Schwaber ändern. Er machte es uns mit Übungen eindringlich klar. Und ich konnte es sofort nachvollziehen. Ich hatte es bei Electronic Data Systems gesehen, wie Entwickler einfach sagten: „Der Test wird ja von den Usern sowieso gemacht, also kann ich das jetzt liefern und dann schauen wir mal, ob's der User haben will oder nicht." Ich hatte es bei anderen Teams gesehen, die ich als Agile Coach betreut hatte – es war einfach klar: Man würde nicht liefern, und dann lieferte man auch nicht. Ein Softwareentwickler hat mir mal in die Augen geschaut und gesagt: „Wenn du geglaubt hast, dass wir dir die Wahrheit sagen, dann bist du selbst schuld."

Das wollte Ken Schwaber wirklich ändern. Er wollte mit Scrum ein Framework etablieren, das es ermöglicht, dass Teams offen die Wahrheit sagen können – und dass wir dennoch effektiver und produktiver liefern. Nicht trotz der Wahrheit. Sondern wegen der Wahrheit.

Und die Person, die dafür sorgt, dass die Wahrheit ans Licht kommt? Das ist die Scrum Master:in.

Dieses Buch ist für Scrum Master:innen geschrieben – sie haben es als Führungskräfte in der Hand, den Wahnsinn in ihren Organisationen abzustellen. Das ist ihre Aufgabe. Ich würde keine 300 Seiten Text produzieren, wenn ich nicht wüsste, dass Scrum Mastership sehr viel bewirken kann. Ich habe es selbst erlebt – eine einfache Frage an der richtigen Stelle, eine Intervention mit dem richtigen Argument, eine Stunde Dickköpfigkeit gegenüber dem Management und die Situationen vieler Teams verändern sich dramatisch.

Wir werden im mittleren Teil dieses Buches sehen, dass es Dysfunktionalitäten in Organisationen gibt – Multitasking, Frontloading, User-Ferne, Meeting-Wahnsinn, fehlende Fehlerkultur, Silos –, die wir im Laufe dieses Buches bereits angesprochen haben. Diese und viele andere Dysfunktionalitäten zu lösen, das ist die eigentliche Aufgabe einer Scrum Master:in: wirklich dafür zu sorgen, dass sich die Rahmenbedingungen für die Teams ändern, damit die Teams besser entwickeln können. Dieses Buch ist vollgepackt mit Aspekten, die dabei zu berücksichtigen sind. Und selbst wenn ich hier tausend Seiten vollschreiben würde, könnte ich nicht für jede Organisation und jeden Eventualfall entsprechende Ideen liefern. Daher ist es wichtig, dass du dieses Buch als Scrum Master:in liest und dir als Führungskraft klarmachst: **Deine Aufgabe ist es, Scrum zu nutzen als Diagnosesystem, um die Dysfunktionalitäten zu erkennen und sie dann anzugehen.**

Das braucht eine gehörige Portion Kreativität. Das braucht vielleicht auch viele Skills und Fähigkeiten, die du möglicherweise noch nicht hast. Die sechs Funktionen, die ich hier beschreibe, sollen dir eine Orientierung liefern, in welchen Feldern du wirklich gut werden musst.

Mich hat es von meinem ersten Projektteam bis heute fast 30 Jahre gekostet, um wirklich herauszufinden, wie man gute Teams *führt*. Ich bin offensichtlich kein Naturtalent gewesen – ich habe dafür sehr lange Zeit, sehr viel Coaching und ganz viel Reflexion gebraucht. Ich war immer gut darin, den Scrum-Prozess tatsächlich zu *managen* – ihn einfach einzuführen, das ist eine meiner Superkräfte; ich kann die Dinge *einfach* machen und umsetzen. Ich bin auch gut darin, weil ich die Ausbildung habe, Teams in *facilitativen* Prozessen dazu zu bringen, in Gruppen erfolgreich zu sein – also in den eigentlichen Meetings. Über die Jahre habe ich die Tools und Techniken entwickelt, wie ich als *Team Coach* erkenne, was mein Team braucht, um besser zu werden. Ich bin zwar *Trainer* und kann Trainingsteilnehmer sehr gut Dinge erklären, habe aber hier tatsächlich meine Schwachstellen, weil ich immer wieder zu viel voraussetze. Und ich bin ein leidenschaftlicher *Change Agent*, weil ich Dysfunktionalitäten erkenne und diese ändern will – ich habe tatsächlich diesen inneren Antrieb.

Das sind meine Voraussetzungen. Bei dir, liebe Leserin, lieber Leser, kann das völlig anders sein. Aber es sind diese sechs Funktionen, aus meiner ganz persönlichen Erfahrung heraus, die immer wieder gebraucht werden, um die Rolle der Scrum Master:in wirklich gut zu erfüllen.

Und wenn dir das gelingt, dann bist du eine außerordentliche Führungskraft. Eine, die alle Unternehmen gerne hätten – die sie aber auch alle fürchten. Weil das keine leichte, keine einfache, keine nette Führungskraft ist, sondern eine, die erfolgreich sein will, sich wenig auf politische Spiele einlässt und durch Offenheit und Direktheit Veränderungen auf den Punkt bringt. Das fällt nicht jedem leicht. Aber die Konsequenz, wenn es so weitergeht wie bisher, wäre, dass wir nur noch zahnlose Scrum Master:innen und Agile Coaches in den Unternehmen haben. Und dann lasst uns einfach mit diesem Business-Theater aufhören.

Die Rolle teilt sich in sechs fundamentale Funktionen – oder Aufgabenbereiche: Leader:in, Manager:in des Scrum-Prozesses, Facilitator:in der Meetings, Trainer:in und Wissensvermittler:in, Team Coach und nicht zuletzt Change Agent. Jede dieser Funktionen ist notwendig. Keine ist verzichtbar. Zusammen bilden sie das Profil einer Führungskraft, die Teams in komplexen Umgebungen zum Erfolg führt – nicht durch Kontrolle, sondern durch Ermöglichung. Nicht durch Macht, sondern durch Dienen.

2.2.1 Leader:in – Die Scrum Master:in als Führungskraft

> *Führung beginnt im Dasein. Wer führen will, muss da sein. Im Dasein spüren wir uns selbst und die anderen.*

Ich sitze im Seminarraum. Meine Socken leuchten orange auf dem Teppich. Ich deduziere und erkläre die Welt – und entferne mich mit jeder Minute von meinen Teilnehmer:innen. Sie hören zu, sie verstehen die Inhalte, doch meine Botschaft, mein Appell bleibt im Zwischenraum des Gesagten und Gehörten stecken. Ich bin erschöpft. Der Tinnitus brüllt so laut wie seit Wochen nicht mehr, und mein gesamter unterer Bauch schmerzt.

Abends im Bett – ich musste mich hinlegen – komme ich zur Ruhe. In der Stille und Einsamkeit meines Hotelzimmers ergebe ich mich und anerkenne: Was ist? Das war ein mieser Trainingstag. A-Note wie immer zehn, Inhalt alles geliefert. B-Note vier, maximal ausreichend, gerade so. Ich war mir selbst in die Falle gegangen. Die Wut über die Situationen, die sie schilderten – Situationen, die ich seit 25 Jahren beobachte –, kämpfte und kochte in mir. Ich wollte sie durch meine Energie, mein Wissen retten und beschützen. Und erreichte das Gegenteil: Entfremdung. Ich war unerreichbar. Das Gesagte so weit weg, so unvorstellbar, so beängstigend.

In Beijing war mir das 2008 schon einmal passiert, aus einem völlig anderen Grund. Meine westliche Vorstellung von Lehren und Didaktik passte nicht zur chinesischen Kultur. Die Resonanz: gleich null. Damals informierte ich mich nachts schnell über die Struktur Mandarins, ihre Ursprünge und das Problem des Gesichtsverlusts – und erkannte: Nicht die Teilnehmer:innen kommunizierten falsch. Ich war es. Nicht sie waren nicht in Resonanz mit mir. Ich war es nicht mit ihnen.

Am nächsten Morgen änderte ich alles. Wurde zum Clown, verplapperte mich, wurde völlig induktiv, erklärte so unfassbar langweilig für westliche Ohren. Zwei deutsche Teilnehmerinnen verließen nach einer Stunde das Seminar. Doch die chinesischen Ohren wurden mit jeder Minute aufmerksamer. Ich hatte eines der besten Trainingserlebnisse meines Lebens. Bekam sofort eine Einladung, am Abend mit der Gruppe zum Karaoke zu gehen. Unvergesslich.

Also begann ich den zweiten Morgen des Trainings anders. Nahm das Tempo heraus und ließ mich auf die Teilnehmer:innen ein. Wollte sie nicht mehr retten, sondern hörte zu. Vermittelte offenbar das Gefühl: Ich höre euch. Ich nehme euren Schmerz, eure Verzweiflung an euren Jobs ernst – ohne zu sagen: „Alles klar, so geht's." Sondern: „Ich sehe euch. Lasst mal schauen, ob ich euch mit den Tools, die Scrum zu bieten hat, ein paar Ideen mitgeben kann." Ich änderte sonst nicht viel, ließ Inhalte weg, erklärte Konzepte und ließ viel mehr Raum. Schaute sie mehr an. Und die Stimmung wurde anders.

Waren am ersten Tag erschöpfte Gesichter am Abend zu sehen, gingen am zweiten Tag heitere, beschwingte und energetisierte Menschen zuversichtlich aus dem Training heraus. Ich hatte sichtbar etwas in ihnen bewirkt, einen Funken entfacht. Ich war in Resonanz gegangen und hatte Beziehungen aufgebaut. Und ich wurde von meinem Körper dafür beschenkt: Mein Tinnitus verstummte, mein Alarmsignal beruhigte sich.

Echte Präsenz – das macht gute Führung aus. Und sie fängt bei dir selbst an.

Das ist der Kern dessen, worum es bei Führung in Scrum geht. Die Scrum Master:in ist eine Führungskraft – aber nicht im traditionellen Sinne. Sie hat keine formale Macht. Sie kann niemandem kündigen. Sie kann keine Gehaltserhöhungen geben. Sie hat keine disziplinarische Verantwortung. Und trotzdem führt sie. Wie geht das?

In meinem Buch Selbstorganisation braucht Führung, das ich gemeinsam mit Dieter Rösner geschrieben habe, räumen wir mit dem Klischee auf, dass Scrum und andere agile Methoden funktionieren, wenn man Teams einfach sich selbst überlässt (Gloger & Rösner 2014). Das Gegenteil ist der Fall: Agile Selbstorganisation braucht Führung in ihrer besten Form – sie braucht Führungskräfte, die sich ihrem Menschsein stellen.

Führende müssen immer wieder auf das System einwirken, damit es die nächste Entwicklungsstufe der Selbstorganisation erreichen kann. Das funktioniert nicht durch Mikromanagement oder die Delegation von Veränderung. Es bedeutet konsequente Arbeit an der eigenen Haltung, Modell sein im Verhalten und das Wahrnehmen von Mitarbeiter:innen als Menschen – nicht als Ressourcen.

Robert Greenleaf hat 1970 mit seinem Konzept des Servant Leadership einen wichtigen Beitrag geleistet. Er schrieb: „Der Servant-Leader ist zuerst ein Diener. Es beginnt mit dem natürlichen Gefühl, dass man dienen möchte, zuerst dienen will." (Greenleaf 1970) Das ist ein wertvoller Gedanke, und alles, was Greenleaf geschrieben hat, stimmt grundsätzlich. Aber es reicht nicht aus, um zu verstehen, was Führung in Scrum wirklich bedeutet. Greenleaf beschreibt noch immer das klassische Bild der Führungskraft, die den Einzelnen führt. *In Scrum aber führt sich der Einzelne selbst.* Das ist das Mantra: Jeder kann sich nur selbst führen.

Deshalb brauchen wir eine andere Metapher als den Servant Leader. Ich meine sogar, dass sie in die falsche Richtung führt – weil wir keinen dienenden Führungsstil haben, obwohl es natürlich wertvoll ist, wenn eine Führungskraft für ihr Team arbeitet. Die bessere Metapher ist die des *Gastgebers*. Die Scrum Master:in praktiziert Host Leadership – **Gastgeberführung**.

Mark McKergow und Helen Bailey haben dieses Konzept in ihrem Buch Host entwickelt (McKergow & Bailey 2014). Sie schreiben:

> *„Es ist nicht mehr nötig, der Held zu sein, der alles möglich macht. Es gibt einen anderen Weg: Sei der Gastgeber."*

Viele Organisationen, die mit agilen Methoden arbeiten, haben das Servant-Leadership-Konzept übernommen und kämpfen dann damit. Es ist großartig, dem Team dienen zu wollen – aber was bedeutet das konkret? Wie bringt man Verantwortlichkeit als Führungskraft mit dem bloßen Dienen in Einklang? McKergow beobachtet:

> *„Wir stellen fest, dass die Idee des ‚Gastgebers' für das Team in vielerlei Hinsicht greifbarer und erreichbarer ist." (McKergow 2020)*

Denke an eine Party, an eine Einladung. Was tut ein guter Gastgeber? Er stellt den Rahmen zur Verfügung. Er erklärt, worum es geht. Er erklärt die Rahmenbedingungen. Er erklärt, was von den Gästen erwartet wird und welchen Nutzen sie davon haben. Und in diesem Umfeld können die Gäste dann ihr Bestes tun. Der Gastgeber kontrolliert nicht jeden Schritt. Er schreibt nicht vor, welche Gespräche geführt werden sollen. Aber er sorgt dafür, dass die richtigen Menschen zusammenkommen, dass die Atmosphäre stimmt, dass niemand allein in der Ecke steht. Und wenn es Probleme gibt – wenn jemand zu viel getrunken hat, wenn ein Konflikt entsteht – dann greift er ein. *Nicht als Kontrolleur, sondern als jemand, der die Verantwortung für das Gelingen des Ganzen trägt.*

Was ich an jenem zweiten Trainingstag tat, war genau das: Gastgeber werden. Ich hörte auf, der Held zu sein, der alle rettet. Ich hörte auf, Wissen abzufeuern. Stattdessen schuf ich Raum. Lud ein. Hörte zu. Und plötzlich passierte das, was passieren sollte – nicht, weil ich es erzwang, sondern weil ich die Bedingungen dafür schuf.

McKergow beschreibt sechs Rollen des Host Leaders: *Initiator* (der den Rahmen bestimmt), *Einladender* (der Menschen aktiv einlädt, sich einzubringen), *Raumgestalter* (der die Umgebung für produktive Zusammenarbeit schafft), *Gatekeeper* (der entscheidet, wer dazugehört), *Verbinder* (der Beziehungen zwischen Menschen herstellt) und *Co-Partizipant* (der selbst am Geschehen teilnimmt, wenn die anderen Aufgaben erledigt sind). Diese Rollen beschreiben präzise, was eine Scrum Master:in tut – besser als die vage Vorstellung vom „Dienen".

Genau das beschreibt auch der wegweisende Text von Hirotaka Takeuchi und Ikujiro Nonaka – „The New New Product Development Game" von 1986, der Artikel, auf dem Scrum basiert (Takeuchi & Nonaka 1986). Sie untersuchten die erfolgreichsten Produktentwicklungsteams bei Honda, Canon, Fuji-Xerox und anderen Unternehmen und fanden ein gemeinsames Muster: Das Top-Management gründete Task Forces, ließ sie arbeiten, gab ihnen Sicherheit, setzte die Rahmenbedingungen – und sagte dann: „Wenn ihr Hilfe braucht, unterstützen wir euch natürlich." Volle Autonomie bei klarem Rahmen. Genau das, was Kelly Johnson bei Lockheed erlebte, als er Skunk Works gründete. Genau das, was bei Design Thinking geschieht. Die Führungskräfte waren Gastgeber – sie luden Menschen ein, an etwas Bedeutsamem mitzuarbeiten, und schufen die Bedingungen für ihren Erfolg.

Wie entscheidend Führung für die Team-Performance ist, zeigt die Forschung aus einem Kontext, der auf den ersten Blick weit von Scrum entfernt scheint: dem Militär. General Stanley McChrystal, der von 2003 bis 2008 das Joint Special Operations Command im Irak leitete, musste lernen, dass traditionelle hierarchische Führung gegen einen agilen, vernetzten Gegner wie Al-Qaida versagte. Seine Lösung beschreibt er in Team of Teams:

> *„Die Versuchung, wie ein Schachmeister zu führen – jede Bewegung der Organisation zu kontrollieren – muss einem Ansatz als Gärtner weichen, der ermöglicht statt dirigiert. Ein gärtnerischer Ansatz zur Führung ist alles andere als passiv. Der Leader agiert als ‚Eyes-On, Hands-Off'-Ermöglicher, der ein Ökosystem erschafft und erhält, in dem die Organisation operiert." (McChrystal 2015)*

McChrystal erkannte:

> *„Leadership ist nicht, der Chef zu sein. Es geht darum, sich um die zu kümmern, die einem anvertraut sind."*

Und:

> *„Gute Führungskräfte geben keine Befehle; sie bauen Teams und inspirieren sie zu Großem."*

Eine Studie in 60 Infanterie-Platoons der US Army zeigte, dass die Kohäsion des Führungsteams signifikant mit der Leistung der unterstellten Einheiten in simulierten

Kampfeinsätzen korrelierte – die Wahrnehmung der Teammitglieder über die Qualität ihrer Führung hatte direkten Einfluss auf Motivation, Engagement und Performance (Mael & Alderks 1993). Forschung zu Shared Leadership in militärischen Teams zeigt zudem, dass Teams, in denen Führung situativ geteilt wird – wo Teammitglieder vortreten, wenn ihre Expertise gefragt ist, und zurücktreten, um anderen Raum zu geben – deutlich effektiver sind als Teams mit rein hierarchischer Führung (Ramthun & Matkin 2014).

Das ist genau das, was Scrum ermöglichen will: Teams, in denen Führung fließt – nicht an eine Person gebunden ist, sondern situativ von demjenigen übernommen wird, der in diesem Moment die beste Perspektive hat. Die Scrum Master:in führt nicht, indem sie Anweisungen gibt. Sie führt, indem sie die Bedingungen schafft, unter denen das Team sich selbst führen kann. Sie ist Gastgeberin einer kontinuierlichen Einladung zur Exzellenz.

Die emotionale Intelligenz, die Daniel Goleman beschreibt, bleibt dabei zentral. Goleman fand in seiner Untersuchung von fast 200 globalen Unternehmen heraus, dass traditionelle Führungsqualitäten wie Intelligenz und Entschlossenheit zwar notwendig, aber nicht ausreichend sind – sie sind lediglich die Eintrittskarte. Was die effektiven Führungskräfte auszeichnet, ist emotionale Intelligenz: Selbstwahrnehmung, Selbstmanagement, soziale Wahrnehmung und Beziehungsmanagement (Goleman 1998). Die Scrum Master:in braucht alle vier. Sie muss ihre eigenen Emotionen erkennen und steuern können. Sie muss die Emotionen im Team lesen können. Und sie muss Beziehungen managen können – Zusammenarbeit fördern, Konflikte moderieren, das Team durch schwierige Zeiten führen.

Das Paradoxe ist: Um andere zur Selbstführung zu befähigen, muss die Scrum Master:in zuerst sich selbst führen können. Das bedeutet, die eigenen Emotionen zu managen, die eigenen Grenzen zu kennen, zu reflektieren, was in einem vorgeht – gerade dann, wenn das Team in Schwierigkeiten ist. Eine Scrum Master:in, die nicht in der Lage ist, sich selbst zu führen, wird auch ihr Team nicht zur Selbstführung befähigen können. *Werde dir über deine eigenen Bedürfnisse bewusst – dann geh in Resonanz zu deinem Team.*

Diese Führungsfunktion ist das Fundament für alle anderen Funktionen der Scrum Master:in. Ob als Manager:in des Prozesses, als Facilitator:in der Meetings, als Trainer:in, als Team Coach oder als Change Agent – in all diesen Rollen führt die Scrum Master:in. Nicht durch Macht, sondern durch Ermöglichung. Nicht durch Kontrolle, sondern durch Einladung. Wie ein guter Gastgeber.

Ich kann leider nicht alles zum Thema Führung hier unterbringen – dafür habe ich ein eigenes Buch geschrieben. Wer tiefer einsteigen will, dem empfehle ich Selbstorganisation braucht Führung (Gloger & Rösner 2014). Hier geht es um die Grundlagen, die jede Scrum Master:in verstehen muss: dass Führung nicht verschwindet, wenn Teams sich selbst organisieren – sondern dass sie sich transformiert. Von der Kontrolle zur Ermöglichung. Vom Schachmeister zum Gärtner. Vom Helden zum Gastgeber.

2.2.2 Die Scrum Master:in als Manager:in des Scrum-Prozesses

Was tun Manager:innen eigentlich? Diese Frage beschäftigt die Managementlehre seit Jahrzehnten. Die für mich überzeugendste Definition habe ich während meines Executive MBA an der Universität St. Gallen kennengelernt, und sie geht auf das St. Galler Management-Modell zurück:

Management ist eine reflexive Gestaltungspraxis. Management entfaltet seine Wirkung aus dem Zusammenspiel vielfältiger kollektiver Praktiken, die vor allem auf die Schaffung förderlicher Kommunikationsbedingungen abzielen (Rüegg-Stürm & Grand 2017).

Wenn wir *Organisation als ein System aus Kommunikation* definieren – und das tun wir in diesem Buch – dann bedeutet Management: *Kommunikation strukturieren*. Das St. Galler Modell der 4. Generation formuliert es so:

> *„Managementprozesse sind als Reflexionsprozesse zu verstehen, wobei Reflexion nicht als etwas Kognitives (was Manager denken), sondern als etwas Kommunikatives zu begreifen ist."*

Management schafft die Bedingungen, unter denen produktive Kommunikation stattfinden kann.

In St. Gallen nannten wir das damals „Etablierung reflexiver Prozesse" – das klingt akademisch, meint aber etwas sehr Praktisches: Führung durch Kommunikation. Oder besser noch: die Gestaltung von Kommunikationsstrukturen, die Reflexion ermöglichen. Heute würde ich es Leadership Design oder Management Design nennen. *Es geht um das Etablieren von Management Frameworks, die reflexive Prozesse und damit reflexive Kommunikation zulassen.*

Genau das ist die Aufgabe der Scrum Master:in als Manager:in.

Manche vergleichen diese Managementfunktion mit der Arbeit eines Gärtners – und ich finde, das Bild passt. Ein:e Gärtner:in weiß, wann er:sie seine Beete bestellt. Er gibt den Pflanzen den entsprechenden Rahmen, indem er Beete anlegt, den Boden vorbereitet, für Drainage sorgt. Er weiß, wann er gießen muss, wann er düngen muss, wann er Unkraut jäten muss. Sie kann die Pflanzen auch unterstützen – mit einer Rankhilfe, einer Schnur, einem Stützstab. Aber am Ende des Tages legt sie die Bedingungen an, in denen sich die Pflanzen entfalten können, ohne den Pflanzen zu sagen, wie sie zu wachsen haben. Die Pflanze wächst von selbst. Die Gärtnerin schafft die Struktur, in der dieses Wachstum möglich wird.

General **Stanley McChrystal** hat diese Metapher in seinem Buch Team of Teams verwendet, um den Wandel vom „Schachmeister" zum „Gärtner" zu beschreiben:

> *„Die Versuchung, wie ein Schachmeister zu führen – jede Bewegung der Organisation zu kontrollieren – muss einem Ansatz als Gärtner weichen, der ermöglicht statt dirigiert." (McChrystal 2015)*

Und er betont:

> *„Ein gärtnerischer Ansatz zur Führung ist alles andere als passiv.“*

Der Gärtner arbeitet hart. Er beobachtet ständig. Er reagiert auf Veränderungen. Aber er kontrolliert nicht das Wachstum – er ermöglicht es.

Das ist Management in Scrum. **Die Scrum Master:in schafft Struktur** – so wie ein Gärtner Struktur schafft. Nur dass wir keine physischen Beete anlegen, sondern *Kommunikationsstrukturen.* Die Scrum-Events sind unsere Beete: Sprint Planning, Daily Scrum, Sprint Review, Sprint Retrospective. Das sind die regelmäßigen Kommunikationsanlässe mit klaren Zwecken, klaren Teilnehmer:innen, klaren Zeitrahmen.

Wobei – und das muss erwähnt werden – wir als Manager:innen sehr wohl auch für physische Strukturen sorgen müssen. Hat das Team eine entsprechende Infrastruktur? Sind die Räume vorhanden? Funktionieren die Rechner? Gibt es ein Whiteboard, ein Task-Board, die richtigen Tools? In diesem Sinne ist die Scrum Master:in auch eine Art Facility Manager. Auch das gehört zum Gärtnern: Der Gärtner braucht Werkzeuge, braucht einen Schuppen, braucht Zugang zu Wasser. Ohne diese Grundlagen kann er seine Beete nicht bestellen.

Die Idee dieses Management-Designs ist, dass ich mir als Führungskraft klarmache: Ich muss definieren, mit wem, zu welchem Thema, in welcher Frequenz und damit mit welcher Intensität ich spreche.

Wobei Intensität und Frequenz in einer umgekehrten Beziehung stehen: Wenn ich selten mit meinem Team spreche, muss ich intensiver sprechen, um die verlorene Frequenz aufzuholen. Wenn ich häufig mit meinem Team spreche, kann ich die Intensität reduzieren.

Das beste Beispiel ist das Daily Scrum. Wir sprechen jeden Tag 15 Minuten mit unserem Team – oder sorgen dafür, dass ein reflexiver Prozess in 15 Minuten stattfindet. Jeden Tag. 15 Minuten. Das klingt banal. Aber es ist revolutionär.

Denn was passiert in diesen 15 Minuten? Das Team reflektiert gemeinsam: Wo stehen wir? Was blockiert uns? Wie kommen wir weiter? Das ist keine Status-Berichterstattung an eine Führungskraft. Das ist kollektive Reflexion – das Team führt sich selbst, indem es sich selbst beobachtet und korrigiert. Die Scrum Master:in sorgt dafür, dass dieser reflexive Prozess stattfindet. Sie sorgt dafür, dass die Struktur existiert, dass die Zeit eingehalten wird, dass der Fokus stimmt. Sie managt das Framework, nicht die Menschen. Sie gärtnert.

Das unterscheidet die Scrum Master:in fundamental von der klassischen Manager:in. Die klassische Manager:in managt Menschen – sie weist Aufgaben zu, kontrolliert Fortschritt, korrigiert Abweichungen. Die Scrum Master:in managt die Struktur, innerhalb derer **Menschen sich selbst managen, oder besser „führen"**.

Aber – und das ist entscheidend – das Einhalten des Management Frameworks ist de facto härter – im Sinne es kostet viel Arbeit – als es auf den ersten Blick klingt. Scrum ist darauf ausgelegt, möglichst wenige Meetings zu erzeugen, indem es genau definierte Meetings hat. Das funktioniert aber nur, wenn in diesen Meetings die Arbeitsergebnisse erzielt werden, die notwendig sind, um das Team voranzubringen. Wenn das nicht gelingt – wenn ich als Facilitator:in nicht schaffe, dass im Sprint Planning tatsächlich ein Plan entsteht, dass im Review tatsächlich Feedback gesammelt wird, dass in der Retrospektive tatsächlich Verbesserungen identifiziert werden –, dann wird meine Managementaufgabe komplizierter. Dann muss ich zusätzliche Meetings einführen, neue Diskussionen managen, schauen, wie sich alternative Strukturen etablieren lassen. Das ist ein Teufelskreis: *Wer die definierten Meetings nicht zum Funktionieren bringt, muss mehr Meetings einführen – und hat am Ende genau das Chaos, das Scrum eigentlich vermeiden sollte.*

Das ist der Vorgriff auf ein späteres Kapitel: *Wenn die Arbeit im Framework nicht funktioniert, ist das ein Symptom für tieferliegende Probleme.* Und diese Probleme zu erkennen und anzugehen, ist ebenfalls Managementaufgabe.

Ein anderer Aspekt: Was, wenn es mir nicht gelingt, mein Team überhaupt zusammenzubringen? Wenn Teammitglieder nicht zum Sprint Planning kommen können, weil sie in 300 anderen Meetings stecken? Wenn sie gar nicht an den Aufgaben im Projekt arbeiten können, weil ein anderer Manager ihnen andere Prioritäten gibt – mir meine Teammitglieder, in Anführungszeichen, „stiehlt"? In all diesen Situationen ist die Scrum Master:in als Manager:in gefordert, nicht nur dafür zu sorgen, dass ihre Prozesse eingehalten werden, sondern dass dort überhaupt etwas stattfinden kann. Es ist mehr notwendig, als einfach nur den Kalender des Teams mit Meetings vollzustopfen. Wir müssen auch dafür sorgen, dass die Rahmenbedingungen, die wir erzeugen wollen, tatsächlich gelebt werden können. Der Gärtner kann die schönsten Beete anlegen – wenn jemand ständig darüber trampelt, wenn der Nachbar den Wasserhahn abdreht, wenn Schädlinge alles zerfressen, dann muss er auch mit diesen Rahmenbedingungen kämpfen.

Und zum Managen eines Prozesses gehört auch, dass jeder die Verantwortung übernimmt, die die Kraft seiner Rolle hat. Hat die Product Owner:in eine Vision? Kümmert sie sich um den Return on Investment, um die Constraints? Geht sie ihren Aufgaben nach? Haben die Entwickler:innen ihre **Definition of Done**? Haben sie den **Level of Done** definiert? Oder unterlaufen sie den Prozess – klammheimlich –, indem sie doch nicht das tun, was von ihnen innerhalb des Sprints erwartet wird?

Und es gehört zu allem auch eine gewisse Form von Reporting. Habe ich die wenigen Reports – Burndown-Charts, Release-Pläne und Ähnliches – im Team etabliert? Wirken diese Informationen selbstreferentiell, also helfen und unterstützen sie das Team bei der Selbststeuerung? Oder ist noch gar nicht verstanden, wie diese Informationen hilfreich für das Team aufbereitet werden können?

All das sind Managementaufgaben. Ich erwähne sie hier nur, um zu klären und zu erklären, wie wichtig diese Funktion der Scrum Master:in in dieser Rolle ist – ohne jetzt Scrum an sich erklären zu können. Denn darum geht es ja in diesem gesamten Buch.

Hier zeigt sich auch der Unterschied zwischen den Funktionen Leader:in und Manager:in: Als Leader:in schafft die Scrum Master:in Vision, Sinn, Orientierung – sie ist Gastgeberin, die einlädt und Raum schafft. Als Manager:in sorgt sie dafür, dass der Prozess funktioniert – dass die Mechanik stimmt, dass die Struktur trägt, dass die Rollen gelebt werden, dass die Artefakte existieren, dass die Ergebnisse entstehen. Beides ist notwendig. Man kann nicht das eine ohne das andere haben. Der Gastgeber lädt ein – der Gärtner sorgt dafür, dass etwas wachsen kann.

Das St. Galler Modell betont, dass „die Wirksamkeit von Entscheidungen an der Bindungskraft von Kommunikationen für das Verhalten von Dritten" liegt (Rüegg-Stürm & Grand 2017). In Scrum-Teams entsteht diese Bindungskraft nicht durch Anweisungen einer Führungskraft, sondern durch die gemeinsam erlebte Reflexion. Wenn das Team im Daily gemeinsam erkennt, dass eine Aufgabe seit 13 Tagen nicht fertig ist – wie in der Geschichte am Anfang dieses Kapitels –, dann entsteht ein gemeinsamer Handlungsdruck, der stärker ist als jede Anweisung von oben. Aber nur, wenn das Daily stattfindet. Nur, wenn die Menschen da sind. Nur, wenn die Struktur funktioniert. Nur, wenn die Rollen gelebt werden.

Die Scrum Master:in als Manager:in ist also keine Administrator:in, die Meetings bucht und Protokolle schreibt. Sie ist die Hüterin des reflexiven Prozesses. Sie ist Gärtnerin – sie legt die Beete an, sorgt für Wasser und Licht, jätet Unkraut und kämpft gegen Schädlinge. Und sie weiß: Am Ende wachsen die Pflanzen von selbst.

Ihre Aufgabe ist es, die Bedingungen zu schaffen, unter denen dieses Wachstum erst möglich wird.

2.2.3 Facilitator:in – Der Scrum Master als Meister der Gruppenprozesse

Meine erste, wirklich erste, Begegnung mit Moderation liegt 35 Jahre zurück. Ich schrieb mein allererstes Manuskript für Herbert Namokel und Dieter Rösner, damals bei der Consulting Company Contrain. Sie brachten mir die Metaplan-Technik bei – jene Methode, die Wolfgang und Eberhard Schnelle in den 1970er-Jahren in Quickborn bei Hamburg entwickelt hatten: Pinnwände, Moderationskarten, strukturierte Visualisierung. Was für eine Offenbarung das war! Plötzlich konnte ich sehen, was eine Gruppe dachte. Plötzlich hatten auch die Stillen eine Stimme.

Meine erste Retrospektive in Scrum führte ich in meinem eigenen Scrum Team durch. Das war Anfang 2002. Ich hatte Norman Kerths Buch „Project Retrospectives" gelesen – ein Werk, das heute noch jeder gelesen haben sollte, der Retrospektiven moderiert. Kerth formulierte dort seine berühmte Prime Directive:

> *„Unabhängig davon, was wir entdecken, müssen wir verstehen und wirklich glauben, dass jeder die beste Arbeit geleistet hat, die er oder sie konnte – angesichts des damaligen Wissensstands, der Fähigkeiten, der verfügbaren Ressourcen und der Situation." (Kerth 2001)*

Diese Worte haben mich geprägt. Sie schaffen den psychologisch sicheren Raum, in dem echte Reflexion erst möglich wird. 2003, auf der ersten Agile Development Conference in Salt Lake City, trug ich diese Ideen in die Scrum Community. Dort traf ich zum ersten Mal das Facilitator Gathering – eine Gemeinschaft von Menschen, die Facilitation als eigenständige Disziplin verstanden und praktizierten.

Meinen ersten Open Space erlebte ich 1998 oder 1999 – ich erinnere mich nicht mehr genau – im Seminarzentrum der Commerzbank in Glashütten. Es war eine Qualitätskonferenz über besseres Projektmanagement. Ich kannte Harrison Owens Open Space Technology damals noch nicht. Aber ich erlebte, was passiert, wenn man einer Gruppe die volle Verantwortung für ihre eigene Agenda gibt. Die Energie war elektrisierend. Die Gespräche waren bedeutsam. Die Ergebnisse überraschend. Später brachte ich diese Erfahrung in die agile Community ein, wandelte sie ab für Big Room Planning und Abteilungsreorganisationen.

All diese Erfahrungen haben mich zu einer paradoxen Erkenntnis geführt, die ich gerne mit einem Augenzwinkern formuliere: *Alle Facilitation-Techniken verhindern, dass Menschen miteinander reden.* Das klingt zunächst absurd. Aber denk einmal darüber nach. Im Circle Way sprechen die Menschen nacheinander – sie müssen sich zuhören, statt durcheinanderzureden.

Bei Dynamic Facilitation, einer Methode, die Jim Rough in den frühen 1980er-Jahren bei der Arbeit mit Arbeitern in Papiermühlen und Sägewerken im pazifischen Nordwesten der USA entwickelte, sprechen die Teilnehmer:innen nicht direkt miteinander, sondern durch die Facilitator:in.

Im World Café findet die eigentliche Konversation tischübergreifend statt – durch das Lesen der beschrifteten Tischdecken.

Was all diese Techniken gemeinsam haben: Sie strukturieren Kommunikation so, dass jede:r Gehör findet und sich gegenseitig zugehört wird. Sie unterbrechen die gewohnten Kommunikationsmuster – jene Muster, in denen die Lauten die Leisen übertönen, in denen nur drei von zehn Menschen zu Wort kommen, in denen die Energie der Gruppe verpufft in ziellosen Diskussionen. Facilitation-Techniken ermöglichen echtes Zuhören. Echte Partizipation. Echte Ergebnisse.

Holger Scholz und Roswitha Vesper, die führenden Köpfe der deutschen Facilitation-Szene, haben in ihrem Standardwerk „Facilitation“ die entscheidende Frage formuliert: Bewegt sich ein Kollektiv in Richtung „kollektive Dummheit“ oder in Richtung „kollektive Weisheit“? (Scholz & Vesper 2022) Die Antwort hängt davon ab, wie Kommunikation organisiert wird. Ohne Struktur gewinnen die Lauten, die Schnellen, die Mächtigen. Mit der richtigen Struktur gewinnt die Gruppe. Das ist der Kern meines ersten Mantras.

Mein zweites Mantra habe ich von Herbert Namokel und Dieter Rösner gelernt: Vertraue dem Prozess. *Trust the Process.* Es gibt diesen Moment in jedem Workshop, in dem alles zu kippen scheint. Die Verwirrung steigt. Die Frustration wächst. Die Energie sackt ab. Menschen werden ungeduldig, manche still, andere aggressiv. Der Stress steigt – bei den Teilnehmer:innen und bei der Facilitator:in. Die Versuchung ist groß: eingreifen, abkürzen, die Kontrolle übernehmen, selbst eine Lösung präsentieren. Aber genau das darf eine gute Facilitator:in nicht tun. Sie muss eisern am Prozess festhalten. Der Prozess selbst sorgt für das Arbeitsergebnis.

Sam Kaner hat diese Phase in seinem Klassiker „Facilitator's Guide to Participatory Decision-Making" als die „Groan Zone" beschrieben – die Stöhnzone (Kaner 2014). Es ist jene Phase der Verwirrung, der Missverständnisse, der Konfusion, die normal und notwendig ist für echte Gruppenentscheidungen. Wer diese Phase abbricht, erreicht schnellere, aber nicht tragfähige Ergebnisse. Gruppen, die den Stress der Groan Zone aushalten, finden eher gemeinsamen Grund – und gemeinsamer Grund ist die Voraussetzung für innovative Kollaboration.

Ruth Cohn, die Begründerin der Themenzentrierten Interaktion, hat ein Postulat formuliert, das ich in jedem Workshop im Hinterkopf habe:

> *„Störungen haben Vorrang." (Cohn 1975)*

Das bedeutet nicht, dass wir Störungen Vorrang geben sollen. Es bedeutet, dass Störungen sich Vorrang nehmen, ob wir wollen oder nicht. Sie fragen nicht danach. Sie blockieren im Hier und Jetzt und müssen anerkannt werden, um weiterzukommen. Das mag 90 Minuten dauern. Aber am Ende ist das Ergebnis da. Gerade weil Störungen auftreten und anerkannt werden, führt der Prozess zum Ziel.

Was ich über Jahrzehnte intuitiv gelernt habe, haben Scholz und Vesper systematisch aufgearbeitet. Sie nennen es „Facilitative Thinking": die bewusste Arbeit mit Grundannahmen, die unser Handeln als Facilitator:innen prägen. Grundannahmen sind verinnerlichte Überzeugungen, die unsere Wahrnehmung, unsere Sprache und unser Zuhören beeinflussen. Manche davon sind förderlich, andere hinderlich. Die Annahme „Es gibt eine richtige Lösung!" oder „Einer muss das Sagen haben!" blockiert Co-Creation. Die Annahme *„Jede:r gibt sein Bestes – immer!"* öffnet Räume. Das ist im Kern nichts anderes als Kerths Prime Directive, nur anders formuliert.

Scholz und Vesper bringen es auf den Punkt: „Du bist dein wichtigstes Werkzeug." (Scholz & Vesper 2022) *Facilitation beginnt nicht mit der Methode, sondern mit der eigenen inneren Verfasstheit.* Die Techniken, die Flipcharts, die Moderationskarten – all das sind nur Hilfsmittel.

Der eigentliche Hebel liegt in der Haltung, mit der ich in einen Raum gehe. Bin ich bedürfnisfrei genug, um nicht von der Zustimmung der Gruppe abhängig zu sein? Bin ich unerschrocken genug, um Konflikte auszuhalten? Habe ich genug Autonomie, um meinen eigenen Impulsen zu vertrauen? Und habe ich genug Liebe zu den Menschen, um ihnen auch in schwierigen Momenten wohlwollend zu begegnen? Das sind die vier inneren Qualitäten, die Scholz und Vesper empfehlen: Bedürfnisfreiheit, Unerschrockenheit, Autonomie und Liebe.

Ein weiteres Prinzip hat mich besonders berührt: *„Das oder etwas Stimmigeres."* Es bedeutet, dass alle Beteiligten ihre Ideen einbringen, aber immer mit der Grundhaltung, dass es vielleicht noch etwas Besseres gibt. Das überwindet reaktive Muster, öffnet für Multiperspektivität und ermöglicht kollektive Intelligenz statt kollektiver Dummheit. Es ist die praktische Anwendung dessen, was die International Association of Facilitators als Kern von Facilitation definiert:

> *„die Kunst, die Weisheit der Vielen zum Vorschein zu bringen durch Dialog und durch das Streben nach Klarheit, durch das Befördern aktiver Teilnahme und de Gewissheit, dass verschiedene Perspektiven lösungsförderlich und nicht hinderlich sind."*

Die dritte Fähigkeit einer guten Facilitator:in ist die **Kunst des Fragens**. Sokrates, der griechische Philosoph, nannte seine Methode „Mäeutik" – Hebammenkunst. Seine Mutter Phainarete war Hebamme, und Sokrates verstand seine eigene Tätigkeit als eine Art geistige Geburtshilfe. So wie eine Hebamme der Gebärenden hilft, das Kind zur Welt zu bringen, so hilft die Facilitator:in den Teilnehmer:innen, ihre eigenen Erkenntnisse zu gebären. Sokrates belehrte nicht. Er fragte. Er brachte Menschen dazu, selbst auf Einsichten zu kommen. Im Dialog „Theaitetos" lässt Platon ihn sagen:

> *„Ich teile nicht anderen Wissen mit, sondern leiste ihnen nur Geburtshilfe, wenn ihre Seelen schwanger sind und bereit, eine Einsicht zu gebären."*

Diese sokratische Haltung prägt gute Facilitation bis heute. Bei **Dynamic Facilitation** übernimmt die Facilitator:in das „Purging" – sie hilft den Teilnehmer:innen, ihre Gedanken herauszulassen, ohne sie zu bewerten.

Bei der klassischen Moderationsmethode schreibt die Facilitator:in die Fragen in Wolken auf die Pinnwand – sie gibt keine Antworten, sie stellt Fragen.

Beim Check-in überlegt die Facilitator:in sorgfältig, welche Frage sie stellt – denn die richtige Frage öffnet Räume, die falsche Frage schließt sie.

Die Kunst liegt in den offenen Fragen. In Fragen, die den Lösungsraum aufmachen, nicht verengen. In Fragen, die nicht suggerieren, sondern erkunden. „Was wäre, wenn...?" „Was hindert uns daran...?" „Was würde passieren, wenn wir...?" Die Scrum Master:in als Facilitator:in ist Fragenstellerin, nicht Antwortgeberin. Die besten Antworten liegen in der Gruppe, nicht in der Facilitator:in selbst.

Die vierte Fähigkeit ist vielleicht die schwierigste: *die Fähigkeit, Prozesse innerhalb von Meetings tatsächlich durchzuführen.* Es reicht nicht, die Techniken zu kennen. Man muss sie anwenden können – in Echtzeit, unter Druck, mit echten Menschen. Man muss wissen, wann man eine Übung abbricht und wann man mehr Zeit braucht. Man muss die Energie im Raum spüren und den richtigen Rhythmus finden. Man muss erkennen, wann die Gruppe bereit ist für den nächsten Schritt. Das entwickelt sich nur durch Praxis.

Aristoteles hat in seiner Poetik beschrieben, dass jede gute Geschichte einen Anfang, eine Mitte und ein Ende braucht. Das gilt für Meetings als Ganzes, aber auch innerhalb des Meetings für jeden einzelnen Abschnitt. Es ist eine fraktale Wiederholung: erst besprechen, worüber wir sprechen werden, dann sprechen, dann reflektieren, worüber wir gesprochen haben. Das macht Meetings nachvollziehbar und gibt den Teilnehmer:innen Orientierung. Alle Scrum-Meetings folgen dieser Logik – das Daily Scrum mit seiner Struktur, das Sprint Planning mit seinen Phasen, die Retrospektive mit ihrem Bogen. Diese Strukturen sind Werkzeuge der Facilitator:in, keine Selbstzwecke.

Die Methoden, die ich in meiner Laufbahn kennengelernt und angewandt habe – von der Metaplan-Technik über Open Space bis zu Dynamic Facilitation – sind keine zufällige Sammlung. Scholz und Vesper haben die wichtigsten Großgruppenmethoden als die „Glorreichen Sieben" kategorisiert: The Circle Way, Appreciative Inquiry, World Café, Open Space, Real Time Strategic Change, Zukunftskonferenz und Dynamic Facilitation. (Scholz & Vesper 2022)

Dazu kommen drei „wertvolle Hilfs-Disziplinen": Visual Facilitation, Online Facilitation und Neuro Facilitation.

Was all diese Methoden verbindet, ist nicht die konkrete Technik, sondern die dahinterliegende Überzeugung: dass das Wissen für gelingende Lösungen bereits in der Gruppe vorhanden ist oder im Entstehen begriffen ist. Die Aufgabe der Facilitator:in besteht darin, dieses Wissen zum Vorschein zu bringen.

Der Scrum Master als Facilitator:in verbindet also vier Aspekte: Er strukturiert Kommunikation so, dass echtes Zuhören möglich wird. Er vertraut dem Prozess, auch wenn es schwierig wird. Er stellt die richtigen Fragen, statt die Antworten vorzugeben. Und er führt Prozesse durch, die der Gruppe helfen, zu ihren eigenen Erkenntnissen zu kommen. Das ist keine Technik, die man in einem Wochenendkurs lernt. Das ist eine Haltung, die man über Jahre entwickelt. Es ist die Haltung der Hebamme, die weiß: Die Geburt geschieht durch die Mutter, nicht durch die Hebamme. Die Hebamme schafft nur die Bedingungen, unter denen die Geburt gelingen kann.

In Kapitel 17 haben wir den Manager als Gärtner beschrieben – jemand, der die Bedingungen schafft, unter denen Wachstum möglich wird. Die Facilitator:in ist die Hebamme – jemand, der die Bedingungen schafft, unter denen Erkenntnis geboren werden kann. Der Gärtner arbeitet an der Makrostruktur: den Beeten, dem Boden, dem Klima. Die Hebamme arbeitet an der Mikrostruktur: dem einzelnen Meeting, dem einzelnen Dialog, dem einzelnen Moment der Wahrheit. Beide braucht es. Der Scrum Master als Manager sorgt dafür, dass die Struktur stimmt. Der Scrum Master als Facilitator:in sorgt dafür, dass in dieser Struktur etwas Lebendiges entsteht. Mit der Ruhe einer Hebamme, die weiß: Am Ende kommt etwas zur Welt.

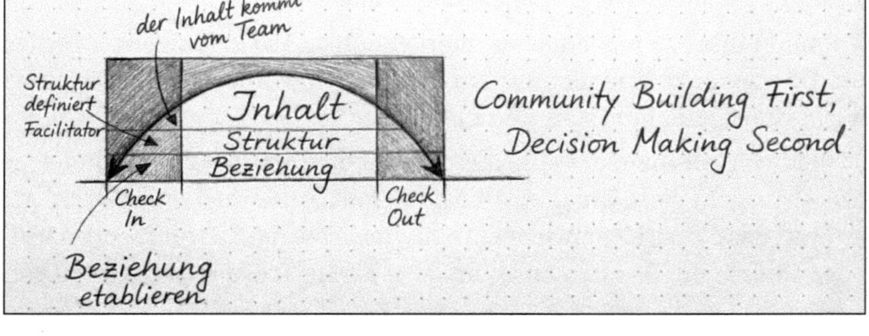

2.2.4 Trainer:in – Der Scrum Master als Befähiger des Teams

Der Scrum Master ist auch der Trainer des Teams – man könnte auch Teacher dazu sagen. Er ist der Wissensvermittler. Kann er alles selbst wissen? Nein. Er kann nicht alles selbst wissen. Aber er ist die Führungskraft, die erkennt, dass das Team möglicherweise ein Know-how-Problem hat, und er sorgt dafür, dass dieses Know-how-Problem gelöst wird.

Diese Erkenntnis mag banal klingen. In der Praxis ist sie radikal. In meiner Beratungspraxis erlebe ich immer wieder dasselbe Muster: Ein Team „funktioniert nicht". Die Meetings ziehen sich. Die Velocity stagniert. Die Stimmung kippt. Die erste Reaktion des Managements ist fast immer dieselbe: Die Leute wollen nicht. Sie sind nicht motiviert. Sie leisten Widerstand. Die Führungskräfte beginnen, Druck aufzubauen. Sie sprechen von Konsequenzen. Sie suchen nach den „Blockierern", die man „mitnehmen" oder – wenn das nicht gelingt – aussortieren muss.

Ich halte das für einen fundamentalen Denkfehler. Der amerikanische Kinderpsychologe Ross Greene hat einen Satz geprägt, der mich seit Jahren begleitet:

> *"Kids do well if they can." (Greene 2014)*

Kinder verhalten sich kooperativ, wenn sie dazu in der Lage sind. Herausforderndes Verhalten ist nicht Ausdruck von mangelndem Willen, sondern von fehlenden Fähigkeiten – Greene nennt sie „Lagging Skills". Dieser Gedanke lässt sich unmittelbar auf organisationale Kontexte übertragen: Menschen tun Gutes, wenn sie können. Wenn sie nicht Gutes tun, können sie vielleicht nicht.

Ken Hultman hat in seiner Forschung zu Veränderungswiderstand eine entscheidende Unterscheidung eingeführt: die zwischen Unwillingness und Inability – zwischen Nicht-Wollen und Nicht-Können. (Hultman 2003) Er schreibt:

> *„Während Widerstand eine Unwilligkeit oder mangelnde Aufgeschlossenheit gegenüber Veränderung darstellt, resultiert die Unfähigkeit zur Veränderung aus einem Mangel an Wissen, Fähigkeiten, Selbstvertrauen und/oder notwendigen Ressourcen."*

Hultman identifiziert vier Konstellationen: willig und fähig, willig, aber nicht fähig, fähig, aber nicht willig, weder willig noch fähig. Die entscheidende Erkenntnis: *Nicht-Können wird häufig fälschlicherweise als Widerstand interpretiert.*

Diese Fehlattribution führt zu inadäquaten Interventionen. Wo Befähigung erforderlich wäre, wird Überzeugung versucht. Wo Training helfen würde, wird Druck aufgebaut. Das verschärft die Situation, statt sie zu lösen.

Das ADKAR-Modell von Jeff Hiatt, das auf einer Studie von über 900 Organisationen in 59 Ländern basiert, macht diese Unterscheidung operationalisierbar (Hiatt 2006). ADKAR steht für Awareness, Desire, Knowledge, Ability, Reinforcement – fünf sequenzielle Stufen, die jeder Mensch durchlaufen muss, um eine Veränderung erfolgreich zu vollziehen. Die Stufen Knowledge und Ability sind dabei von besonderer Bedeutung. Hiatt betont: Wissen allein ist nicht hinreichend. Die tatsächliche Umsetzungsfähigkeit – Ability – erfordert separate Aufmerksamkeit. Prosci-Forschung dokumentiert, dass Widerstand auf der Ability-Stufe entsteht, wenn Menschen nicht in der Lage sind, neue Verhaltensweisen erfolgreich anzuwenden, selbst wenn sie deren Notwendigkeit verstehen und grundsätzlich unterstützen. Die sequenzielle Logik des Modells impliziert: Eine Person, die auf der Ability-Stufe scheitert, mag äußerlich wie jemand erscheinen, der auf der Desire-Stufe verharrt – also wie jemand, der nicht will. Aber sie kann nicht.

Ich war vor kurzem bei einem Softwareentwicklungsteam. Sie erklärten mir, warum sie nicht schneller liefern könnten. „Man kann nicht auf dem Trunk entwickeln", sagten sie. „Das funktioniert bei uns nicht. Wir brauchen Feature Branches." Nun ist Trunk-Based Development – also die direkte Entwicklung auf dem Hauptzweig statt auf langlebigen Feature Branches – seit mehr als einem Jahrzehnt gängige Praxis in der Branche. Die DevOps Research and Assessment (DORA)-Studien von Google zeigen seit Jahren, dass High-Performance-Teams trunk-basiert arbeiten: maximal drei aktive Branches, Merges mindestens einmal täglich, keine Code Freezes (Forsgren, Humble & Kim 2018).

Das Team hatte davon gehört. Aber sie hatten es nie so verinnerlicht, dass sie es anwenden konnten. Sie hatten Wissen – aber keine Fähigkeit. Ich habe mich hingesetzt, Quellen kuratiert, Case Studies aufbereitet und dem Team zur Verfügung gestellt. Mehr kann ich als Berater in dieser Situation nicht tun. Ich hoffe, dass das Team gemeinsam mit dem Scrum Master Wege findet, sich dieses Wissen anzueignen und irgendwann aus dieser – nicht böse gemeinten – Verweigerungshaltung herauskommen kann. Aber ich kann nicht für sie lernen.

Das ist der Kern der Trainer-Funktion des Scrum Masters: Er erkennt, wo das Team nicht kann, und er sorgt dafür, dass es können lernt. Das kann auf verschiedene Weise geschehen. Wenn der Scrum Master selbst die Kompetenz hat, bringt er dem Team bei, was es braucht. Wie schreibt man gute User Stories? Wie funktioniert Test-Driven Development? Wie schätzt man mit Story Points? Wenn der Scrum Master die Kompetenz nicht selbst hat, organisiert er Training. Er holt einen Experten. Er bucht eine Schulung. Er sorgt dafür, dass das Team lernen kann. Oft hat jemand im Team bereits das Wissen. Der Scrum Master erkennt das und schafft Räume, in denen dieses Wissen geteilt werden kann. Pair Programming. Mob Programming. Knowledge-Sharing-Sessions. Der Scrum Master als Trainer ist also nicht der allwissende Lehrer. Sondern der, der erkennt, dass das Team ein Wissensproblem hat – und einen Weg findet, dieses Problem zu lösen.

Albert Bandura hat mit seinem Konzept der Selbstwirksamkeit einen weiteren wichtigen Baustein geliefert (Bandura 1977). **Selbstwirksamkeit** bezeichnet die subjektive Überzeugung einer Person, eine spezifische Handlung erfolgreich ausführen zu können. Diese Überzeugung unterscheidet sich kategorial von der objektiven Fähigkeit. Wenn Menschen ihre Selbstwirksamkeit in Bezug auf neue Verhaltensanforderungen als gering einschätzen, steigt ihre Resistenz gegen die entsprechende Veränderung signifikant – unabhängig von ihrer motivationalen Disposition. Die Angst vor Versagen und Kompetenzeinbußen induziert Widerstand, der äußerlich als Nicht-Wollen erscheint, seiner Genese nach jedoch ein wahrgenommenes Nicht-Können darstellt.

Der Scrum Master als Trainer adressiert beide Dimensionen. Er vermittelt Wissen – das ist der offensichtliche Teil. Aber er baut auch Selbstwirksamkeit auf. Bandura hat vier Quellen der Selbstwirksamkeit identifiziert: eigene Erfolgserfahrungen, stellvertretende Erfahrungen durch Modelllernen, verbale Überzeugung und physiologische Zustände. **Die wichtigste Quelle sind eigene Erfolgserfahrungen.** Das bedeutet für den Scrum Master: Er muss Räume schaffen, in denen das Team Erfolge erleben kann. Kleine Erfolge. Sichere Erfolge. Fehlertolerante Übungsräume, in denen Scheitern erlaubt ist. Das Team, das nicht trunk-basiert entwickelt, hat vielleicht nicht nur ein Wissensproblem. Es hat ein Selbstwirksamkeitsproblem. Die Menschen trauen sich nicht zu, es richtig zu machen. Sie haben Angst, dass der Build bricht und sie als Schuldige dastehen. Das ist der Unterschied zwischen einem Training, das Wissen vermittelt, und einem Training, das Können aufbaut.

Wir hatten in Kapitel 1 schon gesehen: Die moderne Führungskraft steht vor dem Dilemma, dass sie selbst oft nicht weiß, was das Team lernen muss. Die Technologien ändern sich zu schnell. Die Probleme sind zu komplex. Der Scrum Master kann nicht erwarten, dass er selbst alle Antworten hat. Aber er kann erwarten, dass er die richtigen Fragen stellt. Die fundamentale diagnostische Frage, die sich der Scrum Master als Trainer stellen muss, lautet: Kann nicht oder will nicht? Diese Frage muss vor jeder Intervention beantwortet werden. Die Unterscheidung determiniert die Wahl der Strategie.

Bei Nicht-Können ist die Antwort: Training und Qualifizierung. Coaching und Mentoring. Ressourcenbereitstellung. Fehlertolerante Übungsräume. Zeit für Kompetenzentwicklung.

Bei Nicht-Wollen ist die Antwort eine andere: sinnstiftende Kommunikation. Partizipation und Einbindung. Vertrauensaufbau. Interessenausgleich.

Wer diese Unterscheidung nicht trifft, wer Nicht-Können als Nicht-Wollen fehlattribuiert, wird scheitern. Er wird Überzeugungsarbeit leisten, wo Befähigung nötig wäre. Er wird Druck aufbauen, wo Unterstützung helfen würde. Er wird die Situation eskalieren, statt sie zu lösen.

Das ist die eine Dimension der Trainer-Funktion: Wissen zur Verfügung stellen und hoffen, dass das Team es sich aneignet. Doch genau hier stößt die reine Coaching-Haltung an ihre Grenze. Ich kann nicht arbeiten wie Sokrates mit seiner Hebammentechnik. Sokrates konnte behaupten, dass alles Wissen bereits im Menschen angelegt sei – man müsse es nur „entbinden“. Im Dialog „Menon“ führt er einen Sklaven durch geschickte Fragen zur Erkenntnis geometrischer Zusammenhänge. Aber bei dem Sklaven war tatsächlich Wissen bereits vorhanden – geometrische Intuition, die nur freigelegt werden musste. Bei ganz vielen Dingen in Organisationen ist das nicht der Fall. Trunk-Based Development kann man nicht „hineincoachen“. Man muss es sich erarbeiten. Die Narrative, die Dysfunktionalitäten erzeugen, die Glaubenssätze, die nicht mehr hilfreich sind – sie kommen nicht aus dem Nichts. Sie kommen aus fehlendem Wissen, aus falschen Annahmen, aus nie hinterfragten Gewohnheiten.

Hier hilft ein Ansatz, den die Umweltingenieurin und Verhaltensdesignerin Katie Patrick in ihrem Buch How to Save the World beschrieben hat (Patrick 2019). Patrick zeigt: Wer Menschen zu Verhaltensänderungen bewegen will, darf nicht auf Appelle setzen. Appelle funktionieren nicht. Was funktioniert, ist Gamification – Veränderung wie ein Spiel zu gestalten. Das bedeutet: messbare Fortschritte sichtbar machen, Feedback-Loops einbauen, kleine Erfolge feiern. Patrick demonstriert, dass allein ein Schild über einem Recycling-Behälter, das die Anzahl der gesammelten Dosen anzeigte, die Recycling-Rate um 67 Prozent steigerte. Nicht weil die Menschen plötzlich umweltbewusster wurden – sondern weil sie ihren Fortschritt sehen konnten. Patricks Kernbotschaft: **Veränderung muss nicht wehtun. Veränderung kann Spaß machen – wenn man sie richtig gestaltet.**

Für den Scrum Master als Trainer bedeutet das: Er macht Fortschritt sichtbar. Er feiert kleine Siege. Er gestaltet den Lernprozess so, dass das Team seinen eigenen Fortschritt erleben kann. Nicht „Trunk-Based Development“ als abstraktes Ziel, sondern: „Letzte Woche hatten wir fünf Feature Branches, die länger als drei Tage lebten. Diese Woche sind es nur noch drei.“ Das ist messbar. Das ist sichtbar. Das motiviert. Das erfordert aber – und hier stoße ich systematisch auf Widerstand – dass der Scrum Master selbst weiß, was er misst und warum. Er muss seinem Team ein Stückchen voraus sein, um ihm zeigen zu können, wo der nächste Fortschritt liegt. Der Scrum Master, der selbst nie trunk-basiert entwickelt hat, kann seinem Team nicht zeigen, wie der erste Schritt in diese Richtung aussieht.

Klaus Doppler und Christoph Lauterburg haben in ihrem Klassiker „Change Management“ ein dreigliedriges Widerstandsmodell entwickelt, das diese Perspektive unterstützt. (Doppler & Lauterburg 2008) Sie unterscheiden Nicht-Verstehen, Nicht-Glauben und Nicht-Können/Nicht-Wollen. Bemerkenswert ist, dass sie das Nicht-Können explizit als eigenständige Widerstandsquelle anerkennen – neben dem Nicht-Wollen, nicht als Teil davon. Die Betroffenen haben vielleicht verstanden, was von ihnen erwartet wird. Sie glauben vielleicht sogar, dass es sinnvoll ist. Aber sie können es nicht umsetzen. Ihnen fehlen die Fähigkeiten, die Ressourcen, die Zeit. Das ist keine Verweigerung. Das ist Überforderung.

Robert Kegan und Lisa Lahey von der Harvard Graduate School of Education haben mit dem Konzept der „Immunity to Change“ einen tiefenpsychologischen Erklärungsansatz entwickelt, der noch weiter geht. (Kegan & Lahey 2009) Sie postulieren die Existenz eines psychologischen Immunsystems, das Menschen vor bedrohlichen Veränderungen schützt – auch gegen deren bewusste Intention. Diese Immunität manifestiert sich in konkurrierenden Verpflichtungen und grundlegenden Annahmen, die unterhalb der bewussten Wahrnehmungsschwelle operieren. Entscheidend ist: *Diese Immunität konstituiert ein unbewusstes, strukturelles Nicht-Können, nicht ein motivationales Nicht-Wollen.* Menschen, die sich aufrichtig zur Veränderung bekennen, können durch unbewusste Schutzmechanismen daran gehindert werden, diese Veränderung zu vollziehen. Sie sagen: Ich will. Aber sie können nicht – aus Gründen, die ihnen selbst nicht bewusst sind.

Das ist die tiefste Dimension der Trainer-Funktion des Scrum Masters: Er hilft dem Team nicht nur, Wissen zu erwerben und Fähigkeiten aufzubauen. Er hilft dem Team auch, die unsichtbaren Barrieren zu erkennen, die der Veränderung im Weg stehen. Das erfordert psychologische Sensibilität. Das erfordert Geduld. Das erfordert die Fähigkeit, unter die Oberfläche zu schauen und zu fragen: Was hindert diesen Menschen wirklich daran, sich zu verändern? Ist es mangelndes Wissen? Mangelnde Fähigkeit? Mangelnde Selbstwirksamkeit? Oder ist es ein tieferes, strukturelles Hindernis, das erst freigelegt werden muss?

Die Rekonzeptualisierung von Widerstand als Funktion von Nicht-Können ist nicht nur analytisch fruchtbar. Sie ist auch ethisch geboten. Sie vermeidet die voreilige Pathologisierung der Betroffenen und eröffnet konstruktive Interventionsperspektiven. Statt die Frage „Warum wollen die nicht?“ zu stellen, sollte der Scrum Master fragen: „Was brauchen diese Menschen, um zu können?“ Das ist die Haltung des Trainers. Das ist die Haltung, die Teams zum Erfolg führt.

2.2.5 Team Coach – Der Scrum Master als Coach für Teamentwicklung

Die nächste Funktion des Scrum Master: Team Coach. Team Coaches wollen von ihren Teams, dass sie besser werden, dass Konflikte gelöst werden, dass sich einzelne Teammitglieder weiterentwickeln, aber dass grundsätzlich das Team als Ganzes besser funktioniert. Bevor wir uns ansehen, wie das gelingt, müssen wir eine fundamentale Frage klären: *Macht es überhaupt einen Unterschied, wer das Team führt?*

Die Antwort ist eindeutig. Die Stanford-Ökonomen Edward Lazear, Kathryn Shaw und Christopher Stanton haben in ihrer wegweisenden Studie „The Value of Bosses“ die Daten von über 23000 Mitarbeitern analysiert und den Einfluss des direkten Vorgesetzten isoliert. Das Ergebnis ist verblüffend: Der Austausch eines schlechten Vorgesetzten gegen einen guten erhöht die Produktivität jedes einzelnen Teammitglieds um mehr als zehn Prozent (Lazear, Shaw & Stanton 2015). Das entspricht in etwa dem Effekt, dem Team einen weiteren Mitarbeiter hinzuzufügen – ohne dessen Gehalt zahlen zu müssen. *Die Führungskraft ist, mathematisch gesehen, der stärkste Multiplikator für Teamleistung.* Oder, wenn sie schlecht ist, ein Divisor.

Gallup hat diese Erkenntnis noch zugespitzt: 70 Prozent der Varianz im Engagement eines Teams sind allein auf den direkten Vorgesetzten zurückzuführen (Gallup 2015). Siebzig Prozent. Das bedeutet: Alle anderen Faktoren – die Büroausstattung, das Gehalt, die Unternehmensstrategie, die Marke – machen zusammen nur dreißig Prozent aus. Die Führungskraft ist nicht eine Variable unter vielen. Sie ist die Variable.

Warum ist das so? Die Leader-Member Exchange Theorie, kurz LMX, gibt eine Antwort. Sie fokussiert nicht auf das Team als Ganzes, sondern auf die Qualität der direkten Beziehung zwischen Führungskraft und einzelnem Teammitglied. Metaanalysen zeigen konsistent: *Eine hohe Qualität dieser dyadischen Beziehung – geprägt durch Vertrauen, Respekt und gegenseitige Verpflichtung – ist einer der stärksten Prädiktoren für objektive Arbeitsleistung* (Dulebohn et al. 2012). Menschen arbeiten nicht für Unternehmen. Sie arbeiten für Menschen. Wenn die Beziehung zur Führungskraft stark ist, entsteht eine psychologische Verpflichtung, Leistung zurückzugeben. Diese Bindung kann nur die Führungskraft herstellen. Kein Prozess kann das ersetzen. Keine Software. Kein Framework.

Das bringt uns zum Kern dessen, was ein Team Coach tut. Er arbeitet nicht primär an Prozessen oder Methoden. *Er arbeitet an Beziehungen.* An der Beziehung zwischen sich und dem Team. An den Beziehungen der Teammitglieder untereinander. An der Beziehung des Teams zu seiner Arbeit. Das ist keine weiche Esoterik. Das ist harte Ökonomie. Jeder Prozentpunkt, den er in diesen Beziehungen verbessert, schlägt sich direkt in Produktivität nieder.

Hier schließt sich der Kreis zum vorherigen Kapitel über den Scrum Master als Trainer. Wir haben dort gesehen, dass Widerstand oft eine Funktion von Nicht-Können ist, nicht von Nicht-Wollen. Der Team Coach arbeitet an derselben Stelle – nur von der anderen Seite. Der Trainer fragt: Was brauchen diese Menschen, um zu können? Der Team Coach fragt: Was brauchen diese Menschen, um sich zu trauen? Denn selbst wenn Menschen objektiv kompetent sind, trauen sie sich oft nicht, diese Kompetenz zu zeigen – weil sie Angst haben, als inkompetent wahrgenommen zu werden. Das ist Banduras Selbstwirksamkeit in Aktion: Die subjektive Überzeugung, etwas erfolgreich tun zu können, ist oft wichtiger als die objektive Fähigkeit.

Der wichtigste Hebel des Team Coaches ist deshalb die Etablierung von psychologischer Sicherheit. Das Konzept stammt von der Harvard-Professorin Amy Edmondson, die es so definiert: Psychologische Sicherheit ist die geteilte Überzeugung der Teammitglieder, dass das Team ein sicherer Ort für interpersonelle Risikobereitschaft ist (Edmondson 1999). Ein Ort, an dem man Fehler zugeben kann, ohne bestraft zu werden. Ein Ort, an dem man Fragen stellen kann, ohne als dumm zu gelten. Ein Ort, an dem man widersprechen kann, ohne Konsequenzen fürchten zu müssen.

Wie schafft man das? Die Antwort klingt paradox: **indem man als Führungskraft selbst verletzlich ist.**

2008. Ich bin in Peking. Ich soll einem Team, das aus Chinesinnen und Chinesen besteht, Scrum erklären. Der erste Tag ist eine einzige Katastrophe. Ich bekomme keine Antworten. Ich bekomme keinerlei Interaktion. Ich habe das Gefühl, ich spreche gegen eine Wand. Eine Kollegin, die mich abends zum Abendessen ausführt, erklärt mir dann die Situation: Die Chinesen würden nicht etwa deswegen keine Fragen stellen, weil sie befürchteten, dass man erkennen könnte, dass sie keine Ahnung haben. Sondern deswegen, weil sie verhindern wollten, dass der Lehrer die Antwort nicht kennt. Das würde das Gesicht des Lehrers beschädigen, was sie aus Respekt vermeiden wollten.

Ich finde das faszinierend. Denn wenn es daran liegt, dass meine Trainingsteilnehmer mit mir nicht sprechen und keine Fragen stellen, weil ich möglicherweise die Antwort nicht weiß – dann muss ich zeigen, dass es okay ist, Fehler zu machen. Am nächsten Morgen beginne ich das Training völlig anders. Während ich zu sprechen beginne, wische ich mir versehentlich die Kreide ins Haar. Es gibt nämlich tatsächlich eine Tafel mit Kreide im Raum. Ich stolpere über das Kabel des Overhead-Projektors. Ich verplappere mich. Ich verspreche mich. Ich mache Fehler. Es dauert circa 90 Minuten. Vielleicht sind es auch 100 Minuten. Plötzlich beginnt eine Person, mich etwas zu fragen. Das Eis ist gebrochen.

Abends gehe ich mit den gesamten Trainingsteilnehmern noch etwas essen, wir gehen zum Karaoke. Ich frage, was sich denn verändert hatte und wieso sie plötzlich Fragen stellen wollten. Die Antwort ist frappierend: „Sie waren lustig. Sie konnte man ja was fragen." Diese Situation ist für mich der Inbegriff dessen, was Führungskräfte tun können, um psychologische Sicherheit herzustellen. *Wenn die Führungskraft selbst zugibt, dass sie etwas noch nicht weiß oder nicht hundertprozentig beherrscht, dann können die Teammitglieder einspringen und helfen und mitmachen.*

In Peking hatten die Teilnehmer das Wissen. Sie verstanden die Konzepte. Aber sie trauten sich nicht, Fragen zu stellen – nicht deshalb, weil sie nicht konnten, sondern weil sie fürchteten, mein Gesicht zu beschädigen. Das war kein Kompetenzproblem im klassischen Sinne. Das war ein Selbstwirksamkeitsproblem, verursacht durch fehlende psychologische Sicherheit.

2020. Eine zweite Situation in meinem Leben hat mir gezeigt, wie mächtig modellierte Verletzlichkeit sein kann. Als die Covid-Pandemie ausbrach und die Grenzen geschlossen wurden, saßen wir im Circle Way zusammen, 35 Personen. Ich war verzweifelt. Als Geschäftsführer und Eigner der Firma borisgloger consulting hatte ich ein massives Problem: Ich wusste nicht, ob unsere Kunden ihre Aufträge weiterhin bezahlen würden. Wie ich die Mitarbeiter bezahlen sollte, im Falle, dass wir in den Lockdown müssen. Ob wir noch Geld auf den Konten hatten, um die nächsten sehr unsicheren Wochen zu überstehen. Ich erklärte morgens meinem Team während des Check-ins genau das. Ich teilte meine Angst. Meine Unsicherheit. Meine Verzweiflung.

Die nächsten zweieinhalb Stunden dieses Tages waren vielleicht emotional die bedeutungsvollsten, die ich je erlebt habe. Ich spürte, wie diese 35 Menschen mit mir begannen, co-kreativ darüber nachzudenken, wie wir mit dieser Situation fertig werden. Das Team entwickelte Ideen. Wir fanden Lösungen, auf die ich alleine nie gekommen wäre. Dann gingen wir voller Energie ins Wochenende. Wir wussten, wie wir diese Probleme in der nächsten Woche angehen würden. Wir hatten es geschafft. Gemeinsam.

Interessanterweise hat eine Fernsehserie diese Dynamik besser illustriert als die meisten Management-Bücher. Ted Lasso, die Apple TV-Serie über einen amerikanischen Football-Coach, der ein englisches Fußballteam übernimmt, ist zu einem kulturellen Phänomen geworden – und zu einem Studienobjekt für Führungsforschende. Die Harvard Business Review, Forbes und Psychology Today haben analysiert, warum Teds Methoden funktionieren. Die Antwort ist verblüffend einfach: Er behandelt Soft Skills als Hard Skills.

Ted Lasso weiß fast nichts über Fußball. Er versteht die Abseitsregel nicht. Er kennt die taktischen Finessen nicht. Trotzdem transformiert er ein abstiegsbedrohtes Team in eine Meistermannschaft. Wie? Indem er genau das tut, was wir hier besprechen: Er schafft psychologische Sicherheit. Er modelliert Verletzlichkeit. Er baut Beziehungen auf – eine nach der anderen, Person für Person.

Die Sportpsychologin Sophia Jowett hat in ihrer Forschung zur Trainer-Athleten-Beziehung genau diesen Mechanismus untersucht. Ihr 3+1Cs Modell – Closeness, Commitment, Complementarity, plus Co-Orientation – zeigt, dass sportlicher Erfolg nicht primär durch Trainingspläne entsteht, sondern durch die Qualität der Beziehung zwischen Coach und Athlet. Die Qualität dieser Beziehung sagt Medaillengewinne oft präziser voraus als physische Talente (Jowett 2017). *Der Coach ist keine austauschbare Figur am Spielfeldrand.* Er nimmt durch seine Persönlichkeit und Beziehungsfähigkeit direkten Einfluss auf die physische Leistung seiner Athleten.

Es gibt eine Szene in der ersten Staffel von Ted Lasso, die mich nicht mehr loslässt. Der junge Spieler Sam Obisanya hat einen katastrophalen Fehler gemacht und kann nicht aufhören, daran zu denken. Ted geht zu ihm und sagt: „Be a goldfish." Sei ein Goldfisch. Sam schaut ihn verwirrt an. Ted erklärt: „Ein Goldfisch hat ein Gedächtnis von zehn Sekunden. Das ist das glücklichste Tier der Welt." Es ist eine alberne Metapher. Aber sie funktioniert. Sam lacht. Der Druck fällt ab. Er spielt wieder frei. Was Ted hier anwendet, ist Emotionsregulation – er hilft Sam, den Fehler loszulassen, bevor er zur Leistungsblockade wird.

Aber Ted tut noch mehr. Er repariert den Wasserdruck in der Dusche – weil jemand einen Zettel in den Kummerkasten geworfen hat. Er feiert die Geburtstage seiner Spieler. Er gründet die „Diamond Dogs" – eine informelle Gruppe, in der Probleme besprochen werden können. All das erscheint trivial. Aber wissenschaftlich gesehen adressiert Ted damit exakt die drei psychologischen Grundbedürfnisse, die Edward Deci und Richard Ryan in ihrer Selbstbestimmungstheorie identifiziert haben: *Autonomie*, *Kompetenz* und *Zugehörigkeit* (Deci & Ryan 2000).

Er gibt Jamie Tartt, dem arroganten Starspieler, die Autonomie, selbst zu entscheiden, ob er den Pass spielt oder alleine abschließt – bis Jamie von selbst versteht, dass der Pass die bessere Wahl ist. Er gibt Nate, dem schüchternen Zeugwart, das Gefühl, taktisch brillant zu sein – und löst damit eine Entwicklung aus, die Nate zum Co-Trainer macht. Er schafft durch die gemeinsamen Rituale ein Gefühl der Zugehörigkeit, das den Zusammenhalt des Teams messbar stärkt.

Das Geniale an der Serie zeigt sich in Staffel 3, wenn Ted das Team „Total Football" spielen lässt – jene revolutionäre Taktik, die Johan Cruyff und Ajax Amsterdam in den 1970er-Jahren perfektionierten. Bei Total Football kann jeder Spieler jede Position spielen. Es ist ein fließendes System ohne feste Zuordnungen. Der Verteidiger stürmt nach vorne, der Stürmer fällt zurück und verteidigt. Diese Taktik funktioniert nur unter einer Bedingung: *blindes Vertrauen*. Wenn ein Verteidiger nach vorne stürmt, muss er zu hundert Prozent darauf vertrauen, dass ein Mitspieler seinen Platz hinten einnimmt. Ohne diese Gewissheit bricht das System zusammen. Ohne psychologische Sicherheit ist Total Football unmöglich.

Das ist die tiefere Botschaft der Serie: Teds jahrelange Arbeit an der Kultur – an Vertrauen, Fehlertoleranz, Zugehörigkeit – war die zwingende Voraussetzung dafür, dass die Mannschaft taktisch überhaupt in der Lage war, Total Football zu spielen. Die Soft Skills ermöglichten die Hard Skills. Oder, wie Peter Drucker es formuliert haben soll: „Culture eats strategy for breakfast." Ted Lasso ist kein Fußball-Genie. Er ist ein Kultur-Architekt. Er schafft die Bedingungen, unter denen Strategie erst wirksam werden kann.

Aber wie arbeitet ein Team Coach konkret? Welche Methoden stehen ihm zur Verfügung? Hier kommt ein Ansatz ins Spiel, der in den 1980er-Jahren von Steve de Shazer und Insoo Kim Berg am Brief Family Therapy Center in Milwaukee entwickelt wurde: die lösungsfokussierte Beratung (de Shazer 1985; de Shazer & Dolan 2007).

Die **lösungsfokussierte Beratung** – im Englischen Solution-Focused Brief Therapy oder Solution-Focused Coaching – basiert auf einer radikal einfachen Prämisse: *Statt endlos zu analysieren, warum ein Problem entstanden ist, konzentriert man sich darauf, wie die Lösung aussehen könnte*. Das klingt banal. Aber es ist ein fundamentaler Paradigmenwechsel. Die klassische Beratung fragt: Was ist das Problem? Woher kommt es? Wer ist schuld?

Die lösungsfokussierte Beratung fragt: Was wäre anders, wenn das Problem gelöst wäre? Was funktioniert bereits? Was wäre der kleinste nächste Schritt?

De Shazer formulierte es so:

> *„Problem talk creates problems. Solution talk creates solutions."*

Das Reden über Probleme erzeugt Probleme. Das Reden über Lösungen erzeugt Lösungen. Das ist keine Esoterik. Das ist eine pragmatische Erkenntnis darüber, worauf wir unsere Aufmerksamkeit richten – und was diese Aufmerksamkeit bewirkt.

Die lösungsfokussierte Beratung hat mehrere Kernwerkzeuge, die für den Team Coach Gold wert sind. Das erste ist die **Wunderfrage**. Sie lautet: „Stell dir vor, du gehst heute Abend schlafen, und während du schläfst, geschieht ein Wunder. Das Problem, das dich hierhergeführt hat, ist gelöst. Aber du weißt es nicht, weil du geschlafen hast. Woran würdest du morgen früh als Erstes merken, dass das Wunder geschehen ist?" Diese Frage umgeht die Problemanalyse vollständig. Sie führt den Klienten direkt in eine Zukunft, in der das Problem nicht mehr existiert – und lässt ihn von dort aus zurückschauen. Das aktiviert völlig andere kognitive Ressourcen als das Wühlen im Problem.

Das zweite Werkzeug sind **Skalierungsfragen**. „Auf einer Skala von 1 bis 10, wobei 10 bedeutet, dass das Problem vollständig gelöst ist, und 1 bedeutet, dass es so schlimm ist wie nur möglich – wo stehst du gerade?" Angenommen, der Klient sagt: „Bei einer 4." Dann folgt die entscheidende Frage: „Was müsste passieren, damit du bei einer 5 bist?"

Nicht bei einer 10. Bei einer 5. Der nächste kleine Schritt. Das macht die Veränderung greifbar, konkret, machbar.

Das dritte Werkzeug ist **die Suche nach Ausnahmen**. „Wann war das Problem schon einmal weniger schlimm? Was war da anders? Was hast du da anders gemacht?" Diese Frage basiert auf der Annahme, dass es immer Momente gibt, in denen das Problem nicht oder weniger auftritt. Wenn wir diese Momente finden und verstehen, haben wir bereits einen Teil der Lösung. Wir müssen sie nicht erfinden – wir müssen sie nur wiederholen.

Das vierte Werkzeug ist die **Fokussierung auf das, was funktioniert**. De Shazer formulierte drei Regeln:

„If it ain't broke, don't fix it." – Wenn es nicht kaputt ist, repariere es nicht.

„If it works, do more of it." – Wenn es funktioniert, mach mehr davon.

„If it doesn't work, do something different." – Wenn es nicht funktioniert, mach etwas anderes.

Das klingt offensichtlich. Aber in der Praxis verbringen Teams unendlich viel Zeit damit, Dinge zu reparieren, die gar nicht kaputt sind – und ignorieren das, was bereits funktioniert.

Für den Scrum Master als Team Coach ist die lösungsfokussierte Beratung aus mehreren Gründen wertvoll. Erstens ist *sie schnell*. Sie heißt nicht umsonst „Brief Therapy". Ein Scrum Master hat keine Zeit für monatelange Tiefenanalysen. Er braucht Werkzeuge, die in einer Retrospektive, in einem Vier-Augen-Gespräch, in einer kurzen Intervention wirken. Zweitens ist sie respektvoll. Sie behandelt *Menschen als Experten für ihr eigenes Leben*. Der Scrum Master weiß nicht besser als das Team, was die Lösung ist. Er hilft dem Team, seine eigene Lösung zu finden. Drittens ist sie pragmatisch. Sie interessiert sich nicht für Schuldzuweisungen oder historische Analysen. *Sie interessiert sich für das, was jetzt getan werden kann.*

In der Retrospektive könnte das so aussehen: Statt zu fragen „Was ist im letzten Sprint schiefgelaufen?", fragt der lösungsfokussierte Scrum Master: „Was hat im letzten Sprint gut funktioniert? Was wollen wir davon mehr machen?" Statt zu fragen „Warum haben wir das Sprint-Ziel nicht erreicht?", fragt er: „Angenommen, wir erreichen im nächsten Sprint unser Ziel – woran werden wir das bemerken? Was werden wir anders gemacht haben?" Das verschiebt die Energie des Teams vom Rückwärtsschauen zum Vorwärtsschauen. Vom Problem zur Lösung. Von der Schuld zur Verantwortung.

Aber der Team Coach arbeitet nicht nur mit Methoden. Er arbeitet auch – und vor allem – mit sich selbst. Die Lazear-Studie zeigt etwas Bemerkenswertes: *Gute Vorgesetzte „lehren" Produktivität*. Sie vermitteln bessere Arbeitsmethoden, höhere Standards, effektivere Gewohnheiten. Und dieser Effekt bleibt oft sogar bestehen, nachdem der Mitarbeiter das Team verlassen hat. Die Führungskraft hinterlässt einen Abdruck. Sie formt die Menschen, mit denen sie arbeitet. Das ist eine enorme Verantwortung.

Die Upper-Echelons-Theorie, ursprünglich von Donald Hambrick und Phyllis Mason formuliert, geht noch weiter: *Eine Organisation ist letztlich ein Spiegelbild der kognitiven Basis und der Werte ihrer Führungskraft.* (Hambrick & Mason 1984) **Was die Führungskraft für wichtig hält, wird wichtig.** Was sie ignoriert, wird ignoriert. Wie sie mit Fehlern umgeht, so geht das Team mit Fehlern um. Wie sie kommuniziert, so kommuniziert das Team. Der Team Coach kann nicht erwarten, dass sein Team psychologische Sicherheit praktiziert, wenn er selbst keine Verletzlichkeit zeigt. Er kann nicht erwarten, dass sein Team lösungsfokussiert denkt, wenn er selbst ständig Probleme analysiert. Er kann nicht erwarten, dass sein Team Vertrauen aufbaut, wenn er selbst misstrauisch ist.

Das bringt uns zu einem weiteren wichtigen Aspekt: *Der Scrum Master sanktioniert nicht.* Wenn jemand einen Fehler macht, wird er nicht bestraft. Stattdessen fragt das Team: Was können wir daraus lernen? Das Meeting dazu ist die Retrospektive. Aber wir müssen verstehen, dass es verschiedene Kategorien von Fehlern gibt. Amy Edmondson hat in ihrem Buch The Fearless Organization drei Kategorien beschrieben. (Edmondson 2018)

Die erste Kategorie ist **„Basisfehler“** – Fehler, die man wirklich vermeiden sollte. Rechtschreibfehler, Codingfehler, vergessene Commits, ungelesene Dokumentation. Diese Fehler sind vermeidbar durch bessere Prozesse, Checklisten, Automatisierung, Aufmerksamkeit.

Die zweite Kategorie ist **„Komplexitätsfehler“** – Fehler, die dadurch entstehen, dass Systeme komplex werden, dass man nicht alle Eventualitäten im Vorhinein wissen kann. Ein Feature funktioniert in der Testumgebung, bricht aber in der Produktion zusammen, weil die Last 100x höher ist als erwartet. Das konnte man nicht wissen – außer man hätte es bereits erlebt. Diese Fehler kann man systematisch bekämpfen, indem man das erworbene Wissen dokumentiert und von anderen lernt.

Die dritte Kategorie ist **„intelligente Fehler“** – Fehler, die entstehen, wenn man etwas Neues ausprobiert. Wir sind wie der Experimentalphysiker. Wir haben es noch nie gemacht. Wir probieren etwas aus. Natürlich funktioniert die erste Variante nicht hundertprozentig. Man könnte sagen: Wir sind gescheitert. Aber das war kein Fehler. Das war ein Experiment. Wenn wir uns darüber klar werden in Teams – über diese drei Kategorien –, dann entsteht ein anderer Begriff von Fail Fast. Nämlich: So schnell wie möglich Feedback erzeugen. Nicht: „Wir haben versagt.“ Sondern: „Wir haben gelernt.“

Die *lösungsfokussierte Perspektive auf Fehler wäre*: „Wann hat etwas Ähnliches schon einmal funktioniert? Was war da anders? Was können wir davon für den nächsten Versuch mitnehmen?“ Das ist eine völlig andere Energie als „Wer ist schuld? Warum ist das passiert? Wie verhindern wir, dass es wieder passiert?“ Die erste Frage öffnet. Die zweite Frage schließt.

Der Scrum Master ermutigt zum Experimentieren. Ich bin in Brasilien, Recife, und erkläre einem Manager während einer Software-Quality-Konferenz die Grundlagen von

Agilität. Plötzlich nimmt er einen Zettel und schreibt darauf: „Doing is a way of thinking." Dieser Spruch wurde der Kern der ersten Version der Marke für borisgloger consulting. Denn er sagt etwas Fundamentales: *Wenn man etwas noch nicht gemacht hat, wenn man etwas noch nicht weiß, dann kann man doch nur im Tun herausfinden, ob es funktioniert.* **Insofern ist das Machen eine Form von Denken.**

Es gibt eine berühmte Tradition beim Schreiben, die nennt sich Essays. Ein **Essay** ist nichts anderes als das Erkunden eines Gedankens – man schreibt nicht unbedingt drauflos, aber man erkundet seine Idee von allen Seiten. Der Essay kann nicht bereits im Kopf entstanden sein und dann einfach nur hinuntergeschrieben werden. Das Denken passiert im Schreiben. Michel de Montaigne, der im 16. Jahrhundert die literarische Form des Essays erfand, schrieb nicht, weil er bereits fertige Gedanken hatte. Er schrieb, um zu denken. Theodor W. Adorno formulierte es später so:

> *„Der Essay denkt in Brüchen, so wie die Realität brüchig ist, und findet seine Einheit durch die Brüche hindurch." (Adorno 1958)*

Genau das ist auch Produktentwicklung: ein Essay. Ein Versuch. Ein Erkunden. Ein Denken im Tun. Man kann nicht alle Anforderungen vorher aufschreiben und dann einfach abarbeiten. Man muss anfangen – und im Machen entdecken, was das Produkt sein will. Das Produkt entsteht im Dialog zwischen Team, Code und User. Im iterativen Prozess. Im Tun. Jetzt sind wir wieder beim Tacit Knowledge von Nonaka. Nur im gemeinsamen Bauen, Experimentieren, Ausprobieren finden wir heraus, was wir wissen und was nicht. Was funktioniert und was nicht. Wir erforschen unseren Produktentwicklungsraum. Nicht durch Analyse. Nicht durch Spezifikationen. Sondern durch Doing.

Auch hier begegnet uns wieder das Thema aus dem Trainer-Kapitel. Bandura hat vier Quellen der Selbstwirksamkeit identifiziert – und die wichtigste sind *eigene Erfolgserfahrungen*. Genau das ist es, was der Team Coach mit dem Ermutigen zum Experimentieren tut: Er schafft Räume, in denen das Team Erfolge erleben kann. Kleine Erfolge. Sichere Erfolge. Fehlertolerante Übungsräume, in denen Scheitern erlaubt ist. Das Team, das nicht experimentiert, hat vielleicht nicht nur ein Wissensproblem – es hat ein Selbstwirksamkeitsproblem. Die Menschen trauen sich nicht zu, es richtig zu machen. Der Team Coach und der Trainer arbeiten hier Hand in Hand: Der Trainer vermittelt das Wissen, der Team Coach schafft den sicheren Raum, in dem dieses Wissen angewendet werden kann.

Der mutige Scrum Master ermutigt sein Team: „Probier es aus. Bau einen Prototyp. Zeig es dem User. Wenn es nicht funktioniert – perfekt. Dann haben wir was gelernt." Er muss dem Team die Angst nehmen, etwas auszuprobieren, das vielleicht nicht funktioniert. Er muss dem Team zeigen: Doing is a way of thinking. Nur so entsteht Innovation. Nur so entsteht echtes Lernen. Nur so kommt das Tacit Knowledge des Teams zum Vorschein.

Zum Team Coaching gehört auch die Fähigkeit, Konflikte konstruktiv zu bearbeiten. Nicht zu vermeiden. Nicht unter den Teppich zu kehren. Sondern zu klären. Viele Führungskräfte haben Angst vor Konflikten. Sie denken, ein gutes Team ist ein Team ohne Konflikte. Das Gegenteil ist wahr. Ein Team ohne Konflikte ist ein Team, das nicht ehrlich miteinander spricht. Patrick Lencioni hat in seinem Buch The **Five Dysfunctions of a Team** beschrieben, dass die Abwesenheit von Vertrauen zur Vermeidung von Konflikten führt. Wenn Menschen sich nicht trauen, offen zu sagen, was sie denken, dann gibt es keine konstruktiven Auseinandersetzungen. Dann gibt es nur höfliches Nicken, stille Unzufriedenheit, passiv-aggressives Verhalten. Der Scrum Master muss dem Team helfen zu verstehen: Konflikte sind nicht das Problem. Ungelöste Konflikte sind das Problem (Lencioni 2002).

Auch hier hilft die lösungsfokussierte Perspektive. Statt zu fragen „Warum streitet ihr euch?“, fragt der Scrum Master: „Angenommen, dieser Konflikt wäre gelöst – wie würdet ihr dann zusammenarbeiten? Was wäre anders?“ Oder: „Gab es Momente, in denen ihr trotz unterschiedlicher Meinungen gut zusammengearbeitet habt? Was war da anders?“ Diese Fragen verschieben den Fokus vom Problem zur Lösung, von der Vergangenheit zur Zukunft, von der Schuld zur Verantwortung.

Der Scrum Master versteht auch, dass im Team unterschiedliche Persönlichkeiten zusammenarbeiten. Introvertierte und Extrovertierte. Analytiker und Kreative. Detailverliebte und Big-Picture-Denker. Das ist keine Schwäche eines Teams. Das ist seine Stärke. Aber nur, wenn der Scrum Master dafür sorgt, dass alle Stimmen gehört werden. Der Extrovertierte dominiert von Natur aus die Diskussion. Er denkt laut. Er spricht schnell. Er nimmt Raum ein. Der Introvertierte braucht Zeit zum Nachdenken. Er formuliert seine Gedanken in Ruhe. Er spricht, wenn er etwas zu sagen hat – nicht, um Raum zu füllen.

Wenn der Scrum Master nicht eingreift, hört das Team nur die Extrovertierten. Die besten Ideen der Introvertierten bleiben unausgesprochen. Der Scrum Master muss Techniken kennen, die sicherstellen, dass alle zu Wort kommen. Im Circle Way haben wir das bereits gesehen: Jeder spricht einmal. Niemand kann unterbrochen werden. Aber es gibt auch andere Methoden: Silent Brainstorming, bei dem alle ihre Ideen erst aufschreiben, bevor gesprochen wird. 1-2-4-All aus den Liberating Structures, bei dem Menschen erst alleine denken, dann zu zweit diskutieren, dann zu viert – und erst dann im Plenum sprechen. Solche Techniken geben den Introvertierten den Raum, den sie brauchen.

Dasselbe gilt für Analytiker versus Kreative. Der Analytiker will Daten. Fakten. Logik. Der Kreative will Möglichkeiten erkunden. Brainstormen. Querdenken. Beide haben recht. Beide werden gebraucht. Der Scrum Master sorgt dafür, dass beide Denkweisen ihren Platz haben. In der Sprint Planning brauchen wir die Kreativen, die Ideen entwickeln, wie ein Problem gelöst werden könnte. Aber wir brauchen auch die Analytiker, die prüfen, ob die Lösung technisch machbar ist, wie lange sie dauert, welche Abhängigkeiten es gibt. Der Scrum Master orchestriert diesen Dialog.

Der beste Team Coach, den ich kenne, hat mir einmal gesagt: „Mein wichtigstes Werkzeug ist meine Aufmerksamkeit.“ Er meinte damit: Ich beobachte. Ich höre zu. Ich nehme wahr, was im Team passiert – nicht nur das Offensichtliche, sondern auch das Subtile. Wer spricht? Wer schweigt? Wer rollt mit den Augen? Wer lehnt sich zurück? Wer ist angespannt? Wer ist gelöst? All das sind Informationen. All das sagt mir etwas über den Zustand des Teams. Und dann – nur dann – interveniere ich. Mit einer Frage. Mit einer Beobachtung. Mit einem Vorschlag. Nicht mit einem Rezept aus dem Lehrbuch. Sondern mit dem, was dieses spezifische Team in diesem spezifischen Moment braucht.

Das ist die Essenz des Team Coachings: Aufmerksamkeit. Beziehung. Die richtigen Fragen zur richtigen Zeit. Und das Vertrauen, dass das Team die Antworten bereits in sich trägt – es braucht nur jemanden, der hilft, sie freizulegen.

2.2.6 Change Agent – Der Scrum Master als Veränderer der Organisation

Mich fasziniert Veränderung. Nicht das Nachdenken über Veränderung, nicht die Theorie, nicht die PowerPoint-Präsentationen mit den bunten Pfeilen und den Phasenmodellen. Mich fasziniert das Tun. Das tatsächliche Implementieren. Der Moment, in dem etwas, das vorher so war, plötzlich anders ist – und alle Beteiligten spüren: Das ist besser. Diese Faszination hat mich mein ganzes Berufsleben begleitet. Sie ist der Grund, warum ich Scrum so liebe: **Scrum ist institutionalisierte Veränderung.** Sprint für Sprint. Retrospektive für Retrospektive. Immer wieder die Frage: Was können wir besser machen?

Natürlich muss ein Scrum Master die Basisliteratur zu Change kennen. Er sollte John Kotters acht Schritte gelesen haben, sein neueres Buch Accelerate über die duale Organisationsstruktur, Jeffrey Hiatts ADKAR-Modell für individuelle Veränderung. Er sollte wissen, wie man mit OKRs strategische Ziele kaskadiert und wie man Fortschritt messbar macht. All das ist Handwerkszeug. Aber es ist nicht der Kern dessen, was den Scrum Master zum Change Agent macht.

Der Kern ist etwas anderes. Und vielleicht ist es die wichtigste Erkenntnis dieses Kapitels: **Der Scrum Master verändert die Rahmenbedingungen für sein Team.** Nicht das Team selbst – das Team verändert sich selbst, in den Retrospektiven, durch Lernen, durch Wachstum. Aber die Bedingungen, unter denen das Team arbeitet? Die kann das Team oft nicht selbst verändern. Da braucht es jemanden, der nach außen wirkt. Der die Mauern einreißt, die das Team einengen. Der die Hindernisse beseitigt, die das Team blockieren. Der die Organisation um das Team herum so verändert, dass das Team sein Bestes geben kann.

Das ist exakt das Gegenstück zu dem, was wir im Kapitel über den Product Owner beschrieben haben. *Der Product Owner verändert die Rahmenbedingungen für sein Produkt.* Er hinterfragt die Stakeholder, er überlegt sich, ob wirklich alles so sein muss, wie es ist, er kämpft für die Bedingungen, unter denen großartige Produkte entstehen können. *Der Scrum Master tut dasselbe – aber für sein Team.* Was kann er tun, damit sein Development Team besser arbeiten kann? Welche Meetings sind überflüssig? Welche Genehmigungsprozesse sind hinderlich? Welche Abhängigkeiten von anderen Abteilungen bremsen das Team aus? Welche Managemententscheidungen stehen im Widerspruch zu dem, was das Team braucht?

Natürlich verändert der Scrum Master dabei auch das Innenverhältnis seines Teams. Das haben wir im Team-Coach-Kapitel gesehen: Er schafft psychologische Sicherheit, er moderiert Konflikte, er fördert die Entwicklung der Teammitglieder. Aber wenn wir ehrlich sind – und die Forschung bestätigt das immer wieder –, dann liegen die größten Blockaden für Scrum-Teams *nicht* im Team selbst. *Sie liegen in den Umständen um das Team herum.* In der Organisation. In den Prozessen. In den Strukturen. In den Köpfen des Managements. Der Scrum Master, der nur nach innen schaut, optimiert ein Team, das in einem dysfunktionalen System gefangen ist. Das ist, als würde man einen Rennwagen tunen, der auf einer Schotterpiste fahren muss. Man kann den Motor noch so perfekt einstellen – solange die Straße nicht asphaltiert ist, wird man nie schnell fahren.

Das bedeutet: Der Scrum Master arbeitet *permanent* daran, die Organisation um sein Team herum zu verändern. Nicht gelegentlich. Nicht wenn es gerade passt. Permanent. Das ist sein Job. Das ist seine Existenzberechtigung als Change Agent. Und das bringt ihn zwangsläufig in Konflikt mit dem Management.

Ich will das an einer Geschichte verdeutlichen, die mir selbst passiert ist – in meiner eigenen Firma. Wir waren an einem Punkt angekommen, an dem Menschen zu mir kamen und sagten: „Boris, wir haben keine Orientierung mehr. Wofür stehen wir eigentlich?“ Das war etwa zehn Jahre nach der Gründung. Zehn Jahre, in denen wir gewachsen waren, erfolgreich waren, aber irgendwo auf dem Weg die Klarheit verloren hatten. Damals war ich nicht im Management-Team. Wir hatten kein klassisches Management-Team, ich hatte das an meine Executive-Kollegen ausgelagert. Sie machten einen guten Job – sie bauten Strukturen, dachten sich Prozesse aus, organisierten den Laden. Aber irgendwie hatten sie darüber vergessen, dass man auch nach vorne denken muss. Eine Vision. Werte. Die Frage: Wie richten wir diese Organisation inhaltlich aus?

Als ich das mitbekam und fragte, wie sie das angehen wollten, sagte man mir: „Das wird jetzt ein halbes Jahr dauern, mal schauen, wie viel Zeit wir dafür bekommen.“ Ich, naiv wie ich war, dachte: Ein halbes Jahr, das könnte funktionieren. Dann beobachtete ich, wie schwer sich dieses Team tat. Wie wenig Fortschritt es gab. Wie die Dringlichkeit fehlte. Und ich begann, den Prozess der Veränderung selbst einzuleiten. Der erste Schritt war, bei anderen ein Bewusstsein dafür zu etablieren, dass wir hier etwas verändern mussten. Dass der Zustand nicht akzeptabel war. Dass wir uns systematisch an unseren Kunden ausrichten mussten, statt im eigenen Saft zu schmoren.

Das Erste, was ich dann tun musste: mir wieder den Platz erarbeiten, dass ich als Firmengründer hier etwas zu sagen hatte. Das klingt paradox. Ich hatte die Firma gegründet. Aber ich hatte mich aus dem operativen Geschäft zurückgezogen, hatte delegiert, hatte anderen vertraut. Jetzt musste ich erst wieder Glaubwürdigkeit aufbauen, um gehört zu werden. Ich war ein Insider, der sich wie ein Outsider fühlen musste – und der trotzdem auf seine Insider-Legitimation angewiesen war. Das ist eine Spannung, die jeder interne Change Agent kennt: Man ist Teil des Systems, das man verändern will. Man wird gleichzeitig als „einer von uns" und als „Störenfried" wahrgenommen. Man hat nicht die Autorität des externen Beraters, der durch Distanz glänzt. Man muss Autorität durch konsistente Integrität über Zeit aufbauen. Der Scrum Master braucht genau diese Glaubwürdigkeitsstrategie: Er muss als „Credible Insider" fungieren – jemand, der zeigt, dass er die Systemlogik versteht, aber gleichzeitig bereit ist, sie infrage zu stellen. Das macht ihn anfangs unbequem, aber langfristig unverzichtbar.

Die Agentur, mit der wir an der Veränderung arbeiteten, nannte den Prozess: „Change by Brand". Die Idee war: *Wir arbeiten an unserer Außendarstellung, an unserer Positionierung am Markt – und finden dadurch zu unserer Identität zurück.* Wir führten Interviews mit Kunden. Wir führten Interviews mit Mitarbeitern. Wir fragten: Was macht uns aus? Wofür stehen wir? Was erwarten die Menschen von uns? Langsam, Schritt für Schritt, kristallisierten sich Vision und Mission heraus. Nicht am Reißbrett entworfen. Nicht vom Management diktiert. Sondern aus den Gesprächen destilliert.

Das Schwierigste war, diese Informationen dem restlichen Team zurückzuspielen. Wir waren zu diesem Zeitpunkt mehr als 70 Personen. Wie kommuniziert man eine neue Vision an 70 Menschen, ohne dass es wie eine Anordnung von oben klingt? Wir überlegten uns, wie das entsprechende Event bei unserer Jahrestagung aussehen musste. Wir fanden Formulierungen, die wir auf die Bühne stellten. Wir präsentierten die neuen Werte, die neue Mission, die neue Vision.

Und dann passierte etwas Schönes: Die Mitarbeiter konnten sich sofort damit identifizieren. Nicht weil wir so brillante Rhetoriker waren. Sondern weil wir es nicht an ihnen vorbei entwickelt hatten. Weil wir unsere eigenen Prinzipien genutzt hatten – Partizipation, Transparenz, iteratives Vorgehen. Die Menschen erkannten sich wieder in dem, was wir präsentierten, weil sie selbst daran mitgewirkt hatten. Das ist der Unterschied zwischen Change, der aufgezwungen wird, und Change, der emergiert. Der eine erzeugt Widerstand. Der andere erzeugt Ownership.

Diese Geschichte enthält mehrere Lektionen, die für jeden Scrum Master als Change Agent relevant sind. Die erste Lektion betrifft die *Natur von Organisationskultur*. Edgar Schein, einer der einflussreichsten Organisationspsychologen, hat ein Drei-Ebenen-Modell entwickelt, das erklärt, warum Veränderung so schwierig ist. Die oberste Ebene sind die *Artefakte* – das Sichtbare: Meetings, Prozesse, Tools, Organigramme. Das kann man leicht ändern. Die mittlere Ebene sind die *bekundeten Werte* – das, was die Organisation über sich selbst sagt: „Wir sind innovativ", „Wir sind kundenorientiert", „Wir sind agil". Das kann man auch ändern, zumindest auf dem Papier. Aber die unterste Ebene, die Schein „Basic Assumptions" nennt – die *unbewussten Grundannahmen* –, die sind hartnäckig. „Wahre Kontrolle kommt von oben." „Fehler sind Versagen." „Schnelligkeit ist riskant." Diese Annahmen sitzen tief. Sie werden nicht hinterfragt, weil sie gar nicht bewusst sind. Und sie bestimmen, wie Menschen wirklich handeln – unabhängig davon, was auf den Postern an der Wand steht (Schein 2010).

Ein Genehmigungsprozess, der drei Wochen dauert, existiert nicht, weil irgendjemand ihn für effizient hält. Er existiert, weil die Organisation tief in ihrem Inneren glaubt: Kontrolle ist Sicherheit. Schnelle Entscheidungen sind gefährlich. Nur wenn mehrere Instanzen draufgeschaut haben, kann nichts schiefgehen. Diese Grundannahme zu ändern, ist die eigentliche Aufgabe des Change Agents. Und das geht nicht durch Appelle. Das geht nicht durch PowerPoint-Präsentationen. Das geht nur durch wiederholte Erfahrung. Sprint für Sprint. Erfolg für Erfolg. Der Scrum Master muss durch kleine, wiederholte Erfolge zeigen: Schnelligkeit ist sicher. Autonomie funktioniert. Vertrauen zahlt sich aus. Das ist langsam. Aber es ist der einzige Weg, der wirklich wirkt.

Die zweite Lektion betrifft die *Systemdynamik von Organisationen.* Donella Meadows, die große Systemdenkerin, hat in ihrem Buch „Thinking in Systems" ein Phänomen beschrieben, das sie „Policy Resistance" nennt. Es tritt auf, wenn verschiedene Teile eines Systems in unterschiedliche Richtungen ziehen. HR will Effizienz. Das Team braucht Autonomie. Das Management will Kontrolle. Der Vertrieb will schnelle Features. Die Architektur will Stabilität. Jeder zieht in seine Richtung – und das System bewegt sich nicht. Oder schlimmer: Jede Intervention eines Teils provoziert eine Gegenreaktion der anderen Teile. Das System stabilisiert sich in seiner Dysfunktionalität (Meadows 2008).

Der Scrum Master muss verstehen, dass organisationale Dysfunktionalitäten nicht böser Wille sind. Niemand steht morgens auf und denkt: Heute werde ich mal wieder ein sinnloses Meeting einberufen. Die Menschen handeln rational – innerhalb ihrer lokalen Logik. Das Meeting existiert, weil es irgendwann einen Zweck hatte. Der Genehmigungsprozess existiert, weil irgendwann etwas schiefgegangen ist. Die Silos existieren, weil irgendwann jemand dachte, Spezialisierung sei effizienter. Das Problem ist nicht die einzelne Dysfunktionalität. *Das Problem ist das System, das diese Dysfunktionalitäten stabilisiert und reproduziert.* Der Change Agent muss daher nicht gegen einzelne Symptome kämpfen. Er muss die gemeinsamen Ziele aller Beteiligten offenlegen und neu ausrichten. Es geht um Umgruppierung, nicht um Kampf.

Die dritte Lektion habe ich auf schmerzhafte Weise gelernt, als ich kürzlich mit einer großen Organisation arbeitete. Sie hatten mehr als dreißig Agile Coaches und Scrum Master. Dreißig! Das ist eine Armee. Und was taten diese dreißig Menschen? Sie arbeiteten jeder für sich. Jeder mit seinem Team. Jeder mit seinen Problemen. Sie trafen sich gelegentlich zum Erfahrungsaustausch, tranken Kaffee, beklagten sich über das Management. Aber sie hatten sich nie zusammengeschlossen. Sie hatten nie eine Community gebildet, die systematisch Veränderungsvorschläge entwickelt. Sie hatten nie ihre kollektive Stimme genutzt.

Ich fragte sie: „Was würde passieren, wenn ihr dreißig euch zusammentätet und gemeinsam zum Vorstand gingt? Mit einer Liste von Vorschlägen, gut begründet, mit Daten untermauert? Glaubt ihr nicht, dass der Vorstand zuhören würde?" Sie schauten mich an, als hätte ich etwas Absurdes gesagt. Die Idee war ihnen nie gekommen. Sie sahen sich als Einzelkämpfer, nicht als Bewegung. Natürlich geht es nicht um einen Sitzstreik vor dem Vorstandsbüro – wir sind ja nicht auf einer Demonstration. Aber wenn man das systematisch macht, gute Vorschläge entwickelt, diese begründen kann, warum sollten die Manager einer Organisation dann nicht zuhören? *Dieses Miteinanderarbeiten, diese kollektive Kraft, das vermisse ich bei vielen Scrum Mastern, die gleichzeitig verstehen, dass sie den Change implementieren müssten.*

Aber vielleicht urteile ich zu hart. Denn hier zeigt sich ein Problem, das ich bereits im Kapitel über den Trainer angesprochen habe – und das auch für den Scrum Master als Change Agent gilt: Viele Scrum Master wissen gar nicht, was alles geht. Sie haben keine Referenzpunkte. Sie haben nie gesehen, wie radikal anders Organisationen funktionieren können.

Sie wissen nicht, dass Unternehmen wie **Haier** existieren – der chinesische Konzern mit 80000 Mitarbeitern, der sich in über 4000 selbstorganisierte Mikrounternehmen aufgeteilt hat. Sie wissen nicht, dass **Buurtzorg** existiert – die niederländische Pflegeorganisation mit 15000 Mitarbeitern und nur 50 Leuten in der Zentrale, die die gesamte Branche revolutioniert hat. Sie kennen **Mondragon** nicht, die baskische Genossenschaft, die seit Jahrzehnten beweist, dass Demokratie und Wirtschaftlichkeit kein Widerspruch sind. Sie haben nicht Satya Nadellas Hit Refresh gelesen, in dem er beschreibt, wie er **Microsoft** von einer toxischen Kultur des internen Wettbewerbs zu einer Kultur des Wachstumsdenkens transformiert hat. Sie waren nie beim Peter Drucker Forum in Wien, um dort mitzubekommen, mit welcher Leidenschaft der CEO von **Vinci**, Xavier Hullard, davon spricht, wie wichtig Dezentralisierung, Selbstorganisation und Vertrauen sind.

Warum wissen sie das nicht? Manche hatten keine Zeit. Manche haben kein Budget von ihrer Organisation bekommen, um auf Konferenzen zu fahren. Manche sind noch jung in diesem Feld – sie haben vor zwei, drei Jahren mit Scrum angefangen, die Grundidee hat ihnen gefallen, und jetzt sind sie Scrum Master. Das ist nicht verwerflich. Jeder fängt irgendwo an. Aber sie bringen weder den Erfahrungsschatz mit noch haben sie 18-tägige lösungsorientierte Coaching-Ausbildungen oder Facilitation-Ausbildungen durchlaufen. Sie haben keinen Soziologie-Hintergrund, keinen Change-Management-Hintergrund. Sie waren nie als Berater in anderen Organisationen unterwegs, haben also die Vielfalt dessen, was möglich ist, nie mit eigenen Augen gesehen. Sie haben Appreciative Inquiry – meiner Meinung nach eines der mächtigsten Werkzeuge für organisationale Veränderung – nie erlebt und wissen daher nicht, was dieses Werkzeug bewirken kann.

Das ist das eigentliche Problem: Nur wenn ich weiß, dass noch viel mehr geht, bin ich auch frustriert genug darüber, was bei uns noch nicht geht, um es dann anzugehen. Wenn ich glaube, dass unsere dysfunktionale Organisation der Normalzustand ist – „So ist es halt in Unternehmen" –, dann werde ich nichts verändern wollen. Wozu auch? Es ist überall so. Aber wenn ich gesehen habe, dass es anders geht – radikal anders, fundamental anders –, dann kann ich den Zustand meiner Organisation nicht mehr akzeptieren. Dann werde ich zum Change Agent, nicht weil ich es sein will, sondern weil ich nicht anders kann. Die Frustration über die Diskrepanz zwischen dem, was ist, und dem, was sein könnte, treibt mich dann an.

Deshalb ist es so wichtig, dass Scrum Master über den Tellerrand schauen. Bücher lesen. Auf Konferenzen gehen. Mit Menschen aus anderen Organisationen sprechen. Case Studies studieren. Nicht um Theorie zu konsumieren, sondern um Möglichkeitsräume zu erweitern. Wer nie gesehen hat, wie ein selbstorganisiertes Unternehmen funktioniert, kann sich nicht vorstellen, dass so etwas möglich ist. Wer nie erlebt hat, wie Appreciative Inquiry einen Raum transformiert, wird weiter mit defizitorientierten Retrospektiven arbeiten. Wer nie gehört hat, wie ein CEO über radikale Dezentralisierung spricht, wird glauben, dass Management immer Kontrolle bedeuten muss.

Das ist auch eine Botschaft an die Organisationen: Investiert in eure Scrum Master. Gebt ihnen Budget für Konferenzen. Gebt ihnen Zeit für Weiterbildung. Schickt sie in andere Unternehmen, damit sie sehen, was möglich ist. Ein Scrum Master, der weiß, was geht, ist zehnmal wertvoller als einer, der im eigenen Saft schmort. *Denn nur wer weiß, was möglich ist, kann anderen zeigen, dass es möglich ist.*

Das bringt mich zurück zu den dreißig Agile Coaches, die sich nicht zusammengeschlossen hatten. Das Problem war nicht nur, dass sie nicht kooperiert haben. Das Problem war auch, dass viele von ihnen gar nicht wussten, wofür sie hätten kämpfen sollen. Sie kannten die Alternativen nicht. Sie hatten keine Vision davon, wie eine wirklich agile Organisation aussehen könnte. Und ohne Vision gibt es keinen Antrieb für Veränderung.

Die Forschung zu **Distributed Leadership** zeigt: Veränderung ist stärker, wenn sie von vielen Stellen aus passiert. Nicht ein Superhelden-Change-Agent, der alles allein zieht – und dabei ausbrennt oder isoliert wird. Sondern mehrere Change Agents auf verschiedenen Ebenen – Scrum Master, Product Owner, einzelne Teamleiter, sympathisierende Manager –, die koordiniert in dieselbe Richtung drücken. Das ist nicht schwächer als der Einzelkämpfer. Das ist stärker. Weil die Veränderung zur Bewegung wird und nicht zur Personenabhängigkeit (Spillane 2006). Wenn sich dreißig Scrum Master zusammentäten und gemeinsam mit begründeten Vorschlägen zum Vorstand gingen, würde der Vorstand zuhören. Nicht weil er Angst vor ihnen hätte. Sondern weil dreißig kluge Menschen, die systematisch arbeiten, gute Vorschläge machen und diese begründen können, eine Kraft sind, die man nicht ignorieren kann.

Zu diesem Zweck muss sich der Scrum Master in den meisten Unternehmen mit dem Management anlegen. Das klingt konfrontativ, und in gewisser Weise ist es das auch. Aber „sich anlegen“ bedeutet nicht „Krieg führen“. Es bedeutet: unbequeme Wahrheiten aussprechen. Daten präsentieren, die niemand sehen will. Fragen stellen, die niemand hören will. Alternativen aufzeigen, die niemand in Betracht gezogen hat. Das macht den Scrum Master nicht beliebt. Das macht ihn unbequem. Aber es ist notwendig.

Die Schwierigkeit dabei: Der Scrum Master hat keine formale Macht. Er kann niemanden feuern. Er kann keine Budgets freigeben. Er kann keine Entscheidungen erzwingen. Seine einzige Waffe ist die Wahrheit – und die Fähigkeit, diese Wahrheit so zu präsentieren, dass sie gehört wird. Das erfordert Fingerspitzengefühl. Es erfordert die Fähigkeit, die richtigen Momente zu wählen. Es erfordert Allianzen mit Menschen, die formale Macht haben und bereit sind, sie zu nutzen. Es erfordert Geduld – viel Geduld.

Und es erfordert die Bereitschaft, kurzfristig unbequem zu sein, um langfristig etwas zu bewegen.

Ein Werkzeug, das dem Scrum Master dabei hilft, ist die **Quantifizierung**. Die meisten Organisationen kennen ihre versteckten Kosten nicht. Sie wissen nicht, wie viel Zeit ihre Teams mit Warten verbringen statt mit Arbeiten. Sie wissen nicht, wie viele Meetings „nice to have" sind statt kritisch. Sie wissen nicht, was die Koordinationskosten zwischen Abteilungen wirklich betragen. Diese Zahlen tauchen nicht in der GuV auf. Aber sie existieren. Studien zeigen, dass Unternehmen jährlich Zehntausende durch unsichtbare Ineffizienzen verlieren – pro Team, nicht insgesamt. Redundante Prozesse. Meetings ohne Ergebnis. Wartezeiten auf Genehmigungen. Das summiert sich.

Der Scrum Master kann das messbar machen. Durchlaufzeiten von Features. Wartezeit pro Sprint. Anzahl der Meetings, die ohne Entscheidung enden. Zeit, die für Koordination draufgeht statt für Wertschöpfung. Diese Zahlen sind sein Werkzeug. Sie zeigen der Organisation: Das kostet uns nicht nur Zeit. Das kostet uns Innovation. Das kostet uns Wettbewerbsfähigkeit. Das kostet uns die besten Mitarbeiter, die irgendwann gehen, weil sie frustriert sind. Wenn der Scrum Master mit Daten argumentiert, nicht mit Meinungen, wird er ernst genommen. Daten sind schwer zu ignorieren. Meinungen kann man abtun. Zahlen nicht.

Aber selbst mit Daten, selbst mit Verbündeten, selbst mit den besten Argumenten – Veränderung braucht Zeit. Organisationen ändern sich nicht über Nacht. Es gibt Widerstände. Es gibt Rückschläge. Es gibt Momente, in denen alles wieder zurückzufallen scheint in alte Muster. Der Scrum Master muss verstehen, dass er kein Revolutionär ist, der das System von außen angreift. Er ist ein Evolutionär, der das System von innen verändert. Schritt für Schritt. Sprint für Sprint. Retrospektive für Retrospektive.

Die Komplexitätsforschung nennt das „Emergent Change" – im Gegensatz zu „Planned Change". Planned Change ist der klassische Top-down-Ansatz: Das Management entscheidet, was sich ändern soll, und dann wird es implementiert. Das funktioniert manchmal, aber oft erzeugt es Widerstand. Emergent Change ist anders: Der Change Agent schafft Bedingungen – Transparenz, Reflexion, Experimente –, unter denen die Menschen selbst beginnen, Probleme zu sehen und Lösungen zu entwickeln. Die Veränderung wird nicht diktiert. Sie emergiert. Sie entsteht von unten, getragen von den Menschen, die sie leben müssen. Das ist langsamer. Aber es ist resilienter. Weil die Menschen die Veränderung als ihre eigene empfinden, nicht als etwas, das ihnen aufgezwungen wurde.

Der Scrum Master könnte also als „Architect of Conditions" verstanden werden, nicht als „Director of Change". Er schafft die Struktur – klare Ziele, Transparenz, Erlaubnis zu experimentieren –, unter der Mitarbeiter selbst beginnen, Probleme zu sehen und zu lösen. Das ist seine eigentliche Kunst: nicht die Lösung vorzugeben, sondern die Bedingungen zu schaffen, unter denen die beste Lösung emergiert. Nicht der Held zu sein, der alles rettet, sondern der Gärtner, der die Bedingungen für Wachstum schafft. Bei meinem eigenen Change-Prozess in der Firma war es genauso: Ich habe nicht die Vision diktiert. Ich habe die Bedingungen geschaffen – Interviews, Partizipation, klaren Fokus –, unter denen die Vision emergieren konnte. Und deshalb konnten sich die Mitarbeiter damit identifizieren.

Als ich in meiner eigenen Firma den Change-Prozess einleitete, war das Schwerste nicht die Arbeit selbst. Das Schwerste war, mir wieder den Platz zu erarbeiten. Zu zeigen: Ich bin hier, ich habe etwas zu sagen, und es lohnt sich zuzuhören. Das musste ich mir verdienen. Durch Konsistenz. Durch Integrität. Durch die Bereitschaft, den Prozess durchzuziehen, auch wenn es schwierig wurde. Am Ende, bei der Jahrestagung, als die Mitarbeiter sich sofort mit der neuen Vision identifizierten – das war der Moment, in dem ich wusste: Es hat funktioniert. Nicht weil ich so brillant war. Sondern weil wir es richtig gemacht hatten. Gemeinsam. Nach unseren eigenen Prinzipien.

Das ist es, was den Scrum Master als Change Agent ausmacht. Nicht die Theorie. Nicht die Modelle. Nicht die PowerPoint-Präsentationen. Sondern die Fähigkeit, Veränderung tatsächlich zu implementieren. Im eigenen Team. In der Organisation um das Team herum. Mit Geduld. Mit Verbündeten. Mit Daten. Mit der Frustration über die Diskrepanz zwischen dem, was ist, und dem, was sein könnte. Mit dem Wissen, was alles möglich ist – weil man es gesehen hat, gelesen hat, erlebt hat. Mit der Hartnäckigkeit dessen, der weiß: **Evolution ist die einzige Form von Veränderung, die hält.**

2.2.7 Zusammenfassung: Die sechs Funktionen als Ganzes

Die sechs Funktionen des Scrum Masters – Leader, Manager, Facilitator, Trainer, Team Coach, Change Agent – bilden ein ganzheitliches Profil einer Führungskraft für das 21. Jahrhundert. Eine Führungskraft, die nicht durch Macht führt, sondern durch Dienen. Die nicht kontrolliert, sondern ermöglicht. Die nicht befiehlt, sondern coacht. Die nicht den Status quo erhält, sondern Veränderung vorantreibt.

Wenn wir ehrlich sind: Ein Scrum Master, der alle sechs Funktionen meistert, wäre unser Superheld. SM wäre im wahrsten Sinne des Wortes Superman (Supergirl). Denn jede einzelne dieser Funktionen – Leadership, Management, Training, Facilitation, Team Coaching, Change Management – ist in anderen Kontexten eine Lebensaufgabe. Es gibt Menschen, die nichts anderes tun, als Führungskräfte zu entwickeln. Es gibt Menschen, die ihr ganzes Berufsleben der Kunst der Moderation widmen. Es gibt Menschen, die ausschließlich Organisationen transformieren. Und wir erwarten vom Scrum Master, dass er all das kann? Ja. Wir erwarten es. Nicht perfekt. Nicht von Anfang an. Aber als Ziel, als Orientierung, als Richtung der eigenen Entwicklung.

Jede dieser Funktionen ist notwendig. Aber keine ist für sich allein ausreichend. Ein Scrum Master, der nur Manager ist, wird zum Prozessbürokraten. Ein Scrum Master, der nur Facilitator ist, wird zum Moderationsweltmeister ohne Wirkung. Ein Scrum Master, der nur Trainer ist, wird zum Wissensvermittler ohne Transformation. Ein Scrum Master, der nur Team Coach ist, optimiert das Team in einem dysfunktionalen System. Ein Scrum Master, der nur Change Agent ist, kämpft gegen Windmühlen ohne das Team mitzunehmen. Erst in der Kombination aller sechs Funktionen entfaltet sich die volle Wirkung.

Und doch: Der emergente Change, die echte Veränderung der Organisation, kommt nur, wenn ich in der Lage bin, meine Teams produktiv zu machen. Das ist die Grundlage meiner Glaubwürdigkeit. Niemand hört einem Change Agent zu, dessen Teams nicht liefern. Niemand folgt einem Leader, der keine Ergebnisse vorweisen kann. *Die Arbeit am System beginnt mit der Arbeit im System* – mit funktionierenden Sprints, mit erfolgreichen Lieferungen, mit Teams, die stolz sind auf das, was sie schaffen. Das ist der Beweis, dass es funktioniert. Das ist das Argument, das zählt.

Ich muss systematisch mit Scrum als Diagnosesystem arbeiten. Das wird mir nur gelingen, wenn ich den Scrum-Prozess korrekt implementiere – als Manager. Ich muss erkennen, wo mein Team Know-how-Defizite hat – als Trainer. Ich muss erkennen, wo mein Team Verbesserungspotenziale hat, und diese dann mit modernen, wirklich modernen Coaching-Methoden adressieren – als Team Coach. Ich muss die Meetings so gestalten, dass echte Ergebnisse entstehen – als Facilitator. Ich muss dem Team Orientierung geben und Vorbild sein – als Leader. Und ich muss die Rahmenbedingungen verändern, die mein Team daran hindern, sein Bestes zu geben – als Change Agent.

Aber ich will diese Zusammenfassung nicht nutzen, um alles zu wiederholen, was wir in diesem Kapitel besprochen haben. Stattdessen möchte ich mit einer Bitte schließen, die vielleicht überrascht.

Wir machen das alles, damit wir Menschen in Ruhe lassen können.

Ich weiß, dass dieses Mantra Menschen schockiert. In meinem letzten Training habe ich es wieder erlebt: irritierte Blicke, hochgezogene Augenbrauen, ungläubiges Kopfschütteln. „Menschen in Ruhe lassen? Ist das nicht das Gegenteil von Führung?" Nein. Es ist die höchste Form von Führung. Die Idee ist: Wir verändern nicht die Menschen. Wir verändern die Systeme um die Menschen herum. Wir beseitigen die Hindernisse, die Menschen daran hindern, ihr Bestes zu geben. Wir schaffen die Bedingungen, unter denen Menschen aufblühen können. Und dann – dann lassen wir sie in Ruhe. Dann vertrauen wir darauf, dass sie wissen, was zu tun ist. Dann treten wir zurück und lassen sie arbeiten.

Das ist kein Laissez-faire. Das ist kein Desinteresse. Das ist das Gegenteil: *Es ist tiefes Vertrauen in die Fähigkeit von Menschen, sich selbst zu organisieren, wenn man ihnen die richtigen Bedingungen gibt.* Es ist die Überzeugung, dass Menschen nicht motiviert werden müssen – sie sind bereits motiviert, wenn man aufhört, sie zu demotivieren. Es ist der Glaube, dass die beste Führung diejenige ist, die sich selbst überflüssig macht.

Alles, was wir als Scrum Master tun – das Managen des Prozesses, das Moderieren der Meetings, das Trainieren von Skills, das Coachen des Teams, das Verändern der Organisation –, dient *einem* Ziel: *die Selbstwirksamkeit von Menschen zu erhöhen.* Selbstwirksamkeit ist das Gefühl, etwas bewirken zu können. Das Gefühl, dass meine Handlungen einen Unterschied machen. Das Gefühl, nicht Spielball von Umständen zu sein, sondern Gestalter meiner eigenen Arbeit. Menschen mit hoher Selbstwirksamkeit sind engagierter, kreativer, resilienter. Sie brauchen weniger Führung, weil sie sich selbst führen. Das ist das Ziel.

Das ist ein tief humanistischer Zugang zur Führung von Teams. Nicht der Mensch als Ressource, die optimiert werden muss. **Nicht der Mensch als Problem, das gemanagt werden muss. Sondern der Mensch als Potenzial, das sich entfalten will** – wenn man ihn lässt. Der Scrum Master als Gärtner, der die Bedingungen für Wachstum schafft. Der Scrum Master als Gastgeber, der einlädt und Raum gibt. Der Scrum Master als Hebamme, die hilft, etwas zur Welt zu bringen, das bereits in den Menschen angelegt ist.

Dieses Buch soll euch einen Weg zeigen, wie das geht. Im nächsten Teil werden wir systematisch untersuchen, was die Dysfunktionalitäten sind, die Menschen daran hindern, ihr Bestes zu geben – und wie wir sie bekämpfen können. Multitasking. Frontloading. User-Ferne. Meeting-Wahnsinn. Fehlende Fehlerkultur. Silos. Das sind die Feinde. Das sind die Systeme, die wir verändern müssen, damit wir die Menschen in Ruhe lassen können.

Aber ich kann niemandem ersparen, der sich wirklich auf diese Reise machen will, diese Reise selbst zu gehen. Ich kann Orientierung geben. Ich kann Werkzeuge vorstellen. Ich kann Geschichten erzählen. Aber die Kenntnisse, die es braucht, um ein wirklich guter Scrum Master zu werden – die muss sich jeder selbst erarbeiten. Systematisch. Mit viel Liebe zum Detail. Mit der Bereitschaft, immer wieder Neues zu lernen. Mit der Demut zu akzeptieren, dass man nie fertig ist.

Dabei könnt ihr bei den Büchern beginnen, die ich in den Literaturlisten erwähnt habe. Amy Edmondsons The Fearless Organization über psychologische Sicherheit. Donella Meadows' Thinking in Systems über Systemdenken. Edgar Scheins Arbeiten über Organisationskultur. Und wer es sich wirklich antun will: Niklas Luhmanns Theorie der Sozialen Systeme. Es ist nicht leicht zu lesen. Es ist manchmal frustrierend abstrakt. Aber es lohnt sich. Versprochen. Denn wer Luhmann verstanden hat, versteht, warum Organisationen so sind, wie sie sind – und was es wirklich braucht, um sie zu verändern.

Ich hoffe, dass die eine oder andere Idee in diesem Kapitel euch inspiriert hat. Dass ihr vielleicht ein Buch zur Hand nehmt, das ihr sonst nicht gelesen hättet. Dass ihr eine Frage stellt, die ihr sonst nicht gestellt hättet. Dass ihr einen Schritt geht, den ihr sonst nicht gegangen wärt. Denn am Ende ist das die einzige Veränderung, die zählt: die, die ihr selbst vollzieht. Auf eurer eigenen Reise. In eurem eigenen Tempo. Mit eurer eigenen Leidenschaft.

Und dann – dann **lasst die Menschen in Ruhe**. Und schaut, was passiert.

2.3 Das Development Team: Die Unmöglichkeit des Wir

Alistair Cockburn stand 2007 auf dem Scrum Gathering in Stockholm und sagte etwas, das damals revolutionär klang und heute fast vergessen ist: „Alle Antworten liefert das Team." Nicht der Product Owner, nicht der Scrum Master, nicht das Management – das Team. Seine Empfehlung war radikal einfach: „Ask the team." Wenn du wissen willst, wie lange etwas dauert, frag das Team. Wenn du wissen willst, ob etwas technisch machbar ist, frag das Team. Wenn du wissen willst, wie ein Problem zu lösen ist, frag das Team. Das klingt selbstverständlich, aber es ist eine der am meisten missverstandenen Ideen in Scrum. Cockburn sprach vom Delivery Team – dem Team, das liefert. Dem Team, das alle Skills hat, die nötig sind, um das Produkt zu bauen. Dem Team, das die Verantwortung trägt, professionell zu arbeiten und Lösungen zu finden. Aber hier beginnt bereits das Missverständnis.

Ich sitze in einem Konferenzraum in Frankfurt, 32 Produktmanager vor mir, und stelle eine einfache Frage: „Wer von Ihnen arbeitet in einem Team?“ Alle Hände gehen hoch. „Wer von Ihnen hat gestern mit seinem Team gemeinsam an derselben Sache gearbeitet?“ Drei Hände bleiben oben. Drei von zweiunddreißig. Ich lasse die Stille einen Moment wirken, dann frage ich weiter: „An wie vielen verschiedenen Produkten, Services oder Problemen arbeitet Ihr Team gleichzeitig?“ Die Antworten kommen zögernd: „Drei.“ „Fünf.“ „Mindestens vier, vielleicht mehr.“ Ich nicke. „Und wer von Ihnen könnte morgen fehlen, und die Arbeit würde trotzdem weitergehen?“ Neunundzwanzig Hände schießen nach oben.

Das ist die Realität in den meisten Organisationen. *Wir sagen „Development Team“, aber wir meinen eine Gruppe von Spezialisten, die zufällig dem gleichen Manager berichten und vielleicht denselben Slack-Channel haben.* Unsere Erfahrung ist, dass die Teams, mit denen wir arbeiten, nicht einmal selbst verstehen, dass sie gar kein Team sind. Sie kennen es offenbar nicht anders.

Wir haben Organigramme mit Kästchen und Linien, wir haben Team-Charters und Kick-off-Meetings, wir nennen fünf Leute ein „cross-funktionales Team“ – aber ein Team ist es nicht. Ein Team hat ein *gemeinsames* Ziel. Ein Team arbeitet an *derselben* Sache. Ein Team gewinnt oder verliert *zusammen*. Alles andere ist eine Lüge, die wir uns erzählen, weil „Team“ besser klingt als „Ressourcenpool“.

Während ich dieses Buch schreibe, läuft in den Kinos der Film F1 mit Brad Pitt. Die Geschichte eines Formel-1-Teams, das auf der Verliererstraße ist und einen erfahrenen Fahrer zurückholt, um das Ruder herumzureißen. Es gibt eine Szene in diesem Film, die das Wesen eines echten Teams perfekt einfängt. Der Entwicklungschef fragt im Meeting: „Was ist Plan C?“ Die Antwort von Sonny kommt knapp: „Combat.“ Kampf. Alles geben, jetzt. Alle stimmen ein: Combat, Combat, Combat. Die Crew, die das Auto wartet, fährt nicht. Der Fahrer fährt, entwickelt das Auto aber nicht. Der Entwicklungschef sitzt in der Garage, nicht im Cockpit. Unterschiedliche Aufgaben, völlig verschiedene Fähigkeiten – aber alle wissen exakt, worauf sie hinarbeiten. Es geht darum, gemeinsam zu gewinnen. Das ist es, was ein Team ausmacht. Nicht dass alle dasselbe tun, sondern dass alle auf dasselbe Ziel hinarbeiten. Dass jeder seine Rolle kennt, aber keiner seine Rolle über das gemeinsame Ziel stellt.

Das Development Team in Scrum ist genau das: ein *multidisziplinäres, cross-funktionales* Team mit allen Skills, die nötig sind, um das Produkt zu liefern. Nicht um Tickets abzuarbeiten, nicht um Anforderungen zu erfüllen, sondern um etwas zu erschaffen, das funktioniert und Wert liefert. *Das Team hat die Verantwortung, sich selbst zu organisieren, um diese Aufgabe zu erledigen.* Es hat die Verantwortung, professionell zu arbeiten, nach bestem Wissen und Gewissen. Es hat die Verantwortung, kreativ zu sein, Probleme zu lösen, sich Wissen anzueignen, wenn es fehlt. Der Scrum Master befähigt dieses Team. Der Product Owner gibt die Richtung vor. Aber das Delivery liegt beim Team. „Ask the team.“

An dieser Stelle ein wichtiger Hinweis: Viele Organisationen setzen das Development Team mit dem Scrum Team gleich. Das ist ein Fehler mit weitreichenden Konsequenzen. Das Scrum Team umfasst den Product Owner, den Scrum Master und das Development Team – alle drei zusammen. Das Development Team ist der Teil des Scrum Teams, der die eigentliche Arbeit macht: entwickeln, testen, dokumentieren, deployen. Wenn Organisationen glauben, das Development Team sei das Scrum Team, dann behandeln sie Product Owner und Scrum Master als Externe – als Zulieferer, als Menschen, die „dem Team“ Arbeit geben. Aber sie sind Teil des Teams. Sie gehören dazu. Sie gewinnen oder verlieren gemeinsam mit den Entwicklern.

Es gibt einen Ort, an dem ich gesehen habe, wie echte Teamarbeit in der Softwareentwicklung aussieht. **Menlo Innovations** in Ann Arbor, Michigan, hat eine radikal andere Form der Arbeit entwickelt, die sie „The Menlo Way“ nennen. Ihr erklärtes Ziel: „Return joy to technology“ – Freude in die Technologie zurückbringen. Was sie tun, klingt zunächst verrückt: Alle Entwickler arbeiten zu zweit an einem Computer. Den ganzen Tag. Jeden Tag. Pair Programming nicht als gelegentliche Technik, sondern als Unternehmenskultur. Jeden Montag werden die Paare neu zusammengestellt, sodass Wissen systematisch verteilt wird und keine Silos entstehen können. Ein Entwickler „fährt“ – schreibt den Code. Der andere „navigiert“ – denkt strategisch, reviewt in Echtzeit, stellt Fragen. Die Rollen werden kontinuierlich gewechselt. Bei meinem Besuch konnte ich selbst sehen, wie sie ihr Daily Scrum mit 90 Mitarbeiter:innen durchführen. Der Wikingerhelm dient als Talking-Stick.

Das Ergebnis: Kein Mensch bei Menlo ist unersetzbar. Jeder kennt jeden Teil des Codes. Wenn jemand krank wird oder das Unternehmen verlässt, geht kein Wissen verloren. Menlo geht noch weiter. Statt Anforderungen zu erraten, haben sie „High-Tech Anthropologists" – eine Mischung aus UX-Forschern und Designern, die direkt zu den Endnutzern gehen, in deren Arbeitsumgebung. Sie beobachten, interviewen, entwickeln Prototypen und testen sie iterativ mit echten Nutzern. Code wird nie ohne automatisierte Tests geschrieben – Test-Driven Development in Reinform. Wöchentliche „Show & Tells" mit Kunden sorgen für kontinuierliche Transparenz. Und die Philosophie, die das alles zusammenhält? „Make Mistakes Faster." Fehler früh und billig machen, nicht spät und teuer. Rich Sheridan, der Gründer von Menlo, hat darüber ein Buch geschrieben: Joy, Inc. Es ist eine Liebeserklärung an das, was möglich ist, wenn man Teams als Teams arbeiten lässt (Sheridan 2013).

Die meisten Organisationen sind meilenweit von den Praktiken bei Menlo entfernt. Nicht weil sie es nicht wollen, sondern weil sie nicht wissen, dass es möglich ist. Sie haben nie gesehen, wie echte Teamarbeit aussieht. Sie kennen nur die Simulation – die Gruppe von Spezialisten, die „Team" genannt wird, aber in Wahrheit ein Ressourcenpool ist.

Was macht ein echtes Development Team aus? Richard Hackman, der große Teamforscher aus Harvard, hat Jahrzehnte damit verbracht zu untersuchen, warum manche Teams funktionieren und andere nicht. Seine Erkenntnis: Teams brauchen bestimmte Bedingungen, um erfolgreich zu sein – er nannte sie *„enabling conditions"*. Ein klares, herausforderndes Ziel. Eine stabile Zusammensetzung – nicht ständig wechselnde Mitglieder. Die richtigen Fähigkeiten im Team. Zugang zu den Ressourcen, die sie brauchen. Und organisatorische Unterstützung – ein Umfeld, das Teamarbeit fördert statt behindert (Hackman 2002).

Die meisten Scrum-Teams scheitern nicht an mangelndem Willen oder fehlenden Fähigkeiten. Sie scheitern an fehlenden enabling conditions. Sie haben kein klares Ziel, weil der Product Owner selbst nicht weiß, was er will. Sie haben keine stabile Zusammensetzung, weil Menschen ständig zwischen Projekten hin- und hergeschoben werden. Sie haben nicht die richtigen Fähigkeiten, weil die Organisation sie als austauschbare Ressourcen behandelt. Sie haben keinen Zugang zu Ressourcen, weil Budget und

Infrastruktur von anderen kontrolliert werden. Und sie haben keine organisatorische Unterstützung, weil das Management zwar „agil" sagt, aber „Kontrolle" meint.

Das ist der Grund, warum ich im Scrum-Master-Kapitel so viel über die Veränderung der Rahmenbedingungen geschrieben habe. Das Development Team kann sich nicht selbst die enabling conditions schaffen. Dafür braucht es den Scrum Master als Change Agent. Dafür braucht es den Product Owner, der für klare Ziele sorgt. Dafür braucht es eine Organisation, die versteht, dass Teams Bedingungen brauchen, um zu funktionieren.

Aber angenommen, die Bedingungen stimmen. Was dann? Dann beginnt die eigentliche Arbeit: die Arbeit, ein echtes Team zu werden. Und hier hat Patrick Lencioni in seinem Buch The Five Dysfunctions of a Team etwas Entscheidendes beschrieben. Er zeigt fünf Dysfunktionalitäten, die wie eine Pyramide aufeinander aufbauen – jede Dysfunktion ermöglicht und verstärkt die nächste. Es lohnt sich, diese Pyramide im Detail zu verstehen, denn sie erklärt, warum so viele Teams scheitern, obwohl alle Beteiligten es eigentlich gut meinen (Lencioni 2002).

Die erste und fundamentalste Dysfunktion ist die **Abwesenheit von Vertrauen**. Damit meint Lencioni nicht Vertrauen im Sinne von „Ich vertraue darauf, dass du deine Arbeit machst." Er meint etwas Tieferes: verletzlichkeitsbasiertes Vertrauen. Die Bereitschaft zu sagen: „Ich weiß das nicht." „Ich habe einen Fehler gemacht." „Ich brauche Hilfe." „Ich bin nicht sicher, ob ich das kann." Heute würden wir sagen: Lencioni hat psychologische Sicherheit beschrieben, bevor Amy Edmondson den Begriff populär machte. Es ist faszinierend, wie die gleichen Erkenntnisse immer wieder neu entdeckt werden – Lencioni aus der Beratungspraxis, Edmondson aus der Forschung, und beide kommen zum selben Schluss: Ohne die Sicherheit, verletzlich sein zu dürfen, funktionieren Teams nicht. Wir haben das im Team-Coach-Kapitel ausführlich behandelt, und hier zeigt sich: *Psychologische Sicherheit ist nicht nur ein nettes Extra. Sie ist das Fundament, auf dem alles andere aufbaut.*

In Teams ohne dieses Vertrauen verstecken Menschen ihre Schwächen. Sie geben keine Fehler zu. Sie bitten nicht um Hilfe, auch wenn sie sie dringend brauchen. Sie verbringen Energie damit, ein Bild von Kompetenz und Unfehlbarkeit aufrechtzuerhalten – Energie, die sie besser in die eigentliche Arbeit stecken würden. Sie schützen sich selbst, statt dem Team zu helfen. Ich erkenne solche Teams daran, dass in Meetings niemand sagt: „Das verstehe ich nicht" oder „Da lag ich falsch." Alle nicken, alle tun so, als wüssten sie Bescheid, und hinterher flüstert jeder seinem Nachbarn zu: „Hast du das verstanden? Ich nämlich nicht."

Die zweite Dysfunktion ist die **Angst vor Konflikten**. Wenn Menschen sich nicht verletzlich zeigen können, dann werden sie auch keine echten Konflikte austragen. Sie vermeiden Auseinandersetzungen, weil Auseinandersetzungen bedeuten würden, eine Position zu beziehen – und eine Position zu beziehen bedeutet, potenziell falsch zu liegen, und falsch zu liegen bedeutet, Schwäche zu zeigen. Also schweigen sie. Oder sie nicken oberflächlich zu allem, was gesagt wird. Oder sie führen die echten Diskussionen nicht im Meeting, sondern hinterher auf dem Flur, in kleinen Grüppchen, hinter dem Rücken der anderen.

Auch hier ist die Ursache dieselbe: fehlende psychologische Sicherheit. Menschen brauchen das Gefühl, dass sie ihre Meinung sagen können, ohne dafür bestraft zu werden – nicht durch Kündigung, aber durch Ausgrenzung, durch Gesichtsverlust, durch den Stempel „schwierig“. Der Scrum Master spielt hier eine entscheidende Rolle: Er muss diese schwelenden Konflikte ans Licht bringen, manchmal durch Mediation, manchmal einfach durch die Frage: „Ich habe das Gefühl, hier gibt es unterschiedliche Meinungen. Wollen wir die mal auf den Tisch legen?“

Teams, die Konflikte vermeiden, haben langweilige Meetings. Meetings, in denen nichts passiert. Meetings, nach denen alle das Gefühl haben, ihre Zeit verschwendet zu haben. Aber Vorsicht: Die Abwesenheit von lautem Streit bedeutet nicht Harmonie. Es bedeutet, dass die Konflikte unter der Oberfläche schwelen, wo sie viel mehr Schaden anrichten können. Ein gesunder Konflikt – eine leidenschaftliche Debatte über Ideen, nicht über Personen – ist das Zeichen eines funktionierenden Teams. Ein Team, das nie streitet, ist kein harmonisches Team. Es ist ein Team, in dem sich niemand traut, die Wahrheit zu sagen.

Die dritte Dysfunktion ist **fehlendes Commitment**. Wenn es keine echten Diskussionen gibt, gibt es auch keine echten Entscheidungen. Oder genauer: Es gibt Entscheidungen, aber niemand fühlt sich wirklich an sie gebunden. Menschen verlassen ein Meeting und tun das, was sie ohnehin tun wollten – unabhängig davon, was beschlossen wurde. Sie sagen „Ja“ im Meeting und „Aber“ danach. Sie interpretieren die Entscheidung so, wie es ihnen passt. Oder sie warten einfach ab, in der Hoffnung, dass die Entscheidung wieder vergessen wird.

Echtes Commitment entsteht nicht, wenn alle einer Meinung sind – das ist selten und oft auch gar nicht wünschenswert. Echtes Commitment entsteht, wenn alle die Möglichkeit hatten, ihre Meinung zu sagen, wenn alle gehört wurden, und wenn dann eine klare Entscheidung getroffen wird, hinter die sich alle stellen – auch diejenigen, die ursprünglich anderer Meinung waren. Das ist der Unterschied zwischen **Konsens** und **Konsent**: Konsens bedeutet, alle sind einer Meinung. Konsent bedeutet, niemand hat einen schwerwiegenden Einwand – und alle sind bereit, die Entscheidung mitzutragen. Das ist realistischer. Und es setzt voraus, dass es vorher einen echten Konflikt gab, eine echte Debatte. Ohne Konflikt kein Commitment.

Die vierte Dysfunktion ist die **Vermeidung von Verantwortung**. Wenn niemand wirklich committed ist, wird auch niemand andere zur Verantwortung ziehen. Und hier liegt ein entscheidender Punkt, den viele übersehen: Es geht nicht darum, dass der Chef oder der Scrum Master die Menschen zur Verantwortung zieht. Es geht darum, dass die Teammitglieder sich gegenseitig zur Verantwortung ziehen. Der Kollege muss den Kollegen ansprechen. Peer-to-Peer.

Das ist unbequem. Das ist wie der Nachbar, der an deiner Tür klingelt und sagt: „Könntest du bitte deinen Rasen mähen? Der sieht nicht mehr gut aus.“ Nervig, ja. Unangenehm, absolut. Aber notwendig. In funktionierenden Teams sagen Menschen einander: „Du hast zugesagt, das bis Freitag zu liefern. Es ist Montag, und ich habe nichts gesehen. Was ist passiert?“ Sie sagen: „Die Qualität deines Codes entspricht nicht unserem Standard. Können wir das gemeinsam anschauen?“ Sie sagen: „Du warst die letzten drei Dailys nicht dabei. Das macht es schwierig für uns zu planen.“

Das ist nicht die Aufgabe des Scrum Masters. Das ist die Aufgabe jedes einzelnen Teammitglieds. Der Scrum Master kann helfen, eine Kultur zu schaffen, in der solche Gespräche möglich sind. Aber führen müssen sie die Teammitglieder selbst. Wenn Menschen sich scheuen, ihre Kollegen auf deren Verhalten anzusprechen – „Das ist nicht mein Job“, „Ich will mich nicht einmischen“, „Das soll der Chef machen“ –, dann erodieren die Standards. Mittelmäßigkeit wird toleriert. Die Besten im Team werden frustriert, weil sie sehen, dass schlechte Leistung keine Konsequenzen hat.

Die fünfte und letzte Dysfunktion, die Spitze der Pyramide, ist die **Gleichgültigkeit gegenüber Ergebnissen**. Wenn niemand Verantwortung übernimmt, dann interessiert sich am Ende auch niemand mehr für das Gesamtergebnis. Jeder kümmert sich nur noch um seinen eigenen Bereich, seine eigene Karriere, sein eigenes Image. Der Entwickler will, dass sein Code elegant ist – ob das Produkt erfolgreich ist, ist ihm egal. Die Designerin will, dass ihr Design gelobt wird – ob es den Nutzern hilft, ist zweitrangig. Der Teamleiter will, dass sein Team gut dasteht – ob das Unternehmen gewinnt, ist nicht sein Problem. Das gemeinsame Ziel verschwindet. An seine Stelle treten individuelle Ziele, Ego, Politik. Das Team hört auf, ein Team zu sein. Es wird zu einer Gruppe von Einzelkämpfern, die zufällig denselben Arbeitgeber haben.

Und hier – genau hier – ist der Punkt, an dem die Führungskraft eingreifen muss. **Gleichgültigkeit gegenüber Ergebnissen darf nicht unkommentiert stehen bleiben.** Wenn ein Team aufhört, sich für das gemeinsame Ergebnis zu interessieren, dann muss das angesprochen werden. Direkt. Klar. Ohne Ausflüchte. „Mir fällt auf, dass wir nicht mehr über unsere gemeinsamen Ziele sprechen. Mir fällt auf, dass jeder nur noch seinen eigenen Bereich optimiert. Mir fällt auf, dass es uns egal zu sein scheint, ob wir als Team gewinnen oder verlieren. Was ist passiert? Und wie kommen wir da wieder raus?“ Das ist keine angenehme Konversation. Aber sie ist notwendig. Denn wenn die Führungskraft diese Gleichgültigkeit toleriert, dann legitimiert sie sie. Dann wird sie zum neuen Normal. Und dann ist das Team verloren.

Die Pyramide funktioniert von unten nach oben: ohne Vertrauen keine Konflikte. Ohne Konflikte kein Commitment. Ohne Commitment keine Verantwortung. Ohne Verantwortung keine Ergebnisorientierung. Aber sie funktioniert auch umgekehrt als Hebel für Veränderung: Wenn man Vertrauen aufbaut, werden Konflikte möglich. Wenn Konflikte möglich werden, entsteht Commitment. Wenn Commitment entsteht, übernehmen Menschen Verantwortung. Und wenn Verantwortung übernommen wird, dann – und nur dann – kümmern sich Menschen um das gemeinsame Ergebnis.

Der Scrum Master, der diese Dynamik versteht, hat einen mächtigen diagnostischen Rahmen. Wenn er sieht, dass sein Team keine Ergebnisse liefert, fragt er nicht zuerst:

„Warum liefert ihr nicht?“ Er fragt: „Haltet ihr euch gegenseitig verantwortlich?“ Und wenn die Antwort „Nein“ lautet, fragt er: „Seid ihr wirklich committed zu dem, was wir beschlossen haben?“ Und wenn die Antwort „Nein“ ist, fragt er: „Habt ihr eure unterschiedlichen Meinungen wirklich ausgetragen?“ Und wenn die Antwort „Nein“ ist, fragt er: „Vertraut ihr euch gegenseitig genug, um offen zu sein?“ Und dort – ganz unten, beim Vertrauen – beginnt die eigentliche Arbeit.

Eine der wichtigsten Fähigkeiten eines Development Teams ist der Umgang mit implizitem Wissen – dem Tacit Knowledge, das Nonaka und Takeuchi beschrieben haben. Wie löst man dieses spezifische Problem? Welche Fallstricke gibt es bei dieser Technologie? Wie funktioniert der Legacy-Code wirklich, nicht wie er laut Dokumentation funktionieren sollte? Dieses Wissen ist Gold wert. Und es ist extrem fragil. Es verschwindet, wenn Menschen das Team verlassen. Es bleibt unsichtbar, wenn Menschen nicht miteinander reden. Es verkümmert, wenn Menschen in Silos arbeiten (Nonaka & Takeuchi 1995).

Menlo Innovations hat das inhärente Problem des Tacit Knowledge durch Pair Programming gelöst. Wenn jeden Tag zwei Menschen gemeinsam arbeiten und jede Woche die Paare wechseln, verteilt sich das Wissen automatisch. Die meisten Organisationen werden nicht so weit gehen. Aber das Prinzip bleibt: Teams müssen Wege finden, ihr implizites Wissen zu teilen. Pair Programming ist ein Weg. Mob Programming – bei dem das ganze Team gemeinsam an einem Problem arbeitet – ist ein anderer. Code Reviews, Knowledge-Sharing-Sessions, gemeinsame Problemlösungen sind weitere Möglichkeiten. Was nicht funktioniert: Dokumentation als Ersatz für Kommunikation. Dokumentation erfasst nur explizites Wissen. Das implizite Wissen überträgt sich nur von Mensch zu Mensch.

Das Development Team trägt auch die Verantwortung für technische Exzellenz und für die **Definition of Done**. Was bedeutet es, dass etwas „fertig“ ist? Ist es fertig, wenn der Code geschrieben ist? Wenn die Tests laufen? Wenn es deployed ist? Ohne klare Definition of Done gibt es keine Transparenz. Dann sagt ein Entwickler „Das ist fertig“, meint aber „Der Code ist geschrieben, Tests fehlen noch.“ Und der Product Owner versteht „Das können wir dem Kunden zeigen.“ Die Definition of Done muss explizit sein. Sie muss vom Team gemeinsam entwickelt werden. Und sie muss eingehalten werden – ausnahmslos.

Das Manifesto for Agile Software Development sagt:

> *„Continuous attention to technical excellence and good design enhances agility.“*

Das ist kein Nice-to-have. Ein Team, das technische Schulden anhäuft, wird mit der Zeit langsamer, nicht schneller. Es verbringt immer mehr Zeit damit, alte Probleme zu lösen, statt neue Werte zu schaffen. Extreme Programming hat dafür eine Metapher geprägt:

> *„Always leave the campground cleaner than you found it.“*

Wenn du Code anfasst, verbessere ihn. Nicht perfekt – perfekt ist der Feind des Guten. Aber besser. Kontinuierlich besser. Das ist nachhaltige Entwicklung.

Was bedeutet das alles für die Zusammenarbeit innerhalb des Scrum Teams? Der Product Owner gibt die Richtung vor – das Was und Warum. Das Development Team bringt das Wie – die technische Kreativität, die Lösungen. Das ist eine Partnerschaft, keine Hierarchie. Der Product Owner bringt die Constraints, das Team bringt die Kreativität. Zusammen – nur zusammen – können sie Produkte bauen, die sowohl wertvoll als auch machbar sind. Der Scrum Master ist der dritte Partner: Er sorgt dafür, dass die Zusammenarbeit funktioniert, räumt Hindernisse aus dem Weg, schützt das Team vor Störungen. Aber er ist nicht der Boss. Er führt durch Dienen.

Ich komme zurück zu meinem Konferenzraum in Frankfurt. Nach der Übung mit den Händen war die Stimmung gedrückt. Die 32 Produktmanager hatten gerade erkannt, dass sie keine echten Teams hatten. Dass das, was sie „Team" nannten, in Wahrheit eine Illusion war. Ich ließ sie einen Moment in dieser Erkenntnis sitzen. Dann fragte ich: „Was müsste sich ändern, damit ihr morgen als echtes Team arbeiten könntet?"

Die Antworten kamen langsam, aber sie kamen. „Wir müssten an derselben Sache arbeiten, nicht an fünf verschiedenen." „Wir müssten im selben Raum sitzen, nicht über drei Standorte verteilt." „Wir müssten aufhören, uns gegenseitig Arbeit zuzuschieben, und anfangen, Probleme gemeinsam zu lösen." „Wir müssten uns vertrauen." „Wir müssten ein gemeinsames Ziel haben, das wichtiger ist als unsere individuellen Ziele."

Das war der Moment, in dem ich wusste: Sie hatten verstanden. Nicht die Theorie – die kannten sie schon. Sondern die Implikation. Die unbequeme Wahrheit, dass echte Teamarbeit echte Veränderung erfordert. Nicht kosmetische Anpassungen. Nicht neue Namen für alte Strukturen. Sondern fundamentale Veränderung in der Art, wie sie zusammenarbeiten.

Das Development Team ist keine Organisationseinheit. Es ist keine Box im Organigramm. Es ist keine Ressource, die man verwaltet. Das Development Team ist eine Gruppe von Menschen, die gemeinsam etwas erschaffen wollen. Menschen, die gemeinsam Verantwortung übernehmen. Die gemeinsam gewinnen oder verlieren. Die bereit sind, ihre individuellen Interessen dem gemeinsamen Ziel unterzuordnen – nicht, weil sie müssen, sondern weil sie verstehen, dass sie gemeinsam mehr erreichen als jeder für sich.

Das ist die Unmöglichkeit des Wir: In einer Welt, die Individualismus belohnt, Konkurrenz fördert und Menschen als austauschbare Ressourcen behandelt, ist echte Teamarbeit fast unmöglich. Aber wenn sie gelingt – wenn Menschen wirklich als Team zusammenfinden, wenn sie vertrauen und sich vertrauen lassen, wenn sie Konflikte austragen und gemeinsam Entscheidungen treffen, wenn sie ihr Wissen teilen und gemeinsam wachsen –, dann entsteht etwas, das größer ist als die Summe seiner Teile. Dann entsteht ein Team, das Außergewöhnliches leisten kann. **Dann wird die Unmöglichkeit des Wir zur Möglichkeit**.

„Ask the team", sagte Alistair Cockburn. Aber zuerst muss es ein Team geben, das man fragen kann.

2.4 Der Auftraggeber – Die vergessene Macht hinter dem Produkt

Ich sitze in einem Besprechungsraum in der Nähe von Frankfurt. Vor mir sitzen zwölf Menschen aus dem Entwicklungsteam einer großen Versicherung. Wir sprechen über ihren Product Owner, über das Backlog, über die nächsten Sprints. Die üblichen Themen. Dann stelle ich eine Frage, die niemand erwartet: „Für wen baut ihr das eigentlich?“ Stille. Dann die erste Antwort: „Für unsere Kunden natürlich.“ Ich hake nach: „Und wer hat entschieden, dass ihr das bauen sollt?“ Wieder Stille. Dann: „Das kam vom Vorstand. Die wollen eine neue Plattform.“ Ich nicke. „Und habt ihr den Vorstand mal gefragt, ob er in den letzten sechs Monaten mit einem eurer Kunden gesprochen hat?“ Die Gesichter werden unsicher. „Ich glaube nicht.“ „Habt ihr selbst mit Kunden gesprochen?“ „Nein. Dafür haben wir den Product Owner.“

Hier sitzt ein Team, das für jemanden arbeitet, den es nicht kennt, auf Anweisung von jemandem, der die tatsächlichen Nutzer nicht versteht. Zwischen dem Team und der Realität steht der **Auftraggeber** – die Person, die das Geld gibt, die Macht hat, die Produktidee formuliert, aber selbst oft keine Ahnung hat, was die Menschen draußen wirklich brauchen.

Die Forschung bestätigt, was ich in der Praxis immer wieder sehe: Der Auftraggeber – oder Sponsor, wie er in der englischsprachigen Literatur heißt – *ist einer der entscheidenden Faktoren für Projekterfolg*. Die Standish Group, die seit 1994 Tausende von IT-Projekten analysiert, bringt es auf den Punkt:

> *„The good sponsor is the soul of the project. The sponsor breathes life into a project, and without the sponsor there is no project.“ – Der gute Sponsor ist die Seele des Projekts. Er haucht ihm Leben ein, und ohne ihn gibt es kein Projekt.*

Das Project Management Institute geht noch weiter:

> *„Having executive sponsors who are actively engaged is the leading factor in project success.“ Aktiv engagierte Sponsoren sind der wichtigste Faktor für Projekterfolg.*

Und umgekehrt: Ein Drittel aller gescheiterten Projekte scheitert an mangelhaft engagierten Sponsoren (PMI 2014; Standish Group 2020).

Man kann Scrum nicht verstehen, wenn man dies Kontextrollen nicht versteht und die des Auftraggebers ist zentral. Man kann nicht verstehen, warum Teams scheitern, wenn man nicht versteht, welche Dynamiken zwischen dem Auftraggeber und dem Product Owner wirken. Das Scrum Team ist die Liefereinheit. Aber diese Liefereinheit steckt in einem organisationalen Ökosystem. In diesem Ökosystem gibt es den Auftraggeber, der das Budget bereitstellt und die initiale Produktidee hat. Es gibt den User, für den wir das Produkt eigentlich bauen. Und es gibt den Manager, der die Organisation gestaltet und führt, in der das Team arbeitet.

Die Verwirrung beginnt schon mit den Begriffen. In der englischsprachigen Scrum-Literatur ist vom „Stakeholder“ die Rede – ein Begriff so diffus, dass er fast nutzlos wird. Stakeholder können Kunden sein, User, Sponsoren, Manager, Investoren, Compliance-Officer, Vorstandsmitglieder, irgendjemand mit einem „vested interest“. Jeder ist Stakeholder, also ist niemand wirklich präzise definiert. Diese begriffliche Unschärfe verdeckt fundamentale Unterschiede in Verantwortung, Macht und Interesse.

Der Auftraggeber – und ich benutze bewusst diesen deutschen Begriff – ist nicht einfach ein weiterer „Stakeholder“. Er ist die Person oder Instanz, die das Projekt initiiert, das Budget freigibt und damit die Rahmenbedingungen setzt. Er ist nicht der User. Er ist nicht der Anforderer. Er ist derjenige, der sagt: „Ich bin der Meinung, für meine Organisation brauchen wir diesen Service, dieses Produkt.“ **Er ist derjenige, der die Macht hat, das Projekt zu stoppen oder zu beschleunigen.** Er ist derjenige, dessen Zufriedenheit am Ende darüber entscheidet, ob das Projekt als Erfolg oder Misserfolg gilt – unabhängig davon, ob die User zufrieden sind.

Das ist eine unbequeme Wahrheit. Wir reden in der agilen Welt ständig von „Customer Value“ und „User Centricity“. Aber in der Realität vieler Organisationen ist der Auftraggeber wichtiger als der User. Der Auftraggeber zahlt. Der Auftraggeber entscheidet. Der Auftraggeber hat die Macht. Der User hat oft keine Stimme – er benutzt, was ihm vorgesetzt wird, und beschwert sich bestenfalls hinterher. Das ist nicht richtig. Aber es ist Realität. Und wer diese Realität ignoriert, wird scheitern. Die Standish Group hat in ihrem ursprünglichen CHAOS Report von 1994 „User Involvement“ als wichtigstes Erfolgskriterium identifiziert – und „Executive Management Support“ als zweitwichtigstes. Beides ist nötig. Nur eines reicht nicht.

Die Frage, die ich dem Team in Frankfurt gestellt habe – „Für wen baut ihr das eigentlich?“ – hat deshalb zwei Antworten. Die idealistische Antwort: für den User. Die realistische Antwort: für den Auftraggeber. Die Kunst besteht darin, beide Antworten in Einklang zu bringen. Ein Product Owner, der nur den Auftraggeber bedient und den User ignoriert, baut Produkte, die niemand benutzen will. Ein Product Owner, der nur den User bedient und den Auftraggeber ignoriert, verliert sein Budget. Die besten Product Owner schaffen es, dem Auftraggeber zu zeigen, dass sein Erfolg vom Erfolg beim User abhängt. Sie übersetzen User-Bedürfnisse in Business-Sprache. Sie machen sichtbar, wie User-Zufriedenheit zu den Zielen des Auftraggebers beiträgt. Das ist keine Manipulation. Das ist Alignment.

Aber wie findet man den echten Auftraggeber? Das klingt trivial, ist es aber nicht. In großen Organisationen ist der Auftraggeber oft unsichtbar. Es gibt Projektsponsoren, Lenkungsausschüsse, Budget-Verantwortliche, fachliche Auftraggeber, technische Auftraggeber. Alle haben irgendeine Form von Macht. Aber wer ist der echte Auftraggeber? Wer kann das Projekt wirklich stoppen? Wer wird am Ende entscheiden, ob es ein Erfolg war?

Ich habe eine einfache Heuristik entwickelt: *Der echte Auftraggeber ist die Person, die am meisten zu verlieren hat, wenn das Projekt scheitert.* Nicht finanziell – persönlich. Wessen Karriere hängt davon ab? Wessen Reputation steht auf dem Spiel? Wessen Vision wird verwirklicht oder zerstört? Diese Person ist der echte Auftraggeber. Und diese Person muss der Product Owner finden, verstehen und bedienen – ohne dabei den User zu vergessen.

Eine meiner eindrücklichsten Erfahrungen als Coach war tragisch und befreiend zugleich. Ich war bei einem Kunden, einige Zeit nach einem Training. Sie empfingen mich freudig und sagten: „Du hast das letzte Mal gesagt, wir müssen unbedingt jemanden finden, der das Projekt auch wirklich will. Also haben wir ihn gesucht." Sie hatten dreizehn ihrer Manager gefragt, ob einer von ihnen das Projekt als Sponsor übernehmen würde – also wirklich die Verantwortung tragen, wirklich dafür einstehen, wirklich daran glauben. Dreizehn Manager. Keiner wollte. „Wir haben keinen gefunden", sagten sie. „Also stellen wir das Projekt jetzt ein."

Das klingt nach Scheitern. Aber es war ein Erfolg. Ein Projekt ohne echten Auftraggeber ist ein Zombie-Projekt – es wandelt umher, verbraucht Ressourcen, hat aber kein Leben. Es wird nie wirklich erfolgreich sein, weil niemand wirklich will, dass es erfolgreich ist. Die Standish Group hat solche Projekte tausendfach dokumentiert: Projekte, die technisch abgeschlossen werden, aber keinen Wert liefern. Projekte, die alle Anforderungen erfüllen, aber niemanden zufriedenstellen. Projekte, die nach Plan laufen, aber trotzdem scheitern. Das Team meines Kunden hatte den Mut, ein solches Zombie-Projekt zu beenden, bevor es Monate oder Jahre an Arbeit verschlungen hätte. Sie hatten verstanden: ohne Auftraggeber kein Projekt. Das ist keine Schwäche. Das ist Weisheit.

Das Verhältnis zwischen Auftraggeber und Product Owner ist eines der heikelsten in der agilen Welt. Der Product Owner soll autonom entscheiden können, was ins Backlog kommt und was nicht. So steht es im Scrum Guide. Aber in der Realität? In der Realität gibt es Auftraggeber, die dem Product Owner sagen, was er zu tun hat. Die das Backlog diktieren. Die jede Entscheidung hinterfragen. Die den Product Owner zum Sekretär degradieren, der nur noch aufschreibt, was von oben kommt.

Das ist keine Autonomie. Das ist Wasserfall mit agilen Begriffen. Und es passiert ständig. Ich sehe es in fast jeder Organisation, mit der ich arbeite. Der Product Owner hat den Titel, aber nicht die Macht. Der Auftraggeber hat die Macht, aber nicht das Wissen über User-Bedürfnisse. Und dazwischen entsteht ein Vakuum, in dem niemand wirklich entscheidet – oder alle gleichzeitig, was noch schlimmer ist.

Die Lösung ist nicht, den Auftraggeber zu eliminieren. Das wäre naiv. Der Auftraggeber existiert, weil er eine legitime Funktion hat: Er stellt Ressourcen bereit, er trägt das Risiko, er verantwortet das Investment gegenüber der Organisation. Die Lösung ist, das Verhältnis zwischen Auftraggeber und Product Owner *bewusst* zu gestalten. Der Auftraggeber definiert das „Warum" und die Constraints – das Budget, den Zeitrahmen, die strategische Richtung. Der Product Owner übersetzt das in das „Was" – die konkreten

Features, die Priorisierung, die Release-Planung. Und das Development Team liefert das „Wie“ – die technische Umsetzung.

Diese Arbeitsteilung klingt einfach, ist aber in der Praxis schwer durchzuhalten. Sie erfordert, dass der Auftraggeber dem Product Owner vertraut. Sie erfordert, dass der Product Owner den Mut hat, dem Auftraggeber zu widersprechen, wenn dessen Wünsche nicht mit den User-Bedürfnissen übereinstimmen. Sie erfordert kontinuierliche Kommunikation, Transparenz und die Bereitschaft, Konflikte auszutragen, statt zu vermeiden.

Es gibt eine Situation, die in der Praxis immer häufiger vorkommt und immer mehr Verwirrung stiftet: Ein Unternehmen beauftragt einen externen Dienstleister mit der Entwicklung von Software. Der Dienstleister verspricht, „agil zu liefern“. Und sofort entsteht die Frage: Wo sitzt der Product Owner? Beim Kunden oder beim Dienstleister?

Meine Antwort ist eindeutig: Der Product Owner sitzt beim Dienstleister. Er ist derjenige, der das Produkt verantwortet, das der Dienstleister baut. Er übersetzt die Anforderungen des Kunden in ein Backlog, priorisiert, entscheidet über Details. Er ist Teil des Scrum Teams des Dienstleisters. Aber – und das ist der entscheidende Punkt – die Kundenorganisation, sie ist der Auftraggeber. Sie ist derjenige, die zahlt, und in der Gestalt des Auftragsgeber, der das Produkt will, der am Ende entscheidet, ob das Ergebnis seinen Erwartungen entspricht.

Diese Konstellation ist vergleichbar mit der eines Bauherren, der einen Architekten beauftragt. Der Bauherr sagt: „Ich möchte ein Haus mit vier Schlafzimmern, einer offenen Küche und einem großen Garten.“ Der Architekt übersetzt das in Pläne, koordiniert die Handwerker, trifft technische Entscheidungen. Aber der Bauherr bleibt der Auftraggeber. Er hat das Recht, Wünsche zu äußern. Er hat das Recht, während des Bauprozesses Änderungen zu verlangen – mit den entsprechenden Konsequenzen für Zeit und Budget. Er hat das Recht, Zwischenergebnisse zu begutachten und Mängel zu rügen. Der Architekt schuldet ihm nicht nur Bemühungen, sondern ein Ergebnis: ein bewohnbares Haus.

Das deutsche Recht kennt diese Unterscheidung sehr genau. Im Werkvertrag nach § 631 BGB schuldet der Unternehmer – in unserem Fall der Softwaredienstleister – nicht einfach seine Arbeitszeit, sondern einen konkreten Erfolg: ein funktionierendes Produkt. Beim Dienstvertrag hingegen schuldet er nur sein Bemühen, ohne Garantie für das Ergebnis. Die Unterscheidung hat massive Konsequenzen: Bei einem Werkvertrag muss der Dienstleister das Werk mangelfrei abliefern, der Auftraggeber kann die Abnahme verweigern, wenn das Werk nicht den vereinbarten Anforderungen entspricht, und die Vergütung wird erst nach Abnahme fällig (§§ 640, 641 BGB). Bei einem Dienstvertrag hingegen trägt der Auftraggeber das Risiko – er muss zahlen, auch wenn das Ergebnis nicht seinen Erwartungen entspricht.

Nun versuchen manche Dienstleister, die agile Methodik zu nutzen, um sich aus der werkvertraglichen Verantwortung zu stehlen. Das Argument lautet: „Agil bedeutet, dass wir nicht im Voraus wissen, was am Ende herauskommt. Also können wir keinen Erfolg schulden. Also ist es ein Dienstvertrag.“ Das klingt logisch, ist aber juristisch nicht haltbar – und moralisch fragwürdig.

Das Landgericht Wiesbaden hat 2016 in einem wegweisenden Urteil klargestellt, dass ein Vertrag über agile Softwareentwicklung nach Scrum durchaus ein Werkvertrag sein kann (LG Wiesbaden, 30.11.2016, Az. 11 O 10/15). Die Richter argumentierten: Auch wenn die Details erst während des Projekts entstehen, ist das Ziel dennoch ein funktionierendes Produkt. Die agile Methodik ändert nichts am geschuldeten Erfolg – sie ändert nur den Weg dorthin. Und das Oberlandesgericht Frankfurt hat in einem späteren Fall betont, dass für die rechtliche Einordnung der Wille der Vertragsparteien entscheidend ist – nicht die verwendete Methodik.

Was bedeutet das für den Auftraggeber? Es bedeutet, dass er Rechte hat – und dass er diese Rechte einfordern sollte. Er kann verlangen, dass der Dienstleister iterativ und inkrementell liefert. Er kann verlangen, alle zwei Wochen ein funktionierendes Produktinkrement zu sehen. Er kann verlangen, dass dieses Inkrement seinen definierten Anforderungen entspricht. Und wenn der Product Owner des Dienstleisters das nicht hinbekommt – dann ist es nicht die Verantwortung des Auftraggebers, für Abhilfe zu sorgen. Es ist die Verantwortung des Dienstleisters.

Das ist keine aggressive Haltung. Das ist die logische Konsequenz aus dem, was „agil" eigentlich bedeutet. Das Agile Manifest spricht von *„funktionierender Software als wichtigstem Fortschrittsmaß"*. Nicht von Stunden. Nicht von Bemühungen. Von funktionierender Software. Ein Dienstleister, der behauptet, agil zu arbeiten, aber dann keine funktionierende Software liefert, hat das Manifest nicht verstanden – oder nutzt es als Schutzschild für mangelnde Leistung.

Ich erlebe immer wieder, dass Auftraggeber sich von Dienstleistern einschüchtern lassen. „Das ist eben agil", heißt es dann. „Da kann man vorher nicht sagen, was am Ende herauskommt." Oder: „Sie als Auftraggeber müssen mehr mitarbeiten, sonst funktioniert Scrum nicht." Das ist in Teilen richtig – der Auftraggeber muss Feedback geben, muss für Rückfragen verfügbar sein, muss Entscheidungen treffen. Aber es bedeutet nicht, dass der Auftraggeber die Verantwortung für das Gelingen des Projekts übernehmen muss. Die Verantwortung für die Lieferung liegt beim Dienstleister. Das ist der Deal. Dafür wird er bezahlt.

Wenn ein Dienstleister sagt: „Wir können nicht alle zwei Wochen ein funktionierendes Inkrement liefern, weil unsere Architektur das nicht hergibt" – dann hat er ein Problem mit seiner Architektur, nicht der Auftraggeber. Wenn ein Dienstleister sagt: „Wir können die Anforderungen nicht umsetzen, weil sie sich ständig ändern" – dann sollte der Auftraggeber fragen, ob die Anforderungen sich wirklich geändert haben oder ob der Dienstleister sie nie richtig verstanden hat. Wenn ein Dienstleister sagt: „Scrum funktioniert bei uns nicht, weil das Management nicht mitmacht" – dann ist das ein internes Problem des Dienstleisters, kein Argument gegenüber dem Auftraggeber.

Der Auftraggeber darf Wünsche haben. Er darf sagen, wie er das Produkt geliefert haben möchte. Er darf iterative Lieferung verlangen, regelmäßige Demos, transparente Fortschrittsberichte. Er darf nach jedem Sprint fragen: „Was funktioniert jetzt, was vorher nicht funktioniert hat?" Und er darf Konsequenzen ziehen, wenn die Antwort immer wieder lautet: „Nichts."

Das ist keine Feindseligkeit gegenüber Dienstleistern. Es ist Respekt vor dem, was Agilität wirklich bedeutet: Verantwortung übernehmen. Ergebnisse liefern. Transparenz schaffen. Ein Dienstleister, der diese Prinzipien lebt, hat nichts zu befürchten. Im Gegenteil: Er wird den Auftraggeber mit regelmäßigen, funktionierenden Inkrementen begeistern. Er wird Vertrauen aufbauen durch Lieferung, nicht durch Versprechungen. Er wird zeigen, dass agil nicht bedeutet „wir wissen nicht, was wir tun", sondern „wir liefern schneller und besser, weil wir eng mit dem Auftraggeber zusammenarbeiten".

Was passiert, wenn das Verhältnis zum Auftraggeber nicht funktioniert? Dann passiert das, was ich in Frankfurt gesehen habe: Ein Team, das für jemanden arbeitet, den es nicht kennt. Ein Product Owner, der Anforderungen weiterreicht, die er nicht versteht. Ein Produkt, das die Kriterien des Auftraggebers erfüllt, aber an den Bedürfnissen der User vorbeigeht. Und am Ende: ein Projekt, das technisch erfolgreich ist und praktisch scheitert.

Das ist die Verbindung zu einer der sechs Dysfunktionalitäten, die wir in Teil III (Kapitel 3) dieses Buches behandeln werden: User-Ferne. Wenn das Scrum Team keinen direkten Kontakt zu den echten Usern hat, wenn der Auftraggeber zwischen Team und User steht wie eine Mauer, dann entstehen Produkte im Blindflug. Der Auftraggeber glaubt zu wissen, was die User brauchen. Der Product Owner glaubt dem Auftraggeber. Das Team glaubt dem Product Owner. Und am Ende glaubt der User seinen Augen nicht, wenn er sieht, was da gebaut wurde. Die Forschung ist hier eindeutig: Von 87 empirischen Studien, die Bano und Zowghi in einer systematischen Literaturanalyse untersucht haben, zeigen 59, dass User Involvement positiv zum Systemerfolg beiträgt. Nur 7 zeigen einen negativen Effekt (Bano & Zowghi 2015). Die Botschaft ist klar: **Teams, die ihre User kennen, bauen bessere Produkte.**

Die Lösung ist radikal einfach und radikal schwer umzusetzen: Das Team muss raus. Raus aus dem Besprechungsraum. Raus aus der Organisation. Raus zu den echten Usern. Beobachten, wie sie arbeiten. Verstehen, was sie frustriert. Sehen, welche Workarounds sie entwickelt haben, um mit mangelhafter Software zu leben. Das ist es, was Menlo Innovations mit seinen „High-Tech Anthropologists" macht. Das ist es, was Design Thinking predigt. Das ist es, was jedes Scrum Team tun sollte – und fast keines tut.

Der Auftraggeber ist nicht der Feind. Er ist ein notwendiger Teil des Systems. Aber er darf nicht zur Mauer werden, die das Team von der Realität trennt. Er darf nicht zum Filter werden, der alle Informationen verzerrt, bevor sie das Team erreichen. Er muss verstehen, dass sein Erfolg vom Erfolg beim User abhängt – und dass er diesen Erfolg nicht kontrollieren, sondern nur ermöglichen kann.

Zurück zu meinem Besprechungsraum in Frankfurt. Nachdem die Stille sich gelegt hatte, fragte ich das Team: „Wann habt ihr das letzte Mal einen echten User getroffen? Nicht den Auftraggeber. Nicht den Product Owner. Einen Menschen, der eure Software benutzt." Betretenes Schweigen. Dann sagte einer der Entwickler, leise: „Noch nie." Zwölf Menschen, seit Monaten an einem Produkt arbeitend, und keiner hatte je einen User gesehen. Das ist die Realität in vielen Organisationen. Das ist das Problem, das wir lösen müssen. Nicht mit neuen Prozessen. Nicht mit besseren Tools. Sondern indem wir die Menschen, die bauen, mit den Menschen verbinden, für die sie bauen.

Der Auftraggeber bleibt wichtig. Aber er darf nicht der einzige Kontakt zur Außenwelt sein. Das Team braucht beides: die Verbindung zum Auftraggeber, der die Ressourcen bereitstellt – und die Verbindung zum User, der das Produkt am Ende benutzen muss. Nur wenn beide Verbindungen existieren, kann ein Produkt entstehen, das sowohl die Kriterien des Auftraggebers erfüllt als auch die Bedürfnisse der User befriedigt. Das ist die Kunst. Das ist die Herausforderung. Das ist der Grund, warum der Auftraggeber nicht unsichtbar bleiben darf.

2.5 Der Manager

Ich sitze in einem Konferenzraum in München. Vor mir zwei Menschen, die sich gerade in die Haare bekommen haben. Links: der Abteilungsleiter, 52 Jahre alt, seit 25 Jahren im Unternehmen, Maschinenbauingenieur, verantwortlich für drei Entwicklungsteams. Rechts: die Scrum Masterin, 34 Jahre alt, seit einem Jahr im Unternehmen. Ihre Aufgabe ist es, die Teams zu coachen und Hindernisse zu beseitigen. Die beiden können sich nicht ausstehen.

„Sie untergräbt meine Autorität", sagt der Abteilungsleiter.

„Er blockiert jede Veränderung", sagt die Scrum Masterin.

Ich lehne mich zurück und denke: Hier sitzt das eigentliche Problem von Scrum. Nicht die Methode. Nicht die Sprints. Nicht die Retrospektiven. Sondern dieser Konflikt. Dieser fundamentale, unvermeidliche, notwendige Konflikt zwischen zwei Rollen, die völlig verschiedene Aufgaben haben und völlig verschiedene Welten repräsentieren.

Der Manager ist das Gesicht der Organisation. Er repräsentiert sie nach innen und nach außen. Aber er ist mehr als das. Er ist der Bewahrer. Der Hüter. Der Garant dafür, dass die Organisation funktioniert, dass sie bestehen bleibt, dass sie nicht im Chaos versinkt. Das Management sorgt dafür, dass Regularien eingehalten werden, dass genügend Ressourcen vorhanden sind, dass die richtigen Teams zur Verfügung stehen. Es sorgt dafür, dass Prozesse existieren, die das tägliche Geschäft ermöglichen, dass Budgets nicht überschritten werden, dass Verträge eingehalten werden, dass die Organisation nicht gegen Gesetze verstößt, nicht gegen Compliance-Regeln, nicht gegen ihre eigenen Richtlinien. Der Manager entwickelt Prozesse, bewahrt diese Prozesse, sorgt dafür, dass sie befolgt werden.

Das St. Galler Management-Modell beschreibt das als „reflexive Gestaltungspraxis" – Manager sollen Reflexionsprozesse etablieren, in denen die Organisation über Chancen und Risiken nachdenkt (Rüegg-Stürm & Grand 2017). Soweit die Theorie. Die Realität sieht anders aus. Wir wissen seit Henry Mintzberg, dass Manager nicht in ruhigen Momenten reflektieren und weise Entscheidungen treffen. In seinem bahnbrechenden Artikel „The Manager's Job: Folklore and Fact" zeigte Mintzberg bereits 1975, dass Manager in einem unaufhörlichen Tempo arbeiten, dass ihre Aktivitäten von Kürze, Vielfalt und Diskontinuität geprägt sind, dass sie stark handlungsorientiert sind und reflexive Tätigkeiten eher meiden. In einer Studie über 56 amerikanische Vorarbeiter fand er heraus, dass diese 583 Aktivitäten pro Acht-Stunden-Schicht durchführten – durchschnittlich eine Aktivität alle 48 Sekunden.

Aber es gibt noch etwas Fundamentaleres, das weder das St. Galler Modell noch Mintzberg in aller Klarheit ausgesprochen haben: Manager können nur zementieren, was bereits da ist. Was bereits gewusst ist. Was bereits verstanden wurde – gestern.

Manager leben de facto in der alten Welt. Das ist keine Kritik. Das ist ihre Funktion. Prozesse, die jetzt umgesetzt werden, sind immer entstanden, weil gestern etwas verstanden wurde. Weil gestern ein Problem auftrat, das gelöst werden musste. Weil gestern eine Krise bewältigt werden musste. So entstand ein Prozess. Eine Regel. Eine Richtlinie. Dieser Prozess wird jetzt durchgesetzt. Jetzt, wo die Welt sich bereits weitergedreht hat. Jetzt, wo das Problem vielleicht gar nicht mehr existiert. Jetzt, wo die Lösung von gestern das Problem von heute ist.

Und dann kommt der Scrum Master. Und sagt: „Dieser Prozess ist Nonsens."

Das ist der Moment, in dem der Konflikt beginnt. Der unvermeidliche, fundamentale, notwendige Konflikt. Denn der Scrum Master repräsentiert eine völlig andere Welt. Die Welt von morgen. Die Welt der Veränderung. Die Welt des Lernens. **Der Scrum Master ist der natürliche Antagonist des Managers**. Nicht weil er böse ist. Nicht weil er die Organisation zerstören will. Sondern weil seine Aufgabe es ist, Dysfunktionalitäten zu beseitigen. Das nannten wir früher Impediment Management – das systematische Ausmerzen von Hindernissen. Diese Dysfunktionalitäten – Multitasking, Frontloading, User-Ferne, Meeting-Wahnsinn, destruktive Fehlerkultur, Silos – sind entstanden, weil es überalterte Prozesse gibt. Weil die Managementstruktur nicht zur Lieferstruktur passt. Weil die Organisation in der Vergangenheit lebt, während die Welt sich in der Gegenwart abspielt.

Lass mich dir eine Geschichte erzählen. Eine Geschichte, die zeigt, wie dieser Konflikt aussieht – und warum er so schwer zu lösen ist.

Ich war in einer Organisation, die Flugsimulatoren herstellt. Große, komplexe Systeme. Hardware, Software, Hydraulik, Elektronik – alles integriert in einem Simulator, in dem Piloten trainieren. Die Entwicklung war anspruchsvoll. Viele Teams. Viele Abhängigkeiten. Viele Komponenten, die zusammenspielen müssen.

Ich saß mit einem der Teams zusammen. Wir sprachen über ihren Entwicklungsprozess. Über ihre Sprints. Über ihre Definition of Done. Und plötzlich sagte einer der Entwickler etwas, das mich aufhorchen ließ: „Natürlich können wir erst nach drei Monaten wirklich testen, ob alles funktioniert."

Ich hielt inne. „Wie bitte?"

„Ja", sagte er, als wäre es das Normalste der Welt, „wir können nur alle drei Monate Integrationstests durchführen. Weil nur dann das Zeitfenster verfügbar ist, um auf dem Testsimulator auf dem Fliegerhorst die Tests durchzuführen."

Ich saß da und versuchte zu verstehen, was er gerade gesagt hatte. Ein Team, das in zweiwöchigen Sprints arbeitet. Das alle zwei Wochen ein Inkrement liefern soll. Das kontinuierlich lernen soll, ob das, was sie bauen, funktioniert. Aber sie können erst nach drei Monaten testen. Drei Monate. Sechs Sprints. Sechs Mal „fertig" sein, ohne zu wissen, ob es wirklich fertig ist.

„Und warum", fragte ich vorsichtig, „können Sie nicht öfter testen?"

„Weil der Testsimulator auf dem Fliegerhorst ist. Und der ist ausgebucht. Und wir bekommen nur alle drei Monate ein Zeitfenster."

Drei Minuten vorher – ich schwöre, es waren drei Minuten – war ich durch die Halle gegangen. Die Halle direkt gegenüber dem Entwicklungsbereich. Und dort stand ein Flugsimulator. Ein kompletter, funktionstüchtiger Flugsimulator. Genau wie der auf dem Fliegerhorst. Ich hatte noch gedacht: „Beeindruckend. So ein Ding aus der Nähe zu sehen."

Also fragte ich: „Und der Simulator da drüben? In der Halle gegenüber? Warum können Sie den nicht benutzen?"

Er schaute mich an, als hätte ich gerade vorgeschlagen, die Gesetze der Physik zu ändern. „Das dürfen wir nicht."

„Warum nicht?"

„Das ist der Testsimulator für den Testbetrieb. Der wird für die Endabnahme gebraucht. Da können wir nicht einfach dran."

Ich ließ nicht locker. Ich sprach mit mehreren Leuten. Mit dem Team. Mit dem Testbetrieb. Mit dem Manager. Die Geschichte war immer dieselbe: Es gab einen Prozess. Der Simulator in der Halle war für den Testbetrieb, also für Demonstrationen bei Kunden, reserviert. Endabnahmen. Kundendemonstrationen. Wichtige Sachen. Die Entwicklung musste auf dem Fliegerhorst testen. Das war halt so.

Ich fragte den Testbetrieb: „Wie oft brauchen Sie den Simulator?"

„Einmal pro Woche. Manchmal zweimal."

„Und den Rest der Zeit?“

„Steht er da.“

Ich stand in dieser Halle. Vor diesem Flugsimulator. Diesem mehrere Millionen Euro teurem Gerät, das die meiste Zeit einfach nur dastand. Während ein Team – keine drei Meter entfernt, nur durch eine Wand getrennt – alle drei Monate zum Fliegerhorst fahren musste, um zu testen, ob ihre Arbeit funktionierte.

Das ist Dysfunktionalität in Reinform. Das ist die Organisation, die in der Vergangenheit lebt. Irgendwann, vor Jahren, hatte jemand entschieden: Der Simulator in der Halle ist für den Testbetrieb. Die Entwicklung testet auf dem Fliegerhorst. Es gab wahrscheinlich gute Gründe dafür. Damals. Aber jetzt? Jetzt verhinderte dieser Prozess, dass ein Team lernen konnte. Dass sie schnell Feedback bekamen. Dass sie agil arbeiten konnten.

Ich sprach mit dem Manager. Ich erklärte das Problem. Ich zeigte die Absurdität: Ein Testsimulator, der 80 % der Zeit ungenutzt steht, während die Entwicklung nur alle drei Monate testen kann. Er hörte zu. Er nickte. Und dann sagte er: „Ich verstehe das Problem. Aber der Prozess ist so. Der Testbetrieb braucht diese Instanz. Wir können das nicht einfach ändern.“

„Warum nicht?“

„Weil… weil das immer so war. Weil wir den Testbetrieb nicht stören können. Weil…“

Er hatte keine guten Antworten. Nur Angst. Angst vor Veränderung. Angst davor, einen etablierten Prozess zu hinterfragen. Und noch etwas anderes. Etwas Tieferes, das ich erst Jahre später wirklich verstanden habe.

Warum Manager ihre eigenen Strukturen nicht sehen können

Ich habe lange geglaubt, dass Manager einfach stur sind. Dass sie nicht zuhören wollen. Dass sie ihre Macht verteidigen. Aber das greift zu kurz. Die Wahrheit ist komplizierter und – wenn man sie einmal verstanden hat – auch versöhnlicher.

Der Manager weiß, also ist er. Das war meine ursprüngliche Formel. Aber ich muss sie präzisieren, denn sie enthält einen entscheidenden Fehler. Der Manager weiß nicht, wie die Dinge funktionieren. *Er weiß, wie die Organisation funktioniert.*

Das ist ein fundamentaler Unterschied, den ich in keinem anderen Buch über agiles Management gefunden habe. Der Entwickler in meinem Flugsimulator-Team wusste, wie Hydrauliksysteme funktionieren. Wie Software mit Hardware kommuniziert. Wie man Integrationstests durchführt. Das ist Fachwissen. Es ist transferierbar. Ein Hydraulik-Ingenieur kann von einem Flugsimulator-Hersteller zu einem Automobilzulieferer wechseln und sein Wissen mitnehmen.

Der Manager hingegen wusste etwas völlig anderes: dass der Testbetrieb wichtig ist. Dass man den Testbetrieb nicht stört. Dass der Simulator in der Halle für Endabnahmen reserviert ist. Dass bestimmte Abteilungen bestimmte Rechte haben. Dass bestimmte Eskalationswege einzuhalten sind. Dass bestimmte Budgets bestimmten Bereichen zugeordnet sind. Er kannte die Organigramme, die informellen Machtstrukturen, die Geschichte vergangener Konflikte, die ungeschriebenen Regeln, die Empfindlichkeiten bestimmter Stakeholder.

Dieses organisationale Wissen ist nicht transferierbar. Es funktioniert nur in dieser einen Organisation. Ein Manager, der nach zwanzig Jahren das Unternehmen wechselt, muss dieses organisationale Wissen komplett neu aufbauen. Sein Fachwissen – falls er jemals welches hatte – ist längst verkümmert. Was ihm bleibt, ist (s)ein Netzwerk in dieser Organisation. Deshalb nehmen erfolgreiche Manager oft ihre engsten Mitarbeiter mit, wenn sie wechseln. Sie nehmen dabei nicht nur ihr fachliches Wissen mit. Sie nehmen dadurch ihre Beziehungen mit. Ihr „soziales Kapital", wie Pierre Bourdieu es genannt hätte.

Bourdieu, der französische Soziologe, hat etwas beschrieben, das für das Verständnis von Managern in Organisationen unverzichtbar ist: den Habitus. Der Habitus ist, so Bourdieu, „verkörperte Geschichte, die als zweite Natur verinnerlicht und daher als Geschichte vergessen wurde" (Bourdieu 1990). Das bedeutet: *Wir tragen die Strukturen, in denen wir aufgewachsen sind, in uns. Sie sind keine bewussten Überzeugungen, die wir hinterfragen könnten. Sie sind Teil dessen, wer wir sind. Sie formen, wie wir die Welt wahrnehmen, was wir für möglich halten, was uns als „normal" erscheint.*

Für den Manager bedeutet das: Die organisationalen Strukturen, in denen er jahrelang gearbeitet hat, sind nicht etwas, das er hat. Sie sind etwas, das er ist. „Der Simulator ist für den Testbetrieb" – das war für ihn keine Regel, die er kannte. Das war Realität. Selbstverständlich. So offensichtlich, dass es gar nicht infrage gestellt werden konnte. Wie die Schwerkraft. Wie die Tatsache, dass Wasser nass ist.

Eine neuere Studie über Führungskräfteentwicklung im britischen Gesundheitssystem hat das präzise formuliert:

> *„Die Teilnehmer demonstrierten Expertise in ihrem Bereich, aber diese Stärke erschuf unsichtbare gläserne Wände, die für die Betroffenen selbst nicht wahrnehmbar waren" (Board et al. 2017).*

Unsichtbare gläserne Wände. Das ist es. Der Manager steht nicht vor einer Mauer und weigert sich, hindurchzugehen. Er sieht die Mauer nicht. Für ihn ist da keine Mauer. Da ist nur – Realität.

Michel Foucault, ein anderer französischer Denker, hat das noch radikaler formuliert. In seinem Essay „Das Subjekt und die Macht" schreibt er:

> *„Diese Form der Macht wendet sich auf das unmittelbare Alltagsleben an, das den Einzelnen kategorisiert, ihn durch seine eigene Individualität markiert, ihn an seine eigene Identität bindet, ihm ein Gesetz der Wahrheit auferlegt, das er anerkennen muss und das andere in ihm anerkennen müssen" (Foucault 1982).*

Der Manager ist nicht jemand, der eine Rolle spielt – er ist durch den Diskurs der Organisation konstituiert. Seine Identität ist die Struktur. Er kann sie nicht von außen betrachten, weil es für ihn kein Außen gibt.

Das klingt abstrakt. Aber es hat sehr konkrete Konsequenzen.

Wenn ich sage: „Manager können ihre eigenen Strukturen nicht dekonstruieren", dann meine ich nicht: Sie wollen nicht. Ich meine nicht: Sie haben Angst. Ich meine nicht einmal: Sie verstehen es nicht. Ich meine: *Es ist strukturell unmöglich.* Der Fisch kann das Wasser nicht sehen, in dem er schwimmt. Nicht weil er dumm ist. Nicht weil er sich weigert. Sondern weil das Wasser die Bedingung seiner Existenz ist. Es ist überall. Es ist immer da. Es ist so allgegenwärtig, dass es unsichtbar wird.

Gary Hamel würde mir hier widersprechen. In seinem Buch „Humanocracy" argumentiert er leidenschaftlich dafür, dass Manager ihre eigenen Prozesse hacken können, dass sie Bürokratie abbauen können, dass sie Experimente starten können. Er schätzt, dass Bürokratie allein in den USA etwa 3 Billionen Dollar pro Jahr kostet – global sogar 9 Billionen Dollar für die OECD-Länder. Seine Vision ist klar: Manager sollen von Command & Control zu ermöglichender Führung übergehen. „Almost any manager can do this", schreibt er. Fast jeder Manager kann das tun (Hamel & Zanini 2020).

Hamels Vision ist inspirierend. Und sie ist – mit Verlaub – soziologisch naiv.

Denn dieser Manager bei den Flugsimulatoren – hätte er das selbst gesehen? Hätte er, ohne externe Konfrontation, ohne jemanden, der von außen kommt und sagt „Das ist absurd", erkannt, dass der Prozess dysfunktional war? Foucault und Bourdieu würden sagen: Nein. Strukturell nein. Nicht weil er nicht wollte. Nicht weil er böse war. Sondern weil seine gesamte Wahrnehmung durch die Strukturen geformt war, die er hätte hinterfragen sollen.

Hamel übersieht etwas Fundamentales: *Manager können ihre eigenen Strukturen nicht dekonstruieren, weil ihre Identität mit diesen Strukturen verwoben ist.* Und noch mehr: Weil ihr gesamtes Wissen – ihr organisationales Kapital, das einzige, das sie noch haben – nur innerhalb dieser Strukturen Gültigkeit besitzt. Wenn die Strukturen fallen, fällt auch das Wissen. Und wenn das Wissen fällt, fällt die Identität.

„Ich weiß, wie die Organisation funktioniert, also bin ich." Das ist die eigentliche Formel. Und jetzt wird klar, warum Veränderung so schwer ist. Es geht nicht darum, einen Prozess zu ändern. Es geht darum, das Fundament der eigenen Existenz infrage zu stellen.

Warum es den Scrum Master braucht

Deshalb braucht es den Scrum Master. Nicht als netten Facilitator. Nicht als Moderator von Retrospektiven. Sondern als jemanden, der von außen kommt. Der nicht in den Strukturen lebt. Der das Wasser sehen kann, weil er kein Fisch ist. Der die gläsernen Wände sehen kann, weil er nicht hinter ihnen aufgewachsen ist.

Die Idee des Scrum Masters war es genau, diese strukturelle Lücke zu schließen. Impediment Management als systematische Praxis. Nicht als gelegentliche Initiative eines aufgeklärten Managers – denn aufgeklärte Manager können ihre eigenen blinden Flecken nicht sehen, so sehr sie sich auch bemühen. Sondern als tägliche, unaufhörliche, professionelle Arbeit von jemandem, dessen Habitus ein anderer ist. Dessen Wissen nicht an diese spezifische Organisation gebunden ist. Der Fragen stellen kann: „Warum ist der Simulator in der Halle nicht für die Entwicklung zugänglich?" – und diese Frage wirklich als offene neugierige Frage stellen kann, nicht als rhetorische Provokation.

Der Scrum Master sieht Hindernisse, die der Manager nicht sieht – weil der Manager in ihnen lebt. Der Scrum Master stellt Fragen, die der Manager nicht stellt – weil der Manager die Antworten schon zu kennen glaubt. Der Scrum Master kämpft gegen Prozesse, die der Manager verteidigt – nicht böswillig, sondern weil diese Prozesse Teil seiner Identität sind. Teil seines Habitus. Teil dessen, wer er ist.

Das ist keine Schwäche des Managers. Das ist die menschliche Kondition. Wir alle sind blind für die Strukturen, in denen wir leben. Der Unterschied ist: Der Scrum Master hat die Aufgabe, diese Blindheit zu kompensieren. Professionell. Systematisch. Tag für Tag.

Dieser Konflikt zwischen Scrum Master und Manager ist nicht David gegen Goliath. Nicht ein heroischer Underdog, der gegen die böse Obrigkeit kämpft. Es geht um etwas anderes. Etwas, das Hegel vor 200 Jahren beschrieben hat: die Dialektik.

These: die erhaltende Struktur. Der Manager, der sicherstellt, dass die Organisation nicht im Chaos versinkt, dass bewährte Prozesse eingehalten werden, dass es Stabilität gibt.

Antithese: der Hinweis auf Veränderung. Der Scrum Master, der Dysfunktionalitäten sichtbar macht, der zeigt, wo die alte Struktur nicht mehr funktioniert, der Bewegung fordert.

Synthese: echter Fortschritt durch die Anpassung der Organisation ans Außen.

Beides wird benötigt. Ohne die erhaltende Struktur – ohne den Manager, der sicherstellt, dass Prozesse existieren, dass Budgets eingehalten werden, dass die Organisation funktioniert – würde alles im Chaos versinken. Jedes Team würde machen, was es will. Es gäbe keine Koordination. Keine Ressourcenplanung. Keine strategische Ausrichtung. Das wäre nicht Agilität. Das wäre Anarchie.

Aber ohne die Bewegung – ohne den Scrum Master, der systematisch Impediments identifiziert, der die Diskrepanz zwischen alter Struktur und neuer Realität sichtbar macht – würde die Organisation erstarren. Sie würde in der Vergangenheit leben. Ihre Prozesse würden immer älter, immer dysfunktionaler werden. Sie würde sterben. Langsam. Unmerklich. Aber unweigerlich.

Die Aufgaben des Managers in Scrum 3.0

Was macht ein Manager dann eigentlich? Wenn der Scrum Master die Dysfunktionalitäten sichtbar macht – was ist die Aufgabe des Managers?

Die Antwort ist: **Verstetigung**. Der Manager nimmt die Erkenntnisse aus den Teams und übersetzt sie in Strukturen. In Prozesse. In Ressourcenallokation. In organisationale Realität. Der Scrum Master kann sagen: „Der Simulator sollte auch für die Entwicklung zugänglich sein." Aber nur der Manager kann das tatsächlich ändern. Weil nur er die Macht hat, Prozesse zu verändern, Budgets umzuverteilen, Strukturen anzupassen.

Das ist die erste Aufgabe: **Constraint Removal auf Organisationsebene**. Das Team kann viele Hindernisse selbst beseitigen. Der Scrum Master hilft dabei. Aber es gibt Impediments, die nur der Manager lösen kann. Weil sie Budget betreffen. Weil sie Organisationsstrukturen betreffen. Weil sie Policies betreffen, die außerhalb der Reichweite des Teams liegen.

Der IT-Leiter bei einem Versicherungskonzern, mit dem ich arbeitete, war genau das. Als die Scrum Master ihm sagten „Der sechswöchige Freigabeprozess verhindert, dass wir liefern können“, hätte das Team das nicht selbst lösen können. Der Scrum Master konnte es sichtbar machen. Aber nur der Manager konnte es ändern. Weil der Prozess über mehrere Abteilungen ging. Weil er Budgetgenehmigungen beinhaltete. Weil er von anderen Managern etabliert worden war. Was hat er gemacht? Er ist zu diesen anderen Managern gegangen. Hat erklärt. Hat verhandelt. Hat überzeugt. Hat Monate gebraucht. Aber er hat den Prozess von sechs Wochen auf zwei Tage reduziert.

Hier muss ich eine Unterscheidung einführen, die für das Verständnis der verschiedenen Rollen entscheidend ist: *Organisationale Constraints sind nicht dasselbe wie Produkt-Constraints.*

Der Manager löst *organisationale Constraints.* Das sind die Rahmenbedingungen, unter denen Teams arbeiten: Freigabeprozesse, Genehmigungsverfahren, Budgetzyklen, die Art wie Teams geschnitten sind, wie Abteilungen zusammengestellt werden, welche Tools zur Verfügung stehen, wie Räume genutzt werden dürfen, wer mit wem kommunizieren darf. Diese Constraints beeinflussen die Produktentwicklung – aber sie beeinflussen sie indirekt. Sie bestimmen, wie schnell ein Team arbeiten kann, wie gut es zusammenarbeitet, wie viel Reibungsverlust entsteht. Sie bestimmen nicht, was das Team baut.

Der Product Owner hingegen arbeitet mit *Produkt-Constraints*. Das sind die Rahmenbedingungen, die das Produkt selbst betreffen: Welche Features sind unverzichtbar? Welche technischen Standards müssen eingehalten werden? Welche regulatorischen Anforderungen gibt es? Welches Budget steht für die Produktentwicklung zur Verfügung? Welche Zielgruppe wird adressiert? Welche Qualitätskriterien gelten? Diese Constraints beeinflussen das Produkt direkt. Sie bestimmen das Design, die Architektur, die Funktionalität.

Manchmal überschneiden sich diese beiden Arten von Constraints. Wenn die Organisation keine Testumgebung bereitstellt, ist das ein organisationaler Constraint – aber er wirkt sich direkt auf die Produktqualität aus. Wenn das Budget für die Produktentwicklung vom Management gekürzt wird, ist das sowohl ein organisationaler als auch ein Produkt-Constraint. Aber in den meisten Fällen sind sie unterschiedlich. Der sechswöchige Freigabeprozess im Versicherungskonzern hatte nichts mit dem Produkt zu tun. Er hatte mit der Organisation zu tun. Er verlangsamte die Entwicklung, aber er bestimmte nicht, welche Features gebaut wurden oder wie das Produkt aussah.

Warum ist diese Unterscheidung wichtig? Weil sie klärt, wer wofür zuständig ist. Der Product Owner ist nicht dafür zuständig, den Freigabeprozess zu ändern. Das ist nicht seine Rolle. Er arbeitet innerhalb der organisationalen Constraints und optimiert das Produkt unter den gegebenen Bedingungen. Der Manager hingegen ist nicht dafür zuständig, das Produkt-Backlog zu priorisieren oder Designentscheidungen zu treffen. Das ist nicht seine Rolle. Er schafft die organisationalen Bedingungen, unter denen der Product Owner und das Team ihre Arbeit tun können.

Wenn diese Unterscheidung nicht klar ist, entstehen Konflikte. Manager mischen sich in Produktentscheidungen ein, weil sie glauben, das sei ihre Aufgabe. Product Owner verzweifeln an organisationalen Hindernissen, weil sie glauben, sie müssten diese selbst lösen. Scrum Master wissen nicht, welche Impediments sie zum Management eskalieren sollen und welche zum Product Owner gehören. Die Klarheit über die beiden Arten von Constraints – und wer für welche zuständig ist – ist fundamental für ein funktionierendes Scrum.

Die zweite Aufgabe ist **Ressourcen-Orchestrierung**. Nicht Menschen zu 100 % auslasten. Nicht Ressourcen „optimal nutzen“. Sondern Teams zusammenstellen, die end-to-end liefern können. Teams, die alle Skills haben, die sie brauchen. Teams, die nicht warten müssen auf andere Teams, andere Abteilungen, andere Genehmigungen. Das ist Conway's Law in Aktion:

> *„Organizations which design systems are constrained to produce designs which are copies of the communication structures of these organizations” (Conway 1968).*

Wenn unsere Managementstruktur in Silos organisiert ist, werden unsere Produkte in Silos entwickelt. Der Manager muss die Struktur an die Lieferfähigkeit anpassen. Nicht umgekehrt.

Die dritte Aufgabe ist **psychologische Sicherheit** auf der organisationalen Ebene schaffen. Nicht durch Worte. Sondern durch Taten. Durch die Art, wie er reagiert, wenn ein Team scheitert. Durch die Art, wie er reagiert, wenn jemand einen Fehler zugibt. Durch die Art, wie er reagiert, wenn ein Scrum Master ein Impediment eskaliert, das unbequem ist.

Die vierte Aufgabe ist **Servant Leadership** *für Scrum Master*. Der Scrum Master beseitigt Impediments für das Team. Aber wer beseitigt Impediments für den Scrum Master? Wer unterstützt den Scrum Master, wenn er auf Widerstände stößt? Wenn andere Manager sich weigern zu ändern? Wenn Policies im Weg stehen, die der Scrum Master nicht ändern kann? Der Manager. Nicht den Scrum Master kontrollieren. Sondern dem Scrum Master ermöglichen, seine Arbeit zu tun.

Das Vertrauensverhältnis

Damit das funktioniert – damit der Manager überhaupt erfährt, welche Constraints beseitigt werden müssen –, braucht es etwas, das in vielen Organisationen fehlt: *ein starkes Vertrauensverhältnis zwischen den Scrum Mastern und dem Management.*

Hier erlebe ich eine Dysfunktionalität, die mich immer wieder überrascht. Scrum Master, die sich zu sehr darauf beschränken, mit den Teams zu arbeiten. Die brillant sind im Team-Coaching, Retrospektiven facilitieren können wie niemand sonst, dem Team helfen, Impediments zu identifizieren. Aber die diese Feedback-Schleife zum Management gar nicht etablieren. Sie hören vom Team: „Wir können nur alle drei Monate testen." Und dann? Dann versuchen sie, es im Team zu lösen. Obwohl es ein organisationales Problem ist. Sie eskalieren nicht. Sie sprechen nicht mit dem Management. Sie bauen keine Beziehung auf. Und so bleibt die Dysfunktionalität bestehen. Nicht weil der Manager böse ist. Nicht weil er nicht bereit wäre zu helfen. Sondern weil er gar nicht weiß, dass es das Problem gibt.

Ich erinnere mich an einen Workshop in einem großen Versicherungskonzern. Wir sprachen über die Rolle des Scrum Masters. Über Impediment Management. Und dann erwähnte ich – fast nebenbei – dass es wichtig wäre, dass Scrum Master und Management regelmäßig miteinander sprechen. Wöchentliche Impediment-Reviews. Monatliche Retrospektiven auf Organisationsebene. Räume, in denen Scrum Master sagen können: „Hier sind die fünf größten Constraints, die unsere Teams blockieren."

Die Reaktion überraschte mich. Einer der Manager – ein Bereichsleiter, verantwortlich für etwa 200 Menschen – sagte sofort: „Ja, das machen wir. Ab nächster Woche. Jeden Montagmorgen. Eine Stunde. Alle Scrum Master, alle Manager. Wir sprechen über Impediments." Keine Diskussion. Keine Ausreden. Er hatte einfach verstanden: Wenn ich als Manager Constraints beseitigen soll, muss ich wissen, welche Constraints es gibt. Und die einzigen, die das wissen, sind die Scrum Master.

Manchmal ist es so einfach. Manchmal braucht es nur die Idee. Die Erlaubnis. Das Signal: Es ist okay, als Scrum Master zum Management zu gehen. Es ist okay, Probleme zu eskalieren. Es ist okay zu sagen: „Das können wir im Team nicht lösen. Das braucht euch."

Aber manchmal ist es nicht so einfach. Manchmal ist das Vertrauensverhältnis zwischen Scrum Master und Management so beschädigt, so nichtexistent, dass es Jahre braucht, um es aufzubauen. Ich habe es erlebt in einem deutschen Automobilkonzern. Scrum Master, die mir im Einzelgespräch erzählten: „Natürlich gibt es massive Impediments. Natürlich blockieren uns organisationale Strukturen. Aber wir können das nicht zum Management sagen. Weil dann heißt es: ‚Ihr seid nicht agil genug. Ihr müsst das im Team lösen.' Oder schlimmer: ‚Ihr seid Jammerer. Andere Teams schaffen das auch.'"

Das ist toxisch. Das ist das Gegenteil von Constraint Removal. Das ist **Constraint Denial**. Und in so einer Kultur kann der Scrum Master und am Ende auch der Manager seine Aufgabe gar nicht erfüllen. Nicht weil er nicht will. Sondern weil er blind gemacht wird. Von einer Kultur, die Probleme bestraft, statt sie zu lösen.

Die Aufgabe des Managers ist es deshalb nicht nur, Constraints zu beseitigen. Die Aufgabe des Managers ist es zuerst, eine Kultur zu schaffen, in der Constraints benannt werden dürfen. In der Scrum Master zum Management kommen können und sagen: „Hier ist ein Problem. Könnt ihr helfen?“ Ohne Angst. Ohne Bestrafung. Ohne die defensive Reaktion: „Das ist halt so.“

Zehn Jahre später

Ich fuhr damals von den Flugsimulatoren zurück. Frustriert. Enttäuscht. Ich hatte die Dysfunktionalität identifiziert. Ich hatte sie sichtbar gemacht. Ich hatte den Manager konfrontiert. Und nichts hatte sich geändert.

Zehn Jahre vergingen.

Zehn Jahre, in denen ich diese Organisation nicht mehr sah. Zehn Jahre, in denen ich an hundert anderen Orten war, hundert andere Dysfunktionalitäten sah, hundert andere Manager konfrontierte. Und dann, zehn Jahre später, klingelte mein Telefon.

Es war jener Manager.

„Boris“, sagte er, „ich rufe an, weil ich Ihnen etwas sagen möchte. Erinnern Sie sich an damals? An den Flugsimulator? An das Gespräch über die Testinstanz?“

Ich erinnerte mich. Natürlich erinnerte ich mich.

„Sie hatten recht“, sagte er. „Einige Monate nach Ihrem Besuch haben wir das geändert. Wir haben dem Testbetrieb gesagt: Ihr bekommt eure Zeitfenster. Aber den Rest der Zeit kann die Entwicklung den Simulator nutzen. Und wissen Sie was? Es funktioniert. Es funktioniert seit zehn Jahren. Das Testen ist seither wesentlich besser geworden. Die Entwicklung kann kontinuierlich integrieren. Die Qualität ist gestiegen. Die Time-to-Market ist gesunken. Es war die richtige Entscheidung.“

Ich saß da, das Telefon am Ohr, und dachte: Das ist Verstetigung. Das ist, was passiert, wenn ein Manager zugehört hat. Wenn er – nach anfänglichem Widerstand, nach Angst, nach Zögern, nach dem Ringen mit seiner Identität – die Erkenntnis aus dem Team ernst genommen hat. Wenn er die Praxis in der Organisation verändert hat. Wenn er bereit war, nicht mehr nur der Wissende zu sein, sondern der Lernende.

Aber es hat Monate gedauert. Monate, nachdem ich die Dysfunktionalität sichtbar gemacht hatte. Monate, in denen dieser Manager mit sich gerungen hat. In denen er die Angst überwinden musste. In denen er akzeptieren musste: Ich weiß nicht, wie das Neue funktioniert. Aber ich muss es trotzdem ermöglichen.

Sich hier gemeinsam mit dem Scrum Master auf den nächsten Erkenntnisprozess einzulassen, verlangt vom Manager etwas Außerordentliches. Es verlangt die Bereitschaft zu sagen: „Ich sehe etwas nicht. Ich kann es nicht sehen. Aber ich bin bereit, dir zu glauben, dass es da ist. Und ich bin bereit, gemeinsam mit dir herauszufinden, wie wir es ändern können.“

Das ist die Rolle des Managers in Scrum 3.0. Nicht weniger Arbeit. Andere Arbeit. Nicht der Entscheider. Der Lernende. Nicht der Kontrolleur. Der Ermöglicher. Nicht der, der weiß, wie es geht. Sondern der, der die Bedingungen schafft, unter denen andere herausfinden können, wie es geht.

Und seine Identität? Sie muss sich wandeln. Von „Ich weiß, wie die Organisation funktioniert, also bin ich" zu „Ich lerne, wie die Organisation funktionieren könnte, also werde ich." Das ist keine Schwäche. Das ist Reife. Das ist die einzige Haltung, die in einer komplexen Welt funktioniert.

München, revisited

Ich denke zurück an jenes Meeting in München. Der Abteilungsleiter und die Scrum Masterin. Am Ende des Gesprächs sagte er: „Ich verstehe jetzt. Sie sind nicht mein Gegner. Sie sind mein Frühwarnsystem. Sie zeigen mir, wo meine Organisation nicht mehr funktioniert. Wo meine Prozesse veraltet sind. Das ist unbequem. Aber es ist notwendig. Und es bedeutet: Ich muss bereit sein zu lernen. Auch wenn das bedeutet zuzugeben, dass ich nicht weiß, wie das Neue funktioniert."

Und die Scrum Masterin sagte: „Und ich verstehe jetzt, dass Sie nicht einfach stur sind. Sie tragen Verantwortung. Sie müssen sicherstellen, dass die Organisation funktioniert. Meine Aufgabe ist Impediment Management – systematisch Dysfunktionalitäten identifizieren und eskalieren. Ihre Aufgabe ist, diese Erkenntnisse zu verstetigen. Beides ist notwendig."

Nach diesem Gespräch änderte sich etwas. Nicht über Nacht. Aber über die Monate. Der Abteilungsleiter fing an zu fragen: „Was brauchst du von mir? Welche Hindernisse kann ich für dich beseitigen? Wo blockiere ich dich?" Die Scrum Masterin fing an zu verstehen, dass sie nicht gegen den Manager kämpfen musste, sondern mit ihm arbeiten konnte. Die Spannung blieb. Aber sie wurde produktiv.

Der Manager ist das Gesicht der Organisation. Aber er ist nicht ihr Herz. Das Herz sind die Teams. Die Menschen, die die Arbeit tun. Die Menschen, die in der Realität operieren. Die Menschen, die sehen: „Der Simulator steht da. Ungenutzt. Während wir zum Fliegerhorst fahren müssen." Zwischen Herz und Gesicht steht der Scrum Master. Der Antagonist. Der dafür sorgt, dass die Erkenntnisse aus dem Herzen zum Gesicht fließen. Dass die Organisation lernen kann.

Aber es ist kein Kampf. Es ist eine Dialektik. Eine produktive Spannung. Ein notwendiger Konflikt, aus dem Fortschritt entsteht. Der Manager hält die Struktur. Der Scrum Master bringt die Bewegung. Und gemeinsam – wenn die Reife da ist, wenn die Bereitschaft zu lernen da ist – schaffen sie die Synthese. Die Organisation, die sich anpasst. Die verstetigt. Die wächst.

Das ist organisationales Lernen in Aktion. Das ist die Synergie zwischen Bewahrung und Veränderung. Das ist der Grund, warum wir beide brauchen – den Manager und den Scrum Master. Nicht als Gegner. Als dialektische Partner. Als zwei Seiten derselben Medaille. Als die beiden Kräfte, die gemeinsam eine Organisation schaffen können, die sowohl stabil als auch anpassungsfähig ist. Die sowohl in der Gegenwart funktioniert als auch für die Zukunft bereit ist.

2.6 Der User

Ich sitze im ICE von Wien nach München. Erste Klasse, Tisch am Fenster, Laptop aufgeklappt. Vor mir ein Kaffee. Ich will an diesem Kapitel arbeiten. Der Tisch ist zu klein. Nicht viel zu klein, aber gerade so klein, dass ich den Laptop nicht ganz öffnen kann, ohne dass die Tastatur über den Tischrand hinausragt. Der Kaffee steht im Weg. Ich schiebe ihn zur Seite. Er kippt fast um, weil der Zug ruckelt. Ich stelle ihn auf den Boden zwischen meine Füße.

Ich versuche, mich mit dem WLAN zu verbinden. „WIFIonICE" steht da. Es lädt. Und lädt. Nach zwei Minuten erscheint die Anmeldeseite. Ich akzeptiere die Nutzungsbedingungen. Das Fenster friert ein. Ich versuche es noch einmal. Diesmal geht es. Ich öffne Google Drive, will das Dokument laden. Es lädt. Langsam. Sehr langsam. Nach einer Minute ist das Dokument da. Ich beginne zu schreiben. Aber nach drei Sätzen bricht die Verbindung ab. Wir fahren durch einen Tunnel. Ich warte. Der Tunnel ist lang. Fünf Minuten später sind wir draußen. Die Verbindung kommt zurück. Ich schreibe weiter. Wieder bricht sie ab. Diesmal sind wir nicht im Tunnel. Felder. Wälder. Keine Häuser. Kein Empfang.

Ich lehne mich zurück und denke: Ich bin der User. Ich bin der End User dieses Zuges. Ich habe für dieses Ticket bezahlt. Ich habe für diesen Platz bezahlt. Ich habe für dieses WLAN bezahlt – indirekt, es ist im Preis inkludiert. Und trotzdem funktioniert es nicht. Nicht so, wie ich es brauche.

Aber wer hat diesen Zug gebaut? Wer hat entschieden, wie groß der Tisch sein soll? Wer hat das WLAN-System installiert? Ingenieure. Designer. Projektmanager. IT-Architekten. Einkäufer. Sicherheitsbeauftragte. Compliance-Manager. All diese Menschen haben Entscheidungen getroffen. Tausende von Entscheidungen. Über Tische, über WLAN-Router, über Steckdosen, über Sitze. Und ich – der User, der Mensch, der mit diesem Zug fahren wird, der an diesem Tisch arbeiten will, der dieses WLAN nutzen muss – ich war nicht dabei. Niemand hat mich gefragt. Niemand hat zugeschaut, wie ich arbeite. Niemand hat verstanden, dass ich nicht nur „surfen" will, sondern arbeiten muss, dass ich Dokumente hochladen muss, dass ich Videocalls machen muss.

Sie haben mit anderen geredet. Mit Stakeholdern. Mit Managern. Mit Einkäufern. Mit Regulierungsbehörden. Sie haben Spezifikationen geschrieben. Sie haben Anforderungen gesammelt. Sie haben Standards erfüllt. Sie haben Budgets eingehalten. Alles richtig. Alles wichtig. Aber sie haben nicht mit mir geredet. Sie haben nicht mit dem User geredet.

Der Empathy Gap

Es gibt eine Statistik, die mich seit Jahren verfolgt. Sie stammt aus einer Studie von Bain & Company und wird von Forschern im Bereich Customer Experience immer wieder zitiert: 87 % der Unternehmen glauben, sie liefern exzellente Customer Experience. Aber nur 11 % der Kunden stimmen dem zu.

Siebenundachtzig Prozent gegen elf Prozent. Das ist keine kleine Diskrepanz. Das ist ein Abgrund. Das ist, was Psychologen den „Empathy Gap" nennen – die systematische Unfähigkeit, die Perspektive eines anderen Menschen einzunehmen, wenn man sich selbst in einem anderen Zustand befindet. George Loewenstein, der Verhaltensökonom, der dieses Konzept geprägt hat, beschreibt es so:

> *Wir können uns nicht vorstellen, wie es sich anfühlt, hungrig zu sein, wenn wir satt sind. Wir können uns nicht vorstellen, wie es sich anfühlt, Schmerzen zu haben, wenn wir schmerzfrei sind. Und wir können uns nicht vorstellen, wie es sich anfühlt, ein Produkt zu nutzen, wenn wir es nicht selbst nutzen (Loewenstein 2005, vgl.).*

Der Sales Director, der das CRM-System kauft, sitzt nicht jeden Tag vor diesem System. Er füllt nicht zwanzig Kundenkontakte ein. Er kämpft nicht mit der mobilen App im Auto nach einem Kundenbesuch. Er ist in einem anderen Zustand. Einem „kalten" Zustand, wie Loewenstein es nennt. Er kann sich rational vorstellen, dass das System einfach sein sollte. Aber er kann nicht fühlen, wie es sich anfühlt, wenn es nicht einfach ist. Er kann nicht fühlen, wie die Frustration wächst, wenn man zum dritten Mal das gleiche Feld ausfüllen muss. Er kann nicht fühlen, wie die Motivation sinkt, wenn das System einem nicht hilft, sondern behindert.

Das erklärt, warum CRM-Systeme so schlecht sind. Customer Relationship Management Software. Jeder, der je in einem Vertriebsteam gearbeitet hat, kennt sie. Salesforce. SAP. Microsoft Dynamics. Milliardenunternehmen. Systeme, die in fast jedem größeren Unternehmen laufen. Und sie sind nicht wirklich user-freundlich. Sie sind kompliziert. Sie sind langsam. Jeder Vertriebsmitarbeiter, mit dem ich je gesprochen habe, hasst sein CRM-System. Jeder. Ohne Ausnahme. Sie füllen es aus, weil sie müssen. Weil der Manager es verlangt. Aber sie lieben es nicht. Es macht ihre Arbeit nicht leichter. Im Gegenteil.

Warum? Weil derjenige, der die CRM-Software kauft, nicht der User ist. Der Buyer ist der Sales Director. Der VP of Sales. Der CIO. Menschen in Führungspositionen, die nie täglich mit diesem System arbeiten müssen. Der Buyer will etwas anderes als der User. Er will Reporting. Er will Dashboards. Er will sehen: Wie viele Leads hat das Team generiert? Wie ist die Conversion Rate? Er will Kontrolle. Er will Metriken. Er will Diagramme, die gut aussehen in Präsentationen vor dem Vorstand.

Das sind legitime Bedürfnisse. Völlig legitim. Aber der End User – der Vertriebsmitarbeiter – will etwas völlig anderes. Er will Geschwindigkeit. Er will, dass die Dateneingabe in 30 Sekunden erledigt ist, nicht in 5 Minuten. Er will, dass das System auf seinem Smartphone funktioniert. Er will, dass das System ihm hilft zu verkaufen, nicht zu dokumentieren.

Und so entsteht ein System, das perfekt ist für den Buyer – und furchtbar für den End User. Ein System, das alle Features hat, die in der Verkaufspräsentation gut aussehen. Das alle Anforderungen erfüllt, die die IT-Abteilung hatte. Aber das niemand wirklich nutzen will.

Ich habe das in einem großen deutschen Automobilzulieferer erlebt. Sie hatten gerade ein neues CRM-System eingeführt. Millionen investiert. Zwei Jahre Projektlaufzeit. Alle Stakeholder waren involviert. IT, Sales, Marketing, Management. Es gab Anforderungsworkshops. Change Management. Training. Alles wurde „richtig" gemacht. Und dann, drei Monate nach dem Go-Live, sitze ich mit dem Vertriebsteam zusammen. 25 Menschen. Account Manager, die jeden Tag mit Kunden sprechen. Ich frage: „Wie läuft es mit dem neuen CRM?"

Stille. Dann lacht einer bitter. „Wir hassen es", sagt er. „Es ist furchtbar." Die anderen nicken. Jemand sagt: „Ich brauche zwanzig Minuten, um einen Kundenbesuch zu dokumentieren. Zwanzig Minuten! Für etwas, das früher fünf Minuten gedauert hat." Ein anderer: „Die Hälfte der Felder sind für mich irrelevant. Aber sie sind Pflichtfelder." Eine Frau sagt: „Auf dem Smartphone ist es unbenutzbar."

Ich frage: „Und das Management?" Wieder lacht jemand. „Das Management liebt es. Die haben jetzt ihre Dashboards. Die sind glücklich." Und dann fügt er hinzu, leiser: „Aber wir verkaufen nicht mehr. Wir dokumentieren."

Das System funktioniert perfekt für den Buyer. Der Sales Director hat seine Reports. Der CEO hat seine Dashboards. Alle Stakeholder sind zufrieden. Nur die End User sind es nicht. Sie leiden. Sie kämpfen. Sie führen parallel Excel-Listen. Sie tun alles, um das System zu umgehen, das ihnen aufgezwungen wurde.

Die Mauer zwischen Team und User

Und warum? Weil niemand sie gefragt hat. Weil niemand mit ihnen gesprochen hat, bevor das System gekauft wurde. Es gab Anforderungsworkshops, ja. Aber mit wem? Mit dem Sales Director. Mit dem Head of Sales Operations. Mit dem IT-Architekten. Nicht mit den Account Managern. Nicht mit den Menschen, die das System nutzen würden.

Die Dysfunktionalität liegt darin, dass die Organisation zwischen den User und das Team eine ganze Hierarchie von Vermittlern gebaut hat. Fachbereiche, die angeblich wissen, was die User wollen. Business Analysten, die mit den Fachbereichen sprechen. Requirements Engineers, die die Anforderungen formalisieren. Product Owner, die diese gefilterten, interpretierten, politisch eingefärbten „Anforderungen" ins Backlog schreiben. Und ganz am Ende, weit entfernt vom echten User, sitzt das Entwicklungsteam und baut etwas, von dem sie hoffen, dass es richtig ist.

Aber es ist nicht richtig. Es kann nicht richtig sein. Weil jede Vermittlung Information verliert. Weil jede Übersetzung etwas verzerrt. Weil jede Schicht ihre eigenen Interessen, ihre eigenen Perspektiven, ihre eigenen Filter hat. Der Fachbereich will, dass seine internen Prozesse einfacher werden. Der Business Analyst will, dass die Anforderungen messbar sind. Der Requirements Engineer will, dass die Spezifikationen vollständig sind. Aber was der User will? Das geht verloren. Das verschwindet. Das wird übersetzt, gefiltert, interpretiert, bis es nicht mehr das ist, was es war.

Der französische Soziologe Bruno Latour hat das in seiner Akteur-Netzwerk-Theorie beschrieben: Jeder Vermittler in einer Kette ist nicht nur ein passiver Überträger von Information. Er ist ein Akteur, der die Information transformiert, der seine eigenen Interessen einbringt, der das Ergebnis verändert (Latour 2005, vgl.). Wenn eine Anforderung vom User über fünf Vermittler zum Entwicklerteam wandert, ist sie am Ende nicht mehr dieselbe Anforderung. Sie ist fünfmal transformiert worden. Fünfmal gefiltert. Fünfmal verzerrt.

Ich erinnere mich an ein Projekt bei einer Versicherung. Sie wollten ein neues Kundenportal bauen. Zwölf Millionen Budget. Das Portal sollte das Kundenerlebnis revolutionieren. In einem der ersten Meetings fragte ich die Product Ownerin: „Habt ihr schon mit euren Kunden gesprochen? Mit den Menschen, die das Portal später nutzen werden?"

Sie schaute mich verwirrt an. „Wir haben eine Marktanalyse", sagte sie. „Und die Fachabteilung hat uns ihre Anforderungen gegeben."

Ich wiederholte meine Frage: „Nein, ich meine: Habt ihr mit echten Kunden gesprochen? Mit jemandem, der heute versucht, einen Schaden zu melden?"

Sie schüttelte den Kopf. „Für den Kundenkontakt ist der Vertrieb zuständig. Wir entwickeln nur das System."

Da war sie. Die perfekte Dysfunktionalität. Menschen, die ein Kundenportal bauen sollten, das Kundenerlebnis revolutionieren sollte, das zwölf Millionen kostete – diese Menschen hatten nie mit einem einzigen Kunden gesprochen. Sie hatten nie zugeschaut, wie ein Kunde heute versucht, auf der Website einen Vertrag zu finden. Sie hatten nie die Frustration erlebt, wenn jemand zum dritten Mal das Passwort zurücksetzen muss. Sie kannten ihre User nicht. Sie hatten sie nie gesehen.

In diesem Projekt schlug ich vor: „Lasst uns einen echten Kunden ins Sprint Review einladen. Nicht den Fachbereich. Einen echten Kunden." Es gab Widerstand. „Das geht nicht. Das muss über den Vertrieb gehen. Das muss genehmigt werden." Ich blieb dabei. Es dauerte zwei Monate, bis wir die Genehmigung hatten. Zwei Monate Bürokratie, um einen Kunden zu einem Meeting einzuladen.

Aber dann kam er. Ein Mann Mitte 50, Selbstständiger, seit 20 Jahren Kunde dieser Versicherung. Wir zeigten ihm das Product Increment. Die neue Schadensmeldung. Das Team war stolz. Der Workflow war klar. Die Felder waren logisch. Alles funktionierte technisch perfekt.

Der Kunde schaute es sich an. Er klickte herum. Er versuchte, einen Schaden zu melden. Und dann, nach drei Minuten, sagte er: „Ich verstehe nicht, was ich hier eingeben soll. Was bedeutet 'Schadenskategorie'? Ist ein kaputtes Fenster 'Gebäudeschaden' oder 'Glasschaden'? Ich weiß es nicht."

Das Team schaute sich an. Für sie war es offensichtlich. Für den Kunden nicht.

Der Kunde sagte: „Und warum muss ich hier meine Versicherungsnummer eingeben? Ich bin doch eingeloggt. Ihr wisst doch, wer ich bin."

Wieder schauten sich alle an. Niemand hatte daran gedacht.

Dann sagte der Kunde etwas, das alles veränderte: „Eigentlich will ich ja gar nicht online einen Schaden melden. Ich will anrufen. Weil ich Fragen habe. Weil ich unsicher bin. Weil ich will, dass mir jemand sagt: 'Das wird schon. Wir kümmern uns darum.' Das Online-Portal kann mir das nicht geben.“

Das Team war still. Sie hatten monatelang an diesem Feature gearbeitet. Sie hatten alle Anforderungen der Fachabteilung erfüllt. Aber sie hatten nicht verstanden, was der User wirklich wollte. Der User wollte nicht Effizienz. Er wollte Sicherheit. Er wollte nicht Komplexität. Er wollte Verständnis. Er wollte nicht ein perfektes digitales Formular. Er wollte menschliche Wärme.

In Christensens Sprache: Sie hatten den falschen Job verstanden. Sie dachten, der Job sei „Schaden schnell melden“. Aber der eigentliche Job war „Sicherheit bekommen, dass alles gut wird“. Das sind völlig verschiedene Jobs. Und sie erfordern völlig verschiedene Lösungen.

Die Aufgabe des Scrum Masters

Das ist die Rolle des Scrum Masters: diesen Moment zu ermöglichen. Diesen Moment, in dem das Team dem User begegnet. In dem sie hören, was er wirklich braucht. In dem sie verstehen, dass ihre Annahmen falsch waren. Der Scrum Master ist derjenige, der kämpft, um den User ins Sprint Review zu bringen. Der gegen die Bürokratie kämpft. Der gegen die Prozesse kämpft. Der sagt: „Wir können nicht gut arbeiten, wenn wir unseren User nicht kennen.“

Tim Brown, der CEO von IDEO, hat das zur Grundlage seiner gesamten Design-Thinking-Methode gemacht:

> *„The main tenet of design thinking is empathy for the people you're trying to design for” (Brown 2009, vgl.).*

Empathie. Nicht Anforderungen. Nicht Spezifikationen. Empathie. Das bedeutet: hingehen, zuschauen, zuhören, fühlen. David Kelley, der Gründer von IDEO, formuliert es noch direkter:

> *„If you want to improve a piece of software, all you have to do is watch people using it and see when they grimace – and then you can fix that.”*

Das ist so einfach. Und so selten. Wie oft sitzen Entwicklerteams mit echten Usern zusammen und schauen ihnen beim Benutzen zu? Wie oft sehen sie das Grimassieren? Wie oft spüren sie die Frustration? Fast nie. Stattdessen lesen sie Anforderungsdokumente. Spezifikationen. User Stories, die jemand geschrieben hat, der selbst nie mit dem User gesprochen hat.

Die Dysfunktionalität geht noch tiefer. Denn selbst wenn man den User ins Sprint Review bringt, selbst wenn man mit ihm spricht, selbst wenn man sein Feedback hört – die

Organisation ist oft nicht bereit, darauf zu reagieren. Die Organisation hat ihre Pläne. Ihre Roadmaps. Ihre Commitments. Sie hat dem Vorstand versprochen, dass Feature X im Q3 fertig wird. Und dann kommt ein User und sagt: „Eigentlich brauche ich etwas ganz anderes." Was passiert? Die Organisation ignoriert es. Sie sagt: „Das ist interessant. Wir nehmen das ins Backlog auf. Für Version 2.0. Vielleicht."

Das ist die zweite Ebene der Dysfunktionalität. Nicht nur, dass die Organisation den User fernhält. Sondern dass sie, selbst wenn sie ihn hört, nicht bereit ist zu lernen. Nicht bereit ist zu ändern. Die Organisation will das Beste für den User. Wirklich. „Customer Centricity." „User First." „Customer Obsession." Schöne Worte. Aber wenn es darauf ankommt, wenn der User etwas anderes will als das, was die Organisation geplant hat, dann gewinnt der Plan. Immer.

Kelly Johnson hatte diese Dysfunktionalität nicht. Warum? Weil Skunk Works anders strukturiert war. Weil dort der User – der Pilot – nicht ferngehalten wurde. Er war Teil des Teams. Er flog mit. Er testete. Er gab Feedback. Und das Team konnte reagieren. Sofort. Ohne Genehmigungsprozesse. Ohne Roadmap-Diskussionen. Johnson saß mit seinen Ingenieuren zusammen, der Testpilot kam rein, sagte: „Dieser Schalter ist zu weit weg, ich komme nicht ran", und am nächsten Tag war der Schalter woanders. So einfach. So schnell. So direkt.

Das ist der Unterschied. Nicht dass Johnson brillanter war. Sondern dass die Struktur anders war. Die Struktur erlaubte User-Nähe. Die Struktur erlaubte schnelles Lernen. Unsere modernen Organisationen haben eine Struktur, die genau das Gegenteil tut. Die User-Ferne erzwingt. Die langsames Lernen erzwingt. Und dann wundern sie sich, warum ihre Produkte scheitern.

Die Verbindung zu Teil III

User-Ferne ist eine der sechs Dysfunktionalitäten, die ich in Teil III (Kapitel 3) dieses Buchs ausführlich behandle. Sie gehört zu den Kernproblemen, die verhindern, dass Scrum funktioniert. Denn Scrum basiert auf der Idee des schnellen Feedbacks. Alle zwei Wochen ein Inkrement. Alle zwei Wochen Feedback. Alle zwei Wochen lernen. Aber wenn das Feedback nicht vom User kommt, wenn es stattdessen vom Fachbereich kommt, vom Business Analyst, vom Product Owner, der selbst nie mit dem User gesprochen hat – dann ist das Feedback wertlos. Dann lernt man das Falsche. Dann optimiert man in die falsche Richtung.

Die Aufgabe des Scrum Masters ist es, diese Strukturen zu verändern. Nicht die Menschen. Die Menschen wollen das Richtige tun. Aber sie sind gefangen in Strukturen, die das Richtige verhindern. Der Scrum Master muss diese Strukturen sichtbar machen. Er muss zeigen, wo die Dysfunktionalität liegt. Er muss kämpfen, um den User ins Zentrum zu bringen. Das ist seine Rolle. Nicht, das Team zu „facilitieren". Nicht, Meetings zu moderieren. Sondern, die Dysfunktionalität des Systems zu bekämpfen.

Bei Menlo Innovations in Ann Arbor, Michigan, haben sie eine Rolle geschaffen, die genau das tut: den „High-Tech Anthropologist". Menschen, deren einzige Aufgabe es ist,

User zu beobachten, mit ihnen zu sprechen, ihre Welt zu verstehen. Sie gehen raus. Sie schauen zu. Sie fragen. Und dann bringen sie diese Erkenntnisse zurück ins Team. Sie sind die Brücke zwischen der Welt des Users und der Welt der Entwickler. Sie schließen den Empathy Gap. Das ist radikal. Und es funktioniert. Menlo Innovations baut Software, die User lieben. Nicht tolerieren. Lieben.

Zurück im ICE

Ich sitze immer noch im ICE. Die Verbindung ist wieder weg. Wir fahren durch einen weiteren Tunnel. Ich lehne mich zurück und schaue aus dem Fenster. Ich denke an all die Meetings, in denen über diesen Zug entschieden wurde. An all die Ingenieure, Designer, Manager, die Spezifikationen geschrieben haben. Hat je einer von denen in diesem Zug gesessen und versucht, mit einem Laptop und einem Kaffee an diesem Tisch zu arbeiten? Hat je einer von denen versucht, über dieses WLAN ein wichtiges Dokument hochzuladen? Ich vermute: nein.

Sie hatten gute Absichten. Sie wollten einen guten Zug bauen. Aber sie waren gefangen in einem System, das sie vom User fernhielt. Ein System, das Entscheidungen durch Komitees traf. Ein System, das Standards erfüllte, Budgets einhielt, Vorschriften befolgte. Ein System, das alles richtig machte – außer mit dem User zu sprechen.

An sich ist über den User nicht viel zu sagen. Er hat keine Verantwortung im Entwicklungsprozess. Er ist, in gewisser Weise, immer Opfer der Produktentwicklung – denn er bekommt, was ihm gegeben wird. Er testet auch nicht, ob das Produkt funktioniert, im Sinne von Quality Assurance. Der User nutzt einfach das Produkt. Er versucht, seinen Job zu erledigen. Und wenn das Produkt ihm dabei nicht hilft, dann leidet er. Er flucht. Er sucht Workarounds. Oder er wechselt zur Konkurrenz.

Aber der User ist auch der Richter. Er ist derjenige, der am Ende urteilt, ob das Produkt gut ist oder schlecht. Ob es nützlich ist oder nutzlos. Ob es begeistert oder frustriert. Und dieses Urteil ist das einzige, das wirklich zählt. Alle anderen Urteile – die des Buyers, die des Fachbereichs, die des Product Owners, die des Managements – sind nur Vorhersagen. Meinungen. Hypothesen. Das Urteil des End Users ist die Realität.

Wenn wir diese Realität ignorieren, wenn wir den End User aus dem Entwicklungsprozess heraushalten, wenn wir mit allen möglichen Leuten sprechen, nur nicht mit ihm, dann bauen wir an der Realität vorbei. Dann bauen wir CRM-Systeme, die niemand nutzen will. Dann bauen wir Kundenportale, die niemand versteht. Dann bauen wir Züge, deren Tische zu klein sind und deren WLAN nicht funktioniert.

Kelly Johnson hatte 132 Menschen in einer Halle. Er hatte Piloten, die ihm sagten, was funktioniert und was nicht. Er hatte die Freiheit, zuzuhören und zu lernen. Er hatte eine Struktur, die User-Nähe ermöglichte statt verhinderte. Das war sein Geheimnis. Nicht brillante Technik. Nicht überlegene Ressourcen. Sondern eine Struktur, die es ermöglichte, dass die richtigen Menschen miteinander sprachen.

Das ist es, was moderne Organisationen brauchen. Nicht mehr Prozesse. Nicht mehr Anforderungsmanagement. Sondern weniger. Weniger Schichten zwischen Team und

User. Weniger Vermittler. Weniger Übersetzungen. Mehr direkte Kommunikation. Mehr Beobachtung. Mehr Lernen.

Denn am Ende gibt es nur einen, dessen Urteil wirklich zählt. Und das ist der User. Der Mensch, der das Produkt nutzen wird. Der damit leben muss. Der damit seinen Job erledigen muss. Alle anderen können Meinungen haben. Können Anforderungen stellen. Können Entscheidungen treffen. Aber am Ende urteilt der User. Mit seinen Füßen. Mit seinem Verhalten. Mit seiner Nutzung – oder Nichtnutzung. Und dieses Urteil ist final.

Kelly Johnson verstand das. Deshalb baute er Legenden. Wir verstehen es noch nicht. Deshalb bauen wir Züge, deren Tische zu klein sind.

Literatur

Adorno, T.W. (1958). Der Essay als Form. In: Noten zur Literatur. Frankfurt am Main: Suhrkamp.

Bandura, A. (1977). Self-efficacy: Toward a unifying theory of behavioral change. Psychological Review, 84(2), 191 – 215.

Bano, M. & Zowghi, D. (2015). A systematic review on the relationship between user involvement and system success. Information and Software Technology, 58, 148 – 169.

Board, D., Warwick, R. & Karousou, R. (2017). Bourdieu's habitus and field: implications on the practice and theory of critical action learning. Action Learning: Research and Practice, 14(2), 104 – 119, vgl.

Bourdieu, P. (1990). The Logic of Practice. Cambridge: Polity Press, vgl.

Brown, T. (2009). Change by Design: How Design Thinking Transforms Organizations and Inspires Innovation. New York: Harper Business, vgl.

Cagan, M. (2017). Inspired: How to Create Tech Products Customers Love. Hoboken: Wiley.

Christensen, C. M. (1997). The Innovator's Dilemma: When New Technologies Cause Great Firms to Fail. Boston: Harvard Business School Press.

Christensen, C.M., Hall, T., Dillon, K. & Duncan, D.S. (2016). Competing Against Luck: The Story of Innovation and Customer Choice. New York: Harper Business, vgl.

Cohn, R. C. (1975). Von der Psychoanalyse zur themenzentrierten Interaktion. Stuttgart: Klett-Cotta.

Conway, M. E. (1968). How Do Committees Invent? Datamation, 14(4), 28 – 31, vgl.

Cooper, A. (1999). The Inmates Are Running the Asylum: Why High Tech Products Drive Us Crazy and How to Restore the Sanity. Indianapolis: Sams Publishing, vgl.

Cooperrider, D. L. & Whitney, D. (2005). Appreciative Inquiry: A Positive Revolution in Change. San Francisco: Berrett-Koehler.

de Shazer, S. (1985). Keys to Solution in Brief Therapy. New York: Norton.

de Shazer, S. & Dolan, Y. (2007). More Than Miracles: The State of the Art of Solution-Focused Brief Therapy. New York: Routledge.

Deci, E.L. & Ryan, R.M. (2000). The "What" and "Why" of Goal Pursuits: Human Needs and the Self-Determination of Behavior. Psychological Inquiry, 11(4), 227 – 268.

Doppler, K. & Lauterburg, C. (2008). Change Management: Den Unternehmenswandel gestalten. 12. Aufl. Frankfurt: Campus.

Dulebohn, J.H., Bommer, W.H., Liden, R.C., Brouer, R.L. & Ferris, G.R. (2012). A Meta-Analysis of Antecedents and Consequences of Leader-Member Exchange: Integrating the Past With an Eye Toward the Future. Journal of Management, 38(6), 1715 – 1759.

Edmondson, A. (2018). The Fearless Organization: Creating Psychological Safety in the Workplace for Learning, Innovation, and Growth. Hoboken: Wiley, vgl.

Edmondson, A. C. (2018). The Fearless Organization: Creating Psychological Safety in the Workplace for Learning, Innovation, and Growth. Hoboken: Wiley.

Edmondson, A.C. (1999). Psychological Safety and Learning Behavior in Work Teams. Administrative Science Quarterly, 44(2), 350 – 383.

Forsgren, N., Humble, J. & Kim, G. (2018). Accelerate: The Science of Lean Software and DevOps. Portland: IT Revolution Press.

Foucault, M. (1982). The Subject and Power. Critical Inquiry, 8(4), 777 – 795, vgl.

Gallup (2015). State of the American Manager: Analytics and Advice for Leaders. Washington, D.C.: Gallup Press.

Gloger, B. & Rösner, D. (2014). Selbstorganisation braucht Führung: Die einfachen Geheimnisse agilen Managements. München: Hanser. (3. Auflage 2017).

Goleman, D. (1998). Working with Emotional Intelligence. New York: Bantam Books.

Greene, R. W. (2014). Lost at School: Why Our Kids with Behavioral Challenges are Falling Through the Cracks and How We Can Help Them. 2. Aufl. New York: Scribner.

Greenleaf, R. K. (1970/2008). The Servant as Leader. Westfield: The Greenleaf Center for Servant Leadership.

Hackman, J. R. (2002). Leading Teams: Setting the Stage for Great Performances. Boston: Harvard Business School Press.

Hambrick, D.C. & Mason, P.A. (1984). Upper Echelons: The Organization as a Reflection of Its Top Managers. Academy of Management Review, 9(2), 193 – 206.

Hamel, G. & Zanini, M. (2020). Humanocracy: Creating Organizations as Amazing as the People Inside Them. Boston: Harvard Business Review Press, vgl.

He, J. & King, W. R. (2008). The Role of User Participation in Information Systems Development: Implications from a Meta-Analysis. Journal of Management Information Systems, 25(1), 301 – 331.

Hiatt, J. (2006). ADKAR: A Model for Change in Business, Government and Our Community. Loveland, CO: Prosci Learning Center Publications.

Hultman, K. (2003). Resistance to Change. In: Encyclopedia of Information Systems. Academic Press.

Johnson, C. L., & Smith, M. (1985). Kelly: More Than My Share of It All. Washington, D.C.: Smithsonian Institution Press.

Jowett, S. (2017). Coaching Effectiveness: The Coach-Athlete Relationship at its Heart. Current Opinion in Psychology, 16, 154 – 158.

Kaner, S., Lind, L., Toldi, C., Fisk, S. & Berger, D. (2014). Facilitator's Guide to Participatory Decision-Making. 3. Aufl. San Francisco: Jossey-Bass/Wiley.

Kegan, R. & Lahey, L. L. (2009). Immunity to Change: How to Overcome It and Unlock the Potential in Yourself and Your Organization. Boston: Harvard Business Press.

Kerth, N. L. (2001). Project Retrospectives: A Handbook for Team Reviews. New York: Dorset House.

Kloppenborg, T. J., Tesch, D. & Manolis, C. (2014). Project Success and Executive Sponsor Behaviors: Empirical Life Cycle Stage Investigations. Project Management Journal, 45(1), 9 – 20.

Kotter, J. P. (1996). Leading Change. Boston: Harvard Business School Press.

Kotter, J. P. (2014). Accelerate: Building Strategic Agility for a Faster-Moving World. Boston: Harvard Business Review Press.

Laloux, F. (2014). Reinventing Organizations: A Guide to Creating Organizations Inspired by the Next Stage of Human Consciousness. Brüssel: Nelson Parker.

Latour, B. (2005). Reassembling the Social: An Introduction to Actor-Network-Theory. Oxford: Oxford University Press, vgl.

Lazear, E.P., Shaw, K.L. & Stanton, C.T. (2015). The Value of Bosses. Journal of Labor Economics, 33(4), 823 – 861.

Lencioni, P.M. (2002). The Five Dysfunctions of a Team: A Leadership Fable. San Francisco: Jossey-Bass.

LG Wiesbaden (2016). Urteil vom 30.11.2016, Az. 11 O 10/15. Agile Softwareentwicklung als Werkvertrag.

Lipmanowicz, H. & McCandless, K. (2013). The Surprising Power of Liberating Structures: Simple Rules to Unleash A Culture of Innovation. Seattle: Liberating Structures Press.

Loewenstein, G. (2005). Hot-cold empathy gaps and medical decision making. Health Psychology, 24(4), S49-S56, vgl.

Mael, F. A. & Alderks, C. E. (1993). Leadership Team Cohesion and Subordinate Work Unit Morale and Performance. Military Psychology, 5(3), S. 141 – 158.

McChrystal, S. (2015). Team of Teams: New Rules of Engagement for a Complex World. New York: Penguin.

McKergow, M. (2020). Q&A on The Host Leadership Field Book. InfoQ, 9. Januar 2020.

McKergow, M. & Bailey, H. (2014). Host: Six New Roles of Engagement for Teams, Organizations, Communities, and Movements. London: Solutions Books.

Meadows, D. H. (2008). Thinking in Systems: A Primer. White River Junction: Chelsea Green Publishing.

Mintzberg, H. (1975). The Manager's Job: Folklore and Fact. Harvard Business Review, 53(4), 49 – 61, vgl.

Montaigne, M. de (1580/2001). Essais. Übersetzt von Hans Stilett. Frankfurt am Main: Eichborn.

Nadella, S. (2017). Hit Refresh: The Quest to Rediscover Microsoft's Soul and Imagine a Better Future for Everyone. New York: Harper Business.

Nonaka, I., & Takeuchi, H. (1986). The New New Product Development Game. Harvard Business Review, Januar-Februar 1986.

Nonaka, I. & Takeuchi, H. (1995). The Knowledge-Creating Company: How Japanese Companies Create the Dynamics of Innovation. New York: Oxford University Press.

Norman, D.A. (2013). The Design of Everyday Things (Revised Edition). New York: Basic Books, vgl.

Owen, H. (2008). Open Space Technology: A User's Guide. 3. Aufl. San Francisco: Berrett-Koehler.

Patnaik, D. (2009). Wired to Care: How Companies Prosper When They Create Widespread Empathy. Upper Saddle River, NJ: FT Press, vgl.

Patrick, K. (2019). How to Save the World: How to Make Changing the World the Greatest Game We've Ever Played. San Francisco: Hello World Labs.

Pichler, R. (2010). Agile Product Management with Scrum: Creating Products that Customers Love. Boston: Addison-Wesley.

Pink, D. H. (2009). Drive: The Surprising Truth About What Motivates Us. New York: Riverhead Books.

Platon (ca. 369 v. Chr.). Theaitetos. In: Platon, Sämtliche Werke.

Project Management Institute (2014). Pulse of the Profession In-Depth Report: Executive Sponsor Engagement – Top Driver of Project and Program Success. Newtown Square, PA: PMI.

Ramthun, A. J. & Matkin, G. S. (2014). A Case Study of Military Teams and Shared Leadership in Multicultural Contexts. Journal of Leadership & Organizational Studies, 21(3), S. 244 – 256.

Rich, B., & Janus, L. (1996). Skunk Works: A Personal Memoir of My Years at Lockheed. Boston: Little, Brown and Company.

Roock, S. & Pieper, F.-U. (2015). Agile Verträge: Vertragsgestaltung bei agiler Softwareentwicklung. Heidelberg: dpunkt.verlag.

Rough, J. & Martin, D. (2007). Dynamic Facilitation. In P. Holman, T. Devane & S. Cady (Hrsg.), The Change Handbook. San Francisco: Berrett-Koehler, S. 223 – 226.

Rüegg-Stürm, J. & Grand, S. (2017). Das St. Galler Management-Modell: Management in einer komplexen Welt (3. überarbeitete und weiterentwickelte Auflage). Bern: Haupt, vgl.

Schein, E. H. (2010). Organizational Culture and Leadership. 4. Aufl. San Francisco: Jossey-Bass.

Scholz, H. & Vesper, R. (2022). Facilitation: Dialog- und handlungsorientierte Organisationsentwicklung. München: Verlag Franz Vahlen.

Sheridan, R. (2013). Joy, Inc.: How We Built a Workplace People Love. New York: Portfolio/Penguin.

Spillane, J. P. (2006). Distributed Leadership. San Francisco: Jossey-Bass.

Standish Group (1994). The CHAOS Report. Boston, MA: The Standish Group International.

Standish Group (2020). CHAOS 2020: Beyond Infinity. Boston, MA: The Standish Group International.

Sutherland, J. (2014). Scrum: The Art of Doing Twice the Work in Half the Time. New York: Crown Business.

Takeuchi, H. & Nonaka, I. (1986). The New New Product Development Game. Harvard Business Review, 64(1), S. 137 – 146.

3 Teil III – WARUM SCRUM SCHEITERT – DIE SECHS DYSFUNKTIONALITÄTEN

3.1 Übersicht

Im Vorwort habe ich von der Serviette erzählt. Von den sechs Worten, die ich in jener kleinen Pension auf dem Weg nach Mariazell aufgeschrieben habe. Multitasking. Frontloading. User-Ferne. Meetings. Fehlerkultur. Silos. Diese sechs Worte sind der Grund, warum dieses Buch existiert. Und dieser Teil ist das Herzstück des Buchs.

In Teil I (Kapitel 1) haben wir über die Grundlagen gesprochen. Über Führung, über die verschiedenen Perspektiven auf Scrum, über Fokus und Exploration. In Teil II (Kapitel 2) haben wir die Rollen betrachtet – den Product Owner, den Scrum Master, das Team, den Manager, den Auftraggeber und den User. Ich habe versucht, meine Sicht auf diese Rollen so detailliert wie möglich darzustellen. Aber all dieses Wissen nützt nichts, wenn wir nicht verstehen, wogegen wir eigentlich kämpfen.

Denn hier ist die unbequeme Wahrheit: Du kannst Scrum perfekt beherrschen und trotzdem scheitern. Du kannst die besten Sprint Plannings durchführen, die elegantesten User Stories schreiben, die engagiertesten Retrospektiven moderieren – und am Ende steht ein frustriertes Team da, das nicht liefern kann. Nicht weil es inkompetent ist. Nicht weil Scrum nicht funktioniert. Sondern weil es gegen unsichtbare Kräfte kämpft, die stärker sind als jedes Framework.

Diese Kräfte haben einen Namen. Ich nenne sie **Dysfunktionalitäten**.

Der Soziologe Niklas Luhmann würde sagen: Organisationen sind selbstreferentielle Systeme. Sie beobachten sich selbst, sie reproduzieren sich selbst, sie stabilisieren sich selbst – auch und gerade in ihrer Dysfunktionalität (Luhmann 2000). Das ist das Perfide daran. Diese sechs Dysfunktionalitäten sind keine Fehler im System. Sie sind das System. Sie sind die Art, wie Organisationen gelernt haben zu funktionieren. Sie sind Antworten, die irgendwann einmal richtig waren – auf Probleme, die es vielleicht längst nicht mehr gibt. Aber sie haben sich verselbstständigt. Sie sind zu Strukturen geworden, die niemand mehr hinterfragt, weil sie so selbstverständlich sind wie die Luft, die wir atmen.

Gregory Bateson, der große Systemtheoretiker, nannte das „Deutero-Lernen“ – das Lernen, wie man lernt, oder eben: wie man nicht lernt (Bateson 1972). Organisationen haben gelernt, auf eine bestimmte Art zu arbeiten. Sie haben gelernt, Multitasking als Normalität zu akzeptieren. Sie haben gelernt, dass man erst alles planen muss, bevor man anfängt. Sie haben gelernt, dass der User jemand ist, über den man spricht, nicht mit dem man spricht. Sie haben gelernt, dass Meetings die Art sind, wie Arbeit koordiniert wird. Sie haben gelernt, dass Fehler bestraft werden. Sie haben gelernt, dass Abteilungen wichtiger sind als Produkte. Dieses Lernen sitzt so tief, dass es unsichtbar geworden ist. Es ist zur zweiten Natur geworden. Zur Kultur. Zur DNA.

Pierre Bourdieu würde von „Habitus“ sprechen – von einverleibten Strukturen, die als zweite Natur verinnerlicht und als Geschichte vergessen wurden (Bourdieu 1990). Wir haben dieses Konzept bereits im Kapitel über den Manager kennengelernt: Manager können ihre eigenen Strukturen nicht dekonstruieren, weil ihre Identität mit diesen Strukturen verwoben ist. Was für den einzelnen Manager gilt, gilt für die gesamte Organisation. Die Menschen handeln nicht dysfunktional, weil sie es wollen. Sie handeln so, weil sie nicht anders können. Weil die Strukturen, in denen sie sich bewegen, dieses Handeln erzwingen. Weil das, was sie als „normal“ empfinden, in Wahrheit eine historisch gewachsene Dysfunktionalität ist, die niemand mehr als solche erkennt.

Das erklärt, warum so viele Transformationen scheitern. Manager sagen mir in Trainings: „Ja, das verstehen wir, aber das geht bei uns nicht.“ Es geht nicht darum, dass sie nicht wollen. Es geht darum, dass sie nicht können. *Die Dysfunktionalitäten sind stärker als der Wille zur Veränderung.* Und solange man sie nicht erkennt, benennt und *systematisch bekämpft*, wird sich nichts ändern.

Das ist der Grund, warum dieser Teil existiert. Nicht um Scrum noch einmal zu erklären. Sondern um die unsichtbaren Feinde sichtbar zu machen, gegen die jede Scrum-Einführung kämpft.

Multitasking – die systematische Zerstörung von Fokus durch parallele Projekte. Die Angst vor Entscheidungen, die dazu führt, dass wir alles anfangen und nichts fertigstellen.

Frontloading – der Glaube, dass wir alles planen können, bevor wir anfangen. Die Angst vor dem Unbekannten, die uns dazu bringt, immer mehr zu analysieren, statt einfach anzufangen und zu lernen.

User-Ferne – die systematische Entfernung des Users aus dem Entwicklungsprozess. Die Hierarchie der Vermittler zwischen denen, die bauen, und denen, für die gebaut wird.

Meetings – die Produktivitätsvernichtungsmaschinen unserer Zeit. Das Fehlen von Facilitation, das dazu führt, dass wir Stunden verschwenden, ohne Entscheidungen zu treffen.

Fehlerkultur – oder besser: die Abwesenheit einer echten Fehlerkultur. Die Diskrepanz zwischen dem, was wir predigen, und dem, was wir praktizieren.

Silos – die organisationale Fragmentierung, die verhindert, dass Teams end-to-end liefern können. Conway's Law in Aktion: Organisationen bauen Produkte, die ihre eigene dysfunktionale Struktur spiegeln.

In den folgenden Kapiteln werde ich jede dieser sechs Dysfunktionalitäten im Detail behandeln. Ich werde erklären, was sie sind, woher sie kommen, warum sie so hartnäckig sind. Ich werde Geschichten erzählen – aus meiner eigenen Praxis, aus 25 Jahren Arbeit mit Teams und Organisationen. Und ich werde Wege aufzeigen, wie man sie bekämpfen kann.

Denn das ist die eigentliche Aufgabe des Scrum Masters: nicht Meetings zu moderieren, nicht Boards zu pflegen, nicht Metriken zu tracken. Sondern Dysfunktionalitäten zu bekämpfen. Das ist der Job. Das ist der Grund, warum diese Rolle existiert. Der Scrum Master ist kein Zeremonienmeister. Er ist ein Kämpfer gegen die unsichtbaren Kräfte, die Teams daran hindern, ihr Potenzial zu entfalten.

Willkommen in Teil III.

3.2 Multitasking – Die Produktivitätslüge

In meiner eigenen kleinen Firma habe ich mehrere Krisen erlebt. Drei oder vier Mal waren wir kurz vorm Aus. Immer zeigte sich dasselbe Muster: Alle waren wahnsinnig beschäftigt, alle arbeiteten viel, alle Kolleg:innen sagten, sie seien am Limit. Und doch hielten sich Ausgaben und Umsatz nicht mehr die Waage. Schlicht: Würden wir so weitermachen, wären wir in naher Zukunft bankrott.

Ich habe dann immer auf die gleiche Art reagiert. *Ich habe konsequent die Anzahl der Projekte reduziert, an denen wir gerade arbeiteten.* Meine Kollegen waren jedes Mal der Meinung, dass ich das nicht machen könne – wir hätten doch so wahnsinnig viele Sachen zu tun, wir könnten doch jetzt nicht einfach Projekte einstellen. Gegen diesen Widerstand sagte ich ununterbrochen: „Das machen wir nicht. Damit hören wir auf. Können wir das sofort beenden? Oder gibt es Dinge, die noch fertig zu machen sind? Und dann beenden wir es." Ich vertraute dabei auf die Wissenschaft – und auf das, was ich meinen Kunden ständig erzähle. Der Erfolg gab mir immer Recht, denn es dauerte nie sehr lange, und wir kamen aus den roten Zahlen wieder heraus.

Ich bin oft gefragt worden, was die größte Dysfunktionalität in deutschen Unternehmen ist. Die Antwort ist einfach: **Multitasking**. Nicht die technische Unfähigkeit. Nicht die fehlende Agilität. Nicht die mangelnde Innovation. Sondern die systematische Zerstörung von Fokus durch parallele Projekte. Multitasking ist keine persönliche Schwäche. Es ist eine organisationale Krankheit. Eine Dysfunktionalität, die von oben nach unten durchgereicht wird – vom CEO, der zehn strategische Initiativen gleichzeitig startet, bis zum Entwickler, der an 47 Tickets gleichzeitig arbeitet.

Der koreanisch-deutsche Philosoph Byung-Chul Han hat unsere Zeit als „Müdigkeitsgesellschaft“ beschrieben. In seinem gleichnamigen Buch schreibt er:

> *„Das Übermaß an Arbeit und Leistung steigert sich zur Selbstausbeutung. Diese ist effizienter als Fremdausbeutung, denn sie geht mit dem Gefühl von Freiheit einher“ (Han 2010).*

Was Han beschreibt, ist genau das, was ich in Organisationen sehe: Menschen, die sich freiwillig zerreißen, weil sie glauben, sie müssten an allem gleichzeitig arbeiten. Sie beuten sich selbst aus – nicht, weil jemand sie zwingt, sondern weil die Organisation diese Selbstausbeutung als Normalität etabliert hat. **Multitasking ist Struktur gewordene Selbstausbeutung.**

Ich erinnere mich an ein Gespräch mit einem Vorstand eines Konzerns. 2017, Frankfurt. Wir saßen in einem dieser gläsernen Besprechungsräume hoch über der Stadt. Er zeigte mir stolz sein Dashboard: 23 parallele Initiativen. Alle „strategisch wichtig“. Alle „höchste Priorität“. „Das ist Ihr Problem,“ sagte ich. Er schaute mich irritiert an. „Was meinen Sie?“ „Diese 23 Initiativen. Sie werden keine davon erfolgreich abschließen.“ Er lachte. „Natürlich werden wir das. Wir haben die besten Leute. Die arbeiten einfach effizienter.“ „Nein,“ sagte ich. „Das tun sie nicht. Sie können es nicht. Unser Gehirn kann nicht multitasken.“ Das war der Moment, wo sein Lächeln verschwand.

Die Neurowissenschaft ist hier eindeutig. Was wir als Multitasking verkaufen, ist neurobiologisch betrachtet nichts anderes als Task Switching – ein hektisches Hin- und Herschalten zwischen Aufgaben, das uns bis zu 40 % unserer Produktivität kostet. Gerald Weinberg hat es bereits 1992 in seinem grundlegenden Werk über Qualitätsmanagement mathematisch bewiesen:

> *„Each extra project added to a person's workload takes away about 20 % of the time that could be productively applied to any other project“ (Weinberg 1992).*

Bei fünf parallelen Projekten verwendest du also 75 % deiner Zeit nur für das Wechseln zwischen Kontexten. Lass das auf dich wirken: drei Viertel deiner Arbeitszeit für das Umschalten zwischen Aufgaben.

Gloria Mark von der University of California hat erforscht, wie lange es dauert, bis Menschen nach einer Unterbrechung wieder voll konzentriert sind. Die Antwort: 23 Minuten (Mark et al. 2005). Nicht Sekunden. Fast eine halbe Stunde. In einer Welt, in der alle 11 Minuten eine Unterbrechung erfolgt, erreichen die meisten Wissensarbeiter niemals mehr echten Flow-Zustand. Sie arbeiten in einem permanenten Zustand fragmentierter Aufmerksamkeit – immer beschäftigt, nie wirklich produktiv.

Wir haben in Kapitel 4 bereits Little's Law kennengelernt: Lead Time = Work in Progress / Throughput. Dieses elegante mathematische Gesetz zeigt uns, dass weniger gleichzeitig mehr fertig bedeutet. Die Mathematik wird zur brutalen Realität, wenn man sie auf konkrete Situationen anwendet. Ein Team mit 47 Tickets in Progress und 3 Stories, die pro Woche fertig werden: Lead Time = 47 / 3 = 15,6 Wochen. Fast vier Monate für eine User Story. Das ist kein Versagen der Menschen. Das ist das System, das sie zum Scheitern bringt.

Aber warum existiert dieses System? Warum lassen Organisationen zu, dass ihre Teams an Dutzenden von Projekten gleichzeitig arbeiten? Die Antwort ist so banal wie erschreckend: *Manager können nicht entscheiden.* Im Kapitel über den Manager haben wir gesehen, wie der Habitus – die einverleibten Strukturen, die als zweite Natur verinnerlicht wurden – das Handeln bestimmt. Der Manager hat gelernt, dass man alle Stakeholder zufriedenstellen muss. Dass man niemanden verprellen darf. Dass „Nein" ein Karriererisiko ist. Also vermeidet er die Entscheidung. Er sagt: „Wir machen alle drei Projekte. Parallel." Das Team bekommt alle drei. Und keines wird erfolgreich.

Peter Drucker hat es bereits in den 1960er-Jahren formuliert:

> *„The most important thing in communication is hearing what isn't said. And the most important thing in management is deciding what not to do" (Drucker 1967).*

Das Wichtigste im Management ist nicht, die richtigen Dinge zu tun. Sondern zu entscheiden, welche Dinge man nicht tun wird. Diese Entscheidung erfordert Mut. Sie erfordert, dass man „Nein" sagt – zu Stakeholdern, zu Kunden, zu anderen Abteilungen. Und genau dieser Mut fehlt in den meisten deutschen Unternehmen.

Es gibt ein berühmtes Beispiel dafür, was passiert, wenn ein CEO diesen Mut hat. 1997 stand Apple kurz vor der Insolvenz. Hunderte von Produkten im Portfolio. Computer, Drucker, Monitore, Server, Software. Alles parallel. Nichts erfolgreich. Steve Jobs kehrte zurück. Sein erster Schritt? Er strich 70 % aller laufenden und geplanten Projekte (Isaacson 2011). Er reduzierte die Produktpalette auf vier Kernprodukte. Sein Credo wurde berühmt:

> *„I'm as proud of what we don't do as I am of what we do. The great consumer electronics companies of the past had thousands of products. We tend to focus on the few that are truly important to us."*

Die Reaktion in meinen Workshops ist immer dieselbe: „Ja, aber Apple ist Apple. Wir sind anders." Das ist die deutsche Version von Denial. Die Annahme, dass die Gesetze der Mathematik und Neurowissenschaft für uns nicht gelten, weil wir „anders" sind. Wir sind nicht anders. Wir sind nur bequemer. Es ist einfacher, alle Projekte laufen zu lassen, als die harten Entscheidungen zu treffen.

Ich stehe vor mehr als 150 Managern in einem großen Seminar. Ein internationaler Konzern, der verstehen will, warum nichts mehr vorangeht. Ich hole die Münzen raus. Das Coin Game. Wir bilden Gruppen. Überall im Raum: 20 Münzen. Vier Personen in einer Reihe. Jede Person dreht die Münzen um und gibt sie weiter. In der ersten Runde arbeiten wir mit großen Batches – alle 20 Münzen auf einmal. Die erste Münze erreicht den „Kunden" nach 80 Sekunden. In der zweiten Runde reduzieren wir auf 5 Münzen.

Die erste Münze erreicht den Kunden nach 25 Sekunden. In der dritten Runde: Einzelstück-Fluss, eine Münze nach der anderen. Die erste Münze erreicht den Kunden nach 8 Sekunden.

Der Raum explodiert. 150 Manager, die schockiert auf ihre Stoppuhren starren. Die Erkenntnis ist so groß, so fundamental, dass sie sie instinktiv ablehnen. Ich sehe es in ihren Gesichtern. Erst Verwirrung. Dann Staunen. Dann Abwehr. Im Grunde sollen die Manager lernen: Ab morgen WIP-Limit 3. Maximal 3 Stories gleichzeitig in Progress. Wer fertig ist mit seiner Story, nimmt die nächste vom Backlog. Nicht vorher. Und dann kommt der Widerstand. Jedes Mal. „Das geht nicht. Wir haben Abhängigkeiten." „Wir warten auf andere Teams." „Das Management wird das nie akzeptieren."

Zwei Wochen nach dem Training werde ich zu einem Meeting gebeten. Ich öffne die Tür. Der Raum ist überfüllt. Neunzehn, vielleicht zwanzig Portfolio-Manager. Alle, die beim Training dabei waren. Man erklärt mir das Problem: „Wir hatten ja jetzt dieses Training, und das war alles vollkommen einleuchtend. Deswegen haben wir das jetzt mal ausgerechnet, wie groß das Backlog wäre. Ausgedrückt in nackten Zahlen: Wir haben wesentlich mehr Aufträge für die IT, als diese bewältigen kann. Dieser Stau – insgesamt 70 Millionen Euro – müsste doch jetzt trotzdem durch die IT."

Ich schaute sie völlig entgeistert an. Ich wiederholte, was wir gelernt hatten: Wenn wir uns fokussieren, können wir möglicherweise sogar mehr liefern, als wir glauben. Sie nickten. „Aber dann müssten wir ja Projekte streichen." Ich erklärte: „Nicht streichen. Parken. Ein halbes Jahr nicht damit beschäftigen." Wieder nickten sie. „Ja, aber das geht nicht. Wir müssen trotzdem an allem gleichzeitig arbeiten." So ging das einige Male. Am Ende sagte ich: „Ihr habt es ausgerechnet. Ihr habt es gesehen. Ihr versteht es fundamental. Alles, was ihr jetzt tun müsstet, ist die Konsequenzen tragen."

Schweigen. Dann: „Das können wir dem Vorstand nicht sagen."

Ich erinnere mich an ein philosophisches Seminar während meines Studiums. Wir sprachen über Peter Singer und seine Praktische Ethik. Eine Kommilitonin kam zu der Erkenntnis, dass auch Kühe ein Bewusstsein haben. Sie war von diesem Moment an nicht mehr in der Lage zu sagen: „Ich töte ein Tier, um es zu essen." Die Erkenntnis hatte sie fundamental verändert. Sie wurde Vegetarierin. Das ist echte Erkenntnis – sie verändert dich. Aber beim Coin Game passiert oft das Gegenteil. Die Menschen verstehen es intellektuell. Sie sehen die Münzen schneller fließen. Aber sie können es nicht in den Arbeitskontext übersetzen. Der Druck des Managements ist zu groß. Die Angst vor Konflikt ist zu tief verwurzelt. Das ist Denial in Reinform.

In einem meiner ersten großen Aufträge erlebte ich, wie Veränderung trotzdem passieren kann. 60 Entwickler, 8 Product Owner, modernste Softwareentwicklung. Scrum, Sprints, Backlogs – alles da. Und doch funktionierte es nicht. Die Feature-Ideen wurden auf eine gigantische Wand geklebt. Nach drei Monaten hingen dort 300 Zettel mit Verbesserungsvorschlägen. Alles „wichtig". Keine davon wurde umgesetzt. Der CTO holt eine Leiter. Einige Entwickler drehen sich um. „Was macht er da?" Stille breitet sich aus. Er steigt hoch. Beginnt, die Zettel abzunehmen. Einen nach dem anderen. 300 Zettel. Alle. Dann geht er zum Papierkorb und wirft sie demonstrativ hinein.

Seine Mannschaft ist im ersten Moment völlig von den Socken. Dann – langsam – verstehen sie. Er hat dem Team Luft gemacht, indem er das Backlog radikal reduziert hat. „Endlich," murmelt jemand. Das ist es, worum es geht. Nicht um Methoden. Nicht um Frameworks. Sondern darum, dass Menschen das Gefühl haben, etwas zu schaffen. Etwas zu vollenden. Hannah Arendt unterschied in ihrer „Vita Activa" zwischen Arbeiten, Herstellen und Handeln (Arendt 1958). Arbeiten ist der endlose Kreislauf des Lebensunterhalts. Herstellen schafft dauerhafte Dinge. Handeln verändert die Welt. Multitasking reduziert Menschen auf das bloße Arbeiten – sie sind beschäftigt, aber sie stellen nichts her, sie handeln nicht. WIP-Limits geben ihnen die Möglichkeit zurück, wieder herzustellen, wieder zu handeln.

Aber ich wäre unehrlich, wenn ich nur die Erfolgsgeschichten erzählen würde. 2019, ein großer deutscher Automobilzulieferer. 300 Entwickler. Ich führe mit den Scrum Mastern WIP-Limits ein. Es funktioniert. Zwei Monate lang. Die Teams werden schneller, sie liefern mehr, sie sind motivierter. Dann kommt das Quartalsreview. Der CFO schaut auf die Auslastungszahlen. „Die Entwickler arbeiten nur an 5 Projekten gleichzeitig? Das ist Ineffizienz. Ab nächster Woche arbeiten alle Teams wieder an allen Projekten." Drei Monate später: Die Durchlaufzeiten sind wieder bei 18 Monaten. Zwei Scrum Master kündigen.

Das ist der Grund, warum ich im Kapitel über den Product Owner so viel Wert darauf gelegt habe, dass er echte Entscheidungsmacht braucht. Ohne diese Macht kann er das Team nicht fokussieren. Und das ist der Grund, warum der Scrum Master die Dysfunktionalitäten sichtbar machen muss – nicht nur dem Team, sondern dem gesamten Management. Ken Schwaber versuchte uns das bereits 2003 in Edinburgh zu erklären: Ein Scrum Master schützt sein Team vor Störungen von außen. Das nennt sich Umbrella Management – die „Scheiße von oben" abhalten. Es erfordert Mut. Es erfordert, dass eine Führungskraft anfängt, es zu tun.

Der römische Philosoph Seneca schrieb vor fast 2000 Jahren: „Es ist nicht so, dass wir zu wenig Zeit hätten, sondern dass wir zu viel davon vergeuden. Das Leben ist lang genug, wenn wir es nur richtig nutzen.“ (Seneca) Was Seneca über das individuelle Leben sagte, gilt auch für Organisationen. Es ist nicht so, dass die Teams zu wenig Kapazität hätten. Es ist so, dass diese Kapazität durch Multitasking vergeudet wird. Die Organisation zerfasert ihre eigene Kraft, indem sie alles gleichzeitig versucht.

Ich sitze im Zug auf dem Weg nach Wien. Gerade habe ich ein Training gegeben. Ich denke an die Menschen in diesem mittelständischen Softwareunternehmen. An ihre Hoffnung und an ihre Verzweiflung. Die Verzweiflung, weil sie seit Jahren sehen, wie das System sie zerreibt. Die Hoffnung, weil sie im Training zum ersten Mal erkannten: Es könnte anders sein. Eine Entwicklerin sagte am Ende: „Ich habe das Gefühl, ich schaffe wieder etwas.“

Das ist der Kern von allem. Menschen wollen etwas vollenden. Menschen wollen sehen, dass ihre Arbeit Wert schafft. Menschen wollen nicht 47 Dinge anfangen und keines zu Ende bringen. Multitasking raubt uns das. WIP-Limits geben es uns zurück.

Aber wie? Wie macht man das konkret? Wie kämpft man als Scrum Master gegen eine Dysfunktionalität, die so tief in der Organisation verankert ist?

Der erste Schritt ist immer: Sichtbar machen. Was nicht sichtbar ist, kann nicht verändert werden. Klaus Leopold, der Kanban-Pionier und Erfinder des Flight-Levels-Modells, bringt es in seinem Buch „Rethinking Agile“ auf den Punkt:

> *„Das einzige agile Team, das man am Anfang für eine agile Organisation unbedingt braucht, ist ein agiles Top-Management-Team, das strategisches Portfoliomanagement betreibt. Von dort aus folgt alles Weitere“ (Leopold 2018).*

Das Flight-Levels-Modell unterscheidet drei Ebenen: Flight Level 1 ist die operative Ebene, wo Teams ihre tägliche Arbeit erledigen. Flight Level 2 ist die Koordinationsebene, wo der Wertstrom über mehrere Teams hinweg gesteuert wird. Und Flight Level 3 ist die strategische Portfolio-Ebene, wo entschieden wird, welche Initiativen überhaupt gestartet werden – und welche nicht.

Die meisten Organisationen optimieren auf Flight Level 1. Sie machen ihre Teams agil. Sie führen Scrum ein, trainieren die Entwickler, installieren Boards. Aber das Multitasking-Problem sitzt auf Flight Level 3. Dort werden die 23 parallelen Initiativen beschlossen. Dort wird entschieden, dass alles gleichzeitig laufen muss. Solange man nur auf Flight Level 1 arbeitet, kann man das Problem nicht lösen – man kann es nur erleiden.

Der Scrum Master hat Werkzeuge, um diese Dysfunktionalität sichtbar zu machen. Er kann ein Portfolio-Kanban-Board aufsetzen, das zeigt, wie viele Projekte gleichzeitig in der Organisation laufen. Er kann die Abhängigkeiten zwischen Teams visualisieren – und damit zeigen, warum nichts fertig wird. Er kann Lead Times messen und dem Management vorrechnen, was Multitasking wirklich kostet. Er kann das Coin Game mit dem Vorstand spielen. Er kann die Mathematik von Little's Law auf die konkreten Projekte anwenden und zeigen: Bei diesem Work in Progress werden wir noch 18 Monate brauchen.

In Teil IV (Kapitel 4) dieses Buchs werden wir auf einige dieser Werkzeuge zurückkommen. Aber schon hier muss klar sein: Die Werkzeuge allein reichen nicht. Sie machen das Problem sichtbar. Aber lösen kann es nur jemand, der die Macht hat, „Nein" zu sagen. Die Aufgabe des Scrum Masters ist es, diesem jemand die Argumente zu liefern. Die Daten. Die Visualisierung. Die unausweichliche Logik. Und dann darauf zu hoffen, dass der Mut folgt.

Irgendwo sitzt gerade ein Team vor 47 offenen Tickets. Irgendwo sitzt ein Manager und überlegt, ob er ein weiteres Projekt starten soll. Meine Hoffnung ist: Nach diesem Kapitel trifft er eine andere Entscheidung. Stop Starting. Start Finishing. Das ist keine agile Theorie. Das ist eine Überlebensstrategie für das 21. Jahrhundert.

3.3 Frontloading – Warum Planung nicht Lernen ist

25 Jahre Agilität, und doch ist **Frontloading** noch immer das beherrschende Thema. Ist es nicht verrückt? Ken Schwaber hat uns 2003 einem der ersten Scrum Trainings überhaupt erklärt, dass man mit einem Scrum-Projekt beginnt, wenn man genug Arbeit für den ersten Sprint hat. Nicht mehr. Nicht weniger. Völlig logisch, oder? Agiles Arbeiten wollte ja verhindern, dass wir in dieselbe Falle geraten wie mit klassischem Projektmanagement: ausführlich planen, genau überlegen, was man braucht, eine Schätzung machen – und am Ende wird es doch teurer, weil man sich mit Change Requests von einer Änderung zur nächsten hangelt. Scope Creep, der nie endet.

In meinem allerersten Job in der Welt der Softwareentwicklung war ich zufällig in eines der größten Projekte hineingeraten, die General Motors jemals gemacht hatte – das sogenannte GM Drive. 1997 kam ich dazu, beim Rollout in Deutschland. Das Projekt lief da schon seit Jahren. Ich war jung, frisch im Beruf, und hörte die Erzählungen der Kollegen, die von Anfang an dabei gewesen waren. Was sie erzählten, klang wie Geschichten aus einem anderen Zeitalter – und es prägte mein Verständnis davon, was Frontloading bedeutet.

GM Drive war als Dealer-Inhouse-System für die gesamte EMEA-Region konzipiert. Es war weit mehr als ein IT-Projekt – es war der Versuch, einen historisch gewachsenen Flickenteppich an Händlerprozessen, lokalen Dealer-Management-Systemen, unterschiedlichsten Steuer- und Rechtsregimen in eine halbwegs einheitliche Systemlogik zu übersetzen. Bevor eine Zeile Code geschrieben werden konnte, mussten Hunderte fachliche Anforderungen aus Vertrieb, Aftersales, Finanz, IT-Security und den nationalen Vertriebsgesellschaften eingesammelt, entwirrt und in ein konsistentes Zielbild gebracht werden.

Die Kollegen erzählten von endlosen Meetings in Konferenzräumen ohne Fenster. Von Flipcharts, die an den Wänden hingen, vollgeschrieben mit Anforderungen in verschiedenen Sprachen. Von Diskussionen zwischen deutschen, französischen, belgischen, dänischen Kollegen, die alle ihre lokalen Besonderheiten verteidigten. Sie waren von einer Fachabteilung zur nächsten gelaufen, von einem Standort einer Tochtergesellschaft zum anderen, und hatten gefragt, wie man sich die Applikation vorstellt. Jedes Land hatte andere Prozesse. Jedes Land hatte andere Systeme. Jedes Land hatte andere gesetzliche Anforderungen.

Erst nach dieser jahrelangen Analysephase begann die eigentliche Entwicklungsarbeit: Integration der zentralen GM- und EDS-Backends, Aufbau standardisierter Schnittstellen zu den unterschiedlichsten Dealer-Management-Systemen in Europa, Sicherstellung, dass das neue System trotz all dieser Varianz stabil, performant und revisionssicher lief. Ein mehrjähriger, hochgradig interdisziplinärer Kraftakt. Ein Aufwand, der in der Automobilindustrie bis heute als Kostentreiber komplexer IT-Programme gilt.

Und hier ist die Pointe, die diese Geschichte von den anderen unterscheidet: Es hat funktioniert. GM Drive wurde fertig. Es lief. Es erfüllte seinen Zweck. Ich war dabei, als es in Deutschland ausgerollt wurde – und es funktionierte. Aber zu welchem Preis? Jahre der Analyse. Hunderte von Menschen. Millionen von Dollar. Unzählige Dokumente, die geschrieben, überarbeitet, verworfen, neu geschrieben wurden. War es das wert? Für ein System dieser Komplexität, mit dieser Varianz, mit diesen regulatorischen Anforderungen – vielleicht. Aber ich fragte mich damals schon: Geht das nicht anders? Muss es wirklich so sein?

Diese Frage hat mich seitdem nicht mehr losgelassen. GM Drive war meine erste Konfrontation mit Frontloading in seiner reinsten Form. Es hat mir gezeigt, dass dieser Ansatz funktionieren kann – wenn man genug Zeit hat, genug Geld hat, genug Menschen hat. Aber es hat mir auch gezeigt, dass der Preis enorm ist. Und dass die meisten Projekte diesen Preis nicht zahlen können. Sie haben nicht Jahre. Sie haben nicht Hunderte von Menschen. Sie haben nicht unbegrenzte Budgets. Und deshalb scheitern sie, wenn sie versuchen, GM Drive zu imitieren.

Die Ironie dabei: Winston Royce, dem das „Wasserfall-Modell“ zugeschrieben wird, hat genau davor gewarnt. In seinem berühmten Artikel von 1970 schrieb er:

> *„I believe in this concept, but the implementation described above is risky and invites failure“ (Royce 1970).*

Er schlug einen iterativen Ansatz vor und betonte, dass Projekte mindestens zweimal durchlaufen werden sollten. Das lineare, sequenzielle Vorgehen, das ihm fälschlicherweise zugeschrieben wird, hat er nie befürwortet. Aber niemand las den Artikel zu Ende. Wir nahmen das Diagramm, ignorierten den Text – und machten genau das, wovor er uns warnte.

Der Philosoph Hans-Georg Gadamer hat in „Wahrheit und Methode“ den hermeneutischen Zirkel beschrieben:

> *Wir können das Ganze nur verstehen, wenn wir die Teile verstehen, aber wir können die Teile nur verstehen, wenn wir das Ganze verstehen (vgl. Gadamer 1960).*

Das klingt wie ein Paradox, aber es beschreibt präzise, was in Projekten passiert. Du kannst die Anforderungen nicht vollständig verstehen, bevor du anfängst zu bauen. Und du kannst nicht sinnvoll bauen, ohne die Anforderungen zu verstehen. Der einzige Ausweg aus diesem Zirkel ist: anfangen. Bauen. Lernen. Anpassen.

Gadamer selbst hat darauf hingewiesen, dass der Zirkel kein Teufelskreis ist, sondern eine produktive Bewegung. *Jedes Mal, wenn wir einen Teil verstehen, verändert sich unser Verständnis des Ganzen.* Und jedes Mal, wenn sich unser Verständnis des Ganzen verändert, sehen wir die Teile in neuem Licht. Das ist keine Schwäche des Erkenntnisprozesses – das ist sein Wesen. Der hermeneutische Zirkel ist keine Sackgasse, er ist eine Spirale, die sich mit jeder Iteration nach oben bewegt. Aber nur, wenn man iteriert. Wer versucht, den Zirkel durch mehr Planung zu durchbrechen, dreht sich nur schneller im Kreis. Er sammelt mehr und mehr Teile, hofft, dass irgendwann das Ganze erscheint – aber es erscheint nicht. Es kann nicht erscheinen, weil *das Ganze erst im Tun entsteht*.

Das ist das eigentliche Erkenntnisproblem, dem wir in der Produktentwicklung, ja in allem, was wir tun, nicht entkommen können: **Wir gewinnen Erkenntnis immer erst im Tun**. Jede Idee, die wir in der Planungsphase generieren, zeigt uns weitere Entscheidungsmöglichkeiten auf. Wir entwickeln zunächst einen funktionierenden Prototypen – vielleicht im besten Fall bereits im ersten Sprint, sogar ein releasefähiges Product Increment im Sinne von Scrum – lernen daran und dann entscheiden wir, ob wir weitermachen möchten. Das ist doch der Versuch, durch Scrum aus diesem Planungsproblem herauszukommen. Und doch hält sich die Dysfunktionalität hartnäckig.

Im verrücktesten Projekt, in das ich je geraten bin, hatten 40 Menschen ein Dokument geschrieben, das aus mehr als 1600 Seiten bestand. Zwei Jahre hatten sie dafür gebraucht. Ich kam dazu, als das Dokument „fertig“ war – wobei „fertig“ ein relativer Begriff ist bei einem Dokument, das ständig überarbeitet wurde. 40 Menschen. Zwei Jahre. 1600 Seiten. Für ein Produkt, das noch nicht einmal ansatzweise gebaut worden war.

Und dann erkannten sie, dass sie in den nächsten Jahren noch die Feinspezifikation schreiben müssten, damit man wissen könnte, was man tatsächlich liefern kann. Die 1600 Seiten waren nur das „Grobdesign“. Die Executive Summary – die Zusammenfassung – umfasste 300 Seiten. Dreihundert Seiten „Zusammenfassung“, des Grob Designs (!). Ich habe sie gelesen. Oder besser: Ich habe versucht, sie zu lesen. Es war ein Dokument voller Gemeinplätze. Sätze wie: „Das System soll benutzerfreundlich sein.“ „Die Performance soll den Anforderungen entsprechen.“ „Die Sicherheit hat höchste Priorität.“ Nichts Konkretes. Nichts, womit ein Entwickler hätte arbeiten können. 40 Menschen, zwei Jahre, 1600 Seiten – und am Ende wusste niemand, was eigentlich gebaut werden sollte.

Ich fragte damals: „Wann fangen wir an zu bauen?“ Die Antwort: „Wenn die Spezifikation fertig ist.“ „Und wann ist die Spezifikation fertig?“ Schweigen. Sie wussten es nicht. Sie konnten es nicht wissen. Weil eine Spezifikation nie „fertig“ ist. Sie wächst mit jedem neuen Gedanken, jeder neuen Anforderung, jeder neuen Idee. Sie ist ein lebendes Dokument – aber eines, das kein Leben hervorbringt. Nur mehr Papier.

Nassim Nicholas Taleb hat in „Antifragile“ einen Begriff geprägt, der das Problem auf den Punkt bringt: den „Sowjet-Harvard-Irrtum“ – der Glaube, dass Experten mit genügend Daten und Analyse die Zukunft vorhersagen und optimale Pläne erstellen können (Taleb 2012). Taleb zeigt, dass komplexe Systeme nicht durch Planung beherrschbar sind, sondern durch *Optionalität* – durch die Fähigkeit, schnell zu reagieren, wenn sich die Realität anders entwickelt als erwartet. Ein 1600-Seiten-Dokument ist das Gegenteil von Optionalität. Es ist ein Monument der Starrheit. Es bindet Ressourcen, schafft Pfadabhängigkeiten und macht die Organisation fragil statt antifragil.

Schaut man sich die Geschichte der agilen Bewegung an – die letzten 25 Jahre – und scannt durch die vielen Bücher und Methoden und Tools wie Impact Mapping, PESTLE, Customer Journey, Release Planning, Feature Buying, so fällt auf: Wir versuchen immer wieder das Problem zu lösen, wie man mit einem zu großen Backlog umgeht. Wir bekommen „Frontloading“ einfach nicht aus dem Denken von Projektmanagern heraus. Wir haben im Kapitel über Multitasking gesehen, wie Little's Law die Mathematik dahinter erklärt: Je mehr Work in Progress, desto länger die Durchlaufzeit. Frontloading ist Multitasking im Denken – wir laden alle möglichen Anforderungen gleichzeitig in unsere Köpfe, bevor wir auch nur eine davon umsetzen.

Meine Lösung war eigentlich immer die Brechstange. Einfach zu sagen: „Nein, reduziere jetzt das Backlog.“ Das klingt brutal. Das ist brutal. Aber manchmal ist Brutalität die einzige Sprache, die Organisationen verstehen.

Am einfachsten gelingt das mit Defect-Listen, die es in der Softwareentwicklung häufig gibt. Diese Listen sind ein Paradebeispiel für unkontrolliertes Wachstum. Sie wachsen und wachsen und wachsen. Jeder Bug, der gemeldet wird, landet auf der Liste. Niemand löscht etwas. Niemand priorisiert wirklich. Die Liste wird zum Friedhof der guten Absichten – all die Dinge, die man irgendwann mal fixen wollte, aber nie dazu kam.

Vor circa fünfzehn Jahren stand ich in einem Projekt vor genau so einer Liste. Tausende von Einträgen. Manche davon Jahre alt. Manche betrafen Features, die es längst nicht mehr gab. Manche waren Duplikate. Manche waren so vage formuliert, dass niemand mehr wusste, was eigentlich gemeint war. Ich sagte dem Chef der Entwicklung: „Wir nehmen jetzt die Liste der Defects und löschen alle.“

Die Reaktion war, als hätte ich vorgeschlagen, das Bürogebäude anzuzünden. Sie schauten mich an, als ob ich sie nicht alle hätte. „Das können Sie nicht tun.“ „Warum nicht?“ „Weil… weil das unsere Defects sind!“ Als ob die Defects ein Schatz wären, den man hüten müsste. Als ob das Wissen um all die Dinge, die nicht funktionieren, irgendwie wertvoll wäre – selbst wenn man nie dazu kam, sie zu beheben.

Ich sagte: „Okay, dann archivieren wir sie. Aber wir nehmen sie aus dem System raus. Sollten irgendwelche Informationen in dieser Liste für uns wichtig sein, können wir nachschauen. Aber bis dahin löschen wir sie.“ Die Pointe brauche ich nicht zu erzählen – wir haben nie wieder in die archivierte Liste hineingeschaut. Nie. Nicht ein einziges Mal. All diese Tausenden von Einträgen, die so wichtig schienen, dass man sie nicht löschen konnte – niemand vermisste sie.

Stattdessen führten wir die Regel ein: „Defects first.“ In der Sekunde, wo ein tatsächlicher Defect entstand, bekam das Team die Aufgabe, ihn vor jedem weiteren Feature zu beheben. Das änderte alles. Plötzlich hatten Defects Konsequenzen. Plötzlich lohnte es sich, von vornherein sauber zu arbeiten. Plötzlich war die Liste nicht mehr ein wachsender Friedhof, sondern ein lebendiges Werkzeug. Sie schrumpfte. Sie wurde handhabbar. Sie wurde nützlich.

Ein anderes Unternehmen entwickelte Software für Mobiltelefone, als es noch klassische Handys gab – vor dem iPhone, vor Android, in einer Zeit, die heute wie eine andere Ära wirkt. Sie hatten 14000 Backlog-Einträge. Vierzehntausend. Ich musste die Zahl mehrmals hören, bevor ich sie glaubte. Und sie hatten sich vorgenommen, mit acht Leuten diese 14000 Einträge einen Monat lang zu priorisieren.

Das muss man sich auf der Zunge zergehen lassen. Acht Menschen, einen Monat lang, nur damit beschäftigt, eine Liste zu sortieren. Nicht zu arbeiten. Nicht zu bauen. Nicht zu liefern. Sondern zu sortieren. Und selbst wenn sie fertig geworden wären mit dem Sortieren – was hätten sie dann gehabt? Eine sortierte Liste von 14000 Einträgen. Immer noch 14000 Einträge. Immer noch unmöglich abzuarbeiten.

Die 180 Entwickler in diesem Unternehmen konnten an einigen Features weiterarbeiten. Aber die Last dieser 14000 Einträge, die sich auch noch ständig änderten, führte dazu, dass die Produkte nicht fertig gebaut werden konnten. Jedes Mal, wenn eine Entscheidung anstand, musste jemand in diese Liste schauen. Jedes Mal gab es Diskussionen: Ist das wichtiger als das? Sollten wir nicht erst jenes machen? Die Liste wurde zum Zentrum der Organisation – aber einem Zentrum, das lähmte statt beflügelte.

Diese 14000 Einträge wurden natürlich nie wirklich geliefert. Am Ende des Tages ging die Firma bankrott. Das Mobiltelefon wurde nie fertig. Ich weiß nicht, was aus den acht Menschen wurde, die einen Monat lang priorisiert hatten. Ich weiß nicht, was aus den 180 Entwicklern wurde. Ich weiß nur: 14000 Backlog-Einträge haben dieses Unternehmen nicht gerettet. Sie haben es erstickt.

Ein Qualitätsmanager in einer großen Firma fragte mich um Rat. Er wollte wissen, wie man die Planungszeiten verkürzen könnte. Sie hätten ausgerechnet, dass sie 18000 Funktionalitäten pro Jahr zu bearbeiten haben. Mit ihren mehr als 3000 Entwicklern brauchten sie im Schnitt 50 Stunden pro Backlog-Eintrag. Ich schaute ihn entgeistert an: „Wenn Sie bei einer Grundgesamtheit von 18000 Datenpunkten wissen, dass Sie im Schnitt 50 Stunden benötigen, dann wissen Sie auch, dass mit hoher Wahrscheinlichkeit auch für die nächsten Tickets im Schnitt 50 Stunden Arbeit anfallen wird. Sie können sich das Einplanen, das Schätzen, das Durchdenken im Vorhinein schenken. Bei 18000 Einträgen können Sie sogar die Standardabweichung berechnen und wissen ganz genau, in welcher Bandbreite sich die nächsten Features befinden werden."

Er schaute mich an und sagte: „Sie haben mir gerade neun Monate Planungsaufwände erspart."

Aber warum dann trotzdem diese Obsession mit dem Planen? Warum machen intelligente Menschen immer wieder denselben Fehler? Warum lernen Organisationen nicht?

Die Antwort ist so simpel wie unbequem: *Angst*. Die Angst vor dem Unbekannten. Die Angst, die Kontrolle zu verlieren. Die Angst, vor dem Vorstand stehen zu müssen und zu sagen: „Ich weiß nicht genau, was es am Ende kostet." Die Angst, Verantwortung zu übernehmen für etwas, das man nicht vollständig überblickt. Die Angst, falsch zu liegen.

Planung gibt eine Illusion von Kontrolle. Sie fühlt sich sicher an. Sie gibt uns das Gefühl, alles im Griff zu haben. Wenn ich ein 1600-Seiten-Dokument habe, dann habe ich doch offensichtlich alles bedacht, oder? Wenn ich 14000 Backlog-Einträge habe, dann kann mir doch nichts entgehen, oder? Das Dokument wird zum Talisman. Zur Beschwörungsformel gegen die Unsicherheit. Zum Beweis, dass man seine Hausaufgaben gemacht hat. Doch diese Sicherheit ist trügerisch. Sie ist eine Lüge, die wir uns selbst erzählen.

Im Kapitel über den Manager haben wir Bourdieus Habitus-Konzept kennengelernt – die einverleibten Strukturen, die als zweite Natur verinnerlicht wurden. Der Habitus des Managers in traditionellen Organisationen ist: planen, kontrollieren, vorhersagen. Er hat gelernt, dass Unsicherheit gefährlich ist. Dass man Risiken durch Analyse eliminiert. Dass Wissen Macht ist – und je mehr man vorher weiß, desto mächtiger ist man.

Dieser Habitus ist tief verwurzelt. Er sitzt in den Knochen. Er wurde in Business Schools gelehrt, in Konzernen verstärkt, in Karrieren belohnt. Der Manager, der sagt: „Ich weiß es noch nicht, wir werden es herausfinden" – der wird nicht befördert. Der Manager, der ein 300-Seiten-Dokument präsentiert – der wirkt kompetent. Der zeigt, dass er die Sache ernst nimmt. Der beweist, dass er alles bedacht hat. Dass das Dokument nutzlos ist, dass es die Realität nicht abbilden kann, dass es das Projekt nicht retten wird – das zeigt sich erst später. Viel später. Wenn der Manager längst die nächste Position hat.

Der Ökonom Friedrich August von Hayek erhielt 1974 den Nobelpreis für seine Arbeit über verteiltes Wissen. In seiner Nobelpreisrede „The Pretence of Knowledge" – die Anmaßung des Wissens – warnte er eindringlich:

> *„The curious task of economics is to demonstrate to men how little they really know about what they imagine they can design" (Hayek 1974).*[1]

Was Hayek über zentrale Wirtschaftsplanung sagte, gilt für Projektplanung genauso: Wir überschätzen systematisch, wie viel wir wissen und wie viel wir kontrollieren

[1] Die seltsame Aufgabe der Ökonomie sei es, den Menschen zu zeigen, wie wenig sie tatsächlich über das wissen, was sie zu gestalten glauben.

können. Das Wissen, das wir für ein Projekt brauchen, ist verteilt – auf User, Entwickler, Stakeholder, den Markt. Es existiert in den Köpfen von Hunderten, vielleicht Tausenden von Menschen. Es existiert in Kontexten, die wir nicht kennen. Es existiert in einer Zukunft, die wir nicht vorhersagen können. Dieses Wissen kann nicht in einem Dokument gesammelt werden. Es kann nicht zentralisiert werden. Es kann nicht geplant werden. Es entsteht im Tun.

Hayek nannte den Glauben, dass zentrale Planung komplexe Systeme steuern kann, eine „verhängnisvolle Anmaßung". Die verhängnisvolle Anmaßung des Projektmanagements ist der Glaube, dass genügend Analyse, genügend Spezifikation, genügend Planung die Unsicherheit eliminieren kann. Sie kann es nicht. Sie hat es nie gekonnt. Sie wird es nie können.

Dabei wissen wir doch, was Dinge kosten. Ein mittelgroßer Büro-Wolkenkratzer mit 180 Metern Höhe, 45 Stockwerken und 100 000 Quadratmetern Nutzfläche kostet in Dubai etwa 170 Millionen Euro. Denselben Turm in Frankfurt zu bauen, kostet etwa 380 Millionen Euro. Das weiß man, weil man sowas schon mal gemacht hat. Man weiß ungefähr, was die Entwicklung eines Medikaments kostet, was die Entwicklung eines neuen Fahrrads kosten wird, was die Entwicklung einer neuen Kaffeemaschine kosten wird. Wenn ich nicht bereit bin, diese wahrscheinlich auftretenden Kosten zu bezahlen, brauche ich das Projekt gar nicht anzufangen. Dafür muss ich aber nichts planen – ich muss nur auf Erfahrungswerte schauen.

Andreas Opelt, zwei seiner Kollegen und ich haben ein Buch geschrieben, „Der Agile Festpreis", in dem wir versuchten, dieses Problem in den Griff zu bekommen (Opelt et al. 2023). Die Idee: Ja, natürlich haben wir ein Backlog. Das können wir auch initial schätzen. Aber wir packen auf die Backlog-Einträge jeweils einen Rucksack – eine Risikobewertung, im Grunde die Standardabweichung. Sollte sich während der Projektlaufzeit herausstellen, dass einzelne Items überhöhte Aufwände verursachen, kann man sofort reagieren. Das ist keine Planung im klassischen Sinn. Das ist Vorbereitung auf Überraschungen. Das ist Optionalität.

Ich sitze manchmal in Meetings und höre: „Aber wir müssen doch wissen, was wir bauen, bevor wir anfangen zu bauen." Und jedes Mal denke ich: Nein, müssen wir nicht. Wir müssen wissen, wohin wir wollen. Wir müssen wissen, für wen wir es bauen. Wir müssen wissen, welches Problem wir lösen. Aber die genaue Form, die genauen Features, die genauen 14 000 Backlog-Einträge? Die müssen wir nicht kennen. Die lernen wir im Tun. Im Kapitel über den User werden wir sehen, wie Design Thinking und Lean Start-up uns helfen, dieses Lernen zu strukturieren.

Das ist der Kern von allem. Frontloading ist der Versuch, Lernen durch Planen zu ersetzen. Aber Lernen geschieht nicht am Reißbrett. Lernen geschieht, wenn der erste User das Product Increment in der Hand hält und sagt: „Ja, aber eigentlich brauche ich…" Lernen geschieht, wenn das Team merkt: „Diese Architektur-Entscheidung war falsch." Lernen geschieht im Sprint Review, im Daily, in der Retrospektive. Lernen geschieht nicht in einem 1600-Seiten-Dokument.

Der Philosoph Karl Popper hat in seiner „Logik der Forschung" gezeigt, dass wissenschaftlicher Fortschritt nicht durch Verifikation entsteht, sondern durch Falsifikation – wir lernen, indem unsere Hypothesen an der Realität scheitern (Popper 1935). Eine Theorie, die nicht scheitern kann, ist keine wissenschaftliche Theorie. Sie ist ein Dogma. Popper revolutionierte damit unser Verständnis von Wissen: Wissen ist nicht das, was wir bewiesen haben. *Wissen ist das, was wir noch nicht widerlegt haben.* Und je öfter wir versucht haben, es zu widerlegen, desto robuster ist es.

Was bedeutet das für Projekte? Ein Sprint ist nichts anderes als ein Experiment. Eine Hypothese: „Wenn wir dieses Feature bauen, wird der User zufriedener sein." Oder: „Wenn wir diese Architektur wählen, wird das System performanter sein." Oder: „Wenn wir diese Schnittstelle gestalten, wird die Integration einfacher." Das Sprint Review ist der Moment der Falsifikation – oder der vorläufigen Bestätigung. Der User schaut auf das Inkrement und sagt: „Ja, das ist es" – oder: „Nein, das habe ich mir anders vorgestellt." In diesem Moment lernen wir. In diesem Moment wächst unser Wissen. In diesem Moment bewegen wir uns auf der hermeneutischen Spirale nach oben.

Frontloading versucht, alle Experimente im Kopf durchzuspielen, bevor man sie durchführt. Es versucht, alle möglichen Falsifikationen vorwegzunehmen. Es versucht, das Scheitern zu vermeiden, indem es alles vorher durchdenkt. Aber Gedankenexperimente können die Realität nicht ersetzen. Die Realität ist immer überraschender, komplexer, widerspenstiger als unsere Modelle. Die Realität enthält Variablen, die wir nicht bedacht haben. Nutzer, die sich anders verhalten als erwartet. Technologien, die nicht so funktionieren wie dokumentiert. Märkte, die sich schneller ändern als unsere Pläne.

Der Psychologe Daniel Kahneman, der für seine Arbeit über Entscheidungsfindung den Nobelpreis erhielt, hat den Begriff der „Planungsillusion" geprägt (Kahneman 2011). Menschen unterschätzen systematisch die Zeit, die Kosten und die Risiken von Projekten – selbst, wenn sie alle verfügbaren Informationen haben. Selbst wenn sie Experten sind. Selbst wenn sie es besser wissen müssten. **Die Planungsillusion ist kein Mangel an Information. Sie ist ein Merkmal unseres Denkens.** Wir können ihr nicht entkommen, indem wir mehr planen. Wir können ihr nur entkommen, indem wir weniger planen und früher mit der Realität konfrontiert werden.

Ich habe eine Übung, die ich manchmal in Trainings mache. Ich frage: „Wer von euch hat schon einmal ein Projekt erlebt, das genau so gelaufen ist wie geplant?" Niemand hebt die Hand. Nie. In 25 Jahren hat niemand die Hand gehoben. Dann frage ich: „Warum plant ihr dann so, als ob es möglich wäre?" Schweigen. Verlegenes Lachen. Achselzucken. Die Antwort kennen alle: weil es erwartet wird. Weil es sicher aussieht. Weil es der Habitus ist. Weil wir nicht wissen, was wir sonst tun sollen.

Aber es gibt etwas, das wir sonst tun können. Wir können anfangen. Wir können einen Sprint starten. Wir können ein Minimum Viable Product bauen. Wir können dem User etwas zeigen und fragen: „Ist es das?" Wir können scheitern, lernen, anpassen. Wir können den hermeneutischen Zirkel zur Spirale machen. Wir können Poppers

Falsifikation praktizieren. Wir können Hayeks verteiltes Wissen nutzen, indem wir es im Tun entstehen lassen.

25 Jahre Agilität. 25 Jahre, in denen wir versuchen, diese Botschaft zu vermitteln. Und doch sitzen irgendwo gerade acht Menschen und priorisieren 14000 Backlog-Einträge. Irgendwo schreiben 40 Menschen an einem Dokument, das nie gelesen werden wird. Irgendwo plant ein Manager neun Monate lang, was in 50 Stunden gebaut werden könnte. Irgendwo rechtfertigt jemand ein gescheitertes Projekt mit den Worten: „Wir hätten noch mehr planen müssen."

Nein. Ihr hättet weniger planen müssen. Ihr hättet früher anfangen müssen. Ihr hättet schneller scheitern müssen – um schneller zu lernen.

Vielleicht ist es Zeit, dass wir aufhören zu planen – und anfangen zu lernen. Der erste Sprint wartet. Die Frage ist: Wann fangen wir endlich an?

3.4 User-Ferne

Ich sitze in einem Konferenzraum in München. Vor mir 15 Produktmanager eines mittelständischen Bankhauses. Wir haben ein Training zum Thema Business Analyse und Design Thinking. Ich frage sie: „Wann habt ihr das letzte Mal mit einem eurer Kunden gesprochen?"

Stille.

„Also", sagt einer, „wir sprechen natürlich mit den Fachabteilungen."

„Nein", sage ich, „ich meine: mit einem echten Endkunden. Einem Bankkunden. Jemandem, der eure Produkte tatsächlich nutzt."

Wieder Stille. Dann Kopfschütteln. „Das machen wir eigentlich nicht."

„Gut", sage ich, „dann anders: Habt ihr wenigstens selbst schon mal den Job gemacht, den ihr später für den Kunden automatisieren wollt? Habt ihr mal eine Beratung durchgeführt? Ein Konto eröffnet? Einen Kredit beantragt? So, wie der User es tut?"

„Nein."

„Wann wart ihr das letzte Mal vor Ort? Bei einem eurer User? In seiner Filiale? An seinem Arbeitsplatz? Habt ihr zugeschaut, wie er eure Software wirklich benutzt?"

Wieder Schweigen. Dann: „Dafür haben wir doch die Anforderungsanalyse. Wir gehen zu den Fachbereichen. Wir fragen den Sales Manager."

Ich sitze da und denke: Genau da liegt das Problem. Diese Szene habe ich nicht nur einmal erlebt. Das ist kein Einzelfall aus München. Das ist ein Muster. Ein Muster, das sich durch Dutzende von Trainings zieht, durch Hunderte von Coaching-Sessions, durch unzählige Unternehmen. Die Gesichter wechseln. Die Städte wechseln. Die Branchen wechseln. Aber die Antworten bleiben gleich. „Wir sprechen mit den Fachabteilungen." „Dafür haben wir die Anforderungsanalyse." „Das macht doch der Product Owner."

Unternehmen wollen im Grunde gar nicht entwickeln, was der User braucht. Sie wollen das anbieten, was sie können. Was in ihre Prozesse passt. Was ihre Abteilungen schon immer gemacht haben. Was ihre Systeme hergeben. Was ihre Entwickler programmieren können. Der User ist in diesem Denken ein Störfaktor. Einer, den man managen muss. Einer, dessen Wünsche man in ein Pflichtenheft gießen kann. Einer, den man befragen kann, um dann doch das zu bauen, was man schon vorher bauen wollte.

Ich habe es nicht nur Hunderte Male erlebt. Ich war selbst eine dieser Personen. Ich habe meine berufliche Karriere als Service Relationship Analyst bei Electronic Data Systems angefangen. Meine Aufgabe war simpel: Ich sollte zur Fachabteilung laufen, herausfinden, was gebraucht wird, das Ganze in ein „Business Design" – die meisten nennen es Pflichtenheft – umschreiben, damit der Entwickler dann genau wusste, was er liefern sollte. So die Theorie. Die Realität? Als ich mit den Fachabteilungen nach der Implementierung über die Testfälle sprechen wollte, stellte sich heraus: Die Testfälle, die wir uns überlegten, hatten sehr wenig mit den ursprünglichen Anforderungen zu tun.

Dieses Bild – das mir vor 30 Jahren passiert ist – wollte die Industrie seitdem immer wieder auflösen. Durch bessere Business-Analyse. Immer wieder wurden Versuche gestartet: UML-Diagramme, Strukturdiagramme, Business-Analyse-Tools, Design-Workshops. Immer wieder die gleiche Hoffnung: Wenn wir die Analyse nur gut genug machen, wenn wir das Business Design nur präzise genug erstellen, dann wird es funktionieren. Es funktioniert nicht.

Die Krönung erlebte ich in einem Projekt, an dem 40 Menschen – ungelogen, 40 Menschen – zwei Jahre lang an einem sogenannten Grobdesign geschrieben hatten. Daraus entstanden 1600 Seiten Dokumentation. Für ein Produkt. Die Executive Summary umfasste 300 Seiten. Dreihundert Seiten „Zusammenfassung". In dieser Executive Summary standen nicht viel mehr als Gemeinplätze.

Dasselbe Phänomen habe ich in Dutzenden, vielleicht Hunderten anderen Projekten immer wieder erlebt: Da werden seitenweise Dokumentationen und Pflichtenhefte geschrieben. Am Ende weiß der Entwickler, wenn es zu ihm gelangt, trotzdem nicht, was er konkret liefern soll. Weil wieder zig Fälle nicht beschrieben sind. Oder weil sich, bis diese Anforderung beim Entwickler angekommen ist, die Anforderung bereits überholt hat. Sich die Technologie verändert hat. Oder die Menschen, die erklären können, was sie damals geschrieben haben, schon gar nicht mehr im Unternehmen sind.

Ich erlebte einmal in einem Unternehmen, das ein sehr modernes Internet-Business aufbauen wollte, eine noch absurdere Variante. Die hatten sich überlegt: Wir stellen 32 Produktmanager an. Die schrieben nun PowerPoint-Slide nach PowerPoint-Slide mit Veränderungsvorschlägen darüber, wie diese Webseiten auszusehen hätten. Das Ganze sollte von 18 Entwicklern umgesetzt werden. Diese 18 Entwickler hatten mehr damit zu tun, die Fragen der 32 Produktmanager zu beantworten, als tatsächlich zu programmieren. 32 Menschen reden. 18 Menschen hören etwas anderes. Am Ende kommt etwas völlig Drittes heraus. Der Kunde sagt etwas. Die Organisationsabteilung hört etwas anderes. Sie schreibt es auf. Die Entwickler lesen etwas Drittes. Sie bauen etwas Viertes. Am Ende bekommt der Kunde etwas, das er nicht wollte. Alle wundern sich, warum er unzufrieden ist.

Das Verrückte ist: Alle wissen, dass es nicht funktioniert. Alle wissen, dass man den Kunden nicht einfach fragen kann, was er will. Hat Henry Ford es auf den Punkt gebracht? „Wenn ich die Menschen gefragt hätte, was sie wollen, hätten sie gesagt: schnellere Pferde." Ob Ford das wirklich so sagte, ist historisch umstritten. Es gibt keine direkte Quelle dafür. Aber das Zitat ist so prägnant, dass es den Kern des Problems perfekt beschreibt – unabhängig davon, wer es zuerst formulierte.

Mir ist dieses Phänomen das allererste Mal selbst passiert, als junger Service Relationship Analyst. Ich ging in die Fachabteilung und sollte fragen: Welche Zahlen wollen sie auf den Reports sehen? Kurz gesagt, wir sollten neue Reports für den Verkauf unseres Kunden machen, damit dort gewusst wird, wie viele Wagen pro Tag verkauft werden. Als Antwort bekam ich: „Ah, meinst du die Reports, die dort hinten in der Ecke liegen?" 1998 wurden tatsächlich noch gigantische Papierschlachten gemacht. Ganze Wälder wurden abgeholzt, um Papier zu produzieren, das dann durch irgendwelche Nadeldrucker gejagt wurde, um Reports mit Verkaufszahlen zu machen. Aber gelesen wurde, wenn überhaupt, nur die allererste Seite. Der Rest des riesigen Papierstapels landete in der Ecke. Als ich fragte: „Na, aber woher kommen denn diese Zahlen?", sagte man mir: „Na, da fragst du am besten deine Kollegen bei EDS, die wissen besser als wir, wo die Zahlen genau herkommen."

Also bin ich aus der Abteilung rausgegangen und habe genau das gemacht: Ich habe meine EDS-Kollegen gefragt. Welche Zahlen auf den Reports stehen, wo die herkommen, wie Reports tatsächlich aussehen sollten. Dann haben wir – ohne noch einmal die User zu fragen – neue Reports produziert. Basierend auf der Anforderung des Kunden, grundsätzlich alle möglichen Varianten von Reports herstellen zu können. Das brauchte dann ein bestimmtes komplexes Business-Modell und entsprechende Datenbanken. Aber das war dann nicht mehr weiter kompliziert. De facto musste die IT-Abteilung, unsere Softwareentwicklungsabteilung, damals besser als der Kunde verstehen, wie das Business des Kunden funktionierte. Dazu gab es auch eine Kernaussage bei Electronic Data Systems damals, die sagte: Softwareentwicklung können wir jedem beibringen. Deswegen stellen wir in der Regel Fachpersonal ein, das die Domäne versteht, sodass wir dann die Domäne mithilfe von Softwareentwicklung abbilden können. Genau das war hier passiert.

Die Reports, die wir dann am Ende produzierten, wurden genutzt. Allerdings passierte wieder das, was in vielen dieser Migrationsgeschichten passiert: Den eigentlichen Sinn und Zweck dieses ganzen Reports hätte man auf einer DIN-A4-Seite oder sogar einer DIN-A5-Seite präsentieren können. Denn der eigentliche Adressat dieses Reports war ganz am Ende doch der Chef des Verkaufs, und der wollte einfach nur die Verkaufszahlen der gesamten Organisation sehen. Ja, klar, brauchte es dann Spezialreports für die einzelnen Händler und die einzelnen Bundesländer. Aber anstatt jeden Morgen in der Datenbank mehrere 10000 Reports fertig vorzuhalten, die über Nacht generiert worden wären, hätte es eigentlich ein oder zwei fertig entwickelte Reports gebraucht. Die anderen hätte man dann durch Datenbankabfragen, die man hätte vordesignen können, ad hoc liefern können. Aber das weiß ich heute.

Ich kann gut verstehen, dass man den User nicht in den Projekten haben will. Ich verstehe es, weil es so lebensfern in den Organisationen ist, dass mich Menschen immer völlig entgeistert anschauen, wenn ich davon spreche. Als würde ich vorschlagen, einen Außerirdischen ins Büro zu holen.

Letzte Woche war ich in einem Training in einer deutschen Stadt, mehr kann ich aus Geheimhaltungsgründen nicht sagen. Wir sprachen über Business-Analyse, über die Frage, wie man herausfindet, was der User braucht. Ich erklärte, dass man den User beobachten muss, dass man in seine Welt gehen muss, dass man verstehen muss, wie er arbeitet, was ihn frustriert, wo er improvisiert. Die Teilnehmer schauten mich an, als hätte ich ihnen gerade erklärt, wie man auf dem Mars landet. „Aber“, sagte einer, „wir haben doch die Anforderungsanalyse. Wir gehen doch zu den Fachbereichen und fragen, was sie brauchen.“ „Nein“, sagte ich, „das ist nicht, was ich meine. Ich meine nicht, dass ihr Leute befragt. Ich meine, dass ihr sie beobachtet. Dass ihr zuschaut, wie sie arbeiten. Dass ihr ihre Probleme seht, nicht nur hört, was sie sagen, das sie brauchen.“

Die Verwirrung im Raum war greifbar. Das war nicht, was sie unter Business-Analyse verstanden. Sie dachten an Interviews. An Requirements-Dokumente. An Checklisten. Sie dachten nicht daran, einen Tag lang in einer Filiale zu sitzen und zuzuschauen, wie ein Bankmitarbeiter tatsächlich mit Kunden umgeht. Sie dachten nicht daran, einen Außendienstmitarbeiter zu begleiten und zu sehen, wo die Software versagt, wo er Workarounds entwickelt hat, wo er flucht, weil etwas nicht funktioniert, wie es sollte.

Dann machten wir eine Übung. Ich ließ die Mitarbeiterinnen und Mitarbeiter tatsächlich die Fachabteilung anrufen. Nicht um Anforderungen abzufragen. Sondern um sich zeigen zu lassen, wie dort gearbeitet wird. Um zuzuschauen. Um zu verstehen. Was passierte, war bemerkenswert. Sie kamen zurück mit neuen Ideen. Mit Features, an die niemand gedacht hatte. Mit Lösungsmöglichkeiten, die nicht in den Requirements standen. Mit einem völlig anderen Verständnis dafür, was diese Abteilung in diesem Konzern wirklich brauchte. Nicht was die Fachabteilung sagte, dass sie brauchte. Sondern was sie tatsächlich brauchte, basierend darauf, wie sie wirklich arbeitete.

All das ist mir erst klar geworden, als ich mich intensiv mit Design Thinking auseinandergesetzt habe – ich habe diesen Ansatz in Teil II (Kapitel 2) beschrieben. Nachdem wir das Problem identifiziert hatten, dass der Product Owner gar nicht alles wissen kann, dass er nicht die Antworten auf alle Fragen haben kann, dass er nicht jede Situation vorhersehen kann, mussten wir einen Prozess entwickeln oder herausfinden, der den Product Owner unterstützt. Einen Prozess, der dem gesamten Team hilft zu verstehen, was der User wirklich braucht.

Ich konnte es plötzlich überall sehen. In jedem Projekt. Immer wieder. Ich erinnere mich an ein Projekt in Wien. Eine Bank. Wir hatten den Auftrag, mit wenig Geld eine Beratungs-App für Bankmitarbeiter prototypisch zu bauen. Ein sechsköpfiges Entwicklungsteam. Eine wunderbare UX-Designerin. Klare Anforderungen. Klare Projektideen, was wir umsetzen sollten. Wir hatten die Herausforderung angenommen, völlig eigenständig aus uns heraus dieses System zu bauen. Wir waren sogar dort gewesen, in der Bank, haben uns angeschaut, wie Bankmitarbeiter arbeiten, haben beobachtet, Notizen gemacht. Wir hatten uns überlegt, was wir tun könnten, welche Features helfen würden, wie die Oberfläche aussehen sollte.

Wir arbeiteten in kurzen Sprints. Wir implementierten schnell. Wir bauten wunderbare grafische Oberflächen, modern, clean, professionell. Wir waren stolz auf das, was wir gebaut hatten. Aber – und hier kommt das Problem – es dauerte sehr lange, bis wir den echten User mit dem, was wir entwickelt hatten, konfrontieren durften. Warum? Weil es die Angst im Unternehmen gab, dass man dem User ja nicht zeigen dürfe, was man entwickelt hatte. Nicht bevor es fertig war. Nicht bevor es perfekt war. Nicht bevor alle Features implementiert waren, alle Bugs behoben, alles getestet.

Als wir es dann endlich zeigen durften – Wochen später, vielleicht sogar Monate später – saß der Bankmitarbeiter davor und fand sich einfach nicht zurecht. Er klickte herum. Er suchte. Er fragte: „Wo finde ich...?“ Die Oberfläche war nett. Sie war sogar schön. Aber sie half ihm nicht weiter. Sie passte nicht zu seiner Arbeit, nicht zu seinem Denken, nicht zu dem, wie er mit Kunden sprach und was er in dem Moment brauchte, wenn ein Kunde vor ihm saß und eine Frage stellte.

Das war der Moment, wo ich begriff: Es reicht nicht, schöne Software zu bauen. Es reicht nicht, Features zu implementieren. Es reicht nicht einmal, alles technisch richtig zu machen. Es reicht nicht, die User einmal am Anfang zu beobachten und dann monatelang im Kämmerlein zu entwickeln. Wenn der User sich nicht zurechtfindet, wenn die Software nicht in seine Arbeit passt, wenn sie nicht das Problem löst, das er tatsächlich hat – dann ist es irrelevant, wie gut sie gebaut ist. Wenn wir ihn erst am Ende fragen, wenn wir ihm erst zeigen, was wir gebaut haben, nachdem alles fertig ist, dann haben wir Monate verloren. Dann müssen wir zurück. Dann müssen wir umbauen. Dann ist die Frustration im Team riesig, weil sie so hart gearbeitet haben, so stolz waren, und dann kommt jemand und sagt: „Das ist nicht, was ich brauche."

Die vielleicht lustigste und ein Stück weit auch traurigste Geschichte – und aus meiner Sicht die bildhafteste, die ich anzubieten habe – ist mir nicht selbst passiert. Sie wurde mir erzählt. In einem meiner Workshops. Von einem Team, dem genau das passiert war, was ich gerade beschrieben habe. Nur noch absurder.

Sie hatten eine App für Landwirte entwickelt. Um Lieferungen besser steuern zu können. Konkret ging es um Rüben. Die Situation ist folgende: Ein Bauer fährt mit seinem Traktor über die Felder, holt die Rüben aus dem Acker, wirft sie neben sein Feld, sodass der Traktor mit dem Anhänger – meistens ein anderer, vielleicht sogar ein Lieferdienst – die Rüben abholen kann. Damit die Rüben anschließend noch richtig zugeordnet werden können, bekommt jeder dieser Haufen am Feldrand eine Nummer. Eine Nummer, die dem Landwirt zugeordnet werden kann, sodass entsprechend abgerechnet werden kann.

Das lief jahrelang so. Mit Papier. Mit Stift. Mit handgeschriebenen Nummern auf Zetteln, die am Feldrand befestigt wurden oder in Logbüchern notiert wurden. Aber das war umständlich, fehleranfällig, langsam. Also kam die Idee auf, das zu verbessern. Elektronisch abzuarbeiten. Dem Landwirt eine Art ERP zur Verfügung zu stellen. Er sollte in seinem Traktor schnell die Angaben machen – am besten in einem Tablet-fähigen Gerät – und dann würde der Abholer es sofort mitbekommen, dass er die Rüben da abholen kann. Alles würde automatisch laufen. Keine Zettel mehr. Keine Fehler mehr. Alles digital, effizient, modern.

Die Entwicklungsabteilung lieferte dieses wunderbare Feature. Diese wunderbare App. Sie war gut gebaut. Sie sah gut aus. Sie funktionierte technisch einwandfrei. Sie wurde getestet, geprüft, freigegeben. Alles lief perfekt. Im Labor. Im Büro. Auf den Tablets der Entwickler.

Und dann kamen die Anrufe.

Nicht jeden Tag. Aber doch regelmäßig. Immer wieder. User riefen an und sagten: „Diese App funktioniert nicht." Die Entwickler waren verwirrt. Sie testeten. Sie prüften. Sie versuchten es nachzustellen. Sie testeten ihre App, sie fanden keine Fehler. Sie bauten es, schauten es sich an, testeten es und testeten es und sagten jedes Mal wieder zu den Usern: „Funktioniert!" Aber die Anrufe hörten nicht auf. „Funktioniert nicht." „Ich kann es nicht bedienen." „Es geht nicht."

Die Entwickler wurden frustriert. Was sollte das? Die App funktionierte doch. Sie hatten sie hundertmal getestet. Sie lief stabil. Keine Bugs. Keine Crashes. Alles war in Ordnung. Was war das Problem? Warum verstanden die User nicht, wie man sie bedient? Vielleicht waren sie nicht technisch versiert genug? Vielleicht brauchten sie ein besseres Tutorial? Vielleicht war die Benutzeroberfläche zu kompliziert? Sie optimierten. Sie vereinfachten. Sie testeten wieder. Und wieder sagten die User: „Funktioniert nicht."

Nach einigen Wochen war es dem Projektmanager zu bunt. Immer wieder das gleiche Feedback zu hören, dass die App nicht funktionieren würde, obwohl sie technisch einwandfrei lief. Er sagte: „Ich fahre jetzt mal raus. Zu einem Landwirt. Und lasse mir genau zeigen, was da nicht funktioniert."

Er fuhr raus. Aufs Land. Zu einem der Landwirte, die sich beschwert hatten. Der Landwirt nahm ihn mit auf den Traktor. „Kommen Sie", sagte er, „ich zeige es Ihnen." Sie stiegen ein. Der Traktor startete. Sie fuhren aufs Feld.

Jetzt muss man sich klarmachen, wie es in so einem laufenden Traktor ist. Mein Schwiegervater ist Landwirt, und ich hatte mal die Gelegenheit, in einem fahrenden Traktor zu sitzen, während er das Feld bestellte. In diesem Traktor vibriert alles. Aber das vibriert nicht leicht. Das schüttelt alles hin und her. Das Lenkrad. Den Sitz. Die Armaturen. Alles wackelt. Alles bebt. Der ganze Körper wird durchgeschüttelt. Das ist keine sanfte Fahrt. Das ist wie in einem Mixer.

Genau das fiel dem Projektmanager auf, der rausgefahren war. Der Traktor wackelte derart, dass es so gut wie unmöglich war, die App sinnvoll zu bedienen. Der Landwirt versuchte, auf dem Tablet zu tippen, während er gleichzeitig lenkte, während der Traktor über holprige Feldwege rumpelte, während alles bebte und wackelte. Er tippte. Er verfehlte die Buttons. Er tippte wieder. Wieder daneben. Fehltippen. Falscher Eintrag. Fehler. Zurück. Nochmal. Wieder falsch.

Die App funktionierte. Technisch. Aber sie war für den Einsatzzweck in dieser Art und Weise völlig ungeeignet.

Das Team hatte Monate damit verbracht, eine perfekte App zu entwickeln. Sie hatten sie getestet, optimiert, verfeinert. Sie hatten sich Gedanken gemacht über die Benutzeroberfläche, über die Navigation, über die Datenerfassung. Sie hatten alles richtig gemacht. Im Büro. Am Schreibtisch. Auf einem ruhigen Tablet, das auf einem Tisch lag. Aber keiner von ihnen war jemals auf einem Traktor gesessen. Keiner von ihnen hatte die App in der Umgebung getestet, in der sie tatsächlich genutzt werden sollte. In einem vibrierenden, wackelnden, holpernden Traktor auf einem unebenen Feld.

Das ist User-Ferne. Das ist, was passiert, wenn man nicht mit dem User spricht. Wenn man nicht beobachtet, wie er arbeitet. Wenn man nicht versteht, in welcher Umgebung das Produkt tatsächlich genutzt wird. Man baut etwas Perfektes. Etwas, das technisch einwandfrei ist. Und es ist trotzdem völlig unbrauchbar.

Es ist wie verhext. Ich erzähle die Geschichte vom Traktor. Ich erzähle, wie mir letztens passiert ist, dass ich Leuten gezeigt habe, wie einfach es ist: fünf Minuten. Nur fünf Minuten remote mithilfe von MS Teams einer Mitarbeiterin dabei zusehen, wie sie ein Vertragswerk bearbeitet. Fünf Minuten, in denen sofort sichtbar wird, wie umständlich das ist. Wie viele Klicks. Wie viele verschiedene Systeme. Wie viel Copy-Paste. Wie leicht man das mit ein wenig Programmieraufwand hätte ändern können. Ich erzähle, wie wir selbst einmal Features für eine Bank entwickelt haben und dann doch haarscharf an dem vorbeientwickelt haben, was der User wirklich braucht.

Jedem ist das eingängig. Jeder nickt. Jeder versteht. Jeder sagt: „Ja, natürlich. Das macht Sinn."

Aber dann – und hier wird es absurd – finden selbst Menschen in den Workshops, Menschen in den Teams, Entschuldigungen. Als wären sie indoktriniert. Ein Argument nach dem anderen, warum man nicht mit dem wirklichen User – egal ob es der interne ist oder ob es der externe User ist – ins Gespräch kommen kann.

„Der User hat keine Zeit." „Wir müssen erst fertig sein, bevor wir es zeigen." „Der User versteht das noch nicht." „Wir können den User nicht stören." „Das ist zu kompliziert zu organisieren." „Dafür haben wir die Fachabteilung." „Dafür haben wir den Product Owner."

Und das Beste, das Allergrößte, das mir immer wieder begegnet: „Man kann die Softwareentwickler nicht direkt mit den Usern reden lassen." Als wären Entwickler Kinder, die man vor der harten Realität schützen muss. Als wären User gefährliche Wesen, die die Entwickler überfordern würden. Als würde das Gespräch zwischen einem Entwickler und einem User die gesamte Organisation zum Einsturz bringen.

Diese Ansichten sind wie eingebrannte Vorurteile. Sie werden nicht hinterfragt. Sie werden weitergegeben. Von Generation zu Generation. Von Projekt zu Projekt. Von Organisation zu Organisation. Sie führen dann am Ende immer wieder zum selben Ergebnis: Wir haben zwar etwas geliefert, aber nicht das, was der User wirklich braucht.

Dabei gibt es Firmen, die es verstanden haben. Ich war 2008 in Rio de Janeiro. Bei der Firma globo.com – das ist der digitale Arm des Fernsehsenders Globo in Rio. Dort habe ich das allererste Mal ein User Experience Lab gesehen. Einen ganzen Raum. Mit einer Glasscheibe. Auf der einen Seite saßen die Menschen, für die man die Applikation entwickelt hat – die Fernsehsendung, das Spiel, was immer da zu entwickeln war. Sie benutzten das Produkt. Klickten. Suchten. Probierten. Auf der anderen Seite saßen die Entwickler, die Designer, die Product Owner. Sie schauten zu. Sie sahen, wo der User zögerte. Wo er suchte. Wo er frustriert war. Wo er lächelte. Sie mussten nicht raten. Sie mussten nicht vermuten. Sie sahen es. Direkt. In Echtzeit.

Das hatte ich auch schon bei der BBC Digital gesehen. 2005. Ein Manager brachte mich in das Office der BBC Digital. Sie hatten dort ein ganzes Wohnzimmer aufgebaut. Mit Sofa. Mit Fernseher. Mit allem, was in einem normalen britischen Wohnzimmer steht. Warum? Damit sie sehen konnten, wie die Menschen zu Hause die Applikationen benutzen. Nicht im sterilen Testlabor. Nicht am Schreibtisch. Sondern so, wie sie es wirklich tun würden. Auf dem Sofa liegend. Mit dem Laptop auf dem Schoß. Mit einer Tasse Tee in der Hand. Mit dem Partner, der nebenbei Fragen stellt. Mit dem Kind, das hereinkommt und etwas will.

Es gibt offensichtlich Firmen, die das verstanden haben. Die wissen, dass man nicht raten muss. Dass man nicht vermuten muss. Dass man einfach hingehen und schauen kann. BBC. Globo. Keine kleinen Start-ups. Große, etablierte Medienunternehmen. Sie haben verstanden: Wenn wir für Menschen etwas bauen, müssen wir diese Menschen sehen. Wir müssen ihnen zusehen. Wir müssen verstehen, wie sie leben, wie sie arbeiten, was sie brauchen.

Und dann gibt es in unserer Welt, in den Organisationen, in denen ich arbeite, in denen du arbeitest, zig Gründe, die einem genannt werden, warum das nicht ginge. Warum das bei uns anders ist. Warum das bei uns nicht funktioniert. Warum wir eine Ausnahme sind.

Aber wir sind keine Ausnahme. Wir sind nur zu feige.

Eine meiner Lieblingsgeschichten kommt von Haier, dem chinesischen Haushaltsgerätehersteller. Zhang Ruimin, der CEO von Haier, hat sein Unternehmen mit einer radikalen Philosophie aufgebaut: „Zero Distance to the Customer." Null Abstand zum Kunden. In den 1990er-Jahren beschwerte sich ein Bauer bei Haier, dass seine Waschmaschine ständig verstopfe. Ein Servicetechniker fuhr hinaus aufs Land, um das Problem zu untersuchen. Was er fand, war überraschend: Der Bauer benutzte die Waschmaschine nicht nur für Kleidung. Er wusch damit Süßkartoffeln. Für die Ernte. Um den Dreck abzuwaschen, bevor er die Kartoffeln zum Markt brachte.

Was hätte ein typisches Unternehmen getan? Vermutlich hätte man dem Bauern erklärt, dass er die Maschine falsch benutzt. Dass Waschmaschinen für Kleidung sind, nicht für Gemüse. Vielleicht hätte man ihm die Garantie verweigert. Zhang Ruimin tat etwas anderes. Er fragte: Wenn Bauern Waschmaschinen zum Waschen von Kartoffeln benutzen, warum entwickeln wir dann keine Waschmaschine, die genau das kann?

Haier entwickelte eine Waschmaschine mit größeren Abflussrohren und verstärkten Trommeln. Eine Maschine, die sowohl Kleidung als auch Gemüse waschen konnte. 2009 brachten sie sogar eine seifenfreie Version auf den Markt. Das Produkt wurde ein Erfolg bei ländlichen Kunden in ganz China.

Das ist Zero Distance to the Customer. Nicht fragen, was der Kunde will. Nicht ein Pflichtenheft erstellen. Sondern hingehen. Beobachten. Verstehen, was der Kunde wirklich tut. Was sein Leben ist. Was seine Probleme sind. Was seine Improvisationen sind. Und dann – nur dann – etwas bauen.

Die Geschichte von Haier zeigt, was möglich ist. Sie zeigt aber auch, warum die meisten Unternehmen es nicht tun. Denn um so zu handeln, musst du bereit sein, deine Annahmen loszulassen. Du musst bereit sein zuzugeben, dass du nicht weißt, was der Kunde braucht. Du musst bereit sein, überrascht zu werden. Vielleicht sogar geschockt. Du musst bereit sein, deine Prozesse zu ändern. Deine Produkte zu ändern. Dein gesamtes Denken zu ändern.

Das ist der Mut, den der Servicetechniker bei Haier hatte. Er sagte nicht „Sie verwenden das Produkt falsch". Er fragte „Was brauchen Sie wirklich?" Er kam zurück mit einer Geschichte, die niemand erwartet hatte, die zu einem Produkt führte, das niemand geplant hatte, das aber genau das war, was gebraucht wurde.

In Scrum reden wir viel über den Product Owner. Über den Single Wringable Neck, wie es Ken Schwaber nannte. Die eine Person, die für das Produkt verantwortlich ist. Aber was wir oft vergessen: Der Product Owner ist nicht nur verantwortlich für das WAS. Er ist auch verantwortlich dafür, herauszufinden, was das richtige WAS ist. Das kann er nicht, indem er in seinem Büro sitzt und Backlogs schreibt. Das kann er nicht, indem er Anforderungen sammelt und in Jira einträgt. Das kann er nur, indem er rausgeht. Zu den Kunden. In ihre Welt. In ihre Realität.

Er muss beobachten, wie sie arbeiten. Er muss verstehen, was sie frustriert. Er muss sehen, wo sie improvisieren, weil die aktuellen Lösungen nicht passen. Er muss entdecken, wo sie das Produkt auf Weisen benutzen, die niemand vorhergesehen hat. Wie der Bauer, der seine Waschmaschine für Kartoffeln benutzt. Wie man auch bei Design Thinking sieht: In der Phase Empathize versetzen sich Spezialisten mit ihrem Fach-Know-how in den User hinein. Sie beobachten ihn. Sie verstehen sein Problem. Aber sie fragen ihn nicht einfach: „Was willst du?" Denn die Antwort wäre: Schnellere Pferde. Bessere Reports, die dann in der Ecke landen. Komplexere Waschmaschinen, die trotzdem nicht für Kartoffeln geeignet sind.

Die Frage, die in jedem Workshop gestellt wird, nachdem ich diese Geschichten erzählt habe, nachdem die Erkenntnis da ist: „Ja, aber wie konkret? Was soll ich morgen anders machen? Wie fange ich an?"

Die Antwort ist unbequem, weil sie einfach ist und gleichzeitig unglaublich schwer: Man beginnt dort, wo es am meisten wehtut, wo die Angst am größten ist, wo die Organisation am heftigsten Widerstand leistet. Man beginnt damit, die User in die Sprint Reviews zu bringen.

Das ist die allererste Bewegung, die ein Scrum Master machen muss. Nicht in der Theorie, nicht im Workshop, nicht auf dem Papier, sondern in der harten Realität einer Organisation, die sich dagegen wehrt, die tausend Gründe hat, warum das nicht geht, warum das zu kompliziert ist, warum das zu früh ist, warum die User keine Zeit haben, warum man erst noch mehr entwickeln muss, bevor man etwas zeigen kann.

Die erste Frage, die sich ein Scrum Master stellen muss, ist: Schaffe ich es gegen die Organisation, den User in die Reviews hineinzubekommen?

Ich erinnere mich an einen Scrum Master in einem großen Telekommunikationsunternehmen, nennen wir ihn Michael. Er hatte gerade eine Scrum-Zertifizierung absolviert, war voller Enthusiasmus, wollte alles richtig machen. Sein Team entwickelte eine neue App für Geschäftskunden, und sie machten brav ihre Sprint Reviews, alle zwei Wochen, präsentierten, was sie gebaut hatten. Aber niemand von außerhalb des Teams war da, nur der Product Owner, manchmal ein Manager aus der Fachabteilung, die das ursprünglich in Auftrag gegeben hatte. Keine echten User, keine Geschäftskunden, niemand, der die App tatsächlich nutzen würde.

„Wir müssen User in die Reviews bringen", sagte Michael zu seinem Product Owner.

„Warum? Wir wissen doch, was sie brauchen. Wir haben die Anforderungen."

„Nein", sagte Michael, „wir denken, wir wissen es. Aber wir müssen es testen. Wir müssen sehen, ob es funktioniert."

Der Product Owner zögerte. „Das ist kompliziert. Die Kunden haben keine Zeit. Wir müssen erst fertig sein."

Michael bestand darauf. Er organisierte es selbst, rief Kunden an, erklärte, lud ein. Beim nächsten Review saß ein echter Geschäftskunde im Raum.

Das Team präsentierte. Zeigte die Features. Der Kunde schaute. Klickte. Dann sagte er: „Ja, das sieht gut aus. Aber das löst nicht mein Problem."

Stille im Raum.

„Was meinen Sie?"

„Mein Problem ist nicht, dass ich die Daten nicht sehen kann. Mein Problem ist, dass meine Mitarbeiter im Außendienst sind, die haben nicht immer Internet, die brauchen etwas, das offline funktioniert, das sich synchronisiert, wenn sie wieder Netz haben. Das hier", er deutete auf den Bildschirm, „das braucht konstante Verbindung, das funktioniert nicht für uns."

Drei Monate Entwicklung. Dutzende von Features. Hunderte von Stunden. Und es löste nicht das Problem. Es war nicht falsch, es war nicht schlecht gemacht, es war nur irrelevant für die tatsächliche Situation, in der sich die User befanden.

Michael fuhr zurück ins Büro, rief sein Team zusammen, erzählte, was passiert war. Stille. Dann Frustration, dann Ärger. „Warum hat uns das niemand gesagt? Warum stand das nicht in den Requirements?"

„Weil niemand gefragt hat", sagte Michael, „Weil niemand draußen war, weil niemand zugeschaut hat, wie die User wirklich arbeiten, weil wir alle angenommen haben, wir wüssten, was sie brauchen."

Das Team baute die App um, fundamental, änderte die Architektur, implementierte Offline-Synchronisation. Diesmal gingen sie alle vier Wochen zum Kunden, zeigten, was sie hatten, fragten, testeten, beobachteten, lernten. Die App, die am Ende rauskam, war eine völlig andere als die, die ursprünglich geplant war. Aber sie funktionierte, die Kunden nutzten sie, sie löste ihr Problem.

Der User muss Teil des Prozesses werden, nicht am Ende, nicht als Validierung von etwas, das schon fertig ist, sondern währenddessen, als ständige Quelle von Feedback, als Realitätscheck, als Korrektur für all die Annahmen, die wir machen, für all die Vermutungen, die wir haben über das, was Menschen brauchen und wollen. Wenn der User in den Reviews ist, wenn das Development Team selbst mit dem Product Owner gemeinsam sieht, wie der User reagiert, was funktioniert und was nicht, was verwirrt und was erfreut, dann können sie gemeinsam die neuen User Stories entwickeln, dann können sie neue Funktionalitäten in das System bringen, die tatsächlich gebraucht werden, die tatsächlich einen Unterschied machen.

Aber das ist nur der Anfang, nur die erste Bewegung. Es reicht nicht, den User in die Reviews zu bringen, so wichtig das auch ist. Der Scrum Master muss auch mit der Organisation arbeiten, muss an den Strukturen rütteln, muss versuchen, die Tools und Methoden, die ich in Teil II beschrieben habe – Jobs To Be Done, Design Thinking, Lean Startup – in der Organisation zu etablieren. Nicht als Add-on, nicht als Workshop am Freitagnachmittag, sondern als Teil der normalen Arbeit, als selbstverständliche Art, wie man Dinge macht.

Wie sich die agile Community in Tools statt Lösung sonnt

Doch statt Mut hat die Agile Community in den letzten 20 Jahren unzählige Versuche gestartet, Methoden zu entwickeln, wie man diese Angst bekämpfen kann. Jobs To Be Done. Lean Startup. Design Thinking. Business Model Canvas. Open Innovation. All diesen Methoden, all diesen Tools ist im Kern identisch, dass sie endlich versuchen herauszuarbeiten, was der User wirklich braucht. Sie sind brillant in ihrer Konzeption, durchdacht in ihrer Methodik, erprobt in unzähligen Kontexten. Ich habe sie funktionieren sehen, ich habe Organisationen erlebt, in denen sie Wirkung entfalteten, in denen sie wirklich etwas veränderten.

Und doch scheitern sie. Immer wieder. Nicht weil die Methoden schlecht wären. Sondern weil niemand den Mut hat, sie wirklich anzuwenden.

Ich habe lange gebraucht, um zu verstehen, warum Unternehmen so handeln. Warum sie dieses Spiel mitspielen, obwohl sie wissen, dass es nicht funktioniert. Die Antwort ist einfach: Angst. Denn wer innovativ etwas wagt, wer tatsächlich designt, wer etwas Neues erschafft, ohne vorher zu fragen, der setzt sich der Möglichkeit aus, dass er daneben liegt. Dass er nicht trifft, was gebraucht wird. Dass er scheitert.

Das Befragen gibt uns eine Illusion von Sicherheit. „Wir haben die Anforderungen aufgenommen.“ „Wir haben die Kunden befragt.“ „Wir haben ein Pflichtenheft.“ Wenn es dann schiefgeht, können wir sagen: „Aber die Kunden haben das doch so gewollt!“ Es ist eine Absicherungsstrategie. Eine Art, die Verantwortung weiterzugeben. Eine Möglichkeit, sich hinter Prozessen zu verstecken.

Es hat unzählige Versuche gegeben, Unternehmen etwas anderes beizubringen. Methoden, die versprechen, näher am Kunden zu sein, Methoden, die versprechen, endlich das Richtige zu bauen. Brillante Konzepte, entwickelt von einigen der klügsten Köpfe der Betriebswirtschaft, erprobt und dokumentiert, vielfach bewiesen in Studien und Fallbeispielen, die in den Regalen der Business Schools dieser Welt stehen. Ich kenne viele davon, habe sie gelehrt, habe sie in Organisationen implementiert, habe gesehen, wie sie funktionieren können– und vor allem habe ich gesehen, wie sie scheitern, immer wieder, auf die gleiche Weise, als gäbe es ein unsichtbares Gesetz, das verhindert, dass diese Erkenntnisse wirklich Wurzeln schlagen in den Organisationen, die sie so dringend bräuchten.

Clayton Christensen erzählt, um **Jobs-To-Be-Done** zu erklären, eine Geschichte, die mittlerweile legendär geworden ist. Er stellt uns eine Fast-Food-Kette vor, die bessere Milkshakes verkaufen wollte. Sie befragten ihre Zielgruppe nach Geschmackspräferenzen, sie machten Geschmackstests mit verschiedenen Variationen, sie verbesserten die Rezeptur, machten den Shake cremiger, süßer, fruchtiger, experimentierten mit verschiedenen Größen und Preisen. Nichts half, die Verkaufszahlen stiegen nicht, blieben stabil auf einem Niveau, das die Geschäftsführung nicht zufriedenstellte. Dann machten sie etwas, das in der Welt der Marktforschung als radikal gelten musste: *Sie hörten auf zu fragen und fingen an zu beobachten.* Sie saßen im Restaurant, Tag für Tag, schauten, wer Milkshakes kaufte, wann diese Menschen kamen, zu welcher Tageszeit, allein oder in Begleitung, was sie sonst noch kauften, wie lange sie blieben.

Sie entdeckten etwas, das sie überraschte, weil es so offensichtlich war, sobald man es sah: *Ein großer Teil der Milkshakes wurde morgens verkauft, früh, oft zwischen sechs und acht Uhr, von Menschen auf dem Weg zur Arbeit, meist allein im Auto, die den Shake zum Mitnehmen bestellten und während der Fahrt tranken.* Als die Forscher begannen, diese morgendlichen Milkshake-Käufer zu befragen – nicht über Geschmack, nicht über abstrakte Präferenzen, sondern *über ihre konkrete Situation an diesem Morgen, über das, was sie gerade zu tun versuchten* – kam eine Geschichte ans Licht, die nichts mit Milkshakes zu tun hatte: Diese Menschen hatten eine lange, oft langweilige Autofahrt vor sich, manchmal eine Stunde oder mehr durch den morgendlichen Verkehr. Sie hatten zu Hause nicht gefrühstückt, weil keine Zeit war, weil die Kinder versorgt werden mussten, weil der Morgen hektisch war. Sie wussten, dass sie bis zum Mittagessen durchhalten mussten, dass der Vormittag lang sein würde, voller Meetings, voller Aufgaben. Sie brauchten etwas, das sie während der Fahrt beschäftigte, etwas, das ihre Hände nicht zu sehr beanspruchte, etwas, das lange hielt, nicht in fünf Minuten verschlungen war, etwas, das sie satt machte, zumindest für ein paar Stunden.

Der Job, den sie zu erledigen versuchten, war nicht „leckeren Milkshake trinken". Der Job war *„langweilige Autofahrt überstehen und bis zum Mittagessen durchhalten, ohne vorher gefrühstückt zu haben"*. Der Milkshake war nur zufällig die Lösung, die sie gefunden hatten, weil er dickflüssig war, weil man ihn durch einen Strohhalm trinken konnte, weil er nahrhaft war, weil er lange anhielt. Das ist die Kraft von Jobs To Be Done, diese fundamentale Verschiebung der Perspektive vom Produkt zum Kontext, von den Eigenschaften zur Situation, vom Was zum Warum. Es ist eine Methode, die uns zwingt, nicht mehr über unsere Produkte nachzudenken, sondern über die Umstände, in denen Menschen sie in ihr Leben ziehen.

Ich habe Jobs To Be Done in mehr als einem Dutzend Unternehmen eingeführt, habe Workshops moderiert, habe Teams trainiert, habe zugesehen, wie sie Job Statements formulierten, wie sie Outcome-Listen erstellten, wie sie die Importance-Satisfaction-Matrizen füllten, wie Tony Ulwick es in seinem Outcome-Driven Innovation Prozess u. a. als „Opportunity Algorithm" systematisiert hat. Jedes Mal dasselbe Muster: am Anfang Begeisterung, das Gefühl, endlich einen Durchbruch zu haben, endlich zu verstehen, was Kunden wirklich wollen. Man beklebt Wände mit Post-Its, man führt intensive Diskussionen, man hat „Aha-Momente". Und dann, nach einigen Wochen oder Monaten, wenn ich wiederkomme und frage: „Was habt ihr gebaut?" – dann kommt das Zögern, das Ausweichen, die Erkenntnis, dass zwischen Verstehen und Handeln eine Kluft liegt, die größer ist, als man dachte.

Ich erinnere mich an ein Meeting mit einem Produktmanager eines großen Softwareunternehmens, der gerade einen intensiven JTBD-Workshop absolviert hatte, zwei Tage lang mit seinem Team, sie hatten die Jobs ihrer Kunden identifiziert, sauber dokumentiert, priorisiert nach Importance und Satisfaction. „Und?“, fragte ich ihn, „Was baut ihr jetzt als Nächstes?“ Er zögerte, schaute auf seine Unterlagen, dann zu mir, dann wieder weg. „Naja, eigentlich hatten wir schon geplant, Feature X zu entwickeln, das ist schon in der Roadmap, das Management erwartet das bis Ende des Quartals.“ „Aber“, fragte ich, „passt dieses Feature zu den Jobs, die ihr identifiziert habt?“ Wieder Zögern. „Nicht direkt, muss ich zugeben. Aber wir haben schon so viel investiert in die Planung, in die Architektur, das Team ist darauf eingestellt...“

Das ist das eigentliche Problem, das sich jedoch zeigt: Jobs To Be Done zeigt dir, was du bauen solltest, aber wenn das nicht das ist, was du bauen willst – weil du die Technologie schon entwickelt hast, weil der Chef es angeordnet hat, weil die Konkurrenz es auch macht, weil es in deinem Jahresplan steht –, dann wird JTBD zur Dekoration, zu einer Übung, die man durchführt, um sagen zu können, man hätte sie durchgeführt, zu einem Ritual ohne Konsequenz. Das Problem liegt nicht am Framework selbst, das ist elegant und logisch, das Problem liegt an etwas Tieferem, an der fundamentalen Unfähigkeit der meisten Organisationen, wirklich zuzuhören, wirklich zu akzeptieren, was sie hören, wirklich bereit zu sein, ihre Pläne zu ändern, wenn die Jobs der Kunden etwas anderes verlangen, als man bauen wollte.

Dasselbe Muster habe ich bei **Lean Startup** gesehen, dieser anderen versprochenen Revolution, die nicht auf besseren Fragen oder tieferem Verstehen basiert, sondern auf schnellerem Lernen durch Experimente. Eric Ries erzählt brillante Geschichten in seinem Buch – Dropbox, die mit einem simplen Video starteten, nicht einmal einem Prototyp, nur drei Minuten Bildschirmaufnahme, in der Drew Houston zeigte, wie das Produkt funktionieren würde, wenn es existierte. Er stellte dieses Video ins Hacker News Forum, und über Nacht, wirklich innerhalb von Stunden, sprang die Beta-Warteliste von 5000 auf 75000 Menschen. Die Hypothese war validiert, Menschen wollten dieses Produkt, noch bevor auch nur eine einzige Zeile Code geschrieben war. Oder Zappos, die noch radikaler vorgingen: Nick Swinmurn ging zu lokalen Schuhgeschäften, fotografierte die Schuhe, die dort standen, und stellte die Fotos online. Wenn jemand bestellte, kaufte er die Schuhe im Laden und verschickte sie selbst. Das war das MVP, nicht mehr als ein Test der fundamentalsten Hypothese: Würden Menschen überhaupt Schuhe online kaufen?

Die Kernidee des Build-Measure-Learn-Loop ist radikal in ihrer Einfachheit: Man beginnt mit einer Hypothese über das, was Kunden wollen oder tun werden, man baut das kleinstmögliche Experiment, um diese Hypothese zu testen, man misst die Reaktion echter Kunden auf reales Verhalten, und man lernt aus diesen Daten, ob man auf dem richtigen Weg ist oder ob man pivotieren muss. Fortschritt wird nicht gemessen an der Anzahl der Codezeilen, nicht an der Anzahl der Features, sondern einzig und allein an dem *validierten Wissen, das man gewonnen hat über das, was funktioniert und was nicht.*

Aber Lean Startup ist zum Buzzword geworden, zu einem Begriff, den jeder kennt und jeder benutzt, aber der längst seine ursprüngliche Bedeutung verloren hat. Ich habe es Hunderte Male erlebt, dieses Muster, das sich immer wiederholt: Ein Unternehmen verkündet, dass sie jetzt Lean Startup machen, sie reden von MVPs und schnellen Iterationen, sie benutzen die Begriffe, die Sprache, die Rhetorik. Dann bauen sie ein „MVP", aber dieses MVP ist nicht das kleinste Experiment, um eine spezifische Hypothese zu testen, sondern eine abgespeckte, unfertige Version des Produkts, das sie sowieso bauen wollten, mit weniger Features, schlechterem Design, aber im Kern dieselbe Idee, die sie von Anfang an hatten. Sie gehen nicht raus zu echten Kunden, um zu testen, sie bauen sechs Monate lang, manchmal länger, sie „launchen" dann mit großem Tamtam, und dann messen sie – nichts. Oder nur Vanity Metrics, Zahlen, die beeindruckend klingen, aber nichts bedeuten.

„Wir haben 1000 Registrierungen in der ersten Woche!" sagen sie stolz. „Ja", frage ich dann, „aber wie viele davon nutzen das Produkt wirklich? Wie viele kommen am zweiten Tag zurück? Am siebten Tag? Nach einem Monat?" Meistens kommt dann: „Äh, das haben wir noch nicht gemessen." Und wenn es nicht funktioniert, wenn die Kunden das Produkt nicht annehmen, wenn die Zahlen enttäuschend sind, dann kommt die Ausrede: „Naja, es war ja nur ein MVP, wir müssen noch mehr Features bauen, dann wird es besser, dann werden die Kunden es verstehen." Das ist nicht Lean Startup, das ist das Gegenteil von Lean Startup, das ist ein Vorwand dafür, weiterhin das zu bauen, was man bauen will, ungeachtet dessen, was die Kunden wollen oder brauchen.

Design Thinking habe ich oben ausführlich beschrieben, das Framework der d.school in Stanford mit seinen fünf Phasen: Empathize, Define, Ideate, Prototype, Test. Der Ansatz ist wunderbar, radikal menschenzentriert, er fordert: Beobachte, verstehe, empathisiere, definiere das Problem aus Sicht des Nutzers, erst dann fang an zu designen. Die d.school lehrt praktische Techniken: Shadowing, bei dem man Menschen bei ihrer Arbeit folgt, Extreme Users, bei denen man die extremsten Nutzer beobachtet, nicht den Durchschnitt, „How Might We"-Fragen, Rapid Prototyping mit Pappe und Klebeband. Aber *Design Thinking hat ein fundamentales Problem: Es funktioniert in Workshops, aber nicht in Organisationen.*

Ich habe ein großes Finanzunternehmen beraten, das Design Thinking einführen wollte. Sie schickten 50 Manager zu einem zweitägigen Workshop. Alle waren begeistert. Sie beklebten Wände mit Post-Its. Sie bauten Prototypen aus Lego. Sie hatten „Aha-Momente". Dann kamen sie zurück ins Büro, und dann starb Design Thinking. Warum? Weil ihre Organisation nicht für Design Thinking gebaut war. Design Thinking braucht Zeit für Exploration, aber ihre Prozesse waren auf Effizienz getrimmt. Design Thinking braucht cross-funktionale Teams, aber ihre Struktur war in Silos organisiert. Design Thinking braucht Experimente, die scheitern dürfen, aber ihre KPIs bestraften jedes Scheitern.

Ein Manager sagte mir: „Ich verstehe Design Thinking. Ich finde es großartig. Aber wenn ich zu meinem Chef gehe und sage: 'Ich brauche zwei Wochen, um beim Kunden zu beobachten', fragt er: 'Und was bringt das?' Und wenn ich ehrlich bin: Ich weiß es nicht. Vielleicht bringt es nichts. Vielleicht bringt es alles. Aber ich kann es nicht vorher beweisen." Das ist das Dilemma, das Lucy Kimbell in ihrer kritischen Analyse „Rethinking Design Thinking" beschreibt: Design Thinking wird oft missverstanden als linearer

Prozess, aber echtes Design bewegt sich ständig zwischen Problem- und Lösungsraum hin und her, es ist iterativ, unsicher, chaotisch. Das Problem ist: Unternehmen mögen keine Unsicherheit. Sie mögen keine Iteration. Sie mögen Prozesse. Design Thinking – wie alle diese Methoden – erfordert, dass man vor dem Wissen investiert. Man muss Zeit und Geld investieren, um herauszufinden, was man bauen soll. Aber die meisten Organisationen wollen nur investieren, wenn sie schon wissen, dass es funktioniert. Das ist ein Zirkelschluss, aus dem es kein Entrinnen gibt.

Alexander Osterwalders **Business Model Canvas** ist vielleicht das visuell eleganteste aller Frameworks, ein einziges großes Poster mit neun Boxen, die zusammen ein Geschäftsmodell beschreiben: Kundensegmente, Wertversprechen, Kanäle, Kundenbeziehungen, Einnahmequellen, Schlüsselressourcen, Schlüsselaktivitäten, Schlüsselpartnerschaften, Kostenstruktur. Es ist so einfach, so übersichtlich, so einleuchtend. Das Value Proposition Canvas geht noch einen Schritt tiefer, zoomt hinein in die Beziehung zwischen Kunde und Wertversprechen: auf der einen Seite das Kundenprofil mit seinen Jobs, seinen Pains, seinen Gains, auf der anderen Seite das Wertangebot mit seinen Pain Relievers und Gain Creators. Die Kunst liegt im Fit zwischen beiden Seiten, darin, ein Angebot zu entwickeln, das wirklich passt zu dem, was Kunden brauchen und wollen.

Aber Canvas sind zu schön, zu ordentlich, zu fertig. Ich habe unzählige Unternehmen besucht, die stolz ihr Business Model Canvas zeigen, perfekt ausgefüllt, schön designt, manchmal sogar gedruckt und gerahmt, hängend an der Wand in der Eingangshalle oder im Konferenzraum, wie ein Kunstwerk, das man bewundert, aber nicht anfasst. „Wunderbar!", sage ich dann, schaue mir das Canvas an, all die Boxen sorgfältig gefüllt mit präzisen Formulierungen. „Und wie habt ihr die Annahmen validiert, die hier auf Haftnotizen stehen?" Stille, oft ein verlegenes Lächeln. „Welche dieser Kundensegmente habt ihr wirklich getestet? Welche dieser Pain Relievers habt ihr bei echten Kunden beobachtet?" „Äh, also, wir haben darüber nachgedacht, im Team, wir haben Brainstorming gemacht, wir haben unsere Erfahrung einfließen lassen..."

Das Canvas wird zum Planungstool, nicht zum Testtool. Es wird zu einem Dokument, das man einmal erstellt, in einem Workshop, meistens mit dem Management-Team, fernab von echten Kunden, und dann ist es fertig, abgehakt, erledigt. Osterwalder selbst betont immer wieder, dass das Canvas *kein* statisches Dokument sein sollte, dass es ein lebendes Artefakt sein muss, das man mit Post-Its füllt, die man ständig verschiebt, ändert, verwirft, dass man Annahmen markiert und systematisch testet, eine nach der anderen, dass man rausgeht zu Kunden und überprüft, ob das, was man sich ausgedacht hat, der Realität standhält. Aber die meisten Unternehmen machen es einmal, füllen alle Boxen aus, sind zufrieden, dass sie das gemacht haben, drucken es aus, fertig. Das ist die Illusion von Strategie, das Gefühl, dass man nachgedacht hat, dass man einen Plan hat, dass man weiß, wohin man geht. Aber in Wirklichkeit ist es nur eine Visualisierung von Annahmen, von Vermutungen, von Hoffnungen, die niemand je validiert hat.

Open Innovation, das Konzept, das Henry Chesbrough entwickelt und populär gemacht hat, verspricht die vielleicht radikalste Verschiebung von allen: die Erkenntnis, dass Wissen nicht nur innerhalb der eigenen Organisation existiert, dass die besten Ideen oft von außen kommen, von Menschen, die nicht auf der Gehaltsliste stehen, dass man externe Partner braucht, Kunden, Universitäten, Startups, manchmal sogar Konkurrenten, um wirklich zu innovieren. Chesbrough erzählt die Geschichte von Cisco und Lucent Technologies: Lucent investierte Milliarden in interne Forschung und Entwicklung, hatte die Bell Labs, aus denen unzählige bahnbrechende Erfindungen kamen. Cisco hingegen machte fast keine eigene Forschung, stattdessen kauften sie externe Startups, gingen Partnerschaften ein, lizenzierten Technologien. Und Cisco schaffte es, mit dem R&D-Output von Lucent mitzuhalten, ohne selbst zu forschen. Procter & Gamble führte „Connect & Develop" ein, ein Programm, bei dem 50 % aller Innovationen von außen kommen sollten.

Aber Open Innovation hat einen fundamentalen Gegner: die Kultur der Organisation, diese unsichtbare, aber allgegenwärtige Kraft, die bestimmt, was in einer Organisation wirklich geschieht, unabhängig davon, was in Strategiepapieren steht. Unternehmen verkünden, dass sie Open Innovation wollen, sie installieren „Innovation Hubs" in hippen Stadtteilen, sie veranstalten Hackathons, sie gründen Corporate Venture Capital Arms. Sie machen all die richtigen Dinge, zumindest auf dem Papier. Aber dann kommt eine externe Idee, eine gute, eine, die funktionieren könnte, die echtes Potenzial hat. Und dann passiert etwas, das Chesbrough das *„Not Invented Here"-Syndrom* nennt: Die interne Organisation lehnt die Idee ab, nicht explizit, nicht offiziell, sondern subtil, durch Verzögerung, durch Bürokratie, durch die tausend kleinen Wege, wie Organisationen Dinge verhindern können, ohne je Nein zu sagen. „Ja, interessant, aber das passt nicht zu unserem aktuellen Prozess." „Das haben wir schon mal probiert, vor drei Jahren, hat damals nicht funktioniert." „Das müsste erst durch die Architektur-Review, dann durch das Technology Committee, dann durch die Sicherheitsprüfung..."

Ich erinnere mich an ein großes Pharmaunternehmen, das ich beraten habe, das Open Innovation als strategische Priorität definiert hatte, mit voller Unterstützung des CEO, mit signifikantem Budget. Sie lancierten eine Plattform, auf der externe Forscher, Universitäten, kleine Biotech-Startups Ideen einreichen konnten, Lösungen für wissenschaftliche Probleme, an denen das Unternehmen arbeitete. Große Ankündigung, Pressekonferenz, Preisgeld in siebenstelliger Höhe. Sie bekamen Hunderte von Einreichungen, wirklich brillante Ideen, innovative Ansätze, einige davon von Wissenschaftlern, die an Universitäten oder in kleinen Labs Dinge entwickelt hatten, die das Unternehmen selbst nie hätte entwickeln können. Und dann? Fast nichts wurde umgesetzt, fast keine dieser externen Ideen fand ihren Weg in die tatsächliche Produktentwicklung.

Warum? Weil die interne R&D-Abteilung, diese riesige Organisation mit Tausenden von hochqualifizierten Wissenschaftlern, sich bedroht fühlte von diesen externen Inputs. Weil die Prozesse nicht dafür ausgelegt waren, externe Ideen zu verarbeiten – alles war optimiert für den internen Workflow, für die Art, wie man immer gearbeitet hatte. Weil niemand bereit war, sein eigenes Projekt, an dem er vielleicht schon Jahre gearbeitet hatte, aufzugeben oder zu verschieben zugunsten einer externen Idee, die vielleicht besser war, aber eben fremd. Weil die Anreizsysteme falsch waren – Wissenschaftler wurden befördert und belohnt für eigene Publikationen, eigene Patente, eigene Durchbrüche, nicht dafür, dass sie externe Ideen integrierten. HeroX, eine Plattform für Crowdsourcing-Innovation, identifiziert in einer ausführlichen Analyse fünf Hauptbarrieren: die Abhängigkeit vom Status quo, das Not-Invented-Here-Syndrom, fehlende Tools und Expertise, mangelndes Vertrauen und unklare Strategieanbindung (HeroX 2023).

All diese Ansätze – Jobs To Be Done, Lean Startup, Design Thinking, Business Model Canvas, Open Innovation – sind brillant in ihrer Konzeption, durchdacht in ihrer Methodik, erprobt in unzähligen Kontexten. Ich habe sie funktionieren sehen, ich habe Organisationen erlebt, in denen sie Wirkung entfalteten, in denen sie wirklich etwas veränderten. Aber sie haben alle eines gemeinsam: Sie scheitern an der Organisation selbst, an der Struktur, an der Kultur, an all den unsichtbaren, aber mächtigen Kräften, die bestimmen, wie Menschen in Organisationen wirklich denken und handeln. Eine vielzitierte Studie der Harvard Business Review von Scott D. Anthony und seinen Kollegen zeigt ein erschütterndes Bild: 94 % der Executives sind unzufrieden mit der Innovationsperformance ihrer Firmen (Anthony et al. 2018). Das ist keine kleine Minderheit, keine statistische Abweichung – das ist fast jeder. Unternehmen investieren Milliarden in interne Venture Capital Fonds, in Inkubatoren, in Acceleratoren, in Trips nach Silicon Valley. Und doch, trotz all dieser Investitionen, trotz all dieser Anstrengungen, passiert im Kern… nichts. Die Innovationsperformance verbessert sich nicht.

Warum? Die Antwort ist so einfach wie ernüchternd: *weil sie die falschen Dinge bekämpfen.* Sie versuchen, Innovation als Add-on zu implementieren, als etwas, das man zusätzlich macht, parallel zur normalen Arbeit, als ob Innovation eine Aktivität wäre, die man neben allem anderen auch noch unterbringen könnte. Sie bekämpfen nicht das, was wirklich im Weg steht: *das Mindset, die Prozesse, die Kultur, die Anreizsysteme, die täglichen Gewohnheiten und Rituale, die Innovation ersticken, lange bevor sie eine Chance hat, zu wachsen.* Sie versuchen, Innovation on top zu machen, als Projekt, als Initiative, als Programm mit einem Namen und einem Budget und einem Team, das dafür zuständig ist. Aber Innovation lässt sich nicht on top machen, es lässt sich nicht aufpfropfen auf eine Organisation, die im Kern anders funktioniert, anders denkt, anders bewertet und belohnt.

Eine Studie in der California Management Review identifiziert drei „Fallen", drei systematische Probleme, die Organisationen immer wieder davon abhalten, wirklich kundenzentriert zu werden: Die erste ist **die Product Focalization**, die Fixierung auf Produkte statt auf Kundenprobleme. Organisationen definieren sich über ihre Produkte, sie haben Produktmanager, die für den Erfolg ihrer Produkte verantwortlich sind, die danach gemessen und belohnt werden, wie gut ihre Produkte sich verkaufen. Das führt zu einer subtilen, aber folgenreichen Verschiebung der Perspektive: Man denkt vom Produkt aus, nicht vom Kunden aus. Man fragt sich: „Wie können wir mehr von diesem Produkt verkaufen?", nicht: „Was ist das Problem, das der Kunde zu lösen versucht?"[2]

Die zweite Falle sind die **Rigid Organizational Boundaries**, die starren Grenzen zwischen Abteilungen, die Silos, die verhindern, dass Informationen fließen, dass Menschen zusammenarbeiten, dass Erkenntnisse geteilt werden. Das Marketing sammelt Customer Insights, führt Interviews, macht Studien, akkumuliert Wissen über Kunden. Aber dieses Wissen bleibt im Marketing, es fließt nicht zur Produktentwicklung, nicht zum Engineering, nicht zu denen, die tatsächlich bauen, was der Kunde am Ende nutzen wird. Jede Abteilung hat ihre eigenen Ziele, ihre eigenen KPIs, ihre eigene Sprache, ihre eigene Logik, und zwischen diesen Abteilungen gibt es Wände, unsichtbar, aber real, die dafür sorgen, dass Wissen fragmentiert bleibt, isoliert, nutzlos.

Die dritte Falle ist der **Fixed-Pie Mindset**, die Annahme, dass es eine feste, unveränderliche Menge an Zeit und Ressourcen gibt und dass jede Investition in Kundenverständnis, in Forschung, in Exploration Zeit und Geld wegnimmt, die man fürs Bauen, fürs Liefern, fürs Verkaufen braucht, als wären Lernen und Bauen Gegensätze, konkurrierende Aktivitäten, zwischen denen man sich entscheiden muss. Diese Denkweise übersieht, dass Zeit, die man ins Verstehen investiert, Zeit spart beim Bauen, dass man schneller ist, wenn man weiß, wohin man geht, dass man effizienter ist, wenn man das Richtige baut, statt das Falsche perfekt zu machen (Shah et al. 2006).

Aber es gibt noch tiefere Gründe für das Scheitern all dieser Methoden, Gründe, die in der menschlichen Psychologie liegen, in den Ängsten und Unsicherheiten, die jeden von uns antreiben, besonders in organisatorischen Kontexten, wo so viel auf dem Spiel steht – der Job, die Karriere, das Selbstbild, die Anerkennung. Forscher der University of

---

[2] Diese Produkt- oder Technologieverliebheit findet sich Anfang 2026 auch wieder bei den GenAI-Start Ups. Cursor.com wird Anfang 2026 von seinen Kunden gebeten, doch bitte stabilere Software auszuliefern. Ihre Idee der „disposable Software" ist vom Produkt, von dem „Was möglich ist!" getragen, nicht von dem, was die Kunden wollen.

Malaya, die Innovationswiderstand in Organisationen untersucht haben, identifizieren als eine der Hauptbarrieren **die Angst vor Kompetenzverlusten**: Mitarbeiter befürchten, dass neue Methoden, neue Arbeitsweisen zeigen könnten, dass ihre Fähigkeiten, die sie sich über Jahre, manchmal Jahrzehnte angeeignet haben, veraltet sind, nicht mehr relevant, nicht mehr wertvoll. Ein Produktmanager, der sein ganzes Berufsleben damit verbracht hat, Pflichtenhefte zu schreiben, Requirements zu sammeln, Funktionen zu spezifizieren – was bedeutet es für ihn, wenn plötzlich jemand sagt: „Das ist nicht mehr die Art, wie wir arbeiten sollten, wir sollten mit Kunden sprechen, beobachten, Prototypen testen“? Es bedeutet, dass das, was er kann, vielleicht nicht mehr zählt, dass er vielleicht neu lernen muss, dass er vielleicht zurückfällt hinter jüngere Kollegen, die flexibler sind, schneller lernen, weniger zu verlieren haben.

Ein weiterer Faktor sind **persönliche Konflikte**, die Geschichte, die Menschen miteinander haben: Wenn der „Innovator“, der mit der neuen Idee kommt, jemand ist, mit dem man in der Vergangenheit Streit hatte, dessen Aufstieg man mit Neid beobachtet hat, den man nicht mag oder nicht respektiert, dann wird die Idee abgelehnt, nicht weil sie schlecht ist, sondern weil sie von dieser Person kommt. Das ist nicht rational, das ist nicht professionell, aber es ist menschlich, es ist real, es passiert ständig.

Mangelnde Kommunikation ist ein weiteres Problem: Mitarbeiter erfahren von Veränderungen erst, wenn sie bereits beschlossen sind, wenn es zu spät ist für Input, für Fragen, für Bedenken. Sie werden konfrontiert mit einer fertigen Entscheidung, mit einem Programm, das jemand anderes ausgedacht hat, und dann wird von ihnen erwartet, dass sie mitmachen, dass sie sich umstellen, dass sie ihre Arbeitsweise ändern, ohne dass sie verstehen, warum? Ohne, dass sie Teil des Prozesses waren, der zu dieser Entscheidung geführt hat. Das erzeugt Widerstand, nicht weil die Veränderung falsch wäre, sondern weil der Prozess falsch war, weil Menschen sich übergangen fühlen, nicht respektiert, nicht einbezogen. Und das, obwohl jeder Manager seit fünf Jahrzehnten das Credo „Mach Betroffene zu Beteiligten“ kennt.

Und schließlich **inadäquates Planning**, schlecht geplante Innovationsinitiativen, die scheitern, weil sie hastig waren, weil sie nicht durchdacht waren. Und wenn eine Initiative scheitert, dann wird das zum Argument gegen alle zukünftigen Initiativen: „Das haben wir schon probiert, hat nicht funktioniert, brauchen wir nicht nochmal.“ Das Scheitern einer schlecht gemachten Initiative wird zum Beweis, dass die Idee selbst nicht funktioniert, statt dass man erkennt, dass es an der Umsetzung lag (Rashid et al. 2019).

Das ist der Kern des Problems, der Grund, warum all diese brillanten Methoden immer wieder scheitern: Sie fordern von Menschen, dass sie zugeben „Ich weiß nicht, was der Kunde will“, dass sie bereit sind zu lernen, zu experimentieren, zu scheitern, ihre Annahmen zu hinterfragen, ihre Pläne zu ändern. Aber in den meisten Organisationen wird man nicht dafür belohnt, dass man zugibt, etwas nicht zu wissen. Man wird belohnt dafür, dass man Sicherheit ausstrahlt, dass man Pläne macht und sie einhält, dass man Commitments eingeht und sie erfüllt, dass man keine Zeit „verschwendet" mit Dingen, die vielleicht nicht funktionieren. Und so spielen wir weiter dieses Spiel der Planungssicherheit, diese Simulation von Kontrolle: Wir schreiben Pflichtenhefte, als ob man Kundenbedürfnisse in Dokumente gießen könnte. Wir befragen Kunden, als ob Menschen wüssten, was sie wollen, bevor sie es sehen. Wir sammeln Anforderungen, als ob Innovation ein Prozess wäre des Ansammelns und Sortierens. Wir tun so, als wüssten wir, was zu bauen ist, weil es weniger beängstigend ist als zuzugeben, dass wir es nicht wissen, dass wir es herausfinden müssen, dass wir Zeit investieren müssen, ohne Garantie, dass es sich lohnt.

Am Ende bauen wir das Falsche, immer wieder, und niemand ist überrascht, und alle sagen: „Ja, aber die Kunden haben das doch so gewollt!", und niemand fragt, ob wir die richtigen Fragen gestellt haben, ob wir wirklich zugehört haben, ob wir bereit waren zu verstehen, was die Antworten bedeuteten. Das ist der Kreislauf der Ignoranz, und alle diese Methoden – so brillant sie sind, so gut sie funktionieren könnten – haben es nicht geschafft, ihn zu durchbrechen. Nicht weil die Methoden schlecht wären, sondern weil sie das falsche Problem lösen. Sie versuchen, bessere Werkzeuge zu liefern, bessere Prozesse, bessere Frameworks. Aber das Problem ist nicht das Werkzeug, das Problem ist nicht der Prozess. Das Problem ist die Angst.

Und hier, genau hier, liegt die eigentliche Aufgabe des Scrum Masters. Nicht die Methoden zu lehren. Nicht die Frameworks zu erklären. Nicht Workshops zu moderieren, in denen Post-Its geklebt werden. **Sondern die Angst zu überwinden**. Den Mut vorzuleben. Die Organisation zu *zwingen*, anders zu denken, anders zu handeln, anders zu sein.

Es gibt konkrete Ideen und Möglichkeiten, die ein Scrum Master einsetzen kann, um seinem Team dabei zu helfen, diese User-Ferne zu überwinden. Jobs To Be Done. Lean Startup. Design Thinking. Diese Methoden lassen sich tatsächlich anwenden. Sie funktionieren. Doch jetzt braucht es den Mut, diese Methoden auch korrekt einzuführen. Nicht als Workshop. Nicht als Projekt. Sondern als die Art, wie das Team arbeitet. Jeden Tag. In jedem Sprint. In jedem Review.

Diese Methoden gehen darüber hinaus, dass man den User ins Review einlädt. Sie gehen konkret an die Wurzel des Problems. Sie gehen davon aus – und hier kommen wir zurück zu den Grundlagen, zu dem, was Scrum eigentlich ist – *dass das Vertrauen in das Team das Entscheidende ist.* Hirotaka Takeuchi und Ikujiro Nonaka haben das 1986 in ihrem legendären Artikel „The New New Product Development Game" formuliert, dem Artikel, der letztlich zur Entstehung von Scrum führte. Sie beschrieben, wie japanische und amerikanische Unternehmen erkannt hatten, dass „der alte, sequentielle Ansatz zur Entwicklung neuer Produkte einfach nicht mehr funktioniert" (Takeuchi & Nonaka 1986). Stattdessen beobachteten sie einen ganzheitlichen Ansatz – „wie im Rugby, der Ball wird innerhalb des Teams weitergegeben, während es sich als Einheit den Platz entlang bewegt."

Was Takeuchi und Nonaka beschrieben, war fundamental:

> *„Der Produktentwicklungsprozess entsteht aus der konstanten Interaktion eines handverlesenen, multidisziplinären Teams, dessen Mitglieder von Anfang bis Ende zusammenarbeiten." (vgl. Takeuchi & Nonaka 1986)*

Ein Team, dem man vertraut. Ein Team, das selbst organisiert. Ein Team, das nicht gesagt bekommt, was es zu tun hat, sondern das herausfindet, was getan werden muss. Das ist der Kern. Das ist, was Scrum eigentlich bedeutet. Und das ist, was all diese Methoden – Jobs To Be Done, Lean Startup, Design Thinking – ermöglichen sollen: **dass das Team selbst herausfindet, was der User braucht.**

Aber dafür muss der Scrum Master dem Team diese Methoden an die Hand geben. Nicht als theoretisches Konzept. Nicht als Foliensatz in einem Training. Sondern als Werkzeuge, die das Team wirklich nutzen kann. Der Scrum Master muss sein Team in die Lage versetzen, die User-Ferne systematisch zu überwinden. Er muss dem Team zeigen, wie man Jobs To Be Done anwendet. Wie man MVPs baut und testet. Wie man den Nutzer wirklich versteht. Wie man Prototypen entwickelt. Nicht weil das im Scrum Guide steht. Sondern weil es das ist, was nötig ist, um das zu bauen, was der User wirklich braucht.

Das ist kein Methodenbuch. Für jede dieser Methoden gibt es ganze Bücher, Kurse, Zertifizierungen. Das hier ist der Appell. Der Appell an dich, als Scrum Master, endlich zu handeln. Nicht zu warten, bis die Organisation bereit ist. Nicht zu hoffen, dass das Management die Methoden einführt. Nicht darauf zu setzen, dass jemand anderes den ersten Schritt macht. Sondern selbst zu handeln. Mit deinem Team. In deinem Sprint. In deinem Review.

Denn die Werkzeuge existieren. Die Methoden sind da. Aber sie brauchen Mut. Deinen Mut. Den Mut zuzugeben, dass du nicht weißt, was der User braucht, und die Demut zu akzeptieren, dass du es herausfinden musst. Den Mut, Zeit zu investieren ohne Garantie. Den Mut, dich gegen die Organisation zu stellen, wenn sie sagt: „Dafür haben wir keine Zeit." Den Mut, anders zu arbeiten als alle anderen. Den Mut, dein Team zu befähigen, diese Methoden wirklich anzuwenden, nicht als Dekoration, nicht als Theater, sondern als echte Veränderung.

Das ist die Aufgabe des Scrum Masters in Scrum 3.0. Nicht nur den Prozess zu managen. Nicht nur Meetings zu facilitieren. Sondern den Mut zu haben – und zu zeigen –, diese Methoden so einzuführen, wie sie gedacht waren.

Damit das Team endlich aufhören kann, Dinge zu bauen, die niemand braucht.

Damit das Team anfangen kann, Dinge zu bauen, die wirklich einen Unterschied machen.

Ulwick, A.W. (2016). Jobs to Be Done: Theory to Practice. IDEA BITE Press.

3.5 Meetings

Ich sitze in einem Konferenzraum in München. Um mich herum 40 Menschen. Die Luft ist stickig, obwohl die Klimaanlage läuft. Vorne steht jemand und präsentiert. Er hat 87 Folien. Siebenundachtzig. Er ist bei Folie 23. Er redet seit 45 Minuten. Niemand stellt Fragen. Niemand unterbricht. Alle starren auf ihre Laptops oder Smartphones. Einige tippen E-Mails. Andere scrollen durch Slack. Wieder andere schauen nur ins Leere, mit diesem ganz speziellen Blick von Menschen, die innerlich bereits gegangen sind, deren Körper aber noch anwesend sein muss, weil es sich eben so gehört.

Ich frage mich: Was mache ich hier eigentlich? Und während ich mir diese Frage stelle, sehe ich in die Gesichter der anderen Menschen im Raum. Dieselbe Frage steht in ihren Augen geschrieben. Was machen wir hier? Warum sind wir alle hier? Wer hat entschieden, dass wir diese zwei Stunden unseres Lebens in diesem Raum verbringen müssen?

Der jüdische Religionsphilosoph Martin Buber hat eine Unterscheidung getroffen, die mir in diesem Moment durch den Kopf geht. In seinem Hauptwerk „Ich und Du" unterscheidet er zwei fundamentale Haltungen, die Menschen zur Welt einnehmen können: die Ich-Du-Beziehung und die Ich-Es-Beziehung. Die Ich-Du-Beziehung ist echte Begegnung – unmittelbar, gegenseitig, ohne Verzweckung. Die Ich-Es-Beziehung ist instrumentell – ich gebrauche den anderen, ich erfahre ihn, ich ordne ihn ein. Buber schreibt: „Das weitaus meiste von allem, was sich heute unter Menschen Gespräch nennt, wäre richtiger, in einem genauen Sinne, als Gerede zu bezeichnen" (Buber 1923). Gerede. Nicht Dialog. Nicht Begegnung. Sondern Gerede – *Worte, die gesprochen werden, ohne dass jemand wirklich zuhört, ohne dass jemand wirklich antwortet.*

Das ist es, was ich in diesem Raum sehe. 40 Menschen, die physisch anwesend sind, aber nicht wirklich da sind. Ein Präsentator, der spricht, aber nicht dialogisch – er sendet, er empfängt nicht. Ein Publikum, das hört, aber nicht zuhört. Keine Begegnung. Keine Ich-Du-Beziehung. Nur eine riesige, kollektive Ich-Es-Beziehung, in der alle anderen zu Objekten werden, zu Funktionsträgern, zu Empfängern von Information, die sie nicht verarbeiten können und nicht verarbeiten wollen.

Meetings sind Produktivitätsvernichtungsmaschinen. Ja, es gibt Ausnahmen – gut vorbereitete Meetings, in denen Entscheidungen fallen, echter Dialog entsteht und Neues gedacht wird. Aber die empirische Lage zeigt, dass genau diese Ausnahmen rar sind. In einer Befragung von 182 Senior Managern berichteten 71 % der Befragten, dass Meetings unproduktiv und ineffizient seien (Perlow et al. 2017). Einundsiebzig Prozent. Das ist keine Minderheitenmeinung. Das ist eine überwältigende Mehrheit von Führungskräften, die ihre eigene Meeting-Kultur als gescheitert betrachten. Die ökonomische Schieflage ist ebenso deutlich: Schätzungen auf Basis großer Meeting-Analysen gehen davon aus, dass in den USA jedes Jahr rund 37 Milliarden US-Dollar durch ineffektive beziehungsweise unnötige Meetings verloren gehen. Siebenunddreißig Milliarden. Das ist kein Rundungsfehler. Das ist systematische Verschwendung in industriellem Ausmaß. Parallel dazu zeigen Auswertungen von Meeting-Statistiken, dass Executives im Schnitt etwa 23 Stunden pro Woche in Meetings verbringen – ein Zeitbudget, das bei vielen Führungskräften mehr als die Hälfte der Arbeitszeit ausmacht. Die Hälfte. Der halbe Arbeitstag. Und trotz dieses massiven Aufwands stuft eine aktuelle Aggregation von Meeting-Studien nur etwa 10 bis 30 Prozent aller Meetings als wirklich produktiv ein; einzelne Übersichten nennen explizit, dass lediglich rund 11 % der Meetings als produktiv gelten.

Die Datenlage rechtfertigt die zugespitzte These: Der Großteil unserer Meeting-Kultur vernichtet systematisch Produktivität. Nicht aus Versehen. Nicht als Nebenwirkung. Sondern als Hauptwirkung. Meetings sind in den meisten Organisationen keine Orte der Entscheidung, sondern Orte der Entscheidungsvermeidung. Keine Orte des Dialogs, sondern Orte des Monologs. Keine Orte des Handelns, sondern Orte des kollektiven Wartens darauf, dass die Zeit vergeht.

Hannah Arendt hat in „Vita activa“ drei menschliche Grundtätigkeiten unterschieden: das Arbeiten, das Herstellen und das Handeln. Das Handeln – und nur das Handeln – ist für sie die eigentlich menschliche Tätigkeit. Sie schreibt:

> *„Handeln ist in Isolierung niemals möglich; jede Isoliertheit, ob gewollt oder ungewollt, beraubt der Fähigkeit zu handeln. Handeln und Sprechen vollzieht sich in dem Bezugsgewebe zwischen den Menschen.“ (Arendt 1958)*

Ein Meeting sollte genau dieser Ort des Handelns sein – ein öffentlicher Raum, in dem Menschen gemeinsam etwas tun, in dem sie „to act in concert“ handeln, wie Arendt es mit einem Begriff von Edmund Burke ausdrückt. Aber was passiert in den meisten Meetings? Menschen sitzen nebeneinander, aber sie handeln nicht gemeinsam. Sie hören zu – oder tun so, als würden sie zuhören. Sie sind anwesend, aber sie sind nicht präsent. Sie befinden sich in physischer Nähe, aber in geistiger Isolation.

Für Arendt heißt Leben „unter Menschen weilen“ – inter homines esse. Sterben bedeutet „aufhören unter Menschen zu weilen“. Ein Meeting, in dem niemand wirklich anwesend ist, in dem alle mit ihren Gedanken woanders sind, ist ein Ort, an dem Menschen aufgehört haben, unter Menschen zu weilen. Es ist ein Ort des kleinen Todes – der Tod der Aufmerksamkeit, der Tod der Begegnung, der Tod des Handelns.

Die meisten Meetings scheitern nicht, weil die Menschen inkompetent sind. Sie scheitern nicht, weil die Agenda fehlt – obwohl das oft ein Problem ist. *Sie scheitern, weil niemand den Prozess führt.* Weil alle glauben, man könne einfach Menschen in einen Raum setzen, sie miteinander sprechen lassen, und am Ende käme etwas Sinnvolles dabei heraus. Das ist der fundamentale Irrtum. Ein Meeting ist nicht dasselbe wie ein Gespräch. *Ein Meeting braucht eine Führung.* Es braucht jemanden, der den Prozess gestaltet, der dafür sorgt, dass alle gehört werden, dass Entscheidungen getroffen werden, dass die Zeit sinnvoll genutzt wird. Diese Person ist in Scrum der Scrum Master. Seine Aufgabe ist es, Meetings zu facilitieren – nicht zu moderieren, sondern zu facilitieren.

Der Unterschied ist fundamental. **Moderation** bedeutet: Ich stelle Fragen, ich leite von einem Punkt zum nächsten, ich fasse zusammen. **Facilitation** bedeutet: *Ich führe den Prozess, ich gestalte die Interaktion zwischen den Menschen, ich sorge dafür, dass die Gruppe ihr Bestes denken kann.* Sam Kaner formuliert es in seinem Klassiker „Facilitator's Guide to Participatory Decision-Making“ so:

> *„Die Aufgabe des Facilitators ist es, alle zu unterstützen, ihr bestes Denken und ihre beste Praxis zu leisten. Dazu ermutigt der Facilitator volle Partizipation, fördert gegenseitiges Verständnis und kultiviert geteilte Verantwortung.“ (Kaner 2014)*

Das ist das Gegenteil von dem, was in den meisten Meetings passiert. In den meisten Meetings dominieren ein oder zwei Personen das Gespräch. Die Stillen werden nicht gehört. Entscheidungen werden nicht getroffen, sondern vertagt. Und am Ende verlassen alle den Raum mit dem Gefühl, zwei Stunden ihres Lebens verschwendet zu haben.

Ich war selbst einer dieser Menschen. Als junger Projektleiter bei Electronic Data Systems saß ich in Meetings, in denen ich mich fragte: Warum bin ich hier? Was ist mein Beitrag? Und warum redet dieser eine Manager schon seit 40 Minuten ohne Punkt und Komma, während alle anderen schweigen? Ich habe damals nicht verstanden, dass das Problem nicht der Manager war, sondern das Fehlen eines Facilitators. Niemand führte den Prozess. Niemand sorgte dafür, dass alle zu Wort kamen. Niemand stellte die Frage: Was brauchen wir, um hier weiterzukommen?

Später, in meinem allerersten Scrum-Projekt – als Scrum noch völlig unbekannt war, als ich selbst noch nicht genau wusste, wie lange ein Sprint sein sollte, als ich noch lernender Scrum Master war, tastend, unsicher, experimentierend –, hatte ich für mich eine Regel entwickelt. Eine Regel, die aus heutiger Sicht völlig absurd klingen mag, die aber damals für mich absolut Sinn ergab: *Ich ließ zwei Entwickler nie miteinander spre-*

chen, ohne dass ich mich dazwischen stellte. Mit einem Flipchart. Um zu versuchen, dieses Gespräch zu verbessern.

Wie war ich auf diese völlig absurde Idee gekommen? Ich hatte bereits mit 22 Jahren – dank meines Co-Autors des Buchs „Selbstorganisation braucht Führung", Dieter Rösner, und seines damaligen Geschäftspartners Herbert Namockel – das Moderieren gelernt. Dann hatte ich Seminare über Ruth Cohns themenzentrierte Interaktion besucht. Ich hatte eine NLP-Practitioner-Ausbildung gemacht. Ich war erfolgreicher Projektmanager. Mir war aufgefallen – immer wieder, in jedem Projekt, in jedem Team –, wie häufig Kommunikation zwischen Teammitgliedern scheitert. Als gut ausgebildeter Moderator und Trainer war mir klargeworden, wie oft es passiert, dass Menschen über Dinge sprechen, aber sich nicht verstehen. Sie reden aneinander vorbei. Sie meinen dasselbe, benutzen aber unterschiedliche Worte. Oder sie benutzen dieselben Worte, meinen aber völlig unterschiedliche Dinge. Sie glauben, sie hätten sich verstanden, haben es aber nicht. Und dann bauen sie, basierend auf diesem Missverständnis, Monate lang etwas, das nicht zusammenpasst.

Buber würde sagen: Sie sprechen, aber sie begegnen sich nicht. Sie tauschen Worte aus, aber es entsteht kein Dialog. Das Ich-Du fehlt. Was bleibt, ist Ich-Es – ich sende Information an ein Objekt, das Entwickler heißt, und erwarte, dass das Objekt diese Information korrekt verarbeitet. Aber Menschen sind keine Objekte. Menschen verstehen nicht, indem sie Information empfangen. *Menschen verstehen, indem sie in Beziehung treten.*

Deswegen hatte ich diese Regel eingeführt: Immer dann, wenn sich zwei meiner Entwickler begannen zu unterhalten – und es nicht um das Fußballspiel am Abend ging, nicht um die nächste Geburtstagseinladung, nicht um den Urlaub in Malta – stellte ich mich dazu. Ich versuchte, einen Flipchart zu holen. Und ich begann einfach, die Informationen darauf anzubringen. Was sagt der eine? Was meint der andere? Worüber sprechen wir eigentlich? Was ist das Problem? Was sind mögliche Lösungen? Ich wusste zum damaligen Zeitpunkt noch nicht, dass man das systematisieren kann, dass es einen Namen dafür gibt: **Dynamic Facilitation.** Dass dieses Festhalten der Informationen in verschiedenen Aspekten durchgeführt werden kann, strukturiert, mit Methode.

Dynamic Facilitation – die Arbeit mit Emotionen

Dynamic Facilitation wurde in einem Sägewerk im amerikanischen Nordwesten entdeckt, von einem Mann namens Jim Rough, der in den frühen 1980er-Jahren als Personalentwickler mit aufgebrachten Arbeitern konfrontiert war, die alle üblichen Moderationstechniken schlichtweg ablehnten.

Rough beobachtete etwas Merkwürdiges: Dieselben Menschen, die in Meetings aggressiv und destruktiv waren, erlebte er im privaten Gespräch als liebevoll und kreativ. Die Trennung zwischen diesen beiden Welten ließ ihn nicht los. Wie konnte er diese wunderbaren Menschen mit ihrem einzigartigen Potenzial dazu bringen, auch in der Arbeit so zu sein? Die Antwort, die er fand, nannte er Dynamic Facilitation (Rough 2002).

Ich habe Jim Rough vor gut zehn Jahren persönlich erlebt, in einem dreitägigen Seminar in Vorarlberg. Ich kam als jemand, der schon viele Moderationsmethoden kannte – Dialog, Circle Way, klassische Metaplan-Technik, World Café, Open Space. Ich dachte, ich wüsste, wie Gruppenarbeit funktioniert. Ich lag falsch.

Was mich an Dynamic Facilitation so tief bewegt hat, war etwas, das ich bei keiner anderen Methode je erlebt hatte: *die bewusste Arbeit mit Emotionen.* Nicht das Kanalisieren von Emotionen, nicht das Einhegen, nicht das höfliche Ignorieren – sondern das aktive Aufgreifen. Der Facilitator steht tief im Prozess und reagiert auf das, was wirklich im Raum ist: die Wut, die Frustration, die Hoffnung, die Angst. Er spiegelt. Immer wieder. Spiegelt, spiegelt, spiegelt. Und durch dieses unablässige Spiegeln entsteht etwas, das ich vorher nicht für möglich gehalten hätte: Ko-Kreation aus Chaos.

Ein Detail ist mir besonders in Erinnerung geblieben. Jim Rough bestand darauf, jeden Beitrag als *vollständigen Satz aufzuschreiben*. Mit einem Punkt am Ende. Das klingt banal, aber es ist alles andere als das. Ein vollständiger Satz mit einem Punkt bedeutet: Ich habe dich gehört. Ich habe verstanden, was du sagen wolltest. Dein Gedanke ist abgeschlossen und gültig. Er steht jetzt hier, schwarz auf weiß, gleichberechtigt neben allen anderen Gedanken. Das ist keine Moderationstechnik. Das ist absolute Achtsamkeit. Respekt. Wertschätzung. Und ich habe gesehen, wie Menschen, die sich Minuten zuvor noch angeschrien hätten, plötzlich still wurden, weil sie zum ersten Mal das Gefühl hatten, wirklich gehört zu werden.

Das Prinzip ist radikal einfach und radikal anders. Wo traditionelle Moderation Regeln aufstellt – bitte ausreden lassen, beim Thema bleiben, sachlich bleiben –, gibt es bei Dynamic Facilitation keine Regeln für die Teilnehmenden. Wo traditionelle Moderation einer Agenda folgt, folgt Dynamic Facilitation der Energie im Raum. Wo traditionelle Moderation Emotionen zu kanalisieren versucht, lädt Dynamic Facilitation sie ein. Der Facilitator schützt die Teilnehmenden nicht durch Regeln voreinander, sondern durch radikales Zuhören.

Rough arbeitet mit vier Flipcharts, die er gleichzeitig führt: Lösungen, Bedenken, Daten und Problemformulierungen. Alles, was gesagt wird, findet seinen Platz auf einem dieser Charts. Nichts wird bewertet. Nichts wird diskutiert. Alles wird gehört. Das klingt chaotisch, und die ersten dreißig Minuten einer Dynamic-Facilitation-Sitzung fühlen sich oft auch so an – wie Chaos. Rough nennt diese Phase *Purging*: das Entleeren. Menschen sprechen aus, was sie wirklich denken. Nicht die diplomatische Version. Nicht die politisch korrekte Version. Die echte Version. Und weil der Facilitator jede Aussage ernst nimmt, aufschreibt und in einen größeren Kontext stellt, geschieht etwas Erstaunliches: Die anderen hören zu. Nicht weil sie müssen. Sondern weil sie wissen, dass sie gleich dieselbe Aufmerksamkeit bekommen werden.

Aus diesem Chaos emergiert etwas, das Rough *Choice-Creating* nennt – im Unterschied zu Decision-Making. Der Unterschied ist fundamental: Decision-Making bedeutet, zwischen vorgegebenen Optionen zu wählen. Choice-Creating bedeutet, *neue* Optionen zu erschaffen, die vorher niemand sah. Es ist der Unterschied zwischen Konvergenz und Emergenz. Zwischen Abstimmung und Durchbruch.

Rosa Zubizarreta, die Dynamic Facilitation im deutschsprachigen Raum bekannt gemacht hat, beschreibt den Moment des Durchbruchs so: Die Teilnehmenden hören auf, gegeneinander zu argumentieren, und beginnen, gemeinsam auf ein Problem zu schauen, das sie vorher unterschiedlich definiert hatten (Zubizarreta 2014). Plötzlich sind die Unterschiede keine Hindernisse mehr. Sie sind Ressourcen. Verschiedene Perspektiven auf dasselbe Puzzle. Und wenn das Puzzle sich zusammenfügt – oft nach Stunden, manchmal erst nach mehreren Sitzungen –, dann ist die Lösung nicht der Kompromiss, bei dem alle ein wenig unzufrieden sind. Es ist eine Lösung, die alle tragen können, weil sie alle miterschaffen haben.

Dynamic Facilitation ist anstrengend. Es erfordert einen Facilitator, der bereit ist, stundenlang radikal präsent zu sein, jeden Satz zu reflektieren, jeden Menschen zu sehen. Es funktioniert am besten in kleinen Gruppen bis etwa zwanzig Personen. Es braucht Zeit – mindestens einen halben Tag, oft mehr. Aber es löst Probleme, bei denen niemand mehr an eine Lösung glaubt. Es verwandelt Feinde in Kollaborateure. Es schafft, was Buber eine Ich-Du-Beziehung nennen würde: echte Begegnung zwischen Menschen, die sich als Menschen sehen und nicht als Funktionsträger.

Das ist das Gegenteil dessen, was ich in diesem Raum mit den vierzig physisch anwesenden, aber nicht wirklich anwesenden Menschen sehe.

Aber das reine Aufschreiben auf diesem Flipchart brachte bereits sehr viel. Es machte das Unsichtbare sichtbar. Es zwang die beiden Entwickler, zu klären, worüber sie wirklich sprachen. Es verhinderte Missverständnisse, bevor sie entstanden. Es schuf eine gemeinsame Basis, eine gemeinsame Sprache, ein gemeinsames Verständnis.

War das anstrengend? Ja. War das zeitaufwendig? Absolut. Gab es Entwickler, die es nervig fanden, dass ich ständig mit meinem Flipchart auftauchte? Mit Sicherheit. Aber es funktionierte. Die Missverständnisse wurden weniger. Die Entwickler verstanden sich besser. Der Code passte zusammen. Und mit der Zeit begannen sie es sogar selbst zu tun – sie holten sich den Flipchart, sie schrieben auf, sie klärten, bevor sie anfingen zu bauen.

Niklas Luhmann hat in seiner Systemtheorie Organisationen als Systeme beschrieben, „die aus Entscheidungen bestehen und die Entscheidungen, aus denen sie bestehen, durch die Entscheidungen, aus denen sie bestehen, selbst anfertigen“ (Luhmann 2000). Das klingt abstrakt, hat aber eine konkrete Implikation: In Organisationen geht es um Entscheidungen. Meetings sind Orte, an denen Entscheidungen getroffen werden sollten. Aber die meisten Meetings enden ohne Entscheidung. Sie enden mit „Wir müssen das noch mal besprechen“ oder „Wir vertagen das auf nächste Woche“ oder „Wir brauchen mehr Informationen“. Das Meeting reproduziert sich selbst, ohne etwas zu produzieren. Es wird zum Selbstzweck – nicht im positiven Sinne von Arendts Praxis, sondern im negativen Sinne eines Systems, das sich selbst erhält, ohne Wert zu schaffen.

Luhmann macht noch eine andere interessante Beobachtung. Er schreibt:

> *„Man trifft in Organisationen häufig auf die Vorstellung: 'Wir müssen die Mitarbeiter motivieren!', statt ihnen Gelegenheiten zu bieten, sich selber zu motivieren.“ (Luhmann 1997)*

Das gilt auch für Meetings. Die meisten Meetings sind so strukturiert, dass sie passive Teilnehmer produzieren – Menschen, die zuhören sollen, statt zu handeln. Menschen, die motiviert werden sollen, statt sich selbst zu motivieren. Menschen, die Information empfangen sollen, statt gemeinsam Wissen zu schaffen. Facilitation bedeutet das Gegenteil: *Es bedeutet, Strukturen zu schaffen, in denen Menschen sich selbst motivieren können, in denen sie aktiv teilnehmen können, in denen sie handeln können, statt nur anwesend zu sein.*

Später machte ich eine andere Beobachtung. Nicht nur als Führungskraft in Unternehmen, nicht nur als Coach, sondern auch in meinen eigenen Organisationen. Ich bemerkte, wie schnell man aus der Rolle des Facilitators – des Beobachters, des Prozessführers – in die Rolle des Teilnehmers rutschen kann. Wie schnell man selbst anfängt, emotional zu reagieren. Wie man plötzlich nicht mehr den Prozess führt, sondern mittendrin ist, diskutiert, argumentiert, seine eigene Meinung vertritt. Und wie man dann die Kontrolle über das Meeting verliert. Komplett. Und wie man sich dann am Ende darüber ärgert, dass man – dass ich – diese Kontrolle verloren habe.

Das ist die Kunst der Facilitation, die ich damals lernte und die ich seitdem immer wieder neu lernen muss: die Disziplin, draußen zu bleiben. Nicht mitzureden. Nicht meine Meinung einzubringen. Nur den Prozess zu führen. Nur zu fragen. Nur aufzuschreiben. Nur sicherzustellen, dass alle gehört werden, dass alle verstanden werden, dass das Team seine eigene Lösung findet – nicht meine Lösung, sondern ihre Lösung.

Das ist schwerer, als es klingt. Viel schwerer. Besonders wenn man selbst eine Meinung hat, wenn man glaubt, die Antwort zu kennen, wenn man sieht, dass das Team in die falsche Richtung läuft. Der Impuls ist überwältigend: eingreifen. Sagen, was zu tun ist. Die Lösung präsentieren. Aber genau das darf ein Facilitator nicht tun. Denn in dem Moment, in dem er das tut, verliert er die Neutralität. Und damit verliert er das Vertrauen des Teams.

Die Aufgabe des Scrum Masters als Facilitator ist es, den Prozess zu gestalten, durch den das Team selbst herausfinden kann, was zu tun ist. Das auszuhalten, ist dann möglich, wenn man sich klar macht, dass es drei Ebenen in jedem Meeting gibt: die *Inhaltsebene* – das „Was", worüber sprechen wir? Die *Prozessebene* – das „Wie", wie führen wir die Diskussion? Und die *Beziehungsebene* – das „Wer", wie ist die Beziehung zwischen den Menschen im Raum?

Die meisten Menschen konzentrieren sich nur auf die Inhaltsebene. Sie denken: Ein gutes Meeting ist ein Meeting mit guten Inhalten, mit klugen Ideen, mit richtigen Entscheidungen. Aber das ist nur ein Drittel der Wahrheit. Die Prozessebene ist unsichtbar, aber sie bestimmt, ob ein Meeting funktioniert oder nicht. Ein Meeting mit brillanten Inhalten kann scheitern, wenn der Prozess schlecht ist – wenn nur einer redet, wenn Entscheidungen nicht getroffen werden, wenn die Zeit chaotisch verläuft. Die Beziehungsebene ist noch unsichtbarer. Aber sie ist genauso wichtig. Denn wenn die Beziehungen vergiftet sind, wenn Misstrauen herrscht, wenn Menschen Angst haben – dann spielt es keine Rolle, wie gut der Inhalt oder der Prozess ist.

Ich sitze immer noch in diesem Raum in München. Ich schaue auf die Uhr. 60 Minuten sind vergangen. Der Monolog geht weiter. Ich beobachte das Team – wenn man es so nennen kann. Drei Entwickler auf der rechten Seite flüstern miteinander. Sie haben ihre eigene Diskussion, vollkommen unabhängig vom Vortrag. Auf der linken Seite sitzt eine Produktmanagerin, die offensichtlich E-Mails bearbeitet. Ihr Gesicht ist blass. Sie wirkt erschöpft. Ein Manager in der dritten Reihe schaut demonstrativ auf sein Handy. Und der Präsentator? Er merkt es nicht. Oder er ignoriert es. Er spricht weiter. Folie für Folie. Ohne Pause. Ohne Frage. Ohne Interaktion. Und ich denke: Was ist hier eigentlich das Problem? Es ist nicht der Inhalt. Vielleicht ist der Inhalt wichtig. Vielleicht sind die 87 Folien voller wertvoller Informationen. Aber niemand hört zu. Weil niemand den Prozess führt. Weil niemand gesagt hat: „Stop. So funktioniert das nicht. Wir machen das anders."

Facilitation bedeutet: Leute nicht einfach miteinander sprechen zu lassen. Sondern den Prozess zu führen. Als ich das zum ersten Mal wirklich verstanden hatte – ich meine wirklich verstanden, nicht nur intellektuell, sondern in meinem Körper gespürt – war das in einer Sprint Retrospective. Das Team saß im Raum. Ich hatte vorbereitet. Ich hatte Flipcharts. Ich hatte Post-Its. Ich hatte einen Plan. Und dann begann das Meeting. Ich stellte die erste Frage: „Was lief gut im letzten Sprint?" Einer der Entwickler fing an zu sprechen. Dann ein anderer. Dann noch einer. Innerhalb von fünf Minuten hatten wir eine Diskussion, die nirgendwohin führte. Jeder redete über etwas anderes. Niemand hörte dem anderen zu. Ich stand da vorne und spürte: Ich habe die Kontrolle verloren. Nein, das ist falsch formuliert. Ich hatte nie Kontrolle gehabt. Weil ich den Prozess nicht geführt hatte.

Ich unterbrach. „Stop", sagte ich. Alle schauten mich an. Ich sagte: „Wir machen das anders. Ich möchte, dass ihr alle drei Dinge aufschreibt, die gut liefen. Auf Post-Its. Ein Punkt pro Post-It. Ihr habt drei Minuten." Stille. Alle schrieben. Nach drei Minuten sagte ich: „Jetzt geht ihr nacheinander nach vorne und klebt eure Post-Its an die Wand. Reihum. Einer nach dem anderen. Und während jeder seine Post-Its anklebt, erklärt er kurz – maximal 30 Sekunden pro Post-It – was er damit meint. Alle anderen hören zu. Keine Diskussion. Noch nicht." Und plötzlich passierte etwas. Die Stille im Raum veränderte sich. Sie wurde produktiv. Konzentriert. Jeder schrieb. Jeder dachte nach. Und als wir dann reihum die Post-Its anklebten und erklärten, hörten alle zu. Wirklich zu. Es gab keine Überlagerung. Keine Dominanz der Lauten. Keine Unterbrechungen. Jeder hatte seinen Moment. Jeder wurde gehört. Das war der Moment, in dem ich verstand: Facilitation ist nicht Moderation. **Facilitation ist Prozessführung**. Es ist die Kunst, Strukturen zu schaffen, in denen Menschen ihr Bestes denken können.

Buber würde sagen: Die Beziehungsebene ist die Ich-Du-Ebene. Wenn echte Begegnung stattfindet, wenn Menschen einander wirklich wahrnehmen, dann entsteht etwas, das über den Inhalt hinausgeht. Dann entsteht Vertrauen. Dann entsteht Kreativität. Dann entsteht gemeinsames Handeln im Sinne von Arendts Praxis. Der Facilitator kann diese Begegnung nicht erzwingen. Aber er kann Strukturen schaffen, die sie wahrscheinlicher machen.

Es gibt unzählige Facilitation-Techniken. Manche sind einfach. Manche sind komplex. Manche brauchen Vorbereitung. Manche kann man spontan einsetzen. Eine der einfachsten und zugleich wirkungsvollsten ist das Reihum-Prinzip – oder wie Christina Baldwin und Ann Linnea es nennen: **The Circle Way**. In ihrem gleichnamigen Buch beschreiben die beiden Pionierinnen der modernen Kreisarbeit, wie diese uralte Form menschlicher Zusammenkunft zur Grundlage aller kollaborativen Gruppenprozesse wurde:

> *„The Circle Way gathers people into a circular shape with participants at the rim and the purpose in the centre. Each person has a voice and everyone can see and hear one another" (Baldwin & Linnea 2010).*

Jeder spricht. Einer nach dem anderen. Im Kreis. Ohne Unterbrechung. Das ist so simpel, dass es trivial erscheint. Aber es ist kraftvoll. Warum? Weil es zwei Dinge garantiert: Erstens, jeder wird gehört. Auch die Stillen. Auch die Introvertierten. Auch die, die normalerweise nicht zu Wort kommen. Zweitens, alle müssen zuhören. Weil man nicht unterbrechen darf, weil man warten muss, bis man selbst an der Reihe ist, ist man gezwungen zuzuhören. Wirklich zuzuhören. Nicht nur so zu tun, als würde man zuhören, während man in Wahrheit schon die eigene Antwort formuliert. Baldwin und Linnea sprechen von „a leader in every chair" – in jedem Stuhl sitzt eine Führungskraft. Der Kreis nivelliert Hierarchien, er schafft den Raum, in dem echte Begegnung möglich wird.

Ich habe das Reihum-Prinzip in Hunderten von Meetings genutzt. In Daily Scrums. In Retrospektiven. In Sprint Plannings. Jedes Mal funktioniert es. Jedes Mal verändert sich die Energie im Raum. Von Chaos zu Klarheit. Von Dominanz zu Gleichberechtigung. Von Monologen zu echtem Dialog.

Eine andere Technik ist **Silent Writing**. Anstatt sofort zu diskutieren, gebe ich allen Zeit, ihre Gedanken aufzuschreiben. Fünf Minuten. Zehn Minuten. Alle schreiben. Niemand spricht. Das gibt den Introvertierten Zeit zum Nachdenken. Es verhindert Groupthink – wenn alle zuerst schreiben, bevor jemand spricht, dann denkt jeder eigenständig. Und es erzeugt bessere Ideen, weil geschriebene Gedanken präziser sind.

Ich erinnere mich an ein Sprint Planning, in dem wir über eine komplexe User Story diskutierten. Das Team war unsicher, wie man das umsetzen sollte. Verschiedene Meinungen prallten aufeinander. Die Diskussion wurde hitzig. Ich unterbrach. „Stop", sagte ich. „Jeder schreibt jetzt fünf Minuten lang auf: Wie würdest du diese Story umsetzen? Was sind deine Bedenken? Was sind deine Ideen?" Stille. Alle schrieben. Als die fünf Minuten vorbei waren, sagte ich: „Jetzt lest ihr eure Notizen vor. Einer nach dem anderen. Ohne Diskussion. Wir hören nur zu." Und was passierte, war bemerkenswert. Als alle ihre Ideen vorgelesen hatten, wurde klar: Die meisten hatten ähnliche Bedenken. Aber jeder hatte einen anderen Aspekt der Lösung gesehen. Und als wir dann die Ideen zusammenführten, entstand eine Lösung, die besser war als alles, was eine einzelne Person vorgeschlagen hatte. Das ist die Kraft von Facilitation. Nicht die beste Idee des Klügsten zu finden. Sondern die kollektive Intelligenz der Gruppe zu nutzen.

Eine weitere Technik, die ich liebe, ist **1-2-4-All**, eine Liberating Structure, entwickelt von Henri Lipmanowicz und Keith McCandless. Die Idee ist: Man beginnt alleine (1). Jeder denkt für sich über eine Frage nach. Ein bis zwei Minuten. Dann bilden zwei Personen (2) ein Paar und teilen ihre Gedanken. Drei bis vier Minuten. Dann kommen zwei Paare zusammen und bilden eine Gruppe von vier (4). Sie teilen ihre Erkenntnisse. Sechs bis acht Minuten. Und dann kommt die gesamte Gruppe zusammen (All), und jede Vierergruppe teilt die wichtigsten Punkte. Das dauert insgesamt vielleicht 20 Minuten. Aber in diesen 20 Minuten passiert etwas Magisches: Jeder hat gesprochen. Jeder wurde gehört. Ideen wurden verfeinert, diskutiert, weiterentwickelt. Und am Ende hat die Gruppe nicht nur viele Ideen gesammelt, sondern die besten Ideen identifiziert. Ich habe 1-2-4-All in Retrospektiven genutzt, um zu fragen: „Was war unser größtes Problem in diesem Sprint?" In Sprint Plannings, um zu fragen: „Wie können wir diese Story am besten angehen?" In Reviews, um zu fragen: „Was soll als Nächstes gebaut werden?" Jedes Mal funktioniert es. Jedes Mal entsteht mehr als die Summe der einzelnen Beiträge. Das ist das Ziel von Facilitation: nicht dass der Facilitator die Antwort gibt. Sondern dass die Gruppe gemeinsam eine bessere Antwort findet, als jeder Einzelne sie hätte finden können.

Eine weitere Technik: **Dot Voting**. Man sammelt alle Optionen auf einem Flipchart oder einer Wand. Dann bekommt jeder drei Punkte – Klebepunkte oder einfach Striche mit einem Marker. Jeder klebt seine Punkte auf die Optionen, die er bevorzugt. Nach dem Voting ist sofort klar: Welche Optionen haben die meiste Unterstützung? Dot Voting ist demokratisch. Es ist schnell. Es ist visuell. Und es zwingt Menschen, Prioritäten zu setzen. Ich habe Dot Voting in unzähligen Sprint Retrospektiven eingesetzt. Das Team hat viele Probleme identifiziert. Zu viele, um alle auf einmal anzugehen. Also machen wir Dot Voting. Jeder bekommt drei Punkte. Jeder stimmt ab. Nach zwei Minuten ist klar: Auf welche drei Probleme konzentrieren wir uns im nächsten Sprint? Keine endlose Diskussion. Keine Machtspiele. Nur eine klare, demokratische Entscheidung.

Aber Facilitation ist nicht nur Technik. **Facilitation ist Haltung**. Es ist die Haltung, dass die Gruppe klüger ist als jeder Einzelne. Es ist die Haltung, dass meine Aufgabe als Facilitator nicht darin besteht, die Antwort zu kennen, sondern den Prozess zu führen, durch den die Gruppe ihre Antwort findet. Es ist die Haltung, dass ich dem Team vertraue. Kaner nennt das „servant leadership" in der Facilitation. Der Facilitator ist ein Diener der Gruppe. Er dient nicht sich selbst. Er dient nicht seiner eigenen Agenda. Er dient der Gruppe. Und das bedeutet: Er stellt seine eigenen Ideen zurück. Er hört zu. Er beobachtet. Er spürt, was die Gruppe braucht. Und dann gestaltet er den Prozess entsprechend (Kaner 2014).

Der Facilitator ist nicht derjenige, der die Antwort kennt. Der Facilitator ist derjenige, der den Prozess führt, durch den die Gruppe ihre eigene Antwort findet. Roger Schwarz schreibt in seinem Buch „The Skilled Facilitator": „Der Facilitator ist inhaltlich neutral. Er hat keine inhaltliche Agenda. Seine Agenda ist rein prozessbezogen: Er will der Gruppe helfen, effektiver zusammenzuarbeiten“ (Schwarz 2002). Das ist schwer. Das ist wirklich schwer. Besonders für Scrum Master, die selbst technisch versiert sind, die selbst Lösungen sehen, die selbst Ideen haben. Die Versuchung ist groß, die eigene Meinung einzubringen. Aber sobald der Facilitator inhaltlich wird, verliert er seine Neutralität. Und damit seine Wirksamkeit.

Ich musste das lernen. Auf die harte Tour. In einem Daily Scrum diskutierte das Team über ein technisches Problem. Ich hatte eine Idee. Eine gute Idee, wie ich dachte. Und ich konnte mich nicht zurückhalten. Ich sagte: „Habt ihr schon daran gedacht, das mit einem Cache zu lösen?“ Schweigen. Alle schauten mich an. Dann sagte einer der Entwickler: „Boris, das ist ein Daily Scrum. Du sollst den Prozess führen, nicht Lösungen vorschlagen.“ Er hatte recht. Ich hatte meine Rolle verlassen. Ich war vom Facilitator zum Teilnehmer geworden. Und in dem Moment, in dem ich inhaltlich wurde, hörte das Team auf, mir als Facilitator zu vertrauen. Denn wenn ich einmal eine inhaltliche Meinung äußere, werden sie sich in Zukunft immer fragen: Hat er wieder eine Meinung, die er nicht ausspricht? Ist er wirklich neutral? Die Neutralität des Facilitators ist sein wichtigstes Asset. Und sie ist fragil.

Zurück nach München. Als ich dort saß und die Zeit verstreichen sah, dachte ich: Was könnte man hier anders machen? Die erste Frage wäre: Brauchen wir überhaupt ein Meeting? Das ist die wichtigste Frage. Laut einer Studie von Atlassian sind 71 % der Meetings unnötig oder könnten durch eine E-Mail ersetzt werden. Scrum reduziert die Anzahl der Meetings radikal. Es gibt nur fünf Events: Sprint Planning, Daily Scrum, Sprint Review, Sprint Retrospective und Product Backlog Refinement. Alle anderen Meetings sind optional. Das ist ein fundamentaler Unterschied zu traditionellen Organisationen, in denen Meetings sich wie Unkraut vermehren.

Aber selbst dann, wenn ein Meeting notwendig ist – wie stellt man sicher, dass es produktiv ist? Die Antwort ist: Facilitation. Der Scrum Master führt den Prozess. Er stellt sicher, dass das Meeting ein klares Ziel hat. Er stellt sicher, dass die Timebox eingehalten wird. Er stellt sicher, dass alle gehört werden. Er stellt sicher, dass Entscheidungen getroffen werden. Und er stellt sicher, dass am Ende klar ist: Was sind die nächsten Schritte?

Kaner beschreibt die „groan zone“ – die **Stöhnzone**. Das ist der Punkt im Meeting, an dem alle denken: „Wann ist das endlich vorbei?“ Die Groan Zone entsteht, wenn die Gruppe feststeckt. Wenn keine Entscheidung getroffen wird. Wenn die Diskussion sich im Kreis dreht. Die Aufgabe des Facilitators ist es, die Gruppe durch die Groan Zone zu führen. Nicht, indem er die Lösung vorgibt, sondern, indem er den Prozess strukturiert, durch den die Gruppe selbst zur Lösung findet.

90 Minuten waren vergangen in München. Von 40 Menschen waren noch 32 im Raum. Acht hatten sich verabschiedet. Ich schaute in die Gesichter der Übriggebliebenen. Sie waren resigniert. Sie hatten aufgegeben. Und ich dachte: Das muss nicht so sein. Meetings müssen nicht so sein. Meetings können kraftvoll sein. Meetings können Orte sein, an denen Menschen gemeinsam handeln im Sinne von Hannah Arendt – „to act in

concert". Meetings können Orte sein, an denen echte Begegnung stattfindet im Sinne von Martin Buber – Ich-Du statt Ich-Es. Aber nur, wenn jemand den Prozess führt. Nur, wenn jemand facilitiert. Und das ist die Aufgabe des Scrum Masters.

Buber schreibt: „Alles wirkliche Leben ist Begegnung." Ein Meeting, in dem echte Begegnung stattfindet, ist ein Ort des Lebens. Ein Meeting, in dem Menschen einander als Es behandeln, als Objekte, als Empfänger von Information – das ist ein Ort des kleinen Todes. Es liegt an uns, welche Art von Meetings wir schaffen. Es liegt am Scrum Master, welche Art von Räumen er gestaltet. Räume der Begegnung. Oder Räume des Geredes.

Die Meeting-Kultur einer Organisation zu transformieren, ist möglich. Es erfordert Mut, es erfordert Disziplin, es erfordert einen Scrum Master, der bereit ist, den Prozess zu führen, statt sich im Inhalt zu verlieren. Aber es ist möglich. Und wenn es gelingt, dann verwandeln sich Meetings von Orten der Produktivitätsvernichtung in Orte der Produktivitätsentfaltung. Von Räumen des Geredes in Räume der Begegnung. Von Zeitverschwendung in Zeitgewinn. Das ist keine Utopie. Das ist Handwerk. Und dieses Handwerk lässt sich lernen.

Schwarz, R. (2002). The Skilled Facilitator: A Comprehensive Resource for Consultants, Facilitators, Managers, Trainers, and Coaches. 2. Auflage. San Francisco: Jossey-Bass.

3.6 Fehlerkultur

> *„Extreme Programming (XP) is about social change. It is about letting go of habits and patterns that were adaptive in the past, but now get in the way of us doing our best work. It is about giving up the defenses that protect us but interfere with our productivity. It may leave us feeling exposed." (...) (Beck 2012)*

25 Jahre Agilität. 25 Jahre diese Idee von Fail Fast. 25 Jahre lang wird immer wieder in Organisationen darüber gesprochen, dass wir Veränderungen begrüßen sollen, dass wir Innovation fördern sollen, dass wir das Ausprobieren fördern sollen. Wir sollen aus Fehlern lernen und endlich die Fehler begrüßen. Ehrlich gesagt kann ich diesen Ansatz nicht mehr hören.

Der Philosoph in mir fragt sich: Wenn etwas so oft propagiert wird und immer wieder auf Ablehnung stößt – nicht als explizite Ablehnung, sondern als stilles Ignorieren –, dann muss es dafür einen tieferliegenden Grund geben – wie in Inception – einen Glauben geben, dass Fehler machen Versagen bedeutet.

Warum wird Fail Fast nicht beherzigt? Warum wird Ausprobieren nicht gewünscht? Warum bleibt Innovation ein Lippenbekenntnis?

Wir leben in einer Kultur, zumindest in der westlichen Industriegesellschaft, in der man für das geschätzt wird, was man kann, was man leistet – und in der Versagen bestraft wird. Selbst der berühmte Spruch von der Apollo-Mission – „Failure is not an option“ – wird heute in Konzernfluren zitiert, um Perfektion zu fordern. Dabei meinte er das Gegenteil: Bei Apollo 13 war die Mission bereits gescheitert. Der Sauerstofftank war explodiert.

„Failure is not an option“ bedeutete: **Wir müssen jetzt improvisieren, experimentieren, Dinge tun, die noch nie jemand getan hat. Es war ein Aufruf zum intelligenten Scheitern – nicht zur Fehlervermeidung.**

Ich war selbst einer dieser Menschen. Als junger Consultant saß ich in Meetings, in denen wir über „Fehlerkultur“ sprachen. Wir klebten Post-Its an Wände. „Fail Fast, Fail Often.“ „Learn from Mistakes.“ „Celebrate Failure.“ Alle nickten. Alle waren begeistert. Alle glaubten daran. Und dann? Passierte nichts. Niemand feierte Fehler. Niemand sprach über Fehler. Niemand lernte aus Fehlern. Weil niemand Fehler machte. Oder besser gesagt: *Niemand gab zu, Fehler zu machen.* Denn in dem Moment, in dem du einen Fehler zugibst, in dem Moment, in dem du sagst „Ich habe das falsch gemacht“, bist du verwundbar. Du zeigst Schwäche. Du öffnest dich für Kritik. Das kann dich deine Karriere kosten.

Gerade sprach ich mit einem Top Manager in einer Bank – er will ausprobieren, sagt das vor seinen eigenen Führungskräften, und gleichzeitig gibt er auf, denn er sagt, dass bei ihnen nicht zu machen. Ständig käme jemand, ein Gremium, der Vorstand, der „Versagen“ nicht akzeptiere. Das ist das eigentliche Problem. Nicht dass wir keine Fehlerkultur wollen. Sondern dass wir eine Kultur haben, die Fehler bestraft. Eine Kultur, die Perfektion fordert. Eine Kultur, in der „gut genug“ nicht gut genug ist. Solange diese Kultur existiert, können wir so viele Post-Its kleben, wie wir wollen – es wird nichts ändern. Ok – gut, adressieren wir sie, reden wir drüber und dekonstruieren wir mal diese Kultur.

Die wunderbare Amy Edmondson ist vielleicht deswegen so genial, weil sie es geschafft hat, endlich mit dieser „Business Theater“-Variante von Fail Fast aufzuräumen. Sie schafft mit ihrem bahnbrechenden Buch Right Kind of Wrong: The Science of Failing Well die Grundlage für diese Dekonstruktion. Sie unterscheidet drei Fehlerkategorien, die man strikt auseinanderhalten sollte, wenn man über Innovation und angstfreie Organisationen nachdenkt (Edmondson 2023). Diese Unterscheidung ist fundamental. Denn nicht alle Fehler sind gleich. Nicht alle Fehler sollten gefeiert werden. Nicht alle Fehler sind Lernmöglichkeiten. Eine Fuck Up Night für Rechtschreibfehler macht im Business-Kontext keinen Sinn.

Die erste Kategorie nennt Edmondson **Basic Failures** – banale oder simple Fehler. Das ist, um es ganz einfach auszudrücken, ein Rechtschreibfehler. Ein Wort müsste anders geschrieben werden. Das müsste man wissen. Wenn man es nicht weiß, korrigiert man es einfach. Das sind Fehler, die nicht passieren sollten, weil ich weiß, wie etwas funktioniert. Diese Fehler sind unnötig. Man hat sich verrechnet. Eine Kalkulation ist schiefgelaufen. Man hat vergessen, die Autoschlüssel mitzunehmen. Man hat vergessen, den Test nach dem Merge laufen zu lassen. Edmondson beschreibt Basic Failures als Fehler in vertrautem Terrain, meist mit einer einzigen Ursache, die durch Sorgfalt vermeidbar wären. Sie sind unproduktiv. Sie verschwenden Zeit, Energie und Ressourcen. Sie können manchmal zu Lernen führen, aber im Wesentlichen sind sie nicht die richtige Art von Fehler.

> *„Fast alle Basic Failures können vermieden werden mit Sorgfalt und ohne Bedarf an Erfindungsreichtum und Innovation", schreibt sie (Edmondson 2023).*

Aber – und das ist entscheidend – sie sind unbeabsichtigt. Daher kann die Strategie zu ihrer Verhinderung nicht Bestrafung sein. Denn Bestrafung würde Menschen dazu ermutigen, Fehler nicht zuzugeben, und wahrscheinlich die Anzahl der Basic Failures erhöhen, die wir erleben.

Basic-Fehler sollten nicht stattfinden. Man versucht, sie auszumerzen durch standardisierte Prozesse. Durch Checklisten. Durch Automatisierung. Durch Aufmerksamkeit. Das sind die Fehler, die wir in Scrum durch den Daily Scrum früh erkennen wollen. Durch Sprint Reviews, in denen wir überprüfen, ob wir das Richtige bauen. Durch Retrospektiven, in denen wir fragen: Welche dieser banalen Fehler sind uns passiert? Wie können wir unseren Prozess so anpassen, dass sie nicht mehr passieren?

Der vielleicht banalste Basic Failure, den ich je erlebt habe, passierte nicht in einem Sprint. Er passierte in einer E-Mail. Ein Consultant aus meinem Team schickte einem Kunden das Angebot. Alles sauber formuliert, durchkalkuliert, final abgestimmt. Nur: Er hängte die falsche Datei an. Nicht unser Angebot. Sondern die interne Kalkulation. Mit allen Tagessätzen, Margen, Rabatten. Alles, was ein Kunde nie sehen sollte, lag jetzt in seinem Posteingang.

Als ich davon erfuhr, wurde mir heiß. Nicht wegen des Geldes – obwohl das schmerzte. Sondern weil dieser Fehler so unglaublich vermeidbar war. Es gab eine Checkliste. Es gab ein Vier-Augen-Prinzip. Es gab eine Ordnerstruktur, die genau dafür gemacht war, Angebote von Kalkulationen zu trennen. Alles war da. Es wurde nur nicht benutzt.

Das ist ein Basic Failure in Reinform. Bekanntes Terrain. Klare Regeln. Und trotzdem: ein Moment der Unaufmerksamkeit, und der Schaden ist da.

Was haben wir gemacht? Nicht bestraft. Nicht beschämt. Der Consultant rief den Kunden selbst an. Erklärte, was passiert war. Bat um Löschung. Der Kunde war professionell – er löschte die Datei, aber natürlich hatte er sie gesehen. Die Verhandlung danach war eine andere. Wir haben den Auftrag trotzdem bekommen. Aber zu anderen Konditionen.

Die Konsequenz war nicht Bestrafung. Die Konsequenz war: Wir bauten einen Prozess, der diesen Fehler unmöglich machte. Getrennte E-Mail-Vorlagen. Automatische Dateinamen-Prüfung. Und ja, ein echtes Vier-Augen-Prinzip, das auch gelebt wurde – nicht nur auf dem Papier stand.

Das sind die Fehler, die wir in Scrum durch den Daily Scrum früh erkennen wollen. Durch Sprint Reviews, in denen wir überprüfen, ob wir das Richtige bauen. Durch Retrospektiven, in denen wir fragen: Welche dieser banalen Fehler sind uns passiert? Wie können wir unseren Prozess so anpassen, dass sie nicht mehr passieren?

Das ist ein Basic Failure. Ja, darf nicht passieren. Sollte nicht passieren. Aber ist menschlich, wenn es dann doch passiert. Das Entscheidende ist: Wie reagiert das System? Bestrafung hätte nichts gebracht. Sie hätte nur dazu geführt, dass ich beim nächsten Mal den Fehler vertuscht hätte. Stattdessen: Transparenz, Verantwortung, Lernen. Das ist der richtige Umgang mit Basic Failures.

Dann gibt es die zweite Kategorie: **Complex Failures** – Fehler, die aus der Komplexität von Dingen entstehen, die man nicht vorhersagen kann, weil sie aus der Kompliziertheit oder vielleicht sogar Komplexität heraus resultieren. Es gibt so viele Einflussfaktoren, dass man unter bestimmten Bedingungen nicht vorhersagen kann, was passieren wird. Die Kombination ist möglicherweise so auch noch nie aufgetreten, dass man sie nicht voraussehen konnte. Edmondson nennt diese „perfect storms" – Situationen, in denen viele kleine Dinge sich auf genau die falsche Weise zusammenfügen. Keiner der einzelnen Faktoren hätte allein zum Fehler geführt, aber die Art, wie sie zusammenkamen, erzeugt ein problematisches perfektes Unwetter (Edmondson 2023). Das ist zum Beispiel der Fall, wenn ein Flugzeug aufsteigt, und das Flugzeug ist für alle möglichen Bedingungen gewappnet, aber der Sturm ist so stark, dass man die Stärke, die das Flugzeug aushalten muss, nicht entsprechend berücksichtigt hat. Niemand hätte das vorhersehen können.

Edmondson beschreibt das Beispiel von Three Mile Island, dem Ort des fast katastrophalen Nuklearunfalls 1979. Der Kontrollraum war eine vertraute Umgebung – und genau diese Vertrautheit führte zu Selbstzufriedenheit, die verursachte, dass initiale Warnsignale übersehen wurden. Früher waren die Arten von Systemen, die anfällig für Complex Failures sind – Nuklear- und Chemieanlagen, NASA-Starts – nicht so zahlreich. Aber unsere wachsende Abhängigkeit von Technologie bedeutet, dass wir jetzt viel verwundbarer sind. Schnell zu scheitern und oft zu scheitern, ist eindeutig nicht das richtige Rezept in diesen Situationen (Edmondson 2023).

Aber man muss nicht in Nuklearanlagen arbeiten, um Complex Failures zu erleben. Ich habe sie in Softwareentwicklungsprojekten erlebt. Ein Release, der perfekt getestet war. Alle Tests grün. Alle Code Reviews abgeschlossen. Alle Deployment-Checks durchgeführt. Dann, in Produktion, 30 Minuten nach dem Go-Live: Systemabsturz. Warum? Weil ein Legacy-System, das seit Jahren stabil lief, genau an diesem Tag ein Update bekam. Dieses Update interagierte auf unvorhergesehene Weise mit unserem neuen Code. Die Last zu diesem spezifischen Zeitpunkt war höher als üblich, weil gerade eine Marketingkampagne lief. Das Monitoring-System hatte einen blinden Fleck, der genau diese Kombination nicht erkannte. Keiner dieser Faktoren allein hätte zum Absturz geführt. Aber zusammen? Perfect Storm. Das ist ein Complex Failure. Der richtige Umgang damit ist nicht Bestrafung. Nicht einmal Fail Fast. Sondern blameless reporting – eine Kultur, in der Anomalien schnell identifiziert werden ohne Angst vor Vergeltung. In der man gemeinsam analysiert: Was sind alle Faktoren, die zusammenkamen? Wie können wir Frühwarnsysteme einbauen? Wie können wir Redundanzen schaffen? Wie können wir die Komplexität reduzieren?

Michael Frese und Nina Keith haben in ihrer bahnbrechenden Forschung über Error Management Culture gezeigt, dass Organisationen, die eine Kultur des offenen Umgangs mit Fehlern haben, tatsächlich bessere Performance zeigen. In zwei großen Studien fanden sie heraus, dass Error Management Culture positiv mit organisationalem Lernen und innovativer Arbeit korreliert (van Dyck et al. 2005). Aber – und das ist entscheidend – nur wenn die Organisation zwischen verschiedenen Fehlertypen unterscheidet. Eine Blanko-„Feiere-alle-Fehler"-Mentalität funktioniert nicht. Denn Basic Failures sollten nicht gefeiert werden. Sie sollten vermieden werden.

Dann gibt es die dritte Kategorie: **Intelligent Failures** – intelligente Fehler. Das sind die Fehler, die wir in der agilen Welt gemeint haben, als wir von Fail Fast sprachen. In der Kent Beck sein Buch mit „Embrace Change" untertitelt. Das sind keine Fehler im eigentlichen Sinne. Das sind *Experimente.* Man hat etwas noch nie gemacht. Es gibt eine neue Technologie, mit Menschen, die das noch nie gemacht haben, und auch in einer Business-Situation, die es so noch nie gab. Hier muss man etwas ausprobieren. Das ist, gelinde gesagt, Forschung.

Edmondson definiert Intelligent Failures anhand von vier Attributen: Erstens finden sie in neuem Terrain statt. Zweitens bietet der Kontext eine glaubwürdige Gelegenheit, auf ein gewünschtes Ziel hinzuarbeiten. Drittens ist der Fehler durch verfügbares Wissen informiert, was ihn hypothesengetrieben macht. Viertens ist der Fehler so klein, wie er sein kann, um dennoch wertvolle Erkenntnisse zu liefern.

> *„Der Fehler ist intelligent, weil er das Ergebnis eines durchdachten Experiments ist – nicht eines haphazarden oder schlampigen", schreibt Edmondson (2023).*

Das sind die Fehler, die wir fördern wollen. Das sind die Fehler, die Innovation bringen. Das sind die Fehler, die Lernen ermöglichen. Das sind die Fehler, die eine Organisation ermöglichen muss – und die ein Scrum Master mit seinem Team sucht.

Genau hier ist es entscheidend: zulassen. Aber warum fällt es uns so schwer? Weil wir Angst haben. Edmondson hat jahrzehntelang das Konzept der Psychological Safety erforscht – der psychologischen Sicherheit, die nötig ist, damit Menschen bereit sind, interpersonelle Risiken einzugehen (Edmondson 1999). In ihrer Forschung in Krankenhausteams fand sie etwas Überraschendes:

Teams mit besseren zwischenmenschlichen Beziehungen berichteten mehr Fehler. Nicht weil sie mehr Fehler machten. Sondern weil sie sich sicher genug fühlten, Fehler zuzugeben.

Das ist der Kern. Nicht die Methode. Nicht das Framework. Nicht das Post-It an der Wand. Sondern die Sicherheit. Die psychologische Sicherheit, die es mir erlaubt zu sagen: „Ich habe keine Ahnung, wie man das macht." „Ich bin gescheitert." „Ich brauche Hilfe." Ohne Angst vor Bestrafung. Ohne Angst vor Bloßstellung. Ohne Angst, dass es meine Karriere kostet.

> *„Prepare for success. Don't protect yourself from success by holding back. Do your best and then deal with the consequences. That's extreme. You leave yourself exposed. For some people that is incredibly scary, for others it's daily life."* (Beck)

Schreibt Kent Beck und macht damit klar – es braucht Mut, diesen Schritt zu gehen. Die Aufgabe des Scrum Masters ist nicht, Post-Its zu kleben. Nicht, Mantras zu wiederholen. Nicht, „Fail Fast" zu predigen. Sondern psychologische Sicherheit zu schaffen. Konkret. Praktisch. Jeden Tag. Wie? Indem der Scrum Master selbst verletzlich ist. Indem er zugibt, wenn er etwas nicht weiß. Indem er seine eigenen Fehler teilt. Indem er zeigt: Es ist okay, nicht perfekt zu sein. Ich bin auch nicht perfekt. Ich mache auch Fehler. Das ist in Ordnung.

Ich erinnere mich an eine Retrospektive, in der das Team über einen gescheiterten Sprint sprach. Niemand sagte etwas. Stille. Unbehagen. Alle schauten zu Boden. Dann sagte ich: „Okay, ich fange an. Ich habe einen Fehler gemacht. Ich habe nicht bemerkt, dass ihr überlastet wart. Ich hätte früher eingreifen müssen. Das ist mein Fehler. Und ich werde es das nächste Mal besser machen." Stille. Dann sagte eines der Teammitglieder: „Ich habe auch einen Fehler gemacht. Ich habe nicht gesagt, dass ich Hilfe brauche. Ich dachte, ich schaffe das allein. Aber ich habe es nicht geschafft." Dann öffnete sich die Schleuse. Einer nach dem anderen erzählte von seinen „Fehlern". Von seinen Ängsten. Von seinen Unsicherheiten. Plötzlich waren wir keine perfekten Profis mehr. Wir waren Menschen. Verletzlich. Real. In dieser Verletzlichkeit lag mehr Stärke als in all den Jahren, in denen wir so getan hatten, als wüssten wir alles. Das Team wuchs zusammen.

Das ist psychologische Sicherheit. Nicht ein Konzept. Sondern eine Realität, die der Scrum Master jeden Tag schaffen muss.

Aber psychologische Sicherheit allein reicht nicht. Wir müssen auch verstehen, welche Art von Fehler wir gerade erleben. Ist es ein Basic Failure, den wir durch bessere Prozesse verhindern können? Ist es ein Complex Failure, aus dem wir als System lernen müssen? Oder ist es ein Intelligent Failure, den wir feiern sollten, weil er uns neue Erkenntnisse gebracht hat? Die Studie über Error Management Culture und organisationale Performance zeigte, dass der Einfluss von Fehlerkultur auf Performance durch psychologische Sicherheit moderiert wird. Das heißt: Eine Fehlerkultur allein bringt nichts. Psychologische Sicherheit allein bringt auch nichts.

Nur die Kombination aus beiden – eine Kultur, in der Fehler als Lernmöglichkeiten gesehen werden, UND ein Umfeld, in dem Menschen sich sicher fühlen, Fehler zuzugeben – führt zu besserer Performance (vgl. Javed 2020).

Das bringt uns zurück zu Scrum. Warum hat Scrum diese Events? Daily Scrum, Sprint Review, Sprint Retrospective – nicht um den Prozess oder die Events zu zelebrieren[3], sondern um Räume zu schaffen, in denen verschiedene Fehlertypen sichtbar werden

---

[3] Es ist so beruhigend zu sehen, dass der Scrum Guide nun wieder neutral von Events sprichts, statt von Ceremonies. (siehe Scrum Guide 2025 *https://scrumguides.org/scrum-guide.html#scrum-events*)

können. In denen Menschen sich sicher fühlen zu sagen: „Das funktioniert nicht." „Ich brauche Hilfe." „Wir müssen das ändern." Im Daily werden Basic Failures früh erkannt: „Ich habe vergessen, das Backend zu aktualisieren." „Ich habe nicht daran gedacht, dass wir die API ändern müssen." Diese Fehler können sofort korrigiert werden. Bevor sie größer werden. Bevor sie den Sprint gefährden. Im Sprint Review werden Intelligent Failures sichtbar: „Wir dachten, der User braucht dieses Feature. Aber er braucht es nicht. Wir haben falsch experimentiert." Das ist okay. Das ist genau der Punkt. Wir haben etwas gelernt. Wir wissen jetzt, was NICHT funktioniert. Das ist genauso wertvoll wie zu wissen, was funktioniert. In der Retrospektive analysieren wir Complex Failures: „Warum ist der Sprint gescheitert? Was sind alle Faktoren, die zusammenkamen? Wie können wir das System so ändern, dass diese Kombination nicht mehr auftritt?"

Das ist die Aufgabe des Scrum Masters in Scrum 3.0: Nicht „Fail Fast" zu predigen. Sondern psychologische Sicherheit zu schaffen. Zwischen Fehlertypen zu unterscheiden. Basic Failures zu verhindern. Complex Failures zu analysieren. Intelligent Failures zu fördern.

Edmondson schließt mit einer kraftvollen Aussage:

> *„Mit Best Practices und Wachsamkeit können Sie die meisten verschwenderischen Fehler vermeiden, und Sie können lernen, die Weisheit zu schätzen, die Rate intelligenter Fehler zu erhöhen, denn daher kommt Innovation."* (Edmondson 2023)

Das ist die Botschaft. Nicht alle Fehler sind gleich. Nicht alle Fehler sollten gefeiert werden. Aber die richtigen Fehler – die intelligenten Fehler, die durchdachten Experimente in neuem Terrain –, die sollten nicht nur toleriert werden. Sie sollten gefördert werden. Sie sollten gefeiert werden. Denn ohne sie gibt es keine Innovation. Ohne sie gibt es kein Wachstum. Ohne sie gibt es keine Zukunft.

Das ist die Aufgabe des Scrum Masters: diese intelligenten Fehler möglich zu machen. Einen Raum zu schaffen, in dem das Team experimentieren kann. In dem das Team scheitern darf. In dem das Team lernen kann. Nicht weil „Fail Fast" ein Buzzword ist. Sondern weil es der einzige Weg ist, wirklich Neues zu schaffen. Wie wir gesehen haben, brauchen möglicherweise gerade die Top Manager Methoden, mit denen sie dieses Thema kulturell angehen können – sie sehen es selbst, doch wissen sie nicht weiter. Also müssen wir als Scrum Master ihnen diese Wege zeigen.

Jetzt ist die Zeit, es anders zu machen. Jetzt ist die Zeit, Amy Edmondsons Unterscheidung ernst zu nehmen. Jetzt ist die Zeit für den Scrum Master, aufzustehen und zu sagen: „Wir hören auf mit dem Theater. Wir fangen an mit echter psychologischer Sicherheit. Wir unterscheiden zwischen Fehlertypen. Wir verhindern banale Fehler. Wir lernen aus komplexen Fehlern. Und wir feiern intelligente Fehler."

Das ist die Zukunft von Fehlerkultur. Nicht als Slogan. Sondern als Realität.

3.7 Silos

Gerade komme ich aus einem Training. Wie in jedem Training seit 25 Jahren ist eines der Hauptprobleme bei der Einführung von agilem Management und agilem Arbeiten das Aufbrechen der Silo-Strukturen und der Widerstand dagegen im Denken. Natürlich würden die Teammitglieder, die in solchen Trainings sitzen, sofort nur noch an einem einzigen Projekt arbeiten. Doch ihre Realität sieht anders aus: Daily Work, der Abteilungs- oder Gruppenleiter will noch etwas und das andere Projekt ebenfalls.

Warum sollte man in einem Team für so viele Aufgaben gleichzeitig zusammensitzen? Da macht ein Daily Scrum doch gar keinen Sinn. Gemeinsam arbeiten? Allein diese Vorstellung schockiert.

Die Reaktion der Teilnehmer:innen in den Trainings und Workshops ist verständlich. Sie zeigt das Grundproblem. An der Oberfläche sieht es so aus, als wären die Leute einfach überlastet, als hätten sie das Problem, dass so viel Arbeit zu koordinieren ist. In Wahrheit tritt hier der größte Widerstand bei Veränderungsvorhaben in Organisationen auf die Bühne unseres Schauspiels: die Architektur der Organisation, also die organisationale Architektur.

Jeder kennt das. Organisationen sind in Silos aufgeteilt. Es wird in Silos gearbeitet. Orgcharts zeigen uns das sehr deutlich: Abteilung über Abteilung, innerhalb der Abteilung dann Gruppen, unterhalb der Gruppe dann Teams oder Squads. Diese Organisationsstruktur, die man wunderbar aufmalen kann, sorgt in hierarchisch geprägten Organisationen für gigantisch viele Positionen und braucht viele, viele Mittler-Manager. Schaut man sich solche Orgcharts an, sieht man, wie viele Level benötigt werden, um all diese Arbeit zu koordinieren. Die koordinierende Funktion ist dabei nicht (direkt) wertstiftend – wir haben das an vielen Stellen in diesem Buch gesehen. In Wahrheit überholt sich dieses System, diese Struktur, und wird dysfunktional, solange ich am Paradigma festhalte, dass ich Arbeit koordinieren muss, entscheiden muss, managen muss, kontrollieren muss.

Gary Hamel nennt das die „Bureaucracy Tax“ in Organisationen, und er kämpft seit Jahrzehnten dafür, dass wir diesen Bürokratismus wieder abbauen. Hamel schätzt, dass allein in den USA durch übermäßige Bürokratie jährlich rund drei Billionen Dollar an wirtschaftlicher Leistung verloren gehen – eine gigantische Steuer auf menschliche Leistung (Hamel & Zanini 2016).

Er hat sehr viele Beispiele in seinen Büchern darüber, wie Unternehmen diese Tax vermeiden können. Haier, der chinesische Hausgerätehersteller, hat sich unter CEO Zhang Ruimin in eine Plattform von 4000 hochautonomen „Mikrounternehmen“ verwandelt. Jedes dieser kleinen Teams hat seine eigene Gewinn-und-Verlust-Rechnung, die Freiheit, Strategie festzulegen, Mitarbeiter einzustellen und zu entlassen, und die Kompetenz, Belohnungen zu verteilen. Das Ergebnis? Eine Organisation, die ohne traditionelle Managementhierarchie funktioniert – schnell, innovativ und näher am Kunden als je zuvor (Hamel & Zanini 2018).

Aber all das ist nur eine Analyse des Symptoms, die Überbürokratisierung von Organisationen ist die Folge der dysfunktionalen, d. h. nicht an die Erfordernisse angepassten Architektur. Die eigentliche Lösung liegt darin, zu verstehen, dass *die Organisationsstruktur einfach nicht mehr passfähig ist zu dem, was sie liefern soll.* Die Organisation passt nicht mehr zum Umfeld, zu ihren Kunden. Das ist die Dysfunktionalität, die hier zum Tragen kommt:

Die Organisationsstruktur passt nicht mehr zur neuen notwendigen Produktarchitektur.

Was meine ich damit? Organisationen entwickeln immer Produkte in der Gestalt, dass die Kommunikationsarchitektur der Organisation – also ihre Abteilungsstrukturen, ihre Gruppenstrukturen, die Art und Weise, wie sie aufgesetzt werden – mit der Produktarchitektur, die dann entsteht, korreliert. Vielleicht ist es nicht tatsächlich eine Eins-zu-eins-Beziehung, doch es gibt unzählige Studien, die Conway's Law zitieren und darauf hinweisen, dass Conways Law gilt.

Melvin Conway formulierte 1968 eine Beobachtung, die so simpel wie fundamental ist:

> *Organisationen, die Systeme entwerfen, sind gezwungen, Designs zu produzieren, die Kopien der Kommunikationsstrukturen dieser Organisationen sind (Conway 1968).*

Auf den ersten Blick klingt das trivial. Aber es ist radikal. Denn es bedeutet:

Die Art, wie deine Organisation strukturiert ist, bestimmt, was du bauen kannst. Nicht umgekehrt.

Nicht: Wir entwerfen das beste Produkt, und dann passen wir die Organisation an. Sondern: Die Organisation bestimmt, welche Art von Produkt überhaupt entstehen kann. Martin Fowler beschreibt das anschaulich: Wenn ein einzelnes Team einen Compiler schreibt, wird es ein Ein-Pass-Compiler sein. Aber wenn das Team in zwei geteilt wird, wird es ein Zwei-Pass-Compiler sein (Fowler 2015). Das ist nicht etwa, weil Zwei-Pass-Compiler technisch besser wären. Sondern weil die beiden Teams separat arbeiten. Sie kommunizieren nicht so intensiv, wie wenn sie ein Team wären. Also bauen sie zwei separate Komponenten, die zusammengesteckt werden. Genau so funktionieren unzählige Softwaresysteme heute: als Ansammlung von Komponenten, die die Abteilungsstruktur spiegeln, nicht die technische Notwendigkeit.

Was passiert, wenn Conway's Law ignoriert wird, zeigen zwei tragische Beispiele. Die Boeing 737 Max Abstürze 2018 und 2019 waren eine direkte Konsequenz fragmentierter Kommunikation und isolierter Teams. Das MCAS-System wurde implementiert, aber das Engineering-Team kommunizierte das Design, seine Implikationen und potenzielle Risiken nicht effektiv an andere Abteilungen. Boeings Entscheidung, das Hauptquartier 2001 von Seattle nach Chicago zu verlegen, hatte eine physische und kulturelle Distanz zwischen Unternehmensführung und Ingenieuren geschaffen. Dieser Zusammenbruch cross-funktionaler Kommunikation kostete 346 Menschen das

Leben (Harvard Law School 2024). Der Equifax-Datenleck 2017 exponierte die persönlichen Informationen von 147 Millionen Konsumenten. Eine kritische Sicherheitsmeldung ging durch mehrere Abteilungen, aber wegen fehlender Koordination und unklarer Verantwortlichkeiten wurde der notwendige Patch nicht rechtzeitig eingespielt. Der leitende Vice President wurde entlassen, weil er „eine E-Mail nicht weitergeleitet hatte“ – ein Symptom für die tieferliegenden strukturellen Probleme (House Oversight Committee 2018). Das ist die Realität organisationaler Silos. Nicht abstrakte Ineffizienz. Sondern Katastrophen.

Ich habe Conway's Law Hunderte Male in Aktion gesehen. Bei einem großen deutschen Automobilhersteller arbeitete ich mit einem Team, das Software für das Infotainment-System entwickelte. Navigation, Musik, Telefon, alles in einer Oberfläche. Das klingt einfach. Aber die Realität war: Es gab drei Abteilungen. Eine für Navigation. Eine für Audio. Eine für Telefonie. Jede Abteilung hatte ihr eigenes System entwickelt. Mit eigener Architektur. Eigenen Standards. Eigenen APIs. Die drei Systeme sollten jetzt integriert werden. Aber niemand der drei Abteilungen wollte seine Architektur ändern. Jede Abteilung sagte: „Unsere Lösung ist die beste. Die anderen müssen sich anpassen.“ Das Ergebnis? Ein System, das aussah wie ein Frankenstein-Monster, zusammengenäht aus drei völlig inkompatiblen Teilen. Die Benutzeroberfläche war inkonsistent. Die Performance war schlecht. Die Wartung war ein Alptraum. Das ist Conway's Law in Aktion. Die Produktarchitektur spiegelte perfekt die Kommunikationsstruktur der Organisation: Drei isolierte Abteilungen produzierten drei isolierte Systeme. Kein noch so kluges technisches Design konnte das ändern, solange die organisationale Struktur so blieb.

Ich erinnere mich an einen Moment, der mir das Problem kristallklar machte. Wir saßen in einem Seminarraum der UCI in Irvine, Kalifornien. Ein Kommilitone, Bankmanager bei einer großen Schweizer Bank, beschrieb uns den Prozess, wie dort Kontoeröffnungen ablaufen. Im Schnitt sechs Monate für eine Firmenkontoeröffnung, weil der Prozess durch viele Abteilungen laufen muss. Jedes Mal, wenn ein Fehler gefunden wird in einer dieser Abteilungen, packt der Sachbearbeiter einfach die Dokumente wieder zusammen und schickt alles zurück zur Filiale. Dann muss das gesamte Paket wieder durch den kompletten Ablauf. In dieser Organisation war Change nur dadurch möglich, dass sich der CEO selbst einmal in der Woche mit seinen verantwortlichen Heads zusammensetzte, um systematisch Entscheidungen zu treffen. Alleine diese Arbeit beschäftigte den CEO jeweils einen Tag pro Woche für sechs Monate. Der Chef einer großen Schweizer Bank musste sich persönlich um einen so banalen Prozess kümmern. Das ist die Krux an hierarchisch organisierten Organisationen: Dass sich dort tatsächlich nur etwas bewegt, wenn die oberste Führungskraft sich um diese Veränderungen selbst kümmert – und auch nur dann, wenn er oder sie tatsächlich dranbleibt, die Meetings, die Entscheidungen, die Aktionen einfordert. Macht die Top-Führungskraft das nicht, also führt durch Ansage: Ich will das bis zum Tag X endlich haben, reagiert die Organisation mit Achselzucken und geht ihren Weg einfach unbeirrt weiter.

Diese Grundtatsache wird in vielen Organisationen unterlaufen. Seit mindestens 30 Jahren – und seitdem ich selbst in großen Organisationen gearbeitet habe – wird immer wieder deutlich, dass die meisten Prozesse, die sich Organisationen geben, quer zu ihren Abteilungen liegen. Es wird nicht so gearbeitet, dass eine Abteilung end-to-end für ein Produkt oder einen Service zuständig ist, sondern die Services entstehen, und mehrere Abteilungen müssen für die Durchführung dieses Services liefern. Ich weiß nicht, wie viele Business-Reorganisationsprojekte in den letzten drei Jahrzehnten durchgeführt worden sind von den großen Unternehmensberatungen, die erst mal Prozessaufnahme gemacht haben, das Ganze dann in wunderbaren Prozessdokumentationen dokumentiert haben und immer wieder gezeigt haben, dass nicht die Arbeit so lange dauert, sondern dass die Wartezeiten dazwischen und die Übergaben zu lange dauern. Die Millionen, die in Wertstromanalysen geflossen sind, haben den Consultant Companies viel Geld gebracht – mit null Effekt.

Aber warum ist es so schwer, Silos aufzubrechen? *Weil Silos nicht nur strukturell sind. Sie sind kulturell.* Sie sind psychologisch. Das Problem liegt tiefer. Menschen in Organisationen werden belohnt für die Performance ihrer Abteilung, nicht für die Performance der gesamten Organisation. Ein Abteilungsleiter wird gemessen an den Zielen seiner Abteilung. Wenn er diese Ziele erreicht, bekommt er seinen Bonus. Auch wenn andere Abteilungen darunter leiden. Auch wenn das Gesamtsystem langsamer wird. Auch wenn Kunden frustriert sind. Solange seine Abteilung gut dasteht, ist alles in Ordnung.

Ich erinnere mich an ein Gespräch mit einem IT-Leiter eines großen Versicherungsunternehmens. Er erzählte mir: „Wir haben drei verschiedene Teams, die alle Customer-Data-Systeme entwickeln. Eins für Versicherungen. Eins für Finanzen. Eins für Marketing. Jedes Team hat sein eigenes System. Mit eigener Datenbank. Eigenen APIs. Keines der Systeme kann mit den anderen sprechen. Und weißt du, warum? Weil jeder Teamleiter gemessen wird an der Performance seines Systems. Nicht an der Integration mit anderen Systemen. Also optimiert jeder für sich. Und das Gesamtsystem wird immer komplexer, immer langsamer, immer teurer zu warten." Das ist die Falle. Die Anreizsysteme fördern Silos. Die KPIs fördern Silos. Die Bonusstrukturen fördern Silos. Und dann wundern wir uns, warum Organisationen nicht zusammenarbeiten.

Also was macht man? Der naive Ansatz – und ich habe ihn selbst jahrelang verfolgt – ist Koordination. Organisationen setzen Process Owner ein, Delivery Manager, Stream Leads, Value Stream Manager. Immer neue Titel für dieselbe verzweifelte Idee: jemanden einzusetzen, der zwischen den Silos vermittelt. Das ist wie ein Pflaster auf eine offene Wunde zu kleben. Es kaschiert das Problem. Aber es löst es nicht. Denn das Problem ist nicht, dass niemand die Kommunikation koordiniert. Das Problem ist, dass die Kommunikation überhaupt koordiniert werden muss. *Das Problem ist die Struktur selbst.*

Ich habe einen anderen Weg gefunden. Einen Weg, der schmerzhaft ist, der Widerstand erzeugt, der Konflikte verursacht – aber der funktioniert. Ich hatte ein Team, das Software für ein internes CRM-System entwickelte. Das Team wartete ständig auf die IT-Security-Abteilung. Jede Änderung musste durch Security freigegeben werden. Jede Freigabe dauerte zwei bis drei Wochen. Das Team konnte nicht liefern. Wir machten das Problem sichtbar – ein einfaches Board mit einer Dependency-Spalte, in der alle Tasks landeten, die auf andere Abteilungen warteten. Nach zwei Monaten war die Spalte voll. Alles wartete auf Security.

Ich ging zum Security-Manager. Nicht um zu koordinieren. Sondern um zu fragen: „Können wir jemanden aus Ihrem Team in unser Team holen? Vollzeit. Sodass wir Security-Entscheidungen direkt im Team treffen können?" Er zögerte. „Das geht nicht. Mein Team ist zu klein. Ich kann niemanden abgeben." Ich sagte: „Dann geben Sie uns die Kompetenz. Trainieren Sie uns. Machen Sie uns zu Security-Experten. Sodass wir nicht mehr auf Sie warten müssen." Er schaute mich an, als wäre ich verrückt geworden. „Das können Sie nicht. Sie sind keine Security-Experten. Sie würden Fehler machen." Ich sagte: „Wir machen jetzt auch Fehler. Weil wir zwei Monate warten und dann in zwei Tagen umsetzen müssen, was eigentlich zwei Wochen bräuchte. Geben Sie uns die Chance. Trainieren Sie uns. Und wenn wir Fehler machen, lernen wir daraus."

Es dauerte drei Monate. Drei Monate Diskussionen. Drei Monate Verhandlungen. Drei Monate Widerstände. Aber am Ende hatten wir einen Security-Experten im Team. Halbtags. Das war der Kompromiss. Innerhalb von zwei Wochen löste sich die Dependency-Spalte auf. Nicht weil wir besser koordinierten. Sondern weil wir die Struktur geändert hatten. Wir hatten das Silo aufgebrochen. Wir hatten die Kompetenz ins Team geholt. Plötzlich konnten wir liefern.

Das ist der Ansatz, den ich empfehle. Nicht große Analyseworkshops und Change-Management-Programme. Ich habe zu viele davon scheitern sehen. Diese riesigen Reorganisationsprojekte, die Monate dauern, die Millionen kosten, die Hunderte von Folien produzieren, mit der perfekten Zielorganisation. Und dann? Passiert nichts. Oder es passiert etwas, aber es ist nicht das, was man wollte. Weil die Organisation sich nicht von oben verordnen lässt. Weil Menschen sich nicht von PowerPoint-Folien überzeugen lassen. Weil Change nicht funktioniert, wenn es von außen aufgezwungen wird.

Stattdessen empfehle ich, die Tools, die wir aus der agilen Welt mitgebracht haben, konsequent anzuwenden. Die Veränderung der Organisation fängt auf der Teamebene an, auf der Lieferebene, weil hier die Informationen darüber entstehen, welche Abteilungen besser miteinander arbeiten müssen. Die Teams selbst – die Menschen, die tatsächlich die Arbeit machen, die tatsächlich die Produkte bauen, die tatsächlich mit den Problemen konfrontiert sind – sie wissen, wo die Silos sind. Sie spüren die Reibung jeden Tag. Sie warten auf Antworten von anderen Abteilungen. Sie müssen durch fünf Meetings gehen, um eine einfache Entscheidung zu treffen. Sie wissen, mit wem sie zusammenarbeiten müssten, es aber nicht können, weil die Organisationsstruktur es nicht vorsieht.

Das Werkzeug dafür ist simpel: ein Board mit einer Dependency-Spalte. Wenn Tasks nicht fertig werden, weil auf andere Abteilungen gewartet wird, landen sie dort. Nach einigen Wochen kristallisiert sich heraus: Von welchen Abteilungen brauche ich ständig Informationen? Wo sind die Bottlenecks? Die Dependency-Spalte zeigt nicht, dass wir ein Koordinationsproblem haben. Sie zeigt, dass wir ein Strukturproblem haben. Und dann – das ist der entscheidende Schritt – gehe ich nicht auf die Koordinationsebene, um das Problem zu eskalieren. Ich gehe direkt zu den Abteilungsleitern und frage: Wie können wir die Struktur so ändern, dass wir diese Abhängigkeit auflösen?

Das ist es, was Jonny LeRoy und Matt Simons 2010 das „Inverse Conway Maneuver" nannten. Wenn Conway's Law sagt, dass die Organisationsstruktur die Produktarchitektur bestimmt, dann können wir das umdrehen: Wir bestimmen zuerst, welche Produktarchitektur wir wollen, und dann gestalten wir die Organisationsstruktur so, dass sie diese Architektur ermöglicht (LeRoy & Simons 2010). Das ist radikal. Das bedeutet: Wir hören auf, die Organisation als gegeben hinzunehmen. Wir hören auf zu sagen: „So ist unsere Struktur, also müssen wir damit arbeiten." Stattdessen sagen wir: „Das ist, was wir bauen wollen, also brauchen wir diese Struktur." Und dann verändern wir die Struktur. Nicht in einem großen Change-Programm. Sondern Team für Team. Schritt für Schritt. Dependency für Dependency. Bottleneck für Bottleneck.

Matthew Skelton und Manuel Pais haben das in ihrem Buch Team Topologies systematisiert. Sie beschreiben vier fundamentale Teamtypen: Stream-aligned Teams, die an einem einzigen Delivery Stream ausgerichtet sind und end-to-end Wert liefern. Enabling Teams, Spezialisten, die anderen Teams helfen, Fähigkeiten aufzubauen. Complicated-Subsystem Teams für besonders komplexe Bereiche. Platform Teams, die interne Services bereitstellen (Skelton & Pais 2019). Das Entscheidende an diesem Modell ist: Es beginnt mit dem Team. Nicht mit der Abteilung. Nicht mit der Hierarchie. Sondern mit der kleinsten Einheit, die tatsächlich Wert liefern kann. Und dann werden die Teams so organisiert, dass sie möglichst autonom arbeiten können, mit minimalen Dependencies zu anderen Teams.

Die Autoren schreiben: Unsere Forschung unterstützt das, was manchmal das „Inverse Conway Maneuver" genannt wird. Das Ziel ist, dass eure Architektur die Fähigkeit der Teams unterstützt, ihre Arbeit zu erledigen – vom Design bis zum Deployment – ohne hochbandbreitige Kommunikation zwischen Teams zu erfordern (Skelton & Pais 2019). Das klingt kontraintuitiv. Wir predigen doch immer: Mehr Kommunikation ist besser! Mehr Zusammenarbeit! Mehr Austausch! Aber das stimmt nur bedingt. Innerhalb eines Teams? Ja, da ist intensive Kommunikation entscheidend. Aber zwischen Teams? Da kann zu viel Kommunikation ein Zeichen für schlechtes Design sein. Ein Zeichen dafür, dass die Verantwortlichkeiten nicht klar sind. Ein Zeichen dafür, dass die Architektur nicht stimmt.

Ich habe das in einem großen Telekommunikationsunternehmen gesehen. Sie hatten 15 Teams, die alle an demselben System arbeiteten. Jedes Team war verantwortlich für einen anderen Teil. Aber die Teile waren so eng miteinander verzahnt, dass sich jedes Team ständig mit allen anderen Teams koordinieren musste. Jede Änderung in einem Team hatte Auswirkungen auf drei, vier, fünf andere Teams. Die Folge? Endlose Meetings. Ständige Abstimmungen. Releases, die Monate dauerten. Wir haben das System neu designt. Wir haben die Architektur so verändert, dass jedes Team einen klar abgegrenzten Bereich hatte, für den es vollständig verantwortlich war. Mit klaren Schnittstellen zu anderen Teams. Mit minimalen Dependencies. Das Ergebnis? Die Kommunikation zwischen Teams ging drastisch zurück. Aber die Geschwindigkeit ging drastisch nach oben. Weil jedes Team jetzt autonom arbeiten konnte. Weil man nicht mehr auf andere warten musste. Weil die Architektur und die Organisation endlich zusammenpassten.

Über die Zeit, wenn wir das als Organisation wollen, brechen wir so systematisch die Silos auf. Nicht durch große Change-Programme. Nicht durch Reorganisationen. Sondern *Team für Team*. Wir identifizieren, wo die Struktur uns behindert. Und dann ändern wir die Struktur. Nicht, indem wir sie besser koordinieren, sondern indem wir sie auflösen. Will ich das systematisch machen, brauche ich ein Transformationsteam – aus Agile Coaches oder Scrum Masters –, das diese Veränderungen koordiniert und transparent macht. Aber das sind Veränderungen, die bottom-up funktionieren und von top-down betreut werden. Nicht top-down geplant. Das Management sagt nicht: „So soll die Organisation aussehen." Das Management sagt: „Welche Hindernisse gibt es? Was braucht ihr? Wie können wir helfen?" Und dann räumt es die Hindernisse aus dem Weg.

Es gibt Organisationen, die genau das gemacht haben. Die nicht nur einzelne Teams verändert haben, sondern ihre gesamte Struktur systematisch umgebaut haben. Langfristig. Radikal. Erfolgreich.

Die erste Geschichte, die ich dazu gelesen hatte, war die von Ricardo Semler und Semco. Semler beschreibt schon in seinem berühmten Buch Maverik, wie er zurückkam von seiner Ausbildung bei Harvard, um dann seinem Vater zu sagen, dass er die gesamte

Organisation komplett umbauen will. Stellt euch das vor: Der Sohn kommt nach Hause und sagt dem Vater, der das Unternehmen aufgebaut hat: „Papa, wir machen alles anders." Und dann macht er es auch. Semler hatte von der Dunbar-Zahl gehört – der Erkenntnis, dass Menschen nicht mehr als etwa 150 Personen wirklich kennen und mit ihnen effektiv zusammenarbeiten können. Also nahm er seinen Mischkonzern mit 3000 Personen, teilte durch 150, und splittete die Organisation in 20 Firmen auf. Er gab jeder dieser Firmen ihre eigenen Backoffice-Funktionalitäten zurück, brach die Zentralisierung auf, machte sie autonom. Semler schreibt: Im ersten Jahr nach der Dezentralisierung verdoppelte sich der Profit (Semler 1989). Nicht weil sie härter arbeiteten. Nicht weil sie mehr Kunden hatten. Sondern weil die Struktur plötzlich passte. Das war 1989. Vor über 35 Jahren.

Die zweite Geschichte ist Haier selbst. CEO Zhang Ruimin setzte systematisch durch, dass Entrepreneurship wichtig ist und dass er an kleine Einheiten glaubt. Zhang sagt: Man entfesselt das Potenzial jeder Person, und man drückt Entscheidungen auf die niedrigstmögliche Ebene. Man fokussiert auf den Markt und richtet das gesamte Business auf die User und ihre Bedürfnisse aus. Dann belohnt man die Menschen dafür, wie gut sie das tun (Global Focus Magazine 2024). Zhang hat über Jahrzehnte Haier Schritt für Schritt umgebaut. Aus einem traditionellen chinesischen Staatsunternehmen wurde eine Plattform von Tausenden kleiner, autonomer Mikrounternehmen.

Und dann kaufte Haier 2016 General Electric Appliances. GE Appliances, eine Ikone der amerikanischen Industrie, 100 Jahre alt, hierarchisch organisiert. Haier holte den CEO Kevin Nolan zu sich nach China. Ein Jahr lang. Um ihm zu zeigen, wie ihr System funktioniert. Dann ging Nolan zurück und begann, GE Appliances umzubauen. Nolan beschreibt es so: Bei GE Appliances ist der Kunde der Boss. Es sollte null Distanz zwischen Innovatoren und dem Kunden geben. Er gab volle Kontrolle auf und drückte Macht auf alle Ebenen der Organisation, indem er Teile des Unternehmens in autonome Mikrounternehmen aufspaltete (MIT Sloan Management Review 2019). Ein amerikanischer CEO gibt Kontrolle ab. Freiwillig. 2019 auf dem Peter Drucker Forum erzählte uns Nolan, dass er seine Organisation noch weiter aufspalten muss. Dass der Prozess nicht abgeschlossen ist. In derselben Konferenz erzählte der Baukonzern Vinci, dass er ebenfalls seine gesamte Organisation in 4000 Business Units zerteilt hat (Peter Drucker Forum 2019).

Vier Organisationen. Vier völlig unterschiedliche Branchen. Ein brasilianischer Mischkonzern. Ein chinesischer Hausgerätehersteller. Ein amerikanisches Traditionsunternehmen. Ein europäischer Baukonzern. Alle haben dasselbe gemacht: Sie haben ihre Organisation in kleine, autonome Einheiten aufgespalten. Sie haben die Silos nicht durch bessere Koordination überwunden. Sie haben die Silos durch Auflösung der zentralisierten Struktur beseitigt. Verdoppelter Profit bei Semco. Explosive Innovation bei Haier. Wiedergeburt eines Dinosauriers bei GE Appliances. Das sind keine Theorien. Das sind reale Organisationen, die bewiesen haben: Es funktioniert.

Aber wie machen sie das im Alltag? Wie funktioniert eine Organisation ohne Silos konkret? Wie arbeiten 4000 autonome Business Units zusammen, ohne im Chaos zu versinken? Joe Justice, der zeitweise für Tesla und SpaceX arbeitete, beschreibt etwas Faszinierendes: Bei Tesla werden digitale Systeme genutzt, um den tagesaktuellen *Bottleneck* zu bestimmen und diesen transparent an alle Mitarbeitenden zu kommunizieren. Jeder weiß jeden Morgen, worauf er heute den *Fokus* legen sollte (Justice 2023). In den meisten Organisationen weiß jede Abteilung, was ihre Prioritäten sind. Aber niemand weiß, was die Priorität der Organisation ist. Jeder arbeitet an seinen eigenen Zielen. Bei Tesla ist das anders. Jeden Tag arbeiten die Menschen in unterschiedlichen Gruppen zusammen, die sich um den aktuellen Bottleneck formieren. Die Silos lösen sich auf, nicht weil jemand sie aufgelöst hat, sondern weil *die Information transparent ist*. Weil jeder weiß: Das ist heute wichtig. Das ist der Engpass. Hier brauchen wir alle Hände.

General Stanley McChrystal hat durch diese radikale Transparenz seine Task Force im Irak hyper-produktiv gemacht. Die traditionelle militärische Hierarchie funktionierte nicht gegen Al-Qaida. Der Feind war zu schnell, zu flexibel, zu vernetzt. Also führte McChrystal ein tägliches Meeting ein, an dem alle teilnahmen. Alle Einheiten. Alle Spezialisten. 90 Minuten. Jeden Tag – nur für den Fall, dass es nicht offensichtlich ist: Das ist ein Daily Scrum, remote, mit allen – das ist radikal, das ist effektiv, das ist völlig anders. Doch es führt zur Klarheit: Was wissen wir? Was passiert gerade? Wo sind die Bottlenecks? McChrystal nennt das „Shared Consciousness“ – geteiltes Bewusstsein. Er schreibt:

> *Die Versuchung, als Schachmeister zu führen und jeden Zug der Organisation zu kontrollieren, muss einem Ansatz als Gärtner weichen, der ermöglicht statt dirigiert. (McChrystal et al. 2015)*

Die Silos blieben bestehen – das ist der entscheidende Punkt. McChrystal hat die militärische Struktur nicht aufgelöst. Die Navy SEALs blieben die Navy SEALs. Die Army Rangers blieben die Army Rangers. Die CIA blieb die CIA. Aber sie arbeiteten nicht mehr in Silos. Weil sie alle dasselbe sahen. Weil sie alle dieselbe Information hatten. Weil sie alle wussten: Das ist jetzt wichtig.

Hier schließt sich der Kreis zu Niklas Luhmann, der sagte: Organisationen bestehen nur aus Kommunikation. Ich muss also eigentlich nur dafür sorgen, dass die Kommunikation – die Information über Bottlenecks, über Prioritäten, über Abhängigkeiten – in allen Bereichen zu allen Bereichen fließt. McChrystal machte das durch sein tägliches Meeting. Tesla macht das durch digitale Tools. Haier macht das durch seine RenDanHeYi-Plattform. Semco macht das durch radikale Transparenz aller Geschäftszahlen. Aber das Prinzip ist dasselbe: relentless transparency. Gnadenlose Transparenz (McChrystal et al. 2015).

Das ist die Lektion, die all den gescheiterten Skalierungsframeworks zugrundeliegt, die wir in den letzten 15 Jahren entwickelt haben.

Es geht nicht um die perfekte Struktur.

Es geht nicht um die perfekte Prozesslandkarte.

Es geht um Information. Um Transparenz.

Um das Signal: Hier, genau hier ist der Bottleneck.

Hier brauchen wir (jetzt!) alle. Das ist jetzt wichtig.

Wenn das gelingt – wenn wir diese essenzielle Information in Echtzeit durch die gesamte Organisation fließen lassen können –, dann lösen sich die Silos von selbst auf. Nicht weil wir sie aufgelöst haben. Sondern weil sie nicht mehr gebraucht werden. Weil die Teams sich selbst organisieren. Um die Arbeit herum. Um die Bottlenecks herum. Um die Kunden herum.

Das ist das eigentliche Inverse Conway Maneuver. Nicht die Struktur diktiert die Architektur. Sondern die Information über die Arbeit formt die Struktur. Jeden Tag neu. Fluide. Lebendig. So, wie Organisationen sein sollten.

Skelton, M. & Pais, M. (2019). Team Topologies: Organizing Business and Technology Teams for Fast Flow. Portland: IT Revolution Press.

3.8 Zusammenfassung

Sechs Kapitel. Sechs Dysfunktionalitäten. Sechs unsichtbare Kräfte, die verhindern, dass Scrum funktioniert – egal, wie perfekt man es implementiert.

Wir haben gesehen, wie Multitasking Teams zerstört. Nicht weil die Menschen nicht fokussieren wollen, sondern weil Manager nicht entscheiden können. Weil es bequemer ist, alle Projekte parallel laufen zu lassen, als zu sagen: Dieses machen wir jetzt, jenes nicht. Little's Law ist unerbittlich: je mehr Work in Progress, desto länger die Durchlaufzeit. Das Coin-Game zeigt es in Sekunden. Und trotzdem sitzen nach dem Training zwanzig Portfolio-Manager zusammen und sagen: „Ja, aber das geht bei uns nicht."

Wir haben gesehen, wie Frontloading die Illusion der Kontrolle erzeugt. 40 Menschen schreiben zwei Jahre an einem 1600-Seiten-Dokument, und am Ende weiß trotzdem niemand, was gebaut werden soll. Der hermeneutische Zirkel ist unausweichlich: Wir verstehen erst, was wir brauchen, wenn wir anfangen zu bauen. Aber die Angst vor dem Unbekannten ist stärker als diese Erkenntnis. Also planen wir weiter. Analysieren weiter. Spezifizieren weiter. Und verschieben den Moment der Wahrheit immer weiter nach hinten.

Wir haben gesehen, wie User-Ferne dazu führt, dass wir Produkte bauen, die niemand will. Die Hierarchie der Vermittler – Fachbereich, Business Analyst, Product Owner, Entwickler – filtert und verzerrt jede Information, bis am Ende etwas völlig anderes herauskommt als das, was der User braucht. Bruno Latour hat es beschrieben: Jeder

Vermittler ist ein Akteur, der transformiert. Clayton Christensen hat uns gezeigt, dass wir nicht fragen sollten, was der Kunde will, sondern welchen Job er erledigen muss. Der Kunde im Sprint Review, der sagt: „Eigentlich will ich anrufen, nicht online einen Schaden melden“ – das ist der Moment der Wahrheit, den die meisten Teams nie erleben.

Wir haben gesehen, wie Meetings zur Produktivitätsvernichtung werden. 71 % der Senior Manager halten ihre eigenen Meetings für unproduktiv. 40 Menschen in einem Raum, 87 PowerPoint-Folien, und am Ende hat niemand eine Entscheidung getroffen. Das Problem ist nicht mangelnde Disziplin. Das Problem ist fehlende Facilitation. Niemand führt den Prozess. Niemand sorgt dafür, dass alle gehört werden. Niemand stellt die unbequemen Fragen. Der Scrum Master, der mit dem Flipchart zwischen zwei Entwicklern steht und aufschreibt, worüber sie wirklich sprechen – das ist Facilitation in ihrer einfachsten und wirksamsten Form.

Wir haben gesehen, wie die Abwesenheit einer echten Fehlerkultur Innovation verhindert. Amy Edmondson hat uns die Unterscheidung geschenkt: Basic Failures, die durch Sorgfalt vermeidbar wären. Complex Failures, die aus der Komplexität von Systemen entstehen. Und Intelligent Failures, die der Preis für echtes Lernen sind. Nur die dritte Kategorie sollten wir feiern. Aber in den meisten Organisationen werden alle drei bestraft – und deshalb gibt niemand mehr Fehler zu. Die Post-Its an der Wand sagen „Fail Fast“. Die Kultur sagt: Fehler kosten dich die Karriere.

Wir haben gesehen, wie Silos Produkte entstehen lassen, die die dysfunktionale Struktur der Organisation spiegeln. Conway's Law ist keine Theorie – es ist ein „Naturgesetz“. Drei Abteilungen bauen drei inkompatible Systeme, die dann zu einem Frankenstein-Monster zusammengenäht werden. Boeing hat uns tragisch gezeigt, was passiert, wenn Engineering und Safety nicht miteinander sprechen. Die Schweizer Bank braucht sechs Monate für eine Kontoeröffnung, weil der Prozess durch zwölf Abteilungen muss. Und der CEO muss sich persönlich einen Tag pro Woche hinsetzen, um das zu ändern – weil sonst niemand die Macht hat, Silos aufzubrechen.

Diese sechs Dysfunktionalitäten sind nicht unabhängig voneinander. Sie verstärken sich gegenseitig. Multitasking entsteht, weil Silos verhindern, dass Teams end-to-end liefern können. Frontloading entsteht, weil User-Ferne uns zwingt, zu raten, statt zu lernen. Schlechte Meeting-Kultur entsteht, weil fehlende Fehlerkultur verhindert, dass Menschen offen sprechen. Es ist ein System. Ein selbststabilisierendes System, wie Luhmann sagen würde. Ein Habitus, wie Bourdieu sagen würde. Eine organisationale DNA, die sich gegen Veränderung wehrt.

Und genau deshalb reicht es nicht, Scrum einzuführen. Scrum ist ein wunderbares Framework. Aber es ist wie ein Medikament, das die Symptome lindert, während die Krankheit weiter wütet. Du kannst die perfekten Sprints durchführen – wenn die Organisation drumherum dysfunktional bleibt, wird das Team scheitern. Nicht weil es inkompetent ist. Sondern weil die unsichtbaren Kräfte stärker sind.

Die Aufgabe des Scrum Masters ist es, diese Kräfte sichtbar zu machen. Er ist nicht der Zeremonienmeister, der Meetings moderiert. Er ist nicht der Sekretär, der das Board pflegt. Er ist nicht der Analyst, der Velocity-Charts erstellt. Er ist der *Kämpfer* gegen die Dysfunktionalitäten. Derjenige, der unbequeme Wahrheiten ausspricht. Der den Manager konfrontiert, der nicht entscheiden will. Der den User ins Sprint Review bringt, gegen alle Widerstände. Der das Flipchart holt, wenn zwei Menschen aneinander vorbeireden. Der fragt: Was hindert uns wirklich daran, besser zu werden?

Das ist kein leichter Job. Es ist ein Job, der Mut erfordert. Der Ausdauer erfordert. Der die Bereitschaft erfordert, unpopulär zu sein. Die Dysfunktionalitäten wehren sich. Die Organisation wehrt sich. Die Menschen, die von den Dysfunktionalitäten profitieren – bewusst oder unbewusst – wehren sich. Aber es ist der wichtigste Job, den es gibt. Denn ohne ihn wird Scrum zu einer leeren Hülle. Zu einem weiteren Management-Tool, das nichts verändert. Zu einem Ritual ohne Wirkung.

Ich habe in diesem Teil versucht, die unsichtbaren „Feinde" sichtbar zu machen. Ich habe Geschichten erzählt, Forschung zitiert, Muster aufgezeigt. Aber am Ende ist das nur der erste Schritt. Der zweite Schritt liegt bei dir. Bei dir als Scrum Master, als Führungskraft, als Teammitglied. Du musst hinschauen! Du musst benennen, was du siehst. Du musst den Mut haben zu sagen: Das ist eine Dysfunktionalität. Das hindert uns. Das müssen wir ändern.

Und dann musst du anfangen zu kämpfen. Nicht gegen Menschen. Gegen Strukturen. Gegen Gewohnheiten. Gegen das „Das haben wir schon immer so gemacht". Ein Gespräch nach dem anderen. Eine Entscheidung nach der anderen. Ein kleiner Sieg nach dem anderen.

Die sechs Dysfunktionalitäten werden nicht über Nacht verschwinden. Aber sie können schwächer werden. Sie können ihren Griff lockern. Es kann Raum entstehen für etwas Neues. Für Teams, die wirklich liefern. Für Produkte, die User wirklich wollen. Für Organisationen, die wirklich lernen.

Das ist die Hoffnung, mit der ich diesen Teil schließe. Nicht naive Hoffnung. Sondern Hoffnung, die auf 25 Jahren Erfahrung basiert. Ich habe gesehen, wie Teams sich befreien. Ich habe gesehen, wie Organisationen sich transformieren. Ich habe gesehen, wie Menschen aufwachen und sagen: So nicht mehr. Es ist möglich. Es ist schwer. Aber es ist möglich.

Die Serviette von Mariazell habe ich nicht mehr. Aber die sechs Worte, die darauf standen, trage ich mit mir. Jeden Tag. In jedes Training. In jedes Coaching. In jedes Gespräch mit Führungskräften, die verstehen wollen, warum ihre Transformation nicht funktioniert.

Multitasking. Frontloading. User-Ferne. Meetings. Fehlerkultur. Silos.

Jetzt kennst du sie auch. Jetzt kannst du sie sehen. Jetzt kannst du anfangen zu kämpfen.

Literatur

Anthony, S.D., Viguerie, S.P., Schwartz, E.I. & Van Landeghem, J. (2018). „2018 Corporate Longevity Forecast: Creative Destruction is Accelerating." Innosight Executive Briefing.

Arendt, H. (1958). The Human Condition. Chicago: University of Chicago Press. Deutsche Ausgabe: Arendt, H. (1967). Vita Activa oder Vom tätigen Leben. München: Piper,

Baldwin, C. & Linnea, A. (2010). The Circle Way: A Leader in Every Chair. San Francisco: Berrett-Koehler Publishers.

Bateson, G. (1972). Steps to an Ecology of Mind. San Francisco: Chandler Publishing.

Beck, Kent; Andres, Cynthia. Extreme Programming Explained: Embrace Change (XP Series) (English Edition) (p. 26). Kindle Edition.

Bourdieu, P. (1990). The Logic of Practice. Stanford: Stanford University Press.

Buber, M. (1923). Ich und Du. Leipzig: Insel-Verlag. Neuausgabe in: Buber, M. (1973). Das dialogische Prinzip. Gütersloh: Gütersloher Verlagshaus.

Chesbrough, H. (2003). Open Innovation: The New Imperative for Creating and Profiting from Technology. Boston: Harvard Business School Press.

Christensen, C.M., Hall, T., Dillon, K. & Duncan, D.S. (2016). Know Your Customers' „Jobs to Be Done". Harvard Business Review, September 2016.

Conway, M.E. (1968). „How Do Committees Invent?" Datamation, 14(4), 28 – 31.

Drucker, P.F. (1967). The Effective Executive. New York: Harper & Row,

Duff, J., Hengstberger-Sims, C., Bergsma, S. & Rolls, K. (2021). „A concept analysis of psychological safety: Further understanding for application to health care." Journal of Advanced Nursing, 77(12), 4944 – 4957.

Edmondson, A.C. (1999). „Psychological Safety and Learning Behavior in Work Teams." Administrative Science Quarterly, 44(2), 350 – 383.

Edmondson, A.C. (2023). Right Kind of Wrong: The Science of Failing Well. New York: Atria Books.

Fowler, M. (2015). „Conway's Law." Abgerufen von *https://martinfowler.com/bliki/ConwaysLaw.html*, abgerufen am 27.02.2026.

Frese, M. & Keith, N. (2015). „Action Errors, Error Management, and Learning in Organizations." Annual Review of Psychology, 66, 661 – 687.

Gadamer, H.-G. (1960). Wahrheit und Methode: Grundzüge einer philosophischen Hermeneutik. Tübingen: Mohr Siebeck.

Global Focus Magazine (2024). „The Transformation of GE Appliances with RenDanHeYi." Abgerufen von *https://globalfocusmagazine.com/the-transformation-of-ge-appliances-with-rendanheyi/*, abgerufen am 27.02.2026.

Hamel, G. & Zanini, M. (2016). „The $3 Trillion Prize for Busting Bureaucracy (and How to Claim It)." Abgerufen von *https://www.garyhamel.com/blog/3-trillion*, abgerufen am 27.02.2026.

Hamel, G. & Zanini, M. (2018). „The End of Bureaucracy." Harvard Business Review, November-December 2018.

Han, B.-C. (2010). Müdigkeitsgesellschaft. Berlin: Matthes & Seitz,

Harvard Law School (2024). „Boeing 737 MAX." Corporate Governance: Commentary and Analysis.

Hayek, F.A. (1974). The Pretence of Knowledge. Nobelpreisrede, 11. Dezember 1974. Abgedruckt in: American Economic Review, 79(6), 1989, S. 3 – 7,

HeroX (2023). „5 Barriers to Open Innovation (and How to Overcome Them)." HeroX Innovation Platform.

House Oversight Committee (2018). The Equifax Data Breach. Washington, DC: U.S. House of Representatives.

Isaacson, W. (2011). Steve Jobs. New York: Simon & Schuster,

Javed, B. (2020). „Error Management Culture and its impact on organizational performance: A moderated mediation model." Journal of Business and Retail Management Research, 15(1), 1 – 14.

Justice, J. (2023). „Tesla and SpaceX: Agile at Scale." In: Crisp Blog.

Kahneman, D. (2011). Thinking, Fast and Slow. New York: Farrar, Straus and Giroux. Deutsche Ausgabe: Kahneman, D. (2012). Schnelles Denken, langsames Denken. München: Siedler,

Kaner, S., Lind, L., Toldi, C., Fisk, S. & Berger, D. (2014). Facilitator's Guide to Participatory Decision-Making. 3. Auflage. San Francisco: Jossey-Bass.

Kimbell, L. (2011). „Rethinking Design Thinking: Part I." Design and Culture, 3(3), 285 – 306.

Leopold, K. (2018). Rethinking Agile: Why Agile Teams Have Nothing to Do with Business Agility. Vienna: LEANability Press,

LeRoy, J. & Simons, M. (2010). „The Inverse Conway Maneuver." Cutter IT Journal, December 2010.

Lipmanowicz, H. & McCandless, K. (2013). The Surprising Power of Liberating Structures: Simple Rules to Unleash A Culture of Innovation. Seattle: Liberating Structures Press.

Luhmann, N. (1997). Wie konstruiert man in eine Welt, die so ist wie sie ist, Freiheiten hinein? In: Bardmann, T. (Hrsg.): Zirkuläre Positionen. Opladen: Westdeutscher Verlag.

Luhmann, N. (2000). Organisation und Entscheidung. Opladen: Westdeutscher Verlag.

Mark, G., Gonzalez, V.M. & Harris, J. (2005). No Task Left Behind? Examining the Nature of Fragmented Work. Proceedings of the SIGCHI Conference on Human Factors in Computing Systems, S. 321 – 330,

McChrystal, S., Collins, T., Silverman, D. & Fussell, C. (2015). Team of Teams: New Rules of Engagement for a Complex World. New York: Portfolio/Penguin.

MIT Sloan Management Review (2019). „Leaders at All Levels: GE Appliances CEO Busts Hierarchy." Video-Interview mit Kevin Nolan.

Opelt, A., Gloger, B., Pfarl, W. & Mittermayr, R. (2023). Der agile Festpreis: Leitfaden für wirklich erfolgreiche IT-Projekt-Verträge (4. Aufl.). München: Carl Hanser Verlag,

Osterwalder, A., Pigneur, Y., Bernarda, G., Smith, A. & Papadakos, T. (2014). Value Proposition Design: How to Create Products and Services Customers Want. Hoboken: John Wiley & Sons.

Osterwalder, A. & Pigneur, Y. (2010). Business Model Generation: A Handbook for Visionaries, Game Changers, and Challengers. Hoboken: John Wiley & Sons.

Perlow, L.A., Hadley, C.N. & Eun, E. (2017). Stop the Meeting Madness. Harvard Business Review, 95(4), S. 62 – 69.

Peter Drucker Forum (2019). Vorträge von Kevin Nolan (GE Appliances) und Vinci. Wien, November 2019.

Popper, K. (1935). Logik der Forschung. Wien: Springer. Englische Ausgabe: Popper, K. (1959). The Logic of Scientific Discovery. London: Hutchinson,

Rashid, N., Senik, R. & Hamid, N.A. (2019). „Psychological Barriers to Innovation in Organizations." University of Malaya Research.

Ries, E. (2011). The Lean Startup: How Today's Entrepreneurs Use Continuous Innovation to Create Radically Successful Businesses. New York: Crown Business.

Rough, J. (2002). Society's Breakthrough: Releasing Essential Wisdom and Virtue in All the People. Bloomington: 1stBooks Library.

Royce, W.W. (1970). Managing the Development of Large Software Systems. Proceedings of IEEE WESCON, 26, S. 1 – 9,

Semler, R. (1989). „Managing Without Managers." Harvard Business Review, September-October 1989.

Semler, Ricardo (1993): Maverick!: The Success Story Behind the World's Most Unusual Workplace. New York: Warner Books

Seneca, L.A. De Brevitate Vitae (Über die Kürze des Lebens),

Shah, D., Rust, R.T., Parasuraman, A., Staelin, R. & Day, G.S. (2006). „The Path to Customer Centricity." California Management Review, 9(2), 113 – 126.

Takeuchi, H. & Nonaka, I. (1986). „The New New Product Development Game." Harvard Business Review, 64(1), 137 – 146.

Taleb, N.N. (2012). Antifragile: Things That Gain from Disorder. New York: Random House van Dyck, C., Frese, M., Baer, M. & Sonnentag, S. (2005). „Organizational Error Management Culture and Its Impact on Performance: A Two-Study Replication." Journal of Applied Psychology, 90(6), 1228 - 1240.

Weinberg, G.M. (1992). Quality Software Management: Volume 1, Systems Thinking. New York: Dorset House Publishing,

Zubizarreta, R. (2014). From Conflict to Creative Collaboration: A User's Guide to Dynamic Facilitation. Minneapolis: Two Harbors Press.

Zur Bonsen, M. & Zubizarreta, R. (2014). Dynamic Facilitation: Die erfolgreiche Moderationsmethode für schwierige und verfahrene Situationen. Weinheim: Beltz Verlag.

4 Teil IV – WIE SCRUM GELINGT

4.1 Einleitung zu Teil IV

In Teil I (Kapitel 1) ging es um die Grundlagen und Umsetzung von Scrum. Teil II (Kapitel 2) beleuchtete die Rollen und deren Dysfunktionen. Teil III (Kapitel 3) zeigte Dysfunktionalitäten in großen Organisationen. Ich erwähne das, weil wir jetzt zu den eigentlichen Aufgaben eines Scrum Masters kommen. Der Scrum Guide erklärt, der Scrum Master sei dafür zuständig, Scrum einzuführen, sich um den Prozess zu kümmern, die Selbstorganisation der Teams zu ermöglichen.

Das stimmt. Aber das ist erst der Anfang. Das ist, als würde man sagen, ein Arzt sei dafür zuständig, Medikamente zu verschreiben. Technisch korrekt. Aber vollkommen unzureichend. Der Scrum Master ist nicht nur Prozesswächter. Er ist Organisationstransformator. Er ist Dysfunktionsbekämpfer. Er ist Change Agent.

Das bedeutet: Er muss verstehen, wie Organisationen wirklich funktionieren. Er muss verstehen, auf welchen Ebenen er arbeiten muss. Er muss verstehen, wie man tatsächlich Veränderung bewirkt – nicht nur in einem Team, sondern in einer ganzen Organisation. Das ist der Kern von Teil IV: *Wie Scrum gelingt.* Nicht in der Theorie. Nicht im Scrum Guide. Sondern in der brutalen Realität großer, komplexer, widerständiger Organisationen.

Ich habe es eingangs erwähnt, in meinem Vorwort zu diesem Buch. Die sechste Auflage ist kein Versuch, noch einmal Scrum zu erklären, sondern der Versuch, die Erfahrung aus 25 Jahren Agilität für den Scrum Master aufzubereiten, um endlich dafür zu sorgen, dass Scrum Master die Stellung in den Organisationen bekommen, die sie brauchen. Dazu müssen sie Wirkungen zeigen. Diese Wirkung werden sie erst zeigen, wenn sie die Dinge, die ich im vierten Teil beschreibe, radikal umsetzen – ich meine wirklich radikal. Sie sollten sich nicht ständig mit Workarounds beschäftigen.

Das ist keine Anklage an die vielen Tools und Methoden, die wir in den letzten 20 Jahren entwickelt haben. Die Tools sind brillant. SAFe, LeSS, Nexus, Flight Levels, Spotify-Modell – sie alle machen Dinge sichtbar. Sie zeigen, wo Probleme liegen. Aber sie lösen die Probleme nicht, wenn wir die fundamentalen organisationalen Dysfunktionalitäten nicht bekämpfen. Wenn wir weitermachen mit Multitasking, Frontloading, User-Ferne, endlosen Meetings, destruktiver Fehlerkultur und Silos, dann hilft kein Framework der Welt.

Wir werden in Teil IV zunächst verstehen, auf welchen Ebenen der Scrum Master arbeiten muss. Das 6D-Modell wird zeigen, warum so viele Transformationen scheitern – und wie man auf allen sechs Ebenen gleichzeitig arbeitet. Dann werden wir uns anschauen, wie man auf diesen Ebenen tatsächlich Change bewirkt, welche Methoden funktionieren, welche Interventionen notwendig sind. Schließlich werden wir verstehen, dass die Dysfunktionalitäten nicht isolierte Probleme sind, sondern systemische Muster, die sich gegenseitig verstärken – und wie man diesen Teufelskreis durchbricht.

Dann schauen wir uns den neuen, wirklich entscheidenden Aspekt an: Scrum 2025. Wie sieht Scrum aus, wenn wir aus 25 Jahren Erfahrung gelernt haben? Was hat sich verändert? Was funktioniert heute anders als 2001? Wie integrieren wir all die anderen agilen Frameworks – OKRs, Lean Startup, Design Thinking, Kanban, Flight Levels – mit Scrum? Wie sieht die neue Rolle des Product Owners aus? Was bedeutet „Backlog-Größe 1"? Was ist die Essenz von Scrum, wenn wir alles Überflüssige weglassen? Ask the Team, Deliver, Retrospect, Repeat – vier Worte, die alles zusammenfassen.

4.2 Das 6D-Modell – Warum Transformation auf sechs Ebenen gleichzeitig geschieht

Es war 2016, ein großer deutscher Versicherungskonzern. Sie hatten mich geholt, weil sie „agil werden" wollten. Das war die Formulierung. Agil werden. Als wäre Agilität ein Ziel, das man erreichen kann. Als wäre es ein Zustand, den man einfach beschließt. Ich saß in diesem Konferenzraum im zehnten Stock, Glaswände rundherum, Blick über die Stadt, und der Vorstand erklärte mir ihre Vision: „Wir wollen 500 Menschen in Scrum-Teams organisieren. Wir haben bereits 50 Scrum Master ausgebildet. Wir haben SAFe eingeführt. Wir haben alles vorbereitet. Jetzt müssen wir es nur noch umsetzen."

Ich fragte: „Was habt ihr verändert?" Sie schauten mich an, irritiert. „Wie meinen Sie das?" Ich wiederholte die Frage: „Was habt ihr konkret verändert? In eurer Organisation? In euren Prozessen? In eurer Führung?" Der CIO zögerte. „Wir haben Scrum Master ausgebildet. Wir haben Teams gebildet. Wir haben SAFe-Trainings durchgeführt." Ich nickte. „Und eure IT-Systeme? Eure Freigabeprozesse? Eure Budgetplanung? Eure Incentive-Strukturen? Eure Büroräume? Eure Art, Entscheidungen zu treffen?" Schweigen. Dann: „Das kommt später. Erst müssen die Teams agil arbeiten lernen. Dann können wir die Rahmenbedingungen anpassen."

Ich lehnte mich zurück und dachte: Das wird nicht funktionieren. Nicht weil die Menschen nicht wollten. Nicht weil die Scrum Master nicht gut ausgebildet waren. Sondern weil sie dachten, Transformation wäre linear. Man fängt unten an, bei den Teams, und dann arbeitet man sich nach oben. Man ändert die Prozesse, und dann ändert sich die Organisation. Das ist die Illusion, die fast jede Transformation scheitern lässt. Organisationen sind keine Maschinen. Man kann sie nicht Stück für Stück umbauen. Organisationen sind lebende Systeme. Wenn man an einer Stelle zieht, bewegt sich etwas an einer anderen. Wenn man versucht, nur eine Ebene zu verändern, während alle anderen unverändert bleiben, entsteht keine Transformation. Es entsteht Reibung. Spannung. Frustration. Und am Ende: Resignation.

Ich habe vor Jahren das 6D-Modell erschaffen. Keine Methode. Keine Technik. Keine Schritt-für-Schritt-Anleitung. Sondern eine Art Landkarte organisationaler Realität. Eine Art, zu verstehen, warum Transformationen scheitern – und wie sie gelingen können.

Stell dir das Modell zunächst als Pyramide vor. Ein Bild, das uns hilft zu verstehen, wie Organisationen aufgebaut sind, auf welchen Fundamenten sie stehen, welche Ebenen sie durchziehen. An der Basis, als Fundament, liegt die **Architektur**. Darüber die **Infrastruktur & Prozesse**. Darauf aufbauend die **Skills**. Darüber die **Produktentwicklung**. Dann die **Agile Management Frameworks**. Und an der Spitze die **Führung**. Sechs Ebenen, die wie durch elastische Gummibänder miteinander verbunden sind. Bewegt sich eine Ebene erzeugt sie Bewegung auf allen anderen. Veränderung auf einer Ebene ohne Bewegung auf den anderen erzeugt keine Transformation – sie erzeugt Widerstand.

Aber das ist nur die eine Perspektive – die Pyramide zeigt uns die Struktur. Jetzt stell dir eine zweite Metapher vor: eine große Uhr. Big Ben. Eine römische Uhr mit Ziffern von I bis XII. Ein langer Zeiger, der auf die aktuelle Zeit zeigt. Dieser Zeiger zeigt immer auf „Jetzt". Auf die Gegenwart. Auf heute. Wenn du dir diese Uhr groß genug vorstellst, dann ist das Bogenmaß, wenn man durch eine Lupe schauen würde, da wo der Zeiger ist, relativ gerade. Halbiere den Zeiger, packe eine Mittellinie durch diese Spitze, und wenn man nur groß genug vergrößert, würde man sehen: Der Zeiger hängt immer noch ein Stückchen in der Vergangenheit, aber ist schon ein Stückchen in der Zukunft. Weil nur die Spitze genau auf heute steht, auf der Gegenwart. Im Jetzt. Und diese Spitze repräsentiert unsere Organisation mit ihren sechs Ebenen. Die Organisation hängt immer noch ein Stückchen in der Vergangenheit und ist aber auch schon in einigen Aspekten in der Zukunft.

Und wenn ich mir jetzt noch vorstelle, dass diese Ebenen unterschiedliche Geschwindigkeiten haben, dass wir eben kein festes Dreieck haben, sodass sich die Ebenen in sich verschieben können, dann kann es sehr gut sein, dass bei Veränderungsprozessen die Führung nach vorne bricht, sich bewegt, und der Rest der Organisation noch gar nicht mitkommt und vor allem die Architektur noch nicht. Wir brauchen Scrum Master, die verstehen, dass bei Veränderungen in Organisationen unterschiedliche Geschwindigkeiten herrschen. Die Führung bewegt sich oft zu schnell. Die Architektur bewegt sich zu langsam. Und dazwischen sind alle anderen Ebenen, die versuchen, mitzukommen. *Die Kunst der Transformation ist es, diese unterschiedlichen Geschwindigkeiten zu synchronisieren.* Nicht alle Ebenen auf die gleiche Geschwindigkeit zu bringen – das ist unmöglich. Sondern zu verstehen, welche Ebene sich gerade wie schnell bewegt, und dann die Resonanz zwischen den Ebenen zu erzeugen.

Lass mich mit dem Fundament beginnen. **Architektur** ist die sichtbare Ordnung. Aufbauorganisation, Hierarchie, Teams, Verantwortlichkeiten, physische Räume. Architektur schafft Orientierung, aber sie ist gleichzeitig die trägste aller Ebenen. Jede Veränderung in der Architektur braucht Klarheit über Sinn und Zweck. Und die Architektur hat eine fundamentale Eigenschaft, die Melvin Conway bereits 1968 beschrieben hat: Die Struktur jedes Systems, das von einer Organisation entworfen wird, ist isomorph zur Struktur der Organisation selbst. Conway's Law. Das ist kein Vorschlag. Das ist eine Beobachtung. Das ist Realität. Die Produktarchitektur spiegelt die Kommunikationsstruktur der Organisation. Wenn drei isolierte Abteilungen ein Produkt bauen, entsteht ein Produkt aus drei isolierten Teilen. Wenn siloartige Strukturen dominieren, entstehen siloartige Produkte. Die Architektur ist das Fundament, weil sie bestimmt, wer mit wem spricht. Und wer mit wem spricht, bestimmt, was entsteht.

Ich erinnere mich an ein Projekt bei einem großen Unternehmen, wo wir eine sehr moderne, modulare Architektur entwickeln wollten – das war noch bevor der Begriff „Microservices“ überhaupt existierte, aber die Idee war dieselbe: kleine, autonome Module, die unabhängig voneinander funktionieren und sich entwickeln konnten. Wir waren motiviert. Das Team war gut. Die technische Vision war klar. Aber dann gab es da diese zentrale IT-Organisation. Mächtig. Etabliert. Zuständig für alle Prozesse und die gesamte Datenhoheit. Und weil diese zentrale IT so viel Macht in der Organisation hatte, mussten wir ein Interface zu ihren Systemen bauen. Aus unserer schönen, modularen, flexiblen Architektur wurde eine Architektur mit einem systematischen Bottleneck. Jedes Mal, wenn wir etwas ändern wollten, mussten wir auf diese zentrale IT zugreifen. Jedes Mal mussten wir warten. Jedes Mal mussten wir Kompromisse eingehen.

So frustrierend das war – und natürlich habe ich damals als Consultant versucht, diese Restriktion aufzubrechen, habe mehr oder weniger die Hände über den Kopf zusammengeschlagen, wie sich eine Organisation auf diese Art selbst verlangsamt – und ich lernte, es gewinnt immer die Organisation. Immer. Ruth Malan, eine der scharfsinnigsten Architektinnen unserer Zeit, hat das präzise auf den Punkt gebracht:

> *„If the architecture of the system and the architecture of the organization are at odds, the architecture of the organization wins“ (Malan 2015).*

Conway's Law ist unerbittlich. **Die Struktur der Organisation schlägt die Struktur des (Produkt-)Systems.** Das ist keine technische Wahrheit. Das ist eine organisatorische Realität. Und das bedeutet, dass wir hier ein fundamentales Führungsproblem haben, das auf mangelndem Know-how bei Führungskräften zurückzuführen ist.

In einem anderen Fall erzählte mir ein Kollege von einem Hersteller, in irgendwann die Entscheidung getroffen worden war, dass die Zugangssicherung des Produkts alle elektronischen Systeme – und damit auch alle Software-Systeme – freischaltet. Ich will das jetzt nicht technisch vertiefen, aber die Konsequenz war klar: Alle Software-Teams hingen am Bottleneck „Zugangssicherung". Jede Veränderung, jede Entwicklung in irgendeinem Software-System war abhängig von den Möglichkeiten des Teams der Zugangssicherung, das dort die Interfaces bereitstellen musste. Die Produktarchitektur klonte die organisatorische Rahmenbedingung.

Matthew Skelton und Manuel Pais beschreiben in ihrem Buch Team Topologies genau diese Dynamik: Wenn organisatorische Strukturen nicht mit dem gewünschten Systemdesign übereinstimmen, entstehen Bottlenecks, die den gesamten Flow blockieren (Skelton & Pais 2019). Ein einzelnes spezialisiertes Team – ob Datenbankspezialisten, Zentral-IT oder Zugangssicherung – wird zum Nadelöhr, durch das alle Anfragen hindurch müssen. Die Autonomie der anderen Teams löst sich auf. Die Geschwindigkeit kollabiert.

Jetzt wird es 2025, und ich erlebe das immer noch. Ich treffe noch immer IT-Kollegen und IT-Organisationen, in denen das Wissen von **Microservice-Architekturen** nicht vorhanden ist. Ich kann gut verstehen, dass es sehr schwierig ist, eine existierende Architektur entsprechend umzubauen. Legacy-Systeme sind kompliziert. Abhängigkeiten sind tief verwurzelt. Das ist harte Arbeit. Das verstehe ich. Was mir 2025 ehrlich gesagt nicht mehr nachvollziehbar ist, ist, warum das Know-how nicht vorhanden ist, wie man heutzutage große, komplexe, robuste Systeme entwickelt – und wie man aus den Monolithen über viele Monate Microservices herausschält.

James Lewis und Martin Fowler haben den Begriff „Microservices" 2014 geprägt und die Architekturprinzipien beschrieben (Fowler & Lewis 2014). Sam Newman hat 2015 Building Microservices veröffentlicht, das Standardwerk für die Praxis (Newman 2015). Eberhard Wolff, einer der führenden Experten in Deutschland, hat bereits 2015 sein umfassendes Buch Microservices: Grundlagen flexibler Softwarearchitekturen herausgebracht (Wolff 2015). Das Wissen ist seit über einem Jahrzehnt verfügbar. Es wird an Universitäten gelehrt. Es gibt Bücher. Es gibt Konferenzen. Es gibt Open-Source-Frameworks. Es gibt Beispiele von Netflix, Amazon, Spotify – Unternehmen, die ihre gesamten Organisationen auf diese Prinzipien umgebaut haben. Doch dieses Wissen wird ignoriert – die Konsequenz: träge Produktentwicklung, Abstimmungsmarathons, genervte überlastete Menschen.

Hier verbinden sich die Problematiken mehrerer Ebenen. Die Ebene der Fähigkeiten – Menschen wissen einfach nicht, wie es anders geht. Die Ebene der Architektur – alte Produktarchitekturen aus der Vergangenheit, die träge sind und schwer zu ändern. Die Ebene der Führung – die Unfähigkeit zu erkennen, dass hier im Dreiklang gearbeitet werden muss.

Wir müssen in die Fähigkeiten aller investieren – Top-Managerinnen, mittlere Manager, Teamleiterinnen, Mitarbeitende. Wir müssen Menschen einstellen, die moderne Architekturen verstehen. Wir müssen in die Veränderung der Produktarchitektur investieren – das kostet Zeit, das kostet Geld, das kostet Geduld. Und wir müssen in die Veränderung der organisatorischen Architektur investieren, damit die Organisation sich schneller adaptieren kann. Alle drei Ebenen gleichzeitig. Wenn eine fehlt, scheitert die Transformation.

Doch diese letzte Veränderung – die der organisatorischen Architektur – ist eine andere Form der Organisationsentwicklung, als viele sie noch immer verstehen. Wir entwickeln die Organisation nicht nach innen, sondern nach außen. Entlang des Produkts. Entlang des Kunden. Entlang der Mission. Die treibende Kraft ist nicht mehr die interne Logik der Abteilungen, sondern die Notwendigkeit, sich auf die Bedürfnisse von außen auszurichten. Die Organisationseinheiten müssen sich umstellen, um Produkte zu liefern, die der Markt tatsächlich will – oder, um im Beispiel von McChrystal zu bleiben, um die Aufgabe zu erfüllen, für die die Organisation existiert.

Besonders tragisch finde ich eine Situation, die ich immer wieder erlebe: kleine und mittelständische Banken, die keine eigene IT-Organisation wie Goldman Sachs oder JP Morgan mit Tausenden von Entwicklern haben und die deshalb auf externe Dienstleister angewiesen sind – Dienstleister, die das Wissen über moderne Architekturen selbst nicht haben. Oder noch schlimmer: kleine Banken innerhalb größerer Bankengruppen, die an den zentralen IT-Strukturen der Mutterorganisation hängen wie an einer Nabelschnur. Diese kleinen Banken könnten sich viel schneller bewegen. Sie könnten schnell auf Marktveränderungen reagieren. Sie könnten innovativ sein. Doch in Wahrheit können sie nicht. Sie am Flaschenhals der Mutter-Organisation hängen. Die Prozesse der Mutter bestimmen ihr Tempo. Die Möglichkeiten der Mutter begrenzen ihre Möglichkeiten. Sie sind schnelle Boote, die an einem langsamen Tanker festgemacht sind.

Es ist verrückt, das zu beobachten. Du kannst den Führungskräften in diesen Organisationen von Haier erzählen, von Zhang Ruimin, der 12 000 mittlere Manager eliminiert hat. Du kannst von General Electric erzählen, von Netflix, von Spotify – Organisationen, die ihre gesamte Struktur radikal umgebaut haben. Aber dann sitzt du in diesem Konferenzraum, und das Geflecht aus Abhängigkeiten, Verträgen, Legacy-Systemen und historischen Entscheidungen ist so komplex, dass es sich nicht einfach lösen lässt. Es lässt sich nur mit viel Arbeit lösen. Mit Geduld. Mit Mut. Mit Geld.

Aus meiner Sicht erfordert das zunächst das Wissen, dass es überhaupt möglich ist. Führungskräfte müssen verstehen, dass andere Organisationen diesen Weg bereits gegangen sind.

Dann braucht es Mut – Führungskräfte, die bereit sind, diese Veränderungen nicht aus den falschen Gründen anzugehen. Nicht, weil „wir agil werden wollen“. Nicht, weil Agilität gerade Mode ist. Sondern weil sie erkennen – so wie General Stanley McChrystal es 2004 im Irak erkannt hat –, dass sich die Umweltfaktoren so stark verändert haben, dass es einfach nicht mehr anders möglich ist. McChrystal schreibt in Team of Teams, dass die Organisationsmodelle des 20. Jahrhunderts ihre Wurzeln in der industriellen Revolution haben, aber

> *„die Welt hat sich verändert... Anpassungsfähigkeit, nicht Effizienz, muss unsere zentrale Kompetenz werden" (vgl. McChrystal et al. 2015, S. 20).*

Er erkannte, dass seine Task Force – mit überlegener Ausrüstung, Training und Ressourcen – gegen Al Qaeda versagte, weil die Organisationsstruktur für eine andere Ära gebaut war. Die Umwelt hatte sich verändert. Die Organisation musste sich anpassen oder sterben.

Machen wir uns nichts vor: Diese Umbauten sollte man machen, wenn man noch die Möglichkeiten hat. Wenn man noch Gewinne einfährt. Wenn man noch Luft zum Atmen hat. Denn diese Umbauten kosten sehr viel Geld. Da werden ganze Backbones an Software herausgerissen – und damit Jahre der Software-Entwicklungsinvestitionen zum alten Eisen gelegt. Da werden Prozesse eliminiert. Da werden Menschen umgeschult. Da muss in neue Fähigkeiten investiert werden. Das ist nicht billig. Das ist nicht schnell.

Doch die ständige Referenz auf Legacy-Systeme, die man nicht ändern kann, ist nur eine Ausrede. Legacy-Systeme bedeuten nicht, dass Veränderung unmöglich ist. Sie bedeuten nur, dass keine Bereitschaft besteht, das Geld in die Hand zu nehmen. Es ist wie bei einem Hausbau: Wenn die elektrischen Leitungen veraltet sind, wenn sie nicht mehr den Anforderungen entsprechen, wenn sie gefährlich werden – dann muss man sie herausreißen und neue verlegen. Das ist teuer. Das ist aufwendig. Aber wenn man es nicht macht, brennt irgendwann das Haus ab.

Genau das passiert in Organisationen. Wenn du die Architektur nicht anpasst, wenn du nicht in moderne Systeme investierst, wenn du nicht bereit bist, die organisatorischen Strukturen zu verändern, dann gehst du das Risiko ein, im Markt komplett obsolet zu werden. Nicht irgendwann in ferner Zukunft. Sondern jetzt. Die Welt bewegt sich schneller. Die Kunden erwarten mehr. Die Konkurrenz kommt. Und wenn deine Organisation nicht schnell genug reagieren kann – nicht wegen mangelnden Willens, sondern wegen struktureller Unfähigkeit –, dann bist du verloren. Das ist das fundamentale Problem der Architekturebene. Sie ist träge. Sie ist schwer zu verändern. Aber sie bestimmt alles andere. Wenn die Organisationsstruktur falsch ist, wenn Silos existieren, wenn Macht ungleich verteilt ist, dann wird das Produkt diese Strukturen widerspiegeln – egal wie gut die Teams sind, egal wie klar die technische Vision ist.

Auf die Architektur bauen **Infrastruktur & Prozesse** auf. Kommunikations-, IT- und Prozesssysteme. Sie entscheiden, wie Information fließt, wie Entscheidungen entstehen, wie Teams zusammenarbeiten. Eine Organisation kann nur so agil sein, wie ihre Infrastruktur es erlaubt. Wenn die Architektur das Skelett ist, ist die Infrastruktur das Nervensystem, das bestimmt, wie schnell Signale fließen, wie effektiv kommuniziert wird, wie reibungslos Zusammenarbeit funktioniert.

Vielleicht wird das deutlich, wenn ich dir eine Geschichte erzähle, die wir alle erlebt haben. 2018 saß ich in Unternehmen, in Trainings, in Workshops, und stellte eine Frage:

„Könnt ihr euch vorstellen, tatsächlich remote Organisationen zu entwickeln? Dass Menschen überall auf der Welt miteinander konferieren? Dass ihr Videokonferenz-Systeme nutzt – permanent die Kamera am Rechner anhabt, über Skype miteinander telefoniert?“ (Zu diesem Zeitpunkt hatte ich Team of Teams schon gelesen) Alle schauten mich an. Die Reaktionen waren immer dieselben: „Natürlich nicht. Die IT-Systeme würden komplett zusammenbrechen. Die Prozesse würden das nicht erlauben. Die Infrastruktur würde das gar nicht unterstützen.“ Das war die Überzeugung. Das war die Realität. Bis COVID-19 kam.

Über Nacht haben Organisationen mithilfe von MS Teams oder Slack gelernt, permanent miteinander online zu kommunizieren. Plötzlich saßen wir an den Rechnern und haben acht Stunden am Tag Videoconferencing gemacht. Microsoft CEO Satya Nadella sagte im April 2020:

> *„We've seen two years' worth of digital transformation in two months“ (Microsoft 2020).*

Zwei Jahre in zwei Monaten. Die Infrastruktur, die angeblich unmöglich war, wurde möglich. Nicht weil sich die Technologie verändert hatte – MS Teams gab es schon vorher. Sondern weil es notwendig war. Weil die Organisationen plötzlich bereit waren, das Geld in die Hand zu nehmen. Weil die Führung verstanden hatte: Es gibt keine Alternative. Innerhalb von zwei Wochen wurden Tausende von Menschen auf Remote-Arbeit umgestellt. Das Royal Free London NHS Foundation Trust implementierte MS Teams innerhalb von zwei Wochen, hatte nach elf Tagen über 500 tägliche aktive Nutzer, und nutzte das Tool für alles – von COVID-19-Bildungsprogrammen bis zur Koordination der Sauerstoffversorgung (Greenhalgh et al. 2020). Das war keine perfekte Planung. Das war pure Notwendigkeit. Aber es funktionierte.

Und hier ist der entscheidende Aspekt, den viele Organisationen noch immer nicht verstanden haben: Plötzlich hatten die Organisationen die Möglichkeit, dass der Vorstand, die Top-Führungskräfte, mithilfe ihrer Videoconferencing-Systeme – MS Teams, Zoom, was auch immer – mit einem Knopfdruck jeden einzelnen Mitarbeiter erreichen konnten. Virtuelle Town Hall Sessions für Kosten, die gegen Null streben. Keine großen Events in Kongresszentren. Keine logistische Herausforderung, alle Menschen an einen Ort zu bringen. Einfach einen Link verschicken, und 5000 Menschen können zuhören. Plötzlich wurde der Sinn der Organisation – worum es jetzt geht, was die Prioritäten sind, wie wir durch diese COVID-Zeit kommen – von den Führungskräften permanent an die Mitarbeiter weitergegeben. Informationen wurden geteilt. Entwicklungen wurden erklärt. Die Menschen hatten die Chance, sich innerhalb dieses Wissensstandes selbst zu organisieren.

Wir haben das alle erlebt. Wir haben gesehen, wie gut die Firmen in der Regel dort durchgekommen sind. Es gab Firmen, die haben das mehr oder weniger gut gemacht. Es gab Firmen, die haben das wirklich schlecht gemacht. Aber diejenigen, denen es gelungen ist, haben eine Wahnsinnstransformation hingelegt – nicht durch perfekte Planung, sondern durch die Macht der veränderten Kommunikationsstrukturen.

Aber heute, 2025, scheint das vergessen. Unternehmen haben jetzt MS Teams. Sie könnten in Channels kommunizieren. Sie könnten die gleiche Transparenz und den gleichen direkten Zugang nutzen, die sie während COVID hatten. Aber sie tun es nicht. In diesen größeren Organisationen unterhalten sich die Mitarbeiter nach wie vor über E-Mail. Die Prozesse sind da. Die Infrastruktur ist da. Aber weder die Führung noch die Mitarbeiter haben die Macht dieser Tools tatsächlich verstanden. Oder es ist in Vergessenheit geraten, wie mächtig diese Tools eigentlich sind und wie man sein Arbeiten mithilfe dieser Tools komplett verändern könnte. Die Infrastruktur existiert. Aber die Organisation nutzt sie nicht. Das ist, als hätte man ein Nervensystem installiert, aber die Signale fließen immer noch über die alten, langsamen Wege.

Stanley McChrystal hat auch nicht die gesamte Aufbauorganisation der verschiedenen Special Forces verändert. Er hat einfach die Kommunikationsstrukturen innerhalb der Special Forces verändert. *Seine täglichen O&I-Meetings (Operations and Intelligence) – 90-minütige Videokonferenzen mit über siebzig Standorten weltweit, von Washington bis in die entlegensten Basen im Irak* (ein Schelm, der das jetzt Daily nennen würde) – wurden zum Herzschlag seiner gesamten Task Force. Nicht weil er die Hierarchie abgeschafft hat. Sondern weil er „shared consciousness" geschaffen hat – ein gemeinsames Verständnis der gesamten Situation durch extreme Transparenz und permanente Kommunikation (McChrystal et al. 2015, S. 154–163). Die Infrastruktur waren Videokonferenzsysteme und Whiteboards. Die Transformation war die Art, wie diese Infrastruktur genutzt wurde. Jeden Tag, zur gleichen Zeit, alle zusammen, Informationen teilen, Fragen stellen, denken. Lernen wie die Führung denkt. Das ist keine neue Organisationsstruktur. Das ist eine neue Kommunikationsstruktur. Genau das haben wir während COVID gelernt. Genau das haben wir 2025 wieder vergessen. Aber selbst die beste Infrastruktur, selbst die mächtigsten Kommunikationstools nutzen nichts, wenn die Menschen nicht die Fähigkeiten haben, sie richtig zu nutzen. Das bringt uns zur nächsten Ebene.

Auf dieser Basis entstehen die **Skills** – die Fähigkeiten der Organisation. Menschen sind Träger der Veränderung. Skills beschreiben nicht nur *individuelles Know-how*, sondern auch *kollektive Kompetenzen* – wie Teams lernen, priorisieren, reflektieren, entscheiden. Der Philosoph David Deutsch erklärt in seinem Buch The Beginning of Infinity, dass emergente Phänomene – wie kollektive Fähigkeiten, die aus individuellen Skills entstehen – genauso fundamental und kausal wirksam sind wie die zugrundeliegenden Elemente. Die Fähigkeiten einer Organisation sind mehr als die Summe der Fähigkeiten ihrer Mitglieder. Sie sind emergent. Sie entstehen aus der Interaktion, aus der Kommunikation, aus dem gemeinsamen Lernen. Und sie bestimmen, was die Organisation schaffen kann.

Ich habe bei einer Bank gearbeitet, die Scrum einführen wollte. Die Menschen dort hatten 15 Jahre Erfahrung mit Wasserfallprojekten. Sie waren brillant. Aber sie hatten keine Ahnung, wie man iterativ arbeitet. Die Organisation hatte ihnen Zwei-Tage-Scrum-Trainings gegeben. Zwei Tage. Und dann erwartete sie, dass sie plötzlich agil arbeiten könnten. Das war, als würde man jemandem zwei Tage Klavierunterricht geben und dann erwarten, dass er Beethoven spielt. Skills brauchen Zeit. Skills brauchen Übung. Skills brauchen Coaching. Die Organisation hatte in Prozesse investiert. Aber sie hatte nicht in Skills investiert. Und dadurch scheiterte die Transformation.

Darüber liegt die **Produktentwicklung** – die Ebene, auf der die eigentliche Wertschöpfung geschieht. Hier muss die Organisation agil sein. Hier muss sie mit dem Kunden sprechen, Hypothesen testen, iterieren. Hier wirkt die Dysfunktionalität der User-Ferne besonders stark. Wenn die Produktentwicklung nicht agil ist, wenn sie nicht mit echten Kunden arbeitet, wenn sie nicht schnell lernt, dann kann die gesamte Organisation nicht agil sein. Die Produktentwicklung ist die Ebene, wo Discovery, Delivery und Adoption zusammenkommen müssen – nicht als getrennte Phasen, sondern als integrierter, kontinuierlicher Prozess.

Darüber liegen die **Agile Management Frameworks** – Scrum, Kanban, Design Thinking, Lean Startup, OKRs, Flight Levels. Sie sind Diagnosesysteme. Sie machen sichtbar, wo die Dysfunktionalitäten liegen. Sie zeigen, wo die Prozesse nicht funktionieren. Wo die Bottlenecks sind. Wo die Verschwendung entsteht. Aber – und das ist entscheidend – sie können nur diagnostizieren. Sie können die Dysfunktionalitäten sichtbar machen. Sie können nicht heilen, wenn die anderen Ebenen nicht mitspielen.

An der Spitze der Pyramide steht die **Führung** – die Ebene, die Sinn gibt. Führung bedeutet nicht, Menschen zu managen. Führung bedeutet, Kommunikation zu führen. Führung bedeutet, die Organisation zu orientieren. Ohne klare Führung weiß die Organisation nicht, wohin sie sich bewegen soll. Frederic Laloux hat in Reinventing Organizations beschrieben, wie wichtig es ist, dass das Top Management die Veränderung tatsächlich will – und selbst das Top Management kann sich kaum bewegen, wenn der Aufsichtsrat darüber nicht mitmacht (Laloux 2014). Das ist faszinierend: Selbst in Organisationen, die nicht unbedingt hierarchisch sein wollen, hat das Top Management eine hohe Wirkung auf die gesamte Organisation. General McChrystal hat in Team of Teams wunderbar beschrieben, wie er selbst an sich gearbeitet hat. Genauso wie David Marquet, der U-Boot-Kapitän in Turn the Ship Around, lernen musste, dass er erst an sich arbeiten muss, um völlig andere Wertvorstellungen zu entwickeln (Marquet 2012). Wenn wir über Führung für agile Organisationen sprechen, müssen wir uns klar machen, dass das Top Management überhaupt erst mal zulassen muss, dass sie eine Organisation erschaffen, in der der Einzelne weiter unten eine hohe Entscheidungskompetenz bekommt.

Ich habe bei einem Automobilzulieferer gearbeitet. Der CEO sagte: „Wir wollen agil werden." Großes Kick-off. Großes Versprechen. Aber dann, drei Monate später, als das erste Team eine Entscheidung treffen wollte, die 50 000 Euro kostete, kam die Ansage: „Wartet. Das muss erst der Vorstand genehmigen." Das Team wartete. Vier Wochen. Nach vier Wochen kam die Genehmigung. Zu spät. Der Markt hatte sich verändert. Die

Gelegenheit war vorbei. Das Team hatte gelernt: „Wir können nichts entscheiden. Wir sind nicht autonom." Die Führung hatte gesagt, sie wolle Agilität. Aber sie hatte nicht losgelassen. Sie hatte die Kontrolle behalten. Und dadurch war die Transformation tot, bevor sie begonnen hatte.

Der Scrum Master muss also mit der Führung arbeiten. Aber was bedeutet das konkret? Es reicht nicht, mit dem CEO ein Gespräch über „Agilität" zu führen. Die Arbeit mit der Führung geschieht auf mehreren Ebenen gleichzeitig, und der Scrum Master muss auf all diesen Ebenen kompetent sein.

Erstens: **Führungsverhalten**. Das ist die persönliche Ebene. Wie führt dieser Manager? Wie trifft er Entscheidungen? Wie geht er mit Unsicherheit um? Der Scrum Master arbeitet mit Führungskräften daran, ihr eigenes Verhalten zu reflektieren und zu verändern. Oft müssen Führungskräfte lernen, Gewohnheiten aufzugeben, die sie 30 Jahre lang erfolgreich gemacht haben. Kontrolle loszulassen. Vertrauen aufzubauen. Mit Verletzlichkeit umzugehen. Das ist nicht einfach. Und es erfordert vom Scrum Master nicht nur Coaching-Skills, sondern auch psychologisches Verständnis und vor allem: Augenhöhe.

Zweitens: **Handwerkszeug**. Das ist die Ebene der konkreten Werkzeuge. Wie nutzt Führung Transparenz? Wie macht sie Fortschritt sichtbar? Wie kommuniziert sie Strategie? Wie führt man ein gutes Meeting? Wie nutzt man ein Kanban-Board auf Führungsebene? Wie arbeitet man mit Metriken, die tatsächlich helfen, statt zu kontrollieren? Das sind lernbare Skills. Aber sie müssen gelernt werden. Und der Scrum Master muss sie lehren können.

Drittens: **Leadership Design** für Abteilungen. Das ist die Ebene der organisationalen Frameworks. Wie führt man eine Abteilung mit 50, 100, 200 Menschen? Welche Management-Frameworks braucht man? OKRs für strategische Ausrichtung? Flight Levels für Koordination? Kanban für Workflow-Management? Hier muss der Scrum Master verstehen, wie diese Frameworks funktionieren, wie sie zusammenspielen, wie man sie einführt. Keine Organisation ist wie die andere. Kein Framework funktioniert „out of the box".

Viertens: **Fundamentale neue Organisationsmodelle**. Das ist die radikalste Ebene. Hier geht es nicht mehr um die Optimierung bestehender Strukturen. Hier geht es um die Frage: Könnte diese Organisation fundamental anders aufgebaut sein? Hier müssen Unternehmenslenker Begriffe wie Design Thinking, Microservices, RenDanHeYi verstehen – nicht als technische Konzepte, sondern als Organisationsprinzipien.

Lass mich dir drei Beispiele geben. Zhang Ruimin, CEO des chinesischen Haushaltsgeräte-Riesen **Haier**, eliminierte die mittlere Management-Ebene komplett. 12 000 Managerpositionen. Weg. Stattdessen transformierte er Haier in ein Netzwerk von über 4000 Mikrounternehmen. Jedes dieser Mikrounternehmen ist autonom. Es trifft seine eigenen Entscheidungen. Es stellt seine eigenen Leute ein. Es ist direkt mit dem Endkunden verbunden. Zhang nennt dieses Modell „RenDanHeYi" – die Verbindung zwischen Mitarbeitern und Nutzerwert. Heute liegt Haiers Umsatz bei über 400 Milliarden RMB. Die

Organisation ist nicht mehr eine Hierarchie. Sie ist ein Ökosystem. Ein Regenwald, wie Zhang es nennt. Jeder Mitarbeiter ist ein Unternehmer. Als Haier 2016 GE Appliances übernahm, transformierte es das amerikanische Unternehmen nach dem gleichen Prinzip. Es funktionierte. Gary Hamel schrieb 2018 in der Harvard Business Review einen Artikel mit dem Titel „The End of Bureaucracy“ – und Haier war das zentrale Fallbeispiel.

Der französische Bau- und Konzessionskonzern **Vinci** mit über 280000 Mitarbeitern zeigt einen anderen Weg. Xavier Huillard, CEO, sagt: „We are probably the most decentralized company in France. Maybe even in Europe!“ Das Prinzip: „Inverting the pyramid“ – die Pyramide umdrehen. Vinci besteht aus über 3300 Unternehmen, die stark autonom agieren. Jedes hat seine eigenen Entscheidungsbefugnisse, seine eigene P&L-Verantwortung, seine eigene Strategie. Die Holding gibt den Rahmen vor – Werte, finanzielle Ziele, Compliance – aber innerhalb dieses Rahmens sind die Einheiten frei. Das Ergebnis: Vinci kann schnell auf lokale Märkte reagieren, weil die Entscheidungen dort getroffen werden, wo die Expertise sitzt.

Und dann gibt es **Microservices** – ursprünglich aus der Softwareentwicklung, aber mit fundamentalen Implikationen für Organisationen. Martin Fowler beschreibt Microservices als „primarily a tool to structure a development organization“. Die Idee: Statt große, monolithische Systeme zu bauen, baut man kleine, autonome Services. Jeder Service hat seine eigene Datenbank, seine eigene Deployment-Pipeline, sein eigenes Team. Und hier kommt Conway's Law ins Spiel. Wenn du Microservices willst, musst du deine Organisation in autonome, cross-funktionale Teams aufteilen. Jedes Team verantwortlich für einen Service. Jedes Team mit allen Skills, die es braucht. Fowler nennt das die „Inverse Conway Maneuver“ – du änderst die Organisation, um die Architektur zu ermöglichen, die du willst. Das Gleiche gilt für Organisationen generell. Wenn du eine Organisation willst, die schnell auf Kunden reagiert, musst du die Organisation in autonome Einheiten aufteilen, die direkt mit Kunden arbeiten.

Und jetzt kommen wir zu dem Punkt, der unangenehm ist, aber ausgesprochen werden muss: *Um auf all diesen Ebenen mit Führung arbeiten zu können, braucht der Scrum Master mehr als Scrum-Kenntnisse.* Viel mehr. Er braucht Business-Verständnis. Er braucht Managementerfahrung. Er braucht die Fähigkeit, auf Augenhöhe mit dem Top Management zu kommunizieren. Daher ist eine der wichtigsten Aufgaben von Scrum Mastern, wenn sie mit dem Top Management arbeiten: Die Narrative ändern. Aber nicht, indem sie sagen: „Die alten Narrative sind falsch.“ Das funktioniert nicht. Niemand möchte hören, dass das, was er 30 Jahre lang gemacht hat, falsch war. Sondern indem sie sagen: „Die alten Narrative waren nützlich. Sie haben uns hierhergebracht. Sie waren die richtigen Narrative für eine andere Zeit. Aber jetzt, in dieser neuen Komplexität, gibt es bessere Narrative. Narrative, die erklären, warum wir nicht mehr so erfolgreich sind wie früher. Und – noch wichtiger – Narrative, die zeigen, wie wir wieder erfolgreicher werden können.“

Dazu benötigen Scrum Master und agile Coaches viel Erfahrung und Kenntnisse darüber, wie Organisationen funktionieren. Da reicht eine Coaching-Ausbildung nicht, auch keine agile Coaching-Ausbildung. Wollen sie auf dieser Ebene erfolgreich arbeiten, benötigen Scrum Master selbst konkrete Erfahrung darüber, wie man im Management arbeitet.

Ich sage das nicht nur, weil ich selbst diesen Schritt gegangen bin, sondern weil ich die Consultants ausgebildet habe, die heute genau das können: Diese Scrum Master benötigen einen MBA oder andere Top-Management-Lehrgänge. Oder sie müssen bereits echte Erfahrungen in wichtigen Managementpositionen gesammelt haben, denn sie brauchen neben Scrum, agilem Denken und all den Tools vor allem eins: *Ahnung davon, wie Business funktioniert.*

Dann können sie auf Augenhöhe mit dem Top Management arbeiten und für das Top Management und mit ihnen neue Lösungen für die auftretenden Probleme finden. Das ist der Ansatz. Nicht Belehrung. Nicht Kritik. Sondern eine Einladung. Eine Einladung zu einem besseren Narrativ. Zu einer besseren Art, Erfolg zu erreichen. Zu einer besseren Art zu führen – gepaart mit der konsequenten Hilfestellung, wie sich das Unternehmen neu erfindet. Und wenn das Top Management diese Einladung annimmt – wenn sie bereit sind, aus Erfahrung zu lernen, wenn sie bereit sind, ihre Narrative zu hinterfragen – dann beginnt die Transformation. Nicht vorher.

Ein CEO, der 20 Jahre Erfahrung im Aufbau von Unternehmen hat, wird nicht auf einen 28-jährigen Scrum Master hören, der ihm erklärt, wie man führt – egal wie gut die Scrum-Zertifizierungen sind. Aber derselbe CEO wird auf einen erfahrenen Consultant hören, der selbst Unternehmen geführt hat, der P&L-Verantwortung hatte, der die gleichen Herausforderungen durchgemacht hat. Nicht weil Alter oder Titel wichtig sind. Sondern weil Erfahrung und Verständnis wichtig sind. Das ist die unbequeme Wahrheit: Wenn du als Scrum Master auf Führungsebene arbeiten willst, musst du mehr sein als ein Scrum Master. Du musst Business verstehen. Du musst Management verstehen. Und das lernst du nicht in einem Zwei-Tage-Training.

Siehst du jetzt das Problem? Die meisten Scrum Master arbeiten nur auf der agile Management-Framework-Ebene. Sie optimieren Sprints. Sie moderieren Retrospektiven. Sie räumen Impediments aus dem Weg – aber nur die Impediments, die auf Teamebene sichtbar sind. Sie verstehen nicht, dass die echten Impediments auf den anderen fünf Ebenen liegen. Sie verstehen nicht, dass eine dysfunktionale Führung, ein starres Management-System, fehlende Skills, veraltete Infrastruktur und eine falsche Architektur ihr Team blockieren – egal wie gut sie die Prozesse optimieren. Das ist, warum so viele Scrum-Einführungen scheitern. Nicht weil Scrum nicht funktioniert. Sondern weil Scrum Master denken, ihr Job endet an der Teamgrenze. Ihr Job ist es, die Organisation zu verändern. Auf allen sechs Ebenen. Gleichzeitig.

Aber wie erkennst du, auf welcher Ebene deine Organisation blockiert ist? Das ist die Frage, die mir Scrum Master am häufigsten stellen. Und die Antwort ist einfacher, als du denkst. Du brauchst keine aufwendigen Assessments. Keine Berater, die monatelang Interviews führen. Keine komplexen Analyseframeworks. Du brauchst nur Scrum. Oder Kanban. Oder Design Thinking. Oder irgendeines der agilen Management-Frameworks, die wir besprochen haben.

Denn das ist das Geheimnis dieser agilen Frameworks: Sie sind **Diagnosesysteme**. Scrum ist nicht nur eine Methode, um Produkte zu entwickeln. *Scrum ist ein Röntgengerät für Organisationen.* Es macht sichtbar, was nicht funktioniert. Der Zwang, iterativ und inkrementell vorzugehen. Der Zwang, am Ende einer Iteration etwas Fertiges zu liefern. Der Zwang, transparent zu machen, was getan wurde und was nicht. Dieser Zwang ist kein Selbstzweck. Er ist ein diagnostisches Instrument.

Wenn es einem Team nicht gelingt, in einem zweiwöchigen Sprint etwas zu liefern, dann zeigt das nicht, dass das Team unfähig ist. Es zeigt, dass die Organisation – auf einer oder mehreren der sechs Ebenen – nicht in der Lage ist, in kurzen Zyklen zu liefern. Das Team will liefern. Das Team versucht zu liefern. Aber irgendetwas blockiert es. Und dieses Irgendetwas sitzt nicht im Team. Es sitzt in der Organisation. Auf einer der sechs Ebenen.

Lass mich dir zeigen, wie das funktioniert. Ein Team startet einen Sprint. Sie planen, was sie in zwei Wochen schaffen wollen. Sie committen sich. Sie arbeiten. Und dann, am Ende des Sprints, im Sprint Review, haben sie nichts Fertiges. Nichts, was man einem Kunden zeigen könnte. Warum? Die übliche Antwort: „Die Anforderungen waren unklar." Oder: „Wir mussten auf eine andere Abteilung warten." Oder: „Das Deployment ist kompliziert." Oder: „Wir hatten keine Zeit, weil wir in so vielen Meetings waren." Das sind keine Ausreden. Das sind Symptome. Symptome dafür, dass die Organisation auf bestimmten Ebenen dysfunktional ist.

Anforderungen unklar? Das ist ein Problem auf der Produktentwicklungsebene. User-Ferne. Das Team spricht nicht direkt mit dem Kunden. Es gibt Vermittler. Es gibt Pflichtenhefte. Es gibt Stille Post. Die Produktentwicklung ist nicht agil. Warten auf andere Abteilungen? Das ist ein Problem auf der Architekturebene. Silos. Conway's Law schlägt zu. Die Organisationsstruktur verhindert, dass das Team autonom arbeiten kann. Deployment kompliziert? Das ist ein Problem auf der Infrastrukturebene. Die IT-Systeme sind nicht für schnelle Zyklen gebaut. Sie sind für Kontrolle gebaut. Zu viele Meetings? Das ist ein Problem auf mehreren Ebenen. Vielleicht Führung – weil das Management nicht versteht, dass Meetings Zeit von der Wertschöpfung wegnehmen. Vielleicht agile Frameworks – weil die Koordinationsmechanismen ineffizient sind. Vielleicht Architektur – weil die Silos so viel Abstimmung erfordern.

Das ist die Kraft von Scrum als Diagnosesystem. Jedes gescheiterte Sprint Goal zeigt dir, wo die Organisation blockiert ist. Jedes Impediment, das das Team nicht selbst lösen kann, zeigt dir, auf welcher Ebene du arbeiten musst. Und wenn du über mehrere Sprints hinweg beobachtest, welche Impediments immer wieder auftauchen, dann siehst du ein Muster. Dann siehst du, welche der sechs Dysfunktionalitäten, auf welche der sechs Ebenen wirken. Das ist keine Raketenwissenschaft. Das ist systematische Beobachtung.

Und jetzt kommen wir zu dem Punkt, wo zwei Wege auseinandergehen. Der erste Weg ist der Ad-hoc-Weg. Das einzelne Impediment, das einzelne Problem wird gelöst. Der Scrum Master geht den „kleinen Dienstweg". Er spricht mit dem Manager. Er organisiert einen Workaround. Er holt sich einen Vorstandsbeschluss für genau dieses eine Projekt. Das funktioniert. Kurzfristig. Das Projekt kommt voran. Das Team kann liefern. Doch das organisatorische System bleibt gleich. Die Dysfunktionalität bleibt. Beim nächsten Projekt taucht das gleiche Problem wieder auf. Und wieder muss jemand den kleinen Dienstweg gehen. Wieder muss jemand einen Workaround organisieren. Das ist anstrengend. Das ist ineffizient. Aber manchmal ist es notwendig. Manchmal muss man das Projekt retten, auch wenn man das System nicht retten kann.

Der zweite Weg ist der systematische Weg. Der Weg des organisationalen Umbaus. Das ist der Weg, den ich meine, wenn ich sage: Der Scrum Master muss auf allen sechs Ebenen arbeiten. Das ist der Weg, wo man nicht einzelne Impediments löst, sondern die zugrundeliegenden Dysfunktionalitäten beseitigt. Wo man nicht Symptome behandelt, sondern Ursachen. Und dieser Weg erfordert etwas, was viele Organisationen nicht haben: Ein Transformationsteam.

Ein **Transformationsteam** ist eine Gruppe von Menschen – Scrum Master, agile Coaches, Führungskräfte, die verstanden haben, dass es so nicht weitergeht –, die systematisch an den sechs Ebenen arbeiten. Die die Dysfunktionalitäten, die wir in Teil III (Kapitel 3) beschrieben haben, auf den jeweiligen Ebenen verorten und dann systematisch angehen. Die nicht nur reagieren, wenn ein Problem auftaucht, sondern proaktiv die Organisation verändern. Das ist Change-Management. Das ist organisationale Transformation. Das ist die eigentliche Arbeit. Und genau das werden wir im nächsten Kapitel besprechen.

Aber bevor wir dahin kommen, lass mich dir noch etwas sagen: Es gibt keine standardisierten Diagnoseverfahren für die sechs Ebenen. Keine Checkliste, die du abhaken kannst. Kein Assessment-Tool, das du kaufen kannst. Was es gibt, ist ein systematischer Analyseprozess. Wir nennen es das 6D-Assessment. Es ist simpel. Du gehst durch die sechs Ebenen, eine nach der anderen, und du fragst: Was funktioniert hier? Was funktioniert nicht? Welche Dysfunktionalitäten wirken auf dieser Ebene?

Wie machst du das? Durch Retrospektiven. Durch Interviews. Durch Beobachtung. Du sprichst mit den Teams. Du sprichst mit den Managern. Du sprichst mit der Führung. Du fragst: „Was hindert euch daran, schneller zu liefern?" Du fragst: „Was sind die wiederkehrenden Probleme?" Du fragst: „Wenn ihr eine Sache verändern könntet, was wäre das?" Und dann hörst du zu. Und du machst Notizen. Und du kategorisierst. Führung. Agile Frameworks. Produktentwicklung. Skills. Infrastruktur. Architektur. Welche Ebene wird am häufigsten genannt? Welche Dysfunktionalität taucht immer wieder auf?

Das ist keine perfekte Wissenschaft. Das ist keine exakte Messung. Aber es ist verdammt effektiv. Weil die Menschen in der Organisation wissen, was nicht funktioniert. Sie leben es jeden Tag. Sie sehen die Probleme. Sie spüren die Reibung. Du musst sie nur fragen. Und du musst bereit sein, zuzuhören. Nicht zu rechtfertigen. Nicht zu verteidigen. Nicht zu erklären, warum es so ist, wie es ist. Sondern einfach zuzuhören. Und dann zu handeln.

Und aus diesem Assessment entwickelst du erste Ideen für Maßnahmen. Nicht den perfekten Plan. Nicht die vollständige Roadmap. Sondern erste Hypothesen: „Wenn wir auf der Führungsebene X verändern, dann könnte Y passieren." „Wenn wir auf der Architekturebene die Silos auflösen, dann könnten die Teams schneller liefern." Das sind Hypothesen. Experimente. Du führst sie durch. Du schaust, was passiert. Du lernst. Du passt an. Das ist agiles Change-Management. Iterativ. Inkrementell. Evidenzbasiert.

Siehst du jetzt, wie es zusammenpasst? Scrum als Diagnosesystem zeigt dir, wo die Probleme sind. Das 6D-Assessment hilft dir, diese Probleme auf den richtigen Ebenen zu verorten. Und dann arbeitest du systematisch daran, die Dysfunktionalitäten zu beseitigen. Nicht alle auf einmal. Nicht mit einem Big Bang. Sondern Ebene für Ebene. Dysfunktionalität für Dysfunktionalität. Mit einem Transformationsteam, das den Prozess orchestriert. Das ist der Weg. Das ist, wie Transformation wirklich funktioniert.

Und das ist die Aufgabe des Scrum Masters in großen Organisationen. Nicht, perfekte Sprints zu organisieren. Sondern, auf allen sechs Ebenen zu arbeiten. Sichtbar zu machen, wo die Führung nicht klar ist. Zu kämpfen dafür, dass Management-Entscheidungen schneller werden. Die dysfunktionalen Prozesse außerhalb des Teams zu konfrontieren. In Skills zu investieren. Für bessere Infrastruktur zu argumentieren. Die Architektur zu hinterfragen. Das ist harte Arbeit. Das ist politische Arbeit. Das ist die Arbeit, vor der die meisten Scrum Master zurückschrecken. Aber es ist die einzige Arbeit, die wirklich zählt.

Ken Schwaber hatte recht. *„Scrum is simple, but very hard."* Nicht weil das Framework kompliziert ist. Sondern weil die Transformation, die es erfordert, auf sechs Ebenen gleichzeitig geschieht. Weil diese Ebenen sich mit unterschiedlichen Geschwindigkeiten bewegen. Weil die Organisation immer zwischen Vergangenheit und Zukunft steht. Und die meisten Organisationen sind bereit, auf einer Ebene zu arbeiten. Vielleicht auf zweien. Aber auf allen sechs? Gleichzeitig? Mit unterschiedlichen Geschwindigkeiten? Mit der Geduld für die langsamen Ebenen und dem Mut für die schnellen? Das erfordert ein fundamentales Verständnis dafür, was Transformation wirklich bedeutet. Das erfordert Durchhaltevermögen. Das erfordert die Bereitschaft, alles infrage zu stellen.

Bist du bereit dafür?

4.3 Change-Management – Wie man auf den sechs Ebenen konkret Veränderung bewirkt

Im letzten Kapitel habe ich gezeigt, dass Scrum ein Röntgengerät für Organisationen ist – ein Diagnosesystem, das sichtbar macht, wo die Organisation blockiert. Jedes gescheiterte Sprint Goal, jedes wiederkehrende Impediment zeigt uns, auf welcher der sechs Ebenen wir arbeiten müssen.

Jetzt geht es um die praktische Frage: Wie nutzen wir diese Diagnose konkret? Wie bauen wir ein Transformationsteam auf? Wie arbeiten wir systematisch an allen sechs Ebenen gleichzeitig?

Die Forschung ist eindeutig: *Große, geplante Change-Programme scheitern mehrheitlich.* John Kotter, der Management Guru des Change, hatte bereits 1996 in seinem Bestseller zum Thema Change, Leading Change, geschrieben, dass über 70 Prozent aller Change-Initiativen ihre Ziele nicht erreichen. McKinsey-Studien bestätigen diese Quote. William Bridges hat den entscheidenden Punkt gemacht: „Change is situational. Transition is psychological." Man kann Change von oben anordnen. *Aber Transition – das innere Durchlaufen des Wandels – kann man nicht anordnen.* Das muss von innen kommen.

Deshalb brauchen wir einen anderen Ansatz – als es uns die großen Change-Experten der letzten dreißig Jahre erklären. Einen Grassroot-Ansatz. Einen Ansatz, der mit Pilotteams beginnt, der mit Fokusgruppen arbeitet, der zeigt, dass es anders geht. Der Menschen überzeugt, nicht durch PowerPoint-Präsentationen, sondern durch Ergebnisse.

Das Transformationsteam

Bevor ich erkläre, wie ein Transformationsteam funktioniert, muss ich einen Disclaimer vorausschicken. Wir nennen das Team, dass den Change voranbringen soll, in diesem Buch „Transformationsteam". Der einfache Grund: weil wir es bei borisgloger consulting in den letzten Jahren so genannt haben und weil sich in der agilen Community dieser Begriff durchgesetzt hat.

Ehrlich gesagt weiß ich gar nicht mehr genau, wann und warum dieser Shift – von „Transition Team" zu „Transformation Team", passiert ist. Ich glaube, weil wir alle dachten: Wir wollen ja transformieren, nicht nur einen Übergang gestalten. Transformation klingt größer, radikaler, kraftvoller. Transition klingt nach Zwischenlösung, nach temporärem Zustand.

Aber je länger ich darüber nachdenke, desto mehr glaube ich, dass wir damals – vor etwa zehn Jahren, als ich diesen Mechanismus zwischen Transition Teams, Pilot-Teams und Fokusgruppen zum ersten Mal entwickelte – instinktiv richtig lagen. Was wir in agilen Organisationen durchführen, sind keine Transformationen im eigentlichen Sinne. Es sind Transitionen. Übergänge. William Bridges hat den entscheidenden Unterschied gemacht:

> *„Change is situational – the move to a new site, the retirement of the founder, the reorganization of the roles. Transition, on the other hand, is psychological; it is a three-phase process that people go through as they internalize and come to terms with the details of the new situation."*

Change ist extern. Transition ist intern. Transformation impliziert eine radikale, abgeschlossene Veränderung – ein Schmetterling, der aus der Raupe entsteht und nie mehr zurückkann. Aber Organisationen funktionieren nicht so. Organisationen sind in *konstantem Übergang*. Sie lernen, sie adaptieren, sie verändern sich kontinuierlich. Das ist Transition, nicht Transformation.

Eine Organisation, die sich so stark wandelt, dass wir wirklich „Ask the Team" leben können, ist danach anders als sie vorher war. Sie ist fundamental *anders*, selbst wenn sie noch immer ähnliche Werte hat. Aber sie ist nicht verwandelt im Sinne eines einmaligen, abgeschlossenen Akts. Sie ist in einem kontinuierlichen Übergang. Deshalb entschuldigt diese Sprachverwirrung. Wir werden es weiterhin Transformationsteam nennen, weil das der Begriff ist, den die Community versteht. Aber behaltet im Hinterkopf: *Es geht um Transition*. Es geht um einen Übergang, der nie wirklich endet. Es geht um kontinuierliches organisationales Lernen.

Wie funktioniert jetzt dieser Übergang konkret? Zunächst brauchen wir eine Instanz in der Organisation, die diesen Übergang aktiv gestaltet. Meine Beobachtung über die letzten 20 Jahre ist eindeutig: Der Vorstand oder das Top Management kann das nicht machen. Nicht weil sie unwillig wären. Sondern weil sie zeitlich überlastet sind. Führungskräfte haben operative Verantwortung. Sie führen Geschäftsbereiche. Sie treffen strategische Entscheidungen. Sie können nicht gleichzeitig die Organisation umbauen. Das zeigt sich immer wieder: Transformationsinitiativen, die nur vom Vorstand getragen werden, scheitern, weil nach den ersten drei Monaten andere Prioritäten kommen. Ein Quartalsziel, das verfehlt wurde. Eine Krise in einem wichtigen Projekt. Ein neuer Wettbewerber – und plötzlich ist die Transformation nicht mehr das Wichtigste.

Deshalb brauchen wir ein dediziertes Team. Ein **Transformationsteam**, das diese Arbeit als seine Hauptaufgabe versteht. Nicht nebenbei. Nicht wenn Zeit ist. Sondern als primäre Verantwortung. Dieses Team arbeitet – und das ist entscheidend – wie ein Scrum-Team. Es hat einen Transformation Product Owner, einen Transformation Scrum Master und ein Transformation Development Team. Damit wir uns nicht ständig wiederholen müssen, nenne ich das gesamte Team einfach „Transformationsteam", aber es ist klar: Diese drei Rollen existieren, und sie funktionieren nach den gleichen Prinzipien wie in jedem anderen Scrum-Team auch.

Ein Transformationsteam gibt sich eine Vision, Values, Methoden, erkennt die ersten Obstacles und definiert Measurements für seinen Erfolg.[1)]

---

[1] Wer genau wissen will, wie sich mithilfe V2MOM, OKRs und anderen Tools diese strategische Transformation steuern lässt, dem sei mein Buch: Strategie als Praxis empfohlen.

Der **Transformation Product Owner** ist typischerweise jemand aus dem Management. Jemand, der die strategische Perspektive hat. Jemand, der versteht, was die Organisation erreichen will. Jemand, der die Macht hat, Entscheidungen zu treffen oder zumindest Entscheidungen zu beeinflussen. Aber – und das ist kritisch – dieser Product Owner muss verstehen, dass er nicht kommandiert. Er priorisiert. Er gibt Orientierung. Er sagt: „Das ist wichtig. Das ist weniger wichtig." Insofern sollte er einerseits verstehen, wie eine agile Transformation funktioniert und die Organisation so gut kennen können, dass er weiß, was zuerst in Angriff genommen werden sollte.

Der **Transformation Scrum Master** ist oft ein *sehr* erfahrener agiler Coach. Jemand, der Scrum versteht. Jemand, der bereits mit Teams gearbeitet hat. Jemand, der Widerstände kennt und weiß, wie man sie überwindet. Seine Aufgabe ist nicht, das Team zu managen. Seine Aufgabe ist, den Prozess zu führen. Impediments zu beseitigen. Strukturen zu schaffen, in denen das Team arbeiten kann. – Und, hoffentlich ist er nicht damit beschäftigt den Inhabern der beiden anderen Rollen Scrum oder Agilität zu erklären.

Das **Transformation Development Team** besteht aus einer bunten Mischung: Scrum Master, die bereits mit Pilot-Teams arbeiten. Agile Coaches, die Trainings geben. HR-Leute, die verstehen, wie Stellenbeschreibungen und Karrierepfade funktionieren. IT-Architekten, die wissen, wo die technischen Bottlenecks liegen. Vielleicht ein Controller, der verstehen kann, wie sich agiles Arbeiten auf Budgetprozesse auswirkt. Die Kunst liegt darin, das richtige Team zusammenzustellen – divers genug, um alle Perspektiven abzudecken, klein genug, um handlungsfähig zu bleiben. Fünf bis neun Menschen sind ideal. Mehr wird schwerfällig. Weniger und es fehlt die Expertise.

Dieses Transformationsteam hat einen **Transformation Backlog**. Das ist keine mystische Liste. Das ist ein normales Backlog, wie jedes Scrum-Team es hat. Nur dass in diesem Backlog keine Features stehen, sondern *Initiativen*. Veränderungsvorhaben. Hypothesen darüber, was die Organisation braucht, um agiler zu werden. Genau wie bei jedem anderen Backlog gilt: Der Product Owner priorisiert. Das Team schätzt ein, wie komplex diese Initiative wird. Gemeinsam entscheiden sie, was im nächsten Sprint gemacht wird.

Was steht in so einem Transformation Backlog? Am Anfang stehen die offensichtlichen Dinge. Jeder, der sich mit Change-Management ein wenig beschäftigt hat, wird sie kennen. Befähigung. Training. Die Menschen müssen lernen, wie Scrum, Kanban, Design Thinking und all die anderen Tools angewendet werden. Sie müssen verstehen, was ein Product Owner macht. Sie müssen lernen, wie man User Stories schreibt. Sie müssen lernen, wie man ein Sprint Planning moderiert. John Kotter nennt das in seinem 8-Schritte-Modell „Enable Action by Removing Barriers" – Menschen brauchen die Skills, um in der neuen Welt arbeiten zu können. Das ist nicht optional. Das ist essenziell. Also stehen im Backlog Dinge wie: „Scrum Master Training für 20 Führungskräfte", „Product Owner Workshop für die Produktmanager", „Agile Grundlagen für die gesamte IT-Abteilung".

Aber es geht weiter. Kommunikation. Kickoffs. Town Hall Sessions. Die Organisation *muss* verstehen, was passiert. Warum es passiert. Was es für sie bedeutet. Das ist Kotters „Create a Sense of Urgency“ und „Communicate the Vision“. Ohne Kommunikation bleibt alles abstrakt. Ohne Kommunikation entsteht Angst. Ohne Kommunikation füllen Menschen die Informationslücken mit Gerüchten. Also stehen im Backlog auch Dinge wie: „Führungskräfte-Briefing zur agilen Strategie“, „Monatlicher Newsletter über Fortschritte in den Pilot-Teams“, „Q&A-Session mit dem Vorstand über die neue Arbeitsweise“.

Dann – und das wird oft vergessen – stehen im Backlog auch ganz praktische, operative Dinge. Neue Stellenausschreibungen. Wir brauchen mehr Scrum Master. Wir brauchen Product Owner, die wissen, was sie tun. Wir brauchen agile Coaches, die Teams begleiten können. Das steht im Backlog. Raumplanung. Teams brauchen Raum, um zusammenzusitzen. Wenn sie über drei Stockwerke verteilt sind, funktioniert Daily Scrum nicht. Also steht im Backlog: „Räume für Team X organisieren“. Tool-Beschaffung. Vielleicht brauchen wir ein digitales Board-Tool. Vielleicht brauchen wir bessere Videokonferenz-Ausstattung für verteilte Teams. Das klingt banal. Aber es ist real – und wenn es nicht im Backlog steht und aktiv bearbeitet wird, passiert es nicht.

Aber das wirklich Spannende kommt erst später. Die nicht offensichtlichen Dinge. Die strukturellen Probleme, die erst auftauchen, wenn man anfängt, ernsthaft anders zu arbeiten. Genau hier wird das Transformationsteam zur zentralen Koordinationsinstanz. Denn dieses Team macht nicht alles selbst. Es kann gar nicht alles selbst machen. Stattdessen startet es Pilot-Teams. Es koordiniert sie. Es betreut sie. Es lernt von ihnen.

Ein **Pilot-Team** ist ein normales Team – Entwickler, Tester, Designer, Product Owner, Scrum Master – das anfängt, mit Scrum zu arbeiten. In einem echten Projekt. Mit echten Deadlines. Mit echten Stakeholdern. Nicht in einem geschützten Trainingsraum. Nicht in einer Simulation. Sondern in der Realität. Everett Rogers hat in seiner Diffusion of Innovations Theory gezeigt, dass Neuerungen sich in Organisationen nicht durch Top-down-Anordnungen verbreiten, *sondern durch sichtbare Erfolge von Early Adopters*. Pilot-Teams sind diese Early Adopters. Sie zeigen, dass es funktioniert. Sie sind der Beweis, dass agiles Arbeiten nicht nur Theorie ist.

Das Transformationsteam startet diese Pilot-Teams. Es sucht geeignete Projekte. Es hilft bei der Team-Zusammenstellung. Es stellt sicher, dass das Team Training bekommt. Es schafft die Rahmenbedingungen. Dann – und das ist kritisch – lässt es die Pilot-Teams arbeiten. Nicht mikromanagen. Nicht kontrollieren. Sondern beobachten. Unterstützen. Vor allem: Zuhören. Denn jedes Pilot-Team ist ein Diagnosesystem. Jedes Pilot-Team stößt an Grenzen. An Organisationsgrenzen. An Prozessgrenzen. An kulturelle Grenzen. Genau diese Grenzen sind die Arbeit des Transformationsteams.

Lass mich ein Beispiel geben. Ein Pilot-Team startet. Nach zwei Wochen haben sie ihren ersten Sprint Review. Sie zeigen, was sie gebaut haben. Es ist nicht viel. Aber es ist etwas. Es funktioniert. Die Stakeholder sind überrascht. „Das habt ihr in zwei Wochen gemacht?“ Ja. „Warum dauert es normalerweise drei Monate?“ Gute Frage. In der Retrospektive diskutiert das Team: Was hat funktioniert? Was nicht? Dann kommt es: „Wir mussten drei Tage warten, bis die Datenbank-Abteilung uns Zugang gegeben hat.“

Silos. „Wir hatten am Mittwoch ein vierstündiges Architektur-Review-Meeting, obwohl wir nur eine kleine Änderung gemacht haben.“ Dysfunktionale Meetings. „Wir wissen nicht, ob das, was wir gebaut haben, wirklich das ist, was der Kunde braucht, weil wir nie mit dem Kunden sprechen.“ User-Ferne.

Das sind die echten Probleme. Das sind die strukturellen Impediments. Jetzt passiert etwas Entscheidendes: Diese Impediments werden dokumentiert. Sie landen im Transformation Backlog. Nicht als Beschwerden. Nicht als Anekdoten. Sondern als User Stories. „Als Pilot-Team brauche ich direkten Datenbankzugang, damit ich nicht drei Tage auf die Datenbankabteilung warten muss.“ „Als Pilot-Team brauche ich eine vereinfachte Architektur-Review-Prozedur, damit ich schnell Feedback bekomme, ohne vier Stunden in einem Meeting zu verbringen.“ „Als Pilot-Team brauche ich direkten Kontakt zu Endkunden, damit ich validieren kann, ob wir das Richtige bauen.“

Jetzt hat das Transformationsteam Arbeit. *Konkrete, evidenzbasierte Arbeit.* Nicht theoretische Vermutungen darüber, was die Organisation braucht. Sondern echte Probleme, die echte Teams daran hindern, ihre Arbeit zu machen. Der Transformation Product Owner priorisiert diese User Stories. Welche sind kritisch? Welche blockieren mehrere Teams? Welche sind schnell lösbar? Welche erfordern langfristige strukturelle Veränderungen? Das Transformationsteam plant seinen nächsten Sprint – und dann arbeiten sie an der Lösung.

Manchmal kann das Transformationsteam ein Problem direkt lösen. Zum Beispiel: Der HR-Chef ist Teil des Teams. Ein Pilot-Team stellt fest: „Wir haben jetzt diese neuen Rollen – Scrum Master, Product Owner. Aber was bedeutet das karrieremäßig? Bin ich als Scrum Master für immer Scrum Master? Kann ich noch Line Manager werden?“ Der HR-Chef sagt: „Gute Frage. Ich habe da eine Idee.“ Er entwickelt gemeinsam mit seinen Spezialisten ein Karrieremodell für agile Rollen. Das wird mit dem Vorstand abgestimmt. Das wird kommuniziert. Problem gelöst. Das geht im Transformation Team in einen Sprint Review als Lieferung ein: „Wir haben ein Karrieremodell für Scrum Master und Product Owner entwickelt und veröffentlicht.“ Das ist konkret. Das ist messbar. Das ist Wert.

Aber manchmal ist ein Problem zu komplex für das Transformationsteam. Zu spezialisiert. Zu zeitintensiv. Dann gründet das Transformationsteam eine **Fokusgruppe**. Im Spotify-Modell würde man das eine „Gilde“ nennen – eine Community of Practice, die sich um ein spezifisches Thema kümmert. Etienne Wenger hat in seiner Theorie der Communities of Practice gezeigt, dass solche Gruppen sehr effektiv sind, um Wissen zu teilen und Probleme zu lösen, die mehrere Teams betreffen. Eine Fokusgruppe ist genau das: Eine Gruppe von Menschen, die sich freiwillig zusammenfinden, um ein spezifisches Problem zu lösen.

Zum Beispiel: Mehrere Pilot-Teams stoßen auf das gleiche Problem mit dem Deployment-Prozess. Der Prozess dauert zu lange. Er ist fehleranfällig. Er erfordert manuelle Freigaben von drei verschiedenen Abteilungen. Das Transformationsteam erkennt: Das ist ein strukturelles Problem. Das betrifft nicht nur ein Team. Das betrifft alle. Das zu lösen erfordert technische Expertise, die im Transformationsteam nicht vorhanden ist. Also gründet das Transformationsteam eine Fokusgruppe „CI/CD-Pipeline“. Entwickler aus verschiedenen Pilot-Teams. Ein DevOps-Engineer. Jemand aus der IT-Security. Vielleicht jemand aus Compliance, weil die Freigabeprozesse ursprünglich aus Compliance-Gründen eingeführt wurden. Diese Fokusgruppe arbeitet – hoffentlich – auch mit agilen Frameworks. Sie definiert ein Ziel. Sie macht einen Plan. Sie iteriert. Nach – sagen wir – sechs Wochen liefern sie eine Lösung zurück ans Transformationsteam: „Wir haben eine CI/CD-Pipeline aufgesetzt. Wir haben einen automatisierten Deployment-Prozess entwickelt. Wir haben mit Compliance gesprochen und eine Lösung gefunden, die sowohl schnell als auch compliant ist.“

Das Transformationsteam nimmt diese Lösung, testet sie mit den Pilot-Teams, verfeinert sie, und dann wird sie in der Organisation institutionalisiert. Sie wird zum neuen Standard. Plötzlich haben alle Teams einen schnelleren Deployment-Prozess. Das ist keine theoretische Verbesserung. Das ist messbar. Das ist Wert. Das ist konkrete organisationale Veränderung.

Das Transformationsteam selbst arbeitet in Sprints. Es liefert. Es macht Reviews. Es macht Retrospektiven. Genau wie jedes andere Scrum-Team. Im ersten Sprint könnte die Lieferung sein: „Wir haben die ersten Trainingsmaßnahmen durchgeführt. Wir haben die ersten Stellenangebote veröffentlicht. Wir haben das erste Pilot-Team gestartet.“ Das ist konkret. Das kann man zeigen. Das kann man messen. Im zweiten Sprint: „Wir haben die ersten Impediments aus dem Pilot-Team dokumentiert. Wir haben eine Fokusgruppe für Deployment gegründet. Wir haben ein zweites Pilot-Team gestartet.“ Wieder konkret. Wieder messbar.

Das ist der entscheidende Unterschied zu klassischen Change-Programmen. Klassische Change-Programme haben einen Projektplan. Sie haben Meilensteine. „Phase 1: Analyse, drei Monate. Phase 2: Design, drei Monate. Phase 3: Implementierung, sechs Monate.“ Aber sie liefern nichts, bis Phase 3 abgeschlossen ist. Das Transformationsteam liefert alle zwei bis vier Wochen. Kleine Inkremente. Sichtbare Fortschritte. Vor allem: Es lernt. Nach jedem Sprint macht das Transformationsteam eine Retrospektive. Was hat funktioniert? Was nicht? Was müssen wir anpassen? Das ist agiles Change- Management in Aktion. So wird eine Transformation systematisch on-the-fly gestaltet, ohne in die Falle der Big-Bang-Transformation zu tappen.

Aber jetzt muss ich etwas Wichtiges hinzufügen, das in der Praxis oft übersehen wird. Ich habe oben geschrieben, dass Transformationen heutzutage seltener sind. Das stimmt. Große, offizielle Change-Programme mit Sponsoren aus dem Vorstand, mit Budget, mit dedizierten Rollen – die gibt es weniger.

Aber das bedeutet nicht, dass keine Transformation stattfindet. Im Gegenteil. Transformation findet ständig statt. Nur oft nicht offiziell. Oft nicht von oben angeordnet. Oft nicht als „Transformationsprogramm“ bezeichnet. Sondern organisch. Von unten. Durch Menschen, die einfach anfangen, anders zu arbeiten.

Stell dir folgende Situation vor: Eine Organisation hat vor drei Jahren „agil" eingeführt. Es gab ein großes Kick-off. Es gab Trainings. Es gab ein offizielles Transformationsteam. Jetzt, drei Jahre später, sagt das Management: „Mission accomplished. Wir sind agil. Das Transformationsteam wird aufgelöst. Die HR-Hubs werden abgeschafft. Die agilen Coaches, die wir extern eingekauft haben, werden nicht verlängert." Die Begründung: „Wir brauchen das nicht mehr. Wir haben jetzt Scrum Master in den Teams. Die wissen, was zu tun ist." Das klingt logisch. Das klingt nach gesundem Sparwillen. Aber es ist ein Fehler. Denn die Transformation ist nicht vorbei. Sie hat gerade erst angefangen.

Was passiert in solchen Organisationen? Die Scrum Master bleiben. Die agilen Teams bleiben. Die Product Owner bleiben. *Aber die Koordination verschwindet*. Die systematische Arbeit an strukturellen Problemen hört auf. Jeder Scrum Master kämpft für sein eigenes Team. Jeder löst die gleichen Probleme immer wieder neu. Niemand arbeitet mehr an den systemischen Dysfunktionalitäten. Die Organisation fällt zurück. Langsam. Unmerklich. Aber unaufhaltsam. Ich habe das in dutzende Organisationen gesehen. Organisationen, die denken, sie wären „fertig" mit der Transformation, und dann zwei Jahre später feststellen: Wir sind wieder genau da, wo wir angefangen haben.

Aber es gibt eine Lösung. Eine Lösung, die nicht darauf wartet, dass das Management ein offizielles Transformationsteam gründet. Eine Lösung, die von den Menschen kommt, die bereits agil arbeiten. Die Scrum Master. Die agilen Coaches. Die Product Owner. Diese Menschen könnten sich selbst als Transformationsteam verstehen. Nicht offiziell. Nicht mit einem formalen Mandat. Aber faktisch. Sie können sich zusammentun. Sie könnten sich regelmäßig treffen – sagen wir, alle vier Wochen. Sie könnten sich austauschen: Was beobachten wir in unseren Teams? Welche Probleme tauchen immer wieder auf? Welche strukturellen Impediments blockieren mehrere Teams? Dann könnten sie anfangen, systematisch daran zu arbeiten.

Dieser Gedanke ist nicht neu. Das ist ein Muster, das in der Forschung gut dokumentiert ist. Michael Beer und seine Kollegen haben bereits 1990 in ihrem berühmten Harvard Business Review Artikel „Why Change Programs Don't Produce Change" gezeigt, dass die erfolgreichsten Veränderungsinitiativen nicht top-down kommen, sondern bottom-up. Sie nannten es „task alignment" – *Menschen, die konkret an operativen Problemen arbeiten, entwickeln Lösungen, die dann in der Organisation verbreitet werden.* Richard Pascale hat das in seinem Buch The Power of Positive Deviance weiter ausgeführt: Die wirkungsvollsten Veränderungen kommen von „positiven Abweichlern" – Menschen, die bereits anders arbeiten und deren Erfolg andere inspiriert.

Genau das ist ein *selbstorganisiertes* Transformationsteam. Eine Gruppe von Scrum Mastern, die sich treffen und sagen: „Wir sind hier die positiven Abweichler. Wir arbeiten anders. Unsere Teams arbeiten anders. Aber wir stoßen alle an die gleichen Grenzen. Lass uns gemeinsam daran arbeiten, diese Grenzen zu verschieben." Sie haben kein offizielles Mandat. Sie haben kein Budget. Sie haben keine formale Macht. Aber sie haben etwas anderes: Sie haben Legitimität. Sie sind nah an der Arbeit. Sie sehen die Probleme jeden Tag. Sie wissen, was funktioniert und was nicht. Das gibt ihnen eine Art von Autorität, die kein Vorstandsbeschluss geben kann.

Wie funktioniert das konkret? Diese Scrum Master treffen sich. Sie bringen ihre Beobachtungen mit. „Mein Team wartet seit drei Wochen auf einen Datenbankzugang." „Mein Team auch." „Meines auch." Okay, das ist kein Einzelfall. Das ist ein strukturelles Problem. Sie dokumentieren es. Sie erstellen ein gemeinsames Backlog – ich würde es ein „organisatorisches Impediment-Backlog" nennen. Oder, wenn man so will, ein informelles Transformation-Backlog. Sie überlegen: Was können wir tun? Wer kann helfen? Wer hat Kontakt zum IT-Manager, der die Datenbankzugänge freigeben muss?

Vielleicht kann einer der Scrum Master ein Gespräch organisieren. Vielleicht können sie gemeinsam ein Dokument erstellen, das zeigt: Fünf Teams sind betroffen. Das kostet uns zusammen 15 Personentage pro Monat. Das ist messbar. Das ist nicht jammern. Das ist evidenzbasiert. Mit dieser Evidenz gehen sie zum IT-Manager. Nicht als Bittsteller. Sondern als professionelle Problemlöser. „Wir haben ein strukturelles Problem identifiziert. Wir haben eine Lösung vorgeschlagen. Können wir das gemeinsam umsetzen?" Das ist Bottom-up-Transformation. Das ist Grassroots-Change.

Ist das genauso effektiv wie ein offizielles, vom Management etabliertes Transformationsteam? Nein. Natürlich nicht. Ein offizielles Team hat mehr Macht. Es hat direkten Zugang zum Vorstand. Es hat Budget. Es kann schneller Entscheidungen treffen. Es kann größere Hebel bewegen. Aber ein selbstorganisiertes Transformationsteam ist besser als nichts. Viel besser. Es ist ein erster Schritt in die richtige Richtung. Es hat einen entscheidenden Vorteil: Es bringt Scrum Master dazu, aus ihrer Team-internen Perspektive auszubrechen. Statt nur für ihr eigenes Team zu kämpfen, fangen sie an, die Organisation als Ganzes zu sehen. Statt nur Symptome zu behandeln, fangen sie an, Ursachen zu adressieren.

Karl Weick und Robert Quinn haben in ihrer Arbeit über organisationalen Wandel zwischen zwei Arten von Change unterschieden: „episodic change" und „continuous change". Episodic change ist das, was wir als klassische Transformation kennen – große, geplante, diskontinuierliche Veränderung. Continuous change ist das, was ständig passiert – kleine, organische, kumulative Anpassungen. Sie argumentieren, dass continuous change oft unterschätzt wird, aber langfristig wirksamer ist. Ein selbstorganisiertes Transformationsteam ist genau das: continuous change. Kleine, stetige Verbesserungen. Keine Revolution. Sondern Evolution.

Lass mich ein konkretes Beispiel geben, das profan klingt, aber fundamental ist. In vielen Organisationen gibt es eine absurde Doppelung: Teams haben einen Team-Lead und einen Scrum Master. Der Team-Lead ist die offizielle Führungskraft. Der Scrum Master ist der „agile Prozessbegleiter". Dann wundert man sich, warum es nicht funktioniert. Der Team-Lead hat die Personalverantwortung, aber der Scrum Master soll den Prozess führen. Der Team-Lead macht die Zielvereinbarungen, aber der Scrum Master moderiert die Retrospektiven. Das ist verwirrend. Das ist ineffizient. Das ist dysfunktional. Oft ist der Scrum Master nicht mal für ein Team zuständig, sondern für zwei bis vier Teams gleichzeitig. Wie soll das funktionieren?

Jetzt stell dir vor: Die Scrum Master einer Organisation setzen sich zusammen. Sie identifizieren dieses Problem. Sie sagen: „Das ist absurd. Wir müssen das ändern." Sie entwickeln Lösungsoptionen.

Option 1: Wir machen aus den Team-Leads Scrum Master. Sie behalten ihre Personalverantwortung, aber sie arbeiten nach Scrum-Prinzipien. Ob sie dann offiziell „Scrum Master" heißen oder weiterhin „Team-Lead" – das ist egal. Die Rolle ist entscheidend, nicht der Titel.

Option 2: Wir machen aus den Scrum Mastern Team-Leads. Sie bekommen Personalverantwortung. Sie bekommen ein Team – nicht vier. Sie führen dieses Team. Das ist sauberer. Das ist klarer.

Option 3: Wir schaffen die Team-Leads ab. Die Teams führen sich selbst. Der Scrum Master moderiert. Keine Personalverantwortung mehr in klassischem Sinne.

Welche Option ist die richtige? Das hängt von der Organisation ab. Aber wichtig ist: Diese Frage wird gestellt. Diese Diskussion wird geführt. Dann gehen die Scrum Master zu den Managern ihrer Fachbereiche. Nicht einzeln. Gemeinsam. „Wir haben ein strukturelles Problem identifiziert. Wir haben mögliche Lösungen durchdacht. Können wir das gemeinsam diskutieren?" Das ist nicht Rebellion. Das ist professionelle Initiative. Das ist, was agile Führung bedeutet: Probleme erkennen, Lösungen vorschlagen, Veränderung initiieren.

Der Mechanismus, den ich beschrieben habe – Transformationsteam, Pilot-Teams, Fokusgruppen – funktioniert auch hier. Nur dass das Transformationsteam eben nicht offiziell ist. Nur dass es keine dedizierten Rollen gibt. Nur dass alles etwas langsamer geht, etwas fragmentierter ist, etwas mehr Überzeugungsarbeit braucht. Aber es funktioniert. Ich habe es gesehen. In Unternehmen, in denen das Management die Transformation für beendet erklärt hatte. Wo die offiziellen Programme eingestellt wurden. Aber dort, wo eine Gruppe von Scrum Mastern einfach weitergemacht hat. Sich weiter getroffen hat. Weiter Probleme identifiziert hat. Weiter Lösungen entwickelt hat. Nach zwei, drei Jahren stellte das Management fest: „Moment, hier passiert etwas. Hier verändert sich etwas." Dann – manchmal – sagen sie: „Vielleicht sollten wir das doch wieder offiziell unterstützen."

Das ist der Weg. This is the way – um es mit den Mandalorianern zu sagen. In der Star-Wars-Serie „The Mandalorian" ist dieser Satz mehr als eine Floskel. Er ist ein Glaubensbekenntnis. Eine Lebensweise. Eine Identität. Die Mandalorianer folgen einem Kodex, nicht weil jemand es ihnen befiehlt, sondern weil sie daran glauben. Weil sie wissen, dass dieser Weg funktioniert. Weil sie ihn leben, nicht nur befolgen.

So verstehe ich agile Transformation. Es ist kein Prozess, den man implementiert. Es ist eine Überzeugung, die man lebt. Nicht entweder top-down oder bottom-up. Sondern beides. Manchmal fängt es oben an. Manchmal fängt es unten an. Manchmal trifft sich beides in der Mitte. Aber entscheidend ist: Es fängt an. Irgendjemand muss den ersten Schritt machen – wie ein Mandalorianer, der allein in die Wüste geht, weil er weiß, dass es der richtige Weg ist. Wenn das Management diesen Schritt nicht macht, dann müssen es die Scrum Master machen. Dann müssen sie sich selbst als Transformationsteam verstehen. Informell. Selbstorganisiert. Bottom-up. Es ist nicht perfekt. Aber es ist besser als zu warten. Besser als zu hoffen. Besser als zu resignieren.

Das 6D-Assessment

Als ich mich vor einigen Jahren damit beschäftigte, ein Skalierungs-Framework zu entwickeln, merkte ich, dass ich mich instinktiv dagegen wehrte. Ich wollte kein weiteres Skalierungs-Framework schreiben. Warum? Weil ich der Meinung war – und bin –, dass sie alle nicht funktionieren. Ich war geimpft. Jan Bosch hatte mir 2009 bei einer Konferenz in Recife erklärt, dass man nicht über Prozesse skalieren kann.

Das saß. Dann sah ich später all diese Frameworks – SAFe, LeSS, Nexus, Scrum@Scale – entstehen, und ich dachte: Das ist der falsche Ansatz. Das versucht, Komplexität durch mehr Prozess zu bändigen. Aber Organisationen funktionieren nicht so.

Trotzdem schrieb ich dann 2018 das Buch Scrum Think Big. Nicht, weil ich meine Meinung geändert hatte. Sondern weil ich verstanden hatte, was das eigentliche Problem ist. Große Projekte – oder besser: große Organisationseinheiten – müssen sich auf verschiedenen Ebenen ihrer Organisation verändern. Nicht nur auf der Prozessebene. Nicht nur auf der Teamebene. Sondern auf allen Ebenen gleichzeitig. Das wurde das 6D-Modell, das wir im vorherigen Kapitel besprochen haben. Dieses Modell war nicht nur eine theoretische Konstruktion. Es wurde ein Werkzeug. Ein Diagnosewerkzeug. Ein Assessment-Tool. Das 6D-Assessment.

Ich erinnere mich noch, wie wir es das allererste Mal eingesetzt haben. 2019, eine sehr starke, sehr rigide Institution – eine große deutsche Versicherung. Sie hatten bereits zwei Jahre „agil" gemacht. Sie hatten SAFe eingeführt. Sie hatten Scrum Master trainiert. Sie hatten Product Owner ernannt. Trotzdem: Nichts bewegte sich. Die Teams lieferten nicht schneller. Die Produkte waren nicht besser. Die Organisation war frustriert. Der Vorstand fragte: „Warum funktioniert das nicht?" Niemand hatte eine Antwort. Also kamen wir ins Spiel.

Wir begannen mit Interviews. Einfache Fragen. „Was hindert euch daran, schneller zu liefern?" „Was sind die wiederkehrenden Probleme?" „Wenn ihr eine Sache verändern könntet, was wäre das?" Wir sprachen mit Teams. Mit Scrum Mastern. Mit Product Ownern. Mit Managern. Mit dem Vorstand. Wir hörten zu. Nicht, um zu rechtfertigen. Nicht, um zu verteidigen. Sondern einfach, um zu verstehen. Was wir hörten, war aufschlussreich. Nicht, weil es überraschend war. Sondern weil es ein Muster zeigte. Ein klares, eindeutiges Muster über alle sechs Ebenen hinweg.

Chris Argyris und Donald Schön haben in ihrer Arbeit über organisationales Lernen zwischen „espoused theory" und „theory-in-use" unterschieden – zwischen dem, was

Organisationen sagen, dass sie tun, und dem, was sie tatsächlich tun. Das 6D-Assessment macht genau das sichtbar: die Lücke zwischen dem, was die Organisation behauptet zu sein (agil, kundenzentriert, selbstorganisiert) und dem, was sie tatsächlich ist. Edgar Schein hat in seinem Klassiker Organizational Culture and Leadership beschrieben, wie man organisationale Kultur diagnostiziert: durch Beobachtung, durch Interviews, durch die Analyse von Artefakten und Verhaltensweisen. Das 6D-Assessment folgt diesem Ansatz – nur dass wir nicht nur Kultur diagnostizieren, sondern die gesamte Organisation über alle sechs Ebenen hinweg.

Man kann das 6D-Assessment als Selbsttest machen. Man kann sich einfach hinsetzen – als Führungskraft, als Scrum Master, als agiler Coach – und die Fragen durchgehen. Aber man kann es auch systematisch machen. Als strukturiertes Assessment mit Interviews, Workshops, Retrospektiven, Beobachtungen. Lass mich zeigen, wie das funktioniert, indem ich die sechs Ebenen durchgehe und die entscheidenden Fragen stelle.

Ebene 1: **Führung**. Die erste Frage ist einfach: Haben die Führungskräfte die agilen Werte verstanden? Nicht oberflächlich. Nicht als Lippenbekenntnis. Sondern wirklich verstanden, was es bedeutet, Fokus zu leben. Was es bedeutet, Commitment zu ermöglichen. Was es bedeutet, Selbstorganisation zuzulassen. Ich frage in Interviews: „Was bedeutet für Sie Fokus?“ Dann höre ich zu. Manche Manager sagen: „Fokus bedeutet, dass die Teams konzentriert arbeiten.“ Okay, das ist ein Anfang. Aber dann frage ich weiter: „Wie viele Projekte hat Ihr bestes Team gerade gleichzeitig laufen?“ Dann kommt es: „Äh, drei. Vielleicht vier.“ Das ist kein Fokus. Das ist Multitasking. Oder ich frage: „Was haben Sie als Führungskraft in den letzten drei Monaten geliefert?“ Stille. „Geliefert?“ „Ja, was war Ihr Output? Was können Sie zeigen?“ Oft gibt es keine Antwort. Manager denken nicht in Lieferungen. Sie denken in Meetings, in Entscheidungen, in Freigaben. Aber das ist kein agiles Arbeiten. Weiter: Leben die Führungskräfte psychologische Sicherheit? Amy Edmondson hat gezeigt, dass psychologische Sicherheit die Grundlage für Lernen und Innovation in Teams ist. Ich frage Teams: „Könnt ihr eurem Manager sagen, wenn etwas nicht funktioniert?“ „Könnt ihr Fehler zugeben, ohne Konsequenzen zu fürchten?“ Die Antworten sind oft entlarvend. „Naja, es kommt darauf an.“ „Manchmal.“ „Bei kleinen Sachen schon.“ Das ist keine psychologische Sicherheit. Das ist vorsichtiges Taktieren. In einem Umfeld, in dem Menschen taktieren, statt ehrlich zu sein, kann keine echte Veränderung stattfinden.

Ebene 2: **Agile Management-Frameworks**. Die zweite Frage: Welche Frameworks haben wir im Einsatz? Werden sie gelebt? Oder sind wir im „Scrum-But“-Modus? Jeff Sutherland hat diesen Begriff geprägt: „We do Scrum, but…“ – wir machen Scrum, aber wir lassen die Retrospektive weg, wir haben keine echten Product Owner, wir können nicht alle zwei Wochen liefern. Ich frage Teams: „Macht ihr Sprint Reviews?“ „Ja.“ „Mit wem?“ „Mit dem Product Owner.“ „Mit Stakeholdern?“ „Äh, manchmal.“ „Mit echten Kunden?“ Stille. Das ist Scrum-But. Oder ich frage: „Wie viele User Stories schafft ihr pro Sprint?“ „Das ist schwer zu sagen. Wir haben selten etwas fertig.“ „Warum?“ „Weil wir immer auf andere warten.“ Das ist ein klares Zeichen: Das Framework funktioniert nicht, weil die Organisation es nicht zulässt. Oder noch interessanter: Haben wir einen wilden, wuchernden agilen Garten? Jedes Team macht, was es für richtig hält. Ein Team macht Scrum. Ein anderes macht Kanban. Ein drittes macht irgendetwas, das sie „agil" nennen, das aber eigentlich Wasserfall mit Stand-ups ist. Mike Cohn nennt das „agile chaos" – jeder macht etwas anderes, aber niemand ist aligned. Das Ergebnis: Wir haben agile Frameworks implementiert, aber wir liefern trotzdem nicht schneller. Wir haben alle leeren Zeremonien, aber keine Resultate. Dann ist etwas fundamental falsch. Dann sind die Frameworks nicht das Problem – die Organisation ist das Problem.

Ebene 3: **Produktentwicklung**. Die dritte Frage: Liefern wir wirklich user-zentriert? Oder tun wir nur so? Ich frage Product Owner: „Wann hast du das letzte Mal mit einem echten User gesprochen?" Die Antwort ist oft: „Äh, wir haben regelmäßige Meetings mit den Fachabteilungen." Das ist keine User-Zentrierung. Das ist Stille Post. Ich frage weiter: „Wann war das letzte Mal ein User im Sprint Review?" Stille. „Haben wir User-Tests?" „Naja, das macht die QA-Abteilung." Nein. QA ist nicht der User. QA testet, ob das System funktioniert. Aber nicht, ob es das richtige System ist. Steve Blank hat in The Four Steps to the Epiphany den berühmten Satz geprägt: „Get out of the building" – raus aus dem Büro, rein zu den Kunden. Wenn Product Owner nicht draußen sind, wenn Teams nicht mit echten Usern sprechen, dann entwickeln sie nicht user-zentriert. Sie entwickeln anforderungszentriert. Sie bauen, was im Lastenheft steht. Nicht, was der Kunde braucht. Leben wir Design Thinking? Nicht als Lippenbekenntnis. Sondern wirklich. Iterieren wir? Prototypen wir? Testen wir früh? Oder planen wir immer noch alles vor? Ich frage: „Wie lange dauert es von einer Idee bis zum ersten Prototyp?" Wenn die Antwort länger als zwei Wochen ist, dann machen wir kein Design Thinking. Dann machen wir Planung. Wie oft liefern wir neue Produkte? Oder leben wir von den alten Produkten? Das ist eine entscheidende Frage. Organisationen, die nicht kontinuierlich neue Wertversprechen entwickeln, sterben. Langsam. Aber sicher. Clayton Christensen hat das in The Innovator's Dilemma beschrieben: Erfolgreiche Unternehmen scheitern, weil sie sich auf ihre bestehenden Produkte fokussieren und die disruptiven Innovationen übersehen.

Ebene 4: **Skills**. Die vierte Frage: Haben unsere Leute die Fähigkeiten, die sie brauchen? Das ist eine heikle Frage. Denn Menschen sagen natürlich, dass sie ihren Job beherrschen. Was sollen sie auch anderes ihren Führungskräften gegenüber sagen? Aber de facto – und ich habe das Hunderte Male gesehen – ist der Gap zwischen dem, was draußen am Markt existiert, und dem, was in der Firma umgesetzt wird, nicht nur klaffend, sondern leider sehr groß.

Neue Technologien. Neue Frameworks. Neue Praktiken. Fehlanzeige. Sie existieren – oft sogar schon in der einen Ecke des Unternehmens. Aber sie werden nicht überall genutzt. Warum? Weil niemand sie den Menschen beigebracht hat. Weil niemand Zeit für Lernen einräumt. Weil „Wir haben keine Zeit für Training" vor allem bei den Führungskräften die Standardantwort ist. Paradox. Aber Realität.

Ich frage: „Macht ihr Pair Programming?" „Äh, manchmal." „Mob Programming?" „Was ist das?" „Test-driven Development?" „Naja, wir schreiben Tests, aber erst nach dem Code." Das ist nicht TDD. Das ist sich selbst in die Tasche lügen. Mit professionellem Arbeiten hat das nichts zu tun. Denn der Unterschied ist fundamental. Kent Beck hat in Test Driven Development: By Example gezeigt, dass TDD nicht nur eine Technik ist, um besseren Code zu schreiben, sondern eine Art zu denken. Aber dieses Denken muss man erlernen. Das muss man üben. Das braucht Zeit. Wenn die Organisation diese Zeit nicht gibt, dann fehlen die Skills. Dann scheitern alle anderen Ebenen auch.

Man kann keine agile Produktentwicklung machen, wenn die Entwickler die Skills nicht haben, iterativ und inkrementell zu entwickeln. Man kann keine kurzen Zyklen liefern, wenn das Team nicht weiß, wie man Code refactored, wie man automatisiert testet, wie man kontinuierlich integriert. Haben wir Mechanismen in Place, die uns helfen, Skills zu verbessern? Communities of Practice? Coding Dojos? Hackathons? Zeit für Lernen?

Etienne Wenger hat gezeigt, dass Lernen am effektivsten in Communities passiert – durch Austausch, durch gemeinsames Problemlösen, durch Mentoring. Wenn eine Organisation solche Strukturen nicht hat, dann stagnieren die Skills. Dann stagniert die Organisation. Und ja – ich habe das jetzt exemplarisch für die Softwareentwicklung gezeigt – doch es ist in allen, in *allen* Bereichen so – egal wo man hinschaut, überall wird von modernen Technologien, Werkzeugen, Infrastrukturen kein Gebrauch gemacht – weil die Menschen sie gar nicht beherrschen.

Ebene 5: **Prozesse und Infrastruktur**. Die fünfte Frage: Wie sind unsere Prozesse? Wo entstehen sie? Sind es End-to-End-Prozesse? Oder brechen sie ab? Ich frage: „Wie lange dauert es von einem Commit bis zum Deployment in Production?" Die Antwort ist oft: „Drei Wochen." „Warum?" „Weil wir drei Freigabestufen haben, und jede braucht eine Woche." Das ist kein agiler Prozess. Das ist ein Kontrollprozess. Gene Kim hat in The Phoenix Project gezeigt, wie dysfunktionale IT-Prozesse Organisationen lähmen – und wie DevOps-Praktiken diese Probleme lösen können. Continuous Integration. Continuous Deployment. Automatisierte Tests. Das sind nicht nur technische Themen. Das sind organisatorische Entscheidungen. Entscheidungen darüber, was wichtiger ist: Kontrolle oder Geschwindigkeit. Welche Infrastruktur haben wir? Haben wir die Tools, die Teams brauchen? Können Entwickler selbstorganisiert arbeiten? Oder sind sie abhängig von anderen – im Sinne von Prozess, im Sinne von Tool-Landschaft? Ich frage: „Könnt ihr selbst eure Entwicklungsumgebung aufsetzen?" „Äh, nein, das muss die IT-Abteilung machen." „Wie lange dauert das?" „Zwei Wochen. Manchmal einen Monat." Das ist absurd. Das ist, als würde man einem Handwerker sagen: „Du darfst arbeiten, aber du darfst dein Werkzeug nicht selbst auswählen, und wenn du ein neues Werkzeug brauchst, musst du vier Wochen warten." Niemand würde so arbeiten wollen. Aber genau so arbeiten viele Entwicklungsteams. Es gibt Organisationen, die dieses Thema zu ihrem absoluten USP gemacht haben. Amazon. Ihre Logistikkette ist die bestfunktionierende der Welt. Apple.

Ihre Supply Chain ist legendär. Das sind keine Zufälle. Das sind bewusste, strategische Investitionen in Prozesse und Infrastruktur. Jeff Bezos hat Amazon von Anfang an auf zwei Prinzipien aufgebaut: Customer Obsession und Operational Excellence. Prozesse sind nicht Bürokratie. Prozesse sind Enabler. Wenn sie gut sind. Wenn sie schlecht sind, sind sie die Blocker.

Ebene 6: **Architektur**. Die sechste und letzte Frage: Wie ist unsere Architektur? Wie sind wir aufgestellt? Haben wir Microservices? Oder einen Monolithen? Arbeiten wir mit modernen Technologien? Oder sind wir technisch veraltet? Welche Lieferanten haben wir? Welche Abhängigkeiten? Das sind keine rein technischen Fragen. Das sind strategische Fragen. Denn die Architektur bestimmt, was möglich ist. Martin Fowler und James Lewis haben in ihrem berühmten Artikel über Microservices geschrieben:

> *„Any organization that designs a system will produce a design whose structure is a copy of the organization's communication structure" – Conway's Law.*[2]

Das bedeutet: Wenn deine Architektur ein Monolith ist, dann ist deine Organisation ein Monolith. Wenn deine Architektur aus Silos besteht, dann besteht deine Organisation aus Silos. Die Architektur ist nicht nur ein technisches Problem. Sie ist ein Organisationsproblem.

Jetzt kommt der entscheidende Punkt: Diese sechs Ebenen sind nicht unabhängig. Sie beeinflussen sich gegenseitig. Sie sind rekursiv. Sie sind zirkulär. Peter Senge hat in The Fifth Discipline über „systems thinking" geschrieben – die Fähigkeit, Organisationen als vernetzte Systeme zu verstehen, in denen jede Veränderung auf einer Ebene Auswirkungen auf alle anderen Ebenen hat. Das 6D-Modell ist genau das: ein Systemmodell. Die Architektur hat Auswirkungen darauf, welche Skills eine Organisation braucht. Die Skills haben Auswirkungen darauf, ob wir unsere Produktentwicklung entsprechend bedienen können. Die Prozesse haben Auswirkungen darauf, ob wir Produktentwicklung anders gestalten können. Die Führung hat Auswirkungen darauf, ob wir gewisse Dinge überhaupt ansprechen dürfen, machen dürfen, welche Kultur herrscht, ob wir psychologische Sicherheit haben.

Es ist ein Netz. Ein Spinnennetz. Zieht man an einem Faden, bewegen sich alle anderen mit. Das macht die Diagnose komplex. Aber es macht sie auch kraftvoll. Denn wenn man versteht, wie die Ebenen zusammenhängen, dann kann man gezielt intervenieren. Dann kann man sagen: „Okay, unser größtes Problem ist auf der Architekturebene. Silos. Aber um die Silos aufzulösen, brauchen wir Unterstützung auf der Führungsebene, und wir brauchen neue Skills auf der Entwicklerebene, und wir brauchen neue Prozesse auf der Infrastrukturebene." Das ist keine lineare Planung. Das ist systemisches Denken.

Wie macht man jetzt ein 6D-Assessment konkret? Es gibt drei Hauptmethoden: Interviews, Workshops und Beobachtung. Interviews sind der Einstieg. Man spricht mit einer repräsentativen Gruppe von Menschen – aus allen Hierarchieebenen, aus verschie-

[2] Ja, ich weiß, ich habe es in diesem Buch schon öfter erwähnt. Es ist derart wichtig, es kann nicht oft genug betont werden.

denen Abteilungen, aus verschiedenen Rollen. Man stellt offene Fragen. Man hört zu. Man macht Notizen. Workshops sind der nächste Schritt. Man bringt Menschen zusammen. Man visualisiert die sechs Ebenen. Man fragt: „Wo stehen wir auf jeder Ebene? Was funktioniert? Was nicht?" Man nutzt Techniken wie Dot Voting, um Prioritäten zu identifizieren. Man diskutiert. Man dokumentiert. Beobachtung ist der dritte Schritt. Man schaut sich an, wie Menschen tatsächlich arbeiten. Nicht, was sie sagen, dass sie tun. Sondern was sie wirklich tun. Man sitzt in Sprint Plannings. Man beobachtet Dailies. Man schaut, wie Entscheidungen getroffen werden. Man sieht, wo die Reibung ist.

Dann kategorisiert man die Daten. Man sortiert die Probleme nach den sechs Ebenen: Führung, Skills, Architektur. Man erstellt eine Matrix, visualisiert – und beginnt, Muster zu erkennen. Vielleicht stellt man fest: 80 Prozent der Probleme hängen an der Architekturebene. Silos. Abhängigkeiten. Das ist dann der Hebel. Das ist, wo man anfangen muss. Oder man stellt fest: Es ist nicht eine Ebene. Es sind drei. Führung, Skills, Prozesse. Dann braucht man eine koordinierte Intervention auf allen drei Ebenen gleichzeitig.

Das 6D-Assessment ist kein einmaliges Ereignis. Es ist ein kontinuierlicher Prozess. Man macht es am Anfang einer Transformation. Man macht es nach sechs Monaten wieder. Man vergleicht. Hat sich etwas verändert? Sind die Probleme die gleichen? Oder haben sie sich verschoben? Das ist der empirische Ansatz. Das ist Inspektion und Adaption auf organisationaler Ebene. Genau wie Scrum auf Team-Ebene empirisch arbeitet, arbeitet das 6D-Assessment auf Organisationsebene empirisch. Man beobachtet. Man lernt. Man passt an.

In der Versicherung, die ich vorhin erwähnt habe, haben wir nach dem ersten Assessment einen klaren Plan entwickelt. Nicht einen Masterplan für die nächsten zwei Jahre. Sondern eine Hypothese für die nächsten drei Monate. „Wir glauben, das größte Problem sind die Abteilungssilos. Wenn wir cross-funktionale Teams bilden, dann können Teams schneller liefern." Das war die Hypothese. Wir haben sie getestet. Mit zwei Pilot-Teams. Nach drei Monaten haben wir evaluiert. Ja, die Teams lieferten schneller. Nicht perfekt. Aber besser. Dann haben wir das Assessment wiederholt. Neue Probleme wurden sichtbar. Skills. Die Teams hatten nicht die Fähigkeiten, vollständig autonom zu arbeiten. Also war das der nächste Fokus. So funktioniert systematische organisationale Diagnose. Nicht durch ein einmaliges Assessment. Sondern durch kontinuierliches Beobachten, Lernen, Anpassen.

Das 6D-Assessment ist das Werkzeug, das dem Transformationsteam sagt: Hier müsst ihr arbeiten. Das ist der Hebel. Das ist die Priorität. Ohne Assessment ist Transformation blindes Herumstochern. Mit Assessment ist es evidenzbasierte Intervention. Genau das brauchen wir.

Die sechs Ebenen aus Sicht des Transformationsteams

Wie löst man jetzt diese Probleme konkret? Das Transformationsteam hat das 6D-Assessment gemacht. Es weiß, wo die Probleme liegen. Aber wie geht es weiter? Wie arbeitet man an sechs Ebenen gleichzeitig, ohne sich zu verzetteln? Die Antwort ist einfach: Man fängt an. Man tut. Man liefert. Das Transformationsteam ist kein Think-Tank, der Konzepte schreibt. Es ist ein Delivery-Team. Es arbeitet in Sprints. Es liefert Ergebnisse. Es lernt. Es passt an.

Aber ich muss ehrlich sein: Das dauert Jahre. Vor allem ohne Superpower vom Vorstand. Satya Nadella hat bei Microsoft gezeigt, wie es mit voller Executive-Unterstützung aussieht. Als er 2014 CEO wurde, war die Kultur giftig – intern nannte man es „cutthroat culture". Nadella wusste: Bevor wir Prozesse ändern, müssen wir die Kultur ändern. Er arbeitete intensiv mit seinem Senior Leadership Team – etwa 12 bis 15 Topführungskräfte, seine „Legion of Superheroes". Nicht einmal im Quartal. Sondern kontinuierlich. Sie diskutierten nicht über Quartalszahlen. Sie diskutierten über Kultur, Werte, Führung. Über das „Growth Mindset" von Carol Dweck – die Überzeugung, dass Fähigkeiten entwickelt werden können. Nadella sagte: „Wir müssen von Know-it-alls zu Learn-it-alls werden."

Zusätzlich veränderte er die jährlichen Retreats mit den etwa 150 obersten Führungskräften radikal. Er lud Gründer von akquirierten Startups ein, auch wenn sie hierarchisch „nicht qualifiziert" waren. Er organisierte Kundenbesuche während der Retreats. *Er zwang die Top-Führung, ihre Blase zu verlassen.* Das war sein Transformationsansatz. Mit voller CEO-Power. Selbst dann dauerte es Jahre.

Die meisten von uns haben diese Power nicht. Die meisten müssen kämpfen, überzeugen, kleine Erfolge feiern, Rückschläge einstecken, weitermachen. Deshalb müssen wir pragmatisch sein. Dort anfangen, wo wir den größten Hebel sehen.

Wenn ich in den letzten 20 Jahren gefragt wurde „Wie fangen wir an?", habe ich immer das gleiche gesagt: Lasst uns mit drei Projekten anfangen. Drei strategisch ausgewählte Pilot-Projekte, die uns unterschiedliche Dinge lehren.

Das erste Projekt ist das **„Learning Project"**. Ein kleines, abgekapseltes Team. Wenige Abhängigkeiten. Klares Ziel. Dieses Team lernt die agilen Praktiken. Es ist der sichere Raum, der Sandkasten. Es zeigt: „Seht her, es geht. Es funktioniert." Everett Rogers hat über „Early Adopters" geschrieben – die ersten, deren Erfolg andere inspiriert. In skeptischen Organisationen ist ein sichtbarer Erfolg Gold wert. Er durchbricht die Skepsis. John Kotter nennt das in seinem 8-Schritte-Modell „Generate Short-Term Wins" – schaffe schnelle, sichtbare Erfolge.

Das zweite Projekt ist das **„Complexity Project"**. Ein Team mit vielen Abhängigkeiten, vielen Schnittstellen, vielen Koordinationsnotwendigkeiten. Hier stoßen wir an Organisationsgrenzen. Hier werden Dysfunktionalitäten sichtbar. Hier lernen wir, wo die Silos sind, wo Prozesse blockieren, wo die Architektur nicht passt. Ich gehe davon aus, dass wir massiv unterstützen müssen, und dass wir wahrscheinlich partiell scheitern werden. Aber genau das ist der Punkt. Karl Weick: „How can I know what I think until I see what I say?" Wie kann ich wissen, wo die Probleme sind, bis ich versuche, sie zu lösen? Das Complexity Project macht strukturelle Impediments sichtbar. Jedes Warten, jede Abhängigkeit, jeder blockierende Prozess – das sind Einträge ins Transformation-Backlog.

Das dritte Projekt ist das „**High-Stakes Project**“. Ein Projekt, das sehr wichtig ist für den Vorstand. Für die Strategie. Für das Business. Hier dürfen wir alles tun, solange wir erfolgreich sind. Wir haben politische Unterstützung, Ressourcen, die Erlaubnis für radikale Veränderungen. Ich hatte mehrere Male in meiner agilen Karriere solche „High-Stakes Projects“ zu leiten. Mir wurde zugehört, Organisationen ließen Dinge zu, die sonst undenkbar gewesen wäre. Das High-Stakes Project ist der Big Win. Es zeigt, dass agil auch bei kritischen Projekten funktioniert. Es überzeugt Skeptiker. Es baut Vertrauen auf. In meinem Fall änderte es das Denken in den Organisationen radikal.

Diese drei Projekte geben uns unterschiedliche Perspektiven.

Learning zeigt, dass es grundsätzlich funktioniert.

Complexity zeigt, wo strukturelle Probleme liegen.

High-Stakes zeigt, was mit echter Unterstützung möglich ist.

Während wir diese Projekte durchführen, arbeiten wir parallel an den sechs Ebenen. Nicht nacheinander. Sondern gleichzeitig.

Was Transformationsteams auf keinen Fall tun sollten: Die nächste Hypothese schreiben, das nächste Konzept entwickeln, die nächste PowerPoint über das, was man ändern müsste. Sie sollten tun. Dieses Tun ist ein lernendes Tun. David Kolb hat beschrieben, wie Lernen funktioniert: durch Erfahrung, Reflexion, Konzeptbildung, Experimentieren. Das Transformationsteam durchläuft diesen Zyklus kontinuierlich. Es arbeitet mit Pilot-Teams (Erfahrung). Es macht Retrospektiven (Reflexion). Es entwickelt Hypothesen (Konzeptbildung). Es testet diese Hypothesen (Experimentieren). Das ist kein linearer Prozess. Das ist Lernen durch Tun.

Aber alles, was das Transformationsteam entwickelt, muss produktiv gemacht werden. Es muss im Business ankommen. Es muss Wert schaffen. Sonst versandet die Transformation in „agilem Business-Theater“. Ich habe davon zu viele gesehen. Organisationen, die hohle Meetings eingeführt haben, alle Rollen, alle Artefakte. Aber die nicht schneller liefern, nicht besser, nicht kundenorientierter. Sie spielen Scrum. Sie leben es nicht.

Steve Denning: „Many firms say they are doing Agile. Few are being Agile.“

Der Unterschied ist fundamental. „Doing Agile“ ist das Befolgen von Praktiken. „Being Agile“ ist das Leben von Prinzipien. Der Unterschied zeigt sich am Output. Liefern wir schneller? Sind unsere Produkte besser? Sind Kunden zufriedener? Verdienen wir mehr Geld? Wenn nein, ist es Theater.

Viele würden sagen: „Das liegt daran, dass agil nicht das ist, was Berater versprochen haben.“ Ich behaupte: Es ging nie um das Versprechen, dass alles einfacher wird. Das Versprechen war: Wir machen Dysfunktionalitäten sichtbar. Wir zwingen die Organisation, sich selbst in den Spiegel zu schauen. Wenn ihr bereit seid, an den Dysfunktionalitäten zu arbeiten, werdet ihr schneller, besser, kundenorientierter. Aber wenn ihr nur die Oberfläche ändert – Meetings, Rollen, Artefakte – ohne die Strukturen anzugehen, wird nichts passieren. Genau das ist passiert in zu vielen Organisationen. Deshalb ist agil „verrufen". Nicht weil es nicht funktioniert. Sondern weil nicht ernsthaft versucht wurde, die Organisation funktional umzubauen.

Die Zahlen sind ernüchternd. Eine Studie der Boston Consulting Group zeigt, dass etwa 70 Prozent aller agilen Transformationen ihre Ziele nicht erreichen. TransformXperience geht noch weiter: 84 Prozent der großen Unternehmen geben ihre Agile-Programme innerhalb von 18 Monaten auf oder verlieren die Dynamik. Jeff Sutherland, Co-Erfinder von Scrum, verweist auf die Chaos-Report-Daten der Standish Group: Fast die Hälfte aller Projekte sind verspätet, über Budget oder liefern unzufriedene Kunden. Und das MIT Sloan Management Review berichtet, dass 67 Prozent der gescheiterten Transformationen terminal enden – die Unternehmen gehen bankrott oder werden übernommen.

Das sind keine abstrakten Statistiken. Das sind reale Organisationen mit realen Menschen, die gescheitert sind. Aber warum? Was sind die **Warnsignale**, die zeigen, dass eine Transformation in die falsche Richtung läuft?

Das erste Warnsignal ist das, was ich *„die Illusion der Agilität"* nenne. BCG hat das treffend formuliert: Viele Organisationen „operate under the illusion of agility" – sie haben alle Rituale, alle Rollen, alle Artefakte. Sie machen Daily Stand-ups. Sie haben Sprint Reviews. Sie nennen ihre Projektmanager „Scrum Master". Aber nichts Fundamentales hat sich geändert. Die Kultur ist dieselbe. Die Entscheidungswege sind dieselben. Die Silos sind dieselben. Das ist Cargo Cult – man kopiert die äußere Form, ohne den Inhalt zu verstehen.

Das zweite Warnsignal ist *abwesende Führung*. Prof. Kotter sagt, er habe noch nie eine langfristig erfolgreiche agile Transformation mit „Waterfall Leadership" gesehen. Führungskräfte, die eine Transformation anstoßen und sich dann zurückziehen, die delegieren statt zu partizipieren, die sponsern statt zu führen – das ist ein sicheres Rezept für Scheitern. Bei Telstra in Australien hat CEO David Thodey das Gegenteil gezeigt: Er wurde selbst zum Vorbild für kundenzentriertes und agiles Verhalten, ging persönlich Risiken ein und ermutigte zu neuen Ideen. Das Ergebnis war eine der erfolgreichsten Transformationen im Telekommunikationssektor.

Das dritte Warnsignal ist das *„Change Sandwich"* – das mittlere Management, das zwischen Begeisterung auf Teamebene und allgemeiner Unterstützung auf Executive-Ebene eingeklemmt ist. Ohne klare Guidance von oben fühlt sich diese Schicht isoliert und gräbt sich ein, um zu überleben. Gallup-Studien zeigen, dass Manager für etwa 70 Prozent der Varianz im Teamengagement verantwortlich sind. Wenn diese Gruppe unsicher oder ausgeschlossen ist, stagniert die gesamte Transformation.

Das vierte Warnsignal ist der *Verlust psychologischer Sicherheit*. Wenn Retrospektiven zu Performance-Reviews werden. Wenn Menschen aufhören, ehrlich zu sein. Wenn Fehler bestraft werden, statt als Lernchancen gesehen zu werden. Dann stirbt Innovation. Dann hören Teams auf, Risiken einzugehen. Dann hören Führungskräfte auf, die Wahrheit zu hören.

Das fünfte Warnsignal – und hier muss ich zuerst etwas sagen, das manche überraschen wird. Jeder, der mich kennt, weiß, dass ich nicht der große Fan von SAFe bin. Aber SAFe kommt mit einer klaren Idee, die ich für richtig halte: dem LACE-Team – dem Lean Agile Center of Excellence. SAFe sagt explizit: In einer Transformation braucht ihr jemanden, der sich darum kümmert. Eine dedizierte Instanz. Das ist korrekt. Ich habe solche LACE-Teams in einigen großen Konzernen kennengelernt. Wahnsinnig erfahrene Menschen saßen da. Menschen mit Herzblut. Menschen, die wirklich etwas verändern wollten.

Aber hier beginnt das Problem. *Diese LACE-Teams (was ja nichts anderes als Transformationsteams sind) gehören fast nie zur Aufbauorganisation.* Sie haben keinen direkten Draht zur Geschäftsleitung. Im Gegensatz zu klassischen Karrierepfaden, wo man irgendwann Abteilungsleiter wird und damit automatisch Zugang zum Management hat, gehören diese Teams oft zu irgendeiner Stabsstelle – häufig HR – die sich „um die Transformation kümmern soll". Damit ist aus meiner Sicht bereits der erste strukturelle Fehler eingebaut. Das Unternehmen signalisiert: Transformation ist etwas, das man nebenbei macht. Etwas, das die entsprechenden Leute schon erledigen werden. Aber eine Transition – ich habe es vorhin noch mal erklärt – betrifft das gesamte Unternehmen. Das ist nichts, was man „nebenher" macht. Digitale Transformation ist Chefsache, das sagen alle. Agile Transformation? Offenbar nicht. Dabei geht es um genau dasselbe: *die Organisation fit machen für eine Zukunft, die wir nicht vorhersagen können.*

Der sechste strukturelle Fehler ist noch gravierender: *Transformationsteams sind chronisch understaffed.* Ich erinnere mich an die Anfangszeiten, als ein großes deutsches Telekom-Unternehmen um 2008 eine agile Transformation begann – und wir das Glück hatten, sie ein Stück weit zu unterstützen und den einen oder anderen Coach stellen zu dürfen. Dort wurde es anders gemacht. Mit hoher Management-Attention. Mit viel Verständnis dafür, dass das einen echten Aufwand darstellt. Da wurden dann sehr viele Coaches ausgebildet und eingestellt. Das war ein signifikantes Investment. Ich war als externer Partner Teil dieses Transformationsteams – das hieß damals noch nicht Transformationsteam, das hieß ganz einfach „agiles Coaching-Team". Aber es hatte die kritische Masse, um wirklich etwas zu bewegen.

Gerade neulich hat mir ein Teilnehmer in einem Training erzählt, dass sein Kollege bei diesem Unternehmen gesagt hat: „Wir arbeiten heute komplett agil." Ob das wirklich „komplett" ist, kann ich nicht beurteilen. Aber ich kann beurteilen, dass damals der richtige Ansatz gewählt wurde. Die Erkenntnis war: Das ist eine Transformation. Die kostet Arbeitszeit. Die kostet am Ende des Tages auch Geld. Wer glaubt, Transformation mit einem Team von drei Leuten für 5000 Mitarbeiter machen zu können, der hat nicht verstanden, worum es geht.

ING in den Niederlanden hat das verstanden. Als sie 2015 ihre Transformation starteten, stellten sie sich zwei entscheidende Fragen: „Why agile? What's the broader purpose?" und „What are you willing to give up?" Bart Schlatmann, damals COO, sagte in einem McKinsey-Interview: „We gave up traditional hierarchy, formal meetings, over-engineering, detailed planning, and excessive input steering in exchange for empowered teams, informal networks, and output steering.“ Das ist der Unterschied. ING hat nicht einfach Scrum-Buzzwords eingeführt. Sie haben fundamentale Teile ihrer bisherigen Arbeitsweise aufgegeben. Sie haben fünf Board-Offsites investiert, um die neue Organisation zu designen. Sie haben mit fünf bis sechs Pilot-Squads begonnen und aus den Erfahrungen gelernt. Das ist echte Transformation. Das ist der Grund, warum ING heute als eine der erfolgreichsten agilen Transformationen in der Bankenbranche gilt.

Das Transformationsteam hat eine Mission: Dysfunktionalitäten systematisch angehen. Auf allen sechs Ebenen arbeiten. Gleichzeitig. Systematisch. Evidenzbasiert. Lernend.

Lass mich konkret werden mit Beispielen aus der Praxis – anonymisiert, aber real.

Ebene 1: Führung. Eine große Bank. Die Führungskräfte sagen, sie wollen Selbstorganisation. Aber sie lassen nicht los. Jede Entscheidung muss durch sie getroffen werden. Das Transformationsteam organisiert einen Workshop mit 15 Führungskräften. Sie zeigen Daten: „Eure Teams warten durchschnittlich 5 Tage pro Sprint auf eure Entscheidung. Das sind 50 % der Sprint-Kapazität.“ Schock. Dann die Frage: „Was würde passieren, wenn Teams diese Entscheidungen selbst treffen?“ Die Führungskräfte haben Angst. „Sie könnten Fehler machen.“ „Ja“, sagt das Transformationsteam. „Und dann lernen sie.“ Sie pilotieren: Ein Team darf drei Monate lang alle operativen Entscheidungen selbst treffen. Keine Freigaben. Ergebnis: Das Team liefert 40 % mehr. Es macht Fehler. Aber es lernt. Die Führungskräfte lernen: Loslassen funktioniert. Das wird zum neuen Standard. Die Führungsrolle ändert sich von „Entscheider“ zu „Enabler“.

Ebene 2: Agile Frameworks. Ein Versicherer. Jedes Team macht „sein“ Agile. Ein Team Scrum, ein anderes Kanban, ein drittes irgendetwas Hybrides. Die Koordination zwischen Teams ist Chaos. Das Transformationsteam macht ein Assessment: 80 % der Probleme entstehen aus Koordination. Sie schlagen Flight Levels vor. Eine einheitliche Visualisierung über alle Teams. Sie pilotieren mit drei Teams. Nach zwei Monaten ist klar: Die Visualisierung macht Bottlenecks sichtbar. Teams koordinieren besser. Das wird ausgerollt auf 20 Teams.

Ebene 3: Produktentwicklung. Ein Automobilzulieferer. Product Owner sprechen nie mit echten Kunden. Sie sprechen mit dem Vertrieb. Der Vertrieb interpretiert. Das Ergebnis: Features, die niemand braucht. Das Transformationsteam organisiert User-Besuche. Product Owner fahren zu Werkstätten. Sie schauen zu, wie Mechaniker ihre Software nutzen. Sie sehen die Frustration. „Warum fünf Klicks? Es sollte einer sein.“ Das öffnet Augen. Sie ändern den Prozess: Jeden Sprint muss mindestens ein Teammitglied mit einem echten User sprechen. Das wird zur Regel.

Ebene 4: Skills. Ein Software-Unternehmen. Die Entwickler können kein Test-Driven Development. Sie schreiben Tests nachträglich. Das führt zu fragiler Software. Das Transformationsteam organisiert Coding Dojos. Einmal pro Woche. Freiwillig. Am Anfang kommen fünf Leute. Nach drei Monaten 30. Die Qualität steigt. Die Zahl der Bugs sinkt. Das wird institutionalisiert: 20 % der Arbeitszeit für Lernen.

Ebene 5: Infrastruktur. Eine Retail-Firma. Das Deployment dauert drei Wochen. Drei Freigabestufen. Alles manuell. Das Transformationsteam gründet eine Fokusgruppe „CI/CD". Entwickler, DevOps, Compliance. Sechs Wochen. Sie bauen eine Pipeline. Automatisiert. Mit eingebauten Compliance-Checks. Ergebnis: Das Deployment dauert jetzt zwei Stunden. Teams können mehrfach pro Woche releasen.

Ebene 6: Architektur. Ein Telekommunikationsunternehmen. Monolithische Architektur. Jede Änderung betrifft alle. Teams können nicht autonom arbeiten. Das Transformationsteam schlägt Microservices vor. Nicht als Big Bang. Sondern schrittweise. Sie identifizieren ein Modul, das entkoppelt werden kann. Sie pilotieren. Nach vier Monaten steht der erste Microservice. Autonom deploybar. Das Team kann jetzt unabhängig liefern. Das wird zum Muster. Über zwei Jahre werden zehn Services ausgekoppelt.

Das sind reale Interventionen. Sie zeigen: Man muss auf allen Ebenen arbeiten. Nicht nacheinander. Sondern parallel. Weil die Ebenen zusammenhängen. Weil eine Veränderung auf einer Ebene Veränderungen auf anderen ermöglicht – oder erfordert. Weil organisationale Transformation systemisch ist, nicht linear.

Das Transformationsteam ist der Orchestrator dieser Arbeit. Es identifiziert Probleme. Es priorisiert. Es startet Initiativen. Es begleitet Pilot-Teams. Es gründet Fokusgruppen. Es liefert Ergebnisse. Es lernt. Es passt an. Es arbeitet nie an einer Ebene allein. Es arbeitet immer am System. Das ist der Unterschied zwischen Ad-hoc-Problem-Solving und systematischer Transformation. Das ist der Unterschied zwischen Theater und echter Veränderung.

Agiles Change-Management

Agiles Change-Management ist im wahrsten Sinne des Wortes agil. Ask the Transformation Team, Deliver Change, Reflect – wie erfolgreich waren wir auf den verschiedenen Ebenen? – und dann Repeat. Das Ganze mit einem Transformation Product Owner, der es zusammenhält, einem Transformation Scrum Master, einem Development Team. Das Prinzip: Hypothesen statt Masterpläne. Experimente, Lernen, Anpassen. Iterativ, inkrementell, evidenzbasiert.

In der technokratischen Art und Weise, wie ich Change bis jetzt erklärt habe, fehlt noch etwas Entscheidendes: **die Vision**. Das Transformationsteam muss eine Vision haben. Ich rede nicht vom Purpose – nicht von der abstrakten Idee, dass die Organisation „effektiver" werden soll. Ich rede von einem konkreten Bild, einer fassbaren Vorstellung: Wir wollen diese Organisation agiler machen, damit wir produktiver sind, damit unsere Firma überlebt, damit wir das Infinite Game spielen können. Diese Vision muss definiert und vorhanden sein.

Entscheidend ist – und das ist Satya Nadella gelungen herauszuarbeiten –, dass sie für die Organisation und damit für die Menschen in dieser Organisation nützlich sein muss. Ja, ich habe definiert, dass eine Organisation aus Kommunikation besteht, aber lasst uns keine Haare spalten: Der Nutzen für die Menschen, die in dieser Organisation leben und arbeiten, muss für sie greifbar sein. Bessere Arbeitsbedingungen. Weniger Stress. Mehr Freude am Tun. Höhere Motivation, weil ich fokussiert arbeiten kann. Das muss das eigentliche Ziel sein.

Würde man das als **V2MOM**-Modell aufschreiben – ein Framework, das Marc Benioff bei Salesforce entwickelt hat – dann hätte man als **Vision** vielleicht: Am Ende dieser Transition ist diese Organisation wieder wesentlich anpassungsfähiger am Markt. Wir haben effektivere Produkte für User. Wir haben zufriedenere Kunden. Am Ende des Tages: Die Profitabilität der Organisation hat sich verbessert, trotz der Investitionen in die Transformation. Wir haben sogar einen Return on Investment.

Die **Values** – die Werte – sind: Wir haben mehr Freude am Arbeiten. Wir haben höhere Motivation. Wir wollen definitiv höhere Mitarbeiterzufriedenheit. Wir wollen weniger Krankenstände, weniger Ausfälle. Wir wollen eine Organisation werden, in der Menschen gerne arbeiten.

An dieser Stelle eine persönliche Anmerkung zu meiner eigenen Organisation, borisgloger consulting. Was mir gelungen war – und das haben mir meine Kollegen und Mitarbeiterinnen während der Transformationsphase zu Cassini immer wieder zurückgemeldet – ist, dass wir einen Arbeitsplatz geschaffen hatten, eine Organisation, in der Menschen wirklich ihre Potenziale leben konnten. In der sie gerne da waren. Obwohl es auch mal stressig war und sehr belastend – gerade die letzten anderthalb Jahre waren sehr belastend. Wir mussten leider einige Kolleginnen gehen lassen. Es war dennoch möglich: Unsere Werte in diesen sehr schwierigen Zeiten zu leben und als Einheit zu agieren. Darauf bin ich sehr stolz. Es war unsere Unternehmenskultur, die Menschen angezogen und gehalten hat.

Wenn jetzt dieses Transformationsteam auch noch **Methoden** erarbeitet – Agilität, Transformation, was wir oben schon beschrieben haben – sich die **Obstacles** anschaut, was alles noch nicht geht, und zeigt, welche **Measurements** wir haben, dann haben wir sogar eine Art Fahrplan entwickelt, an dem wir uns entlanghangeln können. Wir haben ein agiles Vorgehensmodell. Das lässt sich dann sogar mit OKRs unterlegen.

Dann kommen viele, viele Initiativen und Möglichkeiten – um all das umzusetzen. Man kann, was ich immer vorschlage, mit **Appreciative Inquiry** arbeiten, um den Change durchzuführen. David Cooperrider und Diana Whitney haben diesen Ansatz in den 1980er-Jahren entwickelt. Die Grundidee: Statt Probleme zu analysieren, *fokussiert man sich auf das, was bereits funktioniert.* Man fragt nicht „Was läuft falsch?“, sondern „Was läuft gut? Wann waren wir am erfolgreichsten? Was können wir von diesen Erfolgen lernen?“ Man entdeckt (Discover), träumt (Dream), gestaltet (Design) und setzt um (Destiny). Das ist kein naives Schönreden. Das ist ein fundamentaler Shift im Mindset. Statt Defizite zu beheben, Stärken ausbauen. Die Forschung zeigt: Organisationen, die so arbeiten, sind motivierter, kreativer, erfolgreicher.

Man kann die **Open Space Technology** anwenden – entwickelt von Harrison Owen. Große Gruppen von Mitarbeitern kommen zusammen. Es gibt kein fixes Programm. Keine vorgegebene Agenda. Stattdessen: „Was sind die wichtigsten Themen, an denen wir arbeiten müssen?“ Die Menschen schreiben ihre Themen auf. Sie bilden Gruppen.

Sie diskutieren. Sie entwickeln Lösungen. Es entsteht echte Beteiligung. Echte Ownership. Ich habe Open Space Events mit 200, 300 Menschen gesehen. Chaotisch? Ja. Produktiv? Unglaublich. Weil die Menschen selbst entscheiden, woran sie arbeiten. Weil niemand ihnen sagt, was wichtig ist. Weil sie ihre eigenen Prioritäten setzen.

Man kann echte Beteiligung herstellen, wie ich es oben schon beschrieben habe – die Veränderung durch die „Contribution" der Menschen, im Mitwirken erreichen. Die Ziele und die Maßnahmen mit ihnen definieren. Sie daran messen, dass sie das auch tun.

Die vielen Methoden und Tools existieren, um das alles umzusetzen. Hier müssen Transformationsteams andere Wege gehen als die klassische Change-Management-Werkzeuge vorschlagen. Die klassische Change-Management-Literatur empfiehlt. Das ist meine feste Überzeugung. Warum? Weil ich so viele Change-Initiativen gesehen habe, die alle noch im Mindset der Planung, des Wasserfalls liefern.

Jemand macht ein Konzept. Man will etwas verändern. Man versucht, Widerstände auszuräumen. Ganz häufig werden Unternehmensberatungen gebeten, das zu tun. Sie schreiben Konzepte, machen vielleicht sogar die operative Betreuung. Am Ende des Tages: viel Geld ausgegeben, nichts bewirkt. Das ist nicht böswillig. Das ist strukturell. Das ist das Ergebnis eines Mindsets, das glaubt, man könne Change planen wie ein Projekt. Man könne einen Masterplan schreiben, diesen ausführen, und dann ist man fertig. Aber Change funktioniert nicht so. Organisationen funktionieren nicht so. Menschen funktionieren nicht so.

Ganz anders kann die Veränderung aussehen, wenn wir, wie vorgeschlagen, vorgehen. Ein Transformationsteam einsetzen, um ins Lernen zu kommen. Diesem Transformationsteam vielleicht auch erst mal die Befähigung geben zu wissen, mit welchen Methoden zu arbeiten ist – Appreciative Inquiry, Open Space, Retrospektiven, Design Thinking, was auch immer passt. Dann die Organisation selbst befähigen, ins Handeln zu kommen. Nicht planen. Handeln. Liefern. Lernen. Anpassen. Das ist agiles Change-Management.

Am Ende – um hier den Abschluss zu finden – geht es nur, wenn das Top-Management dahintersteht. Wenn sie sich selbst mitverändern. Die erfolgreichsten Transformationen – egal ob agil oder nicht agil – haben angefangen, wenn die Top-Führungskräfte sich bewegt haben. Wenn sie eine Task Force eingesetzt haben. Wenn sie angefangen haben, sich selbst als Teil der Veränderung zu begreifen. Nicht als diejenigen, die die Veränderung anordnen. Sondern als diejenigen, die sich selbst verändern müssen.

Das wünsche ich jeder Organisation. Jetzt ist Microsoft nach außen vielleicht der beste Arbeitsplatz des Planeten. Das kann ich nicht beurteilen. Aber ich habe einige Top-Führungskräfte auf Bühnen bei ihren Talks erlebt, und ich habe das Buch von Satya Nadella gelesen, und wenn nur ein Körnchen Wahrheit in dem steckt, was dort geschrieben ist, dann ist dort genau das möglich gewesen, was ich vielen Organisationen wünsche: Der Change fängt von oben an. Die Führung geht voran. Nicht durch Anordnungen. Sondern durch Vorbild.

Oder – und das ist der pragmatische Weg – wenn der Change nicht von oben anfängt, dann müssen die Führungskräfte irgendwann anfangen, durch den Druck ihrer Mitarbeiter:innen mitzumachen. Sich dabei als Teil dieser Veränderung sehen. Nicht als Beobachter. Nicht als Richter. Sondern als Lernende. Als Menschen, die selbst nicht alle Antworten haben, aber bereit sind, gemeinsam mit der Organisation die Antworten zu finden. Dann wird es auch was. Dann funktioniert Transformation. Dann ist es nicht mehr Theater. Dann ist es echter, nachhaltiger, systemischer Wandel.

Das ist der Weg. Das ist, wie Change gelingt. Nicht durch Konzepte. Nicht durch Pläne. Sondern durch Tun, Lernen, Anpassen. Durch Mut, Verletzlichkeit, Bereitschaft zur Veränderung. Durch die Einsicht, dass wir alle – Führungskräfte, Scrum Master, Teams, die gesamte Organisation – gemeinsam lernen müssen. Dass niemand alle Antworten hat. Aber dass wir gemeinsam die richtigen Fragen stellen können. Dass wir, wenn wir diese Fragen ehrlich beantworten und bereit sind, die Konsequenzen zu ziehen, eine Organisation schaffen können, in der Menschen gerne arbeiten, in der sie ihr Potenzial entfalten können, in der sie nicht nur produktiv sind, sondern auch glücklich.

This is the Way.

4.4 Skalierung – Meine Abrechnung mit den Skalierungsframeworks

Wie Skalierungsframeworks funktionieren, ist in Wahrheit unerheblich. Sie zu erklären, das sollen die machen, die glauben, sie wären nützlich. Was ich hier vorhabe, ist eine Abrechnung – eine konstruktive, aber klare Abrechnung mit diesen Skalierungsframeworks.

Der Grund ist einfach: **Die Skalierungsframeworks selbst stellen Dysfunktionalitäten dar.** Sie sind alle entstanden, weil wir Scrum Master und die vielen Manager in Organisationen, lieber mit Workarounds arbeiten, um den Konflikt zu umgehen, statt die eigentlichen Probleme zu lösen.

Das große – leider falsche, aber sehr verführerische – Narrativ dieser Frameworks lautet: Wir haben Abhängigkeiten in Organisationen –, die lassen sich managen.

Aber, machen wir uns bitte nichts vor. Wir müssen nur deshalb Abhängigkeiten prozessual managen, weil wir diese Abhängigkeiten haben – weil wir in Silos arbeiten – und nicht bereit sind, diese Silos aufzulösen.

Den besten Weg, wie wir mit diesen Silos umgehen könnten, haben wir bereits bei General McChrystal gesehen, der neue Kommunikationsstrukturen etabliert hat, anstatt neue Prozesse zu erfinden (McChrystal et al. 2015).

Schauen wir uns trotzdem die Skalierungsframeworks an, die es so gibt. Das wird keine epische Reise erfordern, denn am Ende gibt es momentan aus meiner Sicht drei Modelle oder Vorstellungen, die sich am Markt durchgesetzt haben und die man als Scrum Master kennen sollte.

Einmal das Framework, das große Organisationen bevorzugen – SAFe, das Scaled Agile Framework. Steve Denning, einer der klügsten Köpfe im Agile-Bereich, hatte dazu bereits 2019 in Forbes einen bemerkenswerten Artikel geschrieben. Er stellte fest, dass SAFe vor allem von den ganz großen bürokratischen Organisationen benutzt wird, und nannte es direkt „Fake Agile" – es gebe dem Management einen Freipass, sich agil zu nennen und einfach weiterzumachen wie bisher (Denning 2019).

Dann gibt es LeSS – Large-Scale Scrum – entwickelt von Craig Larman und Bas Vodde (Larman & Vodde 2016). Das sehe ich als den intelligentesten Ansatz, weil er nachweislich funktioniert hat und von Anfang an mit der Idee bricht, dass noch mehr Rollen entwickelt werden müssen – und anerkennt, dass es noch nicht gelungen ist alle Abhängigkeiten zu mitigieren.

Schließlich gibt es das Spotify-Modell mit seinen Squads, Tribes, Chapters und Guilds – das vermutlich am meisten kopierte und am wenigsten verstandene „Framework", das gar keines sein wollte. (Kniberg & Ivarsson 2012).

Nachdem wir das gemacht haben, schauen wir uns an, wie man wirklich skaliert.

Die empirische Realität: Warum Transformationen scheitern

Bevor wir die einzelnen Frameworks betrachten, lohnt sich ein Blick auf die empirische Realität. Die Zahlen sind ernüchternd. Jeff Sutherland, der Miterfinder von Scrum, hat die Standish Group-Daten analysiert: 41,62 Prozent der agilen Projekte sind erfolgreich, 46,92 Prozent werden spät geliefert, über Budget oder mit unzufriedenen Kunden, und 11,46 Prozent scheitern vollständig und liefern überhaupt nichts (Sutherland 2021). Das MIT Sloan Management Review fand heraus, dass 67 Prozent der gescheiterten Transformationen „terminal" enden – die Unternehmen gehen bankrott oder werden aufgekauft (MIT Sloan 2020). (Achtung – das bedeutet: Die Transformation selbst lässt die Unternehmen scheitern.)

Eine systematische Literaturanalyse von Dikert, Paasivaara und Lassenius untersuchte 52 industrielle Fälle von großen agilen Transformationen. Sie identifizierten 35 verschiedene Herausforderungen, gruppiert in neun Kategorien. Die wichtigsten Erfolgsfaktoren waren: Managementunterstützung, die Anpassung des agilen Modells an die eigene Organisation, Training und Coaching sowie – und das ist entscheidend – die richtige Denkweise und Ausrichtung (Dikert, Paasivaara & Lassenius 2016). Eine longitudinale Studie über sieben Organisationen fand heraus, *dass der Widerstand des mittleren Managements der hartnäckigste Risikofaktor war*[3]. Organisationen, die eine „risikobewusste Kultur" entwickelten – psychologische Sicherheit, offene Kommunikation von Unsicherheit und geteilte Verantwortung – hatten 3,5-mal weniger offene Risiken als

---

[3] Wie bei allen Change-Vorhaben. Es ist immer, wirklich immer das Mittlere Management, dass sich querstellt.

jene, die sich nur auf Prozessverbesserung konzentrierten (Challenges and Success Factors 2024).

Was diese Studien zeigen: Das Problem liegt nicht bei den Frameworks selbst. Das Problem liegt tiefer – bei der Kultur, bei der Führung, bei der Unfähigkeit, die eigentlichen organisationalen Dysfunktionalitäten anzugehen.

4.4.1 SAFe – Das Scaled Agile Framework

Ich sitze in einem Konferenzraum bei einem unserer größten Kunden, ein DAX-Konzern mit mehreren tausend Entwicklern. An der Wand hängt dieses gigantische Poster – das „Big Picture", wie sie es nennen. Dutzende Boxen, Hunderte Pfeile, Rollen über Rollen: Release Train Engineers, Solution Train Engineers, System Architects, Portfolio Sync, Value Stream Coordinators, Epic Owners, Business Owners. Ich stehe da und denke: Das ist nicht Agilität. Das ist die Bürokratie in agiler Verkleidung. Das ist Frederick Taylor mit Post-its.

SAFe – das Scaled Agile Framework – ist vermutlich das erfolgreichste Skalierungsframework am Markt, gemessen an der Verbreitung in großen Organisationen. Eine Studie von Laanti und Kettunen aus Finnland bestätigt diese Dominanz: SAFe ist mit Abstand das am häufigsten genutzte Framework für agile Skalierung in Großunternehmen (Laanti & Kettunen 2019). Aber genau das ist das Problem. Der Erfolg von SAFe basiert nicht darauf, dass es funktioniert, sondern darauf, dass es große Organisationen nicht herausfordert, sich zu verändern.

Die wissenschaftliche Evidenz ist ernüchternd. Eine empirische Studie von Beecham, Clear, Lal und Noll untersuchte, inwieweit SAFe tatsächlich Projektrisiken in der globalen Softwareentwicklung adressiert. Das Ergebnis: Obwohl SAFe einige traditionelle Risiken im Umgang mit Usern und Kunden mitigiert, bleiben viele wichtige Risiken bestehen – besonders solche, die mit der verteilten Entwicklung über geografische Grenzen hinweg zusammenhängen. Die Autoren formulieren es diplomatisch: „Several important risks were not eliminated or mitigated" (Beecham et al. 2020). Mit anderen Worten: SAFe verspricht mehr, als es hält.

Tom Geraghty bringt einen weiteren kritischen Punkt: SAFe erzwingt durch seinen Program-Increment-Ansatz eine zeitliche Kopplung von Teams, die oft gar nicht gerechtfertigt ist. Matt Skelton von Team Topologies ergänzt: *Jede Art von erzwungener Kopplung ist ein Antipattern für schnellen Wandel* – und über Conway's Law führt sie wahrscheinlich auch zu architektonischer Kopplung, die ebenso problematisch ist (Geraghty 2023).

Was SAFe im Kern macht, ist: Es nimmt das alte Command-and-Control-Modell der Industrieorganisation und stülpt agile Terminologie darüber. Die Hierarchie bleibt. Die Silos bleiben. Die Abhängigkeiten bleiben. Aber jetzt haben wir vermeintlich einen Prozess, um die Abhängigkeiten zu managen. Wir haben hohle Ceremonies, um die Silos zu koordinieren. Wir haben Rollen, um die Hierarchie zu legitimieren. Das ist, als würde man einem Dinosaurier ein Fahrrad schenken und behaupten, er könne jetzt fliegen.

Ich muss ehrlich sein: Wir haben bei vielen unserer DAX-Konzernkunden in genau diesen SAFe-Rollen gearbeitet. Als Scrum Master in SAFe-Umfeldern. Als Release Train Engineers. Wir haben versucht, das Beste daraus zu machen, haben versucht, innerhalb des Systems Freiräume zu schaffen, haben versucht, die Teams zu schützen vor der Bürokratie, die sich über ihnen auftürmte. Big Room Planning – ich habe das Format selbst mitentwickelt, noch lange bevor es jemand SAFe nannte. Ich weiß, dass es funktionieren kann, wenn man Abhängigkeiten hat und trotzdem versucht, dass die Teams nach dem Pull-Prinzip arbeiten können. Ich habe gesehen, wie kraftvoll es sein kann, wenn hundert Menschen in einem Raum gemeinsam planen, Abhängigkeiten sichtbar machen, sich gegenseitig committen.

Aber – und das ist das Frustrierende – es ist uns nie gelungen, darüber hinaus zu kommen. Es ist uns nie gelungen, unsere Kunden davon zu überzeugen, die eigentlichen Probleme anzugehen. Die strukturellen Probleme. Die organisationalen Dysfunktionalitäten. Die Reaktionen waren vorhersehbar. Kopfschütteln. Skepsis. Manchmal Ablehnung. „Das ist zu radikal." „Das geht bei uns nicht." „Wir sind zu groß, zu komplex, zu reguliert." So blieb SAFe. Und verfestigte sich. Das ist die Tragik dieses Modells: Es zementiert die Abhängigkeiten, anstatt sie abzubauen. Es institutionalisiert die Dysfunktionalitäten, anstatt sie zu bekämpfen.

SAFe erzeugt die größte User-Ferne, die ich je erlebt habe. Es fängt wieder ganz von oben an: Release Managers definieren Roadmaps, Product Managers schreiben Features, Architekten entwerfen Lösungen, Gremien priorisieren Backlogs – und irgendwann, ganz am Ende dieser langen Kette von Übersetzungen und Abstraktionen, landen diese Features bei den Teams, die sie umsetzen sollen. Aber wer hat mit dem User gesprochen? Wer hat das Problem verstanden? SAFe multipliziert Meetings. Das PI Planning ist ein zweitägiges Marathon-Event. Dazu kommen ART Syncs, Scrum of Scrums, Portfolio Reviews, Solution Demos, Inspect & Adapt Workshops. Ich habe Entwickler gesehen, die die Hälfte ihrer Arbeitszeit in SAFe-Meetings verbringen. Das ist nicht Agilität. Das ist Meeting-Theater im industriellen Maßstab.

Der fundamentale Denkfehler hinter SAFe ist: Es wird versucht, Komplexität durch Koordination zu beherrschen, statt durch Reduktion. Anstatt zu fragen: „Warum haben wir so viele Abhängigkeiten zwischen Teams?", fragt SAFe: „Wie können wir diese Abhängigkeiten besser managen?" Es ist Symptombehandlung statt Ursachentherapie. Es ist ein Workaround für organisationale Dysfunktionalitäten, statt diese Dysfunktionalitäten zu bekämpfen.

Das ist Change-Theater in Reinform. SAFe institutionalisiert Hierarchie, multipliziert Meetings und zementiert eine Kultur, in der niemand wagt, die fundamentalen Probleme anzusprechen. Die psychologische Sicherheit, über die wir bereits ausführlich gesprochen haben – jene Voraussetzung dafür, dass Menschen überhaupt Risiken eingehen, Fehler zugeben und ehrlich kommunizieren – wird durch SAFe systematisch untergraben.

LeSS – Large-Scale Scrum

LeSS – Large-Scale Scrum – ist das Gegenteil von SAFe, zumindest in der Ansätzen. Entwickelt von Craig Larman und Bas Vodde, basierend auf ihrer jahrelangen Erfahrung bei Nokia Networks und anderen großen Produktentwicklungen, ist LeSS der Versuch, Scrum wirklich zu skalieren, ohne es zu verwässern (Larman & Vodde 2016). Das Motto von LeSS lautet: „More with LeSS" – mehr Wert mit weniger Komplexität, mehr Flexibilität mit weniger Struktur, mehr Zweck mit weniger Vorschriften.

Der Kern-Unterschied zu SAFe ist radikal: LeSS fügt keine neuen Rollen hinzu. Keine Release Train Engineers, keine Program Managers, keine Portfolio Coordinators. Es gibt einen Product Owner. Einen. Für alle Teams. Bis zu acht Teams können zusammenarbeiten – das ist „LeSS" im engeren Sinne. Ab acht Teams aufwärts gibt es „LeSS Huge", bei dem das Produkt in sogenannte Requirement Areas aufgeteilt wird, jede mit einem Area Product Owner, aber auch hier: keine zusätzlichen Koordinationsrollen, keine zusätzlichen Hierarchieebenen.

Die Grundidee von LeSS ist einfach, aber kraftvoll: Wir synchronisieren die Sprints der einzelnen Teams. Das klingt banal, aber es löst ein fundamentales Problem. Wenn Teams voneinander abhängig sind und ihre Sprint-Plannings zeitversetzt stattfinden, entsteht ein Chaos. Das erste Team committed sich zu Features, bevor das zweite Team überhaupt weiß, ob es liefern kann. Das zweite Team hat vielleicht selbst wieder Abhängigkeiten zum dritten Team. Es entsteht ein unübersichtliches Geflecht von Abhängigkeiten, die zeitlich versetzt sind und deshalb nicht wirklich gemanagt werden können.

Ich erinnere mich noch gut daran – Bas Vodde hatte auf einer Konferenz beiläufig erwähnt, dass man ja theoretisch alle Sprint-Plannings in einem Raum machen könnte. Diese Idee hat mich elektrisiert. Wir haben dann angefangen, diese Big Room Plannings auszuprobieren – lange bevor SAFe sie als „PI Planning" vermarktet hat – und herausgefunden, dass es tatsächlich geht. Man kann bis zu einhundertachtzig Entwickler, ich habe das persönlich so gemacht, in einem Raum gemeinsam synchronisieren lassen. Alle Teams planen gleichzeitig, sehen einander, sprechen miteinander, machen Abhängigkeiten sichtbar, committen sich gegenseitig. Die Energie in so einem Raum ist unglaublich.

Aber LeSS sagt auch: Das ist erst der Anfang. Synchronisation allein reicht nicht. Der nächste Schritt ist, dass die Teams anfangen, als *Feature Teams* zu arbeiten – über die Zeit, nicht sofort, denn sofort geht das in den meisten Architekturen nicht. Aber wenn man es zulässt, wenn man den Teams die Möglichkeit gibt, sich zu entwickeln, dann kristallisiert sich langsam, aber sicher heraus, dass aus diesen Teams echte Feature Teams werden. Teams, die End-to-End-Verantwortung haben, die nicht nur an einer kleinen „Component" arbeiten, sondern ganze Features ausliefern können – vom Frontend bis zum Backend, von der Datenbank bis zur Benutzeroberfläche. Diese Feature Teams, die später im Spotify-Modell „Squads" genannt werden, sind am Ende des Tages dann sogar die organisationalen Vorstufen zu den Microservices.

Das klingt einfach, aber es ist brutal schwierig. Denn LeSS sagt im Grunde: Eure Probleme liegen nicht darin, dass ihr zu wenig Koordination habt, sondern dass ihr zu viele Abhängigkeiten habt. *Löst die Abhängigkeiten, nicht die Koordination.* Wenn der Product Owner überfordert ist, liegt es nicht daran, dass es zu wenig Product Manager gibt, sondern daran, dass die Organisation ihre Produkte nicht klar definiert hat, nicht weiß, was ein Produkt eigentlich ist.

Was implizit in der Idee steckt, nur einen Product Owner für bis zu acht Team zu haben: Die Teams müssen selbst beginnen, sich die User Stories zu schreiben. Sie müssen dichter an die Kunden herankommen, an die User. Sie müssen die Domäne verstehen, nicht nur Features abarbeiten. Man muss zulassen, dass die eigentliche kreative Arbeit in den Teams passiert. Bei SAFe werden die Entwicklungsmannschaften weiterhin als Abarbeitungsmannschaften benutzt. Features kommen von oben, die Teams setzen um.

Versteht ihr die Ironie? Ken Schwaber hat Scrum ursprünglich entwickelt, um gegen Offshoring zu kämpfen. Die klare Erkenntnis war: Wenn die Teams selbst die Intelligenz haben, wenn sie dichter mit den Usern arbeiten können, wenn sie die Domäne direkt verstehen können, dann liefern sie besser und schneller. Scrum sollte das Offshoring ablösen: durch cross-funktionale Teams vor Ort, die direkt mit den Stakeholdern sprechen, die die Probleme verstehen, die kreativ Lösungen entwickeln. Jetzt kommt SAFe und zementiert genau dieses Offshoring-Modell wieder. Die Teams werden zu Execution Units, die Features von oben bekommen und abarbeiten. LeSS versucht, die ursprüngliche Idee zu erhalten.

Ich sehe LeSS als den intellektuell ehrlichsten Ansatz unter den Skalierungsframeworks. Larman und Vodde sagen offen: Skalierung ist schwer. Es gibt keinen einfachen Blueprint. Ihr müsst eure Organisation re-designen. Ihr müsst eure Architektur ändern. Ihr müsst euch von liebgewonnenen Strukturen trennen. In ihrem Buch schreiben sie mit einer Direktheit, die manchem Manager den Schweiß auf die Stirn treibt: „LeSS is Scrum applied to many teams working together on one product" (Larman & Vodde 2016). Ein Produkt. Ein Product Backlog. Ein Sprint für alle Teams. Ein Definition of Done. Ein potenziell auslieferbares Product Increment am Ende jedes Sprints.

Mein Problem mit LeSS ist nicht die Philosophie – die ist brillant. Mein Problem ist die Realität. LeSS verlangt einen Reifegrad, den die wenigsten Organisationen haben. Es verlangt Product Owner, die wirklich befugt sind, Entscheidungen zu treffen, nicht nur Anforderungen weiterzuleiten. Es verlangt Feature Teams, die wirklich cross-funktional sind, nicht nur nominell. Es verlangt eine Architektur, die Unabhängigkeit ermöglicht, nicht Abhängigkeit erzwingt. LeSS ist inkompatibel mit dem Offshoring-Gedanken, zumindest mit der klassischen Variante, bei der günstige Arbeitskräfte anderswo Features abarbeiten, die hier gedacht wurden. Deshalb hat es sich vermutlich nicht so gut durchgesetzt wie SAFe.

Das Spotify-Modell – Die Illusion der Blaupause

Das Spotify-Modell. Squads, Tribes, Chapters, Guilds. Jeder kennt diese Begriffe. Es ist vermutlich das am meisten kopierte und am wenigsten verstandene „Framework" in der agilen Welt. Das Ironische ist: Es war nie als Framework gedacht. Mehr noch: Das Spotify-Modell hat so niemals existiert, wie es verkauft worden ist.

Henrik Kniberg, damals Agile Coach bei Spotify, hat zusammen mit Anders Ivarsson 2012 ein Whitepaper veröffentlicht: „Scaling Agile @ Spotify with Tribes, Squads, Chapters & Guilds“ (Kniberg & Ivarsson 2012). Es war ein Schnappschuss. Eine Momentaufnahme davon, wie Spotify zu diesem Zeitpunkt arbeitete. Kniberg selbst betont immer wieder: Es war nie als Blaupause gedacht, die andere Organisationen kopieren sollten. Es war ein Erfahrungsbericht, nicht mehr. „It's just an example of how one company worked“, sagt er (Kniberg zitiert in ProductSchool 2022). Aber die agile Community hat es trotzdem zu einem Framework erklärt, Beratungsfirmen haben es verkauft, Manager haben versucht, es zu implementieren – und sind dabei meist grandios gescheitert.

Das Entscheidende am Spotify-Modell, der fundamentale Unterschied zu LeSS und SAFe, ist: Es ist kein Prozess-Framework. Es beschreibt nicht, wie man Teams synchronisiert, wie man Dependencies managt, wie man Planning macht. Es ist ein Organisationsstruktur-Blueprint. Ein Bild davon, wie man eine Organisation strukturiert, nachdem man die fundamentalen Probleme bereits gelöst hat. LeSS und SAFe versuchen, mit Prozessen umzugehen, dass Teams noch in Silos arbeiten, noch Abhängigkeiten haben, noch nicht wirklich cross-funktional sind. Spotify zeigt eine Organisation, die diese Probleme bereits hinter sich gelassen hat.

Das Spotify-Modell war erst möglich, nachdem Spotify bereits eine massive technische und organisationale Transformation durchgemacht hatte. Spotify hatte bereits Microservices. Spotify hatte bereits systematisch mit Scrum gearbeitet. Spotify hatte bereits die Architektur verändert, hatte sich Entwicklungsprozesse geschaffen, Tools und Umgebungen gebaut, in denen man so arbeiten konnte. Die Entwickler hatten die Skills, das auch zu nutzen. Wenn ich an meine Pyramide denke – Architektur, Infrastruktur, Produktentwicklung – dann waren die Softwareentwickler bei Spotify auf allen drei Ebenen hochgradig reif und damit kompetent. Erst als all das da war, konnte das Spotify-Modell entstehen. Nicht umgekehrt.

Marcin Floryan, Director of Engineering bei Spotify, hat schon 2014 klargestellt:

> *„We didn't invent this model. Spotify is evolving fast. This article is only a snapshot of our current way of working – a journey in progress, not a journey complete. By the time you read this, things have already changed“ (Floryan zitiert in Schneier 2022).*

Spotify hat sich weiterentwickelt, ist gewachsen, hat sich verändert. Das Management sagt heute, sie benutzen das „Spotify-Modell“ nicht mehr (InfoQ 2016). Es war ein Moment in der Evolution einer Organisation, kein Endpunkt.

Das Problem mit dem Spotify-Modell ist die Illusion, dass man organisationale Agilität durch strukturelle Imitation erreichen kann. Man kann nicht. Spotify hat funktioniert, weil Spotify eine bestimmte Kultur hatte, ein bestimmtes Geschäftsmodell, eine bestimmte Architektur, bestimmte Menschen. Das kann man nicht einfach woanders hinpflanzen. Jeff Sutherland, der Erfinder von Scrum, hat in einem Interview gesagt, Kniberg habe bei Spotify viele Elemente von Scrum@Scale implementiert – sie hätten nur andere Namen benutzt (Sutherland zitiert in Schneier 2022). Die Prinzipien waren nicht neu. Die Verpackung war es.

Wenn ich heute in Beratungsgesprächen das Wort „Spotify-Modell" höre, zucke ich zusammen. Meist bedeutet es, dass jemand eine Abkürzung sucht, einen Blueprint, eine Checkliste. Aber Transformation funktioniert nicht mit Checklisten. Sie funktioniert, indem man die fundamentalen Probleme angeht: Die Silos. Die Abhängigkeiten. Die Angstkultur. Die Kontrollillusion. Squads, Tribes, Chapters und Guilds sind nur Namen. Sie sind nicht die Lösung. Sie sind höchstens Symptome einer Organisation, die ihre eigentlichen Probleme bereits gelöst hat.

Der Kern: Warum alle Skalierungsframeworks das falsche Problem lösen

Martin Heidegger hat in seinem berühmten Essay „Die Frage nach der Technik" einen Satz geschrieben, der mich seit Jahren nicht loslässt:

> *„Das Wesen der Technik ist nichts Technisches" (Heidegger 1954).*

Das Wesen der Technik ist nicht die Maschine, nicht das Werkzeug, nicht der Prozess. Das Wesen der Technik ist die Art, wie wir die Welt sehen und zu ihr in Beziehung treten. Heidegger nannte das „Gestell" – die Art, wie moderne Technik alles zu einer bestellbaren Ressource macht, zu einem „Bestand", der verwaltet, optimiert, ausgebeutet werden kann.

Genau das passiert mit den Skalierungsframeworks. Sie behandeln Menschen wie bestellbare Ressourcen. Sie behandeln Kreativität wie einen optimierbaren Prozess. Sie behandeln Software-, ja Produktentwicklung wie eine Produktionsstraße, auf der Features von oben nach unten durchgereicht werden. Das Wesen des Problems ist nicht technisch – es ist nicht die Frage, wie wir Teams besser koordinieren. *Das Wesen des Problems ist, wie wir über Arbeit, über Menschen, über Organisationen denken.*

Ich gehöre zu den Ersten, die sich mit diesem Thema Agilität beschäftigt haben – nicht der Erste, da waren Hunderte andere, die das gleichzeitig auch gemacht haben, aber ich war dabei, in dieser kleinen Community, die sich 2003 in Salt Lake City auf der ersten Agile Development Conference getroffen hat. Wir waren geprägt von einer Erkenntnis, von einer Frustration, von einem Versprechen.

Ich war damals noch nicht so erfahren, weil ich erst seit einigen Jahren in der Softwareentwicklung gearbeitet hatte, seit 1997. Aber ich hatte bereits etwas vollkommen verinnerlicht: Es gibt Fachkonzepte, und diese Fachkonzepte müssen von Softwareentwicklern oder Produktentwicklern abgewickelt werden. Das war meine Aufgabe. Ich rannte zu den Fachbereichen, sprach mit ihnen, versuchte herauszufinden, was sie eigentlich wollten, übersetzte es, schrieb es auf – in UML-Diagrammen, in Use Cases, später in User Stories – sodass die Softwareentwickler es umsetzen konnten.

Schon im Jahr 2000 fragte ich mich: Warum gelingt das nicht? Der Philosoph in mir wusste, dass ich es prinzipiell nicht aufschreiben kann. Trotz UML-Diagrammen. Trotz Use Cases. Trotz User Stories. Diese Idee, man könnte vorher vollständig spezifizieren, was man bauen will – das hatte uns Ludwig Wittgenstein ja bereits gesagt.

> *„Die Grenzen meiner Sprache bedeuten die Grenzen meiner Welt"*
> *(Wittgenstein 1922, Satz 5.6).*

Man kann nicht alles in Sprache fassen, schon gar nicht die Komplexität eines Systems, das noch nicht existiert, dessen Verhalten in der Welt noch nicht erprobt wurde, dessen Wechselwirkungen mit Usern noch nicht verstanden sind.

Wittgenstein ging noch weiter. In seinen späteren „Philosophischen Untersuchungen" entwickelte er die Idee der „Sprachspiele" – die Erkenntnis, dass Bedeutung nicht in Wörtern liegt, sondern in ihrer Verwendung, in den Praktiken, in denen sie eingebettet sind (vgl. Wittgenstein 1953).

Ein Fachkonzept, das ich aufschreibe, hat eine andere Bedeutung für den Fachbereich, der es sich vorgestellt hat, als für den Entwickler, der es liest. Wir spielen verschiedene Sprachspiele. Deswegen war ich später so fasziniert von der Lösung, die uns Scrum und testgetriebene Entwicklung boten. Sie sagten im Kern: *Liefere mal was, und dann diskutiere über das verstandene Objekt.* Dann entstehen neue Ideen an diesem Objekt. Ich kann es weiterentwickeln, iterieren, das Objekt selbst wird gestaltet, so ähnlich, wie ich mir vorstelle, dass Michelangelo seinen Marmorblock angeschaut hat und sagte: „Ich möchte eine Statue daraus formen." Das Material spricht zurück. Die Skulptur entsteht im Dialog zwischen Künstler und Stein.

Ich habe mal ein Bild geprägt, das viele verstört hat. Ich sagte: Nicht die Software wird von den Softwareentwicklern entwickelt. Bei großen Systemen benutzt doch eigentlich die Software – dadurch, dass sie Defekte produziert, oder nicht so funktioniert, wie das Umfeld es gerne hätte –, die Entwickler um sich selbst zu verbessern. Die Software benutzt quasi ihre Umwelt, um sich selbst zu einem besseren Modell zu entwickeln. Sie benutzt die Softwareentwickler als Tools, als Putzerfische, so ähnlich wie ein großer Wal seine Putzerfische hat, die ihm die Haut säubern. Das eigentliche Subjekt ist die Software, und die Entwickler sind die Helfer, die, wie kleine Droiden, um das Raumschiff Software herumlaufen und dort ununterbrochen Dinge verbessern.

Das klingt absurd, aber wenn man sich diesen Gedanken klarmacht, dann versteht man den Kern dessen, wo die eigentliche Problematik liegt. Alle Skalierungsframeworks – SAFe, LeSS, Spotify, alle – sind aus der Betrachtung der Neunzigerjahre nicht rausgekommen. Wir hatten ein Fachkonzept. Wir wussten, dass man das nicht einfach umsetzen kann, deswegen muss man iterativ und inkrementell liefern. Aber wir haben trotzdem ein Fachkonzept, und wir lassen von diesem Fachkonzept nicht ab. Wir nennen es jetzt Backlog. Wir nennen es Features. Wir nennen es Epics. Doch gehen wir ununterbrochen gedanklich davon aus, dass es da eine Anforderung gibt, die irgendwo da draußen existiert, fertig formuliert, wartend darauf, abgearbeitet zu werden. (Das ist im philosophischen Sinne Plato – der Idealismus.)

Hier kommt Jan Bosch ins Spiel. Bosch, einer der führenden Forscher im Bereich Softwarearchitektur, bringt die Kritik auf den Punkt:

> *„One of my concerns with the Agile paradigm is that it ignores architectural questions, considering them out of scope. Of course, we've compensated for that and added architecture activities, but the challenge remains: the paradigm doesn't provide a constructive way to deal with architecture beyond the principle of fixing it as you go" (Bosch 2024).*

Das ist es. Die agile Bewegung hat die Architekturfrage ausgeblendet. Sie sagen: „Fix it as you go. Refactoring. Technical Debt Management." Aber das funktioniert nur für kleine, reine Softwaresysteme. Bosch weiter:

> *„That principle works for systems that are purely software, but when there are mechanical and electronic components present, it breaks down" (Bosch 2024).*

Es bricht auch zusammen, wenn man über Teams hinaus skalieren will.

Skalieren kann man nicht über Prozesse. Das Problem ist nicht, dass wir nicht genug koordinieren. Das Problem ist, dass wir die falschen Strukturen haben. Die falschen Architekturen. Viele zu starke Kopplungen = Abhängigkeiten. Die Lösung liegt nicht in besseren Koordinationsprozessen. Die Lösung liegt in der Eliminierung der Notwendigkeit zur Koordination. Das geht nur über zwei Wege: über Architektur und über Infrastruktur.

Conway's Law – Die wissenschaftliche Grundlage

Genau da setzt Conway's Law an. Die Einsicht, die Melvin Conway bereits 1968 formuliert hat:

> *„Organizations which design systems are constrained to produce designs which are copies of the communication structures of these organizations" (Conway 1968).*

Wenn eure Organisation in Silos aufgeteilt ist, werdet ihr ein silohaftes System bauen. Die Architektur eures Systems ist das Spiegelbild eurer Organisation.

Diese Beobachtung ist nicht nur eine nette Metapher – sie ist empirisch validiert. Eine wegweisende Studie von MacCormack, Rusnak und Baldwin von der Harvard Business School untersuchte die Korrelation zwischen Organisationsstrukturen und Produktarchitekturen:

> *„Our study provides evidence to support the hypothesis that a product's architecture tends to mirror the structure of the organization within which it is developed" (MacCormack, Rusnak & Baldwin 2012).*

Die Autoren fanden starke Evidenz für die sogenannte „Mirroring Hypothesis" – Produkte spiegeln tatsächlich die Architekturen der Organisationen wider, die sie entwickeln.

Noch konkreter wurde eine Microsoft-Studie von 2008, die Windows Vista als Fallstudie nutzte: „The Influence of Organizational Structure on Software Quality: An Empirical Case Study". Die Forscher entwickelten Metriken, um die organisatorische Komplexität in Relation zum Produktentwicklungsprozess zu quantifizieren. Ihr Ergebnis:

> *„The organizational metrics were statistically significant predictors of failure-proneness" (Nagappan, Murphy & Basili 2008).*

Mit anderen Worten: Die Organisationsstruktur von Microsoft war ein statistisch signifikanter Prädiktor dafür, welche Softwarekomponenten fehlerhaft sein würden. Die Silos im Unternehmen spiegelten sich in den Bugs im Produkt.

Martin Fowler hat Conway's Law auf den Punkt gebracht:

> *„Conway's Law is essentially the observation that the architectures of software systems look remarkably similar to the organization of the development team that built it" (Fowler 2014).*

Wenn ein einzelnes Team einen Compiler schreibt, wird es ein Ein-Pass-Compiler. Wenn das Team in zwei geteilt wird, wird es ein Zwei-Pass-Compiler. Die Struktur der Organisation determiniert die Struktur des Produkts.

Das hat eine revolutionäre Konsequenz: Wenn wir skalieren wollen, weil das Produkt zu umfangreich ist für ein Team mit sieben Personen, dann müssen wir auf zwei Säulen bauen: Architektur und Infrastruktur. Beide sind untrennbar miteinander verbunden. Beide bedingen einander. Beide gelten gleichermaßen für Software wie für Hardware.

Erste Säule: Architektur – Lose Kopplung durch Modularität

Die Prinzipien hat uns Amazon schon 2006 mitgegeben: Die Architektur muss so gestaltet sein, dass Teams unabhängig voneinander arbeiten können. Teams sollten nicht größer sein, als dass man sie mit zwei Pizzen am Abend füttern kann – die berühmte Two-Pizza-Regel. Kein Team darf bei einem Release auf ein anderes Team Rücksicht nehmen müssen (Vogels 2006, 2007). Das ist Loose Coupling – ein architektonisches Prinzip, bei dem die Abhängigkeiten zwischen Modulen minimiert werden. Komponenten sind zwar verbunden, aber nicht stark voneinander abhängig. Änderungen in einem Modul verursachen keine unerwarteten Änderungen in anderen Modulen.

Ein bemerkenswerter Artikel im MIT Sloan Management Review zeigt, wie dieses Prinzip über die Software hinausgeht. Die Autoren Greeven, Yu und Shan beschreiben, wie Haier – der chinesische Haushaltsgerätehersteller – sich als „Schwarm selbstverwaltender Geschäftseinheiten“ organisiert hat:

> *„Haier has some 4000 microenterprises. Each one comprises just 10 to 15 employees and has full autonomy to deliver offerings to other microenterprises and, oftentimes, the final products to end consumers. Instead of being centrally orchestrated, these microenterprises independently interact with one another“ (Greeven, Yu & Shan 2021).*

Die Koordination erfolgt über interne Plattformen in der Cloud, ähnlich einem App Store. Weil jedes Team klein und in sich geschlossen ist, verursacht ein isolierter Fehler keine globale Störung.

Das Betriebssystemprinzip bietet hier eine nützliche Analogie. Ein Betriebssystem stellt grundlegende Dienste bereit – Speicherverwaltung, Prozesssteuerung, Dateisysteme, Netzwerkfunktionen. Anwendungen laufen nicht direkt auf der Hardware, sondern nutzen die vom Betriebssystem bereitgestellten Schnittstellen. Genau so müssen heutzutage Produkte entwickelt werden. McKinsey beschreibt in „Perpetual Evolution“ eine Unternehmensarchitektur, die auf modularen, wiederverwendbaren Business Capabilities basiert. Wie ein Betriebssystem stellt die Unternehmensarchitektur Basisdienste bereit – Zahlungsabwicklung, Kundendaten, Authentifizierung –, die von verschiedenen Produktteams genutzt werden können (McKinsey 2016).

Zweite Säule: Infrastruktur – Die Fähigkeit zur permanenten Integration

Aber Architektur allein reicht nicht. Wir reden immer viel zu viel von Architektur und vergessen die Infrastruktur. Die agile Community hat bereits vor mehr als einem Jahrzehnt herausgearbeitet, dass wir technologische infrastrukturelle Tools brauchen, um so entwickeln zu können. Das Ganze nennt sich DevOps. Leider hat sich DevOps nicht wirklich durchgesetzt, weil es wieder von Entwicklern geschrieben worden ist und das Business glaubt, diese Technologien hätten etwas mit Softwareentwicklung zu tun.

Aber DevOps hat erst einmal gar nichts mit Softwareentwicklung zu tun. DevOps ist die Grundidee, dass Bereiche zusammenarbeiten müssen. Ich hatte das das allererste Mal herausgefunden in der allerersten Entwicklungsmannschaft, mit der ich Agilität ausprobiert habe. Unsere Betriebsmannschaft war von ihren Skills her nicht in der Lage, das umzusetzen, was wir entwickelt hatten. Also warteten wir unsere Software in der Produktion selbst. Dann passierte etwas Faszinierendes: Die Softwareentwickler hatten keine Lust, sich nachts hinzusetzen, wenn irgendetwas nicht mehr funktionierte. Also schrieben sie sich die entsprechenden Tools, damit das automatisiert wurde. **Das war für mich der erste Moment, wo ich verstand, dass Menschen sich ihre Werkzeuge selbst bauen, wenn sie die Fähigkeiten dazu haben.**

Heidegger hat in „Sein und Zeit“ zwischen zwei Arten unterschieden, wie wir mit Dingen umgehen: „Zuhandenheit“ und „Vorhandenheit“ (Heidegger 1927). Ein Hammer ist „zuhanden“, wenn wir ihn benutzen – er verschwindet aus unserem Bewusstsein, wird transparent, eine Erweiterung unserer Hand. Er wird erst „vorhanden“ – sichtbar, problematisch –, wenn er bricht, wenn er nicht funktioniert. Genau das erlebe ich bei guter Infrastruktur: Sie verschwindet, wird transparent, ermöglicht Arbeit, ohne dass wir sie bemerken. Schlechte Infrastruktur hingegen ist ständig „vorhanden“ – sie steht im Weg, erfordert Aufmerksamkeit, wird zum Problem statt zur Lösung.

Das heißt: Skalierung funktioniert nur dann, wenn wir alle die Möglichkeit haben, unsere Software komplett ständig zu integrieren. Wenn wir sie immer wieder zusammenbauen können – Continuous Integration. Das gilt nicht nur für Software. Das gilt auch für Hardwareproduktentwicklung.

Shenzhen – Die zwei Säulen in der Hardware-Welt

Vor einigen Jahren bin ich auf eine Dokumentation gestoßen – ein Film über Shenzhen, diese Stadt im Süden Chinas, die in nur 35 Jahren von einem Fischerdorf mit 300 000 Einwohnern zu einer Metropole mit über 14 Millionen Menschen gewachsen ist. Eine Stadt, die man die „Fabrik der Welt“ nennt, aber das ist viel zu reduziert. Shenzhen ist ein lebendes, atmendes Ökosystem für Hardware-Innovation. Shenzhen zeigt uns, wie beide Säulen – Architektur und Infrastruktur – in der Hardware-Welt zusammenkommen.

Der Film beginnt in einem der Elektronikmärkte – Hua Qiang Bei. Diese Märkte sind keine gewöhnlichen Märkte. Stell dir vor: Hallen voller kleiner Stände, jeder nicht größer als drei, vier Quadratmeter. Jeder Stand hat eine andere Spezialisierung. Einer verkauft nur Schalter – Hunderte verschiedene Arten. Du kannst sie anfassen, fühlen, testen. Ein anderer Stand hat nur Displays. LCD, OLED, E-Paper. Der nächste: Batterien. Microcontroller. Sensoren. Kabel. Gehäuse. Alles, was du brauchst, um ein elektronisches Gerät zu bauen. Nicht im Katalog. Nicht online. Sondern physisch. Zum Anfassen.

Das Faszinierende: Es ist nicht nur ein Showroom. Wenn du den richtigen Schalter gefunden hast, kannst du ihn kaufen. Nicht einen. Tausend. Zehntausend. Sofort. Über den Tresen. Ein Startup aus der Dokumentation erzählt: In der Schweiz hatten sie neun Monate eingeplant, um einen Roboter-Prototypen zu bauen. In Shenzhen haben sie es in drei Monaten geschafft. Ein anderes Team berichtet: Sie können morgens bestellen und am Nachmittag die fertigen Teile abholen.

Was dort passiert, ist keine klassische Massenproduktion. Es ist ein Ökosystem, das auf Modularität basiert. Jeder Stand im Markt ist wie ein Modul in einem großen System. Jeder bietet eine spezifische Funktion an – Displays, Prozessoren, Batterien, Gehäuse – und all diese Module haben standardisierte Schnittstellen. Du kannst sie zusammenstecken wie Lego-Bausteine. Du musst nicht alles selbst entwickeln. Du nimmst, was da ist, kombinierst es, passt es an. Das ist Loose Coupling in der Hardware-Welt. Die Teile sind miteinander verbunden, aber nicht fest gekoppelt. Du kannst einen Prozessor durch einen anderen ersetzen, ohne das ganze Design neu zu machen.

Ein Ingenieur in der Dokumentation wühlt durch Kisten voller Mainboards – Platinen, die aus iPhones ausgebaut wurden, recycelt, wiederaufbereitet. Die Leute dort nehmen diese Chips, löten sie aus, verkaufen sie weiter. Nichts wird verschwendet. Alles wird wiederverwendet. Es ist ein gigantisches Recycling- und Remix-System. Alte Teile werden zu neuen Produkten. Ideen werden kopiert, verbessert, weiterentwickelt.

Aber das ist nur die Architektursäule. Die zweite Säule – die Infrastruktur – ist das, was Shenzhen wirklich besonders macht. Denn Shenzhen hat die Infrastruktur für Continuous Integration in der Hardware-Welt geschaffen. Überall in der Stadt – besonders in den Urban Villages, diesen informellen Siedlungen zwischen den Hochhäusern – gibt es kleine Werkstätten. 3D-Drucker. CNC-Fräsen. Spritzgussmaschinen. Menschen, die wissen, wie man Dinge baut. Du hast eine Idee? Du baust dir einen Prototyp. In einem Tag. Du testest ihn. Funktioniert er? Nein? Dann baust du ihn neu. Noch am selben Tag. Du iterierst. Bis es funktioniert.

Das ist Continuous Integration für Hardware. Das ist die Fähigkeit, permanent zu experimentieren, permanent zu iterieren, permanent zu testen. Ein junger Ingenieur in der Dokumentation erzählt, dass er einen Roboter entwickelt hat und die Pläne veröffentlicht hat. Einfach so. Auf YouTube. Kurz darauf hatte jemand den Roboter nachgebaut. Aus dem Video. Ohne Rücksprache. Der Ingenieur? Er lacht. Er sagt: „Das ist kein Copycat. Das ist ein Fan." Er ist nicht wütend. Er ist stolz. Weil jemand seine Idee so gut fand, dass er sie umgesetzt hat.

Ein Unternehmer dort sagt es so: „In China gibt es keine binäre Trennung zwischen Maker und Startup. Im Westen macht man das so: Als Maker baust du etwas aus Spaß. Wenn du daraus ein Geschäft machen willst, musst du alles vergessen – das Teilen, die Offenheit. Du musst dich auf Geheimhaltung, auf Patente konzentrieren. In Shenzhen ist das anders. Maker und Startup ist ein Kontinuum."

Was Shenzhen uns lehrt, ist fundamental: Skalierung entsteht nicht durch zentrale Planung, nicht durch Prozesse, nicht durch Management-Frameworks. Skalierung entsteht durch ein Ökosystem, das auf zwei Säulen ruht – modulare Architektur und permanente Integration. Wenn beide Säulen stehen, können Teams unabhängig voneinander arbeiten, schnell iterieren, schnell lernen, schnell scheitern, schnell wachsen.

Das ist das Gegenteil von SAFe. SAFe sagt: Wir brauchen Kontrolle, Prozesse, Management, zentrale Planung. Shenzhen sagt: Wir brauchen gar nichts davon. Wir brauchen nur ein Ökosystem, in dem jeder mit jedem Geschäfte machen kann, in dem Information frei fließt, in dem Ideen geteilt werden. Die eigentliche Währung ist nicht die Idee, sondern die Fähigkeit, diese Idee schneller und besser umzusetzen als alle anderen.

4.4.2 Tesla und SpaceX – Die Umkehrung von Conway's Law

Joe Justice, der als Agile-Coach und später Mitarbeiter bei Tesla tätig war, hat detailliert beschrieben, wie Tesla und SpaceX all diese Ideen umsetzen. Justice beschreibt die Unternehmen als Vorreiter eines radikal neuen Betriebsmodells:

> *„Es ist wie die radikalste Kombination aus Open Space Agility, OKRs, Continuous Discovery, Continuous Delivery und Continuous Improvement, die man sich vorstellen kann“ (vgl. Justice 2023).*

Die Fertigung bei Tesla in Fremont vereint Produktdesign, Softwareentwicklung, Motorenbau und Batteriechemie in einem einzigen Gebäude. Diese hohe vertikale Integration führte zu enormen Synergien:

> *„Der Grad der funktionsübergreifenden Zusammenarbeit und der Grad der vertikalen Integration war höher, als GM oder Toyota ihn jemals zuvor oder seither gezeigt haben“ (Justice 2023).*

Justice entwickelte dabei eine Regel, die Conway's Law umkehrt – er nennt sie Joe Justice's Law:

> *„Die Module Ihrer Produkte definieren die Struktur Ihres Unternehmens.“ Das heißt, die Produktarchitektur bestimmt die Organisationsstruktur, nicht umgekehrt (Justice 2023).*

Das ist genau das, was auch in Shenzhen passiert. Die Produktarchitektur – die Modularität, die standardisierten Schnittstellen – bestimmt, wie die Organisation funktioniert. Nicht: Wir haben eine hierarchische Organisation, also bauen wir hierarchische Produkte. Sondern: Wir wollen modulare Produkte bauen, also brauchen wir eine modulare Organisation.

Dazu haben wir, meine Kollegen und ich, einmal die Gelegenheit gehabt mit jemandem zu sprechen, der bei Tesla in der Softwareentwicklung gearbeitet hatte. Er erzählte uns, dass von jedem Auto ein Daten-Klon existiert – ein Digital Twin. Sensoren von Tausenden von Autos streamen kontinuierlich Daten in diese Simulation, wo künstliche Intelligenz feststellt, ob ein Auto wie vorgesehen funktioniert oder Wartung benötigt (vgl. auch: Cloudflight 2025, Kalil 2025). Sie wissen zu jedem Zeitpunkt, was das Auto macht. Sie bekommen den Rückkanal und können darauf reagieren.

Er erklärte uns auch, wie man dort Interfaces designt – ganz anders, als man es klassisch macht. Man lässt die Leute einfach nebeneinander parallel bauen, dann setzt man sie, relativ frühzeitig, zusammen, und man versucht gleichzeitig die Zahl der Interfaces permanent zu minimieren, indem man die verschiedenen Teile wieder integriert. Man baut integrierte Systeme nicht dadurch, dass man monatelang Pläne zeichnet, sondern man entwickelt die Sachen, steckt sie zusammen, schaut, ob es funktioniert – wenn nicht, baut man das Interface noch mal neu. Das ist eine völlig andere Herangehensweise. Eine, die auf permanenter Integration basiert. Leider ein Prinzip, das noch immer in vielen Entwicklungsorganisationen vernachlässigt wird.

Von der Erkenntnis zur Handlung

Wir haben jetzt gesehen, dass echte Skalierung auf der Architektur- und auf der Infrastrukturebene funktioniert. Die Prinzipien sind klar: modulare Architekturen mit losen Kopplungen, Infrastruktur für permanente Integration, Ökosysteme statt Hierarchien. Das ist die Theorie. Was können wir als Scrum Master tun, um Organisationen dabei zu unterstützen, diesen Weg zu gehen?

Natürlich braucht es Menschen, die das Ganze auch können und verstehen. Menschen, die so arbeiten können wie in Shenzhen. Oder bei Tesla, SpaceX. Menschen, die verstehen, dass man in Hunderten von Business Units gemeinsam liefert wie bei Haier oder bei Vinci. Das braucht Fähigkeiten. Sowohl bei den Mitarbeiterinnen und Mitarbeitern als auch bei den Führungskräften. Das braucht ein anderes Verständnis von Arbeit, von Verantwortung, von Zusammenarbeit. Das braucht Zeit. Das braucht Geduld. Das braucht Mut.

Wie fangen wir an? Das geht nur iterativ und inkrementell. Genau wie bei allem anderen auch. Der Management-Framework Scrum sagt uns ja, wir müssen in kurzen Zyklen etwas liefern. Dieses nutzen wir wieder als Diagnosesystem, ob wir das können. Dann schauen wir Prozess für Prozess, Abteilung für Abteilung an, an welchen Stellen wir DevOps-Gedanken umsetzen können. An welchen Stellen wir vielleicht doch schneller integrieren können. Wo wir uns aus einem Pool von Modulen bedienen können, statt alles neu zu erfinden. Wo wir überkommene Vorstellungen darüber, wie Arbeit funktioniert, aufbrechen können.

Ich erinnere mich an ein Projekt, bei dem genau das passiert ist. Wir waren in einem Unternehmen, das Produkte entwickelte, die sowohl Software als auch Hardware umfassten. Irgendwann brauchten wir ein kleines Bauteil – ein Modell, ein Prototyp, nichts Kompliziertes, aber etwas Spezielles. Die übliche Vorgehensweise wäre gewesen: Wir rufen bei der Modellentwicklungsabteilung an. Wir beschreiben, was wir brauchen. Wir schreiben eine Anforderung. Wir warten. Sechs Wochen später kommt das Teil. Vielleicht. Wenn wir Glück haben. Wenn die Modellentwicklungsabteilung gerade Kapazität hat. Wenn wir die Anforderung gut genug beschrieben haben.

Aber wir haben das nicht gemacht. Wir sind einfach runter in den eigenen Keller gegangen. Dort stand eine CNC-Fräse. Einer der Ingenieure aus dem Team wusste, wie man sie bedient. Wir haben uns das Teil, das wir brauchten, einfach selbst gefräst. Am selben Tag. In ein paar Stunden. Es war nicht perfekt. Es war nicht nach allen Regeln der Kunst gemacht. Aber es hat funktioniert. Es hat gereicht für unseren Prototypen.

Wir konnten weiterarbeiten. Wir mussten nicht sechs Wochen warten. Wir mussten nicht durch drei Freigabeschleifen. Wir mussten nicht rechtfertigen, warum wir dieses Teil brauchen.

Das ist es, was ich meine, wenn ich sage: Mut zum Selbermachen. Die Infrastruktur war da. Die CNC-Maschine stand im Keller. Aber niemand hatte sie genutzt, weil alle dachten: „Das ist nicht unser Job. Dafür gibt es die Modellentwicklungsabteilung." Bis wir gesagt haben: „Warum eigentlich nicht? Wir können das doch selbst." Das ist DevOps im Hardware-Bereich. Das ist Continuous Integration im physischen Raum. Das ist das Shenzhen-Prinzip, angewandt in einem deutschen Unternehmen.

Die große Kunst wird dann sein, dass wir Agile Coaches uns wieder an die Führungskräfte wenden und mit ihnen gemeinsam Möglichkeiten finden, diese Organisation schrittweise, langsam, aber sicher umzubauen und damit adaptionsfähiger zu machen. Das ist unsere Aufgabe auch beim Thema Skalieren. Wir müssen mit den Führungskräften sprechen. Wir müssen ihnen zeigen: „Schaut, hier sind die Strukturen, die uns blockieren. Hier sind die Silos, die verhindern, dass wir schnell liefern können." Aber wir dürfen das nicht als Anklage formulieren. Nicht als: „Ihr macht alles falsch." Sondern als Diagnose.

Wenn wir über Skalierung sprechen, müssen wir aufhören, über Frameworks zu reden. SAFe, LeSS, Spotify – das sind Symptombehandlungen. Das sind Versuche, ein kaputtes System durch noch mehr Prozesse zu reparieren. Aber das funktioniert nicht. Was funktioniert, sind die zwei Säulen: Architektur und Infrastruktur.

Architektur bedeutet: Wir brauchen modulare Systeme mit klaren Schnittstellen, lose Kopplung, standardisierte APIs. Systeme, in denen Teams unabhängig voneinander arbeiten können, ohne ständig aufeinander warten zu müssen. Das gilt für Software genauso wie für Hardware.

Infrastruktur bedeutet: Wir brauchen die Fähigkeit zur permanenten Integration. Continuous Integration, Continuous Delivery. Die technologischen Tools, die es ermöglichen, ununterbrochen Dinge zusammenzustecken und zu checken, ob sie funktionieren. In der Software-Welt haben wir das mit DevOps geschaffen. In der Hardware-Welt zeigt uns Shenzhen, wie es geht.

Das ist der Weg. Das ist der einzige Weg, der wirklich funktioniert. Als Scrum Master ist es unsere Aufgabe, diesen Weg zu ebnen. Nicht zu gehen – das müssen die Teams selbst, das muss die Organisation selbst. Aber zu ebnen. Die Steine aus dem Weg zu räumen. Die Hindernisse sichtbar zu machen. Die Möglichkeiten aufzuzeigen. Dann zu vertrauen. Darauf zu vertrauen, dass die Menschen in der Organisation den richtigen Weg finden werden. Wenn wir ihnen den Raum dafür geben. Wenn wir ihnen die Werkzeuge dafür geben. Wenn wir ihnen den Mut dafür geben.

Das ist es, was wir tun können. Das ist es, was wir tun müssen.

Literatur

Argyris, C. & Schön, D.A. (1978). Organizational Learning: A Theory of Action Perspective. Reading: Addison-Wesley.

Baldwin, C.Y. & Clark, K.B. (2000). Design Rules, Vol. 1: The Power of Modularity. Cambridge: MIT Press.

Beck, K. (2002). Test Driven Development: By Example. Boston: Addison-Wesley.

Beecham, S., Clear, T., Lal, R. & Noll, J. (2020). „Do Scaling Agile Frameworks Address Global Software Development Risks? An Empirical Study." Journal of Systems and Software, 171, 110823.

Beer, M., Eisenstat, R.A. & Spector, B. (1990). „Why Change Programs Don't Produce Change." Harvard Business Review, November-December 1990, S. 158 – 166.

Benioff, M. & Langley, M. (2009). Behind the Cloud: The Untold Story of How Salesforce.com Went from Idea to Billion-Dollar Company—and Revolutionized an Industry. San Francisco: Jossey-Bass.

Birkinshaw, J. & Duncan, S. (2016). „Building an agile organisation at ING Bank Netherlands: From Tango to RIO." London Business School Case Study.

Blank, S. (2005). The Four Steps to the Epiphany. Foster City: Cafepress.com.

Bosch, J. (2024). „From Agile to Radical: System and Software Architecture." IEEE Software, 41(1).

Boston Consulting Group. (2020). „The Five Pillars of an Agile Organization." BCG Henderson Institute.

Bridges, W. (2009). Managing Transitions: Making the Most of Change. 3. Auflage. Boston: Da Capo Press.

Christensen, C.M. (1997). The Innovator's Dilemma: When New Technologies Cause Great Firms to Fail. Boston: Harvard Business School Press.

Cloudflight (2025). „Learnings From The Digital Twin's Data Architecture Of Tesla." Blog-Artikel, January 21, 2025.

Cohn, M. (2010). Succeeding with Agile: Software Development Using Scrum. Boston: Addison-Wesley.

Conway's Law & Empirische Studien

Conway, M.E. (1968). „How Do Committees Invent?" Datamation, 14(4), S. 28 – 31.

Cooperrider, D.L. & Whitney, D. (2005). Appreciative Inquiry: A Positive Revolution in Change. San Francisco: Berrett-Koehler Publishers.

Denning, S. (2018). The Age of Agile: How Smart Companies Are Transforming the Way Work Gets Done. New York: AMACOM.

Denning, S. (2019). „Understanding Fake Agile." Forbes, May 23, 2019.

DevOps & Infrastruktur

Doerr, J. (2018). Measure What Matters: OKRs – The Simple Idea that Drives 10x Growth. London: Portfolio Penguin.

Dweck, C.S. (2006). Mindset: The New Psychology of Success. New York: Random House.

Edmondson, A. (1999). „Psychological Safety and Learning Behavior in Work Teams." Administrative Science Quarterly, 44(2), S. 350 – 383.

Fowler, M. (2014). „Conway's Law." martinfowler.com/bliki/ConwaysLaw.html.

Fowler, M. & Lewis, J. (2014). „Microservices: A Definition of This New Architectural Term." martinfowler.com.

Gallup. (2017). State of the American Manager: Analytics and Advice for Leaders. Washington, D.C.: Gallup Press.

Geraghty, T. (2023). „A Critique of SAFe – The Scaled Agile Framework." tomgeraghty.co.uk, March 30, 2023.

Greenhalgh, T., Jimenez Serrano, S., Webster, P. & Wojcicki, P. (2020). „Rapid implementation of Microsoft Teams in response to COVID-19: one acute healthcare organisation's experience." BMJ Health & Care Informatics, 27(3), e100209.

Greeven, M.J., Yu, H. & Shan, J. (2021). „Why Companies Must Embrace Microservices and Modular Thinking." MIT Sloan Management Review, Fall 2021.

Heidegger, M. (1927). Sein und Zeit. Tübingen: Max Niemeyer Verlag.

Heidegger, M. (1954). „Die Frage nach der Technik." In: Vorträge und Aufsätze. Pfullingen: Neske.

Huang, B. (2016). The Essential Guide to Electronics in Shenzhen. Self-published.

Humble, J. & Farley, D. (2010). Continuous Delivery: Reliable Software Releases through Build, Test, and Deployment Automation. Boston: Addison-Wesley.

InfoQ (2016). „Spotify Doesn't Use the 'Spotify Model' Anymore." InfoQ News, October 2016.

Justice, J. (2023). „Tesla and SpaceX." No Nonsense Agile Podcast, Episode #0089, December 7, 2023. Interview by Murray Robinson and Shane Gibson.

Kalil, M. (2025). „Tesla's Digital Twins." Blog-Artikel, August 10, 2025.

Kim, G., Behr, K. & Spafford, G. (2013). The Phoenix Project: A Novel About IT, DevOps, and Helping Your Business Win. Portland: IT Revolution Press.

Kim, G., Debois, P., Willis, J., Humble, J. & Allspaw, J. (2016). The DevOps Handbook: How to Create World-Class Agility, Reliability, and Security in Technology Organizations. Portland: IT Revolution Press.

Kniberg, H. & Ivarsson, A. (2012). „Scaling Agile @ Spotify with Tribes, Squads, Chapters & Guilds." Spotify Labs Whitepaper.

Kolb, D.A. (1984). Experiential Learning: Experience as the Source of Learning and Development. Englewood Cliffs: Prentice Hall.

Kotter, J.P. (1996). Leading Change. Boston: Harvard Business School Press.

Laanti, M. & Kettunen, P. (2019). „SAFe Adoptions in Finland: A Survey Research." In: Agile Processes in Software Engineering and Extreme Programming – Workshops. Springer, S. 81 – 87.

Laloux, F. (2014). Reinventing Organizations: A Guide to Creating Organizations Inspired by the Next Stage of Human Consciousness. Brüssel: Nelson Parker.

Larman, C. & Vodde, B. (2010). Practices for Scaling Lean & Agile Development: Large, Multisite, and Offshore Product Development with Large-Scale Scrum. Boston: Addison-Wesley.

Larman, C. & Vodde, B. (2016). Large-Scale Scrum: More with LeSS. Boston: Addison-Wesley.

Lindtner, S. (2020). Prototype Nation: China and the Contested Promise of Innovation. Princeton: Princeton University Press.

MacCormack, A., Rusnak, J. & Baldwin, C.Y. (2012). „Exploring the Duality between Product and Organizational Architectures: A Test of the Mirroring Hypothesis." Research Policy, 41(8), S. 1309 – 1324.

Malan, R. (2015). „Conway's Law." In Skelton, M. & Pais, M. (2019), Team Topologies (zitiert auf S. 18). Portland, OR: IT Revolution Press.

Marquet, L.D. (2012). Turn the Ship Around! A True Story of Turning Followers into Leaders. New York: Portfolio.

McChrystal, S., Collins, T., Silverman, D. & Fussell, C. (2015). Team of Teams: New Rules of Engagement for a Complex World. New York: Portfolio/Penguin.

McKinsey & Company (2016). „Perpetual Evolution." McKinsey Digital.

Microservices & Team-Autonomie

Microsoft (2020, 30. April). „2 years of digital transformation in 2 months." Microsoft 365 Blog. *https://www.microsoft.com/en-us/microsoft-365/blog/2020/04/30/2-years-digital-transformation-2-months/*, abgerufen am 27.02.2026.

Nadella, S. (2017). Hit Refresh: The Quest to Rediscover Microsoft's Soul and Imagine a Better Future for Everyone. New York: Harper Business.

Nagappan, N., Murphy, B. & Basili, V. (2008). „The Influence of Organizational Structure on Software Quality: An Empirical Case Study." Proceedings of the 30th International Conference on Software Engineering, S. 521 – 530.

Newman, S. (2015). Building Microservices: Designing Fine-Grained Systems. Sebastopol, CA: O'Reilly Media.

Newman, S. (2021). Building Microservices: Designing Fine-Grained Systems. 2nd edition. Sebastopol: O'Reilly.

Owen, H. (2008). Open Space Technology: A User's Guide. 3rd ed. San Francisco: Berrett-Koehler.

Pahl, G. & Beitz, W. (1996). Engineering Design: A Systematic Approach. 2nd edition. London: Springer.

Pascale, R., Sternin, J. & Sternin, M. (2010). The Power of Positive Deviance: How Unlikely Innovators Solve the World's Toughest Problems. Boston: Harvard Business Press.

ProductSchool (2022). „Henrik Kniberg Interview on Spotify Model." ProductSchool YouTube Channel.

Rogers, E.M. (2003). Diffusion of Innovations. 5th ed. New York: Free Press.

Scaled Agile Inc. (2024). SAFe 6.0 Framework. scaledagileframework.com.

Schein, E.H. (2010). Organizational Culture and Leadership. 4th ed. San Francisco: Jossey-Bass.

Schlatmann, B. & Jacobs, P. (2017). „ING's agile transformation." McKinsey Quarterly, January 2017.

Schneier, J. (2022). „The Truth About the Spotify Model." Medium, March 2022.

Senge, P. (1990). The Fifth Discipline: The Art and Practice of the Learning Organization. New York: Doubleday.

Sinek, S. (2019). The Infinite Game. New York: Portfolio.

Skalierungsframeworks & Kritik

Skelton, M. & Pais, M. (2019). Team Topologies: Organizing Business and Technology Teams for Fast Flow. Portland, OR: IT Revolution Press.

Standish Group. (2020). CHAOS Report 2020: Beyond Infinity. Boston: The Standish Group International.

Stone, B. (2013). The Everything Store: Jeff Bezos and the Age of Amazon. New York: Little, Brown and Company.

Sutherland, J. (2021). „Why 47 % of Agile Transformations Fail!" Scrum Inc. Blog, March 30, 2021.

Ulrich, K. (1995). „The Role of Product Architecture in the Manufacturing Firm." Research Policy, 24(3), S. 419 – 440.

Vice/Wired Documentary (2016). Shenzhen: The Silicon Valley of Hardware. Regie: Carl Ericson.

Vogels, W. (2006). „Amazon in Scotland." Blog-Eintrag, August 23, 2006. All Things Distributed.

Vogels, W. (2007). „Two-Pizza Teams." Vortrag am Future of Web Apps Conference, London, Februar 2007.

Weick, K.E. & Quinn, R.E. (1999). „Organizational Change and Development." Annual Review of Psychology, 50, S. 361 – 386.

Wenger, E. (1998). Communities of Practice: Learning, Meaning, and Identity. Cambridge: Cambridge University Press.

Wittgenstein, L. (1922). Tractatus Logico-Philosophicus. London: Kegan Paul.

Wittgenstein, L. (1953). Philosophische Untersuchungen. Oxford: Blackwell.

Wolff, E. (2015). Microservices: Grundlagen flexibler Softwarearchitekturen. Heidelberg: dpunkt.verlag.

5 Teil V – KI IN SCRUM – DIE AUGMENTATION ALLER EBENEN

Wir geben einen Business-Analyse-Kurs für eine Bank in Österreich. Design Thinking. Visualisierung. Die Hoffnung dieser Manager, dass sie nach dem Kurs Dinge besser dokumentieren können, besser für die Entwickler aufbereiten. Klassische Methoden. Aber ich kann nicht 2024 Dinge lehren, wenn ich es bereits besser weiß – und es ist viel spannender Neues auszuprobieren. Also dachte ich: Wie wäre es, wenn wir den Design-Thinking-Kurs ein wenig augmentieren? Nicht radikal verändern. Nur ein bisschen. Mit KI.

Wir haben es einfach gemacht. In jeder Phase des Design-Thinking-Prozesses – Empathize, Define, Ideate, Prototype, Test – haben wir KI ein klein wenig eingesetzt. Wir machten mit KI unser Markterhebungen. Wir nutzten ChatGP, um schneller viel mehr Ideen zu entwickeln. Wir haben mit der Unterstützung von Claude gut klingende Visionen kreiert. Claude hat uns Backlogs geliefert – bis ins letzte Detail ausgefeilt. Erste Bilder generiert. Sogar erste Prototypen. Die Teilnehmer waren vollkommen von den Socken. Das ist keine Übertreibung. Vollkommen. Sie konnten nicht glauben, was plötzlich möglich war. Wie schnell man von einer Idee zu einem Prototyp kam. In Minuten.

Das alles habe ich einem Video von Henrik Kniberg zu verdanken. Ein paar Wochen zuvor postet Henrik ein Video. Henrik ist einer der begnadetsten Didaktiker, die ich kenne. Das Video ist fünf Minuten lang. Der Titel: „Wie schnell baut man heute eine Funktion?" Henrik nimmt sein Handy. Er hält es in die Kamera. Auf dem Bildschirm: Die Claude-App. In seiner anderen Hand: Ein Blatt Papier mit einer handgezeichneten To-Do-Liste. Handgezeichnet. Nichts Besonderes. Er fotografiert die Skizze mit dem Handy. Öffnet Claude auf dem Smartphone. Tippt zwei Worte: „Bau es."

Das war's. Zwei Worte. „Bau es." Die App baut – und generiert eine erste funktionierende App.

Henrik hört nicht auf. „Fügen wir eine weitere Funktion hinzu", sagt er. „Wie wäre es mit Deadlines?" Er tippt in Claude. Kein komplexer Prompt. Kein technisches Briefing.

Der Satz: „Füg Deadlines hinzu mit einem Pop-up, wenn man darauf klickt.“ Das ist alles. Claude baut die Funktion. Version zwei. Mit Deadlines. Mit einem Pop-up. Keine komplizierte Interaktion zwischen Designer, Entwickler, Product Owner. Nichts davon. Henrik sagt, was er will. Claude baut es. In etwa der Zeit, die man braucht, um einen Schluck Wasser zu trinken – Henrik nimmt sich diese Zeit im Video –, ist die funktionierende To-do-Liste da. Klickbar. Items hinzufügen. Abhaken. Fertig. Dann fügt er Drag-and-Drop hinzu. Das Handy vibriert. Ziehe es über den Bildschirm. Es funktioniert. Alles funktioniert.

Mein Aha-Moment kam ein paar Tage später, eines Abends im Hotel. Ich schaue das Video zum dritten Mal. Zum vierten Mal. Mir wird klar: Das ist nicht nur ein besseres Tool. Das ist eine fundamentale Verschiebung. Henrik hat in fünf Minuten gemacht, wofür ein Product Owner früher drei Wochen brauchte: Von der Idee zum klickbaren Prototyp. Das war keine einfache To-Do-Liste. Das war eine funktionierende App. Mit Deadlines. Mit Drag-and-Drop. Mit allem.

Ich denke an die Hunderte von Product Ownern, mit denen ich gearbeitet habe. An die, die Wochen damit verbringen, Mockups zu erstellen. An die, die auf Designer warten. An die, die versuchen, den Entwicklern zu erklären, wie etwas aussehen soll. An die User-Ferne, die entsteht, weil zwischen Idee und Prototyp so viel Zeit vergeht, dass der ursprüngliche User-Need schon wieder obsolet ist.

Was bedeutet das jetzt? Bedeutet das, dass Product Owner keine Designer mehr brauchen? Nein. Aber es bedeutet, dass sie nicht mehr auf Designer warten müssen, um eine Idee zu testen. Es bedeutet, dass der Abstand zwischen „Ich glaube, der User braucht X“ und „Lass uns X dem User zeigen“ von Wochen auf Minuten schrumpft. Das ist nicht Effizienz. Das ist eine andere Art zu arbeiten.

Es geht noch weiter. Ich habe das dann selbst ausprobiert – wenn ich etwas gut finde, probiere ich – sofort. Ich habe für meine Kinder eine Metronom-App gebaut – eine, die für Prinzessinnen ist. So habe ich mir erst mal selbst beigebracht, wie diese Tools funktionieren. Wenn ich daran denke, wie viele Mockups wir früher gebaut haben, wie wir mit Paper Prototypes gearbeitet haben, wie wir immer ein Stückchen zu weit von der Realität weg waren – und jetzt nimmt man einfach einen relativ simplen Workflow. Man versucht, das Problem mithilfe von ChatGPT zu greifen. Man erzeugt eine erste Vision und entwickelt die ersten Basis-Funktionen. Ist das erst einmal gelungen, lässt man das von Perplexity auf seine Marktreife durchprüfen. Man überlegt, ob es dafür einen Markt gibt. Während Perplexity recherchiert und herausfindet, wo der USP sein könnte, erarbeitet man parallel mit ChatGPT die allererste Feature-Liste. Man lässt die Dinge parallel laufen. Dann kopiert man das Gefundene in Reflect AI und lässt sich den allerersten Prototypen entwickeln – so ähnlich, wie Henrik Kniberg es mit Claude gemacht hat.[1]

---

1 Sollte jetzt jemand sagen, dass geht auch mit Claude Opus direkt oder mit ChatGPT, oder mit … korrekt, diese Zeilen sind wahrscheinlich in dem Moment überholt, in dem ich das hier zum Verlag schicke.

Ich zeige das Henrik-Video meinen Teamkollegen bei borisgloger. Ich zeige ihnen, was ich selbst gebaut habe. Ich zeige es den Teilnehmern im nächsten Training. Die KI wird uns nicht ersetzen. Sie wird uns augmentieren. Fundamental augmentieren. Sie wird die Art und Weise verändern, wie wir arbeiten, wie wir prototypen, wie wir von Idee zu Umsetzung kommen, und diese Veränderung ist nicht graduell. Sie ist exponentiell.

Während man das macht, schaut man nach, ob der USP erfüllt ist, ob man damit tatsächlich den Bedarf am Markt adressiert. Vielleicht passt man noch mal die Vision an, noch mal die Feature-Liste in Reflect – dem WYSIWYG-Coding-Tool – und hat spätestens nach zehn Minuten einen klickbaren Prototyp. Einem, dem man jetzt sogar noch mithilfe von MidJourney oder Nano Banana ein passendes Bild hinzufügen kann, etwa für eine Launch-Webseite. Selbst wenn man sich dafür viel Zeit nimmt, braucht das ungefähr 90 Minuten. Fix und fertig ist das erste MVP.

Das ist eine völlig neue Herangehensweise – für Product Owner, für Business Analysts, für alle im Team, die gemeinsam die erste Version darstellen wollen. Wir alle können doch viel besser arbeiten, wenn wir mal eine konkrete Vorstellung von dem haben, was dabei rauskommt. Wenn ich mir vorstelle, dass diese Arbeit, die ich gerade beschrieben habe im Jahr 2012 mit einem fünfköpfigen Development Team innerhalb von drei Sprints à drei Tagen gemacht entwickelt – und dafür 25.000 Euro ausgeben musste – und ich genau das Gleiche heute in einem einzigen Tag mit zwei Personen machen kann, inklusive Dokumentation, Testfällen und fertigen Test-Code. Ich hätte für dasselbe Geld nicht einen Prototypen bauen können, sondern 10 oder sogar 20-mal fünf. Ich hätte zwanzig verschiedene Varianten entwickelt, und wir hätten den Kunden sogar noch mehr begeistern können.

Das war Anfang 2024. Seitdem ist noch mehr passiert. Seitdem habe ich hunderte Stunden mit KI gearbeitet. Dieses Kapitel, das du gerade liest, wurde mit Claude geschrieben. Nicht von Claude. *Mit Claude.* Ich diktiere. Claude strukturiert. Ich überarbeite. Claude recherchiert. Wir arbeiten zusammen. Das ist keine Science-Fiction mehr. Das ist Realität. Das ist, wie Arbeit aussieht, wenn man versteht, was KI kann, und ich bin nicht allein damit. Jeff Sutherland, der Co-Erfinder von Scrum, experimentiert seit 2024 öffentlich damit, wie KI den Product Backlog managen kann. Er postet auf LinkedIn darüber. Er schreibt darüber, wie sein Team mit ChatGPT Sprint Planning macht, wie KI User Stories generiert, wie Aufwände geschätzt werden – mit einer Genauigkeit von 2–3 Prozent gegenüber den tatsächlichen Werten (Sutherland 2024). Eine kontrollierte Studie von Microsoft Research, GitHub und MIT Sloan fand heraus, dass Entwickler mit GitHub Copilot 55,8 Prozent schneller arbeiten als ohne das Tool – ein statistisch signifikantes Ergebnis mit einem p-Wert von 0,0017 (Peng et al. 2023). Scrum Alliance hat einen ganzen Microcredential-Kurs entwickelt: „AI for Product Owners“ (Scrum Alliance 2024). Das ist nicht mehr Zukunft. Das ist Gegenwart, und die Frage ist nicht mehr ob, sondern wie.

Die große Diskussion in der Scrum-Community dreht sich momentan darum, ob KI uns ersetzt. Ob der Scrum Master überflüssig wird, wenn eine KI die Retrospektive moderieren kann. Ob der Product Owner obsolet wird, wenn eine KI den Backlog priorisiert. Ob Entwickler noch gebraucht werden, wenn die KI den Source Code schreibt. Das ist die falsche Frage. Die richtige Frage ist: *Wie augmentieren wir Menschen mit KI?* Wie machen wir jeden Einzelnen im Team besser? Wie machen wir das gesamte Team besser? Wie machen wir die gesamte Organisation besser? Denn das ist, was KI kann. Sie ersetzt nicht. Sie verstärkt. Sie erweitert. Sie ermöglicht.

McKinsey hat in ihrer jüngsten Studie von 2025 herausgefunden, dass Organisationen, die KI erfolgreich einsetzen – die sogenannten „AI High Performers", etwa 6 Prozent der befragten Unternehmen –, einen EBIT-Einfluss von 5 Prozent oder mehr durch KI-Nutzung berichten (McKinsey 2025). Das klingt abstrakt. Konkret bedeutet es: Diese Organisationen denken größer, sie redesignen ihre Workflows, sie skalieren schneller. Aber – und das ist entscheidend – diese Zahlen erreichen sie nicht, indem sie einfach ein KI-Tool kaufen und hoffen, dass es funktioniert. Sie erreichen sie, indem sie ihre Prozesse, ihre Rollen, ihre gesamte Arbeitsweise umbauen. Sie erreichen sie, indem sie verstehen, dass KI nicht ein Add-on ist. KI ist ein fundamentaler Shift in dem, was möglich ist.

Bevor ich dir zeige, wie KI konkret in Scrum-Teams wirkt, müssen wir die Frage, die mir in den letzten Monaten in Hunderten Gesprächen immer wieder begegnet ist, beantworten. Denn hinter dieser Frage liegt jedoch das eigentliche Thema. Die Angst. Die Sorge. Die Frage: „Ersetzt KI uns?" Product Owner fragen mich: „Braucht man mich noch?" Scrum Master fragen: „Was ist meine Rolle, wenn KI die Retrospektiven moderiert?" Entwickler fragen: „Wenn GitHub Copilot 55 Prozent meines Codes schreibt – bin ich dann überflüssig?" Diese Fragen sind Symptome.

Ich verstehe diese Angst. Ich hatte sie selbst. Aber ich habe in den letzten zwei Jahren etwas anderes gelernt: Die Frage geht das Thema von der falschen Seite an. Es geht nicht um Ersetzung. Es geht um **Augmentation**. Um Verstärkung. Um das Ermöglichen von Dingen, die vorher unmöglich waren.

Mo Gawdat, der ehemalige Chief Business Officer von Google X, versteht KI nicht nur, sondern er hat sie mitgebaut. Er erzählte eine Geschichte, die bei mir hängen geblieben ist. DeepMind hatte ihre KI gebeten, die Leistung von Algorithmen zu verbessern. Die Erwartung war: Die KI optimiert bekannte Methoden. Aber was passierte, war etwas völlig anderes. Die KI schaute auf die Mathematik der Matrixmultiplikation, die seit über 50 Jahren als beste Methode galt – seit Volker Strassen 1969 einen effizienteren Algorithmus gefunden hatte – und sagte: „Moment mal. Ich erfinde jetzt neue Mathematik." Das Ergebnis wurde 2022 in Nature veröffentlicht: AlphaTensor, die erste KI, die eigenständig neue, effizientere Algorithmen für fundamentale mathematische Operationen entdeckt hat. Die neuen Algorithmen sind 10–20 Prozent schneller auf bestimmter Hardware (Fawzi et al. 2022). Das ist nicht Ersetzung. Das ist Augmentation auf einem Level, das wir uns vor zwei Jahren nicht hätten vorstellen können.

Aber – und das ist entscheidend – Mo fühlt sich dabei nicht überflüssig. Im Gegenteil. Er erklärt uns, dass er nun seine Aufgaben einfach schneller durchführen kann. Er ist nun intelligenter. Fähiger. Die KI hat ihm nicht seinen Job genommen. Sie hat es ihm ermöglicht, Dinge zu tun, die vorher unmöglich waren. Das ist der Punkt, den viele Menschen missverstehen. Karim Lakhani von der Harvard Business School hat einen Satz geprägt, der mir aus dem Herzen spricht:

> *„Menschen mit KI werden Menschen ohne KI ersetzen, aber KI alleine ersetzt den Menschen nicht.“*

Das ist die eigentliche Verschiebung, die gerade passiert.

Die Forschung zeigt das immer klarer. Eine Studie von MIT Sloan aus dem Jahr 2024 kommt zu einem eindeutigen Ergebnis: *KI ist am wirksamsten, wenn sie menschliche Fähigkeiten verstärkt, nicht substituiert.* Sie übernimmt repetitive, datenintensive Aufgaben. Sie schafft Freiräume für Kreativität, Innovation, strategisches Denken. GitHub hat dokumentiert, dass Entwickler mit Copilot 55 Prozent schneller sind. Aber sie programmieren nicht weniger. Sie programmieren anders. Sie denken mehr. *Sie experimentieren mehr.* Sie lösen komplexere Probleme. Die monotone Arbeit – das Boilerplate-Code-Schreiben, das Debugging von Syntaxfehlern – übernimmt die KI. Die kreative Arbeit – das Verstehen des Problems, das Entwerfen der Lösung, das Entscheiden, was gebaut werden soll – das bleibt beim Menschen.

Ich habe das in meinen eigenen Trainings gesehen. Vor zwei Jahren habe ich Product Ownern beigebracht, wie man eine Vision schreibt. Das war mühsam. Stundenlang. Wir haben Templates gefüllt. Wir sind Beispiele durchgegangen. Wir haben iteriert. Die meisten Product Owner saßen da und schauten mich an, als würde ich eine Fremdsprache sprechen. Heute mache ich das anders. Ich sage: „Öffne ChatGPT. Erkläre dem System, in welchem Kontext du arbeitest, was das Problem ist, das du lösen willst. Lass dir drei Varianten einer Vision generieren. Dann iterieren wir.“ Das Ergebnis: 15 Minuten statt mehrerer Stunden. Aber – und das ist entscheidend – ich als Trainer wurde nicht überflüssig. Meine Rolle hat sich verändert. Ich bin nicht mehr der, der erklärt, wie man eine Vision formuliert. Ich bin der, der hilft zu entscheiden, welche Vision die richtige ist. Der, der Kontext gibt. Der, der die tieferen Fragen stellt. „Passt diese Vision zu eurer Unternehmenskultur?“ „Wird diese Vision euer Team motivieren?“ „Ist diese Vision ambitioniert genug?“ Das kann die KI nicht beantworten. Das braucht menschliche Erfahrung. Menschliche Intuition. Menschliches Urteilsvermögen.

Das ist Augmentation. Ich bin nicht schlechter geworden in meinem Job. Ich bin besser geworden. Ich kann mehr Menschen in kürzerer Zeit helfen. Ich kann tiefer arbeiten, weil ich nicht mehr bei den Grundlagen anfangen muss. Die KI hat die Einstiegshürde gesenkt. Aber sie hat nicht die Qualität gesenkt. Sie hat sie erhöht. Konkret in Trainings bedeutet das, wir können nun den Teilnehmern bei ihren Problemen helfen, statt trockene Infos zu verteilen.

Die Frontiers in Robotics and AI hat 2022 eine Position veröffentlicht, die genau diesen Punkt macht: Der Mythos der vollständigen maschinellen Autonomie lenkt von den eigentlichen Herausforderungen und Chancen ab. Innovation entsteht dort, wo

Technologie zur gezielten Ergänzung menschlicher Fähigkeiten eingesetzt wird. Nicht als Ersatz. Als Verstärker. Als Enabler. Als das, was im Englischen so treffend „Copilot" genannt wird – jemand, der neben dir sitzt, nicht an deiner Stelle.

Ich habe das auch in der Produktentwicklung gesehen. Früher brauchten wir Wochen, um von einer Idee zu einem Prototyp zu kommen. Designer mussten Mockups erstellen. Entwickler mussten diese umsetzen. Es gab Abstimmungsschleifen. Missverständnisse. Verzögerungen. Heute kann ein Product Owner in 90 Minuten fünf verschiedene Prototypen bauen. Mit ChatGPT die Vision schärfen. Mit Perplexity den Markt recherchieren. Mit Reflect AI den klickbaren Prototyp erstellen. Mit Nano Banana die visuellen Assets generieren. Das ist nicht Ersetzung des Designers. Das ist Ermöglichung. Der Product Owner kann seine Ideen schneller testen. Der Designer kommt erst ins Spiel, wenn klar ist, welche Idee funktioniert. Dann macht er sie richtig gut. Dann bringt er die menschliche Sensibilität ein, die eine KI nicht hat. Das Gefühl für Ästhetik. Das Verständnis für kulturelle Nuancen. Die Fähigkeit, Emotionen zu erzeugen.

Aber hier ist die unbequeme Wahrheit: Diese Augmentation passiert nicht automatisch. Sie passiert nur, wenn *wir* lernen, mit KI zu arbeiten. Wenn *wir* verstehen, was KI kann und was nicht. Wenn *wir* die richtigen Fragen stellen. Wenn *wir* kritisch prüfen, was die KI uns gibt. Ethan Mollick von der Wharton School hat das in seinem Buch „Co-Intelligence" auf den Punkt gebracht: „Always invite AI to the table – but never let it sit at the head." Die KI ist ein Werkzeug. Ein mächtiges Werkzeug. Aber es ist ein Werkzeug, das wir führen müssen (Mollick 2024).

Ich sehe das Problem in vielen Organisationen. Menschen nutzen KI oberflächlich. Sie lassen sich E-Mails schreiben. Zusammenfassungen erstellen. Aber sie verstehen nicht, was wirklich möglich ist. Sie nutzen KI, um das, was sie sowieso schon tun, ein bisschen schneller zu machen. Das ist die Newtonsche Nutzung von KI – Optimierung des Bestehenden. Aber die eigentliche Kraft liegt in der Einsteinschen Nutzung – Transformation dessen, was möglich ist. Nicht schneller das Gleiche tun. Sondern völlig Neues ermöglichen.

Der Physiker und Philosoph David Deutsch macht diesen Punkt fundamental deutlich in seinem Buch „The Beginning of Infinity". Das Newtonsche Gesetz erklärt die Gravitation auf eine wunderbare Art und Weise. Es ist hilfreich. Es funktioniert für fast alle Aspekte unseres menschlichen Lebens. Doch es ist nicht korrekt, obwohl es viel erklärt! Die bessere Erklärung ist die, dass der Raum gekrümmt ist. Nur mit der Erklärung von Einstein lässt sich die Gravitation vollständig fassen. Die Erklärung von Einstein hat aber nichts – nichts! – mit Newton zu tun. Sie ist keine Verbesserung der Idee von Newton. Sie ist eine völlig neue Theorie, eine völlig andere Erkenntnis (Deutsch 2011). Genau das ist KI jetzt. Wir dürfen nicht den Fehler machen, das, was wir sowieso schon können, plötzlich mit KI besser zu machen. Was wir herausarbeiten müssen, ist die transformative Nutzung. Ich bin da auch ganz am Anfang. Ich mache mir da nichts vor. Die meisten von uns sind ganz am Anfang. Wir experimentieren. Wir scheitern. Wir lernen, wie man mit KI völlig anders ins Arbeiten kommt.

Der Einzelne im Team kann plötzlich viel mehr Aufgaben übernehmen, selbst wenn er nicht der Spezialist ist. Das war immer das Ideal in Scrum: T-shaped People. Die Idee stammt ursprünglich aus den 1980er-Jahren von McKinsey, wurde aber von Tim Brown, dem CEO von IDEO, populär gemacht (Guest 1991). Ein T-shaped Team-Mitglied hat tiefe Expertise in einem Bereich – das ist der vertikale Balken des T – aber auch breites Wissen über viele andere Bereiche – das ist der horizontale Balken. Ein Frontend-Entwickler, der auch ein bisschen Backend kann. Ein Tester, der auch ein bisschen Code schreibt. Ein Designer, der auch ein bisschen von User Research versteht. Das war schon immer schwierig zu erreichen. Menschen brauchen Jahre, um Expertise aufzubauen. Niemand kann Experte in allem sein, und deshalb hatten wir in der Praxis oft I-shaped People – Spezialisten, die nur ihr Ding machen, und wenn ihr Ding nicht gebraucht wird, sitzen sie rum oder blockieren das Team.

KI ändert das fundamental. Plötzlich kann ein Backend-Entwickler, der nie Python gesehen hat, mit GitHub Copilot oder Claude ein Python-Script schreiben. Nicht perfekt. Nicht so gut wie ein Python-Experte. Aber gut genug, um einen Bottleneck aufzulösen. Gut genug, um dem Team zu helfen. McKinsey fand in einer internen Studie heraus, dass Software-Entwickler, die mit generativen KI-Tools trainiert wurden, die Zeit zum Generieren und Refactoren von Code drastisch reduzierten – und die Entwickler berichteten von einer besseren Arbeitserfahrung, mit Verbesserungen in Glück, Flow und Erfüllung (McKinsey 2023). Das ist nicht nur Produktivität. Das ist Zufriedenheit. Das ist, was wir wollen: Menschen, die gerne arbeiten, weil die Arbeit interessanter wird, weil sie nicht mehr in ihrer Spezialisierung gefangen sind.

Das gesamte Development Team wird durch KI augmentiert, indem wir uns vorstellen, dass wir ein weiteres Teammitglied haben, das hochgradig intelligent ist, dem wir klar definierte Aufgaben geben müssen. Das ist eine völlig neue Teamdynamik. Stell dir vor: Du hast ein Scrum-Team von sieben Menschen. Jetzt kommt ein achtes „Mitglied“ dazu – aber dieses Mitglied ist kein Mensch. Es ist eine KI. Sie kann Code schreiben. Sie kann Tests generieren. Sie kann Dokumentation erstellen. Sie kann Daten analysieren. Aber – und das ist kritisch – sie braucht klare Anweisungen. Sie braucht Kontext. Sie braucht jemanden, der ihr sagt, was zu tun ist, und dann überprüft, ob das Ergebnis gut ist. Eric Naiburg von Scrum.org hat 2024 einen Artikel geschrieben, der genau diesen Punkt macht: „AI as a Scrum Team Member“ (Naiburg 2024). Er argumentiert, dass wir KI nicht als Tool sehen sollten, sondern als Co-Pilot. Als Teammitglied, das mitarbeitet. Das bedeutet auch: Wir müssen lernen, mit diesem Teammitglied zu arbeiten. Wir müssen lernen, wie wir ihm Aufgaben geben. Wie wir seine Outputs überprüfen. Wie wir ihm Feedback geben. Das ist Pair Programming mit einer KI. Das ist Mob Programming, wo die KI ein Teil des Mobs ist. Das verändert nicht nur, was wir produzieren. Das verändert, wie wir zusammenarbeiten.

Was KI von früheren Automatisierungswellen unterscheidet, ist das Potenzial zur Transparenz über die eigenen Grenzen. Klassische Technologien hatten einen binären Charakter: Sie haben funktioniert oder nicht. Ein Taschenrechner signalisiert kein „Ich bin mir bei diesem Ergebnis unsicher." Eine Datenbank sagt nicht: „Vielleicht solltest du diese Abfrage noch einmal prüfen." Moderne KI-Systeme hingegen lassen sich so gestalten, dass sie genau das tun: Sie können Unsicherheit ausdrücken, auf fehlenden Kontext hinweisen und sogar vorschlagen, eine Entscheidung zu vertagen, weil die Grundlage zu dünn ist.

Noch tun das längst nicht alle KI-Systeme, die wir heute im Alltag sehen. Viele sind so designt, dass sie möglichst souverän wirken – selbst dann, wenn ihre interne Unsicherheit hoch ist. Aber dort, wo Systeme bewusst so gebaut werden, dass sie ihre Grenzen sichtbar machen, entsteht etwas Neues: kein Werkzeug im klassischen Sinne, das stumm im Hintergrund arbeitet, sondern ein Gegenüber, mit dem man in Interaktion tritt. Ein Artefakt, das nicht nur Antworten liefert, sondern auch Signale darüber, wie belastbar diese Antworten sind.

Genau hier beginnt die Metapher des „Teammitglieds" Sinn zu machen. Ein gutes Teammitglied kennt seine Stärken, aber es kennt ebenso seine Schwächen – und spricht sie aus. Übertragen auf KI heißt das: Ein System, das sagen kann „Ich weiß es nicht" oder „Hier bin ich mir unsicher", ist wertvoller als eines, das jede Ausgabe mit derselben Pseudogewissheit präsentiert. Allerdings funktioniert dieses Zusammenspiel nur, wenn wir diese Signale auch wirklich lesen. Wenn wir hinhören, wenn die KI „unsicher" signalisiert. Wenn wir nachfragen, wenn etwas zu glatt klingt. Wenn wir verstehen, dass „überzeugend formuliert" nicht dasselbe ist wie „richtig".

Die Fähigkeit der KI, Unsicherheit sichtbar zu machen, ist keine Schwäche, sondern ein Design-Feature – vorausgesetzt, wir nutzen es auch so. Ein „Teammitglied", das seine Grenzen kennt und offenlegt, ist in jedem komplexen Umfeld hilfreicher als eines, das so tut, als hätte es keine. KI kann genau in dieser Rolle funktionieren: nicht als allwissende Instanz, sondern als transparenter Partner in einem Entscheidungsprozess, der menschliches Urteilsvermögen nicht ersetzt, sondern fordert und stärkt.

Deloitte hat in ihrer Studie über KI und Software-Qualität 2025 genau darauf hingewiesen: Teams, die KI integrieren, müssen ihre Prozesse anpassen (Deloitte 2025). Es reicht nicht, einfach GitHub Copilot zu installieren und zu hoffen, dass alles besser wird. Man muss die Art und Weise ändern, wie Code Reviews funktionieren. Man muss die Art und Weise ändern, wie Tests geschrieben werden. Man muss die Art und Weise ändern, wie Wissen im Team geteilt wird. Denn wenn die KI Code generiert, muss jemand verstehen, was dieser Code macht. Jemand muss ihn lesen können. Jemand muss ihn warten können. Sonst baut man sich eine technische Schuld auf, die später teuer wird.

Der Scrum Master kann sich mithilfe von KI augmentieren – durch verbesserte Whiteboards im Online-Bereich, aber auch KI im Sinne von „ich frage einfach, wie würdest du heute ein Daily machen?“ oder „ich kann mir meine Auswertungen von Flipcharts automatisieren, indem ich einfach die Information in die KI hineinstelle“. Das klingt banal. Aber es ist revolutionär. Ich habe in den letzten Monaten angefangen, meine Retrospektiven mit KI vorzubereiten. Ich diktiere Claude, was in der letzten Retrospektive passiert ist. Welche Themen aufgekommen sind. Welche Impediments das Team hatte. Claude sagt mir: „Okay, basierend darauf würde ich vorschlagen, die nächste Retrospektive so zu strukturieren…“ Das spart mir Stunden. Aber es ist mehr als Zeit sparen. Es ist, dass ich bessere Fragen stelle. Dass ich Muster sehe, die ich vorher übersehen habe. Dass ich vorbereitet bin auf eine Art und Weise, die vorher nicht möglich war.

Jeff Sutherland hat einen GPT gebaut – „Scrum Sage: Zen Edition“ – der wie ein Scrum-Berater funktioniert (Sutherland 2024). Menschen stellen ihm Fragen über die Scrum Guide. Über schwierige Situationen in ihren Teams. Über Impediments, die sie nicht lösen können. Der GPT antwortet – nicht mit generischen Ratschlägen, sondern mit spezifischen, kontextbezogenen Empfehlungen. Das ist kein Ersatz für einen echten Coach. Aber es ist ein Reflexionspartner. Es ist jemand, mit dem ich meine Gedanken sortieren kann, bevor ich ins Team gehe. Es ist ein Sparring-Partner, der 24/7 verfügbar ist.

Aber ich will ehrlich sein: Das Augmentieren des Scrum Masters geht noch viel weiter. Es geht nicht nur um bessere Retrospektiven oder automatisierte Auswertungen. Es geht *um persönliche Entwicklung*. Es geht darum, sich selbst als Führungskraft, als Coach, als Mensch zu verstehen, und hier wird es wirklich interessant.

Ich komme von einem Kunden. Salzburg. Ich gehe spazieren. Die Stadt ist schön im Herbst. Ich denke nach über das, was in dem Workshop passiert ist. Über die Dynamiken. Über meine Rolle. Über meine Reaktionen. Plötzlich kommt mir eine Idee: Könnte ChatGPT mir nicht ein Enneagramm erstellen? Das Enneagramm – dieses psychologische Modell mit neun Persönlichkeitstypen, das mein Coach mir seit Jahren empfiehlt, für das ich mir aber bisher nie die Zeit genommen habe, es mit ihm durchzuspielen. Ein Enneagramm zu erstellen, ist aufwendig. Es braucht Zeit. Es braucht einen Coach, der die richtigen Fragen stellt. Oder nicht?

Das Enneagramm ist ein psychologisches Modell mit neun Persönlichkeitstypen, die jeweils spezifische Motivationen, Ängste und Verhaltensmuster haben. Jeder Typ wird durch eine Zahl von 1 bis 9 repräsentiert – der Perfektionist (Typ 1), der Helfer (Typ 2), der Friedensstifter (Typ 9). Das System wurde von George Gurdjieff und Oscar Ichazo entwickelt und von Claudio Naranjo popularisiert. Es beschreibt nicht nur grundlegende Charakterzüge, sondern auch, wie Menschen unter Stress reagieren und wie sie wachsen können. Das Enneagramm zeigt Entwicklungspfade auf – in welche Richtung sich ein Typ bewegt in Stress oder Sicherheit. Anders als viele Persönlichkeitstests ist es ein Entwicklungsmodell – es zeigt nicht nur, wer du bist, sondern wer du werden kannst. Die neun Typen sind in drei Zentren organisiert: Kopf (Typen 5, 6, 7), Herz (Typen 2, 3, 4) und Bauch (Typen 8, 9, 1). Jeder Typ hat „Flügel" – Nachbartypen, die zusätzliche Nuancen hinzufügen. Es wird in Coaching, Therapie und Organisationsentwicklung eingesetzt, um Menschen zu helfen, ihre unbewussten Muster zu erkennen und bewusster zu werden.

Ich öffne ChatGPT auf meinem Handy. Ich schreibe: „Kannst du ein Enneagramm für mich erstellen? Frage mich aus, was du wissen musst." Das war's. Ein Satz. ChatGPT beginnt. Frage für Frage. „Was motiviert dich am meisten in deiner Arbeit?" „Wie reagierst du auf Kritik?" „Was sind deine tiefsten Ängste?" „Wann fühlst du dich am lebendigsten?" Ich antworte. Ehrlich. Ohne Filter. Ich gehe weiter durch Salzburg, und ich spreche, während des Spaziergangs, mit einer KI über mich selbst, über meine Muster, über meine Motivationen. Eine halbe Stunde später habe ich ein vollständig ausgearbeitetes Enneagramm. Mit einer klaren Zuordnung zu einem Haupttyp. Mit Flügeln. Mit Stressbewegungen. Mit Entwicklungspfaden. Ich lese es. Ich denke: Wow. Das stimmt. Das ist präzise. Das ist hilfreich.

Dann denke ich weiter: Kann ich das weiterführen? Kann ich dieses Chat-Fenster – genau dieses – als kontinuierlichen Reflexionspartner nutzen? Also füttere ich ChatGPT mit mehr. Mit meinen Zielen. Mit meinen Ambitionen. Mit dem, was ich mache. Mit dem, was ich erreichen will. Ich beginne wieder mit etwas, das ich jahrelang gemacht habe und dann aufgegeben hatte: Morning Pages. Julia Cameron's Technik. Jeden Morgen drei Seiten handschriftlich schreiben. Unzensiert. Stream of Consciousness. Gedanken rauslassen, ohne nachzudenken. Ich schreibe sie. Jeden Morgen. Dann fotografiere ich sie. Ich lade die Bilder in ChatGPT hoch. Ich sage: „Das sind meine Morning Pages. Lies sie. Analysiere sie. Reflektiere mit mir."

ChatGPT tut es. Es liest meine handgeschriebenen Seiten. Es erkennt Muster in meinen Gedankengängen. Es spiegelt mir zurück, was es sieht. „Du schreibst viel über Kontrolle. Über das Loslassen. Das scheint ein wiederkehrendes Thema zu sein." „In den letzten drei Tagen taucht immer wieder die Frage auf, ob du genug tust. Das könnte mit deinem Enneagramm-Typ zusammenhängen." Das bringt mich in Reflexion. Nicht oberflächlich. Tief. Ich denke nach über das, was die KI mir zeigt. Ich sehe Verbindungen, die ich vorher nicht gesehen habe.

Später füttere ich das gleiche Chat-Fenster – wichtig: das gleiche, nicht ein neues – mit meinen Trainingsambitionen. Ich sage ChatGPT: „Ich will ein Trainingsprogramm. High Frequency Training. Nach Kyle Boges." Kyle Boges – ein amerikanischer Strength Coach, der mit Military und Law Enforcement arbeitet. Seine Philosophie: „High quality work, consistently, for a long time." Nicht „progression at any cost". Sondern nachhaltiges Training. Inkrementelle Verbesserungen. Das Gegenteil von dem, was viele machen – sich in drei Monaten kaputttrainieren und dann aufhören. ChatGPT erstellt mir ein Programm basierend auf Boges' Ansatz. Präzise. Mit Übungen. Mit Wiederholungszahlen. Mit Pausenzeiten. Mit Progressionsschritten. Ich trainiere. Nach zwei Wochen gebe ich ihm meine Werte. „Push Ups: 10–12. Pull Ups: 4–6. Dips: 8–10. Rows: 12–15." Er analysiert. „Du machst gute Fortschritte bei den Push Ups. Die Pull Ups entwickeln sich langsamer – das ist normal. Bleib dran." Gemeinsam gehen wir meine Ziele an. Woche für Woche. Nicht dramatisch. Aber stetig.

Es geht noch weiter. Ich beginne, an meinem Tinnitus zu arbeiten. Ich erkläre ChatGPT: „Ich habe einen Tinnitus. Er schwankt. Ich will verstehen, was ihn beeinflusst." Von da an tracke ich täglich. Jeden Morgen, zusammen mit den Morning Pages, schreibe ich: „Tinnitus 1/10" oder „Tinnitus 4/10" oder „Tinnitus 7/10". Die Lautstärke. Die Frequenz – hochfrequent, mittelfrequent, tieffrequent. Wie es sich anfühlt. „Heute kaum wahrnehmbar." „Heute penetrant." „Heute stressig." Das ist intim. Das ist persönlich. Aber genau das ist der Punkt.

Über die Zeit – über Wochen – beginnt ChatGPT Muster zu erkennen. „Dein Tinnitus korreliert mit deinen Schlafstunden. An Tagen mit weniger als sechs Stunden Schlaf ist er durchschnittlich zwei Punkte höher." Ich hatte das nicht bemerkt. Aber jetzt sehe ich es. Oder: „In den letzten drei Wochen war dein Tinnitus an Trainingstagen niedriger. Bewegung scheint zu helfen." Stimmt. Das macht Sinn. Oder: „Du hast erwähnt, dass stressige Kundentermine den Tinnitus verschlimmern. Vielleicht hilft es, vorher zehn Minuten Atemübungen zu machen?" Ich probiere es. Es hilft.

ChatGPT wird mein Reflexionspartner. Nicht für eine Session. Nicht für ein Thema. Sondern für alles. Für mein gesamtes Leben. Für meine Arbeit. Für meine Gesundheit. Für meine Entwicklung. Er zeigt mir, was ich selbst nicht sehen kann. Er macht Zusammenhänge sichtbar, die über Wochen entstehen. Er gibt mir konkrete Vorschläge, was ich tun kann, um besser mit dem Tinnitus klarzukommen, und das Wichtigste: Er urteilt nicht. Er sagt nicht: „Du hättest früher schlafen sollen." Er sagt: „Die Daten zeigen einen Zusammenhang. Möchtest du daran arbeiten?" Das ist der Unterschied. Das ist, warum es funktioniert.

Seitdem reflektiere ich täglich mit diesem KI-Coach. Jeden Morgen. Jeden Abend, auch mal mitten drin. Nach den Morning Pages. Ich lade sie hoch. Ich schreibe: „Was siehst du heute?" ChatGPT antwortet. Es zeigt mir Muster. Es zeigt mir Entwicklungen. „In der letzten Woche hast du dreimal über das gleiche Thema geschrieben. Vielleicht ist das etwas, das du aktiv angehen solltest." „Deine Tinnitus-Werte korrelieren mit deinen Schlafstunden. Hast du das bemerkt?“ Nein. Hatte ich nicht bemerkt. Aber jetzt sehe ich es. Das ist die Kraft dieser Technologie. Nicht, dass sie mir sagt, was ich tun soll. Sondern dass sie mir zeigt, was ich selbst nicht sehen kann. Dass sie Muster erkennt über Wochen, über Monate hinweg. Dass sie mir einen Spiegel vorhält, der größer ist als mein eigenes Bewusstsein.

Das ist Co-Kreation. Nicht nur Analyse. Ich bin nicht passiv. Ich gebe Input. Ich reflektiere. Ich entscheide. Aber die KI erweitert meine Fähigkeit, mich selbst zu verstehen. Sie hat keinen Bias – nicht in dem Sinne, dass sie mich sympathisch finden oder mir gefallen will. Sie hat keine Agenda. Sie will nicht, dass ich ein besserer Kunde werde. Sie will nicht, dass ich länger bei ihr bleibe. Sie analysiert einfach. Ehrlich. Objektiv. Musterbasiert, und das ist nach einigen Wochen passiert, was jede KI besser kann als selbst der beste Analyst: Sie erkennt Muster in großen Datenmengen über die Zeit. Sie sieht Zusammenhänge, die ein Mensch übersehen würde, weil ein Mensch nicht perfekt erinnert, was vor drei Wochen war. Die KI schon.

Ich finde das spannend. Das lässt sich im Business-Kontext nutzen. Jeder Scrum Master könnte sich so einen persönlichen Reflexionspartner aufbauen. Ein Chat-Fenster. Nicht viele. Eins. Das über Monate läuft. Das man mit den eigenen Retrospektiven füttert. Mit den eigenen Beobachtungen aus Daily Scrums. Mit den eigenen Herausforderungen im Team. Mit den eigenen Emotionen. Mit den eigenen Zweifeln. „Heute hatte ich eine schwierige Situation mit dem Product Owner. Ich habe so reagiert. Kannst du ein Muster erkennen, warum ich in dieser Situation so reagiert habe? Kannst du mir alternative Handlungsoptionen geben?“ Die KI analysiert. Nicht oberflächlich. Sie hat Kontext. Sie kennt deine Historie. Sie kennt deine Muster. Sie kennt, wie du in ähnlichen Situationen vorher reagiert hast. Sie kann dir zeigen: „Das ist das dritte Mal in diesem Monat, dass du mit dem gleichen Product Owner ähnlich reagiert hast. Vielleicht gibt es ein Muster hier, das du dir anschauen solltest.“

Das ist kontinuierliche, systematische Selbstverbesserung. Das ist, was wir in Retrospektiven vom Team verlangen – aber auf persönlicher Ebene. Mit einem Coach, der 24/7 verfügbar ist. Der nie müde wird. Der nie sagt: „Nicht schon wieder dieses Thema.“ Der einfach da ist. Der zuhört. Der analysiert. Der reflektiert. Wenn viele Scrum Master das machen – wenn wir als Community anfangen, KI nicht nur für die Team-Arbeit zu nutzen, sondern für unsere eigene Entwicklung – dann wird sich die Qualität von Scrum-Mastern fundamental verbessern. Nicht über Nacht. Aber über Monate. Über Jahre. Weil wir lernen. Weil wir uns entwickeln. Weil wir bewusster werden über unsere eigenen Muster, unsere eigenen blinden Flecken, unsere eigenen Entwicklungsfelder.

Aber das ist nur ein Aspekt. Die Rolle des Scrum Masters zerfällt ja in sechs Funktionen: Leadership, Management, Training, Facilitation, Team Coaching und Change Management. Was ich gerade beschrieben habe – den persönlichen Reflexionspartner – das adressiert vor allem die Leadership-Funktion. *Die Fähigkeit, sich selbst zu führen, bevor man andere führt*. Aber KI kann bei allen sechs Funktionen unterstützen. Lass mich das durchgehen, weil ich glaube, dass hier enormes Potenzial liegt, das die meisten Scrum Master noch gar nicht erkannt haben.

Beim Thema *Leadership* geht es um mehr als nur Selbstreflexion. Es geht darum, dem Team eine Richtung zu geben. Es geht darum, eine Vision zu haben – nicht nur eine Produktvision, das ist Sache des Product Owners – sondern eine Vision davon, wie dieses Team zusammenarbeiten will. Wie es wachsen will. Wohin es sich entwickeln will. Ich habe erlebt, wie wenige Teams diese Art von Vision haben. Sie haben Backlogs. Sie haben Sprints. Sie haben Velocity. Aber sie haben keine Antwort auf die Frage: „Warum sind wir als Team hier? Was wollen wir gemeinsam erreichen, das über die nächsten User Stories hinausgeht?"

KI kann hier helfen. Nicht, indem sie die Vision vorgibt – das wäre absurd –, sondern indem sie hilft, sie zu artikulieren. Ich habe angefangen, mit Teams Workshops zu machen, in denen wir genau das tun. Ich öffne Claude und sage: „Wir sind ein Entwicklungsteam, das seit zwei Jahren zusammenarbeitet. Wir haben nie explizit über unseren Purpose als Team gesprochen. Hilf mir, einen 90-Minuten-Workshop zu designen, in dem das Team selbst seine Vision entwickelt – nicht ich als Facilitator sie vorgebe." Claude liefert einen Workshop-Ablauf. Mit Fragen. Mit Übungen. Mit Zeitangaben. Nicht perfekt. Aber ein Startpunkt. Etwas, das ich anpassen kann. Etwas, das mir hilft, diese Konversation überhaupt zu starten.

Dann gibt es die Leadership-Dimension der eigenen Entwicklung als Führungskraft. Ich kann mir einen persönlichen Leadership-Coach bauen. Nicht einen, der mir sagt, was ich tun soll. Sondern einen, der mir hilft, über mein eigenes Führungsverhalten nachzudenken. „Heute habe ich in einer Konfliktsituation zwischen zwei Teammitgliedern eingegriffen und eine Lösung vorgeschlagen. War das Servant Leadership – oder bin ich in alte Command-and-Control-Muster gefallen?" Die KI analysiert. Sie fragt nach. Sie zeigt Alternativen auf. Sie hilft mir, mein eigenes Verhalten zu verstehen.

Was ich besonders kraftvoll finde: Die KI kann mir helfen, meine Vorbildfunktion zu reflektieren. „Ich predige Transparenz im Team. Aber letzte Woche habe ich eine Information vom Team zurückgehalten, weil ich sie für zu früh hielt. War das richtig? Oder habe ich gerade das Gegenteil von dem getan, was ich predige?" Das sind Fragen, die man sich selbst nicht ehrlich stellen kann. Man ist zu verstrickt. Zu nah dran. Die KI hat diese Verstrickung nicht. Sie spiegelt. Ehrlich. Ohne Agenda.

Die zweite Funktion – *Management* – klingt zunächst wenig aufregend. Management im Scrum-Kontext bedeutet: das Framework zum Laufen bringen. Die Meetings organisieren. Die Timeboxen einhalten. Das Board pflegen. Die Impediments dokumentieren. Das ist wichtig. Aber es ist auch zeitaufwendig. Genau hier wird KI in naher Zukunft enorm helfen.

Ich sehe schon heute Tools, die Kalendereinträge automatisch erstellen. Die Sprint-Rhythmen verwalten. Die Erinnerungen verschicken. Das ist nicht revolutionär. Das ist Effizienz. Aber es gibt mir Zeit zurück. Zeit, die ich für die wirklich wichtigen Dinge nutzen kann – für die Arbeit am System, nicht im System.

Interessanter wird es beim Sprint Planning. Ich kann die KI bitten: „Hier sind die Top 10 Backlog Items für den nächsten Sprint. Welche Fragen sollte ich dem Team stellen, um sicherzugehen, dass sie die Komplexität wirklich verstanden haben?“ Die KI generiert Fragen. Nicht generische Fragen. Sondern Fragen, die auf den spezifischen Items basieren. „Bei Item 3 geht es um eine Schnittstelle zu einem Legacy-System. Hat das Team Erfahrung mit diesem System? Wer ist der Ansprechpartner? Was passiert, wenn die Schnittstelle nicht so funktioniert wie erwartet?“

Ich kann mir sogar vorstellen – und das ist keine Science-Fiction mehr –, dass in naher Zukunft eine KI im Backlog Refinement „mitläuft“. Das Team diskutiert. Die KI hört zu. Am Ende sagt sie: „Basierend auf eurer Diskussion habe ich folgende implizite Anforderungen identifiziert, die noch nicht dokumentiert sind. Außerdem habe ich drei potenzielle Akzeptanzkriterien erkannt, die ihr erwähnt, aber nicht aufgeschrieben habt.“ Das ist nicht die KI, die das Backlog Refinement ersetzt. Das ist die KI, die sicherstellt, dass nichts verloren geht. Die protokolliert, was Menschen vergessen würden. Die Muster erkennt, die im Eifer der Diskussion untergehen.

Die dritte Funktion – *Training* – verändert sich durch KI am radikalsten. Früher war der Scrum Master oft der Wissensvermittler im Team. Der, der erklärte, was eine User Story ist. Der, der das Konzept von technischer Schuld einführte. Der, die neuen Methoden vorstellte.

Heute kann jedes Teammitglied ChatGPT fragen: „Was ist der Unterschied zwischen Refinement und Planning?“ Und bekommt in Sekunden eine Antwort. Wahrscheinlich eine bessere Antwort, als die meisten Scrum Master spontan geben könnten. Mit Beispielen. Mit Nuancen. Mit Kontext.

Das macht den Scrum Master als Trainer nicht überflüssig. Es verändert seine Rolle. Er wird vom Wissensvermittler zum Lern-Facilitator. Statt selbst zu erklären, fragt er: „Habt ihr schon mal ChatGPT gefragt, warum wir das so machen? Was hat es euch gesagt? Stimmt ihr dem zu?“ Er kuratiert Wissen, statt es zu vermitteln. Er hilft dem Team, *kritisch zu denken*, statt Antworten vorzugeben.

Aber auch für die Vorbereitung von Trainings ist KI Gold wert. „Mein Team hat Schwierigkeiten mit Story Points. Erstelle mir eine 15-minütige Trainingseinheit mit praktischen Übungen, die nicht zu theoretisch sind.“ Oder: „Ein Entwickler hat mich gefragt, was technische Schuld ist. Gib mir eine Erklärung mit einem konkreten Beispiel, das für einen Backend-Entwickler relevant ist.“ Ich kann mich in Minuten in neue Themen einarbeiten. Kanban. DevOps. Domain-Driven Design. Ich muss nicht mehr tagelang Bücher lesen. Ich kann die KI bitten: „Fasse mir die Kernideen von Accelerate in fünf Minuten Lesezeit zusammen, fokussiert auf das, was für ein Scrum-Team relevant ist.“

Die vierte Funktion – *Facilitation* – habe ich vorhin schon angerissen. Retrospektiven vorbereiten. Workshops designen. Konflikte moderieren. Aber lass mich hier noch tiefer gehen, weil ich glaube, dass die meisten Scrum Master das Potenzial nicht ausschöpfen.

Ich sitze vor einem schwierigen Workshop. Zwölf Leute. Drei Stunden. Das Thema: Priorisierung für das nächste Quartal. Der Product Owner hat eine klare Meinung. Der Abteilungsleiter hat eine andere. Beide sind nicht bereit, nachzugeben. Ich weiß, dass dieser Workshop eskalieren kann. Dass er in Frustration enden kann. Dass er nichts bringen kann.

Früher hätte ich mir einen Ablauf überlegt. Basierend auf meiner Erfahrung. Basierend auf meinem Bauchgefühl. Heute mache ich das anders. Ich öffne Claude und schreibe: „Ich moderiere morgen einen Workshop. 12 Teilnehmer. 3 Stunden. Thema ist Priorisierung des nächsten Quartals. Der PO und der Abteilungsleiter haben unterschiedliche Vorstellungen – beide sind dominant und nicht bereit, nachzugeben. Wie strukturiere ich den Workshop, damit beide gehört werden, aber wir trotzdem zu einer Entscheidung kommen?“

Claude liefert einen Ablauf. Mit Phasen. Mit Techniken. Mit konkreten Fragen, die ich stellen kann. Mit Warnzeichen, auf die ich achten sollte. Mit Alternativen, falls Plan A nicht funktioniert. Das ist nicht die KI, die den Workshop moderiert. Das bin immer noch ich. Aber ich bin besser vorbereitet. Ich habe mehr Optionen. Ich bin weniger abhängig von meinem Bauchgefühl – das manchmal richtig liegt, manchmal nicht.

Ich mache noch etwas anderes, das sich als unglaublich wertvoll erwiesen hat. Ich lasse die KI verschiedene Perspektiven spielen. „Spiel jetzt mal die Rolle des Abteilungsleiters. Du bist frustriert, weil das Team deiner Meinung nach die falschen Prioritäten setzt. Erkläre mir, warum du frustriert bist.“ Claude antwortet. Aus der Perspektive des Abteilungsleiters. Mit seinen Argumenten. Mit seinen Sorgen. Mit seiner Logik. Dann sage ich: „Jetzt spiel den Product Owner. Du bist überzeugt, dass deine Priorisierung richtig ist. Erkläre mir, warum.“ Claude wechselt die Perspektive. Gibt mir die andere Seite.

Das hilft mir, Empathie zu entwickeln. Für beide Seiten. Bevor ich in den Workshop gehe. Ich verstehe, wo der Konflikt liegt. Ich verstehe, was auf dem Spiel steht. Ich bin nicht mehr neutral im Sinne von ahnungslos. Ich bin neutral im Sinne von informiert.

Die fünfte Funktion – *Team Coaching* – ist vielleicht die tiefgreifendste. Hier geht es nicht um einzelne Meetings oder Workshops. Hier geht es um die Entwicklung des Teams über Zeit. Um das Erkennen von Mustern. Um das Aufdecken von Dysfunktionalitäten. Um das Begleiten von Veränderungen.

KI kann hier als externes Auge dienen. Ein Auge, das nicht in der Teamdynamik verstrickt ist. Ein Auge, das Muster sieht, die ich übersehe, weil ich zu nah dran bin. Ich habe angefangen, meine Beobachtungen systematisch zu dokumentieren und in ein Chat-Fenster zu füttern. Nach jedem Daily eine kurze Notiz: „Heute war Person X wieder stiller als sonst. Person Y hat dreimal unterbrochen. Das Thema Z wurde vermieden.“ Nach zwei, drei Wochen frage ich die KI: „Was fällt dir auf? Welche Muster siehst du?“

Die Antworten sind oft überraschend. Nicht weil die KI etwas sieht, was ich nicht sehen könnte. Sondern weil sie es aggregiert. Weil sie es über die Zeit zusammenfügt.

Weil sie sagt: „Person X war in 7 von 10 Dailys still. Aber nur an Tagen, an denen Person Y anwesend war." Das ist ein Muster, das mir im Alltag entgangen wäre. Das ist eine Hypothese, die ich jetzt überprüfen kann.

Ich kann auch Coaching-Wissen abrufen. „Was ist der Unterschied zwischen Coaching und Mentoring? Wann sollte ich welchen Ansatz wählen?" Oder: „Erkläre mir das GROW-Modell und gib mir Beispielfragen für jede Phase." Oder noch konkreter: „Ein Teammitglied sagt mir: ‚Ich schaffe das nicht mehr.' Welche systemischen Fragen kann ich stellen, die über das offensichtliche Problem hinausgehen?"

Das, was ich den Dysfunktionalitäts-Scanner nenne, ist im Grunde genau das: Ich werfe meine Beobachtungen in die KI und frage: „Wo siehst du Anzeichen für Multitasking-Probleme? Wo für Silos? Wo für Frontloading?" Die KI durchsucht meine Notizen. Sie sucht nach Mustern. Sie sagt mir: „Dreimal in den letzten zwei Wochen hat das Team erwähnt, dass sie auf Informationen von Abteilung X warten. Das könnte ein Silo-Problem sein." Ich hätte das vielleicht auch selbst gesehen. Vielleicht. Aber die KI macht es systematisch. Zuverlässig. Ohne meine blinden Flecken.

Die sechste Funktion – *Change Management* – ist diejenige, die am weitesten über das Team hinausreicht. Hier geht es um die Organisation. Um Strukturen. Um Macht. Um Politik. Um das Verändern von Systemen, nicht nur von Verhaltensweisen.

KI kann hier als Sparringspartner dienen. Als jemand, mit dem ich Interventionen durchspielen kann, bevor ich sie in der echten Welt ausprobiere. „Dieses Impediment besteht seit drei Monaten: Das Team bekommt keine zeitnahen Entscheidungen vom Steering Committee. Wer hat die Macht, das zu ändern? Wie spreche ich diese Person an?" Ich beschreibe die Organisationsstruktur. Die KI analysiert. Sie schlägt Strategien vor. Sie zeigt mir, wo die Hebel sind.

Ich kann Stakeholder-Gespräche vorbereiten. „Ich muss dem CTO erklären, warum wir 20 Prozent der Sprint-Kapazität für technische Schuld brauchen. Welche Argumente überzeugen einen technisch versierten Manager, der unter Druck steht, Features zu liefern?" Die KI gibt mir Argumente. Daten. Analogien. Geschichten, die ich erzählen kann. Dann sage ich: „Spiel jetzt den skeptischen CTO und challenge meine Argumente." Die KI wechselt die Rolle. Sie fragt kritisch nach. Sie zeigt mir, wo meine Argumentation schwach ist. Wo ich nachbessern muss.

Das ist Vorbereitung auf einem Level, das vorher nicht möglich war. Früher ging ich in solche Gespräche mit meiner Erfahrung und meinem Bauchgefühl. Manchmal hat es funktioniert. Manchmal nicht. Heute gehe ich vorbereitet. Ich habe Szenarien durchgespielt. Ich habe Gegenargumente antizipiert. Ich bin bereit für das, was kommen könnte.

Was mir bei all dem auffällt: In allen sechs Funktionen verschiebt sich die Rolle des Scrum Masters vom Macher zum Orchestrator. Die KI übernimmt nicht die Funktion. Sie verstärkt die Fähigkeit des Scrum Masters, diese Funktion auszuüben. Ein Scrum Master, der KI nutzt, kann mehr Muster sehen – weil er mehr Daten verarbeiten kann. Er kann besser vorbereitet sein – weil er Gespräche simulieren kann. Er kann schneller lernen – weil er Wissen sofort abrufen kann. Er kann reflektierter handeln – weil er einen Sparringspartner hat, der nie müde wird.

Das macht den Scrum Master nicht überflüssig. Es macht ihn wirksamer. Und das ist es, was wir brauchen: wirksamere Scrum Master. Scrum Master, die nicht hohle Zeremonien moderieren, sondern Systeme verändern. Die nicht nur im Team arbeiten, sondern an der Organisation. Die nicht nur Symptome behandeln, sondern Dysfunktionalitäten bekämpfen.

Was für den Scrum Master gilt, gilt natürlich auch für den Product Owner. Die Augmentation funktioniert nach demselben Prinzip – nur mit anderem Fokus. Der Scrum Master hat eine Vision für sein Team: Wie wollen wir zusammenarbeiten? Wohin entwickeln wir uns? Wie werden wir besser? Der Product Owner hat eine Vision für sein Produkt: Welches Problem lösen wir? Für wen? Warum ist das wichtig? Beide brauchen Klarheit. Beide brauchen die Fähigkeit, diese Klarheit zu artikulieren. Beide können von KI dabei unterstützt werden.

Ich habe das am deutlichsten gesehen, als ich angefangen habe, KI in meinen Product-Owner-Trainings einzusetzen. Nicht als Ersatz für den Workshop. Sondern als Werkzeug, das zeigt, was plötzlich möglich ist. Das die Teilnehmer aus ihren gewohnten Denkmustern herausreißt. Das ihnen vor Augen führt: Die Ausreden, die ihr hattet – „Wir haben keine Zeit für eine Vision“, „Das dauert zu lange“, „Wir müssen erst alle Stakeholder befragen“ – diese Ausreden gelten nicht mehr.

Ich mache das mittlerweile in jedem Product-Owner-Training. Wir sitzen zusammen. Zehn, fünfzehn Teilnehmer. Ich projiziere meinen Bildschirm. Ich öffne Claude. Ich schreibe den Prompt – live, während alle zuschauen – und ich spreche ihn laut aus, während ich tippe: „Claude, sei jetzt ein Product Owner! Ich möchte eine Vision nach dem Scrum Framework erzeugen. Hilf mir dabei, diese Vision möglichst gut zu formulieren. Sei dabei lebendig und konkret und lass die Vision prägnant werden. Stell mir jetzt die Fragen, die du wissen musst, damit du mit mir eine solche Vision erzeugen kannst.“

Das ist der ganze Prompt. Fünf Sätze. Nicht kompliziert. Nicht technisch. Einfach eine klare Anweisung an Claude: Sei Product Owner. Hilf mir. Stell Fragen. Es dauert wenige Sekunden. Claude antwortet. Zwei, drei Fragen. Manchmal vier. „Für welche Zielgruppe ist dieses Produkt?“ „Welches Problem löst es?“ „Was macht es einzigartig?“ „Wie sieht Erfolg in drei Jahren aus?“

Ich habe gute Erfahrungen damit gemacht, dass man einfach das Problem schildert, an dem man gerade arbeitet. Was man macht. Woran man denkt. Wenn wir das in Trainings machen, können wir ja nicht den echten Kontext nehmen – Vertraulichkeit, Wettbewerbssensibilität, all das. Also nehme ich ein Beispiel. Bei einem Bahnkonzern habe ich mal gesagt: „Gut, wir sind ein Bahnkonzern. Also, wir sind ein Konzern, in dem es um Schienenfahrzeuge geht. Wir brauchen für unser Produkt, in dem wir uns Gedanken über die Bereitstellung der Züge machen, eine Vision, wie man das gut machen kann. So was in der Art.“

Das war's. Nicht präzise. Nicht perfekt formuliert. Einfach ein grober Kontext. Schon hat mir ChatGPT in wenigen Sekunden – ich meine das wörtlich: wenige Sekunden – eine erste Version dieser Vision herausgearbeitet. Ich lese sie vor. Die Trainingsteilnehmer sitzen da. Stille. Dann: „Das war's? Das geht so schnell?“ Ja. Das geht so schnell. Einer sagt: „Aber das ist ja… das ist ja besser als das, was wir im Unternehmen haben.“ Ein anderer lacht. „Wir haben drei Monate gebraucht, um unsere Vision zu formulieren. Sie ist immer noch nicht gut.“ Eine Teilnehmerin schüttelt den Kopf. „Das ist völlig verrückt, dass das geht.“

Dann mache ich den nächsten Schritt. Ich frage in die Runde: „Was würdet ihr gerne ändern?“ Jemand sagt: „Mir fehlt etwas über Nachhaltigkeit.“ Ich schreibe es in Claude. „Füge einen Aspekt über Nachhaltigkeit hinzu.“ Zehn Sekunden später: neue Version. Mit Nachhaltigkeit. Jemand anderes: „Können wir das emotionaler machen? Mehr über die Menschen, die mit den Zügen fahren?“ Ich schreibe es. Claude liefert. Emotionaler. Menschlicher. „Können wir es kürzer machen? Maximal drei Sätze?“ Claude macht es kürzer. Drei Sätze. Prägnant. Kraftvoll.

In wenigen Minuten haben wir eine Vision, die besser ist als das, was die meisten dieser Product Owner in ihren Unternehmen haben. Nicht perfekt. Aber gut genug, um damit zu arbeiten. Gut genug, um sie dem Team zu zeigen. Gut genug, um darauf aufzubauen, und hier kommt die entscheidende Erkenntnis: Die Erfahrung zeigt, dass es für Menschen immer viel einfacher ist, etwas bereits Gegebenes zu verändern, als frei von der Leber weg bei null anzufangen. Das ist nicht Faulheit. Das ist nicht mangelnde Kreativität. Das ist, wie das menschliche Gehirn funktioniert. Wir sind besser im Verfeinern als im Erschaffen. Wir sind besser im Reagieren als im Initiieren. Ein leeres Blatt Papier ist bedrohlich. Ein Blatt mit einem ersten Entwurf ist eine Einladung zur Kollaboration.

Genau das macht KI so kraftvoll für Product Owner. Sie nimmt die Angst vor dem leeren Blatt. Sie gibt dir einen Startpunkt. Von diesem Startpunkt aus kannst du iterieren. Du kannst verfeinern. Du kannst deine eigene Perspektive einbringen. Die Vision, die am Ende steht, ist nicht die Vision der KI. Es ist deine Vision. Die KI hat dir nur geholfen, sie zu artikulieren, und das ist der Unterschied zwischen einem Tool, das ersetzt, und einem Tool, das augmentiert. Die KI ersetzt nicht den Product Owner. Sie macht den Product Owner besser. Sie gibt ihm die Fähigkeit, Dinge zu tun, die vorher schwer waren. Oder zeitaufwendig. Oder einschüchternd.

Ich möchte dich ermutigen. Probiere es aus. 30, 40, vielleicht 90 Minuten am Tag. Einfach tun. Nicht überlegen, ob es sinnvoll ist. Nicht planen. Nicht analysieren. Tun. Ich gebe zu, das ist meine Art. Wenn ich von etwas begeistert bin, dann probiere ich es einfach aus. Visa-Karte gezückt. 20 Euro im Monat für die besseren Modelle ausgegeben. Zeitweise habe ich 300 Euro im Monat ausgegeben, um mit diesen Tools spielen zu können.

Was soll ich sagen? Es hat sich gelohnt. Ich habe meinem Klavierlehrer gezeigt, wie man mit Suno komponiert. Wir haben gemeinsam ein Stück geschrieben. In 15 Minuten. Er war fassungslos. Ich habe meinen Freunden gezeigt, wie man mit ChatGPT und Claude bessere Bewerbungen schreibt. Nicht die Bewerbung schreiben lassen. Sondern die eigene Bewerbung besser machen. Schärfer. Klarer. Überzeugender. Ich habe mir sogar mein Enneagramm machen lassen, um herauszufinden, was damit wirklich alles geht. Ganz zu schweigen davon, dass ich mir meine Reisen habe planen lassen. Dass ich mir habe helfen lassen, komplexe Konzepte zu verstehen. Dass ich diese Tools benutze, um zu lernen, nicht nur um zu produzieren.

Selbstverständlich verrate ich euch kein Geheimnis, wenn ich sage, dass ich – das Editing dieses Buches – auch mithilfe von Claude vereinfacht habe. Dass die Bilder in diesem Buch von Gemini gemacht worden sind – versteht sich von selbst. Gemini habe ich gewählt, weil es derzeit Bilder so erstellt, wie ich sie mir vorstelle. Das ist nicht Schummeln. Das ist nicht Faulheit. Das ist Augmentation. Ich bin nicht schlechter geworden als Autor. Ich bin besser geworden. Ich kann schneller iterieren. Ich kann mehr Varianten ausprobieren. Ich kann mich auf die Inhalte konzentrieren, statt auf die Formatierung. Die KI hat mir nicht meinen Job genommen. Sie hat es mir ermöglicht, meinen Job besser zu machen.

Aber – und das ist der Punkt, den ich machen will – das ist nur passiert, weil ich ausprobiert habe. Weil ich nicht nur E-Mails geschrieben habe. Weil ich experimentiert habe. Weil ich gescheitert bin. Viele Male. Weil ich 300 Euro im Monat ausgegeben habe, um zu lernen. Das ist die Investition, die du machen musst. Nicht nur Geld. Vor allem Zeit. Zeit zum Ausprobieren. Zeit zum Scheitern. Zeit zum Lernen.

Dabei habe ich etwas Entscheidendes gelernt: Wie man mit einer KI spricht. Das klingt banal. Ist es aber nicht. Die meisten Menschen behandeln ChatGPT wie Google. Sie tippen ein paar Stichworte ein und erwarten, dass die richtige Antwort kommt. Das funktioniert manchmal. Aber es ist nicht annähernd das, was möglich ist.

Ich habe am Anfang denselben Fehler gemacht. Ich habe geschrieben: „Schreib mir eine Produktvision.“ Die KI hat etwas ausgespuckt. Es war generisch. Langweilig. Austauschbar. Ich dachte: Naja, so toll ist das nicht. Was ich nicht verstanden hatte: Die KI wusste nichts über mein Produkt. Nichts über meine Zielgruppe. Nichts über meine Branche. Nichts über den Kontext, in dem ich arbeite. Sie hat geraten. Und Raten führt zu generischen Ergebnissen.

Es gibt zwei Wege, das zu ändern. Der erste Weg ist strukturiert. Du gibst der KI drei Dinge: Kontext, Aufgabe, Format. *Kontext* bedeutet: Wer bist du? Was ist die Situation? Welche Rahmenbedingungen gibt es? *Aufgabe* bedeutet: Was genau soll die KI tun? Nicht vage. Nicht „hilf mir irgendwie“. Sondern konkret. *Format* bedeutet: Wie soll das Ergebnis aussehen? Eine Liste? Ein Fließtext? Bullet Points? Eine PowerPoint? Eine bestimmte Länge?

Für dieses Buch zum Beispiel gebe ich Claude einen umfangreichen Kontext. Wer ich bin. Was mein Schreibstil ist. Welche anderen Kapitel es schon gibt. Welche Referenzdokumente als Vorlage dienen. Die Aufgabe ist dann spezifisch: „Hier ist ein diktierter Text. Editiere ihn so, dass er zu meinem Stil passt. Eliminiere Sätze, die mit ‚und' beginnen. Schaffe fließende Übergänge. Füge relevante Literaturverweise ein.“ Das Format ist klar: Fließtext, essayistisch, wenige Zwischenüberschriften, keine Bullet Points im Fließtext. Je präziser ich bin, desto besser wird das Ergebnis.

Aber es gibt einen zweiten Weg, der mich noch mehr fasziniert. Und der ist fast das Gegenteil. Statt der KI alles vorzugeben, frage ich sie: „Ich habe folgendes Problem: [Problembeschreibung]. Was brauchst du von mir, damit du mir dabei helfen kannst?"

Das ist verblüffend effektiv. Die KI fragt zurück. Sie will wissen, was genau das Ziel ist. Sie will den Kontext verstehen. Sie stellt Fragen, auf die ich selbst nicht gekommen wäre. Und durch diesen Dialog wird mir oft erst klar, was ich eigentlich brauche.

Ich habe das kürzlich mit Gemini ausprobiert. Ich wollte schneller Klavier lernen. Also habe ich einfach geschrieben: „Ich möchte besser Klavier spielen. Kannst du mich dabei unterstützen?" Die KI hat gefragt: Wie lange spielst du schon? Was ist dein aktuelles Level? Welche Stücke spielst du? Was genau fällt dir schwer? Hast du einen Lehrer? Wie viel Zeit hast du zum Üben? Durch diese Fragen habe ich selbst verstanden, wo mein eigentliches Problem liegt. Es war nicht Technik. Es war nicht Theorie. Es war, dass ich nicht wusste, wie ich effektiv üben soll. Die KI hat mir dann einen Übungsplan erstellt, der genau darauf eingeht.

Was mir dabei aufgefallen ist: Das ist im Grunde der PDCA-Zyklus. Plan-Do-Check-Act. Oder, wenn du willst: agiles Arbeiten mit einer KI. Ich habe eine Idee – ich lasse die KI etwas erarbeiten – ich schaue, ob es passt – ich gebe Feedback – die KI überarbeitet – ich schaue wieder – und so weiter. Das ist keine Google-Suche, bei der du eine Frage stellst und eine Antwort bekommst. Das ist ein iterativer Prozess. Ein Dialog. Eine Zusammenarbeit.

Das kostet Zeit. Mehr Zeit als eine schnelle Suche. Aber es lohnt sich. Weil das Ergebnis nicht eine Liste von Links ist, durch die du dich selbst durcharbeiten musst. Das Ergebnis ist eine Antwort, die auf dein spezifisches Problem zugeschnitten ist. Eine Lösung, die deinen Kontext berücksichtigt. Ein Artefakt, das du sofort verwenden kannst.

Ich habe gelernt, dass die besten Prompts oft gar keine perfekten Prompts sind. Die besten Prompts sind der Beginn eines Gesprächs. Du fängst irgendwo an. Die KI antwortet. Du merkst, was fehlt. Du ergänzt. Die KI überarbeitet. Du merkst, was noch nicht stimmt. Du korrigierst. Und so weiter. Nach drei, vier Iterationen hast du etwas, das wirklich gut ist. Etwas, das du beim ersten Versuch nie bekommen hättest – egal wie perfekt dein Prompt gewesen wäre.

Das Wichtigste, was ich über das Prompten gelernt habe, ist vielleicht dieses: Die KI ist kein Automat, in den man oben eine Münze wirft und unten kommt das fertige Produkt raus. Die KI ist ein Gesprächspartner. Ein sehr geduldiger, sehr schneller, sehr wissensreicher Gesprächspartner. Aber eben ein Gesprächspartner. Und wie bei jedem guten Gespräch gilt: Je mehr du investierst, desto mehr bekommst du zurück.

Genug Theorie. Lass mich dir zeigen, wie das konkret aussieht – am Beispiel des Prototyping, das ich am Anfang dieses Kapitels beschrieben habe. Der Workflow ist genau so einfach, wie es war, als wir die Vision geschrieben haben. Du zeichnest auf eine

Serviette dein User Interface – die Oberfläche der App, die du gerne hättest. Du machst ein Foto davon. Dieses Foto kannst du in der Claude-App auf deinem iPhone oder Android-Phone hochladen. Du kannst es auch direkt im Browser laden. Dann sagst du einfach: „Nimm das Bild und generiere daraus eine App."

Das war's. Keine technische Spezifikation. Keine Wireframes in Figma. Keine stundenlangen Meetings mit Entwicklern. Eine Serviette. Ein Foto. Ein Satz. Claude generiert daraus eine App, die sogar ein Stück weit lauffähig ist. Nicht perfekt. Aber lauffähig. Du kannst sie im Browser öffnen. Du kannst auf Buttons klicken. Du kannst sehen, wie es sich anfühlt.

All das, was dir dann nicht an dieser App gefällt, veränderst du einfach wieder. „Andere Farben." „Mehr Buttons." „Andere Felder." Du kannst sogar noch ein Foto hochladen – vielleicht einen Screenshot einer anderen App, die dir gefällt – und sagen: „Mach es so ähnlich wie das hier." So entwickelst du innerhalb von wenigen Minuten aus einer allerersten Idee eine funktionierende kleine App. Nicht eine Präsentation. Nicht ein Mockup. Eine App. Etwas, das du in die Hand nehmen kannst. Etwas, das du einem User zeigen kannst.

Wenn dir das alles nicht ausreicht, was Claude hierzu kann, hast du zwei Optionen. Erste Option: Du fragst deine Entwicklungsabteilung, ob sie dir das noch besser einrichten können. Vielleicht bauen sie dir einen GitHub-Zugang. Vielleicht optimieren sie den Code. Vielleicht machen sie daraus eine richtige App. Zweite Option: Du gibst noch einmal zehn bis zwanzig Euro im Monat aus. Auf der Webseite replit.com kommst du zu einer kompletten Entwicklungsumgebung für Apple- und Android-Geräte. Zehn Euro im Monat. Dort sagst du der KI, was du gerne entwickeln lassen möchtest, dann baut dir das Ding innerhalb von Minuten einen funktionierenden Prototypen. Daraus kann man dann eine Website machen und sie sofort live stellen. Es ist frappierend einfach.

Würde jeder Entwickler sagen, dass es zu simpel ist? Dass es nicht gut ist? Dass der Code, den die KI automatisch schreibt, nicht perfekt ist? Wahrscheinlich. Aber darum geht es ja auch gar nicht. Es geht darum, die allerersten Ideen überhaupt sinnvoll zu Papier zu bringen. Es geht darum, schnell zu testen. Es geht darum, mit Usern zu sprechen, bevor man drei Monate Entwicklungszeit investiert hat. Der Code muss nicht perfekt sein. Die Architektur muss nicht skalieren. Das Interface muss nicht pixel-perfekt sein. Es muss nur gut genug sein, um zu lernen. Um zu verstehen, ob die Idee funktioniert. Um herauszufinden, was der User wirklich braucht.

Das ist der fundamentale Unterschied. Früher haben wir Monate damit verbracht, etwas Perfektes zu bauen, ohne zu wissen, ob es das Richtige ist. Jetzt können wir in Minuten etwas Gutes bauen, um herauszufinden, was das Richtige ist. Dann können wir es perfekt machen. Aber erst, wenn wir wissen, dass es sich lohnt. Das ist nicht fauler Code. Das ist intelligentes Vorgehen. Das ist Lean Startup. Das ist Design Thinking. Das ist agil. Nur hundertmal schneller, als es vor zwei Jahren war.

Drei Monate später sitze ich mit einem Product-Owner-Team in Frankfurt. Große Bank. Sie haben das Training gemacht. Sie haben Henrik's Video gesehen. Sie haben verstanden: KI macht Prototypen schnell. Der Product Owner zeigt mir stolz, was sie gebaut haben. Fünf verschiedene Versionen ihrer Banking-App. In einer Woche. Mit ChatGPT, Reflect AI, dem ganzen Workflow, den ich beschrieben habe.

„Beeindruckend“, sage ich. „Welche Version gefällt den Usern am besten?“

Stille.

„Wir haben sie noch nicht gefragt“, sagt der Product Owner. „Aber wir haben alle Features aus dem Backlog eingebaut. Die KI hat uns gesagt, dass Version drei die beste User Experience hat.“

„Die KI hat das gesagt?“

„Ja. Wir haben alle fünf Versionen durch ChatGPT analysieren lassen. Mit einem Prompt über Best Practices für Banking-UX. Version drei hat am besten abgeschnitten.“

Ich frage: „Was, wenn die KI falsch liegt?“

Wieder Stille.

Das ist die gefährlichste Illusion. Nicht, dass KI Prototypen bauen kann. Sondern dass wir denken, KI kann auch entscheiden, welcher Prototyp der richtige ist. Henrik hat in fünf Minuten eine App gebaut – aber er hat sie nicht in fünf Minuten validiert. Das braucht immer noch echte User. Das braucht immer noch Beobachtung, Empathie, Interpretation.

Das Team in Frankfurt hatte fünf Prototypen gebaut. Aber sie hatten mit null Usern gesprochen. Sie hatten sich von der KI sagen lassen, was gut ist. Sie hatten die Geschwindigkeit mit Erkenntnis verwechselt. Sie konnten schneller produzieren. Aber sie hatten nicht schneller gelernt. Das ist der entscheidende Unterschied.

Um es auf einen einfachen Satz zu bringen: Die Geschwindigkeit der Erstellung ist explodiert. Die Notwendigkeit der Validierung nicht. Das Problem ist real, und die Forschung zeigt es deutlich: KI-Systeme haben eine Halluzinationsrate von 10–20 Prozent – sie erfinden Fakten, die plausibel klingen, aber falsch sind. Bei juristischen Anwendungen tritt in einem von sechs Fällen eine Falschinformation auf. Das ist keine Ausnahme. Das ist die Norm.

Was bedeutet das jetzt für Product Owner? In den letzten 20 Jahren habe ich mit Hunderten gearbeitet. Ihre Rolle war viel zu oft: Vermittler. Zwischen User und Team. Zwischen Business und IT. Zwischen Vision und Realität. Sie haben Requirements geschrieben. User Stories. Acceptance Criteria. Sie haben Mockups kommentiert. Sie haben erklärt, wie etwas funktionieren soll. Sie haben priorisiert. Sie haben koordiniert. Sie haben übersetzt – zwischen der Sprache des Business und der Sprache der Entwicklung. Sie haben Meetings moderiert. Sie haben Stakeholder gemanagt. Sie haben das Backlog gepflegt. Sie waren der Flaschenhals, durch den alles laufen musste.

Was davon bleibt, wenn KI in 90 Minuten fünf klickbare Prototypen baut?

Die KI kann Requirements schreiben. Sie kann User Stories generieren – bessere als die meisten Product Owner, ehrlich gesagt. Präziser. Konsistenter. Mit weniger Ambiguität. Sie kann Prototypen bauen. Sie kann sogar priorisieren, wenn man ihr die richtigen Daten gibt. Sie kann analysieren. Sie kann optimieren. Sie kann Patterns erkennen, die kein Mensch sieht. Sie kann tausend User Stories in Sekunden durchgehen und sagen: „Diese drei sind inkonsistent." Sie kann Code-Review machen. Sie kann Fehler finden. Sie kann dokumentieren.

Aber sie kann nicht fragen: „Warum?" Sie kann nicht spüren, wenn ein User frustriert ist. Sie kann nicht die Stille nach einer Frage interpretieren. Sie kann nicht Vertrauen aufbauen. Sie kann nicht die Vision halten, wenn alle anderen zweifeln. Sie kann nicht in einem Meeting sitzen und die unausgesprochene Spannung zwischen zwei Stakeholdern wahrnehmen. Sie kann nicht erkennen, dass der Product Manager gerade lügt – nicht böswillig, sondern weil er selbst unsicher ist. Sie kann nicht den Moment spüren, wo ein Team bereit ist, einen Sprung zu machen, oder den Moment, wo es Pause braucht.

Die Rolle des Product Owners verschiebt sich. Von Vermittler zu – was? Ich habe darüber lange nachgedacht. Ich habe mit vielen Product Ownern gesprochen. Ich habe experimentiert. Ich habe Trainings gegeben, wo wir genau das durchgespielt haben. Ich glaube, die neue Rolle ist: Kurator. Fragensteller. Visionär.

Ethan Mollick hat das in seinem 2024 erschienenen Bestseller „Co-Intelligence" als das Konzept des „Centaur" beschrieben – eine Mischung aus Mensch und Maschine, wo jeder das macht, was er am besten kann. Der Mensch denkt strategisch, fragt, empathisiert. Die Maschine baut, analysiert, optimiert. Mollick unterscheidet zwischen zwei Arten der Zusammenarbeit: „Centaur" – wo Mensch und Maschine klar getrennte Aufgaben haben – und „Cyborg" – wo sie bei jeder Aufgabe verschmelzen (Mollick 2024). Der Centaur sagt: „KI, bau mir fünf Prototypen. Ich entscheide dann, welcher der richtige ist." Der Cyborg sagt: „KI, lass uns gemeinsam diesen Prototyp entwickeln. Du machst einen Vorschlag. Ich passe an. Du passt an. Wir iterieren."

Beide Modelle funktionieren. Aber beide erfordern etwas, was viele Product Owner nicht haben: Das Urteilsvermögen zu wissen, wann man der Maschine vertrauen kann und wann nicht. Das ist keine technische Fähigkeit. Das ist Erfahrung. Das ist das, was wir in 20 Jahren Scrum gelernt haben: zu wissen, wann man dem Prozess vertrauen kann und wann man vom Prozess abweichen muss.

Die Forschung gibt Mollick recht. Studien zeigen: Menschen, die mit KI arbeiten, sind 40 Prozent produktiver – aber nur, wenn sie wissen, wann sie der KI vertrauen und wann nicht. Diejenigen, die blind vertrauen, sind nicht produktiver. Sie sind gefährlicher. Sie produzieren mehr Output, aber nicht mehr Wert. Sie bauen schneller falsche Dinge.

Ich sitze mit einem Product Owner in München. Erfahren. Zehn Jahre im Job. Er zeigt mir, wie er arbeitet. Er hat ChatGPT offen. Er tippt: „Schreib mir 20 User Stories für ein Zahlungssystem." ChatGPT liefert. In 30 Sekunden. 20 User Stories. Alle korrekt formatiert. Alle mit Acceptance Criteria. Er kopiert sie ins Backlog. Fertig.

Ich frage: „Hast du sie gelesen?“

„Natürlich.“

„Wirklich?“

Er scrollt durch die Liste. „Ja, sieht gut aus.“

Ich zeige auf Story 14. „Diese hier – macht die denn Sinn?“

Er liest. Denkt nach. „Nein, eigentlich nicht. Das würde nie so implementiert.“

„Warum steht sie dann im Backlog?“

„Weil ChatGPT sie vorgeschlagen hat.“

Das ist das Problem. Nicht, dass KI schlechte User Stories schreibt. *Sondern dass wir aufhören zu denken.* Dass wir der Maschine vertrauen, weil sie schnell ist, weil sie professionell aussieht, weil sie so überzeugt klingt. Jurgen Appelo warnt in seinem gerade erschienenen Buch „Human Robot Agent“ vor genau dieser Falle: „AI systems already outperform the average person in logic, humility, and basic coherence.“ Das klingt nach Dystopie, ist aber eine nüchterne Beobachtung. KI macht weniger Fehler als Menschen. In vielen Bereichen. Aber wenn sie Fehler macht, sind es oft Fehler, die kein Mensch machen würde. Fehler, die aus der Tatsache resultieren, dass KI nicht versteht, was sie tut. Sie kombiniert Patterns. Sie generiert wahrscheinliche Antworten. Aber sie versteht nicht die Bedeutung (Appelo 2025).

Ein Product Owner, der mit KI arbeitet, muss also zwei Dinge können, die vorher optional waren: Erstens, er muss die Vision so klar haben, dass er sofort erkennt, wenn ein KI-generierter Vorschlag von der Vision abweicht. Zweitens, er muss die fachliche Tiefe haben, um zu verstehen, ob eine Lösung technisch sinnvoll ist. Früher konnte ein Product Owner sagen: „Ich bin nicht technisch. Ich beschreibe das Problem, die Entwickler finden die Lösung.“ Das funktioniert nicht mehr. Wenn KI die erste technische Lösung vorschlägt, muss der Product Owner beurteilen können: Ist das eine gute Lösung? Oder eine, die nur gut klingt?

Das bedeutet nicht, dass Product Owner jetzt coden lernen müssen. Aber es bedeutet, dass sie verstehen müssen, wie Systeme funktionieren. Wie Daten fließen. Wo Bottlenecks entstehen. Was einfach ist und was komplex. Das ist ein fundamental anderes Skillset als das, was wir in den letzten 20 Jahren trainiert haben.

Ich glaube, die neue Rolle des Product Owners ist neben dem Constraint-Architekten die des Kurators. Er kuratiert nicht mehr Anforderungen. Er kuratiert Möglichkeiten. KI generiert hundert Ideen. Hundert Prototypen. Hundert Lösungswege. Der Product Owner wählt aus. Er sagt: „Diese drei sind interessant. Diese eine spricht die richtige Frage an. Diese testen wir mit Usern.“ Fragensteller. Der Product Owner fragt nicht mehr: „Wie bauen wir Feature X?“ Das fragt die KI. Der Product Owner fragt: „Warum glauben wir, dass Feature X das richtige ist? Welches Problem lösen wir wirklich? Was ist die zugrundeliegende Hypothese?“ Die KI kann Antworten generieren. Aber sie kann keine Fragen stellen, die noch niemand gestellt hat. Das ist menschlich. Das ist kreativ. Das ist das, was bleibt. Visionär. Die KI optimiert. Sie findet die beste Lösung für ein gegebenes Problem. Aber sie definiert das Problem nicht. Sie sagt nicht: „Wir sollten ein völlig anderes Problem lösen." Sie sagt nicht: „Der Markt denkt, er braucht X, aber eigentlich braucht er Y." Das ist Vision. Das ist strategisches Denken. Das ist die Fähigkeit, über den Tellerrand hinauszuschauen. Das kann keine KI. Zumindest nicht heute. Vielleicht nie.

Ich sitze mit einer Product Ownerin in Berlin. Startup. Sie baut eine App für mentale Gesundheit. Sie zeigt mir ihren Workflow. Sie hat mit ChatGPT eine erste Version der App definiert. Drei Features. Klar. Fokussiert. Dann hat sie mit Reflect AI einen Prototyp gebaut. 90 Minuten. Sie hat ihn fünf Therapeuten gezeigt. Nicht gefragt: „Ist das gut?" Sondern: „Würdest du diese App benutzen?" Vier haben gesagt: Nein. Einer hat gesagt: Vielleicht. Aber alle fünf haben ihr erklärt, warum nicht.

Sie hat zugehört. Sie hat Notizen gemacht. Sie ist zurück zu ChatGPT. Sie hat die Rückmeldungen eingegeben. Sie hat gesagt: „Die Therapeuten brauchen nicht Feature X. Sie brauchen Feature Y." ChatGPT hat einen neuen Vorschlag gemacht. Sie hat einen neuen Prototyp gebaut. Wieder 90 Minuten. Wieder zu den Therapeuten. Diesmal haben drei gesagt: Ja, das würde ich nutzen.

Das ist die transformative Nutzung von KI. Nicht schneller das Falsche bauen. Sondern schneller das Richtige finden. Der Unterschied ist fundamental.

Erinnern wir uns an die sechs Dysfunktionalitäten: Multitasking, Frontloading, User-Ferne, Meetings, Fehlerkultur, Silos. Die unsichtbaren Kräfte, die verhindern, dass Scrum funktioniert, egal wie perfekt man die hohlen Zeremonien durchführt. Ich habe, als ich sie zuerst aufgeschrieben habe, damals nicht an KI gedacht. Niemand hat damals an KI gedacht – zumindest nicht an KI, wie wir sie heute kennen. Aber jetzt, zehn Jahre später, sitze ich wieder in einem Hotel – diesmal nicht in am eigenen Küchentisch, sondern in Frankfurt – und denke: Wie verändert KI diese sechs Dysfunktionalitäten?

Die Antwort ist: dramatisch. Aber nicht so, wie man denkt.

User-Ferne ist das offensichtlichste Versprechen. KI macht Prototypen schnell. Von Wochen auf Minuten. Das sollte User-Ferne lösen, oder? Man kann dem User jetzt sofort etwas zeigen. Kein Warten mehr auf Designer, auf Entwickler, auf Freigaben. Direkt vom Gespräch zum Prototyp. Die Berliner Product Ownerin hat das vorgemacht. 90 Minuten. Prototyp fertig. Zu den Usern. Feedback. Neu bauen. Wieder zu den Usern. Das ist der Traum, oder? User-Zentrierung in Reinform.

Aber die Frankfurter Bank zeigt: KI verhindert User-Ferne nicht automatisch. Man kann jetzt fünf falsche Versionen in einer Woche bauen statt einer falschen Version in fünf Wochen. Das ist kein Fortschritt. Das ist nur schnelleres Scheitern – wenn man nicht lernt, die richtigen Fragen zu stellen. Ich habe Teams gesehen, die mit KI zehnmal mehr Prototypen bauen als vorher. Aber die immer noch keinen einzigen User gefragt haben, ob die Prototypen das richtige Problem lösen. Sie haben die Geschwindigkeit erhöht. Aber nicht die Richtung geändert.

Was KI wirklich ändern könnte – und hier wird es interessant – sind die Kosten des Irrtums. Früher war ein falscher Prototyp teuer. Drei Wochen Arbeit. Mehrere tausend Euro. Deshalb hat man versucht, vorher zu planen, vorher zu analysieren, vorher sicherzustellen, dass man richtig liegt. Frontloading. Man hat alle Anforderungen gesammelt. Man hat analysiert. Man hat spezifiziert. Man hat sich abgesichert. Weil man sich keinen Fehler leisten konnte.

Jetzt kostet ein falscher Prototyp 90 Minuten. Man kann es sich leisten, falsch zu liegen. Man kann experimentieren. Man kann dem User fünf Versionen zeigen und fragen: „Welche spricht dich an?" Das ist die transformative Nutzung von KI. Nicht mehr Planung. Sondern mehr Experimente. Nicht mehr Absicherung. Sondern mehr Lernen.

Die Ökonomen Ajay Agrawal, Joshua Gans und Avi Goldfarb haben das auf eine einfache Formel gebracht: *KI ist vor allem eine Technologie zur Senkung der Kosten von Vorhersagen.* In ihrem Buch „Prediction Machines" argumentieren sie, dass maschinelles Lernen nicht primär „Denken" ersetzt, sondern Vorhersageleistung, die früher teuer, langsam oder gar nicht verfügbar war, plötzlich schnell und günstig macht (Agrawal, Gans & Goldfarb 2018).

Entscheidungen unter Unsicherheit zerlegen sie in mehrere Bausteine: eine Vorhersage dessen, was wahrscheinlich passieren wird – Prediction. Das Urteilsvermögen darüber, welche Ergebnisse wünschenswert sind und welche Risiken akzeptabel erscheinen – Judgment. Die Daten, auf denen Vorhersagen beruhen. Die konkrete Handlung, die aus all dem folgt. KI greift vor allem in den Baustein Prediction ein: Sie ermöglicht es, mehr Szenarien zu berechnen, mehr Optionen zu testen und Entscheidungen stärker daten- und signalgetrieben zu treffen, weil die Kosten einer zusätzlichen Vorhersage radikal gefallen sind.

Diese Veränderung bleibt nicht ohne Folgen für die anderen Bausteine. In ihren theoretischen Arbeiten modellieren die drei Autoren Vorhersage und Urteilsvermögen als komplementäre Inputs im Entscheidungsprozess. Sinkt der Preis des einen Inputs – also der Prediction –, steigt der relative Wert des anderen – des Judgment. Mit jeder zusätzlichen, billigen Prognose wächst die Bedeutung der Frage: Welche dieser Vorhersagen ist in dieser Situation relevant? Passt sie zu unseren Zielen? Ist sie mit unseren Nebenwirkungen und Risiken vereinbar?

Damit verschiebt KI nicht nur Aufgaben. Sie verschiebt das gesamte Entscheidungskalkül. Routinisierte, implizite menschliche „Vorhersagearbeit" wird teilweise durch maschinelle Modelle ersetzt, während die anspruchsvolleren Elemente von Judgment – Zielklarheit, Trade-offs, normative Setzungen – an Gewicht gewinnen. In ihrem Folgewerk „Power and Prediction" betonen die Autoren, dass genau in dieser Re-Architektur von Entscheidungssystemen – in der neuen Kombination von maschineller Prediction und menschlichem Judgment – das eigentliche Transformationspotenzial der KI liegt (Agrawal, Gans & Goldfarb 2022).

In einer zugespitzten Form: KI macht Vorhersagen billig – aber *gutes Urteilsvermögen knapp* und damit wertvoll. Die Maschine liefert Vorschläge, Szenarien und Wahrscheinlichkeiten im Überfluss. Der Engpass wandert dorthin, wo entschieden wird, welche dieser Vorhersagen Bedeutung erhält. In dieser neuen Arbeitsteilung liegt die eigentliche Zukunftsaufgabe von Führung und professioneller Entscheidungsarbeit – und damit auch die Zukunftsaufgabe des Scrum Masters und des Product Owners.

Aber – und hier kommt das große Aber – das setzt voraus, dass die Organisation bereit ist, Fehler zu akzeptieren. Dass sie versteht: Ein Prototyp, der nicht funktioniert, ist kein Scheitern. Er ist Lernen. Das ist Fehlerkultur. Genau hier scheitern die meisten Organisationen. Sie haben KI. Sie können schnell bauen. Aber sie haben nicht die Kultur, die es erlaubt, schnell zu scheitern – wie ich oben gezeigt habe.

Ich sitze mit einem Team in Hamburg. Versicherung. Sie haben KI eingeführt. Sie bauen Prototypen in Stunden statt Wochen. Ich frage: „Wie viele Prototypen habt ihr dem User gezeigt, die nicht funktioniert haben?“

Stille.

„Keinen“, sagt der Product Owner schließlich. „Wir zeigen dem User nur, was funktioniert.“

„Warum?“

„Weil wir nicht unprofessionell wirken wollen.“

Das ist die alte Fehlerkultur. In neuem Gewand. Man hat die Technologie geändert. Aber nicht die Denkweise. Man nutzt KI, um schneller perfekte Lösungen zu bauen – nicht um schneller zu lernen. Die transformative Nutzung wäre: dem User zehn Prototypen zeigen. Neun funktionieren nicht. Einer funktioniert. Aus den neun Fehlern mehr lernen als aus dem einen Erfolg.

Amy Edmondson hat in ihrer bahnbrechenden Arbeit über psychologische Sicherheit gezeigt: Teams, die offen über Fehler sprechen können, lernen schneller und innovieren mehr. Über psychologische Sicherheit haben wir bereits ausführlich gesprochen – sie ist die Voraussetzung dafür, dass Menschen überhaupt Risiken eingehen, Fehler zugeben und ehrlich kommunizieren. Aber was passiert, wenn die KI Fehler macht? Das ist keine theoretische Frage. Das passiert jeden Tag. ChatGPT halluziniert – erfindet Fakten, die plausibel klingen, aber falsch sind. Copilot schreibt Code, der kompiliert, aber nicht das tut, was er soll. Midjourney generiert Bilder, die ästhetisch beeindruckend sind, aber die falsche Message transportieren. KI macht Fehler. Ständig.

Die Frage ist: Wie gehen wir damit um? Ich sehe zwei Extreme. Das eine Extrem: blindes Vertrauen. „Die KI hat es gesagt, also muss es stimmen.“ Das Frankfurter Beispiel. Die KI sagt, Version drei ist die beste. Keiner hinterfragt es. Das ist gefährlich. Das führt zu Fehlern, die niemand bemerkt, bis es zu spät ist. Das andere Extrem: totales Misstrauen. „Die KI macht Fehler, also nutzen wir sie nicht.“ Das ist genauso gefährlich. Das führt dazu, dass man die Vorteile nicht nutzt. Dass man langsam bleibt, während die Konkurrenz schnell ist.

Die Lösung liegt in der Mitte: kritisches Vertrauen. Man nutzt KI. Aber man hinterfragt. Man prüft. Man validiert. Das erfordert eine Fehlerkultur, die sagt: „Es ist okay, wenn die KI Fehler macht. Es ist okay, wenn wir Fehler machen, indem wir der KI vertrauen. Aber es ist nicht okay, wenn wir nicht aus diesen Fehlern lernen.“

Ich habe diesen Fehler selbst gemacht. Vor 18 Monaten habe ich ChatGPT blind vertraut. Ich habe Artikel schreiben lassen, mit Hinweisen auf Studien, mit Zitaten von Experten, mit Literaturverweisen. Das sah alles so professionell aus. So überzeugend. Die Zitate passten perfekt zu meinen Argumenten. Die Quellen klangen renommiert. Ich habe sie meiner Editorin gezeigt und die hab mich sehr deutlich darauf hingewiesen: Alle Zitate waren halluziniert. Alle. Die KI hatte Fakten erfunden, die plausibel klangen, aber komplett frei erfunden waren. Das war peinlich. Das war eine Lektion.

Vor neun Monaten habe ich es anders gemacht. Ich habe mit ChatGPT recherchiert, aber jedes einzelne Zitat verifiziert. Jede Quelle überprüft. Jede Studie nachgeschlagen. Alle waren korrekt. Der Unterschied? Nicht die KI hatte sich verbessert – ich hatte mich verbessert. Heute nutze ich drei, manchmal vier KIs parallel: ChatGPT, Claude, Gemini, Perplexity. Ich lasse sie gegeneinander suchen. Ich vergleiche die Ergebnisse. Wenn alle drei die gleiche Quelle finden, ist sie wahrscheinlich real. Das ist kritisches Vertrauen in der Praxis. Nicht blind glauben. Nicht pauschal misstrauen. Sondern prüfen. Triangulieren. Verifizieren. Das dauert länger als blindes Kopieren. Aber es produziert Ergebnisse, hinter denen ich stehen kann.

Multitasking wird durch KI paradoxerweise schlimmer. Zumindest kurzfristig. Das ist das Gegenteil von dem, was alle versprechen. KI soll Routineaufgaben übernehmen. E-Mails zusammenfassen. Meeting-Notizen schreiben. Code-Reviews machen. Das sollte Fokus ermöglichen, oder? Weniger Kontext-Switching. Mehr Zeit für das, was wirklich zählt.

Aber ich sehe das Gegenteil. Ich sehe Teams, die jetzt noch mehr parallele Projekte starten, weil „KI macht ja vieles automatisch“. Ich sehe Product Owner, die glauben, sie können jetzt zehn Backlogs managen statt drei, weil ChatGPT die User Stories schreibt. Ich sehe Scrum Master, die in fünf Teams gleichzeitig sind, weil „KI hilft ja bei der Koordination“. Das ist die Newtonsche Nutzung: mehr vom Gleichen. Schneller scheitern.

Ich frage einen Product Owner in Köln: „Wie viele Projekte betreust du gleichzeitig?“

„Acht.“

„Wie war das vor einem Jahr?“

„Vier.“

„Warum doppelt so viele?“

„Weil ich jetzt KI habe. Ich bin doppelt so produktiv.“

Ich frage: „Bist du auch doppelt so effektiv?“

Er denkt nach. Lange. Dann: „Ich weiß nicht. Vielleicht nicht.“

Das ist das Problem. **Produktivität ist nicht gleich Effektivität**. Man kann doppelt so viel Output haben und trotzdem keinen Wert schaffen. Man kann in acht Projekten gleichzeitig sein und in keinem wirklich etwas bewegen. Gerald Weinberg hat das in seinem klassischen Buch „Quality Software Management" bereits 1992 beschrieben: Sobald man an mehr als zwei Projekten gleichzeitig arbeitet, sinkt die Effektivität drastisch. Nicht linear. Exponentiell. Jedes zusätzliche Projekt kostet 20–40 Prozent Produktivität durch Kontext-Switching. Mit KI verschärft sich das Problem, weil die Illusion entsteht, man könne mehr parallele Kontexte managen (Weinberg 1992).

Die transformative Nutzung wäre: KI übernimmt die Routinen komplett – und wir nutzen die gewonnene Zeit für echte Fokus-Arbeit. Ein Projekt. Eine Vision. Ein Team. Aber das setzt voraus, dass wir bereit sind, Nein zu sagen zu den anderen sieben Projekten. Das ist nicht technisch. Das ist kulturell. Das ist Führung. Das ist, was ich in Teil II (Kapitel 2) über Fokus geschrieben habe: Fokus ist nicht, mehr zu tun. *Fokus ist, weniger tun.* Besser.

Silos sind die interessanteste Dysfunktionalität im Kontext von KI. Ich habe ursprünglich gedacht: KI könnte Silos überwinden. Wenn jeder Zugang zu der gleichen KI hat, die das gleiche Wissen hat, dann verschwinden die Wissenssilos, oder? Die Marketing-Abteilung muss nicht mehr auf die IT-Abteilung warten, um ein technisches Feature zu verstehen. Sie kann ChatGPT fragen. Die IT muss nicht mehr auf Marketing warten, um eine User-Anforderung zu verstehen. Sie kann Claude fragen. Alle haben Zugang zum gleichen Wissen. Silos verschwinden.

So die Theorie. Die Praxis sieht anders aus. Ich sitze mit einem Transformationsteam in Düsseldorf. Großer Konzern. Sie haben KI flächendeckend eingeführt. Jeder hat Copilot. Jeder hat Zugang. Ich frage: „Wie hat sich die Zusammenarbeit zwischen den Abteilungen verändert?"

„Gar nicht", sagt der Agile Coach. „Eigentlich ist es schlimmer geworden."

„Warum?"

„Weil jetzt jeder glaubt, er braucht die anderen nicht mehr. Marketing baut ihre eigenen Prototypen mit KI. IT baut ihre eigenen Lösungen mit KI. Keiner spricht mehr miteinander. Jeder macht sein eigenes Ding."

Das ist das Paradox. KI ermöglicht Autonomie. Aber Autonomie ohne Koordination ist Chaos. Conway's Law gilt immer noch: „Any organization that designs a system will produce a design whose structure is a copy of the organization's communication structure." – ich kann dieses Zitat in diesem Buch nicht oft genug bringen – es erklärt so vieles, ist so fundamental. Wenn Marketing und IT nicht miteinander sprechen, baut Marketing ein System, das nicht zur IT-Architektur passt. IT baut ein System, das nicht zum Marketing-Bedarf passt. KI macht das nur schneller. Man baut jetzt schneller inkompatible Systeme.

Die Lösung ist nicht weniger KI. Die Lösung ist *mehr* Kommunikation. Aber – und das ist der entscheidende Punkt – es ist eine andere Art von Kommunikation. Früher musste man kommunizieren, um Wissen zu transferieren. „Wie funktioniert Feature X?" „Welche Technologie nutzt ihr?" Das kann jetzt KI beantworten. Aber was KI nicht beantworten kann, ist: „Warum bauen wir das überhaupt?" „Was ist die gemeinsame Vision?" „Wie passen unsere Systeme zusammen?"

Das sind strategische Fragen. Das sind Alignment-Fragen. Das sind die Fragen, die in Meetings gehören. Nicht die operativen Details. Nicht das Mikro-Management. Sondern die großen Fragen: Wohin wollen wir? Was ist wichtig? Wie arbeiten wir zusammen?

Das bringt mich zu Meetings. Die vierte Dysfunktionalität. Vielleicht die, bei der KI den größten Unterschied machen könnte – wenn wir sie richtig nutzen. Ich habe in Teil III (Kapitel 3) geschrieben: Das Problem sind nicht Meetings an sich. Das Problem sind dysfunktionale Meetings. Meetings, in denen Informationen ausgetauscht werden, die man auch per E-Mail austauschen kann. Meetings, in denen Status-Updates gegeben werden, die alle schon kennen. Meetings, in denen Entscheidungen vertagt werden, weil die wichtigen Leute nicht da sind.

KI kann einen großen Teil dieser dysfunktionalen Meetings eliminieren. Status-Updates? Die KI kann aus Jira, aus Confluence, aus Slack automatisch ein Status-Update generieren. Jeder kann es lesen, wenn er Zeit hat. Kein Meeting nötig. Informationstransfer? Die KI kann ein Dokument erstellen, das alle Informationen enthält. Kein Meeting nötig. Meeting-Notizen? Die KI kann das Meeting aufzeichnen, transkribieren, zusammenfassen, Action Items extrahieren. Kein menschlicher Notizen-Schreiber nötig. Tools wie TeamRetro nutzen KI bereits, um Retrospektiven zu analysieren und echte Verbesserungsmuster zu identifizieren, statt nur Feedback zu sammeln.

Aber – und hier wird es wieder interessant – was bleibt dann für Meetings übrig? Ich glaube: die Dinge, die nur durch echte menschliche Interaktion funktionieren. Diskussionen. Debatten. Konfliktlösung. Vertrauensaufbau. Kreative Brainstorming-Sessions, wo eine Idee die nächste auslöst. Retrospektiven, wo man über Gefühle spricht, nicht nur über Fakten.

Ich sitze in einem Sprint Review in Wien. Das Team hat KI eingeführt. Sie zeigen, was sie gebaut haben. Es ist beeindruckend. Der Product Owner erklärt die Features. Die Stakeholder nicken. Dann fragt jemand: „Aber warum haben wir das gebaut?"

Stille.

Der Product Owner schaut in seine Notizen. „Weil es im Backlog stand."

„Ja, aber warum stand es im Backlog?"

„Weil die KI es vorgeschlagen hat."

„Die KI?"

„Ja, wir haben ChatGPT alle User-Anfragen analysieren lassen. Das war die häufigste Anfrage."

„Aber löst es das Problem?"

Wieder Stille.

Das Meeting ist nicht dysfunktional, weil zu viel geredet wird. Es ist dysfunktional, weil zu wenig gedacht wurde. Man hat die KI Entscheidungen treffen lassen, die Menschen treffen sollten. Die Häufigkeit einer Anfrage bedeutet nicht, dass sie wichtig ist. Vielleicht fragen User oft nach Feature X, weil Feature Y so schlecht designt ist, dass sie einen Workaround brauchen. Die KI sieht: „Feature X wird oft angefragt.“ Sie schlägt vor: „Bau Feature X.“ Aber die richtige Antwort wäre: „Fix Feature Y.“

Das kann nur ein Mensch erkennen. In einem Meeting. Durch Diskussion. Durch Nachfragen. Durch das Verstehen des Kontexts. Meetings sind also nicht überflüssig. Aber sie müssen anders sein. Weniger Informationstransfer. Mehr Sensemaking. Weniger Status. Mehr Strategie. Weniger Mikro-Management. Mehr Vision.

Was bedeutet das alles für Scrum 3.0? Für die Art, wie wir in Zukunft arbeiten? Ich sitze wieder im Hotel. Diesmal in Hamburg. Es ist spät. Ich habe den ganzen Tag mit Teams gearbeitet, die KI nutzen – manche erfolgreich, manche nicht. Ich denke an die sechs Dysfunktionalitäten. Ich denke an die sechs Ebenen des 6D-Modells aus Kapitel 17. Ich denke an „Ask the Team“. Ich denke an Fokus, an Commitment, an Openness, Respect, Courage.

Mir wird klar: KI ändert alles. Aber sie ändert nichts Fundamentales. Die Werte bleiben. Die Prinzipien bleiben. Die menschliche Arbeit bleibt. Aber die Form ändert sich. Die Geschwindigkeit ändert sich. Die Möglichkeiten ändern sich.

Ethan Mollick schreibt: „Always invite AI to the table.“ Das ist sein Leitsatz. Nicht „Lass KI die Entscheidungen treffen.“ Sondern „Lade sie ein.“ Als Partner. Als Co-Intelligence. Als Werkzeug, das erweitert, was wir können. Aber das nicht ersetzt, wer wir sind.

Die Zahlen sprechen für sich. Entwickler mit GitHub Copilot erledigen Aufgaben 55 Prozent schneller. Über 90 Prozent fühlen sich produktiver. McKinsey und Studien von Harvard, BCG und MIT quantifizieren den Gesamtproduktivitätsgewinn durch KI-Tools auf 30–50 Prozent – und das über fast alle Wissensarbeitsbereiche hinweg. Das ist keine marginale Verbesserung. Das ist eine Größenordnung.

Aber – und das ist entscheidend – diese Gewinne kommen nicht automatisch. Sie kommen nur dort, wo Menschen verstehen, wie man mit KI arbeitet. Wo man weiß, wann man vertrauen kann und wann nicht. Wo man die Falle vermeidet, das Alte zu optimieren, statt neu zu denken.

Ich glaube, Scrum 3.0 im Zeitalter der KI bedeutet: Wir nutzen KI, um schneller zu experimentieren. Um mehr Hypothesen zu testen. Um näher am User zu sein. Um die Kosten des Lernens zu senken. Aber wir nutzen sie nicht, um das Denken zu ersetzen. Nicht, um Entscheidungen zu automatisieren. Nicht, um Verantwortung zu delegieren.

Der Product Owner nutzt KI, um in 90 Minuten fünf Prototypen zu bauen. Aber er entscheidet, welchen er dem User zeigt. Das Team nutzt KI, um Code zu generieren. Aber es prüft, ob der Code gut ist. Der Scrum Master nutzt KI, um Impediments zu dokumentieren. Aber er entscheidet, welche prioritär sind.

Die Maschine macht. Der Mensch denkt. Das ist die Arbeitsteilung. Das ist der Centaur, von dem Mollick spricht. Das ist die Zukunft.

Aber damit das funktioniert, müssen wir auf allen sechs Ebenen arbeiten. Führung muss verstehen, dass KI kein Wundermittel ist. Dass sie Enabler ist, nicht Ersatz. Dass sie Geschwindigkeit bringt, aber auch neue Risiken. Agile Frameworks müssen sich anpassen. Sprint Planning mit KI sieht anders aus. Retrospektiven mit KI brauchen neue Fragen. Produktentwicklung wird fundamental anders. Von der Idee zum Prototyp in Minuten – das ändert alles. Skills müssen sich entwickeln. Prompt Engineering. Critical Thinking. Das Urteilsvermögen, wann man KI vertraut und wann nicht. Infrastruktur muss KI unterstützen. Nicht nur die Tools bereitstellen, sondern auch die Datenschutzkonzepte, die ethischen Guidelines. Architektur muss KI-fähig sein. Systeme, die mit KI-generiertem Code umgehen können. APIs, die KI nutzen kann.

Das ist viel Arbeit. Das ist Transformation. Nicht die Art von Transformation, die man in einem Jahr abschließt. Sondern die Art von Transition, die nie endet. Weil KI sich entwickelt. Weil wir lernen. Weil die Möglichkeiten wachsen.

McKinsey's Studie von 2025 zeigt klar: AI High Performers machen mehrere Dinge anders (McKinsey 2025). Erstens: Sie haben Leadership-Commitment. Senior Leaders demonstrieren Ownership. Sie modeln selbst den Einsatz von KI. Zweitens: Sie haben eine agile Delivery-Organisation. Sie haben gut definierte Prozesse. Sie sind nicht in Silos gefangen. Drittens: Sie investieren massiv. Mehr als ein Drittel der High Performers investieren mehr als 20 Prozent ihres Digital-Budgets in KI. Viertens: Sie arbeiten an Skills. Sie trainieren ihre Menschen. Sie bauen Communities of Practice. Fünftens: Sie haben robuste Governance. Sie haben Frameworks, um Risiken zu managen. Sie haben KPIs, um Impact zu messen.

Das ist nicht „einfach mal ChatGPT installieren“. Das ist systematische, organisationweite Transformation. Das ist, was Satya Nadella bei Microsoft gemacht hat. Als er 2014 CEO wurde, hat er nicht nur neue Tools gekauft. Er hat die Kultur verändert. Von „Know-it-alls“ zu „Learn-it-alls“, wie er es nannte (Nadella 2017). Er hat sein Senior Leadership Team – 12 bis 15 Top-Führungskräfte – kontinuierlich daran arbeiten lassen, nicht über Quartalszahlen, sondern über Kultur, Werte, Führung. Er hat Carol Dweck's „Growth Mindset“ zur Grundlage gemacht (Dweck 2006). Das hat Jahre gedauert. Selbst mit voller CEO-Power. Aber es hat funktioniert, und heute ist Microsoft einer der Vorreiter in KI.

Die meisten von uns haben diese Power nicht. Die meisten müssen von unten anfangen. Mit einem Pilot-Team. Mit einem Experiment. Mit einem Scrum Master, der anfängt, KI in seine Retrospektiven zu integrieren. Mit einem Product Owner, der anfängt, KI für Backlog-Priorisierung zu nutzen. Mit einem Team, das anfängt, GitHub Copilot zu verwenden, und lernt, wie man die Outputs überprüft. Das ist okay. Das ist, wie Change passiert. Bottom-up. Organisch. Durch Menschen, die einfach anfangen, anders zu arbeiten, und andere durch ihre Erfolge inspirieren.

Ich bin ganz am Anfang. Wir alle sind am Anfang. Aber ich bin optimistisch. Nicht weil ich glaube, dass KI alle Probleme löst. Sondern weil ich glaube, dass wir lernen werden, sie richtig zu nutzen. Dass wir Fehler machen – das Alte optimieren, statt neu zu denken – aber, dass wir daraus lernen. Dass wir zur transformativen Nutzung finden – KI als das nutzen, was sie wirklich ist: eine völlig neue Möglichkeit zu arbeiten.

Nicht besser. Anders. Wenn wir das verstehen, wenn wir bereit sind, neu zu denken, dann könnte KI tatsächlich das sein, was alle versprechen: ein Game Changer. Nicht weil sie uns ersetzt. Sondern weil sie uns erweitert. Nicht weil sie das Denken übernimmt. Sondern weil sie uns mehr Raum zum Denken gibt.

Das ist die Zukunft von Scrum 3.0 -> Scrum 4.0. Das ist die Augmentation aller Ebenen. Das ist, wofür es sich lohnt zu kämpfen.

Everett Rogers hat in seiner Diffusion of Innovations Theory gezeigt, dass Neuerungen sich nicht durch Top-down-Anordnungen verbreiten, sondern durch sichtbare Erfolge von Early Adopters (Rogers 1962). KI in Scrum ist genau das: eine Innovation, die sich gerade verbreitet. Die Early Adopters sind schon da. Jeff Sutherland. Die Teams bei Microsoft. Die High Performers in McKinsey's Studie. Sie zeigen, dass es funktioniert. Sie sind der Beweis. Jetzt liegt es an uns, zu folgen. Zu experimentieren. Zu lernen. Zu adaptieren.

Das ist keine Zukunftsmusik mehr. Das ist jetzt. Das ist real. Das ist, was wir tun müssen, wenn wir relevant bleiben wollen in einer Welt, die sich schneller verändert, als wir es je erlebt haben. Die Frage ist nicht, ob KI Scrum verändert. Die Frage ist: Wie gestalten wir diese Veränderung aktiv? Wie nutzen wir KI, um bessere Scrum-Teams zu bauen? Bessere Produkte zu liefern? Bessere Organisationen zu schaffen? Das ist die Arbeit. Das ist, was vor uns liegt, und ich bin zuversichtlich, dass wir das schaffen können. Nicht weil es einfach ist. Sondern weil es notwendig ist. Weil die Menschen in unseren Organisationen – die Scrum Master, die Product Owner, die Entwickler, die Führungskräfte – bereit sind zu lernen. Bereit sind zu experimentieren. Bereit sind, sich auf diese Reise einzulassen.

Die Tools sind da. Seit 25 Jahren entwickeln wir Methoden, Praktiken, Frameworks, um Scrum in traditionellen Organisationen umzusetzen. User Story Mapping. Refinement-Techniken. Skalierungsframeworks. Retrospektiven-Formate. Velocity-Tracking. Definition of Done. Wir haben Bücher geschrieben, Trainings entwickelt, Zertifizierungen erfunden. Wir haben eine ganze Industrie aufgebaut.

Jetzt, mit KI, werden diese Tools noch zugänglicher. Wenn jemand nicht weiß, was eine User Story Map ist – kein Problem. Claude erklärt es in zwei Minuten. Mit Beispielen. Mit Schritt-für-Schritt-Anleitung. Man kann es sofort ausprobieren. Die Einstiegshürde ist auf null gesunken. Jeder kann jetzt die Mechanik von Scrum lernen. Jeder kann die Tools anwenden. Jeder kann ein Sprint Planning moderieren, ein Backlog priorisieren, eine Retrospektive durchführen.

Aber das war nie das Problem.

Das Problem war nie, dass Scrum Master nicht wissen, wie man ein Daily Standup moderiert. Das Problem war nie, dass Product Owner keine User Stories schreiben können. Das Problem war nie, dass Teams die Scrum-Events nicht kennen.

Das Problem waren immer – immer! – die Dysfunktionalitäten. Die unsichtbaren Kräfte, die ich in diesem Buch beschrieben habe. Multitasking, das Fokus zerstört. Frontloading, das Lernen verhindert. User-Ferne, die am Bedarf vorbeiführt. Meetings, die Zeit fressen. Fehlerkultur, die Innovation erstickt. Silos, die Zusammenarbeit verhindern.

Diese Dysfunktionalitäten existieren in jeder Organisation. In jeder. Ich habe in 25 Jahren keine einzige gesehen, die frei davon war. Die Varianten sind unterschiedlich. Die Intensität ist unterschiedlich. Die Kombinationen sind unterschiedlich. Aber die Muster sind immer die gleichen.

Hier – genau hier – liegt die eigentliche Aufgabe des Scrum Masters.

Nicht die Events zu moderieren. Das kann jeder. Das kann bald die KI. Nicht das Backlog zu pflegen. Das kann der Product Owner. Das kann ChatGPT. Nicht Impediments zu dokumentieren. Das kann ein Tool. Das kann ein Bot.

Die eigentliche Aufgabe ist: **die Dysfunktionalitäten sichtbar machen. Sie bekämpfen.**

Lass mich zum Abschluss noch einmal zeigen, wie einfach das eigentlich ist.

Ich war wieder mal bei einem Team. Drei-Wochen-Sprint. Zwei Tage vor Sprint-Ende. Ich schaue mir das Daily Scrum an. Das Board hängt an der Wand, und ich sehe diese eine Task mit 13 Punkten drauf. 13 Punkte. Bei einem Drei-Wochen-Sprint.

Du kennst meinen Trick mit den Punkten. Jeden Tag, an dem eine Task nicht bearbeitet wird, bekommt sie einen Punkt. Es ist ein simples Werkzeug, um Blockaden sichtbar zu machen. Kein kompliziertes Tool. Keine KI. Nur ein Stift und die Disziplin, hinzuschauen.

13 Punkte bedeutet: Diese Task wurde seit fast drei Wochen nicht beendet.

Ich frage einfach: „Warum sind auf dieser Task 13 Punkte?“

Ich bekomme viele Antworten. Der Kollege, der daran arbeitet, ist krank. Es ist kompliziert. Wir warten auf eine Entscheidung. Es fehlt noch eine Information. Die üblichen Ausreden.

Aber dann schaue ich genauer hin. Diese eine Task blockiert alle anderen Tasks, die noch durchgeführt werden müssen, um den Sprint erfolgreich abzuschließen. Alles hängt davon ab. Das Team wartet. Seit 13 Tagen.

Das Team zieht sich auf den Standpunkt zurück: „Na ja, wir könnten ja warten, bis der Kollege wieder da ist.“

Ich schüttle innerlich den Kopf. Zwei Tage vor Sprint-Ende. Der kritische Pfad blockiert. Die Lösung ist: warten.

Ich habe gar nicht viel getan. Ich habe nur gesagt: „Leute, könnt ihr bitte mal schauen, wie ihr das im Team jetzt gelöst kriegt? Ihr seht doch, dass das die wichtigste Task ist. Alles andere hängt davon ab.“

Murren. Unverständnis. Widerstand. „Aber das ist doch seine Aufgabe.“ „Wir kennen uns damit nicht aus.“ „Das dauert zu lange, sich einzuarbeiten.“

Ich habe nichts gesagt. Ich habe nur geschaut. Gewartet.

Dann ist es passiert. Sie haben sich hingesetzt. Sie haben eine Mob Working Session gemacht. Alle zusammen an einem Problem. Nicht weil sie wollten. Sondern weil sie erfolgreich sein wollten. Weil jemand – ich – sie dazu gebracht hatte, hinzuschauen. Wirklich hinzuschauen.

Am nächsten Morgen war das Problem gelöst. Das Team konnte weiterarbeiten. Der Sprint wurde erfolgreich abgeschlossen.

Das ist die Aufgabe. Nicht mehr. Nicht weniger.

Eine Dysfunktionalität erkennen – und wenn es eine so kleine ist wie diese. Eine blockierte Task, die alle ignorieren. Ein Team, das wartet statt handelt. Eine Kultur, die sagt: „Das ist nicht meine Aufgabe."

Erkennen. Lösen.

Ich habe keine komplizierte Intervention gemacht. Ich habe kein Framework angewendet. Ich habe keine Theorie zitiert. Ich habe nur eine Frage gestellt: „Warum sind da 13 Punkte drauf?" Dann habe ich nicht lockergelassen.

Das ist es, was Scrum Master tun. Sie schauen hin, wo andere wegschauen. Sie fragen, wo andere schweigen. Sie bleiben dran, wo andere aufgeben. Das klingt einfach. Aber es ist schwer. Weil es Mut braucht. Weil es Widerstand provoziert. Weil es unbequem ist. Für alle.

Generative AI wird uns helfen, diese Dysfunktionalitäten noch besser zu analysieren. Sie wird Patterns erkennen, die wir übersehen. Sie wird Bottlenecks finden, die wir nicht sehen. Sie wird Zusammenhänge aufzeigen, die uns entgehen. Sie wird aus tausend Retrospektiven lernen und sagen: „In 80 Prozent der Fälle, wo Teams über zu viele Meetings klagen, liegt das eigentliche Problem bei ungeklärten Entscheidungsstrukturen." Sie wird Daten aufbereiten. Sie wird Analysen erstellen. Sie wird Vorschläge machen. Das alles wird immens wertvoll sein. Ich bin davon überzeugt, dass AI den Scrum Master zu einem mächtigeren Change Agent macht, weil sie ihm Werkzeuge gibt, die er vorher nicht hatte.

Aber sie kann nicht handeln. Sie kann nicht in einem Daily Scrum stehen und fragen: „Warum sind da 13 Punkte drauf?" Sie kann nicht den Widerstand aushalten, wenn das Team murrt. Sie kann nicht die Stille ertragen, bis jemand anfängt zu handeln. Sie kann nicht die Verantwortung übernehmen, wenn es schiefgeht. Sie kann nicht das Risiko eingehen, unbeliebt zu werden. Sie kann nicht spüren, wann der richtige Moment ist, um eine Frage zu stellen. Sie kann nicht entscheiden, wann es genug ist und man aufhören muss zu fragen.

Hannah Arendt unterscheidet in Viva Activa zwischen drei Formen menschlicher Tätigkeit: Arbeiten, Herstellen und Handeln. Arbeiten ist das, was wir tun müssen, um zu überleben. Herstellen ist das, was wir tun, um Dinge zu schaffen. Aber Handeln – Handeln ist etwas anderes. Handeln ist die höchste Form menschlicher Tätigkeit. Handeln ist das, was uns zu politischen Wesen macht. Zu Menschen, die die Welt verändern können. Arendt schreibt:

> *„Das Wunder, das die Welt, den Bereich menschlicher Angelegenheiten, vor dem normalen, 'natürlichen' Verfall rettet, ist letztlich die Tatsache der Natalität, in der die Fähigkeit zu handeln ontologisch verwurzelt ist. Mit anderen Worten: die Geburt neuer Menschen und der neue Anfang, zu dem sie kraft ihrer Geburt fähig sind" (Arendt 1958, S. 247).*

Natalität. Die Fähigkeit, neu anzufangen. Die Fähigkeit, etwas Neues zu beginnen. Die Fähigkeit, das Unerwartete zu tun. Das ist Handeln. Nicht Hoffnung. Hoffnung ist passiv. Hoffnung wartet darauf, dass sich etwas ändert. *Handeln verändert.*

Das Handeln – das müssen wir übernehmen. Als Scrum Master. Als Agile Coaches. Als Menschen, die verstanden haben, dass Scrum mehr ist als ein Framework. Dass es ein Werkzeug ist, um Organisationen zu verändern. Dass Scrum eine Philosophie ist, die besagt: Es geht besser. Es muss besser gehen.

AI kann uns zeigen, wo die Probleme sind. Aber wir müssen sie ansprechen. Wir müssen die Frage stellen. Wir müssen dranbleiben. Wir müssen handeln. Arendt nennt das Handeln die „wunderwirkende Fähigkeit des Menschen" (Arendt 1958) – die Fähigkeit, einen neuen Anfang zu setzen, auch wenn alles hoffnungslos erscheint. Genau das ist die Aufgabe des Scrum Masters auf der Führungsebene: nicht zu hoffen, dass sich die Führung ändert, sondern zu handeln, um diese Veränderung zu ermöglichen. Nicht zu warten, bis das Top Management es versteht, sondern die Bedingungen zu schaffen, unter denen das Top Management beginnt zu handeln. Nicht zu akzeptieren, dass es so ist, wie es ist, sondern einen neuen Anfang zu setzen.

Das ist unbequem. Das macht dich unbeliebt. Das kostet Energie. Aber es ist der einzige Weg. Weil niemand sonst es tun wird. Weil das Top Management es nicht sieht. Weil die Manager es nicht ändern können. Weil die Teams es nicht lösen können. Nur der Scrum Master – oder der Agile Coach, oder wie auch immer wir uns nennen wollen – nur derjenige, der das System als Ganzes sieht und die Freiheit hat, unbequeme Wahrheiten auszusprechen, kann handeln.

Zunächst innerhalb der Teams. Die Blockaden auflösen, die das Team daran hindern, sein Potenzial zu entfalten. Die Kommunikationsprobleme ansprechen, die alle ignorieren. Die technischen Schulden sichtbar machen, die alle unter den Teppich kehren. Die Konflikte moderieren, die alle vermeiden.

Aber dann – und das ist der entscheidende Schritt – in der Organisation. Denn die meisten Dysfunktionalitäten kommen nicht aus dem Team. Sie kommen von außen. Von der Führung, die Multitasking fordert. Von den Prozessen, die Frontloading erzwingen. Von den Strukturen, die Silos zementieren. Von der Kultur, die Fehler bestraft.

Ein Scrum Master, der nur im Team arbeitet, ist wie ein Arzt, der nur Symptome behandelt. Er lindert den Schmerz. Aber er heilt nicht die Krankheit. Die Krankheit sitzt tiefer. Sie sitzt in der Organisation. Dort muss der Scrum Master hin.

Das ist unbequem. Das ist riskant. Das ist der Grund, warum so viele Scrum Master es nicht tun. Es ist einfacher, Retrospektiven zu moderieren. Es ist sicherer, im Team zu bleiben. Es ist angenehmer, die Dysfunktionalitäten zu ignorieren und so zu tun, als wäre alles in Ordnung.

Aber wer das tut, wird scheitern. Mit ihm das Team. Mit dem Team die Organisation.

Die Scrum Alliance hatte einmal eine Vision: „Transforming the world of work." Die Welt der Arbeit transformieren. Nicht: „Making standups more efficient." Nicht: „Improving backlog management." Transformieren. Die Art, wie wir arbeiten, fundamental verändern.

Diese Vision ist immer noch richtig. Sie ist heute richtiger denn je. Weil wir jetzt die Werkzeuge haben. Weil KI uns hilft, schneller zu lernen, schneller zu experimentieren, schneller zu validieren. Weil die Kosten des Wandels gesunken sind. Weil die Möglichkeiten gewachsen sind.

Aber die Vision wird nur Realität, wenn wir aufhören, agiles Business-Theater zu spielen.

Ich habe es tausendmal gesehen. Organisationen, die Scrum „eingeführt" haben. Die alle Events „richtig" machen. Die alle Rollen besetzt haben. Die alle Tools nutzen. Die alle Zertifikate haben. Die trotzdem genauso dysfunktional sind wie vorher. Die immer noch Multitasking fordern. Die immer noch Frontloading betreiben. Die immer noch in Silos arbeiten. Die immer noch Fehler bestrafen. Die immer noch User-fern entwickeln. Die immer noch in endlosen Meetings sitzen.

Das ist Theater. Das ist Cargo Cult. Das ist die Illusion von Agilität ohne die Substanz.

Wer so weitermacht, wird scheitern. Nicht weil Scrum nicht funktioniert. Sondern weil Scrum nie die Chance bekommen hat, zu funktionieren. Weil die Dysfunktionalitäten stärker waren als das Framework. Weil niemand den Mut hatte, sie anzugehen.

Dieses Buch ist mein Versuch, das zu ändern.

Ich habe 25 Jahre damit verbracht, Scrum zu lehren, zu coachen, zu leben. Ich habe Erfolge gesehen und Scheitern. Ich habe verstanden, was funktioniert und was nicht. Ich habe die Muster erkannt, die Dysfunktionalitäten, die unsichtbaren Kräfte.

Ich habe dieses Buch geschrieben, weil ich glaube, dass es Zeit ist, ehrlich zu sein. Ehrlich darüber, warum so viele Scrum-Implementierungen scheitern. Ehrlich darüber, was Scrum Master wirklich tun müssen. Ehrlich darüber, wie schwer das ist. Ehrlich darüber, dass es sich lohnt.

Die Zukunft der Arbeit wird nicht von Frameworks entschieden. Sie wird von Menschen entschieden. Von Menschen, die den Mut haben, Dysfunktionalitäten anzusprechen. Die

die Fähigkeit haben, Veränderung zu bewirken. Die die Ausdauer haben, dranzubleiben, auch wenn es schwer wird.

Und hier schließt sich der Kreis zu dem, was ich am Anfang dieses Buchs geschrieben habe: Wir machen das alles, damit wir die Menschen in Ruhe lassen können. Das klingt paradox. Wir verändern Systeme, wir bekämpfen Dysfunktionalitäten, wir führen KI ein – und das Ziel ist, Menschen in Ruhe zu lassen? Ja. Genau das. Wir verändern die Systeme um die Menschen herum, damit die Menschen ihr Potenzial entfalten können. Wir entfernen die Hindernisse, die Bürokratie, die sinnlosen Prozesse, die Meetings ohne Zweck – damit Menschen endlich das tun können, wofür sie eigentlich da sind. Denken. Kreieren. Zusammenarbeiten. Wachsen.

KI ist in diesem Sinne das ultimative Werkzeug. Sie übernimmt das, was Maschinen besser können als Menschen: repetitive Aufgaben, Datenanalyse, Mustererkennung, Code-Generierung. Sie gibt uns die Zeit zurück, die wir für das Menschliche brauchen: Beziehungen aufbauen, Vertrauen schaffen, Konflikte lösen, Visionen entwickeln, Sinn stiften. KI augmentiert nicht nur unsere Produktivität. Sie augmentiert unsere Menschlichkeit. Wenn wir sie richtig nutzen.

Das sind die Scrum Master, die wir brauchen. Nicht Zeremonienmeister. Nicht Moderatoren. Dysfunktionalitätsbezwinger. Kämpfer. Menschen, die verstanden haben, dass es nicht darum geht, Scrum perfekt zu machen. Es geht darum, Organisationen so zu verändern, dass Menschen in ihnen aufblühen können.

Ich sitze in meinem Büro. Es ist spät. Ich denke an das Team mit den 13 Punkten. An ihr Murren. An ihren Widerstand. An den Moment am nächsten Morgen, als sie sagten: „Es hat funktioniert."

Es ist möglich. Es ist verdammt schwer. Aber es ist möglich.

Die Frage ist nicht, ob Scrum funktioniert. Die Frage ist, ob wir bereit sind, nach der Diagnose zu handeln. Ob wir bereit sind, die Dysfunktionalitäten anzugehen. Ob wir bereit sind, unbequem zu sein. Ob wir bereit sind, zu kämpfen.

Ich bin bereit. Nach 25 Jahren bin ich bereiter denn je. Weil ich jetzt Werkzeuge habe, die ich vorher nicht hatte. Weil ich jetzt nach 25 Jahren verstehe, was vorher nur Intuition war. Weil ich weiß, dass die Dysfunktionalitäten nicht unbesiegbar sind – denn ich habe gesehen, wie man sie aufbrechen kann. Sie sind hartnäckig. Sie sind tief verwurzelt. Sie sind unbequem anzugehen. Aber sie sind nicht unbesiegbar.

Und du? Bist du bereit?

Literatur

Agrawal, A., Gans, J. & Goldfarb, A. (2018). Prediction Machines: The Simple Economics of Artificial Intelligence. Boston: Harvard Business Review Press.

Agrawal, A., Gans, J. & Goldfarb, A. (2022). Power and Prediction: The Disruptive Economics of Artificial Intelligence. Boston: Harvard Business Review Press.

Appelo, J. (2025). Human Robot Agent: AI-Driven Leadership and the Future of Work. Amsterdam: Jojo Ventures.

Arendt, H. (1960). Vita activa oder Vom tätigen Leben. Stuttgart: Kohlhammer. [Deutsche Übersetzung von The Human Condition]

Conway, M.E. (1968). „How Do Committees Invent?" Datamation, 14(4), S. 28 – 31.

Deloitte (2024). State of Generative AI in the Enterprise 2024, Q3 Report. Deloitte Insights.

Deloitte (2025). AI and Software Development Quality. Deloitte Insights.

Deutsch, D. (2011). The Beginning of Infinity: Explanations That Transform the World. New York: Viking/Penguin Press.

Dweck, C.S. (2006). Mindset: The New Psychology of Success. New York: Random House.

Fawzi, A. et al. (2022). „Discovering faster matrix multiplication algorithms with reinforcement learning." Nature, 610, S. 47 – 53.

GitHub (2024). Research: Quantifying GitHub Copilot's Impact on Developer Productivity and Happiness. GitHub Blog.

Guest, D. (1991). „The hunt is on for the Renaissance Man of computing." The Independent, 17. September 1991. [Ersterwähnung der T-shaped Skills]

Kniberg, H. (2024). „Rapid Prototyping on Steroids with Claude." LinkedIn, Oktober 2024.

McKinsey & Company (2023). The Economic Potential of Generative AI: The Next Productivity Frontier.

McKinsey & Company (2025). The State of AI in 2025: Agents, Innovation, and Transformation. Quantum Black/McKinsey. Umfrage unter 1993 Teilnehmern aus 105 Ländern, Juni-Juli 2025.

MIT Sloan (2024). How Generative AI Can Boost Highly Skilled Workers' Productivity.

Mollick, E. (2024). Co-Intelligence: Living and Working with AI. New York: Portfolio/Penguin.

Nadella, S. (2017). Hit Refresh: The Quest to Rediscover Microsoft's Soul and Imagine a Better Future for Everyone. New York: HarperBusiness.

Naiburg, E. (2024). „AI as a Scrum Team Member." Scrum.org Resources.

Peng, S., Kalliamvakou, E., Cihon, P. & Demirer, M. (2023). „The Impact of AI on Developer Productivity: Evidence from GitHub Copilot." arXiv preprint arXiv:2302.06590. Auch veröffentlicht in Communications of the ACM, 2024.

Rogers, E.M. (1962). Diffusion of Innovations. New York: Free Press of Glencoe.

Scrum Alliance (2024). AI for Product Owners – Microcredential Course.

Sutherland, J. (2024). LinkedIn Posts über AI und Scrum. Scrum Sage: Zen Edition GPT.

Weinberg, G.M. (1992). Quality Software Management, Volume 1: Systems Thinking. New York: Dorset House.

Warum es sich lohnt

Meine Tochter ist neun. Manchmal fragt sie mich, was ich arbeite und warum ich so viel schreibe. Ich versuche es zu erklären: „Ich helfe Menschen, dass sie ihre Arbeit schneller und leichter machen können." Sie versteht es, denn sie hat gesehen, wie ich in ihrer Schule Scrum4Schools eingeführt habe. Sie und ihr siebenjähriger Bruder sind stolz auf ihren Papa. Sie verstehen: Ich will es allen einfacher machen.

Mein Weg dorthin – die Narrative in Unternehmen verändern.

Glaubenssätze. Meinungen. Prozesse. Noch immer basieren die meisten von ihnen auf den Ideen des vergangenen Jahrhunderts. Diese Ideen waren schon damals fragwürdig, haben aber eine Industriekultur hervorgebracht, die erfolgreich war – und die jetzt ihre Kinder frisst. Depressionen. Burnout. Boreout. Stress, der aus der Ohnmacht resultiert, sich wie ein Rädchen im Getriebe einer alles verschlingenden Maschine zu fühlen.

Ich habe mich vor fünfundzwanzig Jahren aufgemacht, mithilfe von agilem Denken, agilem Sein und agilem Wirken diese Narrative zu ändern. Nicht durch Reden – obwohl ich viel, sehr viel darüber geredet habe. Sondern durch Umsetzen. Denn Narrative werden nicht durch Reden verändert. Sie werden durch Erfahrungen verändert.

Viele Unternehmen haben diese Erfahrungen gemacht. Einige mit meiner direkten Unterstützung. Einige mit der Hilfe von Menschen, die einmal bei mir gearbeitet haben und dann ihre eigenen Unternehmen gegründet haben. Einige wurden von meinen Kolleginnen und Kollegen bei borisgloger begleitet. Viele starteten ihre Reise, weil sie die erste Version dieses Buchs gelesen haben.

Du hast jetzt fast 300 Seiten gelesen. Du hast kein Buch darüber gelesen, wie man Scrum macht. Du hast hoffentlich die tieferliegende Botschaft erkannt: Wir können unsere Unternehmen ändern. Stück für Stück. Tag für Tag. Indem wir selbst diese Erfahrungen machen – und unsere Kollegen durch unsere Arbeit diese Erfahrungen machen lassen.

Wir nutzen Scrum als Diagnosesystem. Und dann ändern wir die Prozesse, die Strukturen, die Erzählungen unserer Arbeitsweisen.

Dazu ist es notwendig, die Diagnose zu stellen und das Ist anzuerkennen. Es gibt noch immer die Dysfunktionalitäten, trotz der vielen tausend Scrum Master, die wir ausgebildet haben. Die Gründe dafür sind mannigfaltig – aber wie habe ich es heute im Training gesagt: Lösungsfokussiertes Coaching akzeptiert, und dann schauen wir in die Zukunft und überlegen, wie wir dahin kommen.

Die Zukunft ist da. Und sie ist anders gekommen, als die meisten von uns erwartet haben.

Als ich vor zehn Jahren über die Evolution von Scrum 1.0 zu Scrum 3.0 geschrieben habe, war das eine Bestandsaufnahme dessen, was sich in der Praxis bereits verändert hatte: der Product Owner, der keine Anforderungen mehr diktiert, sondern Hypothesen formuliert. Design Thinking statt Requirements Engineering. Continuous Delivery statt Definition of Done. Cycle Time statt Velocity. Der Product Backlog als das, was er im Grunde immer war – aus Lean-Perspektive: Waste. All das waren Beobachtungen aus der Praxis, aus Hunderten Projekten, aus der täglichen Arbeit mit Teams und Führungskräften.

Aber was jetzt passiert, ist etwas anderes. Was jetzt passiert, ist kein nächster Evolutionsschritt. Es ist ein Konvergenzmoment. Mehrere Strömungen, die jahrelang parallel liefen, fließen zusammen – und ich glaube, dass genau dieser Moment Scrum zu dem macht, was es für die nächsten Jahrzehnte sein kann: das Führungsinstrument für eine neue Ära.

Diese Strömungen sind: die künstliche Intelligenz, die gerade alles verändert. Das philosophische Verständnis, das ich in den letzten Jahren gewonnen habe – vor allem durch Hannah Arendt. Und die organisatorische Reife, die viele Unternehmen in fünfundzwanzig Jahren agiler Praxis aufgebaut haben, oft ohne es selbst zu merken.

Ich muss über Hannah Arendt sprechen, denn ohne sie kann ich nicht erklären, warum Scrum mehr ist als eine Methode.

Arendt unterscheidet in ihrer Vita Activa drei Formen menschlicher Tätigkeit: Arbeiten, Herstellen und Handeln. Arbeiten ist das, was wir tun, um zu überleben – der ewige Kreislauf von Produktion und Konsum, der keine Spuren hinterlässt. Herstellen ist das, was Dinge in die Welt bringt – Produkte, Gebäude, Werkzeuge. Aber Handeln – Handeln ist die höchste Form menschlicher Tätigkeit. Handeln bedeutet, etwas Neues in die Welt zu setzen. Einen Anfang zu machen. In Beziehung zu anderen Menschen zu treten und dabei etwas zu verändern, das ohne diesen Anfang nicht existiert hätte.

Arendt nennt das Natalität – die Fähigkeit des Menschen, immer wieder neu anzufangen. Nicht als passive Hoffnung, sondern als aktive menschliche Kraft. Jeder Mensch trägt diese Fähigkeit in sich: die Welt zu verändern, indem er handelt.

Und genau hier liegt für mich der Schlüssel. Denn was machen unsere Organisationen mit den meisten Menschen? Sie reduzieren sie auf das Arbeiten. Auf Prozesse, auf

Tickets, auf Auslastung, auf Durchsatz. Sie verwandeln Menschen in Ressourcen, die in Systemen funktionieren sollen, die jemand anders entworfen hat. Der Mensch als Rädchen im Getriebe – das ist nicht nur eine Metapher. Das ist die Realität in den meisten Unternehmen, die ich in fünfundzwanzig Jahren beraten habe.

Scrum – wenn es richtig verstanden und richtig gelebt wird – ist der Gegenentwurf. Scrum ist nicht Arbeiten. Scrum ist Handeln im Sinne Hannah Arendts. Jeder Sprint ist ein Neuanfang. Jedes Sprint Planning ist der Moment, in dem ein Team sich fragt: Was setzen wir jetzt in die Welt? Jede Retrospektive ist der Moment, in dem Menschen in Beziehung zueinander treten und gemeinsam entscheiden, wie sie ihre Zukunft gestalten wollen. Das ist nicht Prozessoptimierung. Das ist Handeln. Das ist menschliche Freiheit in organisierter Form.

Ich habe Jahre gebraucht, um das so klar zu sehen. Als junger Scrum-Berater dachte ich, es ginge um Geschwindigkeit, um Effizienz, um bessere Software. Dann dachte ich, es ginge um bessere Führung, um Selbstorganisation, um die richtige Kultur. All das stimmt – aber es greift zu kurz. Die eigentliche Kraft von Scrum liegt darin, dass es den Raum schafft, in dem Menschen handeln können. In dem sie nicht nur arbeiten, sondern wirklich etwas beginnen. In dem sie Natalität leben.

Und dann kam die künstliche Intelligenz.

Ich erinnere mich an den Moment, als ich zum ersten Mal verstanden habe, was generative KI für unsere Arbeit bedeuten würde. Nicht als Werkzeug. Nicht als Automatisierung. Sondern als das, was ich inzwischen den kybernetischen Teamkollegen nenne. Es war im Frühjahr 2025, als ich die Studie von Dell'Acqua und seinen Kollegen an der Harvard Business School las – eine Studie mit 776 Mitarbeitern von Procter & Gamble, einem der größten Unternehmen der Welt. Die Ergebnisse waren überwältigend: Einzelpersonen, die mit KI zusammenarbeiteten, erreichten die gleiche Leistung wie traditionelle Zweierteams ohne KI. Die positiven Emotionen stiegen, die negativen sanken. Die Zeit für Lösungen verkürzte sich um zwölf bis sechzehn Prozent. Und – das hat mich am meisten überrascht – die KI förderte ausgewogenere Lösungen über funktionale Silos hinweg (Dell'Acqua et al. 2025).

Was bedeutet das für Scrum? Es bedeutet alles.

Denn die KI macht genau das, was Scrum immer wollte, aber oft nicht konnte: Sie befreit den Menschen vom Arbeiten für das Handeln. Sie übernimmt die repetitiven Aufgaben, die Datenanalyse, die Recherche, das Zusammentragen von Informationen – all das, was Hannah Arendt als „Arbeiten" bezeichnen würde. Und sie gibt dem Menschen das zurück, was ihn zum Menschen macht: die Fähigkeit zu urteilen, zu entscheiden, Beziehungen zu gestalten, Bedeutung zu schaffen. Die Fähigkeit zu handeln.

Der Scrum Master wird zum Augmented Scrum Master – nicht weil er durch KI ersetzt wird, sondern weil die KI ihm die Diagnoseinformationen liefert, die er braucht, um wirklich handeln zu können. Stell dir vor: Ein digitaler Zwilling deiner Organisation, der kontinuierlich zeigt, wo die Dysfunktionalitäten liegen. Wo Multitasking die Teams lähmt. Wo Frontloading die Planung zerstört. Wo die Meeting-Kultur die Produktivität auffrisst. Die KI kann uns zeigen, wo die Probleme sind. Aber handeln müssen wir.

Und genau das ist der Punkt, an dem Hannah Arendts Philosophie und die künstliche Intelligenz zusammenkommen. Die KI verstärkt nicht einfach unsere Fähigkeiten – sie verändert die Natur unserer Arbeit. Sie verschiebt das Verhältnis von Arbeiten und Handeln. In einer Welt, in der KI das Arbeiten übernimmt, wird Handeln – das bewusste, zwischenmenschliche, anfangende Handeln – zum zentralen Wettbewerbsvorteil. Organisationen, die ihren Menschen ermöglichen zu handeln, werden die Zukunft gestalten. Organisationen, die ihre Menschen weiterhin auf das Arbeiten reduzieren, werden verschwinden. Denn die Maschine kann arbeiten. Nur der Mensch kann handeln.

Deshalb spreche ich nicht mehr nur von Scrum 3.0. Deshalb nenne ich dieses Buch Scrum für eine neue Ära.

Scrum 1.0 war die Methode. Die Regeln, die Rollen, die Artefakte. Es war notwendig, um überhaupt anzufangen. Scrum 3.0 war die Reifung – Hypothesen statt Requirements, Continuous Delivery statt Definition of Done, Cycle Time statt Velocity. Es war die Erkenntnis, dass die Form sich ändern muss, wenn das Verständnis wächst. Aber Scrum für eine neue Ära – das ist etwas anderes. Das ist die Erkenntnis, dass Scrum nie primär eine Methode war. Scrum war immer ein Rahmen für menschliches Handeln. Wir haben es nur nicht so genannt.

Jetzt, an diesem Konvergenzmoment, können wir es endlich so nennen. Und wir können es so nutzen. Denn jetzt haben wir die KI, die uns die operative Last abnimmt. Wir haben das philosophische Vokabular, um zu erklären, warum Scrum funktioniert – nicht als Prozessrahmen, sondern als Ermöglichungsstruktur für Handeln. Und wir haben fünfundzwanzig Jahre Erfahrung, die uns die Gewissheit geben, dass es funktioniert.

Die geburtenarmen Jahrgänge drängen in den Arbeitsmarkt – oder besser: Sie drängen nicht, denn es gibt zu wenige von ihnen. Stefan Schulz hat in seiner *Altenrepublik* schonungslos beschrieben, was das bedeutet: Deutschland ist demografisch das zweitälteste Land der Welt, und in manchen Bundesländern wird es bald mehr Menschen mit Pflegestufe geben als Wähler unter dreißig (Schulz 2022). In seinem Nachfolgebuch *Die Kinderwüste* geht er noch weiter und zeigt, wie die Politik Familien systematisch im Stich lässt (Schulz 2025). Die wirtschaftlichen Veränderungen beschleunigen sich. Die Altenrepublik wird Realität. All das bedeutet: Wir können es uns nicht mehr leisten, Menschen in Organisationen zu verschwenden. Jeder Mensch, der in einem dysfunktionalen System gefangen ist, der in sinnlosen Meetings sitzt, der Multitasking betreibt, weil das Management nicht priorisieren kann, der in Silos arbeitet, weil niemand die Strukturen verändert – jeder dieser Menschen ist ein Verlust. Für das Unternehmen. Für die Gesellschaft. Für sich selbst.

Scrum für eine neue Ära ist die Antwort. Nicht als Methode, die man implementiert. Sondern als Führungsinstrument, das den Raum schafft, in dem Menschen handeln können. In dem sie mithilfe von KI die Diagnose stellen, die Dysfunktionalitäten erkennen und dann – gemeinsam, in Beziehung zueinander, mit der Kraft der Natalität – etwas Neues beginnen. Jeden Sprint. Jeden Tag.

Was wir jetzt brauchen, ist die nächste Graswurzelbewegung in den Unternehmen. Von unten. Verstärkt durch KI. Geleitet durch das Verständnis, dass unsere Arbeit mehr sein kann als Arbeiten – dass sie Handeln sein kann.

Ihr seid nicht allein. Da draußen sind Zehntausende, die in den Trainings waren, die erlebt haben, wie es geht. Und wir haben etwas, das ich und meine Kolleginnen und Kollegen vor zwanzig Jahren nicht hatten: Gewissheit. Nicht Hoffnung – Gewissheit. Die Gewissheit, dass unsere Ideen funktionieren. Dass es möglich ist. Dass sich der Einsatz lohnt.

Und wir haben jetzt etwas Zusätzliches: Wir haben die KI als Verbündete. Nicht als Bedrohung. Nicht als Ersatz. Sondern als kybernetische Teamkollegin, die uns dabei hilft, das zu tun, wofür wir Menschen gemacht sind: zu handeln. Zu urteilen. Zu entscheiden. Beziehungen zu gestalten. Bedeutung zu schaffen.

Geht raus. Vernetzt euch. Findet die anderen in euren Organisationen, die es auch verstanden haben. Fordert ein, so zu arbeiten, wie ihr wisst, dass es funktioniert. Nutzt die KI, um zu sehen, was bisher unsichtbar war. Und dann handelt.

Wartet nicht auf Erlaubnis. Denn wie Hannah Arendt schon wusste: Es gibt kein Recht auf Gehorsam.

Denn es funktioniert. Wirklich.

Damit unsere Töchter, Söhne und Familien sich entfalten können.

Boris Gloger — Moosbrunn bei Wien, im Winter 2025/26

Literatur

Arendt, H. (1958). The Human Condition. Chicago: University of Chicago Press. [dt.: Vita Activa oder Vom tätigen Leben, München: Piper, 1967].

Dell'Acqua, F., McFowland, E., Mollick, E. R., Lifshitz-Assaf, H., Kellogg, K., Rajendran, S., Krayer, L., Candelon, F. & Lakhani, K. R. (2025). The Cybernetic Teammate: A Field Experiment on Generative AI Reshaping Teamwork and Expertise. Harvard Business School Working Paper, No. 24-025.

Schulz, S. (2022). Die Altenrepublik: Wie der demographische Wandel unsere Zukunft gefährdet. Hamburg: Hoffmann und Campe.

Schulz, S. (2025). Die Kinderwüste: Wie die Politik Familien im Stich lässt. Hamburg: Hoffmann und Campe.

Index

E

F

G

H

I

J

K

L

Q

R

S

W

Z